DAS RECLAM BUCH DER DEUTSCHEN LITERATUR

DAS RECLAM BUCH DER DEUTSCHEN LITERATUR

Von
Volker Meid

Mit 604 ein- und mehrfarbigen Abbildungen

Philipp Reclam jun. Stuttgart

DER AUTOR. Volker Meid, geb. 1940, lehrte von 1970 bis 1982 als Professor für deutsche Literatur an der University of Massachusetts in Amherst/USA, an den Universitäten Freiburg und Bielefeld. Seither arbeitet er als freier wissenschaftlicher Schriftsteller.

3., durchgesehene und ergänzte Auflage 2012

Alle Rechte vorbehalten
© 2004, 2012 Philipp Reclam jun. GmbH & Co. KG, Stuttgart
Innengestaltung: Buchherstellung Dotzauer, Stuttgart
Umschlaggestaltung: Niklaus Troxler, Willisau, unter Verwendung von Ausschnitten aus der *Manessischen Liederhandschrift* (Alram von Gresten), eines Fotos der Bibliothek in Goethes Weimarer Wohnhaus am Frauenplan, aus dem *Goethe-Porträt* von Joseph Carl Stieler (1828; Neue Pinakothek, München) und eines Gedichtentwurfs von Sarah Kirsch für den elfteiligen Zyklus *Wiepersdorf*
Satz: Reclam, Ditzingen
Reproduktionen: Lösch MedienManufaktur, Waiblingen
Printed in China 2012
RECLAM ist eine eingetragene Marke
der Philipp Reclam jun. GmbH & Co. KG, Stuttgart
ISBN 978-3-15-010881-9

www.reclam.de

INHALT

VORWORT 9

FRÜHES MITTELALTER 10
Althochdeutsche Literatur 12 · Kloster 14 · Buch und Handschrift 16 · Mündlichkeit und Schriftlichkeit 18 · Heldendichtung 20 · Bibelepik 22 · Hrotsvit von Gandersheim 24 · Die Sieben freien Künste 26 · Frühmittelhochdeutsche Literatur 28 · Hoheslied 30 · Heilsgeschichte und Weltgeschichte 32 · Hildegard von Bingen 34 · Allegorese und Typologie 36 · Memento mori 38

HOCHMITTELALTER 40
Mäzenatentum 42 · Autor 44 · Ritter und Dame 46 · Beschreibungskunst 48 · Höfische Liebe 50 · Antikerezeption 52 · Artusroman 54 · Hartmann von Aue 56 · Minnesang 58 · Kreuzzüge 60 · Walther von der Vogelweide 62 · Politik, Propaganda und Polemik 64 · Geistliches Spiel 66 · Gottfried von Straßburg 68 · Hören, Sehen, Lesen 70 · Heldenepik 72 · »Nibelungenlied« 74 · Wolfram von Eschenbach 76 · Der Gral 78

SPÄTMITTELALTER 80
Vers- und Prosaroman 82 · Zeitkritik und Morallehre 84 · Predigt 86 · Meister Eckhart 88 · Mystische Frömmigkeit und Literatur 90 · Heilige 92 · Märe 94 · Liederhandschriften 96 · Oswald von Wolkenstein 98 · Verkehrte Welt 100 · Wissenschaft 102 · Prager ›Vorhumanismus‹ 104 · Buchdruck 106

16. JAHRHUNDERT 108
Humanismus 110 · Universitäten 112 · Martin Luther 114 · Die deutsche Bibel 116 · Flugschrift 118 · Bauernkrieg 120 · Narrheit 122 · Stadt 124 · Meistergesang 126 · Hans Sachs 128 · Schuldrama 130 · Neulateinische Literatur 132 · Schwankliteratur 134 · Der bürgerliche Roman 136 · Johann Fischart 138

17. JAHRHUNDERT 140
Die Literaturreform 142 · Dichtung und Rhetorik 144 · Buchmarkt 146 · Flugblatt und Zeitung 148 · Andreas Gryphius 150 · Sonett 152 · Emblem 154 · Krieg 156 · Nürnberg 158 · Petrarkismus 160 · Kirchenlied 162 · Barockroman 164 · Hans Jacob Christoph von Grimmelshausen 166 · Barocktheater 168 · Märtyrer und Tyrann 170 · Bibliothek 172 · Vanitas und Carpe diem 174 · Breslau 176 · Geschichte 178 · Mystik 180 · Ferne Welten 182 · Abraham a Sancta Clara 184 · Manierismus 186 · Bürgerliche und höfische Kultur 188 · Johann Christian Günther 190

18. JAHRHUNDERT 192

Aufklärung 194 · Robinsonade 196 · Moralische Wochenschriften 198 · Leipzig und Zürich 200 · Theaterreform 202 · Heilige Poesie 204 · Lehrhafte Dichtung 206 · Gotthold Ephraim Lessing 208 · Neue dramatische Formen 210 · Literaturkritik 212 · Nationaltheater 214 · Rokoko 216 · Griechenland 218 · Christoph Martin Wieland 220 · Der ›neue‹ Roman 222 · Erziehung 224 · Die Leser und das Lesen 226 · Autobiografie 228 · Sturm und Drang 230 · Natur 232 · Shakespeare 234 · Die Kindsmörderin 236 · Jakob Michael Reinhold Lenz 238 · Empfindsamkeit 240 · Briefroman 242 · »Werther« 244 · Freiheit 246 · Religion, Aufklärung und Toleranz 248 · Trivialroman 250 · Italien 252 · Drama, klassischer Form sich nähernd 254

REVOLUTION UND RESTAURATION 1789–1832 256

Die Französische Revolution 258 · Weimarer Klassik 260 · Weimar 262 · Johann Wolfgang Goethe 264 · Bildungsroman 266 · Jean Paul 268 · Humoristisches Erzählen 270 · Friedrich Schiller 272 · Theaterrepertoire 274 · Geschichtsdrama 276 · Friedrich Hölderlin 278 · Antikisierende Formen 280 · Faust 282 · Goethes »Faust« 284 · Johann Friedrich Cotta 286 · Romantik 288 · Kunstfrömmigkeit 290 · Salon 292 · Fragment 294 · Roman der Romantik 296 · Frauen 298 · Märchen 300 · Weltliteratur 302 · Nationalbewusstsein und Freiheitskriege 304 · Heinrich von Kleist 306 · Recht und Staat 308 · Alte und neue Zeit 310 · Kalender und Almanach 312 · Lied 314 · ›Schwarze Romantik‹ 316 · E. T. A. Hoffmann 318 · Orient und Okzident 320

19. JAHRHUNDERT 322

Biedermeier und Vormärz 324 · Franz Grillparzer 326 · Wiener Volkstheater 328 · Der Rhein 330 · Heinrich Heine 332 · Deutschland, gesehen aus der Emigration 334 · Junges Deutschland 336 · Geschichte und Drama 338 · Georg Büchner 340 · Politische Lyrik 342 · Natur und Landschaft 344 · Historischer Roman 346 · Amerika 348 · Burgtheater 350 · Neue Erzähl- und Romanformen 352 · Gegen den Zeitgeist 354 · Realismus 356 · Zeitschriften 358 · Novelle 360 · Gottfried Keller 362 · Das neue Reich 364 · Bildergeschichte 366 · Theodor Fontane 368 · Gesellschaftsroman 370 · Naturalismus 372 · Kunst = Natur – x 374 · Gerhart Hauptmann 376 · Theaterkonzepte 378 · Friedrich Nietzsche 380

20. JAHRHUNDERT 382

Jahrhundertwende / Fin de siècle 384 · Wien 386 · Frauenbilder 388 · Heinrich und Thomas Mann 390 · Décadence 392 · Sprachkrise 394 · S. Fischer Verlag 396 · Hugo von Hofmannsthal 398 · Schule 400 · Expressionismus 402 · Expressionistische Lyrik 404 · Drama und Film 406 · Prosaexperimente 408 · Dada 410 · Prag 412 · Franz Kafka 414 · Neue Sachlichkeit 416 · Zeitroman 418 · Alfred Döblins »Berlin Alexanderplatz« 420 · Romanpoetik 422 · Kriegsroman 424 · Nach dem Ende des alten Europa 426 · Bertolt Brecht 428 · Episches Theater 430 · Volksstück 432 · Drittes Reich 434 · Exilliteratur 436 · Widerstand 438 · ›Kahlschlag‹ 440 · Kurzgeschichte 442 · Gruppe 47 444 · Hörspiel 446 · Restauration 448 · Lyrik der Nachkriegszeit 450 · Konkrete Poesie 452 · Identität 454 · Theater der fünfziger Jahre 456 · Günter Grass 458 · Literaturverfilmungen 460 · Wien – Graz 462 · Diskontinuität 464 · DDR-Literatur 466 · Widersprüche im Sozialismus 468 · Natur, Geschichte und Gegenwart 470 · Uwe Johnson 472 · Politisches Theater 474 · Heinrich Böll 476 · Bundesrepublikanische Chronik 478 · Autor/Autorin und Öffentlichkeit 480 · Schweiz 482 · Thomas Bernhard 484 · Autobiografisches Erzählen 486 · Gegengeschichten 488 · Frauenliteratur – Literatur von Frauen 490 · Wiedergewinnung des Verlorenen 492 · Die Wende 494 · Verlagswesen 496

ANHANG

Literaturhinweise 499

Abbildungs- und Textnachweis 504

Systematisches Verzeichnis des Inhalts 507

Personenregister 509

VORWORT

Das *Reclam Buch der deutschen Literatur* ist eine Geschichte der deutschen Literatur in einer neuen Form. Sie verbindet historische und systematische Sichtweisen und lässt durch die eng auf den Text bezogene reichhaltige Bebilderung und vielfältige, den jeweiligen Kontext erhellende Zusatzinformationen in den Randspalten – Zeittafeln, Biografien, Begriffserläuterungen, Zitate – ein facettenreiches und auch im wörtlichen Sinn farbiges Bild der Geschichte der Literatur im deutschen Sprachgebiet entstehen. Den Rahmen bildet die durchaus traditionelle Gliederung des chronologischen Verlaufs in neun literaturgeschichtliche Epochen von der Zeit Karls des Großen bis zur Gegenwart, die jeweils in einem einleitenden Kapitel – auf einer Doppelseite – charakterisiert werden. Eingefügt in dieses Gerüst sind, wieder auf Doppelseiten als durchgängigem formalem Prinzip, konzentrierte Darstellungen von zentralen Aspekten der deutschen bzw. deutschsprachigen Literatur. Sie gehören acht, das gesamte Werk netzartig überziehenden Kategorien an, die sich mit ihren Fragestellungen in den historischen Verlauf einfügen, ihn aber immer wieder durch Rückblicke und Ausblicke durchbrechen und durch systematische Gesichtspunkte ergänzen. Der Blick richtet sich so auf die verschiedenen Epochen und Strömungen, auf ausgewählte Autorinnen und Autoren, auf Fragen der Poetik und Ästhetik, auf die Entwicklung der literarischen Gattungen, auf literatur- und sozialgeschichtlich bedeutsame Stoffe und Themen, aber auch auf Aspekte der Wirkungsgeschichte und die grundlegenden gesellschaftlichen und institutionellen Bedingungen von Literatur, zusammengefasst in den Komplexen Literaturbetrieb (Literarisches Leben, Literaturzentren, Institutionen, Literaturbeziehungen) und Medien. Ein systematisches Verzeichnis des Inhalts im Anhang erschließt diese Zusammenhänge im Überblick.

Viele – Kollegen, Freunde, Familie – haben, nicht zuletzt durch Hinweise auf geeignetes Bildmaterial und die Bereitstellung von Vorlagen, zu dieser Literaturgeschichte beigetragen. Ihnen habe ich ebenso zu danken wie den Mitarbeiterinnen und Mitarbeitern des Verlags, die das Buch kritisch begleitet und durch Bildideen und die Formulierung zahlreicher Bildlegenden bereichert haben.

Volker Meid

Offenes Buch. Deutschland, anonymes Gemälde aus dem 16. Jahrhundert (Uffizien, Florenz).

»Schreiben ist meine Gewohnheit, und außerdem ist es mein Beruf. Lange hielt ich meine Feder für ein Schwert: nunmehr kenne ich unsere Ohnmacht. Trotzdem schreibe ich Bücher und werde ich Bücher schreiben; das ist nötig; das ist trotz allem nützlich. Die Kultur vermag nichts und niemanden zu erretten, sie rechtfertigt auch nicht. Aber sie ist ein Erzeugnis des Menschen, worin er sich projiziert und wiedererkennt; allein dieser kritische Spiegel gibt ihm sein eigenes Bild.«
(Jean Paul Sartre, *Die Wörter*, übers. von Hans Mayer, 1965)

ZEITRAUM

FRÜHES MITTELALTER

Büstenreliquiar Karls des Großen; darin sollte die Hirnschale des Kaisers aufbewahrt werden. Die Büste ist ein Geschenk Karls IV. anlässlich seiner Krönung zum König 1349 in der Aachener Pfalzkapelle.

EPOCHE. Die erste Phase der Geschichte der deutschen bzw. deutschsprachigen Literatur setzt mit dem Herrschaftsantritt der Karolinger und der Kulturpolitik Karls des Großen um 750–770 ein. Sie endet um 1150–70 in den ersten Jahren der Herrschaft Kaiser Friedrichs I. Barbarossa. Die Literatur dieser Epoche dient vorwiegend religiösen Zwecken. Ihre Verfasser bzw. Übersetzer sind Geistliche, die in dem mühsamen Prozess, eine deutschsprachige Schriftkultur zu schaffen, die entscheidende Rolle spielen und im Verlauf dieser vierhundert Jahre die Ausdrucksfähigkeit des Deutschen zu literarischer Qualität steigern.

LATEIN UND DIE VOLKSSPRACHEN. Zu den Zielen der karolingischen Kulturpolitik gehörte die Verschriftlichung der bisher nur mündlich überlieferten Sprachen oder Dialekte. Unabhängig davon blieb das Lateinische nicht nur in dieser ersten deutschen Literaturepoche, sondern durch das ganze Mittelalter hindurch die Sprache der Kirche und des Bildungswesens. Die breite lateinische Tradition bildet den Hintergrund, vor dem sich die volkssprachlichen Literaturen entfalten, zunächst in enger Abhängigkeit, dann mit zunehmender Eigenständigkeit. Dabei stellen die Volkssprachen das dynamische Element gegenüber dem konservativen des Lateinischen dar. Im Verlauf dieser Entwicklung finden tief greifende Veränderungen der deutschen Sprache selbst statt, der Wandel vom Althochdeutschen, also den unterschiedlichen Dialekten der einzelnen Stämme, zum Mittelhochdeutschen, das die dialektalen Unterschiede – jedenfalls tendenziell – einebnet.

KONTINUITÄT UND DISKONTINUITÄT. Die frühen Fortschritte der Literaturentwicklung, die in der Überbietung der Übersetzungsprosa durch ehrgeizige epische Projekte wie Otfrids *Evangelienbuch* oder den *Heliand* gipfelten, sind Resultate der nachdrücklichen karolingischen Kulturförderung. Mit deren Nachlassen seit dem Ende des

9. Jahrhunderts und dem Fehlen einer entsprechenden Kulturpolitik unter den ottonischen Kaisern kam es zu Rückschlägen. Ohne die Forderungen der Politik, ohne das Interesse einflussreicher Personen an einer Literatur in deutscher Sprache fiel die lateinische Klosterkultur auf sich selbst zurück und widmete sich ihren eigenen, inneren Bedürfnissen. Für mehr als anderthalb Jahrhunderte, von 900 bis 1060, setzt die schriftliche Überlieferung deutschsprachiger Literatur aus. Den Neuansatz, nun in frühmittelhochdeutscher Sprachform, bestimmen Werke, die auf eine vertiefte Laienfrömmigkeit antworten und zu einer auf das Seelenheil ausgerichteten Lebensführung anleiten. Sie lassen sich als Reaktionen auf eine durch beunruhigende soziale, religiöse und politische Veränderungen gekennzeichnete geschichtliche Situation verstehen. Gegen Ende der Epoche wächst dann das Interesse an innerweltlichen Fragestellungen.

751 Die Karolinger lösen die Merowinger als Frankenkönige ab
768 Herrschaftsantritt Karls des Großen als König der Franken
800 Kaiserkrönung Karls in Rom
814 Tod Karls des Großen; Nachfolger wird Ludwig der Fromme
843 Teilung des Reichs im Vertrag von Verdun; Ludwig der Deutsche Herrscher des Ostfrankenreichs (bis 876)
919 Nach dem Aussterben der ostfränkischen Karolinger geht die Herrschaft auf die ottonischen Herrscher über (bis 1024), die die Italienpolitik der Karolinger fortführen und die Rechtsnachfolge des römischen Imperiums antreten
962 Kaiserkrönung Ottos I. des Großen in Rom
1024 Mit Konrad II. übernehmen die Salier bis 1125 die Herrschaft im Reich
1077 ›Gang nach Canossa‹ Kaiser Heinrichs IV., Episode im Machtkampf zwischen Kaiser- und Papsttum
1096–99 Erster Kreuzzug
1137 Der Staufer Konrad III. wird gegen Heinrich den Stolzen, einen Welfen, zum König gewählt, Beginn eines lang andauernden Konflikts zwischen Staufern und Welfen
1152 Herrschaftsantritt Friedrichs I. Barbarossa

Die um 800 geweihte Pfalzkapelle in Aachen, in der Karl der Große 814 beigesetzt wurde. Im Obergeschoss der Thron Karls aus antiken Marmorplatten.

BEGRIFFE

Glossen, Erläuterungen oder Übersetzungen einzelner Wörter in einem Text. Die Glosse kann zwischen den Zeilen (Interlinearglosse), im laufenden Text (Kontextglosse) oder am Rand (Marginalglosse) stehen. Losgelöst vom einzelnen Text, werden Glossen in Glossaren gesammelt und entweder alphabetisch oder nach sachlichen Kriterien angeordnet. Die Praxis des Glossierens stammt aus der Antike.

Interlinearversion, eine zwischen den Zeilen eines fremdsprachigen Textes Wort für Wort, d. h. ohne Rücksicht auf die unterschiedlichen syntaktischen und idiomatischen Zusammenhänge eingefügte Übersetzung. Interlinearversionen entstanden aus der Weiterbildung der interlinearen Glossierung einzelner Wörter und Ausdrücke. Beispiele sind die althochdeutsche *Benediktinerregel* (um 800) und die *Murbacher Hymnen* (Anfang 9. Jahrhundert).

Stabreim, Bezeichnung für die Übereinstimmung im Anlaut von metrisch hervorgehobenen Wörtern vor allem im germanischen Vers. Der Stabreimvers, meist eine Langzeile, enthält in der Regel zwei oder drei Stäbe, selten vier. An- und Abverse der Langzeilen werden durch Stäbe miteinander verbunden, wobei in der Regel der Abvers nur einen Stab auf der ersten Haupthebung erhält, während im Anvers meist die beiden Haupthebungen miteinander staben: »Welaga nû, waltant got | wewurt skihit« (*Hildebrandslied*).

Das älteste deutsche Buch, der sog. *Abrogans*, ist ein Wörterbuch aus der Zeit um 765, das in der St. Gallener Stiftsbibliothek aufbewahrt wird. Es wurde nach dem ersten lateinischen Wort benannt (hier auf der ersten Seite abgebildet), für das es ein althochdeutsches Synonym verzeichnet: »Abrogans [das bedeutet] dheomodi«, also »demütig«.

EPOCHE/STRÖMUNG

ALTHOCHDEUTSCHE LITERATUR

AUSGANGSPUNKT. Die früheste Epoche der deutschen Literaturgeschichte, nach sprachlichen Kriterien bezeichnet, umfasst den Zeitraum von der Mitte des 8. bis zur Mitte des 11. Jahrhunderts. Sie ist eng mit der karolingischen Kultur- und Kirchenpolitik verbunden; nach dem Nachlassen dieses kulturpolitischen Impetus sind zunächst keine deutschsprachigen Literaturdenkmäler mehr greifbar. Funktion der althochdeutschen Literatur ist es, in engem Zusammenhang mit der lateinischen Tradition den Prozess der Christianisierung weiter zu tragen, Laien mit den christlichen Glaubenslehren vertraut zu machen und gleichzeitig den Klerikern selbst den Zugang zu zentralen biblischen und theologischen Texten, aber auch zu den antiken Bildungsgrundlagen zu erleichtern. Daher steht

ALTHOCHDEUTSCHE LITERATUR

Arbeit an der Sprache im Vordergrund: Wörterbücher, Glossen, Kommentare, Übersetzungen.

ÜBERSETZUNGEN. Übersetzungen schwieriger Textstellen am Rand von Handschriften oder zwischen den Zeilen bestimmen die Anfänge der althochdeutschen Literatur. So eignete man sich, allmählich den Wortschatz erweiternd, die dem Deutschen bzw. Germanischen fremden römischen und christlichen Begriffe an. Diese Glossierungen konnten sich zu vollständigen Übersetzungen ausweiten; die bedeutendsten sind der um 830 im Kloster Fulda entstandene *Althochdeutsche Tatian*, die Übertragung einer aus dem 2. Jahrhundert stammenden Evangelienharmonie, und die deutsche Fassung einer Auseinandersetzung mit dem jüdischen Glauben von Isidor von Sevilla (*Althochdeutscher Isidor*, um 790–800). Das waren für Lateinkundige bestimmte Texte. Für die Laien wurden, angespornt durch entsprechende Vorschriften, zahlreiche Übersetzungen des *Credo* und des *Paternoster* sowie von Taufgelöbnissen und Beichtformeln angefertigt.

DICHTUNG. In der Versdichtung der althochdeutschen Periode begegnen sich christliche und germanische Momente. Von der vorchristlichen mündlichen Überlieferung wurde nur wenig aufgeschrieben: die *Merseburger Zaubersprüche* und das *Hildebrandslied*, das einzige Zeugnis germanischer Heldendichtung. Charakteristisch für die Form dieser Texte ist der germanische Stabreimvers. Aber auch die christliche althochdeutsche Dichtung verwandte z. T. noch den Stabreim, so etwa die apokalyptische Vision von Gericht und Weltende *Muspilli* (um 875). Die umfangreichsten christlichen Stabreimdichtungen entstanden in altsächsischer, d. h. altniederdeutscher Sprache (*Heliand*, um 830; *Altsächsische Genesis*, um 830). Die Zukunft gehörte jedoch dem Endreimvers, den Otfrid von Weißenburg (*Evangelienbuch*, um 863–71) in die deutsche Literatur einführte.

Die lateinische Benediktinerregel mit einer althochdeutschen Interlinearglossierung stammt aus dem Kloster St. Gallen, aus der Zeit kurz nach 800.

ALTSÄCHSISCHE LITERATUR

Unter Altsächsischer Literatur versteht man das Schrifttum in altniederdeutscher Sprache im 9. Jahrhundert. Die Abgrenzung gegenüber der althochdeutschen Literatur gründet allein auf sprachlichen Kriterien. Althochdeutsche und altsächsische Literatur gehören in denselben historischen und kulturellen Kontext.

LITERATURBETRIEB

KLOSTER

KLÖSTER ALS KULTURZENTREN. Aus dem ursprünglichen asketischen Einsiedlertum entwickelte sich zunächst im Orient die gemeinschaftliche mönchische Lebensform in einem Kloster. Vorbild für das westliche Mönchtum wurde das Kloster Monte Cassino, das 529 von Benedikt von Nursia gegründet worden war. Die vom Kloster- und Ordensgründer formulierte Benediktinerregel (»Regula Sancti Benedicti«) blieb bis ins 11. Jahrhundert die Grundlage des klösterlichen Lebens; erst danach kam es zu neuen Ordensgründungen. Die Benediktinerklöster waren weitgehend autarke Wirtschaftseinheiten mit großem Grundbesitz und verbanden, bei Ablehnung einer übertriebenen Askese, das spirituelle Anliegen mit praktischer Tätigkeit (»ora et labora«). Ausgestattet mit Schule, Bibliothek und Schreibstube (Scriptorium) – auch die Anfertigung von Handschriften gehörte zu den in der Benediktinerregel vorgesehenen Arbeiten – entwickelten sich die Klöster zu zentralen Bildungsinstitutionen des Christentums. Hier bewahrte und vermittelte man das Erbe der Antike und der christlichen Spätantike, sorgte durch Abschriften, Glossierungen und Übersetzungen für das erforderliche Material für Unterricht und Seelsorge. Klöster spielten nach dem Vorbild der Hofschule Karls des Großen (Schola Palatina) eine zentrale Rolle in der karolingischen Kulturpolitik und setzten auch die auf Förderung der Volkssprache und die Erhaltung germanischer Überlieferungen gerichteten Bemühungen Karls um. Im fränkischen Raum übernahm im 9. Jahrhundert das Kloster Fulda unter seinem Abt Hrabanus Maurus die führende Position, gefolgt von St. Gallen im Alemannischen.

BEISPIEL ST. GALLEN. Mitte des 9. Jahrhunderts begann die literarische und wissenschaftliche Blütezeit des Klosters St. Gallen. Hier wirkten von Notker I. (der Stammler,

Widmungsgedicht. Der Fuldaer Abt Hrabanus Maurus schloss um 810 den Zyklus von 28 Figurengedichten *De laudibus sanctae crucis* ab, mit dem er eine bis in den Späthellenismus zurückreichende Tradition aufnahm. Hrabanus Maurus ließ in der Folgezeit zahlreiche Prachtexemplare des Werkes anfertigen, die er hohen Würdenträgern widmete. Hier ist das Widmungsgedicht aus der um 1172–79 entstandenen Abschrift eines Exemplars abgebildet, das Ludwig den Frommen zeigt.

Hrabanus Maurus, begleitet von Alkuin, übergibt Bischof Otger von Mainz ein Exemplar seines Werkes *De laudibus sanctae crucis*. Widmungsbild einer zwischen 831 und 840 im Kloster Fulda angefertigten Handschrift.

Balbulus) bis zu dem Chronisten der großen Epoche des Klosters Ekkehard IV. bedeutende Gelehrte und Dichter. Notker I. etwa entwickelte die komplexe dichterische und musikalische Form der Sequenz weiter. Sein *Liber Ymnorum* (um 885) fand große Verbreitung und trug zu einem Aufschwung der mittellateinischen religiösen Lyrik bei, strahlte aber auch auf die geistliche und weltliche Dichtung in den romanischen und deutschen Landessprachen aus. Notker III. (der Deutsche, Teutonicus) verfasste um die Jahrtausendwende ein umfangreiches, meist zweisprachiges Werk (lateinisch-deutsche Versionen der Originale), das in seinem Hauptwerk, dem *Psalter*, gipfelt. Diese althochdeutschen Übersetzungen, Kommentare und Interpretationen, die die Klosterschüler zu den lateinischen Texten hinführen sollten, sind das Werk eines Gelehrten, der über eine vollkommene Übersicht über beide Sprachen und einen differenzierten Wortschatz auch für die abstrakten oder komplexen Wortfelder der wissenschaftlichen Terminologie verfügt. Sein Schüler Ekkehard IV. schrieb eine nostalgische, das Anekdotische bevorzugende Geschichte der großen Zeit des Klosters (*Casus Sancti Galli*, nach 1035); mit der Übernahme der cluniazensischen Reform 1034 sah er das beschauliche benediktinische Gelehrtenleben in Gefahr. In der Chronik verweist Ekkehard IV. auf einen Vorgänger des 10. Jahrhunderts, Ekkehard I., der in jungen Jahren auch das »Leben von Walther Starkhand« verfasst habe, ein Hinweis, den Joseph Viktor von Scheffel auf das lateinische Heldenepos *Waltharius* (8. oder 9. Jahrhundert) bezog und zum Anlass für seinen erfolgreichen, die bessere Vergangenheit beschwörenden Mittelalterroman *Ekkehard* (1855) nahm.

REFORMEN

Im Rahmen seiner Kulturpolitik hatte Karl der Große die Benediktinerregel als verbindliche Lebensnorm in den fränkischen Klöstern festgelegt und ihre Vereinheitlichung betrieben. Im Machtkampf zwischen Kaiser- und Papsttum (Investiturstreit) entwickelten sich jedoch mit einem neuen monastischen Selbstbewusstsein Unabhängigkeitsbestrebungen der Klöster von der weltlichen Macht. Das 909 gestiftete Kloster Cluny in Burgund repräsentiert neben den lothringischen Klöstern Gorze und Hirsau diese Tendenzen und wurde zum Mittelpunkt eines großen Klosterverbundes. Maßgebend blieb die Benediktinerregel, aber in einer strengen Auslegung. Sie zielte auf eine durch Gebet, Fürbitte und Werke der Barmherzigkeit charakterisierte Frömmigkeitspraxis, die auch jede handwerkliche Tätigkeit ausschloss.
Die Diskussion über die rechte Nachfolge Christi war jedoch mit den Erfolgen der cluniazensischen Reform nicht beendet. Gerade die Expansion der Klosterbewegung hatte, wie Kritiker monierten, eine zunehmende Verweltlichung und Veräußerlichung des Glaubens zur Folge, eine Abkehr von den Grundlagen klösterlicher Lebensführung und der Benediktinerregel. Vertreter einer asketischen Gegenposition wurden die Zisterzienser (nach dem 1098 gegründeten Kloster Cîteaux in Burgund), ihr bekanntester Vertreter Bernhard von Clairvaux. Bei ihm heißt es: »Unser Orden bedeutet Entsagung, Demut, freiwillige Armut, Gehorsam, Friede und Freude im Heiligen Geist.«

Der Autor diktiert einem mit Feder und Radiermesser ausgestatteten Schreiber. Aus einer um 1270–80 möglicherweise in Straßburg entstandenen Handschrift der *Weltchronik* (um 1250–54) von Rudolf von Ems.

MEDIEN

BUCH UND HANDSCHRIFT

MATERIALIEN, PRODUKTION. Sieht man von mündlichen Überlieferungsformen ab, wurde Literatur bis zur Erfindung des Buchdrucks im 15. Jahrhundert in Handschriften festgehalten und verbreitet. An die Stelle der in der Antike üblichen und z. T. noch im Mittelalter etwa als ›Dirigierrolle‹ für Theateraufführungen gebräuchlichen Rollenform trat seit dem ersten nachchristlichen Jahrhundert allmählich der aus gefalteten Blättern bestehende Kodex mit festem Einband. Da die mittelalterlichen Handschriften liegend aufbewahrt wurden, waren auf den Einbanddeckeln oft schwere Messingbeschläge angebracht. Bis zum Ende des 14. Jahrhunderts schrieb man in der Regel auf Pergament, danach stieg die Zahl der Papierhandschriften stark an; die erste deutsche Papiermühle nahm 1390 in Nürnberg ihren Betrieb auf. Das neue Schreibmaterial gehörte zu den Voraussetzungen der gesteigerten Handschriftenproduktion des späten Mittelalters. Hergestellt wurden die Handschriften vor allem in den Skriptorien der Klöster, aber auch an den Universitäten und in fürstlichen und städtischen Kanzleien. Im Spätmittelalter kamen gewerbsmäßig betriebene, verlagsähnliche Schreibstuben mit einer verstärkt arbeitsteiligen Produktion hinzu. So stammen die meisten der deutschsprachigen illustrierten Manuskripte des Mittelalters aus Werkstätten des 15. Jahrhunderts (Elsässische Werkstatt, 1418; Diebold Lauber, Hagenau, 1427–67).

Der Schreiber Hildebertus droht mit einem Bimsstein einer Maus, die sich gerade dem Käse auf seinem Tisch (»Mensa Hildeberti«) widmet; sein Gehilfe Everwinus malt weiter an Verzierungen. Der Text auf dem auf dem Pult liegenden Pergament lautet in Übersetzung: »Schlechteste Maus. Oft reizt du mich zum Zorn, möge Gott dich vernichten« (»Pessime mus. Sepius me prouocas ad iram ut te deus perdat«). Die Federzeichnung findet sich in einer um 1140 angefertigten Handschrift von Augustinus' *De civitate dei* (413–426).

BUCH UND HANDSCHRIFT

BUCHTYPEN, AUSSTATTUNG, ÄSTHETIK. Neben Einzelhandschriften mit einem einzigen Text sind Sammelhandschriften eine verbreitete mittelalterliche Buchform. Sie vereinigen mehrere selbständige Werke in einem Kodex: planvoll oder – wohl der Regelfall – eher zufällig durch Zusätze und nachträgliche Erweiterungen. Die Herstellung lag in der Hand von Schreibern und für den Buchschmuck zuständigen Buchmalern. Die Blätter wurden meist ein- oder zweispaltig, seltener dreispaltig beschrieben; zuvor hatten die Schreiber Ränder und Zeilen durch Linien markiert. Die Gliederung der Texte erfolgte durch rote und/oder blaue Initialen (Lombarden); wichtige Einschnitte konnten durch große, z.T. mit Illustrationen versehene Zierinitialen markiert werden. Darüber hinaus umfasst die künstlerische Buchgestaltung verzierte Randleisten und ganzseitige Miniaturen. Auch durchgehende Illustrationszyklen kommen vor. Dazu gehören die rund 120 Bilder, die das erste große Lehrgedicht in deutscher Sprache, den *Welschen Gast* (1215–16) Thomasins von Zerklaere, illustrieren und dabei einen engen, direkten Bezug zu dem Text herstellen und ihn in seiner Didaxe unterstützen. Ein ausgesprochenes Bildprogramm verwirklichen auch vier repräsentative Handschriften des *Sachsenspiegels* von Eike von Repgow aus dem 14. Jahrhundert, die auf eine gemeinsame Quelle zurückgehen. Dabei sind die Seiten je in eine vertikale Bild- und Textspalte geteilt; die Illustrationen kommentieren den Rechtstext Abschnitt für Abschnitt. Ähnlich verfährt die fragmentarisch erhaltene Münchener *Willehalm*-Handschrift aus der Zeit um 1270. Vor allem aber wurden liturgische und andere religiöse Texte Gegenstand elaborierter Buchmalerei. Vom künstlerischen Anspruch her können sich nur wenige deutschsprachige illustrierte Texte – etwa die *Große Heidelberger (Manessische) Liederhandschrift* (um 1300–40) oder der *Willehalm*-Kodex von 1387 aus der Prager Werkstatt König Wenzels IV. – mit den prächtigen lateinischen Kodizes messen, die seit der karolingischen Zeit entstanden.

In einer Bamberger Ambrosius-Handschrift aus dem 12. Jahrhundert stellt eine Federzeichnung viele handwerkliche Arbeitsschritte zur Herstellung einer Handschrift dar. Von oben Mitte im Uhrzeigersinn: ein fertiges Buch; Falzen der Pergamentbogen mit einem Falzbein; Heften der Bogen; Beschneiden der Pergamentbogen mit Hilfe von Federmesser und Lineal; Arbeit an einer Einbandschließe; der Meister belehrt einen Lehrling; Bearbeitung der Kanten eines Holzdeckels für den Einband; die auf einen Rahmen gespannte Pergamenthaut wird glatt geschabt; Notizen auf einem mit Wachs beschichteten Täfelchen (Diptychon); Schneiden der Schreibfeder (Gänsekiel) mit einem Federmesser.

ZAUBERSPRUCH

Zaubersprüche sind Texte, mit deren Hilfe Wirkungen herbeigeführt werden sollen, die mit natürlichen Mitteln nicht erreichbar sind. Hinweise auf Zauberpraktiken der Germanen finden sich schon bei den römischen Schriftstellern. Zaubersprüche wurden mündlich tradiert und auch nach der Christianisierung nur gelegentlich niedergeschrieben. Schriftliche Zeugnisse auf deutschem Boden gibt es erst um die Wende vom 9. zum 10. Jahrhundert, darunter die nach dem Aufbewahrungsort der Handschrift benannten *Merseburger Zaubersprüche*. Sie entstanden vor der Missionierung der deutschen Stämme, also spätestens zu Anfang des 8. Jahrhunderts; aufgezeichnet wurden sie in der ersten Hälfte des 10. Jahrhunderts, wahrscheinlich im Kloster Fulda. Die Texte, ein Löse- oder Entfesselungszauber der eine, ein Heilzauber für Pferde der andere, sind wie viele Sprüche dieser Art zweiteilig: Einer Beispielerzählung, die einen gelungenen magischen Vorgang aus mythischer Vorzeit zeigt, folgt die Beschwörung, die Anwendung auf den konkreten Fall. Die Christianisierung brachte zunächst nicht das Ende der Zaubersprüche, die ja Bedürfnissen des Alltags dienten (Heilung, Abwehr von Unheil usw.). Allerdings veränderten die Sprüche durch die Verwendung christlicher Motive und christlichen Personals allmählich ihren Charakter.

MEDIEN

MÜNDLICHKEIT UND SCHRIFTLICHKEIT

BEGEGNUNG DER KULTUREN. Als Folge der Begegnung der germanischen Stämme mit dem Christentum entwickelte sich eine komplexe Wechselbeziehung zwischen mündlich überlieferter und schriftlich fixierter Literatur. Allein eine kleine klerikale Schicht verfügte auf der Basis der lateinischen christlich-antiken Kultur über die Schrift; daneben lebten die mündlichen Überlieferungen der germanischen Stämme fort. Die Ausweitung der Schriftlichkeit auch auf die Volkssprache war Teil des Kulturprogramms Karls des Großen, der nach Ausweis seines Biographen Einhard den Monaten und Winden deutsche Namen gab und die Gesetze der von ihm beherrschten Stämme aufzeichnen ließ: »Auch die uralten heidnischen

Das Elfenbeinrelief vom Ende des 10. Jahrhunderts, Einbandschmuck eines Sakramentars, zeigt Gregor den Großen als vom Heiligen Geist (der Taube an seinem Ohr!) inspirierten Autor. Die Handschriften seiner Werke schreibt er nicht selbst, sondern lässt sie von den Schreibern (im unteren Teil des Reliefs) anfertigen.

Lieder, in denen die Taten und Kriege der alten Könige besungen wurden, ließ er aufschreiben, um sie für die Nachwelt zu erhalten. Außerdem begann er mit einer Grammatik seiner Muttersprache.« Diese Werke sind zwar nicht überliefert, doch einzelne erhaltene Texte wie die *Merseburger Zaubersprüche* oder das *Hildebrandslied* reflektieren die Bemühungen der karolingischen Kulturpolitik. Allerdings lag es näher, dass die Mönche, wenn sie schon die Volkssprache benutzen sollten, ihr Schriftmonopol zur Verbreitung christlicher Konzepte einsetzten. Dass ihnen auch dabei die Volkssprache nicht immer leicht fiel, macht ein Schreiber am Ende des *Georgslieds* (um 900), der ältesten deutschen Heiligenlegende, deutlich. Wohl genervt von der seltsamen Sprache und Orthographie bricht er mit dem lateinischen Stoßseufzer ab, dass er, Wisolf, nicht weiter könne: »nequeo! Vuisolf«.

Hieronymus diktiert den lateinischen Bibeltext (»Vulgata«). Miniatur aus einem um 1030 entstandenen Evangeliar aus Sta. Maria ad Gradus in Köln.

WECHSELBEZIEHUNGEN. Die Ausbreitung der Schriftkultur auch über die Klöster hinaus auf höfische und städtische Kreise änderte nichts an der Tatsache einer zum größten Teil analphabetischen Gesellschaft. Das Nebeneinander von Schriftlichkeit und Mündlichkeit gehörte zu den Merkmalen des mittelalterlichen Literaturbetriebs. Das hatte durchaus auch Folgen für die Ausdrucksformen der schriftlich konzipierten und schriftliche Traditionen aufnehmenden Literatur: Ihre Verfasser mussten die Vortragssituation und die Aufnahme durch ein illiterates Publikum einbeziehen. So erklärt sich etwa die Vorherrschaft des Verses in der volkssprachlichen Literatur bis ins Spätmittelalter hinein. Am stärksten bewahrte die Heldendichtung die Merkmale mündlicher Sprech- und Erzählweise, wie sie die ›Oral poetry‹-Forschung mit Bezug auf die Epen Homers herausgearbeitet und an zeitgenössischen südslawischen Sängern verifiziert hat: Formelhaftigkeit des Erzählens, stereotype Beschreibungsmuster und Motive, einfache Vers- und Melodieformen usw. Daneben bestanden mündliche Überlieferungsformen weiter und konnten ihrerseits auf die alternativen Ausdrucksmöglichkeiten und Denkformen der Schriftlichkeit reagieren und sie nutzen.

> **ERSTER MERSEBURGER ZAUBERSPRUCH**
>
> Eiris sazun idisi   sazun hera duo der
> suma hapt heptidun   suma heri lezidun
> suma clubodun   umbi cuoniouuidi
> insprinc hapt bandun   inuar uigandun
>
> »Einst setzten sich Jungfrauen hin, setzten sich hierhin, dahin und dorthin; | die einen hielten einen Gefangenen, die andern hielten das Heer auf, | die dritten knüpften die Fessel auf. | Entspring, Gefangener, den Banden, entschlüpfe den Feinden.« (Übers. K. A. Wipf)
>
> **ZWEITER MERSEBURGER ZAUBERSPRUCH**
>
> Phol ende uuodan   uuorun zi holza
> du uuart demo balderes uolon   sin uuoz birenki*t*
> thu biguol en sin*th*gunt.   sunna era suister
> thu biguol en friia   uolla era suister
> thu biguol en uuodan   so he uuola conda
> sose benrenki   sose bluotrenki sose lidirenki
> ben zi bena   bluot zi bluoda
> lid zi geliden   sose gelimida sin.
>
> »Voll und Wotan ritten in den Wald. | Damals verrenkte sich Balders Roß den Fuß. | Da besprach ihn Sinthgunt, der Sonne Schwester, | da besprach ihn Frija, der Volla Schwester, | da besprach ihn Wotan, wie gut er [allein] es vermochte: | Knochenverrenkung ist gleich Blutverrenkung, ist gleich Gliedverrenkung, | Knochen zum Knochen, Blut zum Blut, | Glied zum Gliede. So seien sie fest zusammengefügt.« (Übers. K. A. Wipf)

GATTUNG

HELDENDICHTUNG

ERINNERUNGEN AN EIN HEROISCHES ZEITALTER. Heldendichtung, ein übernationales Phänomen, ist in dichterische Form gefasste Überlieferung aus der kriegerischen Frühzeit einer Gemeinschaft. Ihr Stoff stammt aus der Heldensage, die besonders eindrucksvolle Ereignisse, Menschen (›Helden‹) und Verhaltensweisen vor dem Vergessen bewahrt, indem sie sie auf bestimmte Muster projiziert. Denn die heroischen Erzählungen reflektieren zwar vielfach historische Ereignisse, doch ihre Wirkung und Verbindlichkeit verdankt die Heldendichtung anderen Aspekten: dem Rückgriff auf archaische Typik oder literarische Rollenmuster, der Zurückführung politischer Konflikte auf elementare menschliche Haltungen und Affekte wie Ehre, Habgier oder Rache. Die Stoffe der deutschen Heldendichtung haben ihren Bezugspunkt im Wesentlichen in der Zeit der Völkerwanderung (Dietrich von Bern: Theoderich; Etzel: Attila); seit dem späten 12. Jahrhundert wurden auch französische Heldendichtungen (*Chansons de geste*) aus dem Umkreis der Sagen um Karl den Großen und Guillaume d'Orange rezipiert, so vom Pfaffen Konrad das *Rolandslied* (um 1170) und der *Willehalm* von Wolfram von Eschenbach (um 1210–20).

»HILDEBRANDSLIED«. Heldensage und -dichtung wurden zunächst mündlich tradiert und wie das *Nibelungenlied* oder die Sagen um Dietrich von Bern oft erst recht spät in Buchform gebracht. Das althochdeutsche *Hildebrandslied* ist das einzige Zeugnis germanischer Heldendichtung in deutscher Sprache. Es setzt die Sagen von Dietrich von Bern (Bern=Verona) voraus, die – die Geschichte zugunsten Dietrichs umschreibend – von der Vertreibung Dietrichs aus Italien durch Odoaker berichten, von Dietrichs

»JÜNGERES HILDEBRANDSLIED«

Das *Hildebrandslied*, nur zufällig in dieser frühen Form erhalten, war Teil einer kontinuierlichen mündlichen Tradition. Es blieb lebendig, was auch bedeutet, dass es sich veränderte. Eine Zeit lang konkurrierten Fassungen mit tragischem und glücklichem Ausgang miteinander, bis schließlich mit der Volksballade des 15. und 16. Jahrhunderts, dem so genannten *Jüngeren Hildebrandslied*, eine gefühlvolle Heimkehrergeschichte mit glücklichem Ausgang zutage trat. Hier wird die Vorgeschichte ausgeklammert, eine zeit- und geschichtslose Situation dargestellt. Am guten Ausgang besteht nie ein Zweifel, der Kampf hat eher sportlichen Charakter. Der Vater stellt den Sohn auf die Probe, für tragische Verwicklungen, für Verblendung ist kein Raum: »Er schloß im auf sein gulden Helm und kust in an seinen Mund: | ›Nun muß es Gott gelobet sein, wir seind noch beid gesund.‹«

Die Hersteller von Liebigs Fleischextrakt – »Nur echt, wenn jeder Topf den Namenszug J. v. Liebig in blauer Schrift durch das Etikett trägt« – legten zwischen 1872 und 1892 zahlreiche Sammelbild-Serien auf, die den unterschiedlichsten Themen aus Geschichte und Kulturgeschichte gewidmet waren. Hier ein Bild aus der Serie zur Völkerwanderungszeit mit Theoderich dem Großen.

Erstes Blatt der Handschrift des Hildebrandslieds (um 830–840), Kassel, Landesbibliothek.

Das *Hildebrandslied* ist nur als Fragment von 68 Stabreimversen erhalten. Es wurde in der ersten Hälfte des 9. Jahrhunderts im Kloster Fulda von zwei Schreibern nach einer schriftlichen Vorlage auf die Vorder- und Rückseite einer theologischen Handschrift aufgezeichnet. Entstanden ist das Heldenlied wahrscheinlich um die Mitte des 8. Jahrhunderts in Oberitalien am Hof der Langobarden. Es gelangte über Bayern nach Fulda, wo es auch seine merkwürdige sprachliche Gestalt mit einer Mischung hoch- und niederdeutscher Elemente erhielt.

Exil am Hunnenhof und seiner Rückkehr in die Heimat nach 30 Jahren. Das Lied handelt vom Zusammentreffen von Dietrichs Waffenmeister Hildebrand mit seinem Sohn Hadubrand zwischen zwei Heeren: eine Situation, die zu Wortwechsel und Kampf führt, da der Sohn seinen Vater für tot und sein Gegenüber für einen listigen Hunnen hält. Der Vater habe ihn und seine Mutter hilflos zurückgelassen und sei inzwischen, so hätten Seefahrer berichtet, im Kampf gefallen. Damit nennt er Hildebrand einen Lügner, und ein strenger Ehrbegriff verlangt, dass Hildebrand die Herausforderung annimmt und dem Schicksal seinen Lauf lässt. Mitten in der Kampfschilderung bricht der Text ab. Vom Ausgang des Kampfes – der Vater erschlägt den Sohn – berichten andere Zeugnisse.

Das tragische Ende ist eine Folge des Ehrbegriffs: Die Kriegerehre lässt es nicht zu, eine Herausforderung abzulehnen und damit feige zu erscheinen. Hildebrand ist also gezwungen, wissend seinen einzigen Sohn zu töten. Die Berufung auf den »waltant got« bleibt ohne Konsequenz, das Christentum äußerlich: »wewurt«, Unheilsschicksal, geschieht unausweichlich. Die Dichtung mit ihrer Untergangsstimmung ist Ausdruck der Umbruchssituation der Völkerwanderungszeit, kunstvoll stilisierte Selbstdarstellung der führenden Kriegerschicht.

Jüngeres Hildebrandslied. Der Titelholzschnitt eines Straßburger Drucks (16. Jahrhundert) zeigt die glückliche Wiedervereinigung der Familie.

GATTUNG

BIBELEPIK

BIBEL UND LITERATUR. Die Wirkung der Bibel auf die Literatur aller Epochen ist kaum zu überschätzen. Im Mittelalter diente die volkssprachliche Bibeldichtung vor allem dazu, die Inhalte des Alten und Neuen Testaments einem Publikum zu vermitteln, das schon aus Bildungsgründen keinen Zugang zur (lateinischen) Bibel oder zu den für den Gebrauch in Gottesdiensten hergestellten Bibelauszügen hatte. Am Anfang der deutschen Bibeldichtung stehen die beiden altsächsischen Großepen *Heliand* und *Genesis* (beide um 830), das althochdeutsche *Evangelienbuch* Otfrids von Weißenburg (863–871) und einige Episodengedichte wie die apokalyptische Vision *Muspilli* (um 875). Nach diesem ersten Höhepunkt setzt deutschsprachige Bibeldichtung erst wieder in der zweiten Hälfte des 11. Jahrhunderts mit der *Altdeutschen* bzw. *Wiener Genesis* (um 1060–80) ein. Ihr folgen im 12. Jahrhundert u. a. der neutestamentliche Zyklus der Frau Ava (*Leben Jesu*, um 1120–1125), die *Vorauer Bücher Mosis* (um 1130–40) oder Gestaltungen einzelner alttestamentlicher oder apokrypher Episoden. Große Sammelhandschriften ziehen um 1200 gleichsam die Summe dieser fruchtbaren Periode der Bibeldichtung. Die Dichtung des deutschen Ordens wandte sich im 14. Jahrhundert noch einmal der epischen und didaktischen Bibeldichtung vor allem auf der Basis der alttestamentlichen Geschichtsbücher zu. In der Folgezeit verschwand die Bibelepik fast völlig; Historienbibeln und Bibelübersetzungen übernahmen ihre Funktion.

CHRISTUS AUF FRÄNKISCH PREISEN. Die Bibeldichtung der althochdeutschen Literaturperiode gipfelt im *Evangelienbuch* oder *Liber evangeliorum* Otfrids von Weißenburg, das die aus den vier Evangelien kompilierte Lebensgeschichte Christi in fünf Büchern erzählt, immer wieder unterbrochen durch exegetische Einschübe. In einem einleitenden Kapitel beantwortet der Weißenburger Mönch die in der lateinischen Überschrift gestellte Frage: »Warum der Autor dieses Buch in der Volkssprache [theotisce] geschrieben hat.« Die Antwort – ein Dokument auch des fränkischen Machtanspruchs – wird zu einem Hymnus auf die Franken, die in nichts den anderen Völkern nachstehen, es bisher freilich versäumt hätten, Christus auf Fränkisch zu preisen. Daher wolle er mit seinem Werk dafür sorgen, dass die Franken nicht als einzige davon ausgeschlossen seien, in

---

EVANGELIENHARMONIE

Evangelienharmonie nennt man eine auf den vier Evangelien beruhende, vereinheitlichte Darstellung von Leben und Wirken Jesu. Ältestes Beispiel ist das *Diatesseron* (»Durch die vier [Evangelien]«) des Syrers Tatian aus dem 2. Jahrhundert. Eine lateinische Version wurde um 830 unter der Leitung von Hrabanus Maurus im Kloster Fulda ins Althochdeutsche übersetzt. Poetische Evangelienharmonien sind der altsächsische *Heliand* (um 830) und Otfrid von Weißenburgs *Evangelienbuch*.

Gott erschafft Eva aus einer Rippe Adams. Illustration aus der Anfang des 12. Jahrhunderts in Kärnten entstandenen *Millstätter Genesis*, einer auf der *Altdeutschen* bzw. *Wiener Genesis* (1060–80) beruhenden naiv-anschaulichen Erzählung der Schöpfungsgeschichte in frühmittelhochdeutschen Reimpaarversen: »Adam slief unde lach | unz im got ein rippe ouz prach, | da von geschuof er ein wip, | si beidiu wrden do ein lip.«

BIBELEPIK 23

Frühes Mittelalter

ihrer Muttersprache Christi Lob zu singen: »Thaz síe ni uuesen éino thes selben ádeilo, | ni man in íro gizungi Kristes lób sungi.« Seinen Anspruch, geistliche Literatur in ästhetisch anspruchsvoller Form in fränkischer Sprache zu schaffen, verwirklicht Otfrid mit seiner Verssprache, die zugleich den Rang des Werkes in der deutschen Literaturgeschichte begründet: Mit den binnengereimten Langzeilen des *Evangelienbuchs* setzt sich der Endreimvers nach dem Vorbild der lateinischen Hymnendichtung in der deutschen Literatur durch; über deutsche Vorläufer ist bis auf vereinzelte Verse nichts bekannt. Dem Endreimvers gehörte als neuer ›christlicher‹ Form die Zukunft, während die Kunst der Stabreimdichtung verloren ging.

Noch bevor die deutschsprachige Dichtung für anderthalb Jahrhunderte verstummte, übernahm auch die weltliche Dichtung den neuen Vers: Das erste christliche Heldenlied in deutscher Sprache, das *Ludwigslied* (881–882), feiert einen Sieg des westfränkischen Königs Ludwig III. des Jüngeren über die Normannen in 59 binnengereimten Langzeilen in der Art Otfrids: »Einan kuning uueiz ih, Heizsit her Hluduig.«

»HELIAND«

Die etwa 6000 Stabreim-Langzeilen umfassende Dichtung über das Leben Christi erhielt ihren Titel im 19. Jahrhundert; Heliand ist das altsächsische Wort für Heiland. Das in altsächsischer Sprache verfasste Werk ist um 830 möglicherweise im Kloster Fulda entstanden und basiert u. a. auf der Evangelienharmonie Tatians. Das Werk versagt sich gelehrt-exegetische Exkurse und legt den Akzent auf den ›diesseitigen‹ Christus: den Herrn, Lehrer, Gesetzgeber, Verkünder. Der Dichter richtet sich an die sächsische Oberschicht und verwendet, um sein Publikum zu erreichen, Begriffe und Vorstellungen aus ihrer Welt: Christus als Gefolgsherr, die Jünger als Gefolgsleute, die Männer Palästinas als ›Degen‹. Und zugleich preist er die unkriegerischen christlichen Tugenden. Dass der Dichter seinem Publikum äußerlich so weit entgegen kommt, lässt auf missionarische Absichten schließen. Erst 804 waren die Sachsenkriege Karls des Großen beendet worden.

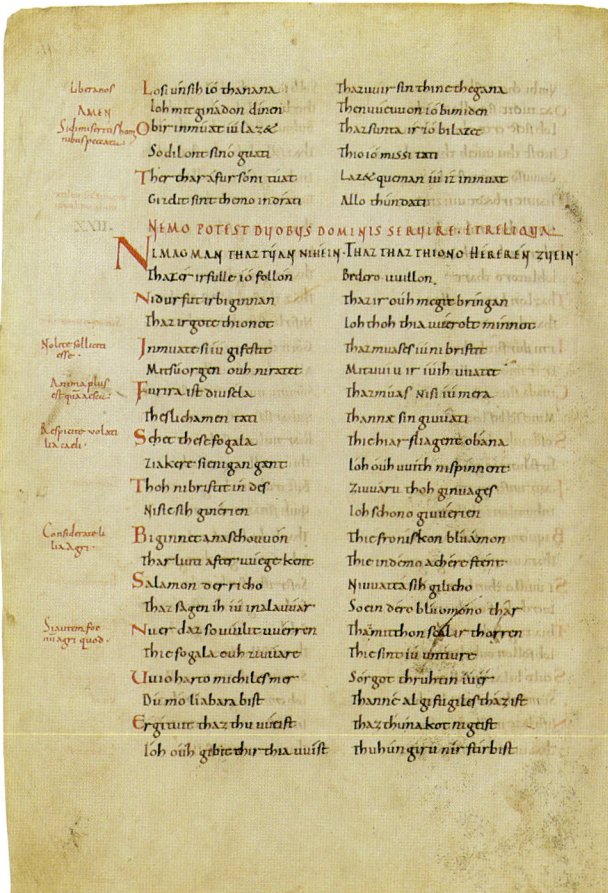

Otfrid, Mönch und Lehrer im elsässischen Kloster Weißenburg, vollendete sein *Liber evangeliorum* zwischen 863 und 871. Das umfangreiche Werk ist in vier Handschriften aus dem 9. und 10. Jahrhundert überliefert. Die Freisinger Handschrift F entstand Anfang des 10. Jahrhunderts nach einer vom Verfasser autorisierten Vorlage. Im oberen Viertel der abgebildeten Seite beginnt ein neuer Abschnitt mit der Überschrift nach Mt. 6, 24: »Nemo potest duobus dominis servire« (»Niemand kann zwei Herren dienen«) bzw. »Ni mag man thaz túan nihéin Thaz (thaz) thiono hérerén zuein«.

HROTSVIT VON GANDERSHEIM

AUTORIN

DIE ERSTE DEUTSCHE DICHTERIN. Das Reichsstift Gandersheim, eine Gründung der sächsischen Kaiserfamilie, blieb eng mit dem Herrscherhaus verbunden; Töchter des Hauses leiteten das Stift bis 1001. Es hatte exklusiven Charakter und war ein Ort literarischer Bildung und höfischer Kultur. Hier verbrachte Hrotsvit als Kanonisse den größten Teil ihres Lebens, und hier erhielt sie auch den Unterricht – u.a. von der Äbtissin Gerberg II., der gebildeten Nichte Kaiser Ottos I. –, der die Voraussetzungen für ihre metrischen lateinischen Dichtungen schuf. Sie war sich durchaus ihrer Sonderrolle als schreibende Frau bewusst und thematisierte sie in Vorreden. Dabei verwendet sie zwar die üblichen Bescheidenheitstopoi im Hinblick auf ihr ›schwaches‹ Geschlecht, doch wird dahinter ein ausgeprägtes Selbstbewusstsein spürbar. So räumt sie einerseits mögliche technische Mängel ein und bittet gelehrte

BIOGRAFIE

Von Hrotsvits Leben (um 935 – nach 973) ist nur wenig bekannt. Sie verbrachte den größten Teil ihres Lebens als Kanonisse im Reichsstift Gandersheim; aus dem exklusiven Charakter des Stifts erschließt man ihre adelige Herkunft. Gandersheim war kein Kloster, und die Kanonissinnen waren keiner Ordensregel unterworfen, konnten auch wieder austreten, lebten aber in einer festen geistlichen Gemeinschaft.

Hrotsvit stellte ihre Werke in drei Büchern zusammen, wie eine um 1000 entstandene Abschrift ausweist. Sie wurde von Conrad Celtis im Regensburger Kloster St. Emmeran entdeckt und diente als Grundlage seiner Werkausgabe von 1501. Dabei entspricht die chronologische Anordnung der Werke einer gattungsmäßigen. Das erste Buch, nach der Kaiserkrönung Ottos I. (962) vollendet, enthält acht Verslegenden (darunter die erste dichterische Gestaltung der später weit verbreiteten Legende vom Teufelsbündner Theophilus), das zweite sechs nach 962 entstandene Legendendramen in Reimprosa, das dritte die epische Hexameterdichtung *Gesta Ottonis* (vor 968) zur höheren Ehre des sächsischen Herrscherhauses. Separat überliefert ist die Gründungsgeschichte des Gandersheimer Stifts (*Primordia coenobii Gandeshemensis*, vor 973).

Eine um 1400 entstandene Terenz-Prachthandschrift, der *Térence des Ducs*, zeigt den rezitierenden Calliopus, während davor die »joculatores«, die Masken tragenden Schauspieler, agieren.

Leser um hilfreiche Kritik in metrischen und stilistischen Fragen, die einen männlichen Verstand erforderten, betont aber andererseits den eigenen Antrieb und die göttliche Inspiration, die sie zur Poesie geführt hätten. Hinter der auch von männlichen Autoren gern geübten demütigen Geste verbirgt sich innere Sicherheit: »Wenn einem meine fromme Hingabe gefällt, freue ich mich; wenn sie aber wegen meiner Verächtlichkeit oder der mangelhaften, unkultivierten Sprache niemandem gefällt, so freut doch mich selbst, was ich geschaffen habe.«

ANTI-TERENZ. Die sechs Dramen, die als Hrotsvits bedeutendste Leistung gelten, sind legendenhafte Bekehrungs- und Märtyrerstücke, konzipiert als geistliche Gegenentwürfe zu den Komödien des Terenz. Sie wolle, schreibt sie, die wegen der Schönheit der Sprache (»dulcedo sermonis«) beliebten, aber moralisch bedenklichen Stücke des heidnischen Autors durch erbauliche Dichtungen christlichen Inhalts ersetzen und »in derselben Dichtart, in der die schändlichen Buhlereien schamloser Weiber vorgetragen werden, die preiswürdige Keuschheit heiliger Jungfrauen« verherrlichen. Am glorreichsten sei der Sieg der Tugend und der himmlischen Mächte über die Laster, heißt es pointiert, »wenn weibliche Schwachheit siegt und männliche Kraft schändlich unterliegt«. Verfolgung und freudiges Martyrium, Verstrickung in Laster und reuige Umkehr, sündhafte Leidenschaft und Bekehrung sind die Themen der Stücke, die eine klar gegensätzliche Welt zeigen, in der das Engelhafte ohne ernsthafte Gefährdung mit Gottes Hilfe über das Dämonische triumphiert und in der durchaus auch Komik möglich ist.

MITTELALTER UND ANTIKES DRAMA. Hrotsvit bezeichnete ihre Texte nicht als Dramen; es gibt auch keine Gliederung in Szenen, keine Szenenanweisungen, keine Hinweise auf eine szenische Darstellung. Die Texte beginnen wie bei Terenz mit einer Inhaltsangabe und reihen dann die Dialoge aneinander, für die Hrotsvit eine an Sinnabschnitten gereimte Prosa verwendet. An eine Aufführung war schon deswegen nicht gedacht, weil man sich auf Grund eines Übersetzungsfehlers ein irriges Bild vom antiken Theater machte. Man nahm an, dass ein gewisser Calliopus den ganzen Text der Terenz-Komödien rezitiert habe, während stumme Mimen dazu agiert hätten. Diese Vorstellung wurde auch auf die Tragödie übertragen. Erst im Humanismus übernehmen Schauspieler die Dialoge, während Calliopus als Prolog- und Epilogsprecher erhalten blieb.

Hrotsvit überreicht ihr Werk Kaiser Otto I. Holzschnitt von Albrecht Dürer zu der Hrotsvit-Ausgabe von Conrad Celtis (1501).

NACHRUHM

Als Conrad Celtis 1493 die Hrotsvit-Handschrift im Regensburger Kloster St. Emmeran entdeckte, machte er sie bereits vor dem Druck seinen Freunden zugänglich. Die enthusiastische Aufnahme unter den Gebildeten steigerte sich noch nach der Drucklegung. Der Nürnberger Humanist Willibald Pirckheimer rühmte Hrotsvit in einem Epigramm als elfte Muse (nach Sappho als zehnter), und Sebastian Brant verfasste ein *Lob der Dichterin Hrotsvitha* (*In laudem Rosuide mulieris poetridos*), die in »barbarischem Land« ein Werk verfasst habe, mit dessen Ruhm sich »kaum der Ottonen Herrschaft« messen könne.

DIE ANDEREN ARTES

Der Bereich der mechanischen Künste, dem im Mittelalter ein niederer Rang zugewiesen wurde, umfasst Webkunst, Waffenkunst, Seefahrt/Erdkunde/Handel, Land- und Hauswirtschaft, Jagdkunst, Heilkunde, ›Theaterkunst‹ (Unterhaltung). Zu den herausragenden Darstellungen auf dem Gebiet der Jagdkunst gehört Kaiser Friedrichs II. *De arte venandi cum avibus* aus der ersten Hälfte des 13. Jahrhunderts. In der Heilkunde gelangten durch die Rezeption der griechischen und arabischen Medizin neue Erkenntnisse in das deutschsprachige Gebiet.

Unter den »Artes magicae« fasst man unterschiedliche prognostische und magische Techniken antiker, hebräischer und arabischer Herkunft zusammen. Johannes Hartlieb lieferte einen Überblick über die magischen und mantischen Künste in seinem *Puoch aller verpoten kunst* (1455/56).

ENZYKLOPÄDIEN

Über den Bereich der *Artes liberales* hinaus geht die enzyklopädische Literatur des Mittelalters, die das gesamte Wissen der Zeit darzubieten suchte. Den Anfang machte Isidor von Sevilla mit seinen *Etymologiae* (um 600), indem er das Wissen der *Artes liberales*, der Medizin, der christlichen Theologie, der Naturkunde, der Geographie und der Kulturtechniken miteinander verband und durch Worterklärungen fundierte. Isidors Werk übte eine große Wirkung aus, z.B. auch auf Hrabanus Maurus (*De rerum naturis* bzw. *De universo*, 9. Jahrhundert), der jedoch Isidors Kompendium einer neuen, die Hierarchie der Seinsordnung spiegelnden Systematik unterwarf. Die umfangreichste Enzyklopädie des Mittelalters war die des Vinzenz von Beauvais, (*Speculum maius*, um 1250).

LITERATURBETRIEB

DIE SIEBEN FREIEN KÜNSTE

DAS BILDUNGSSYSTEM. Das mittelalterliche Bildungssystem entwickelte sich im Rückgriff auf Antike und Spätantike. Es basiert auf dem System der *Artes* (Plural von *ars*: Kunst, Lehre Wissenschaft), das sich in drei Zweige aufgliederte: *Artes liberales* (freie Künste), *Artes mechanicae* (mechanische Künste) und *Artes magicae* (bzw. *incertae* oder *prohibitae*: magische, ungewisse, verbotene Künste). Für alle Bereiche setzte sich nach einigen Schwankungen die Siebenzahl durch. Entscheidend für die höhere Bildung waren die Sieben freien Künste, die Künste nämlich, die einem frei geborenen Mann angemessen waren. Über sie führte der Weg zu dem nur wenigen vorbehaltenen Studium der höheren Wissenschaften Theologie, Recht und Medizin. Das ›Grundstudium‹ in der Artistenfakultät dauerte etwa zwei Jahre und wurde mit den akademischen Graden Baccalaureus und Magister abgeschlossen. Dieser Abschluss berechtigte dann zum Unterricht an der Artistenfakultät der Hochschulen – die vorherrschenden Unterrichtsformen waren die Vorlesung und die Disputation – und bildete zugleich die Voraussetzung für das Studium an den drei höheren Fakultäten, wo man den Doktorgrad erwerben konnte.

DIE FREIEN KÜNSTE. Seit Martianus Capellas Handbuch *De nuptiis Mercurii et Philologiae* (*Die Hochzeit Merkurs und der Philologie*) aus dem 5. Jahrhundert umfassen die freien Künste sieben Fächer, unterteilt in das Trivium mit Grammatik, Rhetorik und Dialektik als den grundlegenden sprachlichen Lehrstoffen, und das Quadrivium mit den höheren mathematischen Fächern Arithmetik, Geometrie, Musik und Astronomie. Dieses System bildete im ganzen europäischen Mittelalter die Grundlage des Ausbildungsprogramms an den Schulen und den Artistenfakultäten der Universitäten. Dichtung gehörte in den Bereich der Rhetorik und der anderen sprachlichen Disziplinen. Der Unterricht gründete sich auf das vielfach kommentierte allegorische Buch des Martianus Capella, eine Gesamtdarstellung der Artes liberales, sowie auf Autoritäten der Antike und Spätantike wie Aelius Donatus (Grammatik), Cicero (Rhetorik), Aristoteles und Boëthi-

DIE SIEBEN FREIEN KÜNSTE

Links und linke Seite unten: **Das mittelhochdeutsche Lehrgedicht *Der welsche Gast*** (1215–16) des Friauler Adeligen Thomasin von Zerklaere enthält neben zahlreichen weiteren Abbildungen eine Darstellung der Sieben freien Künste. Priscianus repräsentiert die Grammatik, Aristoteles die Dialektik, Tullius (Cicero) die Rhetorik, Euklid die Geometrie, Pythagoras die Arithmetik, Milesius (eine bei Boëthius genannte Gestalt) die Musik und Ptolemaios die Astronomie.
Die Darstellung der Sieben freien Künste ist in der Heidelberger Handschrift des *Welschen Gasts* auf zwei Blätter verteilt.

us (Dialektik); Boëthius war auch der entscheidende Vermittler der griechischen Autoritäten für den Unterricht in den mathematischen Disziplinen (Aristoteles, Euklid, Archimedes). Den ersten großen Versuch, die entscheidenden Texte zu Unterrichtszwecken auch in deutscher Sprache bzw. in zweisprachig kommentierenden lateinisch-deutschen Fassungen vorzulegen, unternahm der St. Gallener Mönch Notker III., der neben dem Handbuch des Martianus Capella, Boëthius' *De consolatione philosophiae* und Schriften des Aristoteles auch literarische Texte wie die Spruchsammlung *Disticha Catonis*, Vergils *Bucolica* und Terenz' Komödie *Andria* bearbeitete.

Dieser Kanon aus Antike und Spätantike, vielfältig kommentiert, prägte bis ins Hochmittelalter den Unterricht an den Kloster- und Kirchenschulen, erfuhr danach aber tiefgreifende Wandlungen durch die Erweiterung des Wissensstoffes, durch neue Lehrbücher, durch praxisorientierte Anwendungen (etwa im Rhetorikprogramm mit seinen Anweisungen zum Verfassen von Urkunden und dergleichen: *Ars dictaminis*). Darüber hinaus veränderte die Differenzierung des Schulwesens von einfachen Stadtschulen, die sich nur dem Trivium widmen (›Trivialschulen‹), bis hin zu den Universitäten die Praxis und Gewichtung der *Artes liberales*. Wesentlicher Inhalt auf allen Ebenen blieb, wenn auch sicher in unterschiedlicher Qualität, die Lektüre und Erschließung (lateinischer) literarischer Texte.

›DER FREMDLING AUS ITALIEN‹ ist das erste große mittelhochdeutsche Lehrgedicht. Die zahlreichen Handschriften bezeugen, dass das »tütsche lant« seinen »welchischen gast« wohl empfangen hat. Das Werk von annähernd 15 000 Reimpaarversen ist keine abstrakte ethische Abhandlung, sondern eine v. a. an den Adel gerichtete Verhaltens- und Tugendlehre, die sich an den gesellschaftlichen und politischen Gegebenheiten ihrer Zeit orientiert. Sie beginnt mit einer an die Jugend gerichteten Unterweisung in höfischem Benehmen, für die auch die Literatur einen gewissen Wert besitze. Die Tugendlehre vertraut auf Einsicht und Wissen, daher enthält das Buch auch eine Wissenslehre, aus der die Passage über die Sieben freien Künste stammt. Auch sittliches Verhalten ist lehrbar, lässt sich lernen. Leitbegriffe sind *staete*, *maze*, *reht* und *milte* (Freigebigkeit). Dabei behält Thomasin Politik und Literatur der Gegenwart im Auge und ergreift Partei: gegen Walther von der Vogelweide, der in seiner antipäpstlichen Polemik gegen die Tugend der *maze* – dem angemessenen Verhalten »enzwischen lutzel unde vil« – verstoßen und viel Unheil angerichtet habe.

BRAUTWERBUNGSEPEN UND ›SPIELMANNSDICHTUNG‹

Für eine Reihe von anonymen Dichtungen der zweiten Hälfte des 12. Jahrhunderts hat man im 19. Jahrhundert die Bezeichnung Spielmannsdichtung geprägt; man glaubte ›Spielleute‹ nicht nur als Verbreiter, sondern auch als Verfasser annehmen zu können. Es handelt sich um die Dichtungen *Sankt Oswald*, *Orendel*, *Salman und Morolf*, *König Rother* und *Herzog Ernst*. Gemeinsam ist ihnen, ausgenommen *Herzog Ernst*, das so genannte Brautwerbungsschema und ein den Orient einbeziehender Handlungsraum. Die Versepen schildern die Werbung eines Herrschers (durch ihn selbst oder durch einen Boten) um eine Braut in einem entfernten Land. Dabei treten häufig Schwierigkeiten und Gefahren auf, die durch List oder Kampf zu überwinden sind. Als Gegenspieler agieren meist der Vater der Braut oder ein Verwandter. Variationen ergeben sich u. a. durch den Schwierigkeitsgrad der Werbung und die dadurch erforderlich werdenden Maßnahmen wie Entführung, Rückentführung, erneute Gewinnung. Auch wenn sich die Annahme vom ›Spielmann‹ als Verfasser dieser Buchdichtungen nicht halten lässt, so verweist die Bezeichnung doch auf das Gemeinsame der Texte, die in ihrer Erzählweise – formelhafter Stil, eine gewisse sprachliche Unbekümmertheit, Freude an Drastik und Burleske – den Moment der Begegnung von Mündlichkeit und Schriftlichkeit erkennen lassen. Dichtungen wie *König Rother* (um 1160) stehen zwischen der Geistlichendichtung der vorhergehenden Zeit und der sich ankündigenden höfischen Ritterdichtung. Noch ist der Verfasser ein (unbekannter) Geistlicher, der Stoff dagegen weltlich.

EPOCHE/STRÖMUNG

FRÜHMITTELHOCHDEUTSCHE LITERATUR

NEUANSATZ. Die Übersetzungs- und Kommentararbeit Notkers III. von St. Gallen in den Jahrzehnten vor und nach dem Jahr 1000 markiert das Ende der althochdeutschen Literaturperiode. Die dichterische Produktion war bereits hundert Jahre vorher versiegt, Reflex der nachlassenden kulturellen Bemühungen der Karolinger. Die neue Epoche setzt mit den ersten frühmittelhochdeutschen Dichtungen um 1060 ein und umfasst die Zeit bis etwa 1160/70. Entstand in der althochdeutschen Periode Literatur als Folge einer planvollen, von oben angeregten und gesteuerten Kulturpolitik, so herrschen nun andere Verhältnisse. Die politischen und religiösen Veränderungen und Konflikte, etwa die Auseinandersetzung zwischen Kaiser- und Papsttum oder die innerkirchlichen Reformbewegungen, führen zu einer allgemeinen Verunsicherung, zu Fragen, die Antworten und Orientierungshilfen verlangen. Auf diese Bedürfnisse reagiert die frühmittelhochdeutsche Literatur: Dichtung von Geistlichen, die sich an den Laien richtet, den sie durch religiöse Unterweisung und durch Buß- und Sittenpredigten zu einer gottgefälligen Lebensführung im Hinblick auf die zu erlangende ewige Seligkeit anzuleiten sucht. Mit der wachsenden Akzeptanz und Verbreitung der vom burgundischen Cluny aus-

gehenden Reformbewegung, die sich gegen eine Unterordnung der Klöster unter weltliche Herrschaft im Eigenkirchenrecht richtete und mit ihrer Forderung nach strengerer Religiosität über den klösterlichen Bereich hinaus wirkte, geriet auch die humanistische Klosterkultur in Gefahr. Dabei traf die Kritik die Artes ebenso wie die weltliche Dichtung; als bezeichnend für diese Tendenzen kann die Haltung Abt Odos von Cluny gelten, der sich nach einem Traum von Vergil abwandte und sich ausschließlich dem Studium der heiligen Bücher widmete. Am Ende der Epoche wird deutlich, dass der religiöse Endzweck immer stärker in Konflikt mit innerweltlichen Zielvorstellungen gerät und weltliche Themen zunehmend Interesse finden.

Die Benediktinerabtei St. Michael in Siegburg, 1064 gegründet von Erzbischof Anno von Köln; hier entstand wahrscheinlich das *Annolied* (um 1080).

SPEKTRUM. Sprachlich wird die neue Literaturperiode durch den inzwischen vollzogenen Übergang von den althochdeutschen Dialekten zum einheitlicheren Mittelhochdeutschen charakterisiert. Die Versdichtung dominiert, der bewegliche mittelhochdeutsche Kurzvers ersetzt die althochdeutsche Langzeile. Das demonstriert eindrucksvoll bereits das *Ezzolied* (um 1060), ein Hymnus auf die Erlösung der Menschheit, mit dem die frühmittelhochdeutsche Dichtung beginnt. Die religiöse Thematik bleibt vorherrschend: vertiefte Frömmigkeit in Sündenklagen, Bußpredigten und Gebeten, anspruchsvolle theologische Didaxe in dogmatischen Gedichten wie der *Summa theologiae* (um 1100) oder der *Rede von dem heiligen gelouben* (um 1150) des Armen Hartmann, allegorisierende Verfahrensweisen bei der Auslegung biblischer Bücher (*Hohelied*) und naturkundlicher Texte (*Physiologus*). Und wie sich im *Annolied* (um 1080) Heilsgeschichte, weltliche Geschichte und Legende verbinden, so steht auch die erste deutsche Profangeschichte, die *Kaiserchronik* (um 1140–50), in einem heilsgeschichtlichen Zusammenhang. Die epische Dichtung führt einerseits die althochdeutsche Tradition der Bibelepik weiter, andererseits deuten sich in der Mitte des 12. Jahrhunderts mit Adaptionen französischer Epik (Pfaffe Lamprecht: *Alexanderlied*, Pfaffe Konrad: *Rolandslied*) und dem Phänomen der Brautwerbungsepen neue, zukunftsweisende Entwicklungen an.

Linke Seite: **Modell der Abteikirche des Benediktinerklosters Cluny**, die zwischen 1088 und 1130 erbaut wurde (»Cluny III«) und mit ihrer Gesamtlänge von 187 m an die Größe des Petersdoms in Rom heranreichte. 1798 wurde die Kirche einem Unternehmer zum Abbruch verkauft; das Kloster war bereits 1790 während der Revolution aufgehoben worden. Erhalten blieb nur das südliche Querschiff.

STOFFE/THEMEN

HOHESLIED

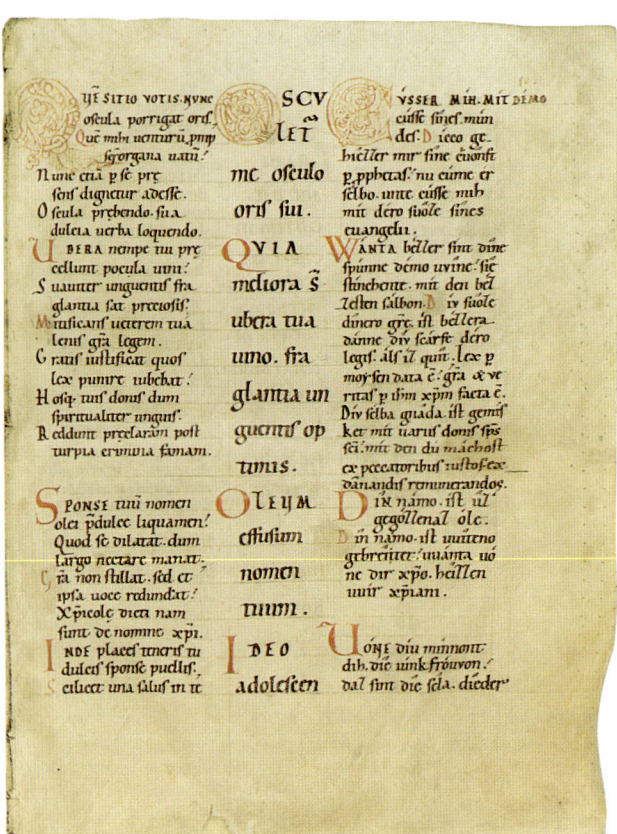

REFORMGEIST. Das Übersetzungswerk Notkers III. von St. Gallen demonstrierte noch einmal die selbstverständliche Verbindung von Christentum und antiker Bildung, die die karolingische Kulturpolitik ausgezeichnet hatte. Das änderte sich mit dem Erfolg der cluniazensischen Reformbewegung. Ihrem Geist war auch Williram verpflichtet, der das bayerische Kloster Ebersberg reformierte. Seine *Paraphrase des Hohenliedes* (um 1065), das erste große Prosawerk der frühmittelhochdeutschen Literatur, gehört in diesen Zusammenhang. Williram nimmt die Kritik an der weltlichen Wissenschaft auf, wenn es im Prolog heißt, der einzige Nutzen der Beschäftigung mit diesen Dingen bestehe darin, dass man so den Abstand zwischen Licht und Finsternis, Wahrheit und Lüge deutlicher erkennen könne.

Willirams Werk zeigt in den ältesten Handschriften eine dreispaltige Anordnung, die man mit dem Plan einer dreischiffigen Kirche verglichen hat: in der Mitte der lateinische Bibeltext der Vulgata, links eine Paraphrase in gereimten Hexametern, rechts ein Kommentar in einer deutsch-lateinischen Mischsprache, der an die Methode Notkers III. erinnert. Abgebildet ist der Anfang des Werkes in einer Handschrift aus Ebersberg aus der zweiten Hälfte des 11. Jahrhunderts. Der deutsche Text in der rechten Spalte beginnt mit den Worten: »Cusser mih mit demo cusse sines mundes« (»Er küsse mich mit dem Kusse seines Mundes«).

DOGMATIK. Wie kaum ein anderes der biblischen Bücher bedarf das *Hohelied*, eigentlich eine Sammlung weltlicher Liebesgesänge von großer Sinnlichkeit und Bildkraft, der allegorischen Auslegung, um seine Aufnahme in den Kanon der heiligen Bücher zu rechtfertigen. Die christlichen Ausleger der Spätantike und des Mittelalters konnten dabei bereits auf jüdische Vorbilder zurückgreifen. Drei Interpretationsmuster bildeten sich heraus: Das Verhältnis von Bräutigam und Braut bezeichnet die Beziehung zwischen Christus und der Kirche, diejenige zwischen Gott und der Jungfrau Maria oder die zwischen Gott und der Seele des Gläubigen. Von diesen Möglichkeiten greift Williram von Ebersberg in seiner theologischen Exegese auf die erste zurück: Die Liebe zwischen Bräutigam und Braut erscheint objektiv als das Verhältnis von Christus und Kirche. Die Kirche ist als hierarchische Organisation gesehen, in der sich die »doctores« und die »auditores«, Lehrer und Hörer, gegenüberstehen: Als Vermittler zwischen Christus und dem Volk verkünden die »doctores« das Evangelium, eröffnen die Geheimnisse der Schrift und schützen mit geistli-

Das Blockbuch mit einer Holzschnittfolge zum Hohenlied entstand um 1460 in den Niederlanden. Die Bildtafeln illustrieren das Zwiegespräch zwischen Bräutigam und Braut bzw. Christus (mit Kreuznimbus) und Maria (mit Nimbus und Krone).

chen Waffen die Kirche vor dem Teufel und den Ketzern. Vom inneren Leben des einzelnen Menschen und seinem Verhältnis zu Gott ist in Willirams Paraphrase und Auslegung nicht die Rede.

MYSTIK. Willirams Werk steht zwar im 11. Jahrhundert allein, war aber mit über 40 Handschriften außerordentlich erfolgreich – nicht zuletzt wohl deshalb, weil er damit für die deutsche Sprache ein Buch der Bibel erschlossen hatte, das den Ausgangspunkt für eine neue, persönliche Glaubenserfahrung bilden konnte. Denn im folgenden Jahrhundert, der großen Zeit der *Hohenlied*-Kommentare, verschieben sich die Akzente. Mystische Deutungen treten in den Vordergrund, nicht zuletzt unter dem Einfluss der Predigten Bernhards von Clairvaux, die die Liebe zwischen dem himmlischen Bräutigam und der Seele hervorheben. In deutscher Sprache zeigt sich diese neue religiöse Haltung in dem für eine Gemeinschaft von Nonnen bestimmten *St. Trudperter Hohenlied* (um 1160), das den biblischen Text zwar nach der Übersetzung Willirams zitiert, ihn aber mit lyrischer Ausdruckskraft und pathetischem Lobpreis anders deutet – die Braut als Jungfrau Maria, als Einzelseele – und mit mystisch-subjektiver Frömmigkeit den Weg zur Gemeinschaft mit Gott beschreibt.

Eine auf die Einzelseele der Gläubigen bezogene *Hohelied*-Deutung zeigt der mystische Traktat *Christus und die minnende Seele* aus dem Frauenkloster Inzigkofen (um 1500).

MITTELALTERLICHE GESCHICHTSSCHREIBUNG

Die mittelalterliche Geschichtsschreibung entfaltet sich in verschiedenen Gattungen, die vielfach auf die Antike bzw. Spätantike zurückgehen. Die weltliche Biographik – z. B. Einhards *Vita Karoli Magni* (um 820–830) – schließt an das Vorbild der römischen Kaiserbiografien an, die Heiligenvita hat ihre Wurzeln in der christlichen Spätantike, die Annalistik konnte sich auf römische Muster stützen, die heilsgeschichtlichen Konzepte auf spätantik-christliche Geschichtsdeutungen.

Die mittelalterliche Chronistik hat einen weit gefassten Gegenstandsbereich und reicht von universaler Welt- und Heilsgeschichte zu geschichtlichen Darstellungen von Epochen, Ländern, Dynastien, Städten, weltlichen und geistlichen Institutionen oder Ereignisfolgen (Reisen, Konzile, Kriege). Neben der lateinischen entwickelt sich eine volkssprachliche Chronistik. Hier dominiert zunächst die Reimchronik.

Die Tradition universalhistorischer Reimchroniken in deutscher Sprache beginnt mit der *Kaiserchronik* und führt über die Weltchroniken von Rudolf von Ems (um 1250–54) und Jans Enikel (um 1280) zur monumentalen Kompilation Heinrichs von München (um 1380). Zu den großen gereimten Landeschroniken in deutscher Sprache gehören Ottokars von Steiermark *Österreichische Reimchronik* (um 1300–20) und Nikolaus' von Jeroschin *Kronike von Pruzinlant* (um 1335). Mit der niederdeutschen *Sächsischen Weltchronik* (um 1270; früher Eike von Repgow zugeschrieben) beginnt die Chronistik in deutscher Prosa; auch für die Mitte des 14. Jahrhunderts einsetzende Städtechronistik – z. B. Fritsche Closeners *Straßburger Chronik* (1362) – ist Prosa die verbindliche Sprachform.

STOFFE/THEMEN

HEILSGESCHICHTE UND WELTGESCHICHTE

KONZEPTE DER UNIVERSALGESCHICHTE. Die mittelalterliche Universalgeschichtsschreibung sieht den Ablauf der Geschichte als Entfaltung des göttlichen Heilsplans. Die Basis bildet die Bibel; antike Geschichtsschreibung, Mythologie und Sage sind sekundäre Quellen. Das Interesse gilt nicht zuletzt dem Ende aller Zeiten und fordert damit die Erarbeitung einer genauen Chronologie seit der Erschaffung der Welt heraus. Zwei Periodisierungskonzepte setzen sich durch. Das erste, die Einteilung der Geschichte nach sechs Weltaltern, folgt Augustinus (*De civitate dei*): Von Adam bis Noah, von Noah bis Abraham und so weiter, bis mit Christi Geburt das letzte Zeitalter beginnt (und mit dem Jüngsten Gericht endet). Das zweite Schema, die Lehre von den vier Weltreichen, beruht auf der Auslegung von Passagen des biblischen *Buchs Daniel*. Danach gilt das römische Reich, herausgehoben durch die Geburt Christi, als das letzte der von Gott eingesetzten Weltreiche (nach dem babylonischen, dem medisch-persischen und dem

HEILSGESCHICHTE UND WELTGESCHICHTE

griechisch-makedonischen). Die Annahme einer *translatio imperii*, der Übertragung der Herrschaft auf das Frankenreich, passte die Lehre dem realen Geschichtsverlauf an. Die einflussreiche augustinische Gegenüberstellung von Gottesreich und Weltreich, wie sie etwa Ottos von Freising *Chronica sive Historia de duabus civitatibus* (1143–46) zugrunde liegt, steht mit ihrer Vorstellung eines ständigen Kampfes der beiden Reiche außerhalb der linearen Periodisierungskonzepte.

KAISER UND HEILIGE. Die *Kaiserchronik* (um 1140–50) ist die erste große Reimchronik in deutscher Sprache, der Versuch, die Geschichte der römischen Kaiser (und Päpste) von Cäsar an – und damit die letzte Phase der Weltgeschichte – darzustellen. Die Kaisergeschichte behandelt 36 römische und 19 deutsche Kaiser, aber: nicht alle geschichtlichen Kaiser kommen vor und nicht alle behandelten sind historisch. Das Werk endet nach 17 283 paarweise gereimten Versen mit dem Bericht über die Kreuznahme Kaiser Konrads III. an Weihnachten 1146. Von guten und bösen Herrschern – »von den chunigen, baidiu guoten unt ubelen« – berichtet das Gedicht; Beurteilungskriterium ist ihr Verhalten gegenüber Christentum und Kirche. Die Betonung liegt auf einem fruchtbaren Zusammenwirken, auf der gemeinsamen Verantwortung von geistlicher und weltlicher Macht für das Reich – angesichts des andauernden Machtkampfs durchaus ein aktuelles politisches Programm. In das äußere Gerüst der Kaiserbiografien, die auch als Fürstenspiegel gelesen werden können, sind zahlreiche Legenden und Sagen eingefügt, die als moralische Beispielerzählungen fungieren (Veronica-, Crescentia-, Silvester-Legende, die Simon-Magus-Sage usw.).

Weltgericht. Tympanon des Mittelportals von St-Lazare in Autun (um 1130). Das Bildprogramm folgt dem Johannes-Evangelium. Rechts von Christus gelangen die Auferstandenen direkt in den Himmel, links wird gerichtet. Der Erzengel Michael tritt als ›Seelenwäger‹ auf, daneben ein großer Teufel und der Eingang zur Hölle. Im unteren Abschnitt (Sturz) sind die Auferstandenen bereits gerichtet; in der Mitte, direkt unter Christus, trennt ein Engel die Verdammten von den Seligen.

Linke Seite: **Erschaffung der Welt.** Koloriertes Titelkupfer der noch dem mittelalterlichen Weltbild verpflichteten *Weltchronik* des Nürnbergers Hartmann Schedel von 1493. Ihre Bedeutung liegt in den Illustrationen.

AUTORIN

HILDEGARD VON BINGEN

Das Autorbild am unteren Rand eines Visionsbildes aus dem »Lucca-Codex« von Hildegards *Liber divinorum operum*, der prachtvollsten Hildegard-Handschrift (entstanden um 1220/30 im Rheinland, vielleicht im Kloster Rupertsberg; heute Lucca, Biblioteca Statale, Cod. 1942). In der Mitte Hildegard; die Flammen zeigen die göttliche Inspiration an und verbinden das Bild der Autorin mit dem darüberstehenden Visionsbild, einer Darstellung des dreieinigen Gottes. Links ein Schreiber, den man mit Hildegards Beichtvater, Sekretär und Klosterprobst Volmar identifizieren kann, rechts eine Nonne, vielleicht die ebenfalls aus den Briefen und der Vita bekannte Richardis. Das Arrangement von inspirierter Autorin mit Wachstafeln und Schreiber mit Pergament entspricht dem im ganzen Mittelalter üblichen Bildtypus, in dem schon der Heilige Gregor auf einer karolingischen Elfenbeintafel gezeigt wurde (siehe S. 18).

SELBSTVERSTÄNDNIS. Zahlreiche mittelalterliche Abbildungen zeigen Hildegard von Bingen mit einem Buch in der Hand, Zeichen ihrer von der Kirche anerkannten Rolle als Schriftstellerin und Lehrerin. Es bedurfte dieser Legitimation, denn Frauen war das theologische Lehramt versagt. Hildegard erhielt sie auf dem kirchlichen Instanzenweg vom Abt ihres Klosters bis hinauf zum Papst auf der Synode von Trier 1147/48: Was die Kirche anerkannte, war ihre Rolle als Prophetin. Sie selbst verstand ihr Prophetentum als göttlichen Auftrag, ihre visionäre Gabe als Ausfluss göttlicher Inspiration und Gnade, mit deren Hilfe sie in einer Endzeit den Weg zu den alten Wahrheiten und damit zu Gott zu weisen suchte. Das geschieht gleichsam rückwärtsgewandt, im Nachvollzug der Heilsgeschichte.

VISIONEN. Hildegard hatte nach eigenen Angaben seit ihrem fünften Lebensjahr Visionen. Im Alter von 42 Jahren schließlich, 1141, »kam ein feuriges Licht mit Blitzesleuchten vom offenen Himmel hernieder. Es durchströmte

Die Vision von den guten und schlechten Einflüssen des Firmaments auf Mensch und Tier aus dem Lucca-Codex des *Liber divinorum operum*.

HILDEGARD VON BINGEN

Vision vom Ende der Zeiten aus dem Rupertsberger *Scivias*-Codex (um 1165; die Handschrift ging bei der Bombardierung Dresdens im Zweiten Weltkrieg verloren). Das untere Bild zeichnet sehr genau Hildegards Vision von einer Frauengestalt mit einem dämonischen schwarzen Kopf an der Stelle des Geschlechts nach. Der Kopf löst sich in einer Wolke von Kot und Gestank von der Gestalt, steigt in die Höhe auf einen Berg und wird von dort durch einen Donnerschlag heruntergeschmettert.

mein Gehirn und durchglühte mir Herz und Brust gleich einer Flamme [...]. Nun erschloß sich mir plötzlich der Sinn der Schriften, des Psalters, des Evangeliums und der übrigen katholischen Bücher des Alten und Neuen Testamentes.« Ergebnis dieser Schau ist ihr erstes Visionenbuch *Scivias*, etwa *Wisse die Wege* (1141–51), das sie mit Hilfe des Mönches Volmar von Disibodenberg, des Magisters ihrer klösterlichen Ausbildung, niederschrieb: eine Darstellung der Heilsgeschichte vom Fall Luzifers bis zum Ende aller Zeiten in Gestalt von 26 Visionen. Dabei teilt sie zunächst das jeweils geschaute Bild mit, das seinen Sinn und Zusammenhang erst durch die darauf folgende allegorische Auslegung durch »die Stimme des Himmels« erhält. Diesem ersten Visionenbuch folgten zwei weitere, eines dem Sohn Gottes und eines dem Heiligen Geist gewidmet, die ihr prophetisches Werk zu einer trinitarischen Trilogie ergänzten: *Liber vitae meritorum* (Buch der Lebensverdienste, 1158–63) und *Liber divinorum operum* bzw. *Liber de operatione dei* (Das Buch von den Werken [bzw. dem Wirken] Gottes, 1163–74). Gebeno, Prior im nicht weit entfernten Zisterzienserkloster Eberbach im Rheingau, fasste Hildegards Weissagungen in einem Kompendium zusammen, das ihrem Werk, allerdings nur dem visionären, eine weite Verbreitung im Mittelalter sicherte: *Speculum futurorum temporum* (um 1220).

BIOGRAFIE

1098 Hildegard von Bingen als zehntes Kind des Edelfreien Hildebert von Bermersheim in Bermersheim bei Alzey (Rheinhessen) geboren
1106 Die Achtjährige wird der Inkluse Jutta von Sponheim am Benediktinerkloster Disibodenberg (Nahe) zur Erziehung übergeben
1112–15 Hildegard legt das Ordensgelübde ab
1136 Nach dem Tod Juttas wird Hildegard Leiterin des aus der Klause hervorgegangenen Konvents
1141 Beginn ihrer schriftstellerischen Tätigkeit, die neben den Visionsbüchern, naturkundlichen und medizinischen Werken auch ein Singspiel, geistliche Gesänge, predigtähnliche Texte und zahlreiche Briefe umfasst
1151 Äbtissin des von ihr selbst gegründeten Klosters Rupertsberg bei Bingen
1151–58 Entstehung der naturkundlich-medizinischen Werke *Physica* (Naturkunde) und *Causae et curae* (Heilkunde), für die sie sich über die wissenschaftliche Natur- und Heilkunde hinaus auch die Überlieferungen der Kloster- und Volksmedizin sowie eigene Erfahrungen und Beobachtungen zunutze machte
1179 Hildegard stirbt am 17. September in Rupertsberg

POETIK

ALLEGORESE UND TYPOLOGIE

WORT UND BEDEUTUNG. Die Allegorese ist ein Verfahren der Textauslegung, das auf Bedeutungen zielt, die über den wörtlichen Sinn hinausgehen. Dabei ist nicht die poetische oder rhetorische Form der Allegorie als intendierter »doppelsinniger Schreibart« (Johann Jakob Bodmer), als fortgesetzter Metapher gemeint, sondern Allegorese bezeichnet die Auslegung eines vorgegebenen ganzen Textes, der ursprünglich in einem durchaus wörtlichen Sinn verstanden werden wollte. Als dann unter anderen historischen Bedingungen dieses Verständnis nicht mehr gegeben war, suchte man die überlieferten Texte mit den eigenen Vorstellungen in Einklang zu bringen. Das betraf zunächst Homer, dann im Verlauf der jüdischen und der christlichen Tradition vor allem das Alte Testament. Im Zusammenhang mit der Bibelexegese entwickelten sich seit dem frühen Christentum verschiedene Systeme der Allegorese, die bis in die Frühe Neuzeit die Praxis der Bibelauslegung prägten. Ausgehend von dem einfachen Gegensatz von wörtlichem und übertragenem Sinn (*sensus litteralis – sensus spiritualis*), kam es dabei zu weiteren Differenzierungen bis hin zur Lehre vom vierfachen Schriftsinn. Bei dieser Methode wird der spirituelle Schriftsinn weiter unterteilt in ein allegorisch-heilsgeschichtliches, ein moralisches, auf das Seelenheil abzielendes und ein anagogisches, auf den Himmel und die Eschatologie bezogenes Verständnis. Ein populärer Merkvers des 13. Jahrhunderts fasst dies so zusammen: »Littera gesta docet, quid credas allegoria. Moralis quid agas, quo tendas anagogia« (»Der Buchstabe lehrt das Geschehene; was man glauben soll, die Allegorie; was man tun soll, der moralische Sinn; wohin du streben sollst, die Anagogie«). Beispiel ist etwa die Bedeutung von Jerusalem als reale Stadt, als christliche Kirche, als menschliche Seele, als himmlische Stadt Gottes. In den allegorischen Schriftsinn wird seit der Patristik die Typologie einbezogen.

DIE SCHÖPFUNG ALS ZEICHENSYSTEM. »Omnis mundi creatura | quasi liber et pictura | nobis est in speculum«, mit diesen Versen beginnt ein Gedicht des Alanus von Lille, das die für das Mittelalter grundlegende augustinische Theorie vom Zeichencharakter aller Dinge aufnimmt: »Jegliches Geschöpf auf Erden ist so, wie ein Buch und Bild, für uns eine Spiegelung.« In allem Geschaffenen offenbart sich Gott; die Bibel, die ganze Schöpfung und sämtliche menschlichen Kulturäußerungen haben zeichenhaften Charakter. Dieses Zeichensystem kann mit Hilfe der allegorischen Interpretation entschlüsselt werden. Damit eröffnet sich ein weites Feld für die Allegorese, die denn auch einen breiten Gegenstandsbereich erfasst: von der christlichen und heidnischen Literatur über die

---

TYPOLOGIE

Typologie oder Figuraldeutung ist eine Methode der Textauslegung, insbesondere der Bibelexegese, bei der Personen oder Ereignisse auf jeweils andere Personen oder Ereignisse bezogen (Typus – Antitypus) und durch einen gemeinsamen Sinn verbunden werden. In der Bibelexegese wird so seit der Patristik der Bezug zwischen Altem und Neuem Testament hergestellt: Geschehnisse, Institutionen und Gestalten des Alten Testaments sind Vorausdeutungen oder Präfigurationen von Geschehnissen, Institutionen und Gestalten des Neuen Testaments. Dabei bleibt sowohl der ›figura‹ (Typus, Vorbild) wie auch der neutestamentlichen Erfüllung ihr konkreter geschichtlicher Charakter bewahrt. Der vorausweisende Charakter bestimmter Gegebenheiten ist erst im Rückblick zu erkennen. Altes und Neues Testament sind durch eine Vielfalt derartiger Sinnbezüge verknüpft, mit denen von der Patristik bis ins 17. Jahrhundert gearbeitet wird (Bibelkommentar, Predigt, Bibeldichtung, Passionsspiel, bildende Kunst usw.). Beispiele für diese paarweise typologische Verknüpfung sind etwa: Adam – Christus, Opfer Isaaks – Opfer Christi, Jonas Errettung aus dem Walfisch – Auferstehung.

ALLEGORESE UND TYPOLOGIE 37

Mythologie bis hin zur ›Dingallegorese‹ der naturkundlichen Werke und der Steinbücher. Zu den erfolgreichsten Büchern dieser Art gehört der *Physiologus*, ein ursprünglich griechischer, dann ins Lateinische übertragener Text, der seit dem späten 11. Jahrhundert auch in deutschen Fassungen weite Verbreitung fand. Das Werk stellt eine Reihe wirklicher und fabelhafter Tiere vor, beschreibt ihre Eigenschaften und schließt dann – und darauf kommt es an – mit dem geistlichen, heilsgeschichtlichen Sinn: »Der Elephant und sein Weibchen bedeuten Adam und Eva.«

Die Abbildung aus einer um 1425 entstandenen Armenbibel (Biblia Pauperum) zeigt die Auferstehung Christi und links und rechts davon zwei auf dieses Ereignis vorausdeutende Szenen aus dem Alten Testament: Simson reißt die Flügel des Stadttores von Gaza heraus und trägt sie davon (Richter, 16,3), Jonas Rettung nach drei Tagen und drei Nächten im Bauch eines Wals (Jona 2,1–11).

FRÜHES MITTELALTER

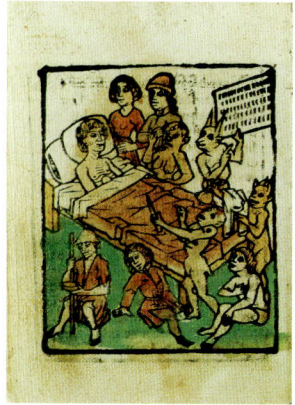

DER KULTURHISTORIKER Johan Huizinga schreibt über die spätmittelalterlichen Totentänze in Malerei und Dichtung: »Der Leichnam, der vierzigmal wiederkehrt, um den Lebenden zu holen, ist eigentlich noch nicht der Tod, sondern der Tote. Die Verse nennen die Figur *Le mort* (beim Totentanz der Frauen *La morte*); es ist ein Tanz der Toten, nicht des Todes. Die Gestalt ist auch hier kein Gerippe, sondern ein noch nicht ganz entfleischter Körper mit aufgeschlitztem hohlem Bauch. Erst um 1500 wird die Gestalt des großen Tänzers zum Gerippe, wie wir es von Holbein her kennen. Zugleich hat sich mittlerweile die Vorstellung eines unbestimmten toten Doppelgängers zu der des Todes als aktiven, persönlichen Lebensendigers verdichtet. ›Yo si la Muerte cierta á todas criaturas‹ (›Ich bin der Tod, der allen Kreaturen gewiß ist‹), so beginnt der eindrucksvolle spanische Totentanz aus dem Ende des fünfzehnten Jahrhunderts. In dem älteren Totentanz ist der unermüdliche Tänzer noch der Lebende selbst, so wie er in naher Zukunft sein wird, eine beängstigende Verdoppelung seiner Person, sein eigenes Bild, das er im Spiegel sieht; nicht, wie einige wollen, ein früher Verstorbener von gleichem Stand und gleicher Würde. Gerade dieses ›Ihr seid es selbst‹ verlieh dem Totentanz seine grauenerweckende Kraft.« (J. H., *Herbst des Mittelalters*, übers. von K. Köster)

STOFFE/THEMEN

MEMENTO MORI

BUSSPREDIGT. Die Aufforderung zur Umkehr, zu einer Neuorientierung des Lebens gehört zu den Konstanten der christlichen Überlieferung. Die Bußpsalmen des Alten Testaments sprechen davon, Johannes der Täufer erscheint im Matthäus-Evangelium als Bußprediger, der angesichts des nahe bevorstehenden Jüngsten Gerichts zur Umkehr und zum Gehorsam gegenüber Gott auffordert. Und in der Geschichte der christlichen Predigt werden befürchtete oder tatsächliche Katastrophen, Umbruchssituationen, Krisenerscheinungen immer wieder Anlass zu eindringlichen Mahnungen, das Seelenheil nicht aufs Spiel zu setzen und angesichts des jederzeit möglichen Todes (und des anschließenden göttlichen Gerichts) rechtzeitig zu einem gottgefälligen Leben zurückzukehren. Dabei geht es, über individuelle Moralvorhaltungen hinaus, durchaus auch um gesellschaftliche Fragen.

KRITIK DES WELTLEBENS. Zwei Dichtungen des 11. und 12. Jahrhunderts, am Anfang und am Ende der frühmittelhochdeutschen Literaturperiode, machen das Memento-mori-Motiv zum zentralen Punkt ihrer Aufrufe zur Buße und zu einem neuen Sozialverhalten. Sie sind Ausdruck der gesellschaftlichen Umbruchssituation dieser Zeit (Konflikt zwischen Kaiser- und Papsttum, soziale Spannungen in der agrarischen Gesellschaft, aber auch in den

sich entwickelnden Städten); ein Zusammenhang mit der von Cluny ausgehenden asketischen Reformbewegung ist nicht völlig auszuschließen. Das erste dieser Gedichte, um 1070–90 im alemannischen Raum entstanden, erhielt seinen Titel *Memento mori* im 19. Jahrhundert. Die Bußpredigt in binnengereimten Langzeilen beginnt in drohenden Worten mit der Mahnung, sich nicht zu sehr an diese nichtige Welt zu binden, erinnert daran, dass der Mensch am Ende seines Lebens Rechenschaft ablegen muss und dass er so rasch vergeht, »wie das Lid zusammenschlägt«. Dann fällt der Blick auf die gesellschaftliche Ungleichheit, die der gemeinsamen Herkunft der Menschen widerspricht. Der Tod als der große Gleichmacher (»er ist ein ebenaere«) erweist die Nutzlosigkeit des durch Bosheit, List und käufliches Recht erworbenen Reichtums: Es gelte, der schlechten Welt (»vil ubeler mundus«) abzusagen und den irdischen Besitz im Hinblick auf das Seelenheil zu verwenden.

Steinskulptur der Frau Welt am Südportal des Wormser Doms (um 1300). Die Vorderseite zeigt eine lächelnde Frau in modischer Kleidung, zu ihren Füßen ein Ritter. Aus der Rückseite kriechen Schlangen und Kröten.

Linke Seite oben: **Die Abbildung aus einer *Ars moriendi*** des 15. Jahrhunderts zeigt den Sterbenden, der von Teufeln mit seinen Sünden konfrontiert wird (Unbarmherzigkeit, Ehebruch, Raub, Mord); ein Teufel hält das Sündenregister hoch.

Linke Seite unten: **Der Tod,** eine halb verweste Gestalt, überrascht ein modisch gekleidetes Liebespaar und trifft die junge Frau mit seiner Lanze im Hals. Dieses Totentanzmotiv ist dem Brevier des Jost von Silenen (1493) entnommen.

ZEITKRITIK. Konkreter ist die Anklage und drastischer das Zeitbild in dem um 1160 entstandenen längeren Reimpaargedicht *Von des todes gehugde* (*Erinnerung an den Tod*) eines gewissen Heinrich (vielleicht Laienbruder im Kloster Melk). In einer Welt, deren Ordnung aus den Fugen geraten ist, erinnert Heinrich den Menschen an den Tod – »Nû gedench aber, mensch, dînes tôdes« – und übt zugleich konkrete Gesellschafts- bzw. Ständekritik. Neben der Geistlichkeit gilt Heinrichs Anklage vor allem dem Rittertum, der neuen Adelskultur, die dem Diesseits einen eigenen Wert einräumt: Superbia. Heinrichs Sicht dieser ritterlichen Kultur und ihrer Ästhetisierung des Lebens – für ihn ist Minne Hurerei und ritterlicher Kampf Totschlag – macht die krasse Episode deutlich, die die Rittersfrau am Grab des höfischen Mannes zeigt, der ihr nun keine Minnelieder (»troutliet«) mehr singt, der nicht mehr höfisch mit ihr tanzt, dessen Hosen sich nicht mehr an die Beine schmiegen – und aus dessen geblähtem Bauch nun üble Dünste aufsteigen.

ZEITRAUM

HOCHMITTELALTER

1152–90 Friedrich I. Barbarossa aus dem Haus Hohenstaufen deutscher König bzw. Kaiser
1154–55 Erster Italienzug Friedrichs I. (Kaiserkrönung 1155 in Rom), dem sich bis 1186 fünf weitere mit wechselndem Erfolg anschlossen
1184 Mainzer Hoffest an Pfingsten
1186 Friedrichs Sohn Heinrich VI. heiratet in Mailand Konstanze von Sizilien, Erbin des Normannenreichs, und wird zum König von Italien gekrönt
1190 Friedrich I. ertrinkt auf dem 3. Kreuzzug (1189–92) in Kleinasien
1190–97 Heinrich VI. deutscher König bzw. Kaiser (seit 1191), seit 1194 auch König von Sizilien
1198 Kaiserin Konstanze lässt ihren vierjährigen Sohn Friedrich (II.) zum König krönen
1198 Doppelwahl in Deutschland: der Welfe Otto IV. und der Staufer Philipp von Schwaben (Bruder Heinrichs VI.) konkurrieren um die Herrschaft
1208 Ermordung Philipps von Schwaben; Otto IV. einstimmig zum König gewählt
1212–14 Friedrich II. gewinnt den deutschen Thron für die Staufer zurück
1220 Friedrich II. wird in Rom zum Kaiser gekrönt und konzentriert sich auf die Herrschaft im Normannenreich. Er kehrt nur noch einmal (1235–37) nach Deutschland zurück. Sein Sohn Heinrich VII. wird deutscher König
1228–29 5. Kreuzzug unter der Leitung des vom Papst gebannten Kaisers
1235 Friedrich II. setzt seinen aufständischen Sohn Heinrich VII. ab
1245 Papst Innozenz IV. erklärt Friedrich II. für abgesetzt
1250 Tod Friedrichs II.
1250–54 Konrad IV. letzter staufischer Kaiser

HÖFISCHE KULTUR. Die literaturgeschichtliche Epochenbezeichnung Hochmittelalter umfasst einen wesentlich geringeren Zeitraum als der entsprechende Epochenbegriff der Geschichtsschreibung. In der deutschen Literatur meint er die Zeitspanne von etwa 1160 bis 1230. Im Unterschied zur frühmittelhochdeutschen Literatur, die unter geistlichem Vorzeichen stand, ist die Literatur des hohen Mittelalters Ausdruck einer neuen weltlichen Kultur des Adels, die sich im Rahmen eines tiefergehenden, die feudale Struktur differenzierenden gesellschaftlichen Wandels seit etwa 1150 entwickelte. Dabei kommt der Etablierung eines kulturbewussten Ministerialenstandes besondere Bedeutung zu. Auf dem Mainzer Hoftag Kaiser Friedrichs I. Pfingsten 1184 manifestierte sich dann der ritterlich-adelige Kulturanspruch in bis dahin unerhört glanzvoller Weise. Heinrich von Veldeke, der Verfasser der *Eneit* (um 1170–85), nahm an dem Hoftag teil; nur wenig später schrieb er in seinem Roman: »Ich habe von keinem Fest | je erzählen hören, | das ebenso groß gewesen wäre | wie das, das Eneas veranstaltete – | außer dem, das zu Mainz stattfand, | das wir selbst gesehen haben. [...] Es wird auch in hundert Jahren noch von ihm erzählt und geschrieben werden [...].« (Übers. von D. Kartschoke)

Der neue höfische Stil kam aus Frankreich, und mit ihm auch – zusammen mit den Vokabeln für die zivilisatorischen Neuerungen – die entscheidenden literarischen Anregungen und Vorbilder. Gefördert wurde der kulturelle Austausch durch dynastische Verflechtungen, durch das Entstehen größerer Machtzentren mit entsprechend vielfältigen Hofgesellschaften, durch übernationale Unternehmungen wie den Kreuzzug Konrads III. (1147–49) oder die Italienzüge Barbarossas seit 1154/55. Zur neuen höfischen Kultiviertheit, die allerdings auch später mehr Ideal als Wirklichkeit war, gehörte von vornherein die Literatur, die die neuen Konzepte vorstellte und Maßstäbe höfischen Verhaltens vermittelte. Dies geschah direkt durch lehrhafte Dichtung – ein Beispiel dafür ist *Der welsche Gast* (1215–16) Thomasins von Zerklaere –, vor allem aber durch die Demonstration des neuen höfisch-ritterlichen Menschen- und Kulturideals in der um Minne und Abenteuer kreisenden lyrischen und epischen Dichtung.

›**KLASSIK**‹. Klassik ist ein Rezeptionsphänomen, eine nachträgliche Konstruktion, die aus einem durchaus nicht einheitlichen Komplex von Werken einer Epoche einen normbildenden Kanon heraushebt und auf Grund bestimmter ästhetischer und ideologischer Prämissen als Klassik definiert. Das gilt auch für die mittelhochdeutsche höfische Klassik. Die Germanistik des 19. Jahrhunderts sah in der Literatur des Hochmittelalters die erste klassische Periode der deutschen Literatur, vergleichbar mit der deutschen Klassik um 1800 und der griechischen Klassik. In

MINISTERIALE

Die Ministerialen waren Angehörige der Hausgemeinschaft einer Herrschaft (Kaiser, Könige, Fürsten). Sie bildeten die oberste Schicht der Unfreien, waren aber bereits im 13. Jahrhundert kaum noch von den Freien unterschieden und bildeten einen privilegierten Stand. Kaiser, Könige und Fürsten benutzten den Ministerialenstand als Herrschaftsinstrument und vertrauten den Ministerialen Positionen in Verwaltung und Heerführung an. Der Unterschied zum alten Adel wurde immer geringer, wenn auch rechtliche Unterschiede lange bestehen blieben.

Kaiser Friedrich I. Barbarossa mit seinen Söhnen König Heinrich VI. und Herzog Friedrich von Schwaben. Miniatur aus der Ende des 12. Jahrhunderts entstandenen Welfenchronik.

Analogie zum Begriff Weimarer Klassik hat man später, dem Beispiel des Kunsthistorikers Wilhelm Pinder (1935) folgend, auch von Staufischer Klassik gesprochen. Die Gründe für die Anwendung des Klassikbegriffs auf die Literatur des hohen Mittelalters waren keineswegs rein literarischer Art, wenn auch an dem hohen ästhetischen Rang der Dichtung kein Zweifel bestehen kann. Hinzu kamen vielmehr ideologische Motive einer nationalhistorisch und antikirchlich orientierten Geschichtsschreibung, die in der Herrschaft der Staufer und der kulturellen Emanzipation der Laien von der Religion einen Höhepunkt der deutschen Geschichte sehen wollten. Das generelle Problem dieser Fixierung auf einige wenige ›klassische‹ Höhepunkte liegt darin, dass damit ein Werturteil über die ›Wellentäler‹ impliziert ist, dass die Perioden zwischen den Klassiken als Verfallszeiten erscheinen müssen.

LITERATURBETRIEB

MÄZENATENTUM

Eine Seite aus dem *Landgrafenpsalter* (entstanden um 1210) mit den Bildern der Stifter dieser kostbaren Handschrift, dem Grafen Hermann von Thüringen und seiner zweiten Frau Sophia von Wittelsbach. Der Psalter enthält, wie es üblich war, ein Kalendarium, Psalmen, geistliche Lieder, Heiligengebete und die Totenmesse. Mehrere Seiten wurden wie die hier abgebildete mit Miniaturen von Fürsten und Mächtigen ausgeschmückt, zu denen Landgraf Hermann sich in verwandtschaftlicher Beziehung sah; so gibt es Bilder von zwei Bischöfen, von zwei Königen von Ungarn und Böhmen mitsamt Gattinnen.

DICHTUNG UND AUFTRAG. Solange die Literaturproduktion ausschließlich in geistlichen Händen lag, spielte Mäzenatentum keine große Rolle. Als weltliche Auftraggeber kamen in dieser Periode nur der Kaiser und sein Hof in Frage; Hofdichtung und Geschichtsschreibung, durchweg in lateinischer Sprache, dienten der Verherrlichung der eigenen Herrschaft. Mit der Ausbildung der neuen höfischen Kultur traten auch die Fürsten- und Adelshöfe als Literaturförderer hervor. Viele Fürsten bzw. Fürstinnen und Adelige zeigten ein genuines Interesse an Literatur (was – wie Heinrich von Veldeke erfahren musste – bis zum Diebstahl gehen konnte). Sie waren offenbar vor allem an der modernen französischen Dichtung interessiert, die die Konzepte der neuen höfisch-ritterlichen Gesellschaftskultur vermittelte. Sie nahmen Minnesänger und Spruchdichter in ihren Hofstaat auf, beschafften die Vorlagen für die Epiker und schufen die materiellen Voraussetzungen für deren Arbeit, die sich über viele Jahre hinziehen konnte. Selbstverständlich spiegeln sich in den Aufträgen auch persönliche Vorlieben.

BEISPIEL THÜRINGEN. Die Reihe der Förderer weltlicher Literatur der Stauferzeit reicht von den Höfen der deutschen Kaiser und Könige über die welfischen Gegenspieler und zahlreiche Landesfürsten bis hin zu Freiherrn, etwa dem Besitzer der Burg Wildenberg im Odenwald, auf den Wolfram von Eschenbach anspielt. Eine zentrale Rolle kommt in der Zeit um 1200 zweifellos dem Thüringer Hof zu, dessen kulturelle Bedeutung schon in der zweiten Hälfte des 13. Jahrhunderts mit der Legende von dem Sängerkrieg auf der Wartburg überhöht wurde. Dass die Thüringer literaturinteressiert waren, zeigte sich bereits im Jahr 1174, als bei der Hochzeit der Gräfin von Kleve mit Landgraf Ludwig III. von Thüringen Veldekes Manuskript seiner (noch nicht vollendeten) Äneasdichtung gestohlen wurde, das er der Gräfin von Kleve »ze lesene und ze schouwen« gegeben hatte. Der Dieb war ein Bruder des thüringischen Landgrafen. Und als das Manuskript neun Jahre später wieder auftauchte – der Dieb war inzwischen verstorben –, konnte ein weiterer Bruder, der spätere Landgraf Hermann, Veldeke dazu bewegen, sein Werk am Thüringer Hof abzuschließen. Während seiner Regierungszeit (1190–1217) setzte Hermann die Förderung höfischer Dichtung fort. Weitere Epen wie Herborts von Fritzlar *Liet von Troye* (nach 1190) und Wolframs von Eschenbach *Willehalm* (um 1210–20) entstanden nachweislich in seinem Auftrag; wahrscheinlich ist das für andere Dichtungen wie die Übertragung von Ovids *Metamorphosen* (um 1190 oder 1210) durch Albrecht von Halberstadt. Auch Walther von der Vogelweide gehörte zeitweise zum Gefolge »des milten lantgrâven«. Unter seinem Nachfolger Ludwig IV., verheiratet mit der (heiligen) Elisabeth, endete wohl die Förderung höfischer Literatur; stattdessen ließ er 1227 in Eisenach ein Passionsspiel aufführen.

> Walther von der Vogelweide bedankt sich in einem um 1220 entstandenen Spruch bei Kaiser Friedrich II. für das Lehen, einen wahrscheinlich bei Würzburg gelegenen Hof, und die damit verbundene materielle Absicherung:
>
> Ich hân mîn lêhen, al die werlt, ich hân mîn lêhen!
> nû enfürhte ich niht den hornung an die zêhen
> únd wil alle bœse hêrren dester minre flêhen.
>   der edel künic, der milte künic hât mích berâten,
>   daz ích den sumer luft und in dem winter hitze hân.
>   mînen nâhgebûren dunke ich verre baz getân,
>   sie sehent mich nîht mêr an in butzen wîs als si wîlent tâten.
> ich bin ze lange arm gewésen âne mînen danc,
> ich was sô volle scheltens, daz mîn âtem stanc.
> daz hât der künic gemachet reine und dár zuo mînen sanc.
>
> »Ich habe mein Lehen, alle Welt, ich habe mein Lehen! | Nun fürchte ich den Hornung nicht mehr an den Zehen | und will alle schlechten Herren um so weniger anflehen. | Der edle König, der freigebige König hat mich versorgt, | so daß ich den Sommer über Luft, im Winter Hitze habe. | Meinen Nachbarn erscheine ich nun weitaus besser ausgestattet, | sie sehen mich nicht mehr an wie ein Schreckgespenst, wie sie es früher taten. | Ich bin zu lange arm gewesen – ohne mein Verschulden, | ich war so voller Schelten, daß mein Atem stank. | Das hat der König rein gemacht, und ebenso meinen Sang.« (Übers. von G. Schweikle)

Fresko Moritz von Schwinds im ›Sängersaal‹ der Wartburg, eine monumentale Darstellung des legendären Sängerkriegs aus dem Jahr 1855, bei dem einige der Akteure Züge von Zeitgenossen zeigen. So hat Wolfram, der Sänger mit der Laute, Ähnlichkeit mit Franz Liszt.

POETIK

AUTOR

AUTOR UND AUTORENBILDER. Für die Dichtung der vorhöfischen Zeit sind nur in wenigen Fällen die Verfassernamen bekannt. Anonymität war die Regel; später gilt das nur noch für die Heldenepik. Im höfischen Literaturbetrieb sind die Verfasser überliefert (Minnesang) bzw. sie nennen sich ausdrücklich selbst (Epiker), Ausdruck eines neuen Autorenselbstbewusstseins und Zeugnis für den hohen Stellenwert der Dichtung in der höfischen Gesellschaft. Bildliche Darstellungen von Autoren treten in der deutschsprachigen Dichtung jedoch erst in Handschriften des späten 13. Jahrhunderts auf. Die frühesten Beispiele gehören zu den Illustrationen der *Weltchronik* (um 1250–54) und des Romans *Wilhelm von Orlens* (um 1235–40) von Rudolf von Ems und zeigen den Typus des schreibenden Autors am Pult bzw. den diktierenden Autor mit einem Schreiber, Typen, die aus der Bibelillustration bekannt sind. Einen besonderen Fall stellen die Liederhandschriften mit ihren zahlreichen populär gewordenen Miniaturen dar. Charakteristische Autorenporträts mit individuellen Zügen gibt es in Deutschland erst im 15. Jahrhundert: Oswald von Wolkenstein.

Hartmann von Aue stellt sich im Prolog zum *Armen Heinrich* (um 1195) vor:

Ein ritter sô gelêret was,
daz er an den buochen las,
swaz er dar an geschriben vant:
der was Hartman genant,
dienstman was er zOuwe.
er nam im manige schouwe
an mislîchen buochen:
dar an begunde er
        suochen,
ob er iht des vunde,
dâ mite er swære stunde
möhte senfter machen,
und von sô gewanten
        sachen,
daz gotes êren töhte
und dâ mite er sich möhte
gelieben den liuten.

»Es war einmal ein Ritter, der so gebildet war, | daß er alles, was er in den Büchern geschrieben fand, | lesen konnte. | Er hieß Hartmann | und war Lehnsmann zu Aue. | Eifrig nahm er sich | verschiedene Bücher vor | und begann in ihnen zu suchen, | ob er nicht irgend etwas fände, | womit er trübe Stunden | aufzuheitern verstünde, | und zwar etwas, | das Gottes Ansehen dienlich wäre | und womit er sich zugleich | bei den Menschen beliebt machen könnte.« (Übers. von S. Grosse)

Seite aus einer um 1270 entstandenen, fragmentarisch überlieferten Handschrift des *Willehalm* Wolframs von Eschenbach, der einzigen Epenhandschrift mit einer fortlaufenden, den jeweiligen Text illustrierenden Bildspalte.

AUTOR UND ERZÄHLERFIGUR. In der erzählenden Literatur ohne Parallele ist das Verfahren einer *Willehalm*-Handschrift aus der Zeit um 1270, von der nur einige Blätter überliefert sind. Die Seiten sind in eine Bild- und eine Textspalte geteilt. Dabei setzt das den Text begleitende Bildprogramm auch die Erzählerkommentare und -exkurse Wolframs um. Der Text zu dem hier gezeigten Bild bezieht sich auf Markgraf Willehalms zornigen Auftritt am französischen Königshof und sein Hilfeersuchen nach dem Einfall der Sarazenen in Südfrankreich, während seine Frau Gyburc in Orange in größter Not die Stellung hält. In der Mitte der Illustration steht der Erzähler, mit einem roten W gekennzeichnet, wie er mit überkreuzten Armen auf die zwei größeren Gestalten, Willehalm und Gyburc, verweist. Dadurch stellt er wie der Kommentar im Text die Verbindung zwischen den beiden räumlich getrennten Personen her, wobei die erschlagenen Ritter Gyburcs bedrängte Lage illustrieren.

Miniatur aus der Manessischen Handschrift (um 1300–1340): Heinrich Hetzbolt von Weißensee.

MINNESÄNGER. Die meisten Autorenbilder der mittelhochdeutschen Literatur stammen aus Liederhandschriften. Die Heidelberger bzw. Manessische Liederhandschrift (C) enthält 137 ganzseitige Porträts, die Autoren von der Frühzeit des Minnesangs (um 1150–60) bis zur Gegenwart, d. h. der Zeit der Entstehung der Handschrift um 1300–1340, ›porträtieren‹. Bei diesen Autorenbildern greifen die Künstler auf ikonographische Traditionen zurück (Standes- und Berufsbilder, Gesellschafts- und Liebesszenen, Autoren beim Meditieren, Diktieren oder Lesen) und ergänzen oder verbinden sie mit Aspekten, die sie aus den Namen, biografischen Umständen oder Textbezügen gewinnen. Auf diese Weise entstehen Rollenbilder, die durch die Bezüge auf einen weiteren Kontext über die Person des Autors hinausweisen. Dass die dargestellte Rolle keineswegs immer die des Dichters ist, gilt nicht zuletzt für die stark heraldisch geprägten Standesbilder (Kaiser Heinrich VI., Könige, Ritter). Nicht ohne Witz ist es, wenn aus dem Namen – bei einem gewissen Heinrich Hetzbolt von Weißensee – eine Sauhatz assoziiert wird.

KRITIK

Die Diskrepanz zwischen Ritterideal und gesellschaftlicher Wirklichkeit ist vielfach Gegenstand der Kritik von Klerikern, die das Hofleben kannten. Petrus von Blois, nach 1204 gestorben, war Prinzenerzieher am sizilianischen Hof und Hofkaplan König Heinrichs II. von England. Er schreibt, gewiss einseitig und unter der problematischen Prämisse, dass früher alles besser gewesen sei, dass »der Orden der Ritter« heute darin bestehe, »keine Ordnung zu halten«: »Früher verpflichteten sich die Ritter durch das Band des Eides dazu, daß sie für die öffentliche Ordnung eintreten würden, daß sie in der Schlacht nicht fliehen würden und daß sie ihr Leben für das allgemeine Wohl hingeben würden. Auch heute empfangen die Ritter ihre Schwerter vom Altar und sollen geloben, daß sie Söhne der Kirche sind und daß sie das Schwert empfangen haben zur Ehre der Priester, zum Schutz der Armen, zur Bestrafung der Übeltäter und zur Befreiung des Vaterlandes. Aber diese Sache hat sich ins Gegenteil verkehrt. Denn sobald sie mit dem Rittergürtel geschmückt sind, erheben sie sich gegen die Gesalbten des Herrn und wüten im Erbland des Gekreuzigten. Sie plündern und berauben die unbemittelten Diener Christi und, was schlimmer ist, sie unterdrücken erbarmungslos die Armen und sättigen am Schmerz der anderen ihre eigenen verbotenen Gelüste und ihre außerordentlichen Begierden.« (Zit. nach: Joachim Bumke, *Höfische Kultur*, 1986)

STOFFE/THEMEN

RITTER UND DAME

DER IDEALE RITTER. Im Ritterideal der höfischen Dichtung verbinden sich traditionelle Vorstellungen von adeliger Vorbildlichkeit, religiöser Ritterschaft und christlicher Tugendhaftigkeit mit den Forderungen einer verfeinerten höfischen Gesellschaftskultur nach dem Vorbild der modernen französischen Literatur. Diesem ritterlichen Kodex ist der König ebenso verpflichtet wie der letzte ›Dienstmann‹ (Ministeriale). In Lehrgedichten, lehrhafter Spruchdichtung und vor allem in den höfischen Romanen erscheinen immer wieder Charakterisierungen vorbildlichen Rittertums, werden die zentralen Tugenden aufgezählt, die einen höfischen Ritter ausmachen. Dazu gehört als erste der religiösen ritterlichen Tugenden die Demut gegenüber Gott; sie verbindet sich mit Mitleid und Barmherzigkeit gegenüber den Menschen. Weitere zentrale ethische Begriffe sind *triuwe*, *staete* und *mâze*. Auch Eigenschaften, die von geistlichen Autoren eher negativ bewertet werden, gelten nun als Tugenden: Ansehen, Macht, Adel – adelige Geburt schließt die Verpflichtung zu adeliger Gesinnung ein –, körperliche Schönheit und Stärke so-

Markgraf Otto IV. von Brandenburg als junger höfischer Mann beim Schachspiel mit einer Dame. Dabei ist auch an eine Parallele zwischen Schachspiel und höfischem Minnedienst zu denken. Miniatur aus der Manessischen Liederhandschrift (um 1300–40).

wie die spezifisch höfischen Verhaltensweisen. Der Ritter beherrscht die feinen Umgangsformen, insbesondere den Damen gegenüber, zeigt in allen Aspekten (Anstand, Kleidung, Konversation, Liebe usw.) seine *hövescheit*, die in der gesellschaftlichen Hochstimmung der *vreude* und des *hôhen muotes* gipfelt. Vorbildliches ritterliches Verhalten bringt gesellschaftliches Ansehen und Ruhm ein (*êre*). Die zentrale Bedeutung dieses diesseitsbezogenen Werts für die höfische Kultur zeigt sich in dem immer wieder formulierten Ziel, die Forderungen des Christentums und die der Gesellschaft in Einklang zu bringen, also Gott und der Welt zugleich zu gefallen. Dieses Bild höfischen Rittertums, das die Dichtung nicht nur abstrakt formuliert, sondern in den Geschichten um Abenteuer, Ehre und Liebe erzählerisch umsetzt, entsprach zwar in keiner Weise den wirklichen Verhältnissen, setzte aber Maßstäbe – und mag gelegentlich auch Wirkung erzielt haben.

DIE HÖFISCHE DAME. In schroffem Gegensatz zur gesellschaftlichen Realität steht auch das neue Frauenbild der höfischen Literatur. Es bezieht sich wie das Ritterideal nur auf die Adelsgesellschaft. Die höfische Dame verbindet körperliche Schönheit – in ausführlichen Beschreibungen festgehalten – harmonisch mit innerer Tugend. Und auf Grund ihrer moralischen Vollkommenheit ist sie in der Lage, auf den Mann zu wirken und ihn in seinen ritterlichen Gesinnungen und Taten zu bestärken. Bei dem Epiker und Spruchdichter Stricker heißt es: »daz ritter ritterlichen lebent, daz hant si von den vrowen.« Vor allem bei gesellschaftlichen Anlässen trägt die Anwesenheit der aufs Schönste geschmückten Frauen zur festlichen Hochstimmung bei. Allerdings fehlt es vor allem in der epischen Dichtung trotz dieser Idealisierung nicht an Hinweisen auf ›typisch weibliche‹ Schwächen und die reale rechtliche Benachteiligung der Frau. Und es gilt, dass die postulierte Rolle der Frau als moralische und höfische Erzieherin in Wirklichkeit Unterordnung, Passivität und Selbstverleugnung erforderte: »Weibliche Schönheit und Tugendhaftigkeit waren keine Werte an sich, sondern dienten dazu, den Mann zu erfreuen und anzuspornen.« (Joachim Bumke)

In der um 1400 entstandenen episch-didaktischen Dichtung *Der Ring* zeichnet Heinrich Wittenwiler ein satirisches Bild des menschlichen Lebens, transponiert in die bäuerliche Welt. Den Rahmen der Handlung bildet die groteske Liebesgeschichte zwischen dem tölpelhaften Bauernburschen Bertschi Triefnas und der hässlichen Mätzli Rüerenzumph, die die Idealvorstellungen von höfischem Ritter- und Frauentum parodistisch verkehrt. Die Illustration stammt aus der einzigen überlieferten Handschrift des Werkes aus dem Anfang des 15. Jahrhunderts.

POETIK

BESCHREIBUNGSKUNST

AUF DER HÖHE DER ZEIT. Zu den stilistischen Eigenheiten der mittelhochdeutschen Epik gehört eine besondere Vorliebe für Beschreibungen: Waffen, Rüstungen, Empfänge, Feste, Gebrauchsgegenstände, Kleider und Stoffe oder prunkvolle Zelte finden höchste Aufmerksamkeit und werden bis ins Einzelne mit einer höchst differenzierten Fachsprache meist französischer Herkunft beschrieben. Die Dichter bedienen damit das Interesse der deutschen Adelsgesellschaft an der neuen Gesellschaftskultur französischen Stils. In diesem Sinn weiten sie die betreffenden Passagen der französischen Vorlagen z. T. noch beträchtlich aus, so dass es wohl keine Übertreibung ist, wenn man die Romane (auch) als Handbücher höfischer Lebensart und ihrer materiellen Attribute sieht. Beispiel ist etwa Hartmanns von Aue Beschreibung von Enites Pferd im *Erec* (um 1180), die in annähernd 500 Versen alle luxuriösen – und z. T. phantastischen – Einzelheiten benennt: Gestalt, Farbzeichnung, wunderbare Herkunft, Sattel aus Elfenbein mit eingeschnitzten Bildern der Ge-

Auszug aus Gottfrieds *Tristan*:

si truoc von brûnem samît an
roc unde mantel, in dem snite
von Franze, und was der roc dâ mite
dâ engegene, dâ die sîten
sinkent ûf ir lîten,
gefranzet unde g'enget,
nâhe an ir lîp getwenget
mit einem borten, der lac wol,
dâ der borte ligen sol.
der roc der was ir heinlîch,
er tete sich nâhen zuo der lîch.
ern truoc an keiner stat hin dan,
er suohte allenthalben an
al von obene hin ze tal.
er nam den valt unde den val
under den vüezen alse vil,
als iuwer iegelîcher wil.
der mantel was ze vlîze
mit hermîner wîze
innen al ûz gezieret,
bî zîlen geflottieret.
[...]
diu tassel dâ diu solten sîn,
dâ was ein cleinez snuorlîn
von wîzen berlîn în getragen.
dâ haete diu schoene în geslagen
ir dûmen von ir linken hant.
die rehten haete sî gewant
hin nider baz, ir wizzet wol,
dâ man den mantel sliezen sol,
und slôz in höfschlîche in ein
mit ir vingere zwein.
[...]
gevedere schâchblicke
die vlugen dâ snêdicke
schâchende dar unde dan.
ich waene, Îsôt vil manegen man
sîn selbes dâ beroubete.

Markgraf Hermann von Meißen und seine Frau Reglindis im Westchor des Naumburger Doms (13. Jahrhundert). Höfisch-elegante Kleidung und Haltung der Markgräfin entsprechen den Schilderungen in der Literatur.

BESCHREIBUNGSKUNST   49

Die zwei Boule spielenden höfischen Herren auf dem Autorenbild des Jungen Meißners in der Manessischen Liederhandschrift sind modisch gekleidet: der Mann links im »Mi-parti«, also in der sehr beliebten vertikalen Farbaufteilung, der kniende Mann in einem Mantel mit weiten Tütenärmeln, dessen Pelzfutter durch den raffinierten Schnitt hervorblitzt.

Hochmittelalter

schichte des Äneas, Satteldecke aus golddurchwirkter Seide mit Darstellungen der vier Elemente, goldene Steigbügel in Drachengestalt, Sattelkissen mit einer Abbildung von Pyramus und Thisbe. Und schließlich sorgt noch ein großer Karfunkel auf der Stirnplatte des Pferdes dafür, dass man in der Dunkelheit besser sieht …

INSZENIERUNG: FRAUENIDEAL. Der Auftritt Isoldes am irischen Königshof im *Tristan* (um 1210) Gottfrieds von Straßburg gilt als eines der schönsten Beispiele höfischer Beschreibungskunst. Mit den sorgfältig geschilderten Details – vom anmutigen, geräuschlosen Gang der Königstochter und ihrer körperlichen Schönheit, die sie gleichsam als für die Minne geschaffen erscheinen lässt, über ihre Kleidung bis hin zum Wechselspiel von goldnem, edelsteingeziertem Haarreif und Goldhaar – erscheint sie in dieser sinnlichen Inszenierung als Verkörperung des höfischen Frauenideals. Großen Wert legt Gottfried dabei auf die Schilderung der modischen Kleidung Isoldes, eines Samtmantels und eines Kleides »in dem snite von Franze«. Während bei dem Kleid der Akzent auf seinem engen, körperbetonten Schnitt liegt (in der Tat eine französische Erfindung), hebt Gottfried beim Mantel die kostbare und farblich äußerst geschmackvolle Verarbeitung mit Pelzen (Hermelin, Zobel) hervor. Dazu kommt die Eleganz, mit der Isolde den Mantel schließt. Dass diese Haltung und Gestik als bewusster Ausdruck höfisch-adeliger Gesinnung im 12. und 13. Jahrhundert gelten kann, bezeugen Beispiele aus der bildenden Kunst. Besonders eindrucksvoll ist die überlebensgroße Statue der Meißener Markgräfin Reglindis im Naumburger Dom, deren Haltung einschließlich des Griffs zur Tasselschnur – Tasseln sind Metallscheiben in Schulterhöhe auf beiden Seiten der Mantelöffnung – genau der Beschreibung Gottfrieds entspricht.

»Sie trug aus braunem Samt | einen Mantel und ein Kleid, geschnitten | nach französischer Art. Das Kleid war | dort, wo es an der Seite | den Hüften auflag, ›gefranst‹ und eng gehalten, | dicht an den Körper geführt | mit einem Gürtel, der genau dort saß, | wo ein Gürtel zu sitzen hat. | Das Kleid paßte ihr wie eine zweite Haut, | es schmiegte sich dem Körper an. | Nirgendwo trug es auf, | sondern legte sich überall eng an, | von oben bis unten. | Es schlug Falten und drapierte sich | zu den Füßen so üppig, | wie jeder von Euch wünscht. | Der Mantel war sorgfältig | mit weißem Hermelin | innen ganz ausgeschmückt | in wellenartigen Streifen. | […] | Wo die Spangen hingehörten, | war eine kleine Schnur | aus weißen Perlen eingenäht. | Dort hatte die Schöne eingehängt | den Daumen ihrer linken Hand. | Die Rechte hielt sie | etwas tiefer, Ihr wißt schon, | wo man den Mantel schließen soll. | Sie hielt ihn vornehm geschlossen | mit zwei Fingern. | […] | Geflügelte Räuberblicke | flogen da dicht wie Schneeflocken | raubgierig heran und um sie herum. | Ich glaube, Isolde hat da viele Männer | ihrer Sinne beraubt.« (Übers. von R. Krohn)

Minneszene mit einem Falken, dem Symbol für die Liebe. Spiegeldose aus Elfenbein (Frankreich, 1. Hälfte 14. Jahrhundert).

»Miner frowen minne strike, hant gebunden mir den lip«, lauten die Verse, die den Maler zu seiner Darstellung des Minnesängers Bruno von Hornberg anregten: Die Herrin reitet zur Burg des Sängers, um ihm die Hände zu fesseln. Miniatur aus der Manessischen Handschrift (um 1300–40).

STOFFE/THEMEN

HÖFISCHE LIEBE

LIEBE UND LIEBESDIENST. Liebe – minne – ist ein zentrales Thema der höfischen Literatur, das auf höchst unterschiedliche Weise behandelt und bewertet werden kann. Aber wenn sich auch eindeutige, verbindliche Antworten auf die Frage nach dem Wesen der höfischen Liebe als unmöglich erweisen, gibt es doch Grundzüge und Gemeinsamkeiten. Dazu gehört vor allem die Vorstellung von der Liebe als Dienst, als einem Verhältnis von Mann und Frau, in dem entgegen der sozialen Realität die Frau als Herrin erscheint. Ihr dient der Mann, um sich zu vervollkommnen und so ihrer Liebe würdig zu werden. Das geschieht im Minnesang durch Lieder zum Ruhm der Dame, in der höfischen Epik durch ritterliche Taten. Dabei ist der Umstand, ob von unerfüllter oder auch körperlich erfüllter Liebe die Rede ist, kein Kriterium für höfische oder unhöfische Liebe. Es hängt von der Gattung ab: Während das Tagelied den Liebesgenuss feiert und in der Epik die Liebenden in gleicher Weise Erfüllung finden, gibt es im Minnesang Tendenzen, die vergebliche, klagende Liebe zu überhöhen.

RICHTIGE UND FALSCHE LIEBE. Die Unterscheidung der christlichen Theologie zwischen geistlicher und fleischlicher Liebe, zwischen Weltliebe und Gottesliebe thematisieren die höfischen Dichter nur in religiösen Liedern. Beispiele dafür sind die Lieder der Weltabsage Walthers von der Vogelweide und Neidharts oder die Kreuzzugslyrik, die um den Konflikt zwischen höfischem Liebesdienst und kämpferischem Gottesdienst kreist. Im Übrigen geht es um die weltliche Liebe, die nun ihrerseits zwei Seiten hat: die blinde, krankhafte, sinnenverwirrende Liebe und die durch Affektkontrolle und Sublimierung gekennzeichnete höfische Liebe. Jene wirkt zerstörerisch, diese erhebt den Menschen. Walther von der Vogelweide hat für diesen Gegensatz die (nicht ständisch gemeinten) Begriffe ›hohe‹ und ›niedere‹ Minne geprägt.

HÖFISCHE LIEBE 51

Eine Venusfigur ziert den Helm des steirischen Adeligen Ulrich von Lichtenstein, der hier als Protagonist seiner scheinbar autobiographischen strophischen Verserzählung *Frauendienst* (um 1255) dargestellt wird, die in einer Art ›Minnebiographie‹ seinen vergeblichen Minnedienst und die damit verbundenen Turnierfahrten beschreibt. Die dämonischen Meerwesen verweisen darauf, dass ihn diese Minnefahrten auch zur Adria führten. Miniatur aus der Manessischen Handschrift (um 1300–40).

Hochmittelalter

LIEBE UND GESELLSCHAFT. Die Konzeption der höfischen Liebe als einer Tugend, als einer den Menschen veredelnden Kraft, bedeutet eine entschiedene Umwertung der traditionellen Vorstellungen der christlichen Theologie: Ausdruck der Emanzipation der adeligen Laiengesellschaft, die ihre eigenen, diesseitigen Wertvorstellungen formuliert. Dabei versteht sich höfische Liebe als gesellschaftliches Phänomen. Sie führt nicht nur zu individueller sittlicher Vervollkommnung, sondern stellt auch Anforderungen an das gesellschaftliche Verhalten im Sinn höfischer Umgangsformen und höfischer Tugenden. In diesem Zusammenhang erhalten die traditionellen christlichen Tugenden wie Beständigkeit, Aufrichtigkeit, Keuschheit oder Treue eine neue Bewertung, die die Eigengesetzlichkeit der höfischen Liebe unterstreicht. Einen extremen Fall stellt die ehebrecherische Liebe von Tristan und Isolde dar, wie sie Gottfried von Straßburg schildert: Die Liebenden schaffen sich einen eigenen ästhetisch und religiös überhöhten Bereich der Liebe und Treue. Ihre Absonderung von der Gesellschaft können sie jedoch nicht lange aufrechterhalten, sie kehren freiwillig aus der Minnegrotte an den Hof zurück. Höfische Liebe braucht den Hof, selbst bei immanenter Widersprüchlichkeit.

ANDREAS CAPELLANUS, »DE AMORE«

Der im letzten Viertel des 12. Jahrhunderts in Frankreich verfasste lateinische Traktat *Über die Liebe* des königlichen Hofkaplans Andreas Capellanus gehört zu den zentralen Texten zum Thema höfischer Liebe und zeigt, welchen bedeutenden Stellenwert dieses Thema in der höfischen Gesellschaft Frankreichs dieser Zeit besaß. Das Buch ist weder ein Bekenntniswerk noch eine wissenschaftliche Abhandlung, sondern eine für die höfische Gesellschaft bestimmte Schrift. Andreas behandelt den Gegenstand nicht ohne ironische und witzige Züge von zwei Seiten, ohne selbst eine Position zu beziehen. Die ersten beiden Bücher sprechen in durchaus positiver Weise vom Wesen der Liebe, ihrer Entstehung und ihrer Wirkung; sie legen dar, wie man sie erwerben, bewahren und vermehren kann. Am Ende des zweiten Buchs steht die Geschichte eines Ritters, der 31 Liebesregeln vom Artushof zurückbringt. Das dritte Buch argumentiert dann entschieden gegen die Liebe, wobei nicht zuletzt die Schlechtigkeit der Frauen als Grund angeführt wird. Diese doppelte Perspektive ist bei Ovid vorgebildet, der seiner *Liebeskunst* (*Ars amatoria*) die *Heilmittel gegen die Liebe* (*Remedia amoris*) folgen ließ.

LITERATURBETRIEB

ANTIKEREZEPTION

ANTIKE UND MITTELALTER. Im Mittelalter lebte man – im Unterschied zur ›Wiederentdeckung‹ der Antike in der Renaissance – in dem Bewusstsein kultureller Kontinuität zur Antike und bediente sich ohne historische Distanz aus dem materiellen, zivilisatorischen und geistigen Erbe. Nach der Völkerwanderungszeit und dem Zusammenbruch des weströmischen Reiches war die Kirche die einzige Institution, die die Kontinuität bewahrte und mit ihrer Verfügung über Schrift- und Buchwesen die Voraussetzungen für die Bewahrung und Aneignung der geistigen Überlieferung garantierte. Das bedeutete zugleich, dass alles Antike in christlichem Licht erscheint und dass die Bedürfnisse des Schulbetriebs und der Theologie Auswahl und Interpretation der antiken Texte bestimmten. Größere Bedeutung für die deutschsprachige Literatur erhielt die Antike erst in der Dichtung des 12. Jahrhunderts, wenn sie auch die antiken Überlieferungen in der Regel aus zweiter Hand aufnahm: Das *Alexanderlied* des Pfaffen Lamprecht (um 1150–60), Heinrichs von Veldeke *Eneit* (um 1170–85) oder der Trojaroman Herborts von Fritzlar (*Liet von Troye*, nach 1190) beruhen auf französischen Vorlagen.

Gottfried von Straßburg in seinem *Tristan* über Heinrich von Veldeke:

von Veldeken Heinrîch
der sprach ûz vollen sinnen.
wie wol sang er von minnen!
wie schône er sînen sin besneit!
ich waene, er sîne wîsheit ûz Pegases ursprînge nam, von dem diu wîsheit elliu kam.
ine hân sîn selbe niht gesehen;
nu hoere ich aber die besten jehen
die, die bî sînen jâren und sît her meister wâren, die selben gebent im einen prîs:
er inpfete daz êrste rîs in tiutscher zungen.
dâ von sît este ersprungen, von den die bluomen kâmen,
dâ sî die spaehe ûz nâmen der meisterlîchen vünde.

»Heinrich von Veldeke, | der erzählte aus vollkommenem Kunstverstand. | Wie herrlich sang er von der Minne! | Wie angenehm zügelte er seine Ausdrucksgabe! | Ich glaube, er nahm seine ganze Weisheit | vom Quell des Pegasus, | von wo alle Weisheit kommt. | Ich habe ihn zwar nicht mehr erlebt, | aber ich höre sogar die Besten sagen, | die noch zu seinen Lebzeiten | und danach Meister ihres Faches waren, | wie sie ihm vor allem eines nachrühmen: | Er pfropfte das erste Reis | in deutscher Sprache. | Hier sprossen seither die Äste | mit jenen Blumen, | von denen sie die Kunst | der vollendeten Dichtung nahmen.« (Übers. von R. Krohn)

Autorbild Heinrichs von **Veldeke** in der Manessischen Liederhandschrift (um 1300–1340).

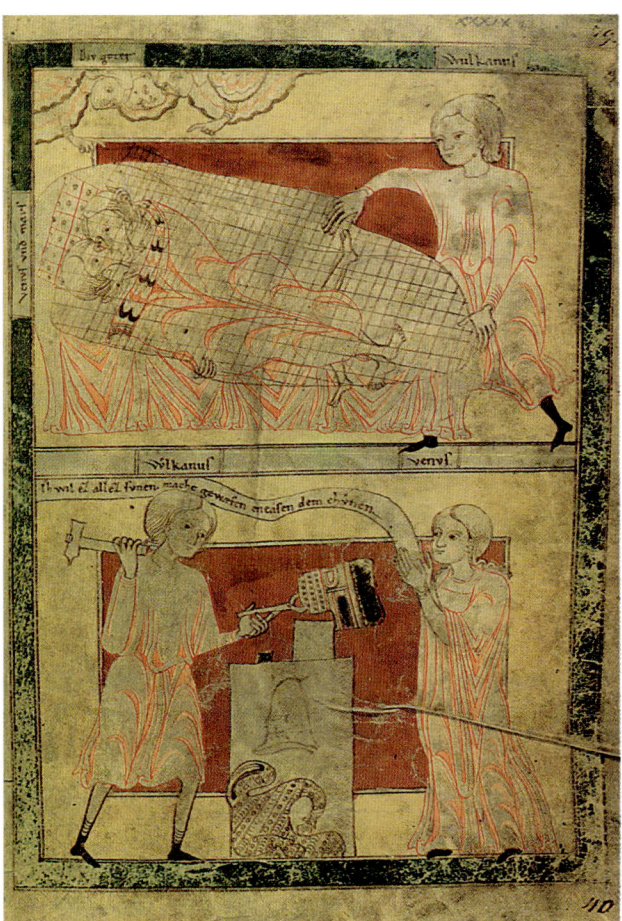

Bildseite aus einer um 1210–1220 gefertigten Handschrift mit zwei Szenen aus der *Eneit* Heinrichs von Veldeke: Vulkan überrascht Mars und Venus und hält sie in einem Netz fest, Vulkan schmiedet auf Bitten von Venus Waffen für Äneas.

VELDEKES ÄNEASROMAN. Mit dem französischen Antikenroman, der auf der Basis der römischen Epik und des antiken Prosaromans entstand, beginnt die Entwicklung des mittelalterlichen höfischen Romans. Wichtig für die deutsche Literatur wurde vor allem der anonyme *Roman d'Eneas* (um 1165), der das römische Nationalepos zu einem frühhöfischen Liebesroman umgeformt und die Gesellschaftsdarstellung aktualisiert hatte. Ritterlicher Kampf und höfische Minne, nicht die Verherrlichung Roms, bilden den neuen Mittelpunkt der französischen Dichtung und der erweiterten deutschen Fassung. Die neue Gewichtung drückt sich auch darin aus, dass der Äneasroman die bei Vergil nur angedeutete Laviniahandlung als Gegenpol zur Didoepisode zu einem eigenen Liebesroman ausgestaltet. Reflexionen über das Wesen der Liebe im Anschluss an Ovid kommen hinzu. Zwei Auffassungen der Liebe stehen einander gegenüber: die leidenschaftliche Liebe Didos und die auf »zuht« und »mâze« gegründete Liebe zwischen Lavinia und Äneas, in der sich das höfische Liebesideal ankündigt. Gerade diese Partien, in denen Veldeke die Ansätze der französischen Vorlage ausbaute, verliehen seinem Antikenroman Aktualität.

HEINRICH VON VELDEKE

Der Epiker und Minnesänger Heinrich von Veldeke stammte wahrscheinlich aus einem Ministerialengeschlecht der heute belgischen Provinz Limburg. Die Handschriften nennen ihn »meister«, verweisen also auf seine geistliche, d. h. lateinische Bildung. Genauere Daten bietet allein der Diebstahl des weit fortgeschrittenen Manuskripts seines Äneasromans im Jahr 1174; neun Jahre später erhielt er es zurück und vollendete die *Eneit* am Hof seines Gönners Landgraf Hermann von Thüringen. Im 8. Buch des *Parzival*, etwa um 1205 anzusetzen, beklagt Wolfram von Eschenbach den Tod des Dichters. Heinrich schrieb den etwa 13 500 Verse umfassenden Roman nicht in seiner niederfränkischen Heimatmundart, sondern in einer westmitteldeutschen Sprachform, die ihm den Zugang auch zu den hochdeutschen literarischen Zentren eröffnete. Zu Heinrichs Werk gehören ferner eine umfangreiche Verslegende (*Sente Servas*), die vor dem höfischen Roman entstand, und etwa 40 meist einstrophige Minnelieder und Spruchtexte. Die späteren Dichter sahen vor allem seine sprachliche und formale Leistung, die als epochemachend empfunden wurde.

GATTUNG

ARTUSROMAN

STOFFE UND ERZÄHLMUSTER. Neben dem Antikenroman bildete sich in Frankreich fast gleichzeitig die zweite wichtige Ausprägung des mittelalterlichen höfischen Romans heraus: der Artusroman. Er basiert stofflich auf keltischen Sagen (»matière de Bretagne«) und den pseudohistorischen Erzählungen von König Artus in der (lateinischen) *Geschichte der Könige Britanniens* (um 1138) von Geoffroi von Monmouth. Das gattungsbildende Erzählmuster schuf Chrétien de Troyes, dessen dichterisches Werk um 1165 mit Ovidübertragungen einsetzte. Sein Schaffen entstand in Verbindung mit den Höfen der Gräfin Marie von Champagne, Tochter der englischen Königin Eleonore von Aquitanien, einer entschiedenen Förderin der modernen höfischen Dichtkunst, des Grafen Philipp von Flandern und König Heinrichs II. von England. Die Reihe seiner Artusromane begann mit *Erec et Enide* (um 1170), gefolgt von *Cligés* (um 1176), *Yvain* (um 1180) und *Lancelot* (um 1180); mit seinem unvollendeten letzten Werk, *Perceval* (vor 1190), gab er dem Artusroman mit der Erweiterung zum Gralroman eine neue Richtung.

Ausgangspunkt und Ziel der ritterlichen Abenteuer (›Aventiuren‹) einzelner Ritter der Tafelrunde ist der Hof

Artus-Statue, nach einem Entwurf Albrecht Dürers 1513 von Peter Vischer d. Ä. in Nürnberg gegossen. Sie gehört zu den 28 Bronzestandbildern des Grabmals von Kaiser Maximilian I. in der Innsbrucker Hofkirche.

Illustration von Aubrey Beardsley zur englischen Artusdichtung Sir Thomas Malorys (*Le Morte Darthur,* um 1470): Sir Bedivere wirft das Schwert Excalibur auf Befehl von König Artus ins Meer (»Sogleich reckte sich eine Hand aus dem Wasser, griff danach und schüttelte und schwang es dreimal. Dann verschwand die Hand mit dem Schwert im Wasser«). Beardsley schuf die Illustrationen für eine Ausgabe von 1893/94.

von König Artus; Artus selbst übt nur eine normative, repräsentative Funktion aus. Diese Aventiuren, die der Artusritter sucht und besteht, sind Bewährungsproben; durch sie erringt er Ansehen vor Gott und der Welt, d. h. der durch die Tafelrunde repräsentierten höfischen Gesellschaft. Variationen verschiedenster Art sind möglich. Der Normalfall ist der zweifache Bewährungsweg des Helden (›doppelter Cursus‹): Die erste Abenteuerfahrt mündet trotz äußerer Erfolge in eine Krise, der die endgültige sittliche Bewährung in einer zweiten Abenteuerkette folgt. Möglich sind aber auch der einfache Weg, die Vermehrung der Helden, konkurrierende Bewährungswege und -ziele oder Parodistisches.

DEUTSCHE REZEPTION. Anders als die auf nationalen Stoffen beruhenden Heldenepen spielen die Artusromane in einer märchenhaften Phantasiewelt. Während die Helden in der *Chanson de Roland* (um 1100) für »la douce France« sterben, dienen die Artusritter mit ihren Taten keinem Vaterland; ihr Sinn besteht in der Stilisierung und Idealisierung einer höfischen Ritterideologie ohne nationale Grenzen. Entsprechend groß war das Interesse der höfischen Gesellschaft auch außerhalb Frankreichs. Hartmann von Aue führte den Artusroman nach Vorlagen von Chrétien de Troyes noch zu dessen Lebzeiten in die mittelhochdeutsche Literatur ein (*Erec*, um 1180; *Iwein*, um 1190–1200); es folgten der *Lanzelet* (um 1195–1200) Ulrichs von Zatzikhoven nach einer unbekannten Quelle (und ohne das zentrale Ehebruchsverhältnis mit Königin Ginover) und der *Parzival* (um 1200–10) Wolframs von Eschenbach nach Chrétien. Die späteren Romane beruhen vielfach auf diesen Texten, ergänzt durch weiteres französisches Quellenmaterial, und bieten z. T. ein phantasievolles Spiel mit der Tradition (u. a. Wirnt von Grafenberg: *Wigalois*, um 1210–20; Heinrich von dem Türlin: *Die Krone*, um 1225; Der Stricker: *Daniel vom blühenden Tal*, um 1220–50). Seit etwa 1250 gelangte der riesige Prosa-*Lancelot* nach Deutschland, eine gleichsam endzeitliche Summe der Artus- und Graldichtung, die im ersten Drittel des 13. Jahrhunderts in Frankreich entstanden war.

Artus und die Tafelrunde. Miniatur aus einer 1372 entstandenen Handschrift des *Wigalois* (um 1210–20) von Wirnt von Grafenberg.

AUTOR

HARTMANN VON AUE

LIEBE, EHRE UND VERANTWORTUNG. Anfang und Ende von Hartmanns epischem Schaffen markieren Artusromane nach Vorlagen von Chrétien de Troyes. Mit dem *Erec* (um 1180) führte Hartmann die Gattung in Deutschland ein; *Iwein* (um 1190–1200) wurde sein im Mittelalter erfolgreichstes Werk. Anders als im späteren Roman ging Hartmann beim *Erec* verhältnismäßig frei mit der Vorlage um. Das Grundmuster der Handlung bleibt jedoch unangetastet. Zunächst erringt Erec rasche Erfolge, stellt seine beleidigte Ehre wieder her und erringt eine Frau, Enite. Sein Vater übergibt ihm die Herrschaft. Doch was als Gipfel seiner ritterlich-höfischen Karriere erscheint, führt direkt in die Katastrophe: Erec »verligt« sich, d. h. er wendet sich von der Ritterschaft ab und macht es sich am Hof und in der Liebe bequem. Das mindert sein gesellschaftliches Ansehen, vertreibt die »vreude« von der Gesellschaft. Von Enite auf die Schande aufmerksam gemacht, bricht er mit ihr zu einer zweiten Abenteuerfolge auf. Sie führt zu einer neuen inneren Haltung, in der ritterliche Bewährung,

Rechte Seite: **Iwein**, Held von Hartmanns letztem Roman, hilft einem von einem Drachen (»wurm«) bedrohten Löwen aus der Not, der sich ihm nun anschließt und ihn fortan »mit sînem dienste« ehrt: Fresko in der Burg Rodeneck in Südtirol aus dem Anfang des 13. Jahrhunderts. Neben dem Freskenzyklus in Burg Rodeneck gibt es einen weiteren *Iwein*-Zyklus im Hessischen Hof in Schmalkalden (Thüringen), Zeugnisse für die Beliebtheit der höfischen Romankunst.

BIOGRAFIE

Zum Leben Hartmanns von Aue (um 1165 – um 1210) gibt es nur punktuelle Hinweise in seinen Werken. Er gehörte nach eigener Aussage dem Ministerialenstand (»dienstman was er zOuwe«) an und besaß eine lateinische Schulbildung. Wem er diente, wo er die Bildung erwarb, wer ihn förderte, ist nicht bekannt, ebenso wenig, auf welchen Ort im Südwesten Deutschlands sich Hartmanns »von Ouwe« als Herkunfts- oder Dienstort bezieht. Sein Werk entstand ungefähr zwischen 1180 und 1200. Es umfasst neben den epischen Dichtungen noch das vor dem *Erec* anzusetzende *Büchlein* (oder *Klage*), eine Minnelehre, und eine Reihe von Liedern. Diese behandeln fast ausschließlich Themen aus dem Umkreis der ›hohen Minne‹; der klagende Ton herrscht vor. Drei Lieder, die die Kreuzzugsthematik aufnehmen, können auf den Kreuzzug von 1189–1192 oder den von 1197 deuten; über eine mögliche Teilnahme Hartmanns sagen sie nichts aus.

Autorbild Hartmanns von Aue aus der Manessischen Liederhandschrift (um 1300–1340). Hartmann ist als Ritter dargestellt.

Ehre und höfische Liebe zu einem auch auf die Gesellschaft zurückwirkenden Ausgleich finden.

Komplexer ist der Fall des ›Löwenritters‹ Iwein, der nach erfolgreicher Ritterfahrt und Hochzeit mit Laudine zu einer ziellosen Ritterfahrt aufbricht, weil er nicht wie Erec »verligen« will, den Rückkehrtermin leichtfertig vergisst und öffentlich als treuloser Verräter bloßgestellt wird. Er verfällt dem Wahnsinn. Nach seiner Heilung beginnt eine Abenteuerkette, die nun Iweins soziales Engagement zeigt, sein Eintreten für Recht und Gerechtigkeit, so dass er schließlich mit dem neu gewonnenen gesellschaftlichen Ansehen Laudine zum zweiten Mal erringen kann. Der Roman zeigt den mühsamen Prozess zu verantwortlichem Handeln, den Weg zu einer rechten »güete«, von der der Prolog sagt, dass sie Ansehen vor Gott und den Menschen (»saelde« und »êre«) nach sich ziehe.

GOTT UND WELT. Zwischen den beiden Artusromanen schrieb Hartmann zwei Verserzählungen, die höfisches Erzählen und höfische Gesellschaftskultur mit religiös verstandener Schuldthematik verbinden. *Gregorius* (um 1190–1200) erzählt nach einer französischen Verslegende die Geschichte eines doppelten Inzests, die dank extremer Buße und göttlicher Gnade zu einem guten Ende führt: kein Aufruf zur Weltabkehr, aber eine Relativierung der innerweltlichen Harmonievorstellungen des Artusromans. Das gilt auch für den *Armen Heinrich* (um 1190–1200), die Geschichte eines vermögenden, tugendhaften Herrn, der mit Aussatz geschlagen wird: Zeichen dafür, dass sein glänzendes weltliches Dasein in eine Krise geraten ist. Dass er das Opfer eines jungen Mädchens, dessen Blut ihn heilen würde, in letzter Minute verhindert, zeigt seine innere Wandlung, die wiederum zu einem glücklichen Ende – einschließlich (unstandesgemäßer) Ehe mit der opferbereiten Bauerntochter – führt. Die Lösung des grundlegenden Problems der neuen weltlichen Kultur, wie Gott und Welt zu vereinbaren seien, liegt nicht in der Rückkehr zu asketischen Lebensentwürfen, sondern in der religiösen Fundierung des weltlich-höfischen Ethos.

WIRKUNGSGESCHICHTE

Thomas Mann legte 1951 mit dem Roman *Der Erwählte* eine Erneuerung von Hartmanns *Gregorius* vor, die in höchst artifizieller Weise Legende und Mythos mit Psychologie, Ironie und Parodie verbindet. Es handelt sich um »eine zugleich entsetzliche und hocherbauliche Geschichte«, eine gesteigerte Version der Ödipussage mit einem anspielungsreichen christlichen Beziehungsgeflecht von Gregorius und Christus, Inzest, Jungfrauengeburt und Trinität. Zugleich erzählt Thomas Mann eine Bekehrungsgeschichte, die Gregorius' Weg vom Träumer zum verantwortlich handelnden Mann zeigt und ihn dabei – psychoanalytisch gesehen – entschiedene Regressionsphasen durchmachen lässt: Gregorius nährt sich während seiner Zeit der Buße, wie ein Igel zusammengeschrumpft, von der Milch der Mutter Erde.

FORMEN

Leich, eine lyrische Großform, die sich aus unterschiedlichen strophenartigen Einheiten (Versikeln) zusammensetzt, die nach den Prinzipien der Wiederholung und der Steigerung aneinandergereiht werden. In einfacher Form ergibt sich das Schema a bb cc … yy z, d. h. zwei gleich lange Versikel werden auf eine sich wiederholende Melodie gesungen (bb), gefolgt von weiteren, aber jeweils unterschiedlich gebauten Paaren dieser Art mit eigener Melodie (cc dd usw.); eingerahmt wird das Ganze jeweils von einem (musikalisch) eingliedrigen Stück (a, z).

Pastourelle, eine mittelalterliche Form der Hirten- und Schäferdichtung; sie gestaltet nach einem Natureingang die Verführung bzw. den Verführungsversuch eines Landmädchens durch einen Ritter.

Tagelied, eine Gattung des Minnesangs, stellt den Abschied der Liebenden bei Morgengrauen dar. Enge formale und thematische Bezüge bestehen zur provenzalischen Alba und zur altfranzösischen Aubade. Charakteristisch ist die offene Darstellung körperlicher Liebe; der Abschied wird zur großen Liebesszene. Neben den Liebenden, in der Regel Ritter und Dame, kann als dritte Person ein Wächter hinzutreten, der die Liebenden bewacht und den Morgen ankündigt. Einen Höhepunkt erreicht die Gattung bei Wolfram von Eschenbach, der auch schon parodistisch mit ihr spielt.

GATTUNG

MINNESANG

ADELIGE STANDESDICHTUNG. Die mittelhochdeutsche Liebeslyrik entfaltete sich seit der Mitte des 12. Jahrhunderts vor dem Hintergrund der neuen höfischen Kultur und bildete bis zum späten Mittelalter ein vielfältiges Formen- und Motivrepertoire aus. Der Minnesang war Gesellschaftskunst, Medium der Selbstdarstellung der höfischen Gesellschaft, in deren Mitte er vorgetragen wurde. Während die adeligen ›Dilettanten‹ nach Ausweis der Liederhandschriften die Mehrzahl der Verfasser stellen, sind die großen dichterischen Leistungen meist Arbeiten von Berufsdichtern wie Walther von der Vogelweide oder Neidhart, die aber ebenfalls zur Hofgesellschaft gehörten. Text und Melodie stammten in der Regel vom selben Verfasser, der – möglicherweise von Instrumenten begleitet – seine Werke im Rahmen der höfischen Gesellschaft selbst vortrug.

Titelblatt von Ludwig Bechsteins *Geschichte und Gedichte des Minnesängers Otto von Botenlauben Grafen von Henneberg* (Leipzig 1845). Die von Catharina Sattler gestaltete Farblithographie, die an spätgotische Miniaturen erinnert, zeigt den Dichter mit Pilgerstab und Lorbeerkranz und im Hintergrund die Burg Botenlauben.

GATTUNGEN, FORMEN, MOTIVE. Der Minnesang entwickelte im Verlauf seiner langen Geschichte von der Mitte des 12. bis zum 15. Jahrhundert ein großes Repertoire an Gattungen, Formen und Motiven, die wiederum in vielfältigen Variationen miteinander verbunden werden können. Man unterscheidet zwei Gattungstypen: Lieder, in denen Erzähler- oder Rollenfiguren sprechen (Tagelied, Pastourelle, Dialog- und Gesprächslieder), gehören dem ›Genre objectiv‹ an, die durch Aussagen eines lyrischen Ich geprägten Formen (Klagelieder, Werbelieder, Frauenpreis) dem ›Genre subjectiv‹. Neben diesen inhaltlich geprägten Gattungstypen steht als komplexe lyrische Großform der Leich. Das Spektrum der Minnethematik reicht von Darstellungen heimlicher Liebe in einer missgünstigen Umwelt und Traumvisionen der Liebeserfüllung über Variationen des zentralen Themas Liebe als Dienst zu Auseinandersetzungen mit der Ideologie der ›hohen Minne‹, wobei auch parodistische Töne nicht fehlen.

Prinz Eisenherz bringt Ilene ein Ständchen. Aus Harold Fosters zu Zeiten von König Artus angesiedelter Comic-Serie *Prinz Eisenherz* (1939–71).

›HOHE MINNE‹ UND ›GEGENGESANG‹. Im Zusammenhang mit der Rezeption der provenzalischen bzw. nordfranzösischen Trobador- und Trouvèrelyrik im ›Rheinischen Minnesang‹ – zentrale Gestalt ist Friedrich von Hausen – übernehmen die deutschen Dichter nicht nur Strophenformen und Melodien, sondern auch das Konzept der ›hohen Minne‹. Die Liebe des Mannes ist, analog zur Terminologie des Lehnswesens, höfischer Frauendienst: Werben um die körperlich und ethisch vollkommene Herrin, die als Idealbild gleichwohl unerreichbar bleibt und so den hoffnungslos Liebenden seiner Klage überlässt. Leiderfahrung, Kontrolle der Affekte, Entsagung führen den vorbildlich Liebenden auf den Weg zur sittlichen Vervollkommnung und damit zu gesellschaftlichem Ansehen. Die Kritik an der Minneideologie wird im so genannten Gegengesang zum Programm. Hauptvertreter dieser Richtung ist Neidhart. Seine Lieder bedeuten einen radikalen Bruch mit dem herkömmlichen Minnesang und evozieren eine Gegenwelt zur abgehobenen Sphäre der ›hohen Minne‹. Sie verwenden ihre Sprache und Motive nur, um sie durch die Einbeziehung ›dörperlicher‹ Elemente, d.h. bäuerischer Grobheit und unverhüllter Sexualität, desto greller zu parodieren. Neidharts Lieder gliedern sich in zwei Gruppen: Die Sommerlieder, Tanz- und Reigenlieder mit einem lebendigen Natureingang, handeln von sommerlichem Tanz und Spiel in dörflicher Umgebung und zeigen den Ritter oder Knappen »von Riuwental« in der Rolle des Umworbenen; die Winterlieder kontrastieren einen scheinbar traditionellen Natureingang mit wilden, lärmenden Tanzstubenszenen, in denen sich der Ritter der Eifersucht und der Wut der Bauernburschen ausgesetzt sieht.

Eine so genannte Minnetasche, um 1340 in Paris gefertigt.

STOFFE/THEMEN

KREUZZÜGE

HEILIGER KRIEG. Seit Albert von Aachens farbig erzählter Geschichte des ersten Kreuzzugs (*Historia Hierosolymitanae expeditionis*, 1121–40), der 1099 mit der Eroberung Jerusalems und der Gründung des Königreichs Jerusalem endete, sind die Kreuzzüge ein Thema der Geschichtsschreibung und der Literatur. Dabei erweitert sich der Gegenstand über die Auseinandersetzungen um Jerusalem hinaus; das Konzept des heiligen Krieges gegen die Nichtchristen gilt auch für die Kämpfe gegen die Araber in Spanien und Frankreich oder die Eroberungs- und Missionierungskriege des Deutschen Ordens gegen die Slawen.

Der sterbende Roland in der Bearbeitung des *Rolandslieds* durch den Stricker (*Karl der Große*, um 1220–50): Roland erschlägt noch im Sterben mit seinem Horn Olifant einen Heiden, der ihm sein Schwert wegnehmen will. Aus einer Handschrift vom Anfang des 14. Jahrhunderts.

EPIK. Aus der mittelhochdeutschen Epik ragen zwei Werke heraus, die den Kampf gegen die ›Heiden‹ thematisieren. Beides sind Bearbeitungen französischer Heldenepen (*Chansons de geste*): das *Rolandslied* (um 1170) des Pfaffen Konrad und Wolframs von Eschenbach *Willehalm* (um 1210–20). Historische Grundlage der *Chanson de Roland* (um 1100) ist eine Episode aus dem Spanienfeldzug Karls des Großen im Jahr 778, die Vernichtung der fränkischen Nachhut in einem Pyrenäental. In der deutschen Fassung tritt die nationale Ideologie der Vorlage zurück; stattdessen verstärkt sie die Kreuzfahrergesinnung. Die Helden um Roland erscheinen als Gottesstreiter, die im Kampf zwischen Gottesreich und Teufelsreich das Martyrium suchen. Im Gegensatz zu dieser unreflektiert archaisierenden Sicht problematisiert Wolfram die Kreuzzugsideologie in seinem (fragmentarischen) Epos *Willehalm* (nach *La Bataille de Aliscans*, um 1180, einem Teil aus einem Epenzyklus um Guillaume d'Orange, Enkel Karl Martells). Zwar besteht auch hier der Dualismus von Gottesreich und Teufelsreich, auch im *Willehalm* sterben die Christen als Märtyrer. Aber das Geschehen bleibt nicht unreflektiert. Die sich gegenseitig umbringen, teilen die ritterlichen Standesideale und sind alle Gottes Geschöpfe (»gotes hantgetât«), und Gottes Liebe

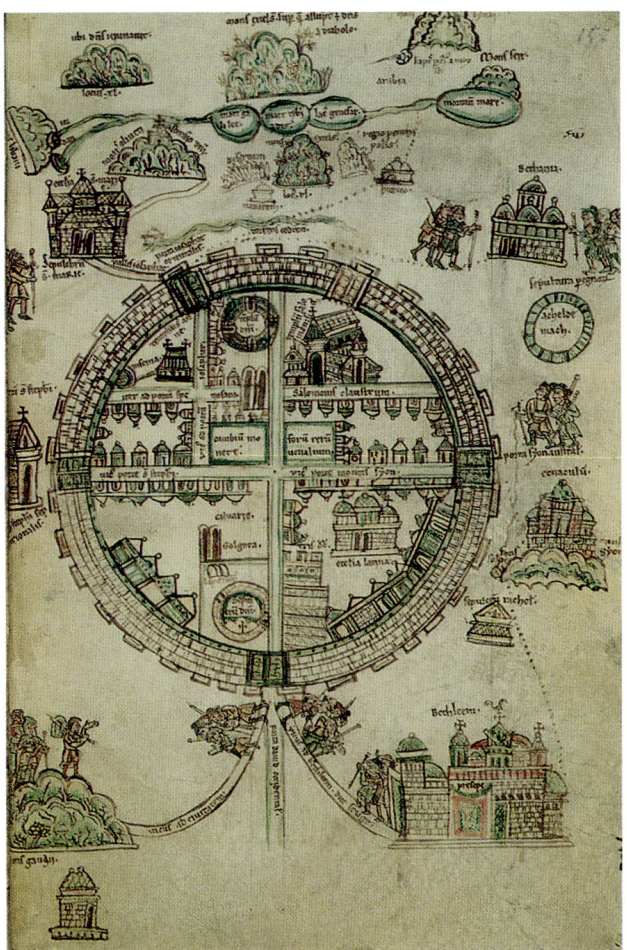

Jerusalem zur Zeit der Kreuzzüge. In der Mitte des Stadtplans der Zentralbau der Heilig-Grabkirche. Federzeichnung (Frankreich, um 1150).

1095 Papst Urban II. ruft auf der Synode von Clermont die Ritter und Fürsten zum Kreuzzug auf: »Deus lo volt«. Symbol wird ein weißes Kreuz, die Losung »Jerusalem«

1096–99 Erster Kreuzzug. Er endet mit der Eroberung Jerusalems 1099; Gründung des Königreichs Jerusalem unter Gottfried von Bouillon

1147–49 Zweiter Kreuzzug unter der Führung des Staufers Konrad III. und König Ludwigs VII. von Frankreich; einflussreiche Kreuzzugspredigten und -aufrufe durch den Zisterzienser Bernhard von Clairvaux

1187 Sultan Saladin nimmt Jerusalem ein

1189–92 Dritter Kreuzzug unter der Leitung Friedrichs I. Barbarossa, der 1190 ertrinkt. Richard Löwenherz schließt nach der Einnahme Akkons einen Waffenstillstand mit Saladin; Pilgerbesuche in Jerusalem werden erlaubt

1202–04 Vierter Kreuzzug; Plünderung Konstantinopels

1228–29 Fünfter Kreuzzug; Kaiser Friedrich II., vom Papst gebannt, erhält durch Vertrag Jerusalem, Bethlehem und Nazareth

1244 Jerusalem geht für immer verloren

1248–54 Sechster Kreuzzug; König Ludwig IX. der Heilige von Frankreich scheitert mit seinem Vorhaben, Ägypten zu unterwerfen und wird mit seinem Heer gefangen genommen

1270 Siebter Kreuzzug; König Ludwig IX. von Frankreich kommt mit einem Großteil seines Heeres in Tunis ums Leben

1291 Akkon wird als letzte christliche Festung von den Mamelucken erobert

umfasst alle Menschen, Gläubige und Ungläubige: »Ist es Sünde, daß man die, die nie vom Christentum hörten, wie das liebe Vieh erschlug? Ich spreche sogar von großer Sünde, und zwar darum, weil alle Gottes Geschöpfe sind, alle Menschen der zweiundsiebzig Sprachen, die er geschaffen hat«, kommentiert der Erzähler gegen Ende.

KREUZLIEDER. Seit dem dritten Kreuzzug (1189–92) nahm sich die Lyrik in intensiver Weise der Kreuzzugsthematik an. Es entstanden im Kontext des Minnesangs zahlreiche Kreuzlieder – der Begriff ist eine Prägung der Zeit (*kriuzliet*) –, die über den durchaus vorhandenen Aspekt der Propaganda hinaus die eigene Stellung angesichts der Forderungen von Herrin, Gesellschaft und Religion reflektieren (z. B. Friedrich von Hausen, Hartmann von Aue, Albrecht von Johansdorf, Heinrich von Rugge, Walther von der Vogelweide) oder sich, eine Generation später, kritisch mit der politischen Realität auseinandersetzen und die desolate moralische und materielle Lage in der Fremde schildern (Neidhart, Freidank in seiner Spruchdichtung).

Linke Seite unten: **Kampfszenen aus einem *Willehalm*-Kodex** aus der zweiten Hälfte des 14. Jahrhunderts.

AUTOR

WALTHER VON DER VOGELWEIDE

LIEBESKONZEPTIONEN. Walther gilt bereits im Mittelalter als größter deutscher Dichter seiner Zeit. Selbst Thomasin von Zerklaere, der in seinem *Welschen Gast* (1215–16) die antipäpstlichen Sprüche Walthers tadelt und ihre große Wirkung beklagt, bestätigt ihm, dass er viel Gutes gedichtet habe. Gottfried von Straßburg nennt ihn im *Tristan* (um 1210), nach dem Tod Reinmars, der ›Nachtigall‹ »von Hagenouwe«, den führenden deutschen Minnesänger. Seit etwa 1190 trat er in dieser Funktion auf und entwickelte über die Konzeption der ›hohen Minne‹ hinaus eine große Vielseitigkeit. Er erprobte verschiedene Alternativen zu den stereotypen Situationen der klagenden Liebe, ohne dass er damit den höfischen Charakter seiner

Walther von der Vogelweide. Illustration Anton Alexander von Werners zu Joseph Viktor von Scheffels *Frau Aventiure. Lieder aus Heinrich von Ofterdingens Zeit* (Stuttgart 1863). Sie lehnt sich an ein Lied Scheffels an und zeigt den Dichter abgeschirmt in einer Pose der Konzentration, während der Knappe Wache hält.

Ausschnitt aus dem Rechnungsbuch des Passauer Bischofs Wolfger von Erla. Etwas unterhalb der Mitte der Hinweis auf Walther von der Vogelweide: »apud zei [zemurum] walthero cantori de vogelweide pro pellicio ·v· sol. longos.«

Kunst aufgegeben oder Lieder der ›hohen Minne‹ aus seinem Repertoire gestrichen hätte. Der Ideologie der einseitigen Liebe und der Ästhetik des Leidens, wie sie besonders Reinmar vertritt, setzt er die Forderung einer Liebe auf Gegenseitigkeit entgegen, wobei die Skala von den ›Mädchenliedern‹ und ihrer Darstellung erfüllter Liebe in einer idyllischen Natur (»Under der linden«) bis zu Liedern reicht, die in der höfischen Sphäre bleiben, doch den Begriff Frau (»wîp«) über den Standesbegriff Herrin (»frouwe«) stellen und ein liebendes Entgegenkommen möglich erscheinen lassen. Trotz der verschiedenen Akzentuierung des Liebesthemas ist eine biografische ›Entwicklung‹ wenig wahrscheinlich. Man wird vielmehr annehmen müssen, dass die Gelegenheit, das jeweilige Publikum und seine Erwartungen die Zusammenstellung des aktuellen Programms beeinflusst haben.

KULTURKRITIK UND WELTKLAGE. Neben den Liebesliedern, neben der Auseinandersetzung über das Wesen der Liebe oder den wahren Frauenpreis (»Ir sult sprechen willekomen«) kennt Walthers Lyrik auch andere Themen. Kulturkritische Töne über den Verfall rechter höfischer Kunst werden hörbar, möglicherweise bezogen auf Neidhart. Lieder mit religiöser Thematik, die v. a. dem Spätwerk angehören, treten hinzu: ein streng sakraler Marienleich, Lieder mit Kreuzzugsmotiven, Lieder des Rückblicks, Gedichte der Weltabsage. Dazu gehören das auf den Kreuzzug des gebannten Kaisers Friedrich II. 1228–29 bezogene ›Palästinalied‹ »Allerêrst lebe ich mir werde« (»Erst jetzt erhält mein Leben einen Sinn«), das einzige Lied Walthers, zu dem eine vollständige Melodie überliefert ist, und die so genannte Elegie, Summe und Höhepunkt seiner Altersdichtung (»Owê war sint verswunden alliu mîniu jâr!«): Klage des aus einem Traum erwachten Dichters über die ihm fremd gewordene, aus den Fugen geratene Welt, Erkenntnis ihrer Nichtigkeit und Aufforderung, an das Heil der Seele zu denken.

BIOGRAFIE

Walther von der Vogelweide (um 1170 – um 1230) lernte nach eigenen Angaben in Österreich »singen unde sagen«. Über Geburtsort und Stand gibt es keine sicheren Angaben; ungeklärt ist, ob sein Beiname Herkunfts- oder Künstlername ist. Bis 1198 war er dem Hof des Babenberger Herzogs Friedrich I. in Wien verbunden; nach dem Tod seines Gönners verließ er Wien und hielt sich – wie sich aus seiner Sangspruchdichtung schließen lässt – an den Höfen des Stauferkönigs Philipp (1198–1201) und des Welfen Otto IV. (1212/13) sowie im Umkreis Kaiser Friedrichs II. (ab etwa 1213) auf, dem er um 1220 für ein Lehen dankte. Dazu kommen verschiedene Fürsten- und Adelshöfe (z. B. der Hermanns von Thüringen). Der einzige sichere außerliterarische Beleg zeigt ihn in der Umgebung des Bischofs von Passau, Wolfger von Erla, der »Walthero cantori de Vogelweide« am 12. November 1203 bei Zeiselmauer (in der Nähe Wiens) fünf große Schillinge für einen Pelzrock auszahlte. Nach einer Notiz in einer Handschrift des 14. Jahrhunderts soll Walther im Kreuzgang des Würzburger Stifts Neumünster begraben sein.

STOFFE/THEMEN

POLITIK, PROPAGANDA UND POLEMIK

SPRUCHDICHTUNG. Spruchdichtung ist vorwiegend didaktisch ausgerichtet. Sie dient der religiösen, moralischen und politischen Belehrung, übt Kritik an den Missständen in Kirche und Staat, reflektiert die eigene Kunst und setzt sich mit der der Konkurrenten auseinander. Es handelt sich um Gebrauchsdichtung, die einen wesentlich stärkeren Bezug zur Alltagsrealität und mehr Tagesaktualität besitzt als die stilisierte Liebeslyrik des Minnesangs. Spruchdichter waren fahrende Berufssänger, die von der Freigebigkeit ihrer Auftraggeber bzw. ihres Publikums abhängig waren. Nach eher bescheidenen Anfängen erhielt die Spruchdichtung durch Walther von der Vogelweide eine neue künstlerische Qualität; er führte sie an das formale Niveau des Minnesangs heran und machte sie zu einem Medium der Diskussion aktueller politischer Fragen. Nachfolger im 13. Jahrhundert sind Freidank, Reinmar von Zweter, Bruder Wernher, der Marner und – um 1300 – Frauenlob. Die Kunstübung wurde im 14. und 15. Jahrhundert fortgesetzt

Walther von der Vogelweide in einem seiner heute bekanntesten Sprüche:

Ahî wie kristenlîche nû der bâbest lachet, | swânne er sînen Walhen seit: ›ich hânz alsô gemachet‹. | daz er dâ seit, des solt er nie mêr hân gedâht! | er gihet: ›ich hân zwêne Alamân under eine krône brâht, | daz si daz rîche sulen stœren unde wasten, | ie darunder wüelen in ir kasten. | ich hân si an mînen stok gemennet, ir gúot ist allez mîn, | ir tiutschez silber vert in mînen welschen schrîn, | ir pfaffen ezzent hüener und trinkent wîn | unde lânt die tiutschen vasten!‹

»Ei, wie christlich nun der Papst lacht, | wenn er seinen Welschen sagt: ›Ich habe es so gemacht.‹ | Was er da sagt, daran sollte er niemals gedacht haben! | Er verrät: ›Ich habe zwei Deutsche unter eine Krone gebracht, | damit sie das Reich verunsichern und verwüsten sollen, | währenddessen wühlen wir in ihren Kasten. | Ich habe sie an meinen Opferstock getrieben, ihr Gut ist alles mein, | ihr deutsches Silber fährt in meinen welschen Schrein. | Ihr Pfaffen, eßt Hühner und trinkt Wein, | und laßt die Deutschen fasten!‹« (Übers. von G. Schweikle)

Die **Miniatur aus der Weingartner Liederhandschrift** (Anfang des 14. Jahrhunderts) zeigt Walther von der Vogelweide in der Haltung des Denkers und Sehers, wie sie der Anfang des ersten Reichstonspruchs beschreibt: »Ich saz ûf einem steine, | und dahte bein mit beine: | dar ûf satzt ich den ellenbogen: | ich hete in mîne hant gesmogen | daz kinne und ein mîn wange. | dô dâhte ich mir vil ange, | wie man zer werlte solte leben.«

(Heinrich von Mügeln, Suchensinn, Muskatblut) und lebte dann im Meistersang weiter.

REICH. Ohne erkennbare Vorbereitung setzt die Spruchdichtung Walthers von der Vogelweide mit den drei Reichstonsprüchen (1198–1201) auf höchster Ebene ein, sozial und dichterisch: »mich hât daz rîche und ouch die krône an sich genomen«, singt er, als er nach dem Tod seines Gönners Herzog Friedrich von Österreich 1298 Wien verlassen und am Hof des staufischen Thronprätendenten Aufnahme bzw. eine Anstellung gefunden hatte. Er geriet in die Nachfolgewirren, die der unerwartete Tod Kaiser Heinrichs VI. (1197) ausgelöst hatte: Neben Philipp von Schwaben hatte sich auch der Welfe Otto IV. von seinen Anhängern zum König wählen lassen. Mit den Sprüchen im Reichston, die am Anfang der mittelhochdeutschen politischen Dichtung stehen, nimmt Walther natürlich propagandistisch Partei für den Staufer, seinen Auftraggeber. Das geschieht allerdings überhöht in der Haltung des Denkers und Sehers, der ein Lebensideal formuliert, das erst Wirklichkeit werden kann, wenn die zerrüttete politische Ordnung wiederhergestellt ist. Wie sich schon in den Reichstonsprüchen andeutet: Walther im Dienst des jeweiligen Kaisers bedeutet angesichts der politischen Konstellation meist auch aggressive Polemik gegen die römische Kirche. Das ist so unter Philipp von Schwaben (ermordet 1208), es bleibt so unter Otto IV., der 1210 gebannt wird, und es ändert sich auch nicht unter Friedrich II.

ALLTAG. Zwischen den großen Auftritten auf der politischen Bühne liegt der Alltag des Berufsdichters mit wechselnden Beziehungen zu verschiedenen geistlichen und weltlichen Höfen. Entsprechend vielfältig sind die Themen: Lobgedichte, persönliche Invektiven (»Mir hât hêr Gêrhart Atze ein pfert | erschozzen z' Isenache«), Satirisches, ein Nachruf auf den Minnesänger Reinmar, Moralisch-Belehrendes. Und immer wieder geht es um den rechten Lohn für gute Arbeit. Dabei ist Walther, offenbar eine durchaus polemische Natur, nicht zimperlich. Loyalität hat ihren Preis, den etwa der »milte« Landgraf von Thüringen zu zahlen bereit ist. Die Freigebigkeit, »milte«, gehört unabdingbar zum Feudalsystem, und wo er sie nicht erfüllt sieht, macht dies Walther publik. Auch die hohen Töne im Dienst der jeweiligen Könige oder Kaiser schlagen schnell um in Kritik. Als Mahnung etwa, wenn er bei Philipp seinen Lohn einfordert und diesem dabei ungerührt die Feinde Richard Löwenherz und Saladin als Vorbilder vor Augen stellt, als ätzende Abrechnung nach vollzogenem Stellungswechsel im Fall Ottos: »Ich wolt hêrn Otten milte nâch der lenge mezzen«, beginnt ein Spruch, der dann das Missverhältnis von Körpergröße und »milte« drastisch beschreibt. Hingegen wird Friedrich II. Walthers Vorstellungen gerecht; entsprechend groß ist sein Jubel, als dieser ihn 1220 mit einem Lehen versorgt.

FORM UND TERMINOLOGIE DER SPRUCHDICHTUNG

Der Begriff Spruchdichtung geht auf Karl Simrock zurück (1833); er bezeichnete damit die mittelhochdeutschen Lieder und Gedichte, die thematisch und formal nicht dem Minnesang zuzurechnen sind. Die im Begriff erkennbare Annahme, dass diese Texte anders als die Liebeslyrik nicht gesungen worden seien, beruht auf einem Irrtum. Auch die Spruchdichtung wurde in der Regel gesungen vorgetragen (›Sangspruchdichtung‹).
Zu den formalen Eigentümlichkeiten der Spruchdichtung gehört – wenigstens bis zur Mitte des 14. Jahrhunderts – die prinzipielle Einstrophigkeit; allerdings konnten mehrere Einzelstrophen zu Reihen oder Zyklen zusammengeschlossen werden (z. B. Walthers Reichstonsprüche). Strophenformen und Melodien wurden mehrfach verwendet; manche Spruchdichter benutzten überhaupt nur einen ›Ton‹ (›Ton‹ heißt die Gesamtheit von Strophenform und Melodie). Man bezeichnete die Töne mit Eigennamen (z. B. Frauenlobs ›Langer Ton‹), eine Praxis, die dann der Meistersang übernahm.

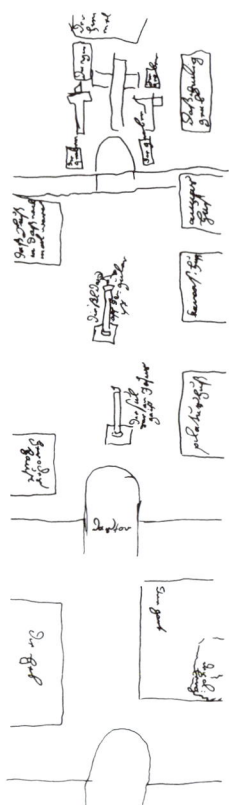

Bühnenplan des *Donaueschinger* oder *Villinger Passionsspiels*. Der aus dem letzten Drittel des 16. Jahrhunderts stammende Plan zeigt einen in drei Abteilungen gegliederten Spielraum, einen großen Platz, auf dem die Spielorte in symbolischer Anordnung eingezeichnet sind: oben u. a. der Himmel und das heilige Grab, unten durch die Länge des Platzes getrennt (an der Seite) die Hölle, dazwischen die irdischen Spielorte wie etwa »daß huß in daß nachmal war«, also das Haus, in dem das letzte Abendmahl stattfand, »pilatus huß« oder des »herodes hauß«.

GATTUNG

GEISTLICHES SPIEL

LITURGIE UND DRAMA. Die Anfänge des geistlichen Spiels in Europa gehen bis auf das 10. Jahrhundert zurück. Ausgangspunkt waren die liturgischen Osterfeiern, die den Gang der drei Marien zum Grab Jesu darstellten (*visitatio sepulchri*) und dabei die antiphonale Form (Wechselgesang zwischen einstimmigen Chören) des Ostertropus aufnahmen. Aus der dialogischen Struktur dieser Szene – Frage: »Quem queritis in sepulcro, o christicolae?«, Antwort: »Jesum Nazarenum crucifixum, o caeliculae« – entwickelte sich das Osterspiel, indem es nach und nach weitere Momente des Ostergeschehens einbezog. Aus entsprechenden Erweiterungen, ausgehend von der Hirtenszene, entstand das Weihnachtsspiel. Darüber hinaus konnten auch andere Stoffe des Alten und Neuen Testaments sowie Legendarisches zum Gegenstand der Spiele werden. Aufgeführt wurden sie in der Regel im Zusammenhang mit den jeweiligen kirchlichen Festen (Dreikönig, Fronleichnam usw.). Aufführungsort war zunächst die Kirche, doch mit dem wachsenden Umfang wurde die Aufführung auf öffentliche Plätze verlegt. Die Bühne war eine ›Simultanbühne‹

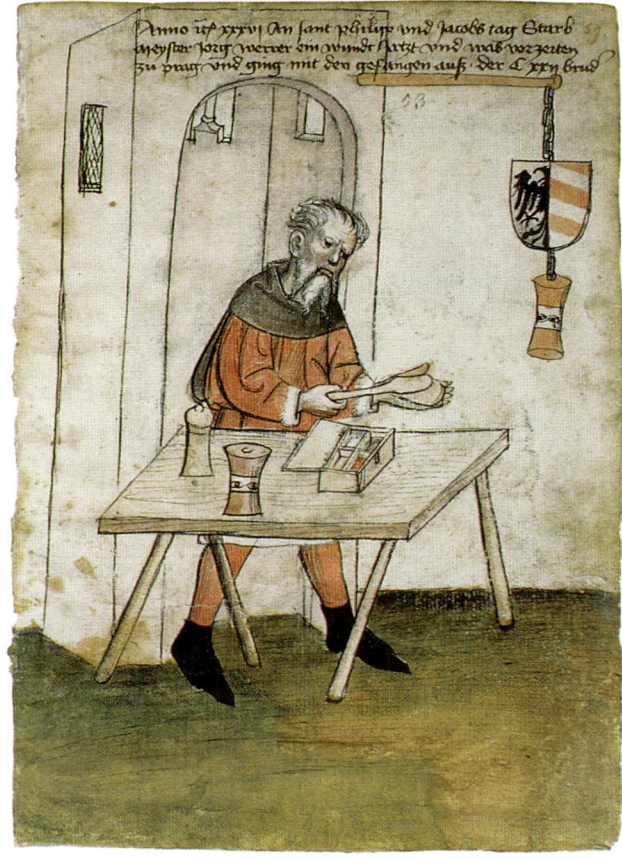

Salbenkrämer. Miniatur aus dem Hausbuch der Mendelschen Zwölf-Bruderstiftung in Nürnberg, um 1430.

mit stets gegenwärtigen, fest aufgebauten Spielorten (*loca*) für die einzelnen Personen und Handlungen in symbolischer Anordnung: die weltlichen Spielorte zwischen Himmel und Hölle.

DAS »OSTERSPIEL VON MURI«. Das erste deutschsprachige geistliche Schauspiel ist das *Osterspiel von Muri* (um 1260, benannt nach dem Benediktinerkloster Muri, in dem die Handschrift gefunden wurde); bereits vorher erscheinen deutsche Textpassagen in lateinischen Spielen, etwa im *Benediktbeurer Passionsspiel* (um 1220). Der Verfasser des *Osterspiels von Muri* kannte dieses und andere lateinische Osterspiele. Die Verssprache orientiert sich an den Reimpaarversen der höfischen Dichtung; Adressat war ein höfisches Publikum. Erhalten ist etwas mehr als die Hälfte des ursprünglich etwa 1100 oder 1200 Verse umfassenden Textes, und zwar auf Fragmenten einer ›Dirigierrolle‹, einem Regie- und Souffliererbuch in Rollenform. Darunter befinden sich alle Kernszenen mit Ausnahme des Apostellaufs zum Grab (Joh. 20,3–10): Unterhaltung der Wächter am Grab, Auferstehung, Höllenfahrt Christi (Erlösung der Seelen der Altväter), Salbenkauf der drei Marien, Gang zum Grab am Ostermorgen und Dialog mit dem Engel am leeren Grab sowie Begegnung zwischen dem auferstandenen Christus und Maria Magdalena (›Gärtnerszene‹; vgl. Joh. 20,14–17).

›VOLKSSCHAUSPIEL‹. Mit der weiter zunehmenden Entfernung von der Liturgie entwickelt sich das geistliche Spiel im Spätmittelalter und der Frühen Neuzeit zu großen, oft mehrere Tage umfassenden Produktionen, die die ganze Heilsgeschichte umfassen konnten und die von der gesamten Bürgerschaft getragen wurden. Dabei entstanden lokale Spieltraditionen und Textgruppen (Hessen, Südtirol u. a.), unter denen freilich ein Austausch möglich war. Die Texte selbst konnten je nach Anlass verändert werden. Die ›Frankfurter Dirigierrolle‹ (um 1330) dokumentiert das erste zweitägige Spiel in Deutschland. Der Schwerpunkt der Textüberlieferung und bezeugten Aufführungen liegt auf dem 15. und 16. Jahrhundert. In einigen Gebieten blieb das geistliche Spiel auch nach der Reformation lebendig. Bedeutendstes Beispiel dafür sind die Aufführungen des zweitägigen großen *Luzerner Passionsspiels* mit Hunderten von Rollen, das mehrfach zwischen 1545 und 1616 gespielt wurde: nicht nur Demonstration für den alten Glauben, sondern auch Ausdruck und Selbstdarstellung einer bürgerlichen Gemeinschaft.

Der Tropus »Quem queritis« (»Wen sucht ihr?«) aus der Liturgie der Ostermatutin, also der nächtlichen Auferstehungsfeier, war eine Keimzelle szenischer Ausgestaltung. Im Gottesdienst wurde ein Dialog zwischen den drei Marien und dem Engel am leeren Grab Christi gesungen, zunehmend auch mit verteilten Rollen gespielt. Eine Elfenbeintafel aus der 2. Hälfte des 12. Jahrhunderts zeigt die biblische Szene.

KRÄMERSZENE

Die so genannte Krämerszene zeigt anschaulich, wie sich die liturgische Feier zum Schauspiel entwickelt. Die Evangelien berichten, dass die Jüngerinnen – die drei Marien – zum Grab Jesu eilen, um den Toten zu salben. Nur im Markusevangelium ist kurz davon die Rede, dass sie die Salben kaufen. Diese Andeutung führt zu Texterweiterungen, zum Auftreten des Salbenkrämers zunächst als stummer Person, dann als Dialogpartner und schließlich zum Aufbau einer Verkaufsbude. Mit den Erweiterungen verliert sich allmählich der liturgische Ernst, die Szene erhält zunehmend komische Züge.

AUTOR

GOTTFRIED VON STRASSBURG

TRISTANDICHTUNGEN. Neben dem Antikenroman und dem breiten Strom der Artusromane bilden die Tristandichtungen einen dritten bedeutenden Komplex des mittelalterlichen höfischen Romans. Auch hier kommt der Anstoß aus Frankreich; Thomas d'Angleterre verfasste um 1170 die erste höfische Version des Stoffes, die dann die Grundlage für Gottfrieds von Straßburg *Tristan* (um 1210) bildete. Vorher hatte bereits Eilhart von Oberg einen Tristanroman vorgelegt (*Tristrant und Isalde*, um 1175–80), der wie seine nicht erhaltene französische Quelle eine vorhöfische Stufe repräsentiert, aber sowohl von Gottfried wie seinen Nachfolgern benutzt wurde. Während der Artusroman die Harmonisierung von höfisch-ritterlichen und religiösen Werten propagiert, lässt der Tristanstoff mit seinen Erzählungen von Betrug, List und Ehebruch eine derartige Lösung von vornherein nicht zu. Gerade die höfischen Fassungen verschärfen den Konflikt zwischen individuellem Anspruch und gesellschaftlichen Normen, der aus der unbedingten Liebe Tristans und Isoldes erwächst.

EIN ROMAN FÜR DIE »EDELEN HERZEN«. Gottfrieds *Tristan* folgt zwar, soweit es sich überprüfen lässt, der Handlungsführung der Vorlage, hat aber im Übrigen einen eige-

BIOGRAFIE

Der Name des Autors ist nur durch spätere Dichter überliefert. Lebensdaten sind keine bekannt. Ob der Beiname »von Straßburg« Herkunfts- oder Wirkungsort (bzw. beides) bezeichnet, ist offen. In den Handschriften wird Gottfried in der Regel als »meister« (Magister) bezeichnet, Hinweis auf seine gelehrte Bildung. Da er nirgends als »her« erscheint, geht man von einer nichtadeligen Herkunft aus. Man nimmt eine Beziehung zum Straßburger Stadtpatriziat an, in dessen Kreis man auch den im Akrostichon des *Tristan*-Prologs verschlüsselt genannten Gönner Dieterich vermutet.

»TRISTAN«: FORTFÜHRUNG UND WIRKUNG

Gottfrieds *Tristan* bricht mit Vers 19 548 ab; die Fortsetzer Ulrich von Türheim (um 1240) und Heinrich von Freiberg (um 1280) sprechen davon, dass der Tod den Dichter an der Vollendung seines Werkes gehindert habe. Ihre Weiterführungen stützen sich auf Eilhart von Oberg und suchen die Kühnheiten Gottfrieds zu mildern: Der Tod der Liebenden erscheint als angemessene Strafe für ihr sündhaftes Leben. Eilharts Werk ist auch die Grundlage des Prosaromans *Histori von Tristrant und Isalde* (Druck 1484), auf dem wiederum Hans Sachsens *Tragedia* von 1553 beruht. Die wichtigste Version des Stoffes der neueren Zeit geht auf Gottfried zurück: Richard Wagners auf wenige Szenen reduzierte musikalische »Handlung« *Tristan und Isolde* (Uraufführung 1865), ein romantisches Nachtstück von Liebe und Tod.

Szenenbild aus dem zweiten Akt von Richard Wagners *Tristan und Isolde* in der Inszenierung von Wieland Wagner (Bayreuth 1962).

nen Charakter. Er ergibt sich zunächst aus Gottfrieds artistischer Sprachkunst, die Eleganz mit Präzision und Klarheit verbindet, vor allem aber aus der Erzählweise: Eigene Kommentare und Reflexionen durchdringen das anspielungsreiche, ironisch erzählte Werk, das noch dazu durch die Anwendung allegorischer Auslegungstechniken eine weitere Deutungsebene erhält. Offensichtlich ist die Distanz zur ritterlichen Seite der höfisch-ritterlichen Kultur; Waffengeklirr, Turniere, Kampfspiele und dergleichen behandelt er eher geringschätzig. Bezeichnend in dieser Hinsicht ist sein Verfahren bei der Beschreibung der Schwertleite Tristans: Statt der üblichen Turnierbeschreibung bringt Gottfried einen langen ›Dichterkatalog‹, einen literaturkritischen Exkurs.

Illustration von Aubrey Beardsley für eine 1893–94 erschienene Ausgabe der englischen Artusdichtung Sir Thomas Malorys (*Le Morte Darthur*, um 1470).

Eine zentrale Stelle in der Geschichte der gesellschaftsfeindlichen Kraft der Liebe nimmt die Schilderung ihrer Erfüllung an einem mit religiösen Bezügen ausgestatteten wunderbaren Ort, der Minnegrotte, ein. Ausgehend von der allegorischen Auslegung der Grotte als sakralem Raum – sie erscheint als Kirche bzw. Tempel, das Bett als Altar oder, je nach Interpretation, als Bett Salomos im *Hohenlied* – kann man von einer religiösen Überhöhung der Liebe sprechen. Zugleich entsteht, fern der kritisch gesehenen höfisch-ritterlichen Gesellschaft und ihren Konventionen, das utopische Bild einer besseren Welt. Gottfried richtet sich damit an ein auserwähltes Publikum: Im Prolog spricht er von den »edelen herzen«, denen er sein Werk widme, einer geistigen Elite mit gesteigerter Empfindungsfähigkeit und ästhetischem Feingefühl.

Miniatur aus einer um 1240 in Straßburg entstandenen Bilderhandschrift des *Tristan*: Tristan und Isolde, vom Hof verbannt, finden fern von der Gesellschaft in der ›Minnegrotte‹ die Erfüllung ihrer Liebe. König Marke entdeckt die Liebenden. Er nimmt Tristans Vorsichtsmaßnahme – das Schwert zwischen ihm und Isolde – als Beweis für ihre Unschuld und ermöglicht ihnen die Rückkehr an den Hof.

LITERATURBETRIEB

HÖREN, SEHEN, LESEN

LAIENBILDUNG UND LITERATUR. Der deutsche Laienadel des 12. und 13. Jahrhunderts war überwiegend analphabetisch. Das hatte Konsequenzen für den Literaturbetrieb, der sich seit der Mitte des 12. Jahrhunderts als Ausdruck einer neuen höfischen Kultur an den Fürsten- und Adelshöfen entwickelte. Formen der Schriftlichkeit und der Mündlichkeit standen in Wechselbeziehung zueinander. Eine Schriftkultur an den Höfen – durch Kapläne, Kleriker und schließlich durch die Schaffung eigener Kanzleien – bildete einerseits zwar die Voraussetzung für die literarischen Ambitionen der höfischen Gesellschaft. Andererseits war es aber durchaus möglich, ohne lateinische Bildung, ohne lesen und schreiben zu können, am literarischen Diskurs teilzunehmen. Literaturinteressierte (und vermögende) Adelige besorgten Texte der modernen französischen Literatur, ließen sie übersetzen und in höfischer Gesellschaft vorlesen. Daneben bestanden mündliche Traditionen weiter; das gilt insbesondere für die einheimische Heldendichtung.

LITERATUR UND GESELLIGES LEBEN. Obwohl Bücher an den Höfen sicher auch gelesen wurden und manche Textstrukturen – etwa komplexe Formen des Minnesangs oder in die höfische Epik eingearbeitete Anagramme – sich mündlich kaum vermitteln ließen, war das Lesen auch bei denen, die dazu fähig waren (öfter die Frauen als die Männer), nicht die vorherrschende Rezeptionsform. Literatur war vielmehr wesentlicher Bestandteil der höfischen Geselligkeit. Zu Festlichkeiten gehörten – neben der üblichen adeligen Unterhaltung durch Tanz, Musik und Sport (Turniere, Schießen, Jagd) – in der Regel auch Literaturdarbietungen: Auftritte von Minnesängern, Spruchdichtern und berufsmäßigen Geschichtenerzählern, Lesungen aus Epenmanuskripten. Dabei hat die Literatur nicht nur unterhal-

Martin Schongauer, *Lesende Madonna mit Kind im Fenster,* um 1485–90 entstandenes kleines Andachtsbild. Das Motiv der gemeinsamen Lektüre von Maria als Lehrmeisterin und ihrem Kind beruht auf einer bereits länger bestehenden Bildtradition.

Rechte Seite unten: **Der Elfenbeindeckel** eines französischen Spiegels aus dem 14. Jahrhundert zeigt den Ritter Gawein auf dem Zauberbett, wie er sich mit seinem Schild vor einem Pfeilregen schützt und von einem Löwen bedroht wird. Wolfram schildert diese Szene im 11. Buch des *Parzival* (um 1200–10).

Anleitung, wie ein Falke an die Sitzstange zu fesseln ist: Miniatur aus einer französischen Handschrift (Anfang 14. Jahrhundert, für Johann II. von Dampierre et Dizier) des Falkenbuchs von Kaiser Friedrich II. (*De arte venandi cum avibus*, um 1247–48).

tende Funktion; sie dient geistlichen, ethischen oder politischen Zwecken und nicht zuletzt der Selbstdarstellung der höfischen Gesellschaft, der sie – so beispielsweise Gottfried von Straßburg und Walther von der Vogelweide über die Wirkung des Minnesangs – Hochgefühl (»hôhen muot«) und »vreude« vermittelt.

BILD UND WORT. Bildliche Darstellungen vor allem epischer Stoffe seit dem Ende des 12. Jahrhunderts zeigen eine weitere Möglichkeit der Aufnahme und der Wirkung von Literatur neben Lektüre und Vortrag. Das dokumentieren zahlreiche illustrierte Handschriften, aber auch die außerliterarische Verwertung epischer Stoffe und Motive: Am bekanntesten sind die *Iwein*-Zyklen (nach Hartmann von Aue) in Form von Wandgemälden in der Südtiroler Burg Rodeneck bei Brixen und im Hessenhof von Schmalkalden. Darüber hinaus haben sich zahlreiche Gebrauchsgegenstände mit literarischen Motiven (Kästchen, Teppiche, Decken, Geschirr usw.) erhalten. In den Texten selbst finden sich zahlreiche Beschreibungen dieser Art; so ist Enites Sattelzeug in Hartmanns *Erec* (um 1180) mit Szenen aus Troja- und Äneasromanen verziert.

»NIBELUNGENLIED« UND DIETRICHEPIK

Eine Reihe von Figuren des *Nibelungenlieds* – Dietrich von Bern, Hildebrand, Etzel – sind Gestalten der Dietrichsage, die erst später – zwischen 1230 und 1300 – in mehreren Epen schriftlich festgehalten wurde. Dietrichsage und -dichtungen gründen auf geschichtlichen Ereignissen: den Kämpfen um die Herrschaft in Italien zwischen Theoderich und Odoaker Ende des 5. Jahrhunderts. In Sage und Dichtung verkehren sich die Verhältnisse. Aus dem siegreichen Aggressor Theoderich wird der des Landes vertriebene Dietrich von Bern (Verona), der am Hunnenhof Attilas bzw. Etzels Aufnahme findet. Die Dietrichepik lässt sich je nach ihrem Realitätsbezug in zwei Hauptgruppen gliedern, in historische (z. B. *Dietrichs Flucht* und *Rabenschlacht*) und mit Riesen, Zwergen und Drachen bevölkerte märchenhafte Dichtungen (z. B. *Goldemar*, *König Laurin*, *Rosengarten zu Worms*).

GATTUNG

HELDENEPIK

MÜNDLICHE ÜBERLIEFERUNG UND SCHRIFTKULTUR. Zentraler Text der deutschen Heldenepik ist das *Nibelungenlied*. In der um 1200 in Passau oder Umgebung schriftlich fixierten Heldendichtung verbinden sich Elemente mündlicher Überlieferung und neuer höfischer Schriftkultur. Die Vorgeschichte umfasst eine jahrhundertelange mündliche Überlieferung von Heldenliedern aus verschiedenen Stoffkreisen, die schließlich miteinander verbunden und episch ausgeformt wurden: Burgundenuntergang und Siegfried- bzw. Brünhildstoff. Dem Untergang der Burgunden liegt ein historisches Ereignis zugrunde (Niederlage unter ihrem König Gundahar gegen hunnische Hilfstruppen der Römer im Jahr 436), der geschichtliche Bezug der Siegfried-Brünhilde-Handlung – etwa zur Geschichte des merowingischen Königshauses – bleibt hypothetisch. Wie viele ›Verfasser‹ an dem nicht mehr rekonstruierbaren Entstehungsprozess der Dichtung beteiligt waren, ist nicht bekannt, ebenso wenig der genaue Zeitpunkt, an dem der entscheidende Schritt zum Epos getan wurde. Sicher scheint jedenfalls, dass der Dichter, der um 1200 das *Nibelungenlied* niederschrieb, über weite Strecken vorgeformtes Material übernehmen konnte. Aus der mündlichen Tradition stammt wohl – neben dem Stoff, manchen formelhaften Wendungen und symbolischen Verdichtungen des Geschehens – die strophi-

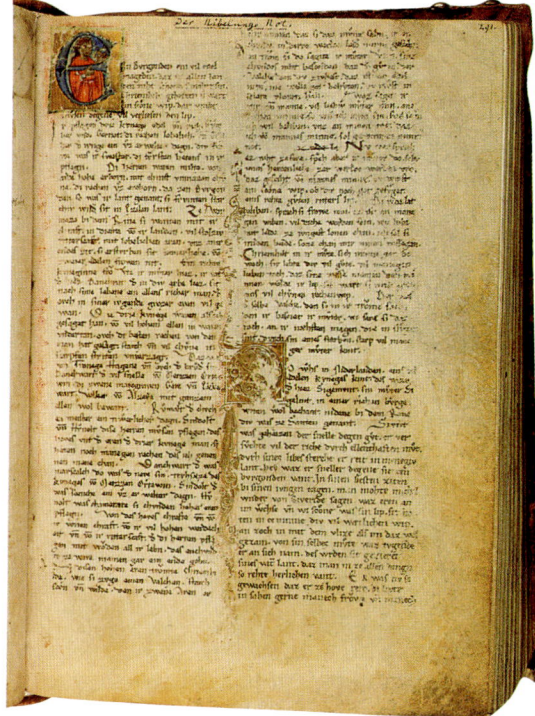
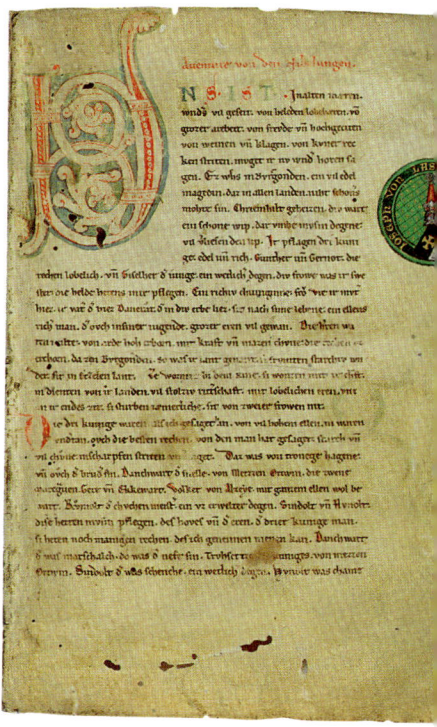

HELDENEPIK 73

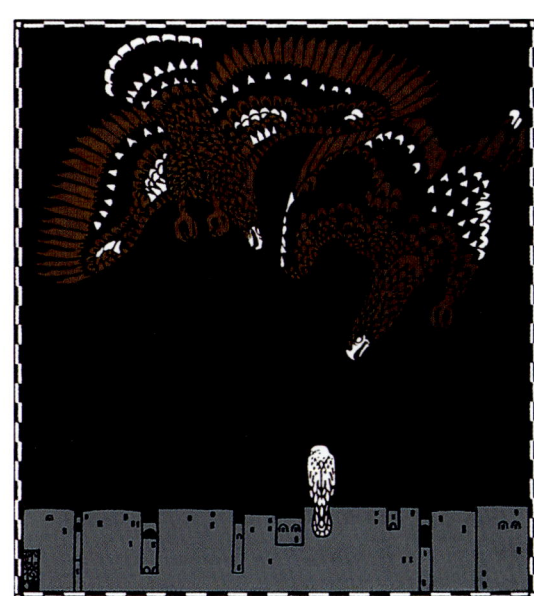

sche Form der Dichtung mit jeweils vier, durch eine Zäsur geteilten Langzeilen. Sie deutet auf einen musikalischen Vortrag hin. Eine der ›Nibelungenstrophe‹ verwandte Form erscheint in der frühen mittelhochdeutschen Lyrik im Donauraum bei dem Kürenberger.

HÖFISCHE ÜBERFORMUNG. Das *Nibelungenlied* stellt den ersten und bedeutendsten Versuch dar, eine bisher nur mündlich überlieferte Dichtung in eine schriftliche Form zu bringen und dabei den Ansprüchen der modernen höfischen Literatur gerecht zu werden. Dabei bleibt das archaisch-heroische Grundmuster der Handlung unverändert. Es geht nicht, wie im Artusroman, um ritterlich-sittliche Bewährung und sittliche Vervollkommnung im Einklang mit Gesellschaft und Gott, sondern um Betrug, Rache und vor allem Macht. In diesem Rahmen agieren von einem heroischen Ethos getragene Menschen, die sich unreflektiert einem als unausweichlich akzeptierten Schicksal stellen. In großer Konsequenz zeigt dies vor allem der zweite Teil der Dichtung (Aventiure 20–39), der mit Etzels (Attilas) Werbung um Kriemhild beginnt und zielstrebig zum blutigen Ende am Hunnenhof führt. Angesichts dieses Geschehens und der ihm zugrunde liegenden geistigen Haltung relativiert sich die Bedeutung der höfischen Elemente, mit denen der Dichter der neuen Zeit gerecht zu werden sucht. Reichtum, festlicher Glanz und höfisch-zeremonielles Wesen werden zwar ausführlich beschrieben – besonders eindrucksvoll als gleichsam retardierendes Moment bei dem Aufenthalt bei Rüdiger von Bechelaren –, doch bleiben diese Manifestationen der neuen höfischen Kultur ebenso wie die christlichen Versatzstücke rein äußerlich. Die Modernisierung hebt vielmehr die Diskrepanz zwischen höfischem Ideal und tatsächlichem Verhalten nur noch stärker hervor.

Kriemhilds Traum aus einer Illustrationenfolge des Wiener Jugendstilkünstlers Carl Otto Czeschka zu der Nacherzählung *Die Nibelungen dem Deutschen Volke* (1908) von Franz Keim.

»ICH ZÔCH MIR EINEN VALKEN ...«

In der ersten Aventiure des *Nibelungenlieds* träumt Kriemhild, dass sie einen schönen und wilden Falken aufzöge, den ihr dann zwei Adler zerfleischten – eine Vorausdeutung. Der Falke als Bild für den Geliebten erscheint vorher auch in dem so genannten Falkenlied des Kürenbergers, eines um 1150/60 wirkenden Minnesängers aus dem bayerisch-österreichischen Raum: Klage der verlassenen Frau über den ungetreuen Geliebten im Bild des Falken.

Linke Seite: **Das *Nibelungenlied*** ist in drei Fassungen überliefert, die durch die Haupthandschriften A, B und C repräsentiert werden. Hier der Anfang der Handschriften B (zweites Drittel 13. Jahrhundert) und C (zweites Viertel 13. Jahrhundert).

MITTELALTER, MODERN

Die populäre Mittelalterwelle der Gegenwart, die nicht zuletzt auch die Musik erfasst hat, setzte in den 70er- und 80er-Jahren mit Romanen wie *Ich Wolkenstein* (1977) und *Herr Neidhart* (1981) von Dieter Kühn und Tankred Dorsts Drama *Merlin oder Das wüste Land* (1981), einer Bearbeitung des Artus-Stoffes, ein. Aus den Parzival-Teilen des Textes entstand dann, gemeinsam mit Robert Wilson, das Bühnenprojekt *Parzival. Auf der anderen Seite des Sees* (1987). Walter Muschgs *Der Rote Ritter. Eine Geschichte von Parzival* folgte 1993. Christoph Hein setzte den Artus-Mythos als politische Parabel in der Endzeit der DDR ein (*Die Ritter der Tafelrunde*, 1989). Als Beitrag zur Kultur- und Tourismusförderung veranstaltete die Stadt Worms vor dem Dom 2002 und 2003 Aufführungen eines Nibelungenstücks von Moritz Rinke; 2004–05 wird das Sommertheater mit Friedrich Hebbels *Nibelungen*, dann wieder 2006–07 mit Rinkes Version fortgesetzt. Daneben sorgte und sorgt die Medienindustrie für die Entfaltung einer umfassenden trivialen Mittelalter-Fantasy-Welt in Roman, Sachbuch, Film, Fernsehserien.

WIRKUNGSGESCHICHTE
»NIBELUNGENLIED«

MITTELALTERREZEPTION. Die Auseinandersetzung mit der Dichtung des Mittelalters begann, geleitet von wissenschaftlich-antiquarischen und patriotischen Interessen, im Humanismus. Sie wurde im Barock fortgeführt und erreichte im 18. Jahrhundert mit den Editionen und literaturkritischen Arbeiten Johann Jakob Bodmers und Johann Jakob Breitingers einen ersten Höhepunkt. In der Romantik begann die schöpferisch-produktive Auseinandersetzung mit der mittelalterlichen Literatur, die sich in zahlreichen dichterischen Werken und Bearbeitungen niederschlug (Ludwig Tieck, Novalis, Achim von Arnim u.a.). Zugleich bereitete sich hier eine folgenreiche nationale bzw. chauvinistische Verengung des Mittelalterbildes vor. Später kam es zu einer sekundären Mittelalterrezeption, vor allem im Anschluss an das Mittelalterbild der Romantik oder an Richard Wagner, dessen musikdramatische Bearbeitungen mittelalterlicher Stoffe heute bekannter sind als die Originaldichtungen.

GÖTTERDÄMMERUNG. Seit der napoleonischen Herrschaft und den Freiheitskriegen, zu denen es auch in einer »Feld- und Zeltausgabe« seinen Beitrag leisten sollte, wurde das *Nibelungenlied* durch das ganze 19. Jahrhundert hindurch in zahlreichen Ausgaben und Bearbeitungen verbreitet, popularisiert und für vaterländische Zwecke vereinnahmt. Hinzu kamen zahlreiche dichterische Bearbeitungen des Stoffes. Das geschah in archaisierenden Romanen und Epen mit Rückgriffen auf altnordische Überlieferungen, in dramatischen Versionen von Teilaspekten der Handlung und in zwei großen, das breite Spektrum des Stoffes umfassenden dramatischen Entwürfen: Friedrich Hebbels Trilogie *Die Nibelungen* (1862) und Richard Wagners Tetralogie *Der Ring des Nibelungen* (erste Gesamtauf-

Hagen und Gunther in der brennenden Halle. Standphoto aus dem Film *Die Nibelungen* (1924) von Fritz Lang. Das Drehbuch schrieb Thea von Harbou, die dem deutschen Volk »das Hohelied von bedingungsloser Treue« nahebringen wollte.

Szenenbild mit Siegfried (Jon Fredric West) und Mime (Heinz Göhrig) aus dem ersten Akt von Richard Wagners *Siegfried* (Uraufführung 1876) in der Inszenierung von Jossi Wieler und Sergio Morabito und dem Bühnenbild von Anna Viebrock aus dem Jahr 1999, Teil des »Stuttgarter Rings« 1999–2000.

führung Bayreuth 1876). Während Hebbel das »Nationalepos« recht textnah, aber mit moderner Psychologie, als Ganzes für die »reale Bühne flüssig zu machen« suchte, erweiterte Wagner den Stoff zu einem ins Mythische zurückgreifenden Weltentwurf, der Kritik des Kapitalismus und der Politik des 19. Jahrhunderts mit der Utopie einer neuen Welt verbindet. Wirkungsmächtiger war freilich die Untergangsstimmung, die man aus Wagners *Götterdämmerung* und dem *Nibelungenlied* als Beispiel heroisch germanischen Durchhaltewillens herauslesen konnte. In diesem Sinn war die Vereinnahmung dieser Werke durch den Nationalsozialismus im Kontext seiner Vernichtungs- und Kriegspolitik nur konsequent. Höhepunkt der völkischen Instrumentalisierung des Nibelungenmythos war die Rede Görings im Reichsluftfahrtministerium, in der er die Schlacht von Stalingrad mit dem Untergang der Nibelungen verglich: »Wir kennen ein gewaltiges Heldenlied von einem Kampf ohnegleichen, es heißt ›Der Kampf der Nibelungen‹. Auch sie standen in einer Halle voll Feuer und Brand, löschten den Durst mit dem eigenen Blut, aber sie kämpfen [!] bis zum letzten. Ein solcher Kampf tobt heute dort [Stalingrad], und noch in tausend Jahren wird jeder Deutsche mit heiligem Schauer von diesem Kampf in Ehrfurcht sprechen und sich erinnern, daß dort trotz allem Deutschlands Sieg entschieden worden ist.« Als die Rede am 3. Februar 1943 im *Völkischen Beobachter* veröffentlicht wurde, hatten die Reste der deutschen Armee in Stalingrad bereits kapituliert.

Kriemhild an Siegfrieds Leiche. Aus den im Auftrag König Ludwigs I. 1846–47 entstandenen Nibelungenfresken Julius Schnorrs von Carolsfeld in der Münchener Residenz.

AUTOR

WOLFRAM VON ESCHENBACH

Wolfram von Eschenbach als Ritter: Miniatur aus der Manessischen Handschrift (um 1300–40).

RÄTSEL. Auskünfte über die Person Wolframs, über Herkunft, Lebensumstände und Bildung des größten Epikers der deutschen Literatur des Mittelalters sind nur aus seinen Werken zu erhalten. Das trifft zwar für die meisten Dichter der Zeit zu, aber im Unterschied zu diesen hält sich Wolfram keineswegs mit Äußerungen über sich, seine Familie und seine persönlichen und beruflichen Beziehungen zurück. Allerdings ergeben sich daraus keineswegs sichere Erkenntnisse, denn wie diese Bemerkungen einzuschätzen sind, bleibt ungewiss angesichts der auffallend subjektiven, humoristischen und ironischen Erzählweise Wolframs, bei der der Erzähler scheinbar beliebig den Standort wechseln oder den Leser in die Irre führen kann. So ist, weil dokumentarische Belege fehlen, seine ritterliche Abstammung nicht gesichert, denn der Hinweis im *Parzival* – »schildes ambet ist mîn art« – kann sich zwar auf Wolframs ritterliche Geburt beziehen (*art*: Abstammung), dient aber Wolfram im erzählerisch-polemischen Kontext nicht zuletzt dazu, sich mit seiner ›männlichen‹ Haltung von den höfischen Bildungsdichtern abzusetzen. Denn unter den Epikern gehört er zu den Ausnahmen; er besaß anders als Heinrich von Veldeke, Hartmann von Aue oder Gottfried von Straßburg keine lateinische Schulbildung (er war ein »illiteratus« in der zeitgenössischen Terminologie). Dass er keinen Buchstaben (lesen) könne, wie er selbst behauptet (»ine kan decheinen buochstap«), ist damit natürlich nicht gesagt, zumal er nach schriftlichen Vorlagen arbeitete und sein Werk Partien enthält, die auf spezielles Buchwissen verweisen.

BIOGRAFIE

Während die ritterliche Abstammung Wolframs ganz unsicher bleibt, gilt seine Herkunft aus Eschenbach (heute Wolframs-Eschenbach) südöstlich von Ansbach in Franken als möglich. Wolfram war in erster Linie Epiker, wenn ihn auch seine Tagelieder als Lyriker von Rang ausweisen. Die Lieder gehören wohl zu seinem frühen Schaffen. Von seinen drei epischen Dichtungen wurde nur die erste, *Parzival*, vollendet (um 1200–10). Während *Willehalm* (um 1210–20) nach knapp 14 000 Versen abbricht, sind von *Titurel* nur zwei kleinere Fragmente überliefert. Sie setzen den *Parzival* voraus, sind im Übrigen aber nicht genauer einzuordnen.

»PARZIVAL«. Der einflussreichste Roman des deutschen Mittelalters, Wolframs *Parzival* (24 810 Reimpaarverse), wurde um 1210 vollendet. Hauptquelle ist Chrétiens de Troyes unvollendetes Spätwerk *Le conte du Graal* oder *Perceval* (vor 1190). Erweiterungen durch eine Vorgeschichte und Modifikationen der Handlung, dazu ein charakteristisches Geflecht von räumlichen, zeitlichen und verwandtschaftlichen Beziehungen sowie Erzählerkommentare und poetologische Reflexionen geben dem *Parzival* jedoch einen eigenen Charakter. Es handelt sich um einen Doppelroman, d. h. Chrétien und nach ihm Wolfram modifizieren das Strukturschema des Artusromans mit seinen der Bewährung dienenden Abenteuererfolgen durch die Kontrastierung zweier Heldenfiguren – und damit von höfischem Artusrittertum und höherem religiösem Gralsrittertum. Als Parzivals Weg aus der Unschuld und Unwissenheit des Waldlebens nach seinem ritterlichen Aufstieg (Erziehung zum Ritter, Heirat, Artusrunde) in die Katastrophe mündet und er, nach der öffentlichen Verfluchung wegen der unterlassenen Mitleidsfrage in der Gralsburg, Gott trotzig den Dienst kündigt, setzt die zweite Abenteuerfolge ein, aber mit einem anderen Helden: Gawan. Während dessen ritterlich-amourösen Abenteuern bleibt Parzival schemenhafte Hintergrundfigur, bis sich an einem Karfreitag die innere Umkehr von luziferischer »hôchvart« zur »diemüete« vollzieht und Parzival nach neuer Bewährung wieder in die Artusrunde aufgenommen und schließlich zum Gral berufen wird. So ist Wolframs *Parzival* eine höfische Ritterdichtung und zugleich ein bemerkenswertes Zeugnis religiöser Reflexion eines Laien über den Sinn der ritterlichen Existenz.

Als Wolfram im *Parzival* den Festsaal auf der Gralsburg schildert, schreibt er, dass man »hie ze Wildenberc« solche großen Kamine noch nie gesehen hätte. Gemeint ist wohl Burg Wildenberg bei Amorbach (Bild), die den Herren von Durne gehörte und auf der Wolfram wahrscheinlich einige Zeit verbracht hat. Auch andere Mäzene nennt er in seinen Werken, u. a. die Grafen von Wertheim und v. a. Landgraf Hermann I. von Thüringen.

Miniaturen aus einer *Parzival*-Handschrift von 1240–50. Sie illustrieren das letzte Buch des Romans: Festmahl auf der Gralsburg mit Parzival und seinem Halbbruder Feirefiz, Vereinigung Parzivals nach langer Trennung mit seiner Frau Condwiramurs und ihren Kindern, Taufe von Feirefiz, der erst als Christ den Gral sehen kann.

RICHARD WAGNER

Zur Verbreitung und Popularisierung mittelalterlicher Stoffe trug Richard Wagner mit seinen Musikdramen wesentlich bei. Sie sind heute bekannter als die mittelhochdeutschen Texte. Seine »romantische Oper« *Lohengrin* (1850) berührt zum ersten Mal den Gralskomplex: Der Gralsritter Lohengrin wird vom Gral nach Antwerpen gesandt, um die Herzogin von Brabant zu schützen. Dabei reichert Wagner den mittelalterlichen Stoff mit einer Reihe von Märchen- und Zaubermotiven an und lässt seinen Helden in der berühmten Gralserzählung (»In fernem Land«) – Antwort auf die verbotene Frage nach seiner Identität – von seiner Herkunft und dem Wesen des Grals erzählen. In Wagners letztem Werk, dem »Bühnenweihfestspiel« *Parsifal* (1882), steht die Legende vom heiligen Gral ganz im Mittelpunkt: Die Gralsritter bewahren den Abendmahlskelch auf, mit dem Christi Blut am Kreuz aufgefangen wurde, und dazu die Lanze, die die Wunden schlug. Und Parsifal (»Durch Mitleid wissend, der reine Tor«) gelangt über die Stadien dumpfen Mitleids und der Erkenntnis zur ›erlösenden Tat‹: der Heilung des dahinsiechenden Gralskönigs Amfortas, der durch den heiligen Speer verwundet worden war, durch eben diese Waffe.

Der Gral wird in den Orient gebracht. Illustration aus einer Prachthandschrift (um 1425, München, Bayerische Staatsbibliothek des *Jüngeren Titurel* (um 1270–90), Werk eines nicht näher bekannten Albrecht. Er schrieb zunächst unter der Maske Wolframs und baute die im *Parzival* und den *Titurel*-Fragmenten dargestellten bzw. angedeuteten Handlungskomplexe durch Zusätze aus anderen Quellen und eigener Erfindung weiter aus. Der Roman endet mit einer nach Indien führenden Fortsetzung der Geschichte des Grals.

STOFFE/THEMEN

DER GRAL

GRALSGESCHICHTE UND GRALSGESCHICHTEN. Die Herkunft der Gralssage ist nicht sicher geklärt. Zwei Ursprungstheorien konkurrieren miteinander, die keltische und die christliche. Die Verbindung von Artusroman und Gralssage geht auf Chrétien de Troyes zurück (*Le conte du Graal* bzw. *Perceval*, vor 1190), der damit der Artusdichtung eine tiefere religiöse Dimension verleiht. Hier ist der Gral eine goldene Schale, die zusammen mit einer blutenden Lanze in einer Prozession herumgetragen wird; in der Schale wird dem Vater des Fischerkönigs eine Hostie gebracht, die ihn am Leben erhält. Die Frage, die von Perceval erwartet wird und die den kranken König erlösen würde, ist die nach den Gegenständen, nicht nach dem Lei-

den. Daneben gibt es, zeitlich wahrscheinlich nach Chrétien, eine Gralsdichtung ohne Verbindung zur Artussage, Robert de Borons *L'Estoire du Graal* (um 1200). Sie erzählt die Legende von Joseph von Arimathia, der mit dem Abendmahlskelch das Blut Christi unter dem Kreuz auffängt. Um diesen Kelch, den Gral, bildet sich dann ein Kult. Chrétiens unvollendete Dichtung fand Fortsetzer; die Perceval-Geschichten gingen dann in die Prosa-Gralromane ein, die in dem großen *Lancelot-Graal-Roman* (bestehend aus *L'Estoire del Saint Graal*, *Lancelot propre*, *La Queste del Saint Graal*, *La Mort le Roi Artu*) aus dem ersten Drittel des 13. Jahrhunderts und in der englischen Dichtung Thomas Malorys (*Le Morte Darthur*, um 1470) gipfelten. Anders als bei Chrétien oder Wolfram ist der Gral in dem *Lancelot-Graal-Roman* nicht nur zentraler Gegenstand in einer Prozession, sondern erscheint auch außerhalb seines Aufbewahrungsorts: Als sich die Artusrunde zu Pfingsten in Camelot zur Mahlzeit niedergelassen hat, erstrahlt nach einem Donnerschlag die Sonne in ungewöhnlicher Helligkeit. Die Gesellschaft fühlt sich vom heiligen Geist erfüllt. Der Gral, ein Kelch, schwebt herein, Düfte erfüllen den Raum, auserlesene Speisen decken die Tafeln. Der Gral verschwindet wieder, und die Ritter geloben, auf Gralssuche zu gehen. Nur drei von ihnen – Galaad, Perceval, Bohort – erreichen das Ziel; Galaad schaut die letzten Geheimnisse des Grals und stirbt in mystischer Ekstase.

Farblithografie, um 1900.

WOLFRAM. Wolframs Vorstellung vom Gral unterscheidet sich deutlich von der seiner Hauptquelle Chrétien. Im *Parzival* ist der Gral keine mit Edelsteinen verzierte Goldschale, sondern ein Stein mit wunderbaren Eigenschaften und Kräften. Gehütet wird er von den Gralsrittern, gepflegt von den Jungfrauen. Andere Menschen können nur »unwizzende« zu ihm gelangen. Der Stein fungiert als Tischlein-deck-dich, sein Anblick verleiht immerwährende Jugend, er lässt sich nur von einer Jungfrau aufheben. Ungläubigen bleibt er unsichtbar. Durch seine Kraft verbrennt der Phönix und ersteht neu aus der Asche. Gelegentlich erscheint eine Schrift auf dem Stein, die wichtige Nachrichten übermittelt oder die zum Gral Berufenen nennt. Seine Kraft kommt von oben; eine weiße Taube bringt jeden Karfreitag eine Oblate vom Himmel und legt sie auf den Stein. Das geheimnisvolle, vieldeutige »dinc«, in dem sich christliche Vorstellungen (Eucharistie, Auferstehung) mit märchenhaften Zügen verbinden, ist ein Symbol für das höchste Ziel menschlichen Strebens, das freilich nur durch Gottes Gnade erreicht werden kann, für die Utopie einer höheren gesellschaftlichen Ordnung, die auf einer Übereinstimmung von ritterlich-höfischem Dasein und göttlichem Willen beruht und so den Dualismus von Gott und Welt aufhebt.

Von Richard Wagner inspirierte Szene des italienischen Malers Mariano Fortuny y Madrazo: *Der Aufstieg zum Gral*, um 1897.

Rechte Seite: **Lübeck, Rathaus,** 13.–15. Jahrhundert.

Die Stadt Köln, größte deutsche Stadt im Mittelalter, bildet den genau wiedergegebenen Hintergrund dieser Bildtafel aus einem Zyklus mit Szenen aus der Ursulalegende. Einer der Türme, links im Bild, trägt das Wappen der Stadt Köln (drei Kronen in rotem Feld). Das Bild stammt aus der Werkstatt des ›Kölnischen Meisters von 1456‹ und entstand zwischen 1455 und 1460. Gegenstand ist der Märtyrertod der hl. Ursula inmitten ihrer Jungfrauen und anderer Begleiter (Bräutigam, Papst, Kardinal, Bischof): Bei der Rückkehr von einer Pilgerfahrt aus Rom wird die britannische Königstochter in Köln von hunnischen Bogenschützen getötet, die die Stadt belagern. Auf der rechten Bildseite ist eine weitere Szene mit der Heiligen, nun im Schutzmantel, zu sehen: Der Hunnenfürst Julius richtet den Bogen auf sie. Die beiden Engel über der Stadt tragen die Seelen der Märtyrer in den Himmel.

ZEITRAUM

SPÄTMITTELALTER

EPOCHE. Als Epoche der deutschen Literatur umfasst das Spätmittelalter die Zeit vom Ende der höfischen Klassik um 1230 bis zum Beginn der neuzeitlichen Literatur des Humanismus im 15. Jahrhundert. Zunächst übt die klassische hochmittelalterliche Tradition noch einen prägenden Einfluss aus, doch dann kommt es im Zusammenhang mit den grundlegenden politischen, sozialen und religiösen Veränderungen zu neuen Entwicklungen. Sie führen, verbunden mit einer gewaltigen Produktionssteigerung auch deutschsprachiger Texte, zu einer bisher nicht gekannten Vielfalt der literarischen Formen und Verfahrensweisen. Dabei dominieren religiöse Inhalte entschieden.

STADT UND LITERATUR. Das breite Spektrum der Erscheinungsformen der spätmittelalterlichen Literatur und ihr vorherrschender Gebrauchscharakter resultieren u.a. aus den Bedürfnissen eines wachsenden, Orientierung und Belehrung suchenden Laienpublikums und aus der zunehmenden, alle Lebensbereiche umfassenden Ausbreitung der Schriftlichkeit. Ein wichtiger Faktor waren dabei die Städte, die im Zuge der starken Bevölkerungszunahme seit dem 13. Jahrhundert an wirtschaftlicher und kultureller Bedeutung gewannen. Um 1300 hatte Köln als größte deutsche Stadt knapp 40 000 Einwohner; Straßburg, Nürnberg, Augsburg, Wien, Prag, Lübeck und Magdeburg zählten mehr als 20 000 Einwohner. Ausdruck des gewachse-

nen bürgerlichen Selbstbewusstseins, getragen von wirtschaftlicher Macht, war auch die weltliche Architektur, die nun in repräsentativen Bauten mit der kirchlichen Baukunst zu konkurrieren begann. Beispiele sind etwa die Rathäuser in Braunschweig und Münster oder die der Hansestädte Stralsund und Münster. Seit dem 13. Jahrhundert bauten die Städte zudem ein eigenes, von der Kirche organisatorisch unabhängiges Schulwesen auf, zunächst Lateinschulen, seit dem 14. Jahrhundert auch ›deutsche‹ Schulen. Außerdem entstanden als fürstliche oder städti-

SPÄTMITTELALTER

sche Gründungen Universitäten als neue Bildungszentren, in Deutschland mehr als ein Jahrhundert später als in Paris, Bologna und Oxford. Wichtigstes Vorbild für die späteren Universitäten war Paris. Kaiser Karl IV. gründete 1348 in Prag die erste Universität im Deutschen Reich; es folgten 1365 Wien, 1385 Heidelberg, 1388 Köln und 1392 Erfurt. Der Einfluss der Kirche blieb gewahrt.

LAIENFRÖMMIGKEIT. Die wirtschaftliche Entwicklung ließ in den Städten die Kluft zwischen der Armut des überwiegenden Teils der Bevölkerung und dem Reichtum der Kaufleute und der Adelskirche anwachsen; soziale Spannungen waren die Folge. Die Bettelorden der Dominikaner und Franziskaner vermochten besser als Stadtklerus und alte Orden auf diese Probleme zu reagieren und zugleich den neuen, gewachsenen Ansprüchen der Laien gerecht zu werden. Sie wirkten und verbreiteten sich deshalb vor allem in den Städten. Die Predigt wurde zu einem Instrument der Volksmission, Traktate und andere Formen geistlicher Anleitung und Belehrung richteten sich an die Mitglieder neu entstehender religiöser Gemeinschaften. Frauen schlossen sich in klosterähnlichen Beginengemeinschaften zusammen, die unter geistlicher Anleitung der Bettelorden standen und wesentlich zur Verbreitung mystischer Vorstellungen beitrugen.

1254 Nach dem Tod Konrads IV., des letzten Stauferkönigs, beginnt das Interregnum, die ›schreckliche, kaiserlose Zeit‹
1273–91 Rudolf von Habsburg deutscher König
1291 »Ewiges Bündnis« der drei Schweizer Urkantone
1302 Bonifaz VIII. formuliert in der Bulle »Unam sanctam« den päpstlichen Weltherrschaftsanspruch
1309 König Philipp IV. von Frankreich zwingt den Papst zur Übersiedlung nach Avignon (›Babylonische Gefangenschaft der Kirche‹ bis 1377)
1346–78 Karl IV. (von Luxemburg) baut Prag zum Zentrum seiner Herrschaft aus; Kaiserkrönung 1355 in Rom
1348–51 Pestepidemie; als Folge Judenpogrome
1356 »Goldene Bulle«; sie regelt u. a. die Wahl des deutschen Königs bzw. Kaisers durch die sieben Kurfürsten
1378–1417 Das Große Schisma mit zwei, seit 1409 drei Päpsten spaltet Europa auch politisch
1410 Schlacht bei Tannenberg; vernichtende Niederlage des Deutschen Ordens gegen das polnisch-litauische Heer
1414–18 Konzil von Konstanz beendet 1417 das Schisma
1415 Jan Hus wird trotz der Zusage freien Geleits in Konstanz als Ketzer verbrannt; ab 1419 (bis 1436) kriegerische Auseinandersetzungen mit den Hussiten
1440–93 Regentschaft Friedrichs III. Unter der langen Herrschaft des Habsburgers wächst die Macht der Territorialstaaten; die in zahlreichen Schriften geforderte Reichs- und Kirchenreform bleibt aus
um 1450 Johannes Gutenberg revolutioniert die Buchherstellung
1452 letzte Krönung eines deutschen Kaisers (Friedrich III.) in Rom
1453 Eroberung Konstantinopels durch die Osmanen
1492 Kolumbus entdeckt die Neue Welt
1493–1519 Kaiser Maximilian I. (Krönung 1508)
1499 Die Schweiz scheidet aus dem Reich aus

»HUGE SCHEPPEL«

Der *Huge Scheppel* ist der ›modernste‹ unter den Romanen der aus Lothringen stammenden Herzogin Elisabeth von Nassau-Saarbrücken. Er lässt sich als Exempel für den sozialen Aufstieg durch Leistung lesen und handelt vom Übergang der Herrschaft von den Karolingern auf die Kapetinger (Huge Scheppel, d. i. Huges Capet, sagenhafter Stammvater der Kapetinger): »Wie einer, der da hieß Hugo Schäpler und was Metzgers Geschlecht, ein gewaltiger Küng zu Franckreich ward durch sein grose ritterliche Mannheit«, beschreibt der Titel des Erstdrucks von 1500 den Inhalt. Huge Scheppel, illegitimer Sohn eines Adeligen und einer Metzgerstochter – und selber Vater von zehn unehelichen Söhnen, die ihm beim Entscheidungskampf zu Hilfe eilen – begründet die neue Dynastie durch Heirat mit der letzten Karolinger-Tochter. Möglich ist dieses Ende aber nur durch die finanzielle Unterstützung der Pariser Bürger und eines reichen Verwandten, eines Metzgers, der dem mannhaften Aufsteiger ein Heer ausrüstet. Die riskante Kapitalanlage rentiert sich, der Metzger wird Kanzler am Hof. Dieser ›realistischen‹ Sicht der Dinge – sie erstreckt sich auch auf die Schilderung der Liebesabenteuer und der brutalen Kampfszenen – entspricht die Aufwertung des Bürgertums als Bewahrer der Monarchie gegenüber einer korrupten Adelswelt. Es bleibt freilich unklar, was Elisabeth bewogen haben mag, gerade diesen Roman zur Unterhaltung der Hofgesellschaft ins Deutsche zu übertragen.

Der *Huge Scheppel* erschien 1500 als *Hug Schapler* im Druck. Der Titelholzschnitt zeigt den Helden, wie er – vor den Augen der Königin von Frankreich – zum Kampf ausreitet.

GATTUNG

VERS- UND PROSAROMAN

TRADITION. Bis zum Ende des 13. Jahrhunderts bestimmen die großen Vorbilder aus der Zeit der mittelhochdeutschen Klassik weitgehend Form, Stil, Thematik und Stoffwahl des höfischen Versromans. Die Gattung dient weiter als Medium der Selbstvergewisserung und idealisierenden Selbstdarstellung der ritterlichen Adelsgesellschaft. Die Bindung an die Tradition zeigt sich u. a. im direkten Anknüpfen und Weiterdichten unvollendeter Romane; dazu gehören Albrechts *Jüngerer Titurel* (um 1270–90) im Anschluss an Wolfram von Eschenbach und die Versuche, den *Tristan* Gottfrieds von Straßburg zu Ende zu bringen (Ulrich von Türheim, um 1240; Heinrich von Freiberg, um 1280). Neben den bekannten Stoffkomplexen – Artus, Gral, Tristan – spielen historische Stoffe eine große Rolle, nicht zuletzt zur höheren Ehre der Dynastie des jeweiligen Auftraggebers. Auch die Gestalt Alexanders des Großen tritt wieder in den Vordergrund (Rudolf von Ems, um 1230–40; Ulrich von Etzenbach, um 1280), und Konrad von Würzburg macht den trojanischen Krieg – wichtig für die mittelalterliche Geschichtsauffassung – zum Gegenstand eines auch nach 40 000 Versen unvollendeten großen Romans (um 1285). Legendenromane und strukturell am griechischen Liebesroman – Trennung und glückliche Wiedervereinigung eines Paars – orientierte Werke ergänzen das Spektrum des nachklassischen höfischen Versromans. Und nach langer Pause kommt es gleichsam aus ›romantischem‹ Interesse an der ritterlichen Vergangenheit im Auftrag des bayerischen Hofs zu einer umfangreichen zyklischen Nachdichtung mittelalterlicher Versromane in Titurelstrophen (Ulrich Fuetrer, *Buch der Abenteuer*, um 1473–81), in einer Zeit, als sich längst die Prosa durchgesetzt hatte.

Miniatur aus der um 1465 entstandenen Prunkhandschrift des *Huge Scheppel* von Elisabeth von Nassau-Saarbrücken.

INNOVATION. Während sich in Frankreich bereits um 1200 erzählende Prosa neben der traditionellen Versdichtung etabliert hatte, blieb in der deutschen Dichtung die Verssprache der mittelhochdeutschen Klassiker noch bis ins 14. Jahrhundert hinein verbindlich. So fand auch die Teilübersetzung des französischen *Lancelot en prose* (um 1215–30), die seit etwa 1250 entstand, keine Resonanz, obwohl bereits hier die neuen Möglichkeiten der Prosaform – etwa eine gegenüber der formelhaften, typisierenden Verssprache flexiblere Syntax mit genaueren kausalen Verknüpfungen und Begründungen – deutlich werden. Erst im 15. Jahrhundert setzt sich die Prosa durch, eine Verschiebung auch von der Mündlichkeit hin zur Schriftlichkeit, von der Vortragssituation zum Einzelleser. Bis ins 16. Jahrhundert hinein sind die deutschen Prosaromane Bearbeitungen von französischen oder lateinischen Vers- oder Prosavorlagen bzw. ›Prosaauflösungen‹ mittelhochdeutscher Versromane. Am Anfang steht das Werk der Herzogin Elisabeth von Nassau-Saarbrücken, die 1430–40 vier französische Heldenepen mit ›historischen‹ Stoffen aus der Frühgeschichte der französischen Monarchie (*Herpin*, *Loher und Maller*, *Sibille* und *Huge Scheppel*) übertrug. Erst mit dem anonymen *Fortunatus* (1509), einem entschieden gegenwartsbezogenen Werk, beginnt die Entwicklung eigener Formen des Prosaromans in der deutschen Literatur.

Aquarellierte Federzeichnung aus einer um 1411–13 entstandenen Handschrift des *Renners* von Hugo von Trimberg. Der Titel des Werkes – Sündenklage, Bußpredigt, Morallehre und enzyklopädisches Kompendium des Schulwissens seiner Zeit in einem – bezieht sich auf Hugos assoziativen, von Thema zu Thema ›rennenden‹ Erzählstil. Die Gliederung des *Renners* folgt dem Schema der sieben Hauptsünden. Die Abbildung illustriert das Laster der Trägheit und zeigt, wie der Teufel eine schlafende Jungfrau mit einem großen Kissen zu diesem Laster verleiten will.

STOFFE/THEMEN

ZEITKRITIK UND MORALLEHRE

ALTE UND NEUE ZEIT. Die Spruchdichtung der nachklassischen Zeit knüpft vor allem an Walther von der Vogelweide an und behandelt Themen aus den traditionellen Gattungsbereichen Religion, Ethik und Politik. Das geschieht vielfach auch personenbezogen: Huldigungen, Tadel, Trauerklagen. Beliebtes Deutungsmuster, bereits von Walther vorgegeben, ist der Rückblick auf die idealisierte Vergangenheit, um die Gebrechen der Gegenwart umso wirkungsvoller hervorheben zu können. Allerdings bot die aktuelle politische und gesellschaftliche Situation viele Anhaltspunkte, an denen sich die Kritik festmachen ließ: die unruhigen deutschen Verhältnisse unter dem im fernen Apulien bzw. Sizilien weilenden Kaiser Friedrich II., die Konflikte zwischen Kaiser- und Papsttum, die als Anarchie empfundene Zeit des Interregnums, der Niedergang der kirchlichen Macht, das Aufsteigen neuer Territorialmächte, die wachsende Bedeutung der Städte und der Geldwirtschaft usw. Diesen politischen und gesellschaftlichen Entwicklungen entsprechen, so sieht es die überwiegend von durchaus konservativem Geist geprägte Zeitkritik, ethische Verfallserscheinungen. Gegen den allgemein beklagten Werteverlust beschwören Spruchdichter wie Freidank, Bruder Wernher oder Reinmar von Zweter um die Mitte des 13. Jahrhunderts die alten höfisch-ritterlichen Tugenden wie »mâze«, »triuwe« oder »milte«, die die staufische Glanzzeit charakterisiert hätten. Das gleiche Schema, politisch-propagandistisch umfunktioniert, macht sich der so genannte *Seifried Helbling* zunutze, eine Reihe zeitkritisch-satirischer Gedich-

Kolorierter Holzschnitt aus dem Erstdruck von Ulrich Boners Fabelsammlung *Der Edelstein*, der 1461 bei Albrecht Pfister in Bamberg erschien. Der Holzschnitt illustriert die Fabel *Von dem Vater, seinem Sohn und dem Esel*. Sie erzählt davon, wie es Vater und Sohn auf dem Weg zum Markt keinem recht machen können. Lehre: Man soll sich nicht durch Gerede beeinflussen lassen, sondern unbeirrt das Richtige tun. Die auf allen Holzschnitten des Druckes erscheinende Figur mit dem Zeigegestus steht für Äsop, der mit seiner Autorität die Lehre bekräftigt.

te aus Österreich aus der Zeit kurz vor 1300. Hier steht die gute alte Zeit unter dem Geschlecht der Babenberger – der letzte starb 1246 in einer Schlacht gegen die Ungarn – gegen eine heillose Gegenwart, in der die neuen habsburgischen Ausbeuter und damit Sittenlosigkeit, Korruption und Verfall der alten ständischen Ordnung das Bild bestimmten.

FABEL. Anders als die zeitkritische und politische Spruchdichtung vermeidet die Fabel in der Regel direkte Bezüge auf konkrete zeitgenössische Ereignisse oder Personen. Kritik und Lehre bleiben, dem Gattungsverständnis entsprechend, auf einer allgemeinen moralischen Ebene. In der deutschen Literatur des Mittelalters kommt es zunächst nicht zu Übersetzungen der antiken Fabelsammlungen, sondern man nutzt seit der *Kaiserchronik* (um 1140–50) Fabeln als Beispielerzählungen in anderen Dichtungen, um die jeweilige Lehre zu illustrieren. Das geschieht in der Spruch- und Exempeldichtung, aber auch in Großwerken wie der Morallehre *Der Renner* (um 1300) Hugos von Trimberg. Die erste geschlossene Sammlung äsopischer Fabeln in deutscher Sprache stammt von dem Berner Dominikaner Ulrich Boner (*Der Edelstein*, um 1350): 100 Fabeln aus der lateinischen Überlieferung in deutschen Reimpaaren. Den Titel erklärt das erste Stück nach dem Prolog, eine Fabel über die Fabel: Sie erzählt von einem Hahn, der einen Edelstein findet, aber nichts damit anfangen kann und ihn wegwirft. Er hätte lieber ein Haferkorn. So verhalten sich Toren und Narren, die den Wert der in den Fabeln enthaltenen Lehren nicht erkennen. Diese Lehren beziehen sich u. a. auf den kirchlichen Sündenkatalog, auf die schlimmen Folgen von Neid, Habsucht, Missgunst, Hochmut oder Betrug. Vor allem gilt es – und das ist der Generalnenner – die Folgen von Handlungen und Verhaltensweisen zu bedenken: »Wer daz ende sehen kan | sîn werken, der ist ein wîser man.« Boners *Edelstein* gehörte zu den frühesten gedruckten – und illustrierten – Büchern und verlor erst sein Publikum, als mit Heinrich Steinhöwels *Esopus* (1476–77) eine zeitgemäße Prosaversion erschien.

FREIDANK

An der Schnittstelle zwischen Hoch- und Spätmittelalter, zwischen 1215 und dem mutmaßlichen Todesjahr des Dichters 1233, entstand Freidanks Spruchsammlung *Bescheidenheit*. Der Titel meint die Fähigkeit, das Gute und das Schlechte zu unterscheiden. Die Sprüche – Grundform ist der Zweizeiler – formulieren allgemeingültige menschliche Erfahrungen und Verhaltenslehren. Es gibt zwar einen religiösen Rahmen, aber Hauptthema ist die ›Welt‹, sind die Tugenden und die Laster. Gerade die ›zeitlosen‹ Texte lebten in den Spruch- und Sprichwörtersammlungen des 15. und 16. Jahrhunderts weiter. Sebastian Brant veröffentlichte 1508 eine Bearbeitung unter dem Titel *Der Freidanck*. Allerdings enthält das Werk auch konkrete Zeitkritik, etwa wenn Freidank die überlieferte Ordnung durch das Erstarken der Territorialfürsten gefährdet sieht oder seine Erfahrungen in Akkon und Rom 1228/29 im Zusammenhang mit dem Kreuzzug Friedrichs II. schildert. Das Treiben der römischen Kurie – Hoffart, Intrigen, Geldgier (Ablass) – stößt ihn ab, und in den Sprüchen von »Akers« (Akkon) entlarvt er die perverse Realität hinter der Kreuzzugsideologie mit drastischen Worten. Fazit: »Swer ungerne lange lebe, | dem râte ich, daz er z'Akers strebe.«

GATTUNG

PREDIGT

ZUR GESCHICHTE. Die Predigt steht als Gattung zwischen Mündlichkeit und Schriftlichkeit. Im Mittelalter ist sie als wirklich gehaltene Predigt lange Zeit die wichtigste Form der öffentlichen Rede, andererseits werden Predigten – nicht unbedingt in der mündlich realisierten Form – aufgeschrieben, bearbeitet und gesammelt. In dieser schriftlichen Form dienen sie als Hilfsmittel für andere Prediger und als Trost-, Erbauungs- und Unterhaltungslektüre. Vorbildlich für die Predigt des Mittelalters wurde Augustinus' *De doctrina christiana*, deren viertes Buch als letzte antike und erste christliche Rhetorik gilt. Karl der Große förderte im Dienst der Verkündigung und Mission die Predigt in der Volkssprache, doch sind aus dieser Frühzeit nur wenige Texte erhalten. Erst im 13. und 14. Jahrhundert gewann die deutschsprachige Predigt durch das Auftreten der Franziskaner und Dominikaner breitere Wirkung. Konsequent bedienten sich die Dominikaner in ihren Predigten der deutschen Sprache – vor dem Volk ebenso wie vor den Ordensbrüdern und -schwestern. Versuchte Meister Eckhart seine mystische Lehre durch anschauliche Bilder und Allegorien dem Lateinunkundigen zu vermitteln, so zielte sein Schüler Johannes Tauler eher auf die Praxis des religiösen Lebens. Die Sammlung seiner Lesepredigten fand, als einziges mittelalterliches Predigtwerk, den Weg in den Buchdruck (1498). Der bedeutendste Prediger des späten Mittelalters war der Straßburger Theologe Johannes Geiler von Kaysersberg, der mit den Mitteln der Satire und drastischer Komik die Missstände der Zeit publikumswirksam anprangerte.

Grabplatte Johannes Taulers, ursprünglich im Boden des Kreuzgangs im Straßburger Dominikanerkonvent eingelassen. Heute ist sie an einer Wand des ehemaligen Dominikanerklosters aufgestellt.

Neroccio di Bartolomeo Landi, *Der hl. Bernardin von Siena predigt auf dem Campo in Siena* (2. Hälfte 15. Jahrhundert).

Taulers Predigten wurden schon zu seinen Lebzeiten zu Sammlungen vereinigt und in verschiedenen Redaktionen (›Großer Tauler‹, ›Kleiner Tauler‹) weiter überliefert. Die verzierte Anfangsseite stammt aus einer 1468 im Kloster Tegernsee hergestellten Predigthandschrift, die auch Laienbrüdern zur erbaulichen Lektüre diente. Die Bibelworte sind in fetterer Schrift hervorgehoben.

BERTHOLD VON REGENSBURG. »Und da man zalt 1240, da prediget pruder Perchtold von Regenspurg hie zu Augspurg«, heißt es im frühesten Zeugnis über das Wirken des Franziskaners Berthold von Regensburg in einer Augsburger Chronik. In den folgenden Jahren wurde er zum populärsten Volksprediger seiner Zeit, der auf seinen Predigtreisen vor der Kirche oder auf freiem Feld zu einem Massenpublikum sprach. Die unter seinem Namen überlieferten deutschen Predigten sind allerdings Arbeiten unbekannter Verfasser, die – vertraut mit Bertholds Redeweise – seine in Predigthandbüchern gesammelten lateinischen Musterpredigten (*Rusticiani*, um 1250–55) zu sprachlich hochstehenden erbaulichen Lesetexten umformten oder an Nachschriften seiner Predigten anknüpften. Die Texte führen weit über die traditionelle Lasterkritik hinaus zur grundsätzlichen Auseinandersetzung mit einer aus den Fugen geratenen Zeit (Interregnum), in der die Rechts- und Sozialordnung zu zerbrechen droht. Besonders scharfe Angriffe gelten der Habgier als Folge der auf Gewinnkalkulation und Profitdenken gegründeten neuen Geldwirtschaft. Diesen Entwicklungen stellt der Franziskaner Berthold nachdrücklich die Forderung eines einfachen, evangelischen Lebens entgegen.

PREDIGTTYPEN

Man unterscheidet zwei Typen der Predigt, Homilie und Sermo. Die Homilie bezieht sich eng auf einen Bibelabschnitt, auf die Lesung des Tages (Perikope), und erläutert diesen Text Schritt für Schritt. Ihre Sammelform ist die nach den Sonn- und Festtagen des Kirchenjahres geordnete Postille. Der Sermo dagegen, die Themenpredigt, geht von einem isolierten Schriftwort und einem bestimmten Anlass aus. Eine andere Unterscheidung, die sich mit der zwischen Homilie und Sermo berührt, ist die zwischen regelmäßiger Sonn- und Feiertagspredigt und Predigten zu herausgehobenen Gelegenheiten (Wallfahrten, Katastrophen, glücklichen Ereignissen usw.).

BIOGRAFIE

vor 1260 Eckhart von Hochheim in Tambach bei Gotha geboren
1294 Nach Studien in Köln und Paris wird Eckhart Prior des Dominikanerkonvents in Erfurt und ab 1296 zugleich Vikar für Thüringen
1302–03 Eckhart, zum Magister promoviert, übernimmt den Ausländern vorbehaltenen theologischen Lehrstuhl der Pariser Universität
1303–11 Provinzial der neu gegründeten sächsischen Ordensprovinz mit Sitz in Erfurt
1311–13 Erneute Berufung nach Paris
1313–23/24 Vikar des Ordensgenerals in Straßburg, betraut mit der Aufsicht über die süddeutschen Schwesternkonvente
seit 1323/24 Magister (Professor) am dominikanischen Studium generale in Köln
1326 Eröffnung des Inquisitionsprozesses
1327 Reise nach Avignon
vor April 1328 Eckhart stirbt (wahrscheinlich) in Avignon
1329 27. März: Verurteilung in einer Bulle Papst Johannes' XXII.

AUTOR

MEISTER ECKHART

TRADITION. Die Erfahrung der Einheit mit dem Göttlichen bzw. Transzendenten ist keine spezifisch christliche Vorstellung, auch andere Religionen und Kulturen kennen sie. Die christliche mystische Tradition beruht auf Konzepten der griechischen Philosophie, insbesondere des Neuplatonismus, und neutestamentlichen Vorstellungen einer Vereinigung mit Gott, die sich etwa in der Braut- oder Passionsmystik konkretisieren. Diese Gedanken werden durch die Patristik tradiert und finden seit dem 12. Jahrhundert vor allen in den Klöstern Resonanz, wobei sich zwei Hauptströmungen, eine affektive und eine spekulative, herausbilden. Eine bedeutende Rolle für die Ausformung und Verbreitung des Konzepts einer affektiven Christusmystik spielt der Zisterzienser Bernhard von Clairvaux mit seinen Predigten und Traktaten. Insbesondere in den Frauenklöstern wirken Bernhards Vorstellungen einer gefühlsbetonten Passions- und Brautmystik weiter. Die Dominikaner suchten später in der ihnen anvertrauten Frauenseelsorge die ekstatischen Züge der Frauenmystik zu dämpfen.

DER MYSTIKER. Eckharts mystisches Denken hat eine betont intellektuelle Qualität. Der Grundbegriff seiner mystischen Lehre ist der der Abgeschiedenheit. Das meint die vollständige Abkehr von sich selbst und allen Dingen, von Zeit und Ort. Diese radikale Abgeschiedenheit ist die Voraussetzung der Vereinigung mit Gott, der Rückkehr der Seele in den göttlichen Ursprung alles Seins. Für diese

Unio gebraucht Eckhart das Bild von der Gottesgeburt im Seelengrund des Menschen. Er spricht vom Durchbruch in einen Zustand vor der Geburt, in dem der Mensch noch »Gott in Gott« war. Die Vorstellung dieser schon immer bestehenden Einheit drückt er bildlich so aus: »Daz ouge, dâ inne ich got sihe, daz ist daz selbe ouge, dâ inne mich got sihet; mîn ouge und gotes ouge daz ist éin ouge und éin gesiht und éin bekennen und éin minnen.«

Das spekulative Umkreisen Gottes im Bewusstsein der Unfassbarkeit des göttlichen Mysteriums, des radikal Anderen – der »Nicht-Gott, Nicht-Geist, die Nicht-Person, das Nicht-Bild« – führt zu einer ausgesprochenen Dynamisierung der Sprache durch Bewegungsbegriffe, durch eine bildhafte, paradoxe, jede Bestimmung wieder aufhebende, übersteigernde Redeweise, die zugleich durch eine Fülle von Wortneubildungen die Möglichkeiten abstrakten Sprechens im Deutschen erweitert.

DER PROZESS. Seit etwa 1323/24 lehrte Meister Eckhart an der Hochschule der Dominikaner in Köln. Hier klagten ihn Ordensgenossen der Ketzerei an, der Erzbischof eröffnete 1326 einen Inquisitionsprozess. Als Beweis legten die Denunzianten mehrere Listen mit angeblich häretischen Sätzen vor, die aus dem Zusammenhang der Schriften herausgerissen waren. Eckhart erkannte weder die Rechtmäßigkeit des Verfahrens an – zuständig für ihn waren die Pariser Universität oder der Papst –, noch hielt er die Richter für kompetent. Er appellierte 1327 an den Papst und betonte in einer öffentlichen Erklärung in Köln seine Rechtgläubigkeit. Um das Verfahren zu beschleunigen, reiste er nach Avignon. Seine Verurteilung, veröffentlicht in einer Bulle vom 27. März 1329, erlebte er nicht mehr; 17 Aussagen Eckharts werden hier als häretisch, elf als übel klingend, kühn und der Häresie verdächtig bezeichnet. In der Bulle heißt es, Eckhart habe die beanstandeten Sätze widerrufen, »sofern sie im Geiste der Gläubigen häretische Auffassungen erzeugen könnten«. Die eigentliche Gefahr bestand in den Augen der Kirche darin, dass Eckhart seine den wahren Glauben vernebelnden Gedanken »hauptsächlich vor dem einfachen Volke in seinen Predigten lehrte« – und damit der in der kirchlichen Wahrnehmung angeblich zur Volksbewegung gewordenen ›Ketzerei‹ Vorschub leiste. Die Verurteilung beeinträchtigte die Überlieferung seiner Werke; sie hatten aber gleichwohl eine starke Nachwirkung.

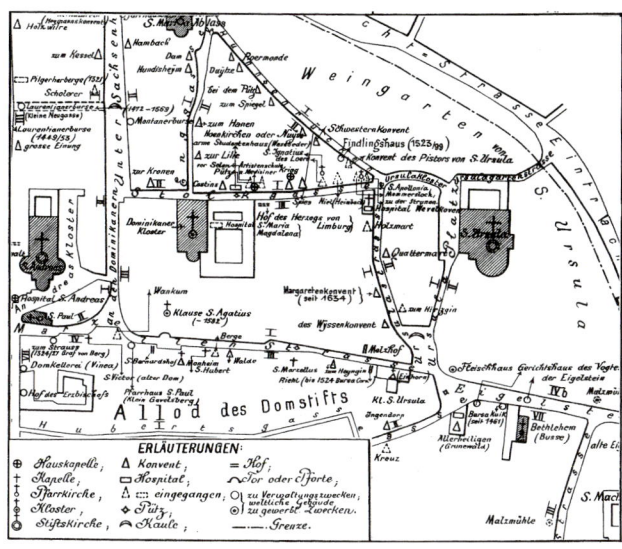

Der Stadtplan rekonstruiert die mittelalterlichen Verhältnisse um das Kölner Dominikanerkloster in der Stolkgasse. Es war von anderen kirchlichen Einrichtungen umgeben, darunter zahlreichen Beginenkonventen (Dreiecke auf dem Plan), die von den Dominikanern spirituell betreut wurden. Die räumliche Enge begünstigte gewiss theologische Diskussionen und Auseinandersetzungen, trug aber möglicherweise auch zu einem Klima bei, das die Denunziation Meister Eckharts durch seine eigenen Ordensbrüder erklären könnte.

Linke Seite: **Robert Bonnard,** *Blick auf Avignon* (Ausschnitt), 1700. 1309 beginnt mit der Übersiedlung der Päpste nach Avignon die ›Babylonische Gefangenschaft‹ der Kurie, d. h. ihre Abhängigkeit von Frankreich. Den Rahmen für eine prunkvolle Hofhaltung bietet der Papstpalast: Der ehemalige Bischofspalast wird seit 1334 umgebaut und in den folgenden Jahrzehnten großzügig erweitert. Mit der Rückkehr der Päpste 1376 nach Rom verliert Avignon an Bedeutung; seit dem 15. Jahrhundert verfällt die frühere Papstresidenz allmählich.

Heinrich Seuse, *Exemplar*, Handschrift um 1370 (Straßburg, Bibliothèque nationale et universitaire). Die Miniatur zeigt, wie Seuse der gekreuzigte Christus als Seraphim erscheint. Seuse ist in der Haltung des die Stigmata empfangenden hl. Franziskus dargestellt und als »der diener« bezeichnet. Auf der entblößten Brust sieht man das Christusmonogramm, das er sich nach dem Zeugnis der Lebensbeschreibung selbst einritzt: »Und er fing an und stach da mit dem Griffel in das Fleisch in der Richtung über dem Herzen und stach so hin und her und auf und ab, bis er den Namen JHS [Jesus] genau auf sein Herz gezeichnet hatte.« Über den sechs Flügeln des Seraphim stehen die drei programmatischen Sentenzen zur Leidensmystik: »Lern liden cristfoermklich«, »Trag liden gedulteklich«, »Enphah liden willeklich«.

EPOCHE/STRÖMUNG

MYSTISCHE FRÖMMIGKEIT UND LITERATUR

MYSTISCHE AUTORINNEN. Die schriftliche Umsetzung mystischer Erlebnisse und Vorstellungen geschieht auf unterschiedliche Weise; sie bewegt sich zwischen philosophisch-spekulativer Reflexion auf der einen und literarischer Gestaltung von Erfahrungen und Erlebnissen auf der anderen Seite. Ausdrucksformen der erlebnishaften Mystik sind vor allem (pseudo)autobiografische Erlebnisberichte (Viten, Visionsliteratur), Dichtungen, Briefe. Beide Formen erreichten einen Höhepunkt in der zweiten Hälfte des 13. Jahrhunderts im sächsischen Zisterzienserinnenkloster Helfta (bei Eisleben), in dem in dieser Zeit drei Frauen ihre mystischen Überlegungen und z. T. allegorischen Visionen niederschrieben: Mechthild von Hackeborn, Gertrud die Große, Mechthild von Magdeburg.

Mechthild von Magdeburg war 1270 aus einer Magdeburger Beginengemeinschaft nach Helfta gekommen. Ihre 1250–82 entstandenen mystischen Aufzeichnungen *Das fließende Licht der Gottheit* dokumentieren den Durchbruch eines eigenständigen mystischen Sprechens in deutscher Sprache: bildhaft, anspielungsreich, affektiv, aber auch lehrhaft oder liturgisch spricht sie in einer lockeren Folge von formal sehr unterschiedlichen Texten in (häufig gereimter) Prosa und Vers von ihren Visionen, ihrem mystischen Verlangen nach Gott, von der mit Bildern des *Hohenlieds* und des Minnesangs durchaus erotisch geschilderten Sehnsucht der Braut nach dem himmlischen Bräutigam, von dem Umschlag der mystischen Ekstase in einen Zustand der schmerzlichen, aber demütig bejahten Gottferne (»gotesvremedunge«). Das ursprünglich in mittelniederdeutscher Sprache verfasste Werk wirkte weiter in einer alemannischen Umschrift, die 1343/45 in einem mystisch gestimmten Kreis von ›Gottesfreunden‹ um Heinrich von Nördlingen in Basel entstand.

MYSTISCHE FRÖMMIGKEIT UND LITERATUR **91**

Auf einem anderen Blatt der *Exemplar*-Handschrift wird das Pergament bildlich zur Haut, der Kodex zum Körper: das gemalte Christus-Monogramm scheint zu bluten.

Spätmittelalter

SEUSES »EXEMPLAR«

›DER SEUSE‹. Der Dominikaner Heinrich Seuse, Schüler Meister Eckharts, stellte seine Hauptschriften in einer von ihm »Exemplar« genannten Sammlung zusammen, einem Musterbuch, das seine Werke unverfälscht überliefern sollte, in der Form, in der sie ihm von Gott eingegeben worden seien: Ausdruck eines ausgeprägten Selbst- und Autorbewusstseins. Am Anfang steht seine *Vita* – ein Buch, »daz da haisset der Sūse« –, angeregt wohl durch Elsbeth Stagel, eine seiner Führung anvertraute Nonne. Es handelt sich um eine stilisierte Beschreibung seines geistlichen Lebens in Er-Form, die Darstellungsformen der Autobiografie (Augustinus' *Confessiones* gehörten zur Pflichtlektüre junger Dominikaner), der Heiligenvita sowie des höfischen Romans miteinander verbindet. Zunächst schildert Seuse sein Leben im Kloster – Bekehrungserlebnis, Vermählung mit der göttlichen Weisheit, Visionen, asketische Übungen –, dann die Zeit seiner Seelsorge außerhalb des Klosters, charakterisiert durch Verleumdungen, Verfolgungen und eine wunderbare Rechtfertigung, bis das Ganze in eine theoretische Einführung in die mystische Erfahrung mündet. Dabei zeigt er einen virtuosen Umgang mit der Sprache, gekennzeichnet durch eine Vorliebe für extreme Gegensätze: Einer die Gefühlswelt neu erschließenden lyrischen Empfindsamkeit stehen krasse, naturalistische Detailschilderungen gegenüber, die die blutigen Exzesse seines Programms zur Abtötung des Leibes ausmalen.

Seuse stellte die endgültige Fassung seiner Werke, das »Exemplar«, wahrscheinlich 1362–63 her. Darin sind neben der um 1360 entstandenen *Vita* folgende Texte enthalten: *Das Büchlein der Wahrheit* (um 1327), eine Darstellung und Verteidigung der mystischen Lehre Meister Eckharts; *Das Büchlein der ewigen Weisheit* (um 1330), ein Andachts- und Exerzitienbuch, das zur Nachfolge Christi durch die Betrachtung seines Leidens am Kreuz hinführen will; das *Briefbüchlein* mit seelsorgerischen Schreiben Seuses an Elsbeth Stagel (gestorben 1360) und andere Empfängerinnen. Außerhalb des »Exemplars« ist die erweiterte lateinische Fassung des *Büchleins der ewigen Weisheit* überliefert (*Horologium Sapientiae*, um 1334), die neben der *Imitatio Christi* (um 1420) des Thomas von Kempen zu den erfolgreichsten Erbauungsbüchern des ausgehenden Mittelalters gehörte.

STOFFE/THEMEN

HEILIGE

HEILIGENLEGENDE. Die christliche Heiligenverehrung und ihre literarische Fixierung in der Gattung der Legende entfaltete sich im Anschluss an die Bibel und der damit verbundenen Apokryphen, erweiterte dann aber seit dem 4. Jahrhundert ihren Gegenstandsbereich entscheidend. Zu den Geschichten der biblischen Gestalten und der frühchristlichen Märtyrer kamen die der Bekenner, die durch rigorose Tugendhaftigkeit und Askese (Wüsteneremiten) heiligmäßigen Charakter und Glaubenskraft bewiesen. Zugleich nahm die Bedeutung fiktionaler Momente in den Lebensbeschreibungen zu. Seit Gregor von Tours im 6. Jahrhundert erhielt das Wunder – und zwar vor allem das postume Mirakel – eine verstärkte Bedeutung in den Heiligenviten. Dank des sich intensivierenden Heiligenkults, verbunden mit einem entsprechenden Aufschwung des Reliquienwesens, entwickelte sich die Heiligenlegende zur beliebtesten Erzählgattung des Christentums vor der Reformationszeit.

Deutschsprachige Legendendichtung beginnt um 800 mit dem *Georgslied* und dem *Petruslied*. Im 12. und 13. Jahrhundert setzt sich deutsche Legendendichtung allmählich neben der lateinischen durch; bedeutende Epiker wie Hartmann von Aue oder Rudolf von Ems bearbeiten Legendenstoffe. Seit dem späten 13. Jahrhundert tritt neben die breit ausgestaltete Einzellegende die Form des Legendars, Legendensammlungen mit kürzer gefassten, erzählerisch vereinheitlichten Texten. In deutscher Sprache

LEGENDENSAMMLUNGEN

um 1260–67 Jacobus de Voragine, *Legenda aurea*; nach dem Kirchenjahr gegliederte Sammlung; die älteste deutsche Übersetzung entstand vor 1350 in Straßburg (*Elsässische Legenda aurea*)

um 1270 *Buch der Märtyrer* oder *Märterbuch*, deutsches Verslegendar nach lateinischen Quellen

um 1275–1300 *Passional*; annähernd 110 000 Verse umfassendes deutsches Legendar eines nicht bekannten Verfassers; Hauptquelle ist die *Legenda aurea*

um 1275–1300 *Väterbuch*, Verslegendar auf der Grundlage der bis ins 6. Jahrhundert zurückreichenden *Vitaspatrum*, den Lebensbeschreibungen der ersten christlichen Einsiedler und Mönche in der ägyptischen Wüste, und neuerer Legendensammlungen (*Legenda aurea* u. a.). Das Werk stammt vom selben Verfasser wie das *Passional*

um 1300 *Solothurner Legendar*; erste bekannte deutschsprachige Heiligenlegendensammlung in Prosa; ein beigehefteter zweiter Teil stammt etwa von 1325

um 1390 *Der Heiligen Leben*, Prosalegendar; die am weitesten verbreitete deutschsprachige Legendensammlung des Mittelalters. Sie beruht weitgehend auf deutschen Quellen. Der Titel geht auf den ersten Druck von 1471/72 zurück. Mindestens 33 hochdeutsche und acht niederdeutsche Drucke erscheinen bis 1521. Die protestantische Legendenkritik bezieht sich nicht zuletzt auf dieses Werk

Die hl. Elisabeth besucht und pflegt eine Kranke, Glasmalerei aus der Marburger Elisabethkirche.

gibt es bis zum Anfang des 14. Jahrhunderts nur Verslegenden.

SANKT ELISABETH. Die ungarische Königstochter Elisabeth (1207–1231) wurde 1221 mit dem Landgrafen Ludwig von Thüringen verheiratet. Als dieser 1227 auf dem Kreuzzug Friedrichs II. in Brindisi starb, musste sie Thüringen verlassen und fand 1228 Aufnahme in Marburg. Unter der strengen Aufsicht ihres langjährigen Beichtvaters Konrad von Marburg, eines Kreuzpredigers und fanatischen Ketzerverfolgers, führte sie ein asketisches Leben im Geist der radikalen Armuts- und Bußbewegungen der Zeit und des Franziskus von Assisi. Sie unterwarf sich härtesten Bußübungen und widmete sich der Kranken- und Armenpflege. Die Bemühungen um ihre Heiligsprechung begannen unmittelbar nach ihrem Tod; Kommissionen sammelten Berichte über Wunder. 1235 wurde Elisabeth von Papst Gregor IX. heilig gesprochen; für den Besuch ihres Grabes am Todestag versprach die Urkunde einen Ablass von einem Jahr und 40 Tagen. Seit 1249 ruhen ihre Gebeine in einem mit Szenen aus ihrem Leben verzierten, goldenen Schrein in der ihr geweihten Marburger Elisabethkirche. Auch eine Reihe der berühmten Glasmalereien im Chor der Kirche, die gleichzeitig mit dem Chor bis 1249 entstanden, gilt dem Leben und den Werken der Heiligen, teilweise mit den gleichen Motiven wie auf dem Schrein. Die Elisabeth-Medaillonfenster zeigen u. a., wie Elisabeth Gefangene besucht, Kranke pflegt, Obdach gewährt, Bedürftige kleidet, Almosen spendet, Durstige und Hungrige versorgt; dazu kommen Darstellungen von der Kreuznahme und dem Abschied Ludwigs, vom Empfang der Nachricht seines Todes, von ihrem eigenen Tod. Elisabeths Grab wurde, nicht zuletzt wegen der berichteten Wunderheilungen, viel besuchtes Wallfahrtsziel. Bereits die *Legenda aurea* (um 1260–67) des Jacobus de Voragine enthält eine Elisabethlegende (19. November). Die wichtigste und einflussreichste Elisabethvita verfasste um 1290 der Dominikaner Dietrich von Apolda. Sie diente u. a. als Grundlage für eine über 10 000 Verse umfassende deutsche Verslegende (um 1300).

Die älteste plastische Darstellung Elisabeths von Thüringen ist ausnehmend prunkvoll: Figur am goldenen Elisabeth-Schrein in der Marburger Elisabethkirche, der um 1233–36 entstand.

SÄNGERKRIEG, TANNHÄUSER, ELISABETH UND RICHARD WAGNER

Um 1250–70 entstand der *Wartburgkrieg* (oder: *Der Sängerkrieg auf der Wartburg*), ein Konglomerat ursprünglich selbständiger Texte unbekannter Autoren. Neben Landgraf Hermann I. von Thüringen (gestorben 1217) und seinen Zeitgenossen Walther von der Vogelweide, Wolfram von Eschenbach u. a. treten der erst nach Hermanns Tod wirkende Reinmar von Zweter und der historisch nicht identifizierbare Heinrich von Ofterdingen und eine Romangestalt – Klingsor aus Wolframs *Parzival* – auf, die sich im Fürstenlob – Hermann betreffend – wetteifernd üben. Richard Wagner verbindet diesen Stoff in einer »großen romantischen Oper« mit der Tannhäusersage – er setzt Heinrich von Ofterdingen mit Tannhäuser gleich – und lässt dazu noch Elisabeth auftreten, die den sündhaften Dichter liebt und ihm durch ihre Fürbitte Erlösung bringt: *Tannhäuser und der Sängerkrieg auf der Wartburg* (1845).

GATTUNG
MÄRE

TRADITIONEN UND THEMEN. Im Rahmen der vielfältigen spätmittelalterlichen Kleinepik bezeichnet der literaturwissenschaftliche Begriff Märe (Neutrum; mhd. *daz maere*) kürzere Reimpaardichtungen vorwiegend erzählenden Charakters, die höchst diesseitig vom Leben in der Welt und seinen Verwicklungen handeln. Die Stoffe stammen aus der lateinischen Exempelliteratur und der mündlichen internationalen Erzähltradition; die Texte selbst variieren tradierte Erzählschemata und -strukturen und lassen durchaus auch stoffliche und strukturelle Beziehungen zur frühen romanischen Prosanovelle Boccaccios erkennen, die auf ähnlichen Voraussetzungen beruht. Mit dem Stricker (Mitte des 13. Jahrhunderts) beginnt die deutsche Märendichtung; sie lebt weiter bis ins 16. Jahrhundert, befruchtet von lateinischen Schwank- und Exempelsammlungen und dann auch von der Novellistik der Renaissance. Eine Angelegenheit des 13. und frühen 14. Jahrhunderts ist das höfisch-galante Märe, wie es etwa Konrad von Würzburg zur formalen Vollendung bringt. Es behan-

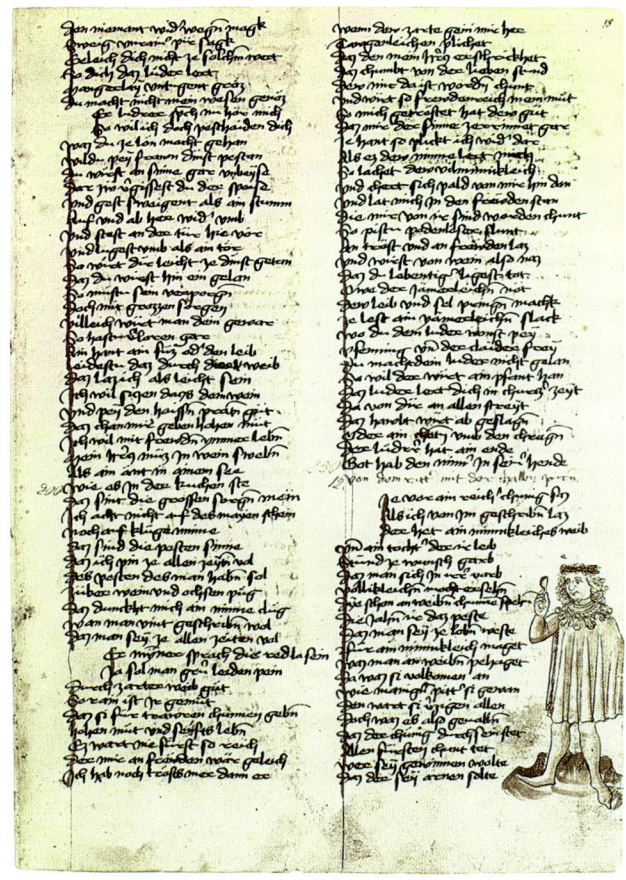

»DER WELT LOHN«

Konrad von Würzburg werden vier um 1260 entstandene Verserzählungen zugeschrieben, elegant erzählte novellistische Kunstwerke höfischen Stils: die ›historische‹ Anekdote *Heinrich von Kempten*, eine Version des Lohengrinstoffes (*Der Schwanritter*), eine Abwandlung der weit verbreiteten Geschichte vom gegessenen Herzen als Beispiel unbedingter Liebe (*Das Herzmaere*) und die Exempelerzählung *Der Welt Lohn*. Hier erzählt Konrad von einem Ritter – er gibt ihm den Namen des Dichters Wirnt von Grafenberg (*Wigalois*, um 1210–20) –, den abends eine schöne Frau besucht, während er eine Liebesgeschichte liest. Sie will ihm zeigen, welchen Lohn er für seine treuen Dienste zu erwarten hat. Der Ritter preist sich glücklich, rühmt ihre Schönheit, und auf seine Bitte nennt sie ihren Namen – und wendet ihm den von Ungeziefer zerfressenen, von Geschwüren übersäten Rücken zu. Der Ritter ändert sofort sein Leben, geht auf Kreuzfahrt und tut Buße.

Die Südtiroler Handschrift von 1456, die heute im Tiroler Landesmuseum Ferdinandeum Innsbruck aufbewahrt wird, ist die einzige illustrierte Sammelhandschrift von kleinen Reimpaardichtungen. Die Kröte (rechte Seite oben) gehört zum gleichnamigen Tierbîspel, die Seite rechts unten zur Verserzählung *Der Schlegel*. Links eine Illustration zur Erzählung von der *Halben Birne*: Der Ritter hält die titelgebende Frucht in der Hand, die auf besonders drastische Weise zum Anlass und Symbol wird für denkbar unhöfische, krude Sexualität.

delt Fragen höfischer Ethik. Im Übrigen zeigt sich eine deutliche Hinwendung zu Begebenheiten des Alltags, vielfach mit sexueller Thematik. Der Typus des moralisch-exemplarischen Märe zeigt, wie Betrüger entlarvt, Undankbarkeit und Eigennutz bestraft, Anmaßung und Hoffart verurteilt bzw. Einfalt, Liebe und Treue belohnt werden; das schwankhafte Märe gibt die Dummen, Törichten und Sündhaften dem Spott und dem Gelächter preis.

»HELMBRECHT«. Die meisten Mären sind ohne Verfasserangaben überliefert. Zu den namentlich bekannten Märendichtern – z. B. Konrad von Würzburg, Herrand von Wildonie oder Heinrich Kaufringer und Hans Folz (gest. 1513) – gehört auch Wernher der Gärtner bzw. Gartenaere, der Verfasser des *Helmbrecht*, der berühmtesten mittelhochdeutschen Versnovelle. Sie entstand um 1280–90 im bayerisch-österreichischen Raum und erzählt am Beispiel eines verlorenen Sohnes vom Zerfall einer Familie als Symbol für die Zerstörung der alten gesellschaftlichen Ordnung und ihrer Werte: Helmbrecht, Sohn eines gleichnamigen Meiers (eines reichen Bauern), will gegen alle Mahnungen seinen Stand verlassen und Ritter werden. Er gerät in die Gesellschaft von Raubrittern und erhält schließlich seine verdiente Strafe. Als er geblendet und verstümmelt nach Hause kommt, vertreibt ihn der Vater. Bauern hängen ihn auf und zerfetzen seine bestickte kostbare Haube, das Sinnbild der Anmaßung. Der Verstoß gegen die gottgewollte hierarchische Ordnung wird unnachsichtig geahndet, der Vater selbst erscheint als Werkzeug einer erbarmungslosen göttlichen Gerechtigkeit. So werden bekannte Modelle – die Parabel vom verlorenen Sohn, das Handlungsmuster des Artusromans mit Abenteuerfahrt und Rückkehr – vor der Folie einer verklärten Vergangenheit und der als Verfallszeit geschilderten Gegenwart eindrucksvoll umgekehrt bzw. ins Negative gewendet.

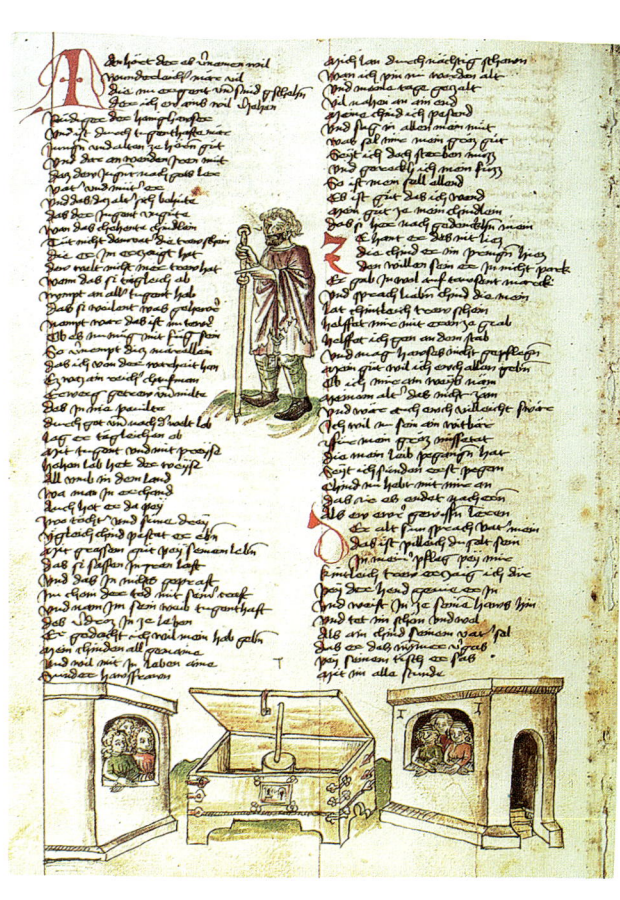

MEDIEN

LIEDERHANDSCHRIFTEN

SAMMELEIFER. Minnesang und (ebenfalls gesungene) Spruchdichtung lebten zunächst vom Vortrag in der höfischen Gesellschaft. Melodie und Text (»wîse unde wort«) gehörten zusammen, oft vom Dichter selbst vorgetragen. Sie stützten sich wohl auf – nicht erhaltene – Einzelblätter und kleine Vortragshefte, die dann die Grundlage späterer Liederhandschriften bildeten. Als die schriftliche Überlieferung in größerem Maßstab gegen Ende des 13. Jahrhunderts einsetzt, steht nicht mehr die aktuelle Vortragssituation im Vordergrund. Nur wenige Handschriften enthalten Melodien, d. h. die Texte wurden – naheliegend angesichts ihrer Komplexität – nun auch als Leselyrik tradiert. Erst im 15. Jahrhundert nimmt die Zahl der überlieferten Melodien zu, nicht zuletzt deshalb, weil zwei adelige Dichter selbst Ausgaben ihrer Werke mit den dazugehörigen Melodien veranlassten: Hugo von Montfort und Oswald von Wolkenstein. Sammlungen des lyrischen Werkes eines einzelnen Dichters gab es vorher nicht. Die Regel waren vielmehr Sammelhandschriften zunächst auf Pergament, seit

JOHANNES HADLAUB UND DIE MANESSISCHE HANDSCHRIFT

Johannes Hadlaub, Bürger Zürichs (Hauskauf 1302; gest. vor 1340), stand in näherer Beziehung zu den Liedersammlern um Rüdiger und Johannes Manesse: »Wo könnte man so viele Lieder beisammen finden? Man würde im [deutschen] Königreich nicht so viele finden, wie in Zürich in Büchern aufgezeichnet sind«, beginnt ein Gedicht Hadlaubs, das dann ausdrücklich die Manesses nennt. In welcher Form Hadlaub selbst an dem Unternehmen der Liederhandschrift C beteiligt war, lässt sich nicht mehr klären. Als Dichter – es sind 54 Texte überliefert – steht er am Ende einer Epoche; der Minnesang wird dem städtischen Minnesänger selbst historisch. Neu sind seine Erzähllieder, die nostalgisch Situationen des höfischen Minnedienstes in die städtische Gesellschaft Zürichs übertragen. Gottfried Keller hat dem Dichter dieser Minneszenen aus der ritterlichen Vergangenheit in seiner Novelle *Hadlaub* (1876) ein Denkmal gesetzt.

Die erste Ausgabe der Manessischen Handschrift veröffentlichten Johann Jakob Bodmer und Johann Jakob Breitinger nach vorausgeschickten *Proben der alten schwäbischen Poesie* (1748) 1758–59 in zwei Bänden: *Sammlung von Minnesingern aus dem schwäbischen Zeitpuncte CXL Dichter enthaltend*. Die Handschrift war spätestens im 16. Jahrhundert von Zürich nach Heidelberg gelangt, dann im 17. Jahrhundert nach Paris (seit 1657: ›Pariser Handschrift‹). Die Herausgeber konnten sie nach Zürich entleihen. Im Jahr 1888 schließlich wurde der Kodex wieder nach Heidelberg gebracht, nicht ohne Bekundungen vaterländischen Sentiments.

dem 15. Jahrhundert zunehmend auf Papier, die im Auftrag adeliger oder bürgerlicher Mäzene in klösterlichen, fürstlichen oder städtischen Schreibstuben angefertigt wurden. Es sind etwa 40 Liederhandschriften, zur Hälfte fragmentarisch, erhalten. Man bezeichnet sie mit den Buchstaben des Alphabets. Die bekanntesten sind die Handschriften A, B und C (oder: Kleine Heidelberger, Weingartner, Große Heidelberger bzw. Manessische Liederhandschrift). Als älteste gilt Handschrift A vom Ende des 13. Jahrhunderts.

MANESSISCHE LIEDERHANDSCHRIFT. Die Große Heidelberger Liederhandschrift C ist die umfangreichste und berühmteste Sammlung mittelhochdeutscher Lyrik. Sie wurde in den ersten Jahrzehnten des 14. Jahrhunderts (um 1300–1340) in Zürich angelegt. Die Bezeichnung Manessische Handschrift geht auf Johann Jakob Bodmer zurück, der in einem Gedicht des Züricher Minnesängers Johannes Hadlaub einen Hinweis auf die Sammeltätigkeit der Züricher Patrizierfamilie Manesse und einen Kreis interessierter Literaturfreunde fand. Die Manessische Liederhandschrift stellt den Versuch dar, die Tradition des deutschen Minnesangs in größtmöglicher Vollständigkeit zu erfassen. Auf 426 großformatigen Pergamentblättern sind Texte von insgesamt 140 Dichtern versammelt; alle bekannten Minnesänger von der Frühzeit (um 1150–60) bis 1330 sind vertreten. Die Anordnung erfolgt nach Autoren, und zwar zunächst hierarchisch geordnet: Kaiser Heinrich VI. als Minnesänger eröffnet den Kodex. Später – die Sammlung besteht aus einem Grundstock und mehreren Ergänzungen – kommen chronologische und geographische Ordnungskriterien dazu. Ihre große Popularität über die Fachwissenschaft hinaus verdankt die Handschrift den farbigen Miniaturen, 137 ganzseitigen Autorenbildern, die dem jeweiligen Werk voranstehen und die Dichter auf abwechslungsreiche – und gelegentlich auch komische Weise – als Ritter, Dichter oder Liebhaber, auf der Jagd, beim Tanzen, Spielen, Musizieren oder Diktieren ›porträtieren‹.

Blatt aus der um 1350 angefertigten Jenaer Liederhandschrift (J), die – im Unterschied zu den meisten anderen Liederhandschriften – auch Noten (Quadratnotation auf fünf roten Notenzeilen) enthält.

Linke Seite: **Johannes Hadlaub in der Manessischen Liederhandschrift.** Das Doppelbild zeigt zwei Szenen, die von Gedichten Hadlaubs inspiriert sind: Im oberen Bild sieht man den von zwei Freunden begleiteten Dichter, wie er einer eher widerstrebenden Dame die Hand reicht. Dass ihm hier das Hündchen in die Hand beißt, variiert den Liedtext: Im Lied ist es die Dame, die den klammernden Dichter auf diese Weise abschüttelt. Unten steckt der als Pilger verkleidete Dichter einer Dame, die in die Kirche gehen will, ein Billett an das Gewand.

BIOGRAFIE

um 1376 Oswald von Wolkenstein als zweiter Sohn einer Adelsfamilie in Südtirol geboren (wahrscheinlich auf Burg Schöneck im Pustertal)
um 1386–1400 Oswald verlässt seine Heimat und zieht als Knappe und Soldat durch halb Europa
1400 Nach seiner Rückkehr sucht er, häufig in Auseinandersetzungen und Erbstreitigkeiten mit Verwandten und Nachbarn verstrickt, als wenig vermögender Zweitgeborener seine materielle Basis zu verbessern. Die Beteiligung an militärischen und kaufmännischen Unternehmungen bringt keine wirtschaftliche Besserung
1406 Oswald tritt dem Oppositionsbund des Tiroler Adels gegen Herzog Friedrich von Österreich bei
1409–13 Weltlicher Stellvertreter des Bischofs von Brixen bei dessen Abwesenheit und damit Richter
seit 1415 Teilnahme an diplomatischen Missionen und Kriegen König Sigmunds (Frankreich, Konstanz, Ungarn, Prag), zuletzt 1431 an einem Hussitenfeldzug und 1432 an einer Unternehmung in der Lombardei
1421–22 Im Zug von Erbstreitigkeiten wird Oswald in Meran gefangen genommen und gefoltert; er geht außer Landes, die Kaution verfällt
1425 Oswald lässt die erste Handschrift seiner Werke anfertigen (Handschrift A); Nachträge bis 1436
1427 Lösung der Erbstreitigkeiten und Unterwerfung unter seinen Landesherrn
1432 Oswald lässt eine zweite Handschrift anfertigen (Handschrift B); Nachträge bis nach 1438
1434 Teilnahme am Reichstag in Ulm; danach beschränken sich Oswalds Aktivitäten auf die Tiroler Landespolitik und Familieninteressen
1445 2. August: Oswald stirbt in Meran; er wird im Kloster Neustift bei Brixen beigesetzt

AUTOR

OSWALD VON WOLKENSTEIN

TRADITION UND INNOVATION. Oswald ist der letzte große Lyriker des Mittelalters. Sein Werk, etwa 140 Lieder, spiegelt die vielfältigen Möglichkeiten der Lieddichtung am Ende einer Epoche. Oswald verfügt über die Themen, Formen und Motive der älteren Dichtung, auch über ihre parodistische Verkehrung. Häufig zeigen sich Anklänge an die Lieder des Mönchs von Salzburg (um 1365–95), der neben geistlichen Liedern zahlreiche Liebeslieder verfasste und mit drei Trink- und Schlemmerliedern sowie einem parodistischen Tagelied an die drastisch-lebensvolle Richtung der spätmittelalterlichen Lyrik anknüpfte. Daneben wirkt auch die die höfische Idealwelt verzerrende Dichtung Neidharts auf Oswald ein. Er nimmt die traditionellen Liedtypen auf und variiert sie auf charakteristische Weise. So führt er die Gattung des Tagelieds durch Variationen, Parodien, Umkehrungen und Erweiterungen des überlieferten Materials zu einem letzten Höhepunkt. Und in seinen Liebesliedern vermeidet er die Gedankenblässe der Minnereflexionen mancher seiner Vorgänger und setzt stattdessen auf das charakteristische, persönliche Detail. Die Tendenz zur Anschaulichkeit und Versinnlichung prägt seine Darstellung erotischer Erlebnisse ebenso wie seine Landschafts- und Reiseschilderungen; vor allem aber schlägt sie sich in seiner virtuosen und originellen Sprachbehandlung nieder, der Lust am bunten, sinnlichen Ausdruck: Fremdsprachige Elemente, exotisches Vokabular, Lautmalerei, experimentelle Wort- und Klangspiele – und das alles auf der Basis des einheimischen Dialekts – machen Oswald zu einem ›schwierigen‹ Dichter. Zur Wirkung gelangen die Texte erst im Vortrag: Oswald ist auch ein bedeutender Komponist. Mit seinen zahlreichen Kompositionen nach französischem und italienischem Vorbild steht er am Anfang der Mehrstimmigkeit in der Geschichte des deutschen Liedes.

Linke Seite: **Das Bildnis Oswalds von Wolkenstein** in der um 1432 entstandenen Innsbrucker Oswald-Handschrift B ist das früheste individuelle Porträt eines deutschen Dichters.

Oswald als St.-Georgs-Ritter mit Kreuzfahne, Schwert und Wappen: 1408 für die Oswald-Kapelle im Brixener Dom gestifteter Marmor-Gedenkstein (heute im Domhof).

DICHTUNG UND AUTOBIOGRAFIE. Ohne Beispiel bei seinen Zeitgenossen ist das Eindringen des Persönlichen, des Autobiografischen in die Dichtung, allerdings vielfach gebrochen und gefiltert durch Ironie, Parodie und literarische Tradition. Oswalds Lieder geben Zeugnis von einem widerspruchsvollen privaten und politischen Leben in einer chaotischen Zeit: Berichte von seinen Erfahrungen auf dem Konstanzer Konzil (1414–18) und seine (durch eine frühere Geliebte inszenierte?) Gefangennahme und Folterung, ein mitreißendes Kampflied in Zusammenhang mit den Auseinandersetzungen der Tiroler Adelspartei mit Herzog Friedrich IV. (*Greiffenstein*-Ballade: »›Nu huss!‹ sprach der Michel von Wolkenstain«), ein ironisches Lied über eine diplomatische Reise im Dienst König Sigmunds nach Südfrankreich, misslaunige Reflexionen über den unerfreulichen Winter, das häusliche Leben auf seiner Burg und die Feindschaft zu seinem Landesherrn ... Und nicht zuletzt gehört der groß angelegte Rückblick aus dem Jahr 1416 hierher, der mit einem Bericht des Wanderlebens beginnt und am Ende selbstkritisch auf das »mit toben, wüeten, tichten, singen mangerlei« verbrachte Leben zurückschaut und – im Präsens – das Fazit zieht: »ich Wolkenstain leb sicher klain vernünftiklich«, wenig weise. Sein Leben, sein Schaffen und seine Welt – und die Annäherung daran – beschreibt Dieter Kühns romanhafte Biografie *Ich Wolkenstein* (1977).

OSWALD ALS POLYGLOTTER SPRACHSPIELER:

Do frayg amors
adiuva me
ma lot mein orss
na moy serce
rennt mit gedanck
frow puraty
Eck lopp ick slap
vel quo vado
wesegg mein krap
ne dirs dobro
je gslaff ee franck
merschy voys gry

»Wenn du mich liebst, | so steh mir bei. | Mein Pferd, mein Roß, | sowie mein Herz! | ihr Ziel ist nur | bei dir, Madame. | Im Schlaf, im Lauf, | und wo ich geh: | mein armer Kopf | ist mir verdreht. | Ich bin versklavt, | ich war mal frei – | ich fleh um Gnad!« (Übers. von D. Kühn)

STOFFE/THEMEN

VERKEHRTE WELT

FORMEN DIDAKTISCHER LITERATUR

Vor allem im späteren Mittelalter nimmt die didaktische Literatur einen breiten Raum ein und entwickelt über die allgemeine religiöse und moralische Unterweisung hinaus zahlreiche spezielle Klein- und Großformen. Dazu zählen u.a. die Stände- und Tugendlehren in Form von Schachbüchern (Konrad von Ammenhausen: *Schachzabelbuch*, um 1337) oder Totentänzen, aber auch Tischzuchten, Sittenspiegel, Mären und moralisierende Spruch- und Fabelsammlungen. Eine besondere Rolle spielt die Form der Minnerede, die sich zur allegorisch-didaktischen Großdichtung ausweiten kann und epische und reflektierende Darstellung, Allegorie und Lehre miteinander verbindet. Als anspruchsvollste deutsche Minneallegorie gilt die anonyme *Minneburg* (um 1340), die das Modell des Liebeskrieges systematisch ausbaut. Eine einflussreiche Sonderform der Minneallegorie ist die Jagdallegorie, die das Verhältnis der Liebenden am Beispiel der Jagd darstellt (Hadamar von Laber, *Die Jagd*, um 1330–50).

STÄNDE- UND MORALSATIREN. Die kritische und satirische Auseinandersetzung mit einer als verdorben empfundenen, ›verkehrten‹ Welt wird im Spätmittelalter zu einem zentralen Thema der Literatur. Es ist zwar nicht neu – eine radikale Kritik der bestehenden Ordnung und ihrer ethischen Grundlagen stellt bereits das satirische Tierepos *Reinhart Fuchs* (um 1195) dar –, dringt aber in die unterschiedlichsten Gattungen bis hin zum geistlichen Spiel ein und gibt den Großformen der didaktischen Literatur, den allegorischen Tugend- und Lasterlehren und Ständerevuen, einen zunehmend düsteren Hintergrund. Glaubt Hugo von Trimberg in seiner zu einem popularisierenden Handbuch des Schulwissens seiner Zeit ausgebauten Morallehre *Der Renner* (um 1300) trotz des beklagten morali-

Holzschnitt aus Heinrich Steinhöwels *Esopus* (1476–1477), einer zweisprachigen Kompilation von Fabel- und Beispieltexten mit Materialien aus Antike, Mittelalter und Renaissance. Das Werk mit seinem plastischen, sprichwortreichen Prosastil gehört zu den erfolgreichsten Büchern aus der Frühzeit des Buchdrucks.

schen Niedergangs noch an die Lern- und Besserungsfähigkeit des Menschen, so herrscht hundert Jahre später in der anonymen allegorischen Stände- und Berufsrevue Des Teufels Netz (um 1414–18) ein anderer Ton: Das Werk ist eine Strafpredigt, die die gesamte weltliche und geistliche Hierarchie angesichts ihrer Lasterhaftigkeit als Beute des Teufels charakterisiert, ausgenommen Asketen, Einsiedler und freiwillig in Armut lebende Menschen. Ähnlichkeiten mit dem Totentanz werden sichtbar: Vor dem Tod bzw. dem Netz des Teufels sind alle Stände, alle Menschen gleich. Ein umfassendes Kompendium schließlich der satirischen Tendenzen des Spätmittelalters stellt die episch-didaktische Versdichtung Der Ring (um 1410) des Konstanzer Advokaten Heinrich Wittenwiler dar.

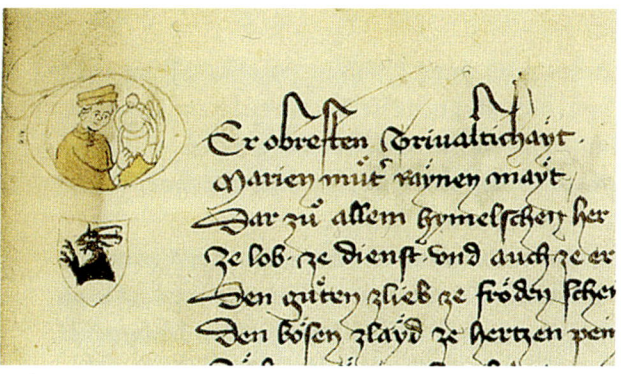

Die Initiale des Prologs von Wittenwilers *Ring* in der einzigen erhaltenen Handschrift München Cgm 9300. Im Buchstaben »D« ein kleines Autorbild mit einem überdimensionalen Ring.

DIE WELT IM ZERRSPIEGEL. Wittenwilers *Ring* ist nur in einer Anfang des 15. Jahrhunderts entstandenen Handschrift überliefert, die mit roten und grünen Linien am Rand die verschiedenen Ebenen (»ernst« bzw. »törpelleben«) markiert. Wittenwiler will, so der Prolog, über den Lauf der Welt Bescheid geben und lehren, »Was man tuon und lassen schol«. Das geschieht in einem großen satirischen Zerrspiegel, der in drei Teilen ritterlich-höfisches Wesen (»hofieren«), das rechte Leben in der Welt und schließlich das Verhalten in Not und Krieg zum Thema macht. Dargestellt wird die enzyklopädische Lebenslehre an Hand einer grotesken Liebesgeschichte zwischen dem tölpelhaften Bauernburschen Bertschi Triefnas und der hässlichen Mätzli Rüerenzumpf, die auf einer kleineren Schwankerzählung beruht. Die einzelnen Stationen – Werbung mit wüstem Bauernturnier, Beratungen über das Für und Wider der Ehe, Hochzeit mit Schlägerei, Krieg zwischen den beteiligten Dörfern – nutzt Wittenwiler zu umfangreichen Belehrungen über alle Bereiche des Lebens, von einer Minne- und Ehelehre bis hin zur Darstellung römischer Militärstrategie. Der groteske Kontext allerdings gibt der Didaxe etwas Zwiespältiges, wie sich denn auch trotz grüner und roter Linien Parodie, Satire und moralischer Ernst ununterscheidbar mischen und die Verbindung von grotesk-satirischem Realismus und hohem ethischen Anspruch manche Rätsel aufgibt. Am Schluss steht mit fast apokalyptischer Wucht der Untergang des Dorfes Lappenhausen; allein Bertschi überlebt und zieht sich im Gedenken an die Vergänglichkeit des Irdischen als Einsiedler in den Schwarzwald zurück: Ende eines wüsten Welttheaters, das menschliches Narrentum im Bild bäurischen Wesens – ein Bauer ist jeder, der »unrecht lept und läppisch tuot« – drastisch bloßstellt.

AUS DEM ERSTEN TEIL VON WITTENWILERS »RING«:

In dem tal ze Grausen
Ein dorff, hiess
    Lappenhausen,
Was gelegen wunnechleich,
An holtz und wasser
    überreich,
Dar inn vil esler pauren
Sassen ane trauren,
Under ein junger was,
Der hiess Bertschi Triefnas,
Ein degen säuberlich und
    stoltz.
Sam er gedraiet wär aus
    holtz,
An dem feirtag gieng er
    umb.

»Im Grausental war das Dorf Lappenhausen höchst wunderbar gelegen. Mit Wasser und Wald war es überreich gesegnet. Es lebten darin mit Vergnügen viele Bauern, lauter Asinokraten. Einer von ihnen war der junge Bertschi Triefnas. Er war ein ansehnlicher, stolzer Held. Wie aus Holz gedrechselt, so stolzierte er am Feiertag herum.« (Übers. von H. Brunner nach dem Text von E. Wießner, V. 55 ff.)

Albert der Große. Fresko von Tommaso da Modena (1352) aus dem Dominikanerkapitel von Treviso.

LITERATURBETRIEB

WISSENSCHAFT

DIE REZEPTION DER ARABISCHEN WISSENSCHAFT.
Mit der Eroberung Persiens und Ägyptens im 7. Jahrhundert erhielten die Araber Zugang zu einer hoch entwickelten Wissenschaftskultur, die auf der griechischen Philosophie und Naturwissenschaft basierte. Die Kenntnis der Schriften von Hippokrates und Galen förderte die Entwicklung der arabischen Medizin, und die Beschäftigung mit Aristoteles betraf nicht nur – wie im Westen – einige philosophische Texte, sondern vor allem auch die naturwissenschaftlichen Schriften. Die enge Berührung der europäischen mit der führenden arabischen Kultur infolge der Ausdehnung des arabischen Einfluss- und Herrschaftsbereichs auf Sizilien, Apulien und Spanien führte zu lateinischen Übersetzungen der im Westen bisher unbekannten Schriften der griechischen Philosophen und Naturwissenschaftler (einschließlich der arabischen Kommentare). Die Wirkung auf die mittelalterliche Medizin, Naturwissenschaft und Philosophie ist kaum zu überschätzen, wenn auch die Kirche seit 1210 mehrfach zu Aristoteles-Verboten griff, weil der ›neue‹ Aristoteles immer auch mit arabischen Kommentaren versehen war. Auch Albert der Große stieß auf heftigen Widerstand seiner dominikanischen Ordensbrüder, als er auf der vorurteilsfreien Überprüfung der heidnischen Schriften bestand: »Wie Tiere gehen sie gegen das an, was sie nicht kennen.«

NATURWISSENSCHAFT UND THEOLOGIE.
Albert hatte in Köln um die Mitte des 13. Jahrhunderts das Generalstudium der Dominikaner aufgebaut, bis zu den ersten Universitätsgründungen ein Jahrhundert später das einzige intellektuelle Zentrum Deutschlands. Mit seinen Aristoteles-Paraphrasen und -Kommentaren trug er wesentlich zur Erschließung neuer Bereiche der Philosophie und der Naturwissenschaften bei. Sein besonderes Interesse galt den Naturwissenschaften, und von hier ging seine größte Wirkung aus. Er begnügte sich nicht damit, das überlieferte Wissen zu erschließen, sondern überprüfte und ergänzte es durch eigene Beobachtungen und genaue Einzelbeschreibungen besonders in der Tier- und Pflanzenkunde. Voraussetzung dieser auf kausaler Erklärung basierenden Naturbetrachtung war eine klare methodologische Trennung von Philosophie bzw. Naturwissenschaften auf der einen und Theologie auf der anderen Seite. Theologie gründet sich auf

Stör und Hopfen. Kolorierte Federzeichnungen aus Bilderhandschriften des *Buchs der Natur* von Konrad von Megenberg aus der Mitte des 15. Jahrhunderts (Universitätsbibliothek Heidelberg).

Blatt einer Handschrift (Dombibliothek, 1. Hälfte 11. Jahrhundert) der lateinischen Übersetzung und Kommentierung von Platons *Timaios* des spätantiken Autors Calcidius. Dieses Werk (unter anderen) vermittelte die kosmologischen Vorstellungen von Platon, Aristoteles und Ptolemäus ins Mittelalter. Das Diagramm zeigt das ptolemäische Weltbild mit der Erde im Zentrum, die Bahnen der Planeten und ihre Abstände.

Offenbarung, Philosophie auf Vernunft. Naturwissenschaftliches Vorgehen bedeutet zu untersuchen, »was im Bereich der Natur durch die den Naturdingen innewohnende Kausalität auf natürliche Weise geschehen kann«.

KONRAD VON MEGENBERG. Andere Zielsetzungen bewegten den gelehrten Geistlichen Konrad von Megenberg, der mit einer *Deutschen Sphaera*, der Darstellung des mittelalterlichen astronomischen Weltbilds, und seinem *Buch der Natur* (um 1350–60) wichtige Beiträge zur Herausbildung einer deutschen Fachprosa leistete. Das *puoch von den natürleichen dingen*, eine Bearbeitung des *Liber de natura rerum* (um 1240) des Thomas von Cantimpré, ist eine Darstellung des mittelalterlichen Wissens über die geschaffene Natur, hierarchisch in acht Bücher gegliedert: Es handelt vom Menschen und seiner Natur (1), vom Himmel und den Planeten (2), von den Tieren (3), Bäumen (4), Kräutern (5), Edelsteinen (6), Metallen (7) und wunderbaren Brunnen (8). Die Realien, so umfassend sie dargestellt werden, stehen jedoch nicht für sich, sondern fügen sich in einen traditionellen theologischen Deutungszusammenhang ein: In dieser belehrend-erbaulichen Naturlehre geht es auch um den geistlichen Sinn der Dinge, die beschriebenen Naturphänomene werden zum Anlass für ausgedehnte allegorische Auslegungen und moralische Betrachtungen.

ANFÄNGE DER REZEPTION ARABISCHER WISSENSCHAFT

»Der erste Übersetzer wurde Constantin Africanus, der nach zahlreichen Reisen nach Afrika – daher sein Name – als Mönch in Monte Cassino medizinische Bücher übersetzte, die vor allem von den Ärzten in Salerno benutzt wurden. Dies war ein bescheidener Anfang literarischen Imports; aber bereits im 12. Jahrhundert gab es in Europa einen Hauptumschlagplatz für wissenschaftliche Literatur: Toledo. Hier konnte man sich mit einer Wissenschaft vertraut machen, die von der christlichen Theologie unabhängig war und in der zwar der Traditionsbezug und die Hochschätzung logischer Formeln stark waren, in der sich aber auch der Tatsachensinn Raum geschaffen hatte. Wer einmal versuchte, mit arabischen Augen den Stand der westeuropäischen Wissenschaft zu beurteilen, mußte entsetzt sein. Ein Übersetzer, der in Toledo arbeitete, Plato von Tivoli, erklärte in der Vorrede zu einer seiner Übersetzungen: ›Die Lateiner [...] haben keinen einzigen Autor auf dem Gebiet der Astronomie. Was sie an Büchern haben, sind nur Narrheiten, Träume und Alt-Weiber-Geschichten.‹ Mit solchen Erklärungen begann so etwas wie die Aufklärung im Mittelalter.« (Kurt Flasch, *Das philosophische Denken im Mittelalter*, 1986)

JOHANNES VON TEPL

um 1350 Johannes von Tepl in Tepl (Böhmen) geboren
um 1378 Johannes wirkt nach einem umfassenden Studium (Prag?, Paris?) als Notar, dann auch als Leiter der Lateinschule in Saaz
um 1400–01 entsteht der *Ackermann aus Böhmen*
1411 Stadtschreiber in der Prager Neustadt
1415 Eine Urkunde vom April bezeichnet seine Frau Clara als Witwe

Der *Ackermann aus Böhmen* von Johannes von Tepl gehört zu den frühesten gedruckten Büchern. Den ersten Druck stellte um 1462/63 Albrecht Pfister in Bamberg her. Der Holzschnitt aus dieser Ausgabe zeigt die Disputierenden und über ihnen Gott, der das Streitgespräch durch seinen Richtspruch beendet.

EPOCHE/STRÖMUNG

PRAGER ›VORHUMANISMUS‹

ITALIENISCHE ANREGUNGEN. Karl IV. hatte nach seiner Wahl zum deutschen König (1346) den Schwerpunkt des Reiches nach Böhmen verlagert; Prag wurde Residenzstadt und damit Sitz der kaiserlichen Kanzlei. Von Anfang an bestanden Verbindungen zum italienischen Humanismus und den damit verbundenen nationalen und kulturellen Erneuerungsbestrebungen. Cola di Rienzo kam 1350 nach Prag, um Karl IV. für seine politischen Ideen zu gewinnen; 1350/51 begann die Korrespondenz Petrarcas mit dem König und Angehörigen des Hofes. Zwei Italienreisen Karls (1354–55: Kaiserkrönung 1355; 1368–69) festigten die geistigen Beziehungen. Begleitet wurde er dabei auch von Johann von Neumarkt, der von 1353–74 die kaiserliche Kanzlei leitete und dabei Anregungen aus Italien aufnahm. Zwar verschloss er sich ebenso wie Karl IV. den politischen Vorstellungen Cola di Rienzos und Petrarcas, die auf eine Wiederherstellung der einstigen Größe Roms und Italiens zielten, doch für die neue, von der Rhetorik geprägte Stilkunst der Italiener war er offen. Sie steht hinter der Reform der kaiserlichen Kanzlei und den damit verbundenen Mustersammlungen von (vorwiegend lateinischen) Briefen und Urkunden, und sie prägt auch das deutschsprachige Werk Johanns von Neumarkt mit seinem Versuch einer neuen, rhetorisch und rhythmisch durchgeformten deutschen Kunstprosa (*Buch der Liebkosung*, um 1357–63). Allerdings blieb diese frühe Berührung mit dem italienischen Humanismus auf einen engen Kreis begrenzt und ohne nachhaltige Folgen. Immerhin stammt aus diesem Umkreis einer der bedeutendsten deutschen Prosatexte des späten Mittelalters bzw. der Frühen Neuzeit, *Der Ackermann* von Johannes von Tepl. Bald danach machten die politischen und religiösen Unruhen in Böhmen diesen isolierten ersten humanistischen Anfängen im Reich ein Ende.

»DER ACKERMANN«. Die um 1400–01 entstandene Dichtung ist ein wortgewaltiges Streitgespräch zwischen Mensch und Tod, in dem der ›Ackermann‹, der Mensch, als Kläger auftritt. Sie tauschen in 32 Kapiteln abwechselnd ihre Argu-

Johannes von Tepl auf der Eingangsminiatur (kniend, rechts) des von ihm 1404 gestifteten Hieronymus-Offiziums.

JOHANNES VON TEPL ÜBER SEIN WERK

In einem (lateinischen) Begleitbrief zu seiner Dichtung an einen Jugendfreund betont Johannes von Tepl ihren rhetorischen Charakter: »[...] und da Ihr neulich von mir verlangtet, von und aus dem Acker rhetorischer Annehmlichkeit [...] mit Neuheiten bedacht zu werden, übergebe ich Euch hiermit dieses rohe und bäuerische, aus deutschem Sprachstoff gefügte Stückwerk, das gerade vom Amboß kommt. In ihm wird nichtsdestoweniger anhand des erwähnten groben Stoffes ein Angriff auf das unvermeidliche Geschick des Todes ins Werk gesetzt, in welchem die Hauptformen der Rhetorik zum Ausdruck kommen. Da wird ein langer Gegenstand gekürzt, ein kurzer ausgedehnt, bei derselben Gelegenheit wird das Lob der Sachen, ja selbst ein und derselben Sache mit Tadel verbunden. Präzise Fügung findet man, und es findet sich schwebende, neben der Gleichlautung die Gleichnamigkeit. Hier eilen dahin Satzglieder, Satzteile und Satzgefüge in neuartigen Formen; dort spielen am gleichen Ort mit zurückhaltendem Ernst Scherze. Metapher ist dienstbar, Arenga [rhetorische Eingangsfloskel in Urkunden] stichelt und wird besänftigt, Ironie lächelt; Wort- und Satzschmuck verrichtet neben den Redefiguren sein Amt. Noch viele andere, ja gleichsam alle obschon ungepflegten Spitzen der Rhetorik, die in dieser ungelenken Sprache möglich sind, stehen hier in lebhafter Regung [...].« (Übers. von Ch. Kiening)

mente aus; das 33. Kapitel bringt das Urteil Gottes. Hinzu kommt ein Schlussgebet, dessen Akrostichon den Namen des Verfassers nennt. Der Kläger ist wie der Autor ein Mann der Feder: »Jch bins genant ein ackerman, von vogelwat [Vogelkleidung, also Federn] ist meyn pflug, jch wone jn Beheymer lande.« Anlass des Streitgesprächs ist der Tod seiner Ehefrau Margarita – eine biografische Grundlage ist eher unwahrscheinlich –, und gegen ihren Tod, gegen die Unausweichlichkeit des Todes überhaupt lehnt sich der Kläger in leidenschaftlichen Angriffen auf, während der Tod mit rationalen Argumenten die Rechtmäßigkeit und Notwendigkeit seines Tuns betont. Dabei kommt es auch zur Gegenüberstellung verschiedener Bilder vom Menschen: Gegen die grobe Welt- und Menschenverachtung des Todes beharrt der Ackermann auf der Würde des Menschen, auf menschlicher Glückserfahrung, auf einer hohen Wertschätzung der Frau und der Ehe. Dies alles geschieht in einer dynamisch bewegten, auf affektive Wirkung gerichteten, rhetorisch durchgeformten Sprache, die weit über die Statik traditioneller mittelalterlicher Streitgespräche hinausgeht. Sowohl diese Form der Rhetorik als auch die Betonung der Gemütserregungskunst als auch die Betonung der Würde und Freiheit des Menschen zeigen eine Modernität, die um 1400 keine Parallelen in der deutschen Literatur findet und sich erst Generationen später als Folge der dann mit Konsequenz durchgeführten Aneignung des italienischen Humanismus durchsetzt.

SPÄTMITTELALTER

Die Illustration aus dem **Hausbuch der Mendelschen Zwölfbruderstiftung** in Nürnberg zeigt Bruder Erhardt Buttmann als Buchdrucker an der Druckerpresse.

JOHANNES GUTENBERG

zwischen 1394 und 1404 Johannes Gensfleisch im Hofe zu Gutenberg in Mainz geboren
1434–44 Gutenberg lebt in Straßburg; Hinweis auf geheimnisvolle, kapitalintensive Tätigkeiten (möglicherweise Herstellung von gegossenen und geprägten Pilgerzeichen und Andenken)
1448 Gutenberg in Mainz
1450 Geschäftsverbindung mit Johann Fust
1455 Gutenberg kann ein Darlehen Fusts nicht zurückzahlen; die Druckerei geht auf Fust und Johann Schöffer über. Gutenberg stellt in den folgenden Jahren wahrscheinlich Kleindrucke her
1468 3. Februar: Gutenberg stirbt in Mainz

MEDIEN

BUCHDRUCK

VORAUSSETZUNGEN UND VORSTUFEN. Der wachsende Bedarf an Schriftwerken und Bildern im späten Mittelalter führte auf der einen Seite zu einer arbeitsteiligen Rationalisierung der Herstellung von Handschriften und einer Kommerzialisierung des Vertriebs, auf der anderen begannen erste Versuche mit Druckverfahren. Noch vor Ende des 14. Jahrhunderts wurde der Holzschnitt erfunden und zur Herstellung von Andachtsbildchen und Kartenspielen genutzt. Das Verfahren ließ sich auf Bilderfolgen erweitern, die später auch kurze, ebenfalls in Holz geschnittene Texte enthalten konnten. Die einseitig bedruckten Blätter wurden zu Heften zusammengebunden, für die sich die Bezeichnung Blockbücher eingebürgert hat. Auch die so genannten Armenbibeln zählen zu diesem Buchtyp. Die ältesten erhaltenen Beispiele stammen aus der Zeit um 1430–40. Eine wichtige Voraussetzung der massenhaften Produktion von Handschriften und Drucken war die Verfügbarkeit des bereits im 2. Jahrhundert in China erfundenen preiswerten Papiers: 1390 gründete Ulman Stromer in Nürnberg die erste deutsche Papiermühle.

JOHANNES GUTENBERG. Gutenberg entwickelte sein revolutionäres Letterngussverfahren und den Buchdruck mit beweglichen Lettern zwischen 1440 und 1450 zunächst in Straßburg, dann seit 1448 in Mainz: eine Erfindung, die die moderne Zivilisation entscheidend prägte und in der Reformationszeit zum ersten Mal ihre Macht bewies. Mehrere Neuerungen greifen bei Gutenbergs Erfindung ineinander. Zuerst musste ein Verfahren zur Herstellung einer großen Zahl von identischen Lettern entwickelt werden, das Handgießinstrument. Die aus einer Legierung gegossenen Typen wurden dann mit Winkelhaken zu Zeilen aneinander gereiht und mit einem Rahmen zu Seiten oder Spalten zusammengefügt. Nach dem Satz konnten die Lettern wieder neu verwendet oder eingeschmolzen werden. Der Druck selbst erforderte neben Druckfarben (Schwarz, Rot, Blau) eine Druckerpresse, für deren Konstruktion die Weinkeltern und die Pressen der Buchbinder und Tuchmacher Anregungen boten. Das von Gutenberg entwickelte arbeitsteilige Produktionsverfahren machte eine gewinnbringende Massenproduktion möglich. Allerdings führte der erforderliche hohe Kapitaleinsatz zunächst dazu, dass sich in den ersten Jahrzehnten des Buchdrucks nur wenige der rasch entstehenden Offizine wirtschaftlich behaupten konnten. Auch Gutenberg musste 1455 seine Werkstatt an Johann Fust, seinen Teilhaber und Geldgeber seit 1450, und Peter Schöffer abgeben.

DIE ERSTEN BÜCHER. Zu den frühesten Büchern Gutenbergs gehörte ein Schulbuch, die lateinische Grammatik des Aelius Donatus, und der – genau auf Ende 1454 datier-

Seite aus der 42-zeiligen lateinischen Gutenberg-Bibel von 1452–55. Auf der rechten Spalte beginnt der erste Brief des Johannes.

DIE AUSBREITUNG DES BUCHDRUCKS

Das Mainzer Monopol hatte keinen langen Bestand. Bereits 1459 wurden in Straßburg und Bamberg Druckwerkstätten eröffnet; in Straßburg erschien 1466 der erste deutschsprachige Bibeldruck ›Mentelin-Bibel‹). Andere Städte folgten: Köln (1465), Eltville (1467), Basel (1467), Augsburg (1468), Nürnberg (1470). 1500 gab es bereits über 250 Druckorte, davon 62 auf dem Gebiet des Deutschen Reiches. In den anderen europäischen Ländern entwickelten sich, nachdem deutsche Drucker die Kunst exportiert hatten (1465/66 Subiaco bei Rom, 1469 Venedig, 1470 Paris), eigene einflussreiche Traditionen, etwa durch William Caxton in England (seit 1476), der in Köln das Handwerk erlernt hatte, und Aldus Manutius in Venedig. Zu den wirtschaftlich erfolgreichsten deutschen Druckern der Frühzeit gehört Anton Koberger in Nürnberg mit einer ausgedehnten Produktion vor allem religiöser Texte. Die ›schöne Literatur‹ spielte neben Kleindrucken wie Kalendern, Ablassbriefen, amtlichen Schriftstücken, Gebrauchsliteratur und der religiösen Literatur nur eine bescheidene Rolle. Zu den frühesten Büchern dieser Art zählen die Ausgaben von Ulrich Boners spätmittelalterlicher Fabelsammlung *Der Edelstein* (1461) und des *Ackermann* von Johannes von Tepl (um 1462/63), beide bei Albrecht Pfister in Bamberg gedruckt.

bare – »Türkenkalender«, eine politische Propagandaschrift in Versen. Zugleich entstand in mehrjähriger Arbeit von 1452 bis 1455 die 42-zeilige lateinische Bibel in zwei Foliobänden, das unbestrittene Meisterwerk des frühen Buchdrucks. Man rechnet mit 150 Exemplaren auf Papier, 30 auf Pergament. Um 1457 erschien bei Fust und Schöffer der *Mainzer Psalter*, das erste Buch mit einem Herkunftsvermerk. Das Aussehen der frühen Bücher ähnelte in mancher Hinsicht – und das war Absicht – dem der Handschriften: Die Drucke hatten zunächst kein Titelblatt, das Schriftbild mit den zahlreichen Ligaturen und Abkürzungen entsprach dem der Handschriften. Die Druckbogen wurden unverziert geliefert; Rubrikatoren fügten in dafür freigelassenen Leerräumen nachträglich Überschriften hinzu, Buchmaler statteten die Bogen mit Zierinitialen, Randleisten und anderen Illustrationen aus, um dem farbigen Erscheinungsbild der Handschriften nahe zu kommen. Um 1480 setzte eine Normierung und Vereinheitlichung ein; das Buch hatte sich als Massenartikel durchgesetzt. Bis 1500 rechnet man mit einer Produktion von etwa 27 000 Titeln; man bezeichnet diese frühen Drucke als Inkunabeln.

Linke Seite, unten: **Schriftgießer.** Holzschnitt aus Jost Ammanns *Ständebuch* (Nürnberg 1568).

ZEITRAUM

16. JAHRHUNDERT

1493–1519 Maximilian I. deutscher Kaiser
1517 31. Oktober: Veröffentlichung der 95 Thesen Martin Luthers
1519 Wahl Karls V. zum deutschen Kaiser
1520 Durchbruch der Reformation
1521 Reichstag in Worms; Luther wird geächtet
1524–25 Bauernkrieg
1530 Reichstag in Augsburg; die Protestanten bekräftigen ihren Glauben in der Confessio Augustana
1531 Die evangelischen Reichsstände schließen den Schmalkaldischen Bund und stellen ein gemeinsames Heer auf
1546–47 Karl V. besiegt die Protestanten im Schmalkaldischen Krieg; seine Reichspolitik scheitert jedoch in der Folgezeit am Widerstand der Fürsten
1555 Religionsfrieden (unter Ausschluss der Calvinisten)
1556 Abdankung Karls V.; sein Bruder Ferdinand I. wird deutscher Kaiser
1563 Ende des Konzils von Trient, das die katholische Erneuerung (›Gegenreformation‹) einleitet. Im Heidelberger Katechismus formulieren die deutschen Calvinisten ihr Bekenntnis; calvinistische Führungsmacht ist die Kurpfalz
1564–76 Maximilian II. deutscher Kaiser; er erklärt sich neutral in Religionsfragen
1576–1612 Rudolf II., von Jesuiten in Spanien erzogen, leitet die Gegenreformation in den habsburgischen Erblanden ein

ZEITENWENDE. Als der Hallenser Historiker Christoph Cellarius in seiner *Historia universalis* (1685–96) als erster die Einteilung der Geschichte in Antike, Mittelalter und Neuzeit durchführte und damit die heilsgeschichtlichen Gliederungsprinzipien ablöste, sah er die entscheidende Zäsur zwischen Mittelalter und Neuzeit in der Eroberung Konstantinopels durch die Osmanen (1453). Das Ende des Oströmischen Reichs, einer der großen Ordnungsmächte des Mittelalters, war eines der symbolträchtigen Ereignisse, die eine Zeitenwende anzeigten, ein anderes die Entdeckung Amerikas 1492 und die – auch aus derartigen Überseeunternehmungen resultierende – Erschütterung des religiösen Weltbilds. Die 1517 einsetzende Reformation schließlich zerstörte nicht nur die Einheit der Kirche: Darüber hinaus verlor das Reich durch die Glaubensspaltung die einheitliche religiöse Grundlage, und die Territorialstaaten, deren Position gegenüber der Zentralgewalt sich seit dem hohen Mittelalter ohnehin ständig verstärkt hatte, erhielten mit dem Augsburger Religionsfrieden von 1555 (»cuius regio, eius religio«) einen folgenreichen Machtzuwachs. Während die zentrifugalen Tendenzen im Deutschen Reich die Oberhand gewannen, machte der Konsolidierungsprozess der großen europäi-

Einblattdruck von **1505** mit einer deutschen Fassung von Amerigo Vespuccis *Mundus novus* genanntem Brief über seine Reise in die Neue Welt: »Das sind die new gefunden menschen oder volcker In form und gestalt Als sie hie stend durch den Cristenlichen Künig von Portugall / gar wunderlich erfunden.«

schen Territorial- und Nationalstaaten weitere Fortschritte.

MODERNISIERUNGSPROZESS.
Diese Entwicklungen, die nicht nur die Verhältnisse im Reich grundlegend veränderten, sind Teil eines langen geschichtlichen Säkularisierungs- und Modernisierungsprozesses auf allen Gebieten des Lebens, der nicht zuletzt auch die Autorität der Kirche zunehmend in Frage stellte. Dazu gehören die wachsende Bedeutung der frühkapitalistischen Geldwirtschaft und Wirtschaftsgesinnung, die von Niccolò Machiavelli theoretisch untermauerten Tendenzen zu einem rational organisierten, säkularen Machtstaat, die auf Beobachtung und Empirie gegründeten neuen Erkenntnisse der Naturwissenschaft (z. B. in der Astronomie und Medizin) und eine Reihe von technischen Erfindungen (Leonardo da Vinci, Johannes Gutenberg). Die kulturelle Seite dieses geschichtlichen Prozesses bezeichnen die Begriffe Renaissance und – auf die literarische Bildung eingeschränkt – Humanismus.

Mexikanischer Häuptling mit Gefolge. Deckenfresko von Lodovico Buti (Uffizien, Florenz, 1588).

RENAISSANCE. Das Konzept einer religiösen, politischen und kulturellen Wiedergeburt ging von Italien aus. Es verengte sich mehr und mehr auf den kulturellen Aspekt, die Wiedergeburt, die Erneuerung der Poesie und der Künste aus dem Geist der Antike. Dabei führte die Rückbesinnung auf Literatur, Naturvorstellung und Menschenbild der Griechen und Römer notwendig zu einer Abgrenzung von der Gegenwart bzw. unmittelbaren Vergangenheit. Die Legende vom finsteren Mittelalter – der Verfallszeit zwischen Altertum und seiner Wiedergeburt seit dem 14. Jahrhundert – war geboren. Dieses Denkmuster liegt denn auch noch der von Cellarius begründeten Periodisierung der Geschichte zugrunde, die sich – obwohl europazentriert und auch sonst problematisch – behauptet hat. Es war Giorgio Vasari, der in seinen Künstlerviten 1550 den Begriff der »rinascità« geprägt hatte: im Rückblick auf die mit Giotto einsetzende »maniera moderna« der Malerei und im Sinn einer Rückkehr sowohl zur Natur als Grundprinzip jeder Kunst als auch zur Antike, deren Werke die zeitlosen Regeln der Kunst erkennen lassen. Die Übersetzung Renaissance setzte sich im 19. Jahrhundert zuerst in Frankreich durch; Jacob Burckhardt übernahm sie samt der Formel Jules Michelets von der »Entdeckung der Welt und des Menschen« in seinem Buch *Die Kultur der Renaissance in Italien* (1860), eine Kultur, die er als Ausdruck des sich frei entfaltenden, autonomen Individuums versteht.

Giovanni Pico della Mirandola lässt in seiner Abhandlung *Über die Würde des Menschen* (1486) Gott zu Adam, also zum Menschen, über die ihm gewährte Freiheit sprechen:

»Ich habe dich in die Mitte der Welt gesetzt, damit du von dort bequem um dich schaust, was es alles in dieser Welt gibt. Wir haben dich weder als einen Himmlischen noch als einen Irdischen, weder als einen Sterblichen noch einen Unsterblichen geschaffen, damit du als dein eigener, vollkommen frei und ehrenhalber schaltender Bildhauer und Dichter dir selbst die Form bestimmst, in der du zu leben wünschst. Es steht dir frei, in die Unterwelt des Viehes zu entarten. Es steht dir ebenso frei, in die höhere Welt des Göttlichen dich durch den Entschluß des eigenen Geistes zu erheben.« (Übers. von H. W. Rüssel)

CONRAD CELTIS

1459 1. Februar: Conrad Celtis in Wipfeld bei Schweinfurt geboren
1479 Baccalaureat in Köln
1485 Nach Poetik-, Rhetorik- und Sprachstudien Magisterexamen in Heidelberg; danach lehrt Celtis Poetik in Erfurt, Rostock und Leipzig
1486 *Ars versificandi et carminum*
1487 Celtis wird von Kaiser Friedrich III. in Nürnberg als erster Deutscher zum Dichter gekrönt; in den folgenden Jahren humanistische Studien in Italien und mathematische und astronomische Studien an der Universität Krakau
1497 Kaiser Maximilian I. beruft Celtis als Professor an die Universität Wien; seit 1501 Leiter des neu gegründeten »Collegium poetarum et mathematicorum«
1500 Celtis' Edition der *Germania* des Tacitus erscheint, gefolgt von der Ausgabe der Werke Hrotsvits von Gandersheim (*Opera Hrosvite*, 1501)
1501 *Ludus Diane in modum comedie*; ein weiteres zu Ehren Maximilians aufgeführtes höfisches Festspiel, *Rhapsodia*, folgt 1505
1502 *Quatuor libri amorum*, Celtis' lyrisches Hauptwerk
1508 4. Februar: Der ›Erzhumanist‹ Celtis stirbt in Wien. Postum erscheint die Ausgabe *Libri odarum quatuor, cum epodo, et saeculari carmine* (1513)

Die Libreria Piccolomini im Dom von Siena, gestiftet 1495 zum Andenken an Papst Pius II. (Enea Silvio Piccolomini) von seinem Neffen Kardinal Francesco Todeschini Piccolomini (später Pius III.), enthält eine Reihe von Wandfresken Pinturicchios, die v. a. Szenen aus dem kirchenpolitischen Wirken Enea Silvios darstellen, aber auch die Dichterkrönung des einflussreichen (früheren) Humanisten durch Kaiser Friedrich III. im Jahr 1442 in Frankfurt a. M. festhalten (Bildausschnitt).

EPOCHE/STRÖMUNG

HUMANISMUS

AUFBRUCH. Ulrich von Hutten charakterisierte 1518 in einem (lateinischen) Brief Aufbruchsstimmung und Lebensgefühl des Humanismus mit den enthusiastischen Worten: »O Jahrhundert, o Wissenschaften! Es ist eine Lust zu leben [...]. Die Studien blühen auf, die Geister regen sich.« Kern der von Italien ausgehenden gesamteuropäischen Bildungsbewegung waren die *studia humaniora* oder *studia humanitatis*, d. h. die produktive Aneignung der »bonae litterae«, die »erst den Menschen ausmachen« (Erasmus von Rotterdam). Damit waren nicht nur die Pflege und Beherrschung der antiken Sprachen gemeint, sondern auch die durch die Literatur und ihre rhetorisch geprägte Sprache vermittelten Inhalte. In scharfem Kontrast zum heilsgeschichtlichen Denken des Mittelalters, zur abstrakten scholastischen Philosophie und zum Ausbildungsmonopol der Kirche formulierte der Humanismus im Rückgriff auf die diesseitige Lebensphilosophie und Anthropologie der Antike ein Bildungsideal, das die anthropozentrische Wende der Renaissance in literarisch-moralphilosophischer Hinsicht auf programmatische Weise verkörperte. Indem der Humanismus auf die unverfälschten Quellen der Literatur und der Philosophie jenseits des ›dunklen‹ Mittelalters zurückgriff, schuf er die Grundlagen neuzeitlicher, diesseitsorientierter Denk- und Lebensfor-

men, neuer ästhetischer Modelle und eines neuen autonomen Menschenbildes.

ITALIEN. In der Person und dem Werk Francesco Petrarcas fand der italienische Humanismus seinen ersten und zugleich universalen Ausdruck. Für ihn wurde Literatur zu einem Medium der Selbsterfahrung und Selbsterforschung. Er blieb auch in den folgenden Jahrhunderten Leitbild des europäischen Humanismus. Im 15. Jahrhundert wurde Florenz zum bedeutendsten humanistischen Zentrum; hier wirkten, gefördert durch die Medici, bedeutende italienische und griechische Gelehrte, die mit der 1459 gegründeten Platonischen Akademie eine europäische Platon-Renaissance (Neuplatonismus) einleiteten (Angelo Poliziano, Giovanni Pico della Mirandola, Marsilio Ficino u.a.). Ein bedeutender Faktor war der Zustrom griechischer Gelehrter, die angesichts der Bedrohung (und schließlich der Eroberung) Konstantinopels geflohen waren und zahlreiche Handschriften mit nach Italien gebracht hatten.

DEUTSCHE REZEPTION. Die intensive Aneignung des italienischen Humanismus setzte in Deutschland erst nach der Mitte des 15. Jahrhunderts ein. Eine wichtige Vermittlerrolle spielte der aus Italien stammende kaiserliche Sekretär Enea Silvio Piccolomini (später Papst Pius II.); außerdem sorgten aus Italien zurückkehrende deutsche Studenten für die Verbreitung der humanistischen Vorstellungen. In dieser frühhumanistischen Phase zwischen 1450 und 1480 entstanden zahlreiche Übersetzungen humanistischer Texte aus dem Lateinischen und Italienischen. Daneben vermittelte eine Reihe von ›Wanderhumanisten‹ wie Peter Luder oder Hermann von dem Busche an verschiedenen deutschen Universitäten die sprachlichen und rhetorischen Grundlagen der humanistischen Studien, die sie in Italien kennen gelernt hatten. Die repräsentative Gestalt des deutschen Humanismus in der Zeit vor und nach der Jahrhundertwende war Conrad Celtis, der von Kaiser Friedrich III. 1487 als erster Deutscher zum Dichter gekrönt wurde. Er hatte in Italien u.a. Ficino kennen gelernt und neuplatonisches Gedankengut aufgenommen und suchte darüber hinaus auch die modernen Naturwissenschaften in sein humanistisches Programm zu integrieren. Mit Celtis und anderen erhielt der deutsche Humanismus, nicht zuletzt angeregt durch den Fund der *Germania* des Tacitus (Erstdruck 1470), patriotische Akzente, die dann bei Ulrich von Hutten vehementen Ausdruck im literarischen Kampf gegen das Papsttum fanden.

Erasmus von Rotterdam war der bedeutendste europäische Humanist seiner Zeit, Gelehrter und einflussreicher theologischer, politischer und satirischer Schriftsteller. Mit seiner kritischen Ausgabe des Neuen Testaments im griechischen Urtext wandte er die humanistische Methode der Textkritik auf die Bibel an und bot damit Luther die Grundlage für seine deutsche Bibelübertragung. Die Verbindung von Humanismus und Reformation zerbrach allerdings dann an der Auseinandersetzung zwischen Erasmus und Luther über die Willensfreiheit des Menschen, die Luther – anders als Erasmus – entschieden bestritt. Zu den bekanntesten Texten des Erasmus gehört sein satirisches *Lob der Torheit* (1511). Hans Holbeins Porträt, um 1532, misst nur 10 cm.

LITERATURBETRIEB
UNIVERSITÄTEN

Beatus Rhenanus-Saal der Humanisten-Bibliothek in Schlettstadt (Sélestat) mit einer Büste des Buchdruckers Johann Mentel(in), (fälschlich) als Erfinder der Buchdruckerkunst apostrophiert. Die Bibliothek entstand im Zusammenhang mit der Gründung der Lateinschule im Jahr 1452 und vermehrte ihren Bestand an Handschriften und Frühdrucken in den folgenden Jahrzehnten entscheidend durch Vermächtnisse von dort wirkenden berühmten humanistischen Gelehrten wie Jakob Wimpheling und vor allem Beatus Rhenanus.

JOHANNES REUCHLIN

1455 29. Januar: Johannes Reuchlin in Pforzheim geboren
1470 Reuchlin beginnt sein Studium in Freiburg i. Br., setzt es dann 1474 in Basel und 1477–81 in Orléans und Poitiers fort (1481 Lizentiat der Rechte Poitiers und anschließend Dr. jur. Tübingen)
1482 Nach seiner Rückkehr nach Württemberg Beisitzer am Hofgericht, Anwalt und Berater Graf bzw. Herzog Eberhards im Barte
1494 *De verbo mirifico*
1497 Als einer der ersten humanistischen Komödien wird Reuchlins *Henno* (*Scaenica progymnasmata*) aufgeführt (Druck 1498)
1498 Letzte von drei Italienreisen (zuvor 1482, 1490), wo er führende Humanisten trifft (u. a. Pico della Mirandola)
1502 Schwäbischer Bundesrichter in Tübingen (bis 1513), danach bis 1519 in Stuttgart
1506 *De rudimentis Hebraicis*
1511 *Augenspiegel*
1517 *De arte cabbalistica libri tres*
1519–22 Professor in Ingolstadt und Tübingen
1522 30. Juni: Johannes Reuchlin stirbt in Stuttgart

HUMANISMUS UND UNIVERSITÄT. Von der Mitte des 15. Jahrhunderts an fasste der Humanismus allmählich Fuß an den Schulen und Universitäten des Reichs. In Reichsstädten wie Augsburg, Nürnberg, Straßburg oder Schlettstadt bildeten sich elitäre humanistische Zirkel ebenso wie an den Universitäten, in denen zunächst Lehrstühle für Dichtkunst und Rhetorik den Zugang zur neuen Bildungskonzeption eröffneten. Bedeutende humanistische Zentren entstanden u. a. an den Universitäten in Basel, Heidelberg, Erfurt, Ingolstadt, Leipzig und Wien. Dabei kam es zu einem regen Austausch unter den Humanisten durch Briefwechsel, aber auch durch persönliche Beziehungen, die sich nicht zuletzt durch mehrfachen Orts- und Universitätswechsel ergaben. Beispiel dafür ist Conrad Celtis, der die Durchsetzung eines nationalen humanistischen Bildungsprogramms (im Rahmen der internationalen lateinischen Kultur) zu seiner Sache machte und dabei auf die nach italienischem Vorbild gegründeten ›Sodalitäten‹ (Akademien) setzte, also auf Zusammenschlüsse von Gelehrten, interessierten Adeligen und Bürgern.

KONFRONTATION. Die humanistische Aufbruchsstimmung stieß auf Widerstand. Die spektakulärste Konfrontation der alten Kräfte der Kirche und ihres scholastischen Lehrsystems und des Humanismus ging von Johannes Reuchlins Eintreten für die Erhaltung der jüdischen Literatur aus (*Augenspiegel*, 1511) und gipfelte in den satirischen *Epistolae obscurorum virorum* (*Briefe der Dunkelmänner*, 1515–17). Vertreter des Dominikanerordens, unterstützt durch Kölner Professoren, bedrohten Reuchlin mit einem Ketzerprozess, seine Freunde und Parteigänger reagierten mit unterstützenden Briefen, die als *Clarorum virorum epistolae* (*Briefe berühmter Männer*) 1514 veröffentlicht wurden: Der Streit war zu einer grundsätzlichen Auseinandersetzung zwischen fortschrittlichem Humanismus und traditionellem spätscholastischem Wissenschaftsbetrieb geworden. In dieser Situation erschienen als parodistisches Gegenstück zu den *Briefen berühmter Männer* die *Epistolae obscurorum virorum*, ein Werk des Erfurter Humanistenkreises um Crotus Rubianus (1. Teil) und Ulrich von Huttens (2. Teil): Eine glänzende mimetische Satire, die im ersten Teil durch ihr absichtsvoll miserables Latein – einem Konglomerat aus Kirchen- bzw. mittelalterlichem Gebrauchslatein, deutsch-lateinischem Sprachgemisch und deutscher Syntax – und hilflose Dichterei die obskuren Stümper dem Gelächter preisgibt. Und das Bild, das die ›Dunkelmänner‹ von sich selbst entwerfen, entlarvt mit Ironie, Witz und Komik ihre Rückständigkeit, Denkfaulheit, Unwissenheit und Gewissenlosigkeit und zeigt darüber hinaus ihre heimliche Furcht vor den Humanisten. Aufgeschlossen erweisen sie sich nur für die Freuden der Tafel und der Liebe. Der zweite Teil Huttens ist direkter, kämpferischer, polemischer: Pathos statt Ironie. Literarisch ging der Sieg an die Humanisten; im kirchenrechtlichen Prozess unterlag Reuchlin 1520. Sein Buch von 1511 wurde verboten, wohl nicht zuletzt unter dem Eindruck der Reformation, als dessen Vorspiel die Satire auf klerikale Beschränktheit und Rückständigkeit erscheinen konnte. Reuchlin blieb der alten Kirche treu.

Ulrich von Hutten. Holzschnitt aus dem *Gesprächbüchlin* von 1521.

ULRICH VON HUTTEN

1488 21. April: Ulrich von Hutten auf Burg Steckelberg bei Schlüchtern (Hessen) geboren
1512–13 Jurastudium in Italien
1515–17 Zweiter Italienaufenthalt; Beteiligung an den *Dunkelmännerbriefen*
1517 Kaiser Maximilian I. krönt Hutten in Augsburg zum Dichter. – Mit *Phalarismus Dialogus Huttenicus* beginnt Huttens Erneuerung der Form des Prosadialogs nach dem Vorbild Lukians; es folgen *Dialogi* (1520), deutsch 1521 als *Gesprächbüchlin*, und *Novi Dialogi* (1521)
1519 *Epigrammata*
1519–22 Hutten lebt bei dem Reichsritter und Söldnerführer Franz von Sickingen und flieht nach dem Scheitern der Erhebung der Reichsritter (Feldzug gegen Trier 1522) in die Schweiz und findet, an Syphilis erkrankt, durch Huldrych Zwingli Asyl auf der Insel Ufenau im Zürichsee. – *Clag vnd vormanung gegen dem übermässigen vnchristlichen gewalt des Bapsts zů Rom* (1520), *Ain new Lied* (1521)
1523 Ende August stirbt Hutten auf der Insel Ufenau

Dunkelmännerbriefe. Titel des 1517 in Speyer erschienenen zweiten Teils.

BIOGRAFIE

1483 10. November: Martin Luther in Eisleben als Sohn eines Bergmanns geboren
1501–05 Studium in Erfurt (Magister artium)
1505 Eintritt in das Erfurter Kloster der Augustiner-Eremiten; Priesterweihe 1507
1510–11 Romreise in Ordensangelegenheiten
1512 Promotion zum Dr. theol. in Wittenberg; danach Professor für Bibelauslegung an der Wittenberger Universität
1517 Thesen zum Ablass
1520 Veröffentlichung der drei reformatorischen Hauptschriften
1521 Luther wird gebannt. Auf dem Wormser Reichstag lehnt er den Widerruf seiner Lehren ab; Kaiser Karl V. spricht die Reichsacht aus
1521–22 Luther übersetzt auf der Wartburg das Neue Testament
1525 Heirat mit Katharina von Bora
1534 Erstdruck der vollständigen Bibelübersetzung
1546 18. Februar: Luther stirbt in Eisleben

AUTOR

MARTIN LUTHER

REFORMATION. Am 31. Oktober 1517 verschickte Luther, Professor der Bibelexegese in Wittenberg, 95 Thesen über den Ablass; sie waren als Grundlage für eine akademische Disputation gedacht und bedeuteten keineswegs bereits den endgültigen Bruch mit der alten Kirche. Dass der ›Thesenanschlag‹ gleichwohl als Beginn der Reformation gilt, hängt mit seiner unerwartet großen Wirkung und den sich daraus entwickelnden Kontroversen mit den Vertretern der Papstkirche zusammen, die die Kluft zwischen den Parteien zunehmend vertieften. 1520 trat Luther in mehreren Schriften mit einem weitreichenden Reformprogramm für die Erneuerung der kirchlichen Institutionen und einer theologischen Begründung seines evangelischen Glaubens an die Öffentlichkeit, die – zusammen mit der Verbrennung der päpstlichen Bannandrohungsbulle – die Trennung von der römischen Kirche besiegelten: *An den Christlichen Adel deutscher Nation: von des Christlichen standes besserung*, *De captivitate Babylonica ecclesiae, praeludium* und *Von der Freyheyt eyniß Christen menschen*.

Grundlage dieses reformatorischen Programms waren die in Vorlesungen z. T. schon früher entwickelten theologischen Vorstellungen vom allgemeinen Priestertum, von der Freiheit eines Christenmenschen und der Rechtfertigung des Menschen allein durch den Glauben. Mit seinen

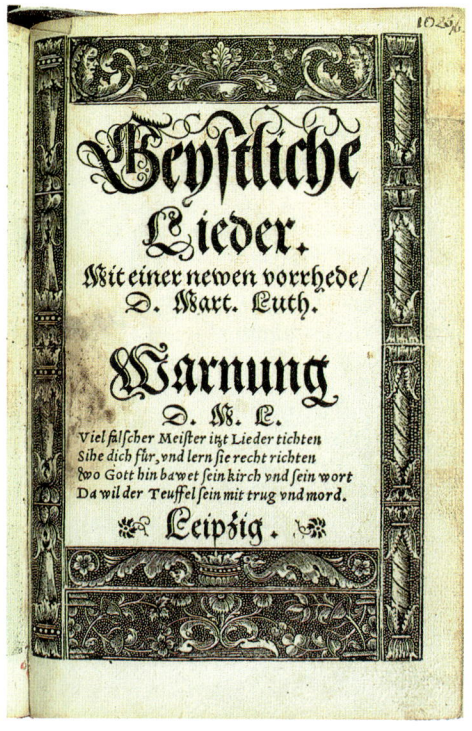
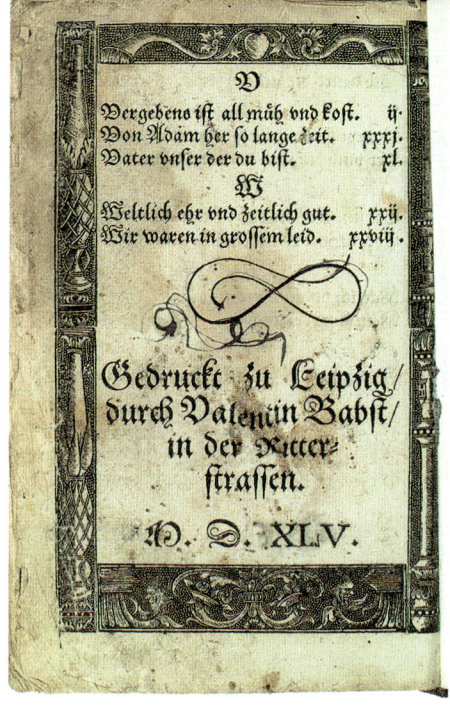

Vorschlägen zur umfassenden Reform der kirchlichen und weltlichen Institutionen konnte Luther an (nicht eingelöste) Programme des 15. Jahrhunderts anknüpfen, etwa Nikolaus' von Kues Konzilsschrift *De concordantia catholica* (1434) oder die so genannte *Reformation Kaiser Sigmunds* (1439). Damit traf er sich mit den kirchenkritischen Vorstellungen zahlreicher Humanisten; und mit dem Humanismus verband ihn auch das Konzept, auf die von der Tradition unverfälschten Quellen zurückzugehen, das er auf die Bibelübertragung anwandte. Allerdings entschied sich eine Reihe von Humanisten, nach anfänglicher Sympathie für die Reformation, beim alten Glauben zu bleiben bzw. zu ihm zurückzukehren. Auf Ablehnung stieß vor allem Luthers Vorstellung vom (un)freien Willen, über die es zur Kontroverse mit Erasmus von Rotterdam kam (Erasmus, *De libero arbitrio*, 1524; Luther, *De servo arbitrio*, 1525).

LUTHER UND DIE DEUTSCHE LITERATUR. Luthers schriftstellerisches Werk steht ganz im Dienst seines Glaubens, seiner Begründung und Verbreitung. Dementsprechend dominieren – in lateinischer oder deutscher Sprache – traditionelle Formen wie Traktat, Abhandlung, Predigt, Sendschreiben, Disputation, Kommentar. Teil der reformatorischen Praxis ist auch Luthers bedeutendste literarische Leistung, die Bibelübersetzung, die 1522 zu erscheinen begann. Die Verwendung dichterischer Formen wie Lied oder Fabel hat ebenfalls funktionalen Charakter. Luthers Lieddichtung entstand seit 1523 im Zusammenhang mit der Neugestaltung des Gottesdienstes; mit seinen 36 Liedern begründete er das protestantische Kirchenlied (und das Kirchengesangbuch). Dabei griff er auf ältere Traditionen zurück (lateinische Hymnen, Psalmen, Gesellschafts- und Volkslied, Meistersang) und stellte sie in den Dienst der Propagierung der eigenen Lehre. Das ›Kampflied‹ der Reformation, *Ein feste Burg ist unser Gott*, entfernt an Psalm 46 anklingend, macht deutlich, worum es in den Liedern Luthers geht: um Verkündigung des Evangeliums, um die Vermittlung des Wortes der Heiligen Schrift, um die Glaubensentscheidung. Zum ungeheuren Erfolg seiner Schriften trug in hohem Maß die konsequente Nutzung des Buchdrucks bei, mit dessen Hilfe das gedruckte Wort zum entscheidenden Medium im Kampf um die öffentliche Meinung wurde.

Luther predigt. Gemälde von Lucas Cranach d. Ä. (Ausschnitt, 1547) aus der Predella des Reformationsaltars in der Wittenberger Stadtkirche St. Marien.

Linke Seite: **Titelblatt und letzte Seite des Leipziger Gesangbuchs** des Verlegers Valentin Babst von 1545. Nachdem bereits Thomas Müntzer mit Übersetzungen lateinischer Hymnen vorausgegangen war, machte Luther das Kirchenlied zu einem wesentlichen Träger des reformatorischen Programms. Zwei Drittel seiner insgesamt 36 Lieder entstanden 1523/24 im Zusammenhang mit den Bemühungen um einen deutschen Gottesdienst. Seit 1524 wurden Kirchenlieder in Gesangbüchern zusammengestellt.

BUCHHÄNDLERANZEIGE

Die *Mentelin-Bibel*, die erste gedruckte deutsche Bibel, beruhte auf einem sprachlich veralteten Text aus dem 14. Jahrhundert. Gleichwohl war sie ein großer Erfolg (13 Drucke bis 1518). Für die vierte, sprachlich überarbeitete und erstmals illustrierte Ausgabe warb der Augsburger Verleger Günter Zainer in einer Buchhändleranzeige, einer der ersten überhaupt: »Das buch der teutschen Bibel mit figuren / mit grösstem fleiß corrigiert vnd gerechtgemacht. Also dz [dass] alle frembde teutsch vnnd vnuerstentliche wort / so in den erstgedruckten klainen bybeln gewesen / gantz ausgethan / vnd nach dem latein gesetzt vnd gemacht seind.«

Die Wartburg.

Luthers Landesherr, Kurfürst Friedrich der Weise, rettete Luther vor den kirchlichen und staatlichen Sanktionen (Kirchenbann und Reichsacht 1521). Er verbarg ihn von Mai 1521 bis Anfang März 1522 auf der Wartburg bei Eisenach. Hier übersetzte Luther das Neue Testament, das im September 1522 erschien.

WIRKUNGSGESCHICHTE

DIE DEUTSCHE BIBEL

LUTHER UND SEINE VORGÄNGER. Der Gutenberg-Schüler Johann Mentelin druckte 1466 in Straßburg die erste deutsche Bibel. Sie gründete, wie die anderen vorlutherischen deutschen Bibeln, auf der Vulgata, dem von der Kirche autorisierten lateinischen Bibeltext. Ihrem Wortlaut folgten die älteren Übertragungen möglichst genau; mangelnde Anschaulichkeit und Verständlichkeit waren

das Resultat. Während die alte Kirche die Auffassung vertrat, dass die Bibel nicht in die Hände von Laien gehöre, setzte Luthers Auffassung von der Mündigkeit des Laien und dem allgemeinen Priestertum aller Gläubigen einen unmittelbaren Zugang zur Heiligen Schrift voraus. Das machte eine neue, allgemeinverständliche Bibelübersetzung dringend notwendig. Ihren durchschlagenden Erfolg verdankte Luthers deutsche Bibel daher nicht nur ihrer theologischen Angemessenheit, Resultat auch des Rückgriffs auf den griechischen bzw. hebräischen Urtext, sondern vor allem seiner Fähigkeit, Verständlichkeit und Klarheit mit sprachlicher Schönheit und Anschaulichkeit zu verbinden: auch ein Resultat seiner im *Sendbrief vom Dolmetschen* (1530) erhobenen Forderung, dem Volk »auff das maul« zu sehen.

LUTHER UND DIE DEUTSCHE SPRACHE. Der Erfolg der Übersetzung war außerordentlich. Allein zu Lebzei-

Die deutsche Bibel des Nürnberger Verlegers Anton Koberger, die zuerst 1483 erschien und den Text der *Mentelin-Bibel* (1466) modernisierte, war die erfolgreichste deutsche Bibelübersetzung vor Luther. Die abgebildete Seite mit dem Anfang der Genesis stammt aus der mit kolorierten und z. T. vergoldeten Holzschnitten prachtvoll illustrierten Ausgabe von 1483.

Linke Seite, oben: **Illustration des Monogrammisten MS** zu 2. Sam. 11 aus der Lutherbibel von 1545: David sieht von seinem Palastdach aus zu, wie sich Bathseba wäscht.

LUTHERS ÜBERSETZUNGSPRINZIPIEN

Seine Gedanken über das Übersetzen formulierte Luther im *Sendbrief vom Dolmetschen* (1530) und in den *Summarien über die Psalmen und Ursachen des Dolmetschens* (1532). Leitender Gesichtspunkt war, den Sinn des Urtexts möglichst unverkürzt und unverfälscht im Deutschen wiederzugeben. Das bedeutete für Luther zugleich eine Freiheit vom Buchstaben der Vorlage, wenn sich der Sinngehalt im Deutschen anders besser ausdrücken ließ. Im Zusammenhang mit der kontroversen Übersetzung von Röm. 3,28 »allein durch den Glauben« stehen auch die berühmt gewordenen Sätze: »Denn man mus nicht die buchstaben inn der lateinischen sprachen fragen / wie man sol Deutsch reden / wie diese esel [die Papisten] thun / sondern / man mus / die mutter jm hause / die kinder auff der gassen / den gemeinen man auff dem marckt drumb fragen / vnd den selbigen auff das maul sehen / wie sie reden / und darnach dolmetzschen / so verstehen sie es den / und mercken / das man Deutsch mit jn[en] redet.«

ten Luthers rechnet man, niederdeutsche Fassungen eingeschlossen, mit etwa 430 Teil- oder Gesamtausgaben. Und obwohl von den Anhängern der alten Kirche entschiedene Einwände gegen Luthers Arbeit vorgebracht wurden (Hieronymus Emser, *Auß was grund vnnd vrsach Luthers dolmatschung [...] dem gemeinen man billich verbotten worden sey*, 1523), ließen sich auch die katholischen Bibelübersetzer des 16. Jahrhunderts von Luther anregen und benutzten seine Übertragung. Die sprachgeschichtliche Bedeutung der Lutherbibel besteht zum einen darin, dass sie bereits seit längerem wirksame Tendenzen zur Vereinheitlichung der deutschen Schriftsprache verstärkte und beschleunigte. Zum anderen bereicherte Luther die deutsche Sprache durch eine Vielzahl von Wortneuschöpfungen, von Redensarten und bildlichen Ausdrücken. Darüber hinaus wirkte die poetische Kraft seiner Sprache, ihr rhythmischer Fluss und ihre rhetorische Kunst – kein Widerspruch zur betonten Volksnähe – weiter in der Geschichte der deutschen Literatur: in der Erbauungsliteratur, der Bibeldichtung und dem Kirchenlied der Frühen Neuzeit, im Werk deutscher Dichter von Klopstock über Goethe bis hin zu Thomas Mann und Bertolt Brecht.

MEDIEN

FLUGSCHRIFT

Ulrich von Huttens *Gesprächbüchlin* von 1521 enthält vier Dialoge. Themen sind die Missstände im Klerus, insbesondere das Wohlleben und die Unsittlichkeit der römischen »Kurtisanen« (Höflinge), die Finanzmanipulationen der Kurie und ihre Missachtung der nationalen deutschen Interessen. Sie beschwören der »Teutschen angeborne Redlicheit« und fordern zum Widerstand gegen »einen ungerechten, ungütigen und blutdorstigen Hirten« auf.

EIN NEUES MEDIUM. Die deutsche Publizistik hat ihren Ausgangspunkt in der Reformation; das gedruckte Wort wird in bisher nicht gekanntem Ausmaß zur Waffe im Kampf zwischen den Parteien. Dabei spielen massenhaft eingesetzte Flugschriften – kürzere, selbständig veröffentlichte Texte von wenigstens einigen Seiten – eine zentrale Rolle als Medium der theologischen, politischen und sozialen Argumentation und Agitation. Luther nutzte als Erster konsequent und ungemein erfolgreich die neuen publizistischen Möglichkeiten, die der Buchdruck bot. Sein Beispiel hatte eine Flut von deutschsprachigen Flugschriften zur Folge – man rechnet mit etwa 3000 während der ›Kampfjahre‹ 1520–25 –, deren Verfasser dem Reformator im Kampf gegen ›Rom‹ zu Hilfe eilten bzw. in den innerreformatorischen Auseinandersetzungen und im Bauernkrieg die Fronten absteckten: Luther und seinen Anhängern standen im Kampf um die öffentliche Meinung etwa 90 % der Druckkapazität zur Verfügung.

EIN NEUES PUBLIKUM. Zur bevorzugten Form der reformatorischen Flugschriftenliteratur entwickelte sich der Dialog. Die Gattung hatte im Humanismus neue Bedeutung gewonnen, und es waren Humanisten, die ihr den elitären Charakter nahmen, um den mündigen Laien, den ›gemeinen Mann‹ für die Sache der Reformation zu gewinnen. Das bedeutete zunächst eine Abkehr von der lateinischen Sprache. Ulrich von Hutten ging voran, als er seine antirömischen, an Lukian geschulten *Dialogi* (1520) ins Deutsche übertrug (*Gesprächbüchlin*, 1521). Einen entscheidenden Schritt weiter machte trotz mancher humanistisch-gelehrter Anklänge die anonyme Flugschrift *Karsthans* (1521), der wohl früheste Reformationsdialog. Das gilt für die Argumentationsweise wie für das aufgebotene Personal. Zu den Vertretern der beiden Konfessionen (Martin Luther, Thomas Murner) tritt der scheinbar neutrale Bauer Karsthans, eine Identifikationsfigur, die sofort breiten Anklang fand: Karsthans, vorher noch ein Synonym für Bauernklotz, repräsentiert den unverbildeten, religiös erwachten und mündig gewordenen Laien, der – bibelfest, klug, interessiert – die Lehren der Reformation vertritt und die Anhänger der alten Kirche durch seine auf die Bibel gegründete Argumentation in die Enge treibt. Das Evangelium erscheint so in der Hand des ›gemeinen Mannes‹ als unwiderstehliche Waffe. Zahlreiche Auflagen erschienen innerhalb weniger Monate; andere Schriften knüpften daran an: »Habet Germania multos Karsthansen«, schrieb Luther im Mai 1521.

Auch Hans Sachs griff in seinen vier Reformationsdialogen von 1524 das Verfahren des *Karsthans* auf. Statt eines Bauern steht hier der bibelfeste, auch in den Schriften Luthers belesene Schuhmacher im Mittelpunkt. Der erste Dialog behandelt mit der Rechtfertigung durch den Glauben ein Grundthema der reformatorischen Lehre, der zweite unterstreicht sie mit seinem Angriff auf das Klosterwesen und die »Scheinwercke der Gaystlichen«. Der dritte und vierte Dialog erhalten ihre besondere Bedeutung dadurch, dass sich hier die Kritik gegen fehlgeleitete Anhänger der Reformation selbst richtet. Die *Disputation zwischen einem Chorherren vnd Schuchmacher* zu Beginn formuliert die neuen Regeln. Auf den Einwurf seines Diskussionspartners, eines dumpfen Chorherrn, einem Schuster zieme es »mit leder vnnd schwertz vmb zugeen vnnd nicht mit der heyligen schrift«, antwortet der ›gemeine Mann‹, der mündige Laie: »Mit welcher heyliger geschrifft wolt irs bey bringen / einem getawfftenn Christen nit inn der schrift zuforschen / lesen / schreiben?«

»DIE FÜNFZEHN BUNDESGENOSSEN«

Die *Fünfzehn Bundesgenossen* des ehemaligen Franziskaners Johann Eberlin von Günzburg aus dem Spätsommer 1521 gehören zu den sprachmächtigsten Flugschriften im Dienst der Reformation. Die einzelnen Schriften werden als Bundesgenossen – Eidgenossen – bezeichnet: Sie haben sich zusammengeschlossen, um Missstände aufzudecken und die Sache der großen Reformatoren Luther und Hutten zu fördern. Die satirischen und polemischen Angriffe richten sich gegen die »Aristotelisch haidnisch lere« der Kirche wie gegen ihre Praxis: Fasten vor Ostern, Stundengebete, Abgaben für kirchliche Dienste, Heiligenverehrung, Klosterleben, Bettelmönche, Gebrauch der lateinischen Sprache usw. Der Anklage stellt Eberlin im 10. und 11. *Bundesgenossen* den utopischen Entwurf einer neuen geistlichen und weltlichen Ordnung im Land »Wolfaria« entgegen: Kirchenreform, ein politisches System mit demokratischen Ansätzen, strenge Reglementierung des öffentlichen und privaten Lebens und der Moral, Toleranz gegenüber Andersgläubigen, Betonung einer agrarischen Wirtschaftsstruktur, Abschaffung der »fuckery« (des Handelskapitals, der Handelsgesellschaften), Reform des Bildungswesens u.a.

Titelholzschnitt der frühreformatorischen Flugschrift *Karsthans*, die 1521 in Straßburg erschien. Er zeigt (von rechts) den Bauern Karsthans (mit dem Karst, der Feldhacke, als Attribut), seinen theologisch verbildeten Sohn Studens, Thomas Murner (mit Katzenkopf und Mönchskutte) und Martin Luther.

1524 Juni: Beginn des Bauernkriegs mit dem Aufstand der Bauern in der Grafschaft Stühlingen (Schwarzwald); Ausbreitung im ganzen Südwesten des Reichs

1525 März: Die aufständischen Bauern im Südwesten (Baltringer-, Allgäuer- und Bodenseehaufen) schließen sich zu einer »Christlichen Vereinigung« zusammen. Die in Memmingen entworfenen *Zwölf Artikel* werden zum Vorbild für die Forderungen anderer Gruppen

1525 April: Das Heer des Schwäbischen Bundes beginnt mit der Niederschlagung des Aufstands in Schwaben und Franken, dem sich auch Reichsritter wie Götz von Berlichingen – angeblich gezwungen – angeschlossen hatten. In Thüringen bereitet Thomas Müntzer den Aufstand vor und sammelt ein Heer

1525 Mai: In der Schlacht bei Frankenhausen (Thüringen) besiegt das Fürstenheer die Bauern; Thomas Müntzer wird hingerichtet

1525 Juli: Schlacht bei Schwäbisch-Hall und Tod des Bauernführers Florian Geyer. Ende des Bauernkriegs mit blutiger Abrechnung von Seiten der Fürsten

Der Holzschnitt des Petrarca-Meisters entstand um 1520 und gehört zu einer Reihe von Illustrationen für eine deutsche Übersetzung von Petrarcas *De remediis utriusque fortunae* (*Von Artzney bayder Glück*, 1532; bis 1620 zahlreiche Auflagen). Der Holzschnitt zeigt aufständische Bauern, die einen Ritter gefangen nehmen. Sie tragen die Bundschuh-Fahne; der Bundschuh, der mit Riemen gebundene Schuh des Bauern, steht seit dem 15. Jahrhundert für die Forderungen der Bauern, die bereits vor dem großen Bauernkrieg zu zahlreichen Aufständen und Unruhen geführt hatten.

STOFFE/THEMEN

BAUERNKRIEG

AUFRUFE UND PROGRAMME. Die kämpferische Publizistik der ersten Reformationsjahre findet ihre Fortsetzung in den Flugschriften des Bauernkriegs. Anders als in den reformatorischen Schriften, in denen der Bauer Karsthans die Sache der Reformation vertritt und nicht die sozialen Belange seines Standes, geht es nun gerade um die Durchsetzung materieller und rechtlicher Forderungen. Indirekt spielt die Reformation insofern eine Rolle, als sie die alten Ordnungen erschüttert und das Reformbewusstsein gefördert hatte. Das zeigen auch *Die zwölf Artikel der Bauernschaft*, die innerhalb weniger Wochen nach dem Augsburger Erstdruck (März 1525) mindestens 24 weitere Auflagen im gesamten Reichsgebiet erlebten und die Grundlage für die Aktionen in vielen Aufstandsgebieten bildeten. Ihre zündende Kraft erhielt die Schrift dadurch, dass sie den Zusammenhang von Evangelium und sozialem Anliegen herstellte (»Die weyl alle articker im wort Gotes begryffen seyen«) und das göttliche Recht zum Maßstab des irdischen Lebens machte. Konkrete Punkte des durchaus gemäßigten Programms waren u.a. freie Wahl (und Abberufung) des Pfarrers, Abschaffung der Leibeigenschaft, Einschränkung der Frondienste, Verminderung der Abgaben, Abschaffung verschiedener herrschaftlicher Privilegien. Daneben gab es radikale Entwürfe wie Michael Gaismairs Utopie einer christlichen Gesellschaft in seiner *Tiroler Landesordnung* (1526); Thomas Müntzer schließlich, ursprünglich ein Anhänger Luthers, forderte im Bewusstsein, in der Endzeit zu leben, eine revolutionäre Veränderung der Gesellschaft und stellte sich an die Spitze der Aufstandsbewegung der Bauern und Bergknappen in Thüringen. Mit Luthers Obrigkeitsverständnis waren selbst die gemäßigten Positionen der Bauern nicht zu vereinbaren; er lehnte sie u.a. mit dem Hinweis ab, weltliche Herrschaft könne ohne Ungleichheit nicht bestehen. Angesichts des Aufstands in Thüringen verlor er jedes Maß, forderte die »oberkeyt« zum blutigen Dreinschlagen auf und erklärte das Töten von aufständischen Bauern zum gottgefälligen

Die kolorierte Zeichnung aus der handschriftlich überlieferten Beschreibung des Bauernkriegs von Peter Harer aus dem Jahr 1551 zeigt das Strafgericht über den Bauern Jäklein Rorbach aus der Gegend von Heilbronn, der nach der Niederlage im Bauernkrieg an einen Pfahl gebunden und langsam zu Tode geröstet wurde.

GÖTZ VON BERLICHINGEN

Der Reichsritter Gottfried von Berlichingen (um 1480 – 1562) nahm vom 24. April bis zum 29. Mai auf der Seite der Bauern am Bauernkrieg teil. Anders als der Held von Goethes Drama *Götz von Berlichingen mit der eisernen Hand* (1773) überlebte der historische Götz den Krieg. Er rechtfertigte sein Verhalten 1526 auf dem Reichstag von Speyer, wurde aber – obwohl vom Reichskammergericht für unschuldig erklärt – 1528–30 vom Schwäbischen Bund in Augsburg gefangen gesetzt und danach bis 1540 mit Hausarrest (Burg Hornberg) belegt. Gegen Ende seines Lebens schrieb er seine Geschichte nieder, nicht zuletzt um sein Verhalten im Bauernkrieg zu rechtfertigen. Die *Lebens-Beschreibung Herrn Götzens von Berlichingen* wurde 1731 zuerst gedruckt und diente Goethe als Hauptquelle.

Werk. Als die Schrift *widder die reubischen vnd mördisschen rotten der [...] bawren* im Mai 1525 erschien, waren die militärischen Entscheidungen allerdings schon gefallen.

DER BAUERNKRIEG IN DER LITERATUR. Vor allem Dramatiker wurden vom Thema Bauernkrieg (einschließlich ihres reformatorischen Kontexts) angezogen; die Reihe der Schauspiele reicht von Goethes *Götz von Berlichingen mit der eisernen Hand* (1773) über Gerhart Hauptmanns *Florian Geyer* (1896) und Friedrich Wolfs *Der Arme Konrad* (1924) bis hin zu Dieter Fortes *Martin Luther und Thomas Müntzer oder Die Einführung der Buchhaltung* (1971), Yaak Karsunkes *Bauernoper* (1973) und Martin Walsers *Sauspiel* (1976), das die »Stimmung der Jahre *nach* dem Bauernkrieg« zu treffen sucht. Ein dramaturgisches Problem, aber auch eine Frage der Wertung deutet sich bereits in den Titeln an, die in vielen Fällen einzelne zentrale Figuren herausheben: Wer ist der Akteur, der große Einzelne oder die Masse? Wie verhalten sich individuelle Problematik und gesellschaftlicher Konflikt? Für Goethe steht der ›große Kerl‹ als Kontrast zu den Nivellierungstendenzen einer allzu ›vernünftigen‹ Gegenwart im Mittelpunkt, Hauptmann zeigt die Tragödie des selbstlosen, aber nicht durchsetzungsfähigen Führers, dem man die Gefolgschaft versagt. Beide Stücke bieten mit ihrer Vielzahl kleiner Szenen ›episches Theater‹, während der sozialistische Dramatiker Friedrich Wolf (»Kunst ist Waffe!«) Partei für die unterdrückten Bauern ergreift, aber als Vertreter einer konventionell ›aristotelischen‹ Dramenform nicht um eine Personalisierung des Klassengegensatzes herumkommt.

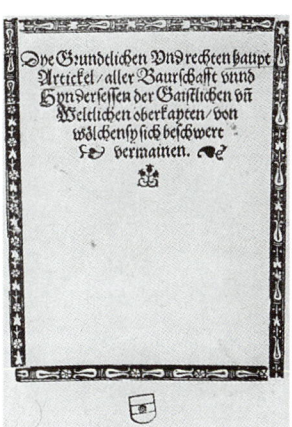

Die *Zwölf Artikel* (hier ist das Titelblatt des Erstdrucks 1525 abgebildet) waren das wichtigste Manifest des Bauernkriegs.

SEBASTIAN BRANT

1457 Sebastian Brant in Straßburg geboren
1489 Nach einem Studium der klassischen Sprachen und des Rechts in Basel (Lizentiat 1483/84) Promotion zum Doktor beider Rechte. Als Berater, Korrektor und Lektor ist er wesentlich an der Baseler Buchproduktion zwischen 1480 und 1500 beteiligt (Editionen u. a.)
1492 Dekan der juristischen Fakultät, 1496 Professor für römisches und kanonisches Recht in Basel
1494 *Das Narren Schyff*
1498 *Carmina*
1500 Rückkehr nach Straßburg
1501 Syndikus der Stadt, 1503 Stadtschreiber
1502 Editionen: *Der heilgen leben nüw mit vil me Heilgen, Publij Virgilj maronis opera*
1508 *Der Freidanck* (Edition)
1521 10. Mai: Sebastian Brant stirbt in Straßburg

Sebastian Brants *Narrenschiff* beginnt nach einer Vorrede mit einem Kapitel, das »Von vnnutzen buchern« handelt. Der Büchernarr des vorangestellten Holzschnitts wird mit folgenden Versen charakterisiert: »Den vordantz hat man mir gelan | Dann jch on nutz vil bücher han | Die jch nit lyß / und nyt verstan« (»Im Narrentanz voran ich gehe, | Da ich viel Bücher um mich sehe, | Die ich nicht lese und verstehe«).
An einigen der Holzschnitte war vermutlich der junge Albrecht Dürer beteiligt.

THEMEN/STOFFE

NARRHEIT

»ALLE GASSEN UND STRASSEN SIND VOLL NARREN«. So heißt es in der Vorrede zu Sebastian Brants *Narrenschiff* (1494). Das Buch machte Epoche. Die Gestalt des Narren wurde, obwohl sie nicht neu war, durch den außergewöhnlichen Erfolg des Werkes zu einer Symbolfigur des 16. Jahrhunderts. Brant beschreibt in 112 (in späteren Auflagen 114) lose aneinander gereihten, jeweils mit einem Holzschnitt illustrierten Kapiteln in paarweise gereimten Vierhebern einen ganzen Narrenkosmos. Sein Kunstgriff besteht darin, alle menschlichen Laster und Gebrechen unter einem einheitlichen Begriff, dem der Narrheit, zu versammeln und zugleich durch die Personifizierung zu veranschaulichen. Narrheit ist eine universale menschliche Eigenschaft, niemand ist ausgenommen. Zu lernen ist, bevor die allegorische Narrenschifffahrt im Verderben endet: Es liegt am Einzelnen, sich seiner Vernunft zu bedienen, die zur Selbsterkenntnis und damit zur Überwindung der Narrheit zu führen vermag.

MEHR NARREN. Unmittelbarer Nachfolger Brants ist der Franziskaner Thomas Murner, der in seiner *Narrenbeschwörung* (1512) formal und thematisch ausdrücklich an Brant anknüpft, aber Brants humanistische, argumentierend-lehrhafte Satire in eine affektbetonte Franziskanerpredigt umwandelt. Während Brant an Vernunft und Selbsterkenntnis appelliert, tritt bei Murner der Dichter als Exorzist auf, der die überhand nehmenden Narren wie böse Geister durch Beschwörung auszutreiben sucht und dabei in kalkuliert volkstümlichem Ton drastisch, phantastisch und grotesk Missstände anprangert und aggressive Kritik an Klerus, Adel, Bürgern und Bauern übt, alles zu »bekerung dieser welt«. Einer der Narren Brants, der neue Heilige Grobian, wurde übrigens Ausgangspunkt der grobianischen Literatur des 16. Jahrhunderts. Hans Sachs, Johann Fischart oder die Schwankromane von den Laleburgern oder Schildbürgern (*Das Lalebuch* 1597; *Die Schiltbürger*, 1598) halten die Narrenfigur am Leben. Auch das 17. Jahrhundert kennt sie, etwa integriert in den Schelmenroman bei Grimmelshausen oder noch einmal in Revueform bei Abraham a Sancta Clara.

NARRENSATIRE UND REFORMATION. Murner gehörte zu den wortgewaltigsten Gegnern Luthers und der Reformation. Die wechselseitigen Polemiken (»Murr-narr«) gipfelten in Murners großer satirisch-polemischer Versdichtung *Von dem grossen Lutherischen Narren* (1522), die er ausdrücklich als Fortsetzung seiner *Narrenbeschwörung* charakterisierte: Allerdings gelte es nun statt der »kleinen närlin« die großen Narren zu bannen. Der Autor nimmt den großen Exorzismus vor, zwingt die bösen Kräfte (die Anhänger Luthers) aus allen Körperteilen des lutherischen Narren heraus, die sich zum Heer formieren, das unter Luthers Führung Klöster, Kirchen und Festungen zerstört: Für Murner zielt die Reformation letztlich auf den Umsturz der bestehenden Ordnung in Kirche und Staat. Murner ergibt sich, als man ihm den neuen Glauben erklärt – Nichtachtung der Sittengesetze, Auflehnung gegen die Obrigkeit – und ihm Luthers (fiktive) Tochter zur Ehe anbietet. Nach Luthers Tod und dem von Katzenmusik begleiteten Begräbnis im »scheißhus« – er hatte die Sterbesakramente abgelehnt – beschließen Krankheit und Tod des großen Narren die witzige, polemische und absichtsvoll verleumderische Satire, in der Murner es seinen ebenfalls nicht zimperlichen Gegnern mit gleicher Münze heimzahlt.

THOMAS MURNER

1475 24. Dezember: Thomas Murner in Oberehnheim (Elsass) geboren
1490 Eintritt in den Franziskanerorden
1497 Priesterweihe, anschließend Studium u. a. in Freiburg i. Br., Paris und Krakau (Dr. theol. Freiburg 1506)
1501 Beginn seiner Tätigkeit als Prediger und Dozent für seinen Orden vor allem in Straßburg
1502 *Germania nova*
1512 *Narrenbeschwörung*; *Schelmenzunft*
1515 *Vergilij maronis dryzehen Aeneadische bücher* (Übersetzung)
1518 Juristische Promotion in Basel
1519 *Die Gäuchmatt*
1520 Antireformatorische Schriften: *Von doctor Martinus luters leren und predigen*, *Von dem babstenthum*, *An den Großmechtigsten vnd Durchlüchtigsten adel tütscher nation*
1522 *Von dem grossen Lutherischen Narren*
1524 Nach Aufhebung seines Klosters Flucht nach Luzern; Stadtpfarrer
1529 Murner muss, als Bern und Zürich wegen antiprotestantischer Satiren seine Auslieferung verlangen, auch Luzern verlassen und lebt dann bis zu seinem Tod als Seelsorger in seinem Heimatort
1537 Thomas Murner stirbt in Oberehnheim

16. Jahrhundert

Hieronymus Bosch, *Das Narrenschiff*. Das zwischen 1510 und 1516 entstandene Gemälde zeigt eine sich den irdischen Vergnügungen und Lastern hingebende Gesellschaft, während das Boot steuerlos über das Wasser fährt.

MICHEL DE MONTAIGNE ÜBER AUGSBURG

Montaigne reiste 1580–81 über Deutschland nach Italien. In seinem erst 1774 veröffentlichten Tagebuch heißt es über Augsburg:

»Die verschiedenen Fugger, die alle sehr reich sind, nehmen die erste Stelle in der Stadt ein. Wir sahen auch zwei Säle in ihrem Haus; der eine war groß, hoch und mit Marmor ausgelegt; der andere ist niedrig, reich an alten und modernen Medaillons und besitzt am Ende ein kleines Zimmer. Es sind die reichsten Zimmer, die ich je gesehen habe. […] Wir sahen noch andere Häuser der Fugger in anderen Gegenden der Stadt, die ihnen durch so viel Aufwendungen zur Verschönerung verbunden ist: es sind Lusthäuser für den Sommer. In einem sahen wir eine Uhr, die durch die Bewegung von Wasser, das als Uhrgewicht dient, in Gang gehalten wird, ferner zwei große gedeckte Fischbehälter, zwanzig Schritte im Geviert und voll von Fischen. […] Zwischen den beiden Behältern liegt ein zehn Schritt breiter mit Dielen belegter Raum, und durch die Dielen dringen zahlreiche kleine unsichtbare Bronzespitzen: wenn die Damen sich damit ergötzen, dem Haschen der Fische zuzusehen, wird irgendeine Hemmung frei und all die Spitzen sprudeln dünne, flinke Strahlen bis zur Manneshöhe und netzen die Unterröcke und Schenkel der Damen. Anderswo wieder kann es beim Betrachten eines hübschen Springbrunnens passieren, daß man vor unsichtbare Röhrchen tritt, die einem das Wasser hundertfach in feinsten Strahlen ins Gesicht spritzen.« (*Tagebuch einer Reise durch Italien, die Schweiz und Deutschland in den Jahren 1580 und 1581*, übers. von O. Flake)

LITERATURBETRIEB

STADT

STADTKULTUR. Seit dem 15. Jahrhundert entwickelten sich die Städte, insbesondere die großen Reichsstädte, zu den führenden künstlerischen und literarischen Zentren im Reich. Dank der besseren Lebensbedingungen – ›Stadtluft macht frei‹ – übten sie eine große Anziehungskraft auf das Umland aus, die Bevölkerung stieg rasch an. Auch der ländliche Adel ließ sich häufig in den Städten nieder und bildete mit dem Patriziat, das sich im Zuge des wirtschaftlichen Aufstiegs herausgebildet hatte, eine Führungsschicht, die dank ihrer finanziellen Möglichkeiten das kulturelle Leben durch Aufträge und Veranstaltungen befruchten konnte. Die wachsende Bedeutung des Fernhandels, verbunden mit der Durchsetzung des aus Italien übernommenen Bankwesens, aber auch die Aufwärtsentwicklung des Handwerks vermehrten den Wohlstand insbesondere in Reichsstädten und Handelszentren wie Augs-

burg, Nürnberg, Ulm, Basel, Straßburg oder Köln weiter. Dies wiederum hatte Folgen für das Bildungswesen, von der Errichtung von städtischen ›deutschen‹ Schulen und Lateinschulen bis hin zu universitätsähnlichen Gymnasien. Damit waren auch die Voraussetzungen gegeben für die Entwicklung eines literarisch-gesellschaftlichen Lebens, das sich freilich auf verschiedenen Ebenen abspielte. Um die Schulen, Kirchen und die von gelehrten Beamten geführten Verwaltungen und das Patriziat entstand eine vom Humanismus geprägte elitäre lateinisch-gelehrte Literaturgesellschaft, während sich das zünftige Bürgertum vor allem in Fastnachtsspiel und Meistersang selbstbewusst eine eigene ›volkstümliche‹ Dichtung in deutscher Sprache schuf. Mit der Reformation und der damit verbundenen Reform der Lateinschulen entfaltete sich in den Städten, von Luther ausdrücklich empfohlen, das protestantische Schuldrama, das in lateinischer und deutscher Sprache gepflegt wurde und damit an beiden Kommunikationsebenen teilhatte.

STÄDTELOB. Das Städtelob war eine beliebte Gattung der humanistischen Dichtung. Vorausgegangen waren Berichte und Briefe von Humanisten, die ihre auf Reisen oder diplomatischen Missionen gewonnenen Eindrücke festhielten. Zugleich hatte sich in Italien im 15. Jahrhundert eine Form der wissenschaftlichen Geographie herausgebildet, die auf eine genaue Beschreibung von Städten und Landschaften zielte und Geschichte, günstige Lage, Bauwerke, Regierung und kulturelle Leistungen würdigte. Dabei galt im 15. Jahrhundert Nürnberg besondere Aufmerksamkeit, vorbereitet durch den Italiener Enea Silvio Piccolomini (später Papst Pius II.), der in seiner *Germania* (1457) ihr Lob sang: »welch einen Anblick bietet diese Stadt, welchen Glanz, welche Schönheiten, welche Kultur, welch vorbildliche Stadtverwaltung! […] Wieviel Bürgerhäuser kann man dort finden, die für Könige passend wären. Die schottischen Könige würden wünschen, so hervorragend zu wohnen wie mäßig begüterte Nürnberger Bürger!« Der deutsche Humanist Conrad Celtis übernahm diese Anregungen und verfasste als Vorstufe zu seinem Projekt einer *Germania illustrata* seine Schrift *Über den Ursprung, die Lage und die Sitten Nürnbergs* (*De origine situ moribus Norimbergae*, 1491). Im 16. Jahrhundert richtete sich der Blick stärker auf Augsburg, das mit den Fuggern und Welsern und als Stadt der Reichstage zum wirtschaftlichen und politischen Zentrum des Reiches geworden war. Die Stadt erlebte eine beispiellose Blüte der Kunst, des Kunsthandwerks und hier insbesondere der Goldschmiedekunst und hatte mit Konrad Peutinger einen der bedeutendsten zeitgenössischen humanistischen Gelehrten in ihren Diensten. Am Ende der großen Zeit der Städte setzte der Straßburger Johann Fischart der in der Realität inzwischen bedrohten freien städtischen Kultur noch einmal ein Denkmal in seiner Versdichtung *Das Glückhafft Schiff von Zürich* (1577).

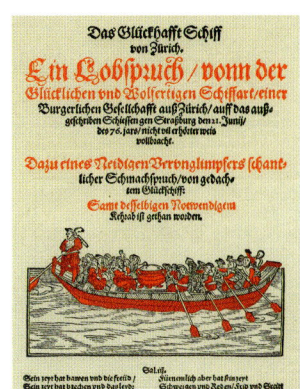

Titelblatt von Johann Fischart, *Das Glückhafft Schiff von Zürich*. Diese Versdichtung Fischarts aus dem Jahr 1577 behandelt ein zeitgenössisches Ereignis. Am 20. Juni 1576 unternahmen Zürcher Bürger eine Schiffsreise nach Straßburg, um an einem Schützenfest teilzunehmen und das Bündnis zwischen den beiden Städten zu bekräftigen. Fischart beschreibt die Reise mit humanistisch-mythologischem Aufwand als Argonautenfahrt, als Wettlauf mit der Sonne, und schon der einleitende Vergleich mit Xerxes, der das Meer peitschen ließ, kennzeichnet den hohen Anspruch des Unternehmens. Ziel ist der Preis von Bündnistreue und Freundschaft, von Bürgertugend und -tüchtigkeit, von protestantischem Gewerbefleiß und Arbeitssinn. Dieses völlig unironische Loblied der freien städtischen Kultur gehörte zu den beliebtesten Werken Fischarts.

Linke Seite: **Allegorische Darstellung:** Der Reichtum huldigt Jakob Fugger, Relief aus Lindenholz von Sebastian Loscher (um 1550). Ein Mann sitzt auf einem Thron mit der Inschrift VIS QVIS (»welche Macht«); Fortuna bringt, geführt von einem Herold, ein Füllhorn.

MEISTERLIED

Ein Meisterlied, von den Meistersingern »Bar« genannt, besteht aus einer ungeraden Anzahl von Strophen. Die Strophen selbst folgen dem Schema AAB, d.h. zwei metrisch-musikalisch völlig gleich gebauten ›Stollen‹, die zusammen den ›Aufgesang‹ bilden, folgt der metrisch-musikalisch abweichende ›Abgesang‹. Es handelt sich um die Kanzonenstrophe, die die Meistersinger von den Sangspruchdichtern des Mittelalters übernahmen.

Schlussszene der Oper *Die Meistersinger von Nürnberg* in der Regie von Hans Neuenfels und dem Bühnenbild von Reinhard von der Thannen an der Staatsoper Stuttgart (1994). Die Inszenierung führt den von Richard Wagner vorgenommenen Bezug vom 16. Jahrhundert (Johann Christoph Wagenseil u.a.) auf die eigene Gegenwart weiter, indem sie die Oper auf den Hintergrund der deutschen Nachkriegsgeschichte von 1945 bis hin zur Wiedervereinigung projiziert.

LITERATURBETRIEB

MEISTERGESANG

DIE ›ALTEN MEISTER‹ UND DIE MEISTERSINGER.

Zu den bemerkenswertesten Erscheinungen im Rahmen der wirtschaftlichen und kulturellen Erfolgsgeschichte der deutschen Städte der Frühen Neuzeit gehört der Meistergesang, die von städtischen Handwerkern betriebene Liedkunst vor allem des 15. und 16. Jahrhunderts. Die Anfänge liegen im Dunkeln. Die Meistersinger selbst sahen in den berühmten Lied- und Sangspruchdichtern des 13. und 14. Jahrhunderts, den ›alten Meistern‹, die Begründer ihrer Kunst. Dazu zählten sie Walther von der Vogelweide, Reinmar von Zweter, Konrad von Würzburg, Frauenlob, Heinrich von Mügeln u.a., Berufsdichter allesamt, die ihre Werke vorwiegend vor adeligem Publikum vortrugen. Die Berufung auf die ›alten Meister‹ – die späten Spruchdichter wurden wegen ihrer Gelehrsamkeit und ihrem Kunstanspruch bereits von den Zeitgenossen als ›meister‹ bezeichnet – hat neben der Funktion, die eigene Kunstübung zu legitimieren, einen durchaus realen Hintergrund. Die Meistersinger imitierten vielfach ihre Vorbilder, übernahmen von ihnen die Form der Kanzonenstrophe und zahlreiche ihrer ›Töne‹, wie man die Gesamtheit von metrischem Schema, Reimanordnung und Melodie nannte. Diese Töne wurden mit dem Namen des Urhebers und eigenem Tonnamen bezeichnet (z.B. Hans Sachs, Silberweise); dabei konnte ein Ton zahlreichen Texten zugrunde gelegt werden. Die Melodien waren einstimmig; Neuerun-

gen, wie sie die Entwicklung der Musik nahegelegt hätte, lehnten die Meistersinger ab. Meisterlieder wurden ohne Begleitung vorgetragen; sie durften nicht gedruckt werden.

ORGANISIERTE KUNSTÜBUNG. Zentren des Meistergesangs waren die süd- und südwestdeutschen Reichsstädte, u. a. Nürnberg, Augsburg, Ulm und Straßburg. Die Meistersinger organisierten sich in Gesellschaften. Die Vorstände – ›Merker‹, Kassenwarte, Schriftführer usw. – wurden gewählt. Details legten die Schulordnungen und Tabulaturen fest, die auch über den Ablauf der regelmäßig stattfindenden Veranstaltungen (»Singschulen«) informierten und die Regeln für Text und Vortrag festlegten. Über deren Einhaltung wachten beim öffentlichen Hauptsingen in der Kirche die ›Merker‹. Der Sänger mit der geringsten Fehlerzahl hatte gewonnen. Die Vorschriften betrafen nicht nur Formalien, sondern auch Inhaltliches – etwa die Übereinstimmung der Texte mit der lutherischen Lehre (so die nachreformatorische Nürnberger Schulordnung): Der Meistergesang hatte nicht zuletzt die Funktion, Angehörigen städtischer Mittel- und Unterschichten religiöse und weltliche Bildung zugänglich zu machen. Die Lieder behandelten überwiegend religiöse Themen (mit entsprechend veränderter Tendenz nach der Reformation), aber auch Gegenstände aus dem Bereich der Sieben freien Künste. Im 16. Jahrhundert nahm die Zahl der Lieder weltlichen Inhalts mit Stoffen aus der Geschichte und der Erzählliteratur zu. Politisches war schon durch die städtische Zensur ausgeschlossen. Meistersingergesellschaften bestanden bis ins 18. Jahrhundert hinein. Das letzte bekannte Meisterlied wurde 1788 in Memmingen gedichtet.

Dass sich das Phänomen des Meistergesangs im öffentlichen Bewusstsein erhalten hat, ist Richard Wagners Oper *Die Meistersinger von Nürnberg* (1868) zu verdanken. Hier muss der ahnungslose Ritter Walther von Stolzing Meistersinger werden, um Eva, die Tochter eines Goldschmiedemeisters, bei einem Preissingen gewinnen zu können, was ihm – da er das verknöcherte Regelwerk nicht kennt – zur Freude seines Konkurrenten Beckmesser zunächst misslingt. Einzig Hans Sachs erkennt die Qualitäten der neuen Kunst Walthers (um nicht zu sagen Wagners) und sorgt dafür, dass das Volk auf der Festwiese die richtige Entscheidung trifft und Walther Meister werden darf. Allerdings muss er erst noch davon überzeugt werden, dass er das überhaupt will: »Verachtet mir die Meister nicht und ehrt mir ihre Kunst!« Der Schlussakt endet dann mit nationalistischen Tönen und besorgten Blicken auf welschen Dunst und welschen Tand geradewegs im 19. Jahrhundert.

Darstellung einer Nürnberger »Singschule« auf einer Kabinettscheibe von 1637.

AMBROSIUS METZGER

Überkurze
Senfkörnleinweise

Ach Gott
Mein Nott
Dir
hir
mit Zagen

Und Schmertz
mein Hertz
Zart
hart
thut plagen

Der will
In still
ich
mich
beklagen.

16. JAHRHUNDERT

BIOGRAFIE

1494 5. November: Hans Sachs als Sohn eines Schneidermeisters in Nürnberg geboren
1501–09 Lateinschule; danach Schuhmacherlehre
1511–16 Als Geselle auf Wanderschaft; 1516 Rückkehr nach Nürnberg
1520 Nach seiner Heirat 1519 lässt er sich als Schuhmachermeister nieder
nach 1550–60 Sein Wohlstand ermöglicht es Sachs, den Beruf aufzugeben und ganz seinen literarischen Interessen zu leben
1555–61 Merker der Singschule
1576 19. Januar: Hans Sachs stirbt in Nürnberg

AUTOR

HANS SACHS

Hans Sachs, im Jahr seines Todes 1576 porträtiert von Andreas Herneisen.

Hans Sachs datiert das Fastnachtsspiel »mit dreyen Personen« *Das Narrenschneiden* auf den 3. Oktober 1557. Im Druck erschien es ein Jahr später. Der Titelholzschnitt des beliebten Spiels deutet den Inhalt an: Ein Arzt schneidet kleine Narren – Narrheiten – aus dem Leib des Menschen.

KUNSTFIGUR. Hans Sachs ist wohl der einzige Dichter des 16. Jahrhunderts, dessen Name einem breiten Publikum bekannt ist. Das liegt aber weniger an seinem dichterischen Werk als an dem Umstand, dass der Nürnberger Dichter nicht zuletzt durch Richard Wagners Meistersinger-Oper und eine an sie anschließende nationale bzw. nationalistische Sachs-Rezeption zum Prototyp des deutschen Bürgertums verklärt wurde. Gleichwohl ist sein umfangreiches Schaffen mehr als ein Zeugnis altdeutschen Biedersinns; es zeigt auch, wie der selbstbewusste Bürger auf die gesellschaftlichen Veränderungen und Umbrüche seiner Zeit kommentierend und kritisierend reagiert.

BILANZ. 1567 verfasste Sachs eine *Summa all meiner Gedicht*: ein gereimtes Resümee seiner immensen Produktion seit 1514, das sich auf die »mit eigner hand« geschriebenen 34 Bände seiner sämtlichen Werke stützen konnte. Neun Jahre vor seinem Tod kommt Sachs dabei auf mehr als 6000 Titel: 4275 Meisterlieder (in 300 verschiedenen Tönen, darunter 13 eigene), 128 Komödien und Tragödien, 85 Fastnachtsspiele, sieben (bekannt sind nur sechs) Prosadialoge sowie annähernd 2000 geistliche und weltliche Spruchgedichte (Fabeln, Historien, Schwänke, Gespräche, politische Sprüche usw.). Abgesehen von den Liedern und den Prosadialogen verwandte Sachs durchgehend den silbenzählenden vierhebig-alternierenden Reimpaarvers (Knittelvers), den Goethe später in seiner freien Form wiederbelebte. Mit seinen Meisterliedern prägte Sachs den Nürnberger Meistergesang und öffnete ihn in größerem Umfang als traditionell üblich weltlichen Themen. Mit seinem Eintreten für die Reformation mit dem Spruchgedicht *Die Wittenbergisch Nachtigall* (1523) und den vier Reformationsdialogen (1524) begann seine öffentliche Wirksamkeit, die sich dann später auch in politischen Sprüchen, Flugblatttexten und weiteren Prosadialogen manifestierte. Hier ging er kritisch und satirisch auf Fragen der Stadt- und Reichspolitik ein und trat, durchaus konservativ, für die bestehende soziale Ordnung ein.

Aus einer 1919 erschienenen Ausgabe des Fastnachtsspiels *Das Narrenschneiden* mit Holzschnitten von A. Paul Weber.

THEATER. Die Komödien und Tragödien des Hans Sachs sind vom Humanistendrama und dem protestantischen Schuldrama angeregt, verfahren aber formal recht eigenwillig. Dabei unterwirft er das Geschehen strikten protestantisch-bürgerlichen Moralvorstellungen. Die Folge ist häufig, insbesondere bei der Neugestaltung antiker Tragödienstoffe, ein eklatantes Missverhältnis von Gegenstand und Darstellungsweise. Als Leistung bleibt aber die Vermittlung von Stoffen der Weltliteratur: Quellen sind neben der Bibel und der Geschichtsschreibung die Literatur der Antike und die Renaissancenovellistik, soweit sie Humanisten durch Übersetzungen zugänglich gemacht hatten. Dazu kommen Werke der älteren und neueren deutschen Literatur. So reicht das Spektrum von einer *Enthauptung Johannis* (1550) und *Cleopatra mit Antonio* (1560) über die Volksbuchbearbeitung *Tristrant mit Isalde* (1553) und mehrere Boccacio-Dramatisierungen (u. a. *Guisgardus und Gismunda*, 1546) bis zur *Comedi Von dem Reichen sterbenden Menschen Der Hecastus genannt* (1549) nach der neulateinischen Version des *Jedermann*-Stoffes von Georg Macropedius. Die meisten Dramen entstanden 1550–60, als Sachs über eine eigene Truppe und feste Spielorte verfügte. Als seine bedeutendste literarische Leistung gelten die Fastnachtsspiele, in denen die Moral dem dargestellten Milieu und den Verhaltensweisen der Personen entspricht. Dabei entwickelte er die einfache Form des Reihenspiels zu Handlungsspielen von wirklicher Komik weiter, die am Anfang der Geschichte des neuen deutschen Lustspiels stehen: *Der farendt Schuler mit dem Teuffelbannen* (1551), *Das heyß Eysen* (1551), *Die alt verschlagen Kuplerin mit dem Thumbherrn* (1553) und andere.

FASTNACHTSSPIEL

Fastnachtsspiele gibt es als Teil des Fastnachtstreibens in den Städten seit etwa 1430. Bedeutende Spieltraditionen sind in süddeutschen Städten, in Tirol und in der Schweiz, aber auch – mit entschieden eigenem, ernsthaft moralisierendem Charakter – in Lübeck nachweisbar. Die meisten Stücke sind aus Nürnberg überliefert, über 100 allein aus dem 15. Jahrhundert. Aufgeführt wurden sie von Handwerksgesellen, die von Haus zu Haus zogen und mit wenigen Requisiten in Wirtsstuben, aber auch in Bürgerhäusern spielten, wobei Prologe und Epiloge der kurzen Stücke (rund 200 Verse) den Zusammenhang mit der Fastnachtsgeselligkeit herstellten.
Es bildeten sich zwei Strukturtypen heraus, die einfache Revueform mit einer Reihung von Einzelauftritten und das Handlungsspiel. Auch Mischformen kommen vor. Die Spiele beschränken sich auf einfache Handlungen und eine geringe Personenzahl; Schwankstoffe des Spätmittelalters wirken hier weiter. Eine Vorliebe für explizite Sexualität und Fäkalisches, die Reduktion auf das Körperliche beherrschen häufig die Szene. Daneben gibt es – selten – Stücke mit ernsthaften politischen, gesellschaftlichen oder religiösen Themen. Dem Nürnberger Fastnachtsspiel kommt deswegen ein besonderes Gewicht zu, weil sich bedeutende Autoren wie Hans Rosenplüt und Hans Folz der Gattung annahmen und Hans Sachs die Tradition mit erhöhtem literarischem Anspruch und unter verbesserten Aufführungsbedingungen (fester Spielort mit Bühne) weiterführte.

GATTUNG

SCHULDRAMA

ANTIKEREZEPTION. Neben den einheimischen Traditionen des geistlichen Schauspiels und des Fastnachtsspiels entwickelte sich seit dem Ende des 15. Jahrhunderts im Zusammenhang mit der humanistischen Antikerezeption eine neue Form des Dramas und des Theaters. Man las im Mittelalter Terenz zwar als Schulautor, hatte aber keine Vorstellung von der Aufführbarkeit seiner Stücke. Das änderte sich im Humanismus; erste Terenz-Aufführungen fanden an italienischen Fürstenhöfen statt. Deutsche Humanisten übersetzten Dramen von Terenz und Plautus und unternahmen eigene Versuche (in lateinischer Sprache), die sich an die antike Dramenform mit Akt- und Szenengliederung, Prologen, Epilogen und Chorliedern an den Aktschlüssen anschlossen. Die ersten Stücke dieser Art waren Johannes Reuchlins Komödie *Henno* (1497) und Jacob Lochers *Tragedia de Thurcis et Suldano* (1497).

Handkolorierter Holzschnitt aus einem Terenz-Druck, Ulm 1486. Dargestellt ist eine Szene aus dem Stück *Der Eunuch* (*Eunuchus*).

REFORMATION, SCHULE UND DRAMA. Das neulateinische Theater bildete die Grundlage für das Schuldrama, das nach der Reformation an den protestantischen Lateinschulen entstand und gleichsam die letzte Stufe im Rhetorikunterricht mit seinen vielfältigen Übungs- und Präsentationsformen bildete. Luther unterstützte diese Praxis und empfahl, man solle die Schüler Theater spielen lassen, damit sie sich in der lateinischen Sprache übten und zugleich lernten, wie sie sich in ihrem jeweiligen Stand oder späteren Beruf verhalten sollten. Vor diesem Hintergrund entwickelte sich ein humanistisch-antikisierendes Deklamationstheater, das aber neben der sprachlichen Schulung auch der religiösen und moralischen Belehrung diente: Schuldramen wollen auch als Schule christlicher Lebensführung verstanden werden. Anders als beim später einsetzenden Drama der Jesuiten, das strikt beim Lateinischen verharrte, gab

Paul Rebhuns *Susanna* (1536) gilt mit der Verbindung von formalen Elementen der antiken Komödie und der moralisch-pädagogischen Tendenz des neuen Glaubens als klassisches Muster des protestantischen Schuldramas.

es bei den Protestanten schon im 16. Jahrhundert parallel zur lateinischen Spielpraxis auch öffentliche Aufführungen in deutscher Sprache, gewiss mit dem Ziel, ein breiteres Publikum, nicht zuletzt im Sinn konfessioneller Propaganda, zu erreichen.

STOFFE UND AUTOREN. Das Schuldrama entnahm seine Stoffe vorwiegend der Bibel. Das Gleichnis vom verlorenen Sohn, an dem sich die lutherische Rechtfertigungslehre demonstrieren ließ, oder Geschichten des Alten Testaments (Joseph, Susanna, Esther, Hiob u. a.) waren besonders beliebt; daneben wurden Themen der spätmittelalterlichen Moralitäten (*Jedermann*) aktualisiert und Fragen der Kinder- und Jugenderziehung behandelt. Entscheidenden Einfluss auf die Entwicklung des lateinischen und deutschen Schuldramas übte der neulateinische *Acolastus* (1529) des Niederländers Guilhelmus Gnaphaeus aus, der die Parabel vom verlorenen Sohn zu einem lehrhaft-erbaulichen Familienstück formte und die fünfaktige Form mit Prolog und Epilog durchsetzte. Bedeutendster lateinischer Schuldramatiker war Thomas Naogeorg mit seinen polemisch-agitatorischen Stücken (*Pammachius*, 1538; *Mercator*, 1540), während Paul Rebhun (*Susanna*, 1536) und Sixt Birck (*Judith*, 1539) die deutschsprachige Tradition repräsentierten. Verbindungen bestanden jedoch. Oft wurden die lateinischen Werke ins Deutsche übersetzt, andererseits stellte Birck lateinische Fassungen von einigen seiner deutschen Stücke her. Bei Nicodemus Frischlin steht die deutsche neben der lateinischen Produktion (*Fraw Wendelgardt*, 1580; *Iulius redivivus*, 1585).

ZENTREN DES SCHULTHEATERS

Zentren des Schultheaters waren neben den Niederlanden die Schweiz, Sachsen und protestantische Städte wie Nürnberg, Augsburg, Straßburg und Breslau; aber auch im katholischen Wien bildete sich um die Mitte des 16. Jahrhunderts eine Schultheatertradition heraus (Wolfgang Schmeltzl). Eine bedeutende Entwicklung nahm das Straßburger Theater, das neben zeitgenössischen Schuldramen auch regelmäßig antike Stücke spielte und sich Anfang des 17. Jahrhunderts unter Caspar Brülow als erste feste Bühne in Deutschland etablierte (bis 1621). Eine letzte Blüte erlebte das Schultheater, nun ausschließlich in deutscher Sprache, gegen Ende des 17. Jahrhunderts in Zittau unter der Leitung Christian Weises. Übrigens: Die Schultheater, nicht zuletzt die der beiden Gymnasien in Breslau, ermöglichten auch die Aufführung der ›Kunstdramen‹ der großen Barockdramatiker Andreas Gryphius, Daniel Casper von Lohenstein und Johann Christian Hallmann.

LITERATURBETRIEB

NEULATEINISCHE LITERATUR

»BARBARUS SERMO«. In der lateinischen *Ode ad Apollinum* von 1486 beschwört der Humanist Conrad Celtis *Apollo, den Erfinder der Dichtkunst, daß er aus Italien nach Deutschland kommen möge.* Er schließt mit den Strophen: »Durch die hohen Wellen des Meeres schnell und | freudig kamst du nach Latium aus Hellas, | deine Musen mit dir, und gnädigst lehrtest | du deine Künste. | Komm, so beten wir, drum zu unsern Küsten, | wie Italiens Lande zu einst besuchtest; | mag Barbarensprache dann fliehn und alles | Dunkel verschwinden.« »Barbarus sermo«, »Barbarensprache«, damit ist die deutsche Sprache gemeint, die es in einer vereinheitlichten Form gar nicht gibt und der das Ausdrucks- und Differenzierungsvermögen des Lateinischen abgeht. Die deutsche Sprache steht in ihrem gegenwärtigen Zustand höherer Bildung entgegen. Abhilfe sieht Celtis nicht in ihrer Verbesserung – eine Reihe von Frühhumanisten hatte es immerhin durch Übersetzungen ver-

---

Johann Wolfgang Goethe über »deutsche Dichter in der lateinischen Sprache«:

»Einer freieren Weltansicht, die der Deutsche sich zu verkümmern auf dem Weg ist, würde ferner sehr zustatten kommen, wenn ein junger geistreicher Gelehrter das wahrhaft poetische Verdienst zu würdigen unternähme, welches deutsche Dichter in der lateinischen Sprache seit drei Jahrhunderten an den Tag gegeben. Es würde daraus hervorgehen, daß der Deutsche sich treu bleibt, und wenn er auch mit fremden Zungen spricht. Wir dürfen nur des Johannes Secundus und Balde's gedenken.«
(*Über Kunst und Altertum* 1, 1818, H. 3)

Abschied des Neulateiners Jacob Locher Philomusus von Italien, dem Land höherer Bildung, nach einem Studienaufenthalt (1493):

Est exstincta mei penitus scintilla furosis | quo placui Latiis Felsineisque viris. | terram mutavi Latiam caelumque disertum, | eloquii sub quo flumina larga fluunt. | ah, careo studii sociis invitus amoenis | et te praecipue, qui mihi carus eras. inter Teutonicos cogor versare colonos | atque deas cantu sollicitare novem.

»Ganz erloschen ist schon in mir der Funke des Schwunges, | der in Bologna dereinst Beifall gefunden und Rom. | Latium hab ich verlassen, das Klima feinerer Bildung, | wo der Redekunst Fluß reichlichen Stromes entspringt. | Ach, wie fehlen mir jetzt der Studien liebe Gefährten, | und vor allem fehlst du, der mir der teuerste war. | Jetzt aber muß ich verweilen inmitten teutonischer Bauern, | und der Musen Huld muß jetzt erbetteln mein Lied.«
(Übers. von H. C. Schnur)

sucht –, sondern in der Übernahme des Lateinischen und der mit ihr verbundenen antiken Kultur in ihrer Färbung durch den italienischen Humanismus. Dann siegt auch in Deutschland das Licht über das Dunkel der vergangenen Epoche. Was Celtis erfolgreich propagiert, ist ein nationaler Humanismus in lateinischer Sprache.

ZWEI KULTUREN. Neulateinische Literatur ist Gelehrtenliteratur. Sie basiert auf dem Studium der Musterautoren der Antike und ihrer italienischen Nachfolger, der Aneignung ihrer Sprache, Stilmittel und Gattungskonventionen. Die auf diesen Voraussetzungen beruhende Literatur konnte aber durch die spezifische Auswahl und Verbindung bestimmter Modelle, Themen oder Motive, durch subtile Hinweise, Verschiebungen und Anspielungen durchaus Eigenes formulieren. Darüber hinaus kam es in einigen Fällen auch zur Erweiterung des antiken Formenkanons, etwa durch das poetische Städtelob oder die beliebten Gattungen der dichterischen Reisebeschreibung und der witzig-schwankhaften Kurzprosa der Fazetien.

Die Humanisten bildeten eine abgeschlossene, elitäre Gemeinschaft, die sich über Städte- und Ländergrenzen verbunden fühlte und diese Zusammengehörigkeit in ausgedehnten freundschaftlichen und gelehrten Briefwechseln dokumentierte. Literarischen Ausdruck fand diese auf gemeinsamen Bildungsvoraussetzungen beruhende Gemeinschaft der *nobilitas litteraria* nicht zuletzt in der Praxis des Gelegenheitsgedichts. Indem man untereinander alle möglichen Anlässe des menschlichen Lebens von der Geburt bis zum Tod in repräsentativer Form dichterisch überhöhte, bekräftigte man die gemeinsamen Wertvorstellungen und den eigenen elitären Anspruch. Das ›Volk‹ kam in diesem Konzept zunächst nicht vor, die Sphären blieben getrennt: Neulateiner schrieben für andere humanistisch Gebildete, Meistersinger für Meistersinger. Grenzüberschreitungen gab es vor allem aus pragmatischen Erwägungen, nicht um den sprachlichen Standard der deutschsprachigen Literatur zu erhöhen (Fachliteratur, auf Breitenwirkung zielende religiöse Literatur und Lieddichtung).

Die Celtis-Truhe der Universität Wien wurde 1508 nach dem Tod des Dichters angefertigt, um Stiftungsbrief und Insignien des durch Kaiser Maximilian I. gestifteten und von Conrad Celtis geleiteten »Collegium poetarum et mathematicorum« aufzubewahren. Auf dem Deckel ist ein Pergamentblatt mit einem Text aufgeklebt, die Vorder- und Rückseite zeigen Wappen, die Seitenwände Darstellungen nach Holzschnitten in Celtis-Ausgaben: Links die Philosophie auf einem Thron (nach Dürer), rechts Apollo (nach Hans von Kulmbach).

Linke Seite: **Titelholzschnitt** zu Conrad Celtis' lyrischem Hauptwerk *Quatuor libri amorum* (*Vier Bücher der Liebe*), 1502. Oben in der Mitte der Dichter am Schreibpult, der sein Werk Apollo und den Musen widmet, darunter die Musen Thalia und Clio, an den Seiten Götter (und der Halbgott Herkules). Das Werk selbst, formal der römischen Elegiendichtung verpflichtet, stellt eine komplexe allegorische Komposition dar: Den vier Büchern entsprechen vier Liebesaffären, die vier Frauen stehen für vier Schauplätze bzw. die vier Himmelsgegenden. Hinzu kommt die Verbindung mit den vier Tages- und Jahreszeiten, den vier Lebensaltern, den vier Temperamenten usw.

FORMEN

Schwank, eine kleinere komische, auf eine Pointe hin inszenierte Erzählung eines lustigen oder bösartigen ›Streichs‹ (das Wort Schwank kommt aus der Fechtersprache und bedeutet ursprünglich Schlag, Streich, Hieb). Das erzählerische Grundmuster basiert auf der konflikträchtigen Zuordnung zweier sozial, intellektuell oder sexuell höchst unterschiedlicher Handlungsträger, wobei (1) der zunächst Unterlegene sich dem Überlegenen gleichstellt bzw. über ihn triumphiert (›Ausgleichstyp‹) oder (2) die Auflehnung scheitert und sich die Überlegenheit des Gegners vergrößert (›Steigerungstyp‹). Seltener ist ein dritter Typ, bei dem die Spannung unaufgelöst bleibt (›Spannungstyp‹). Charakteristisch ist also eine Art Wettkampfsituation, bei der List gegen List, List gegen Gewalt oder Gewalt gegen List gesetzt wird; gezielte Norm- und Regelverletzungen fördern dabei Spannung und Unterhaltungswert.

Fazetie, pointierte, schwankhafte Kurzerzählung humanistischen Ursprungs vorwiegend in lateinischer Sprache (*facetia* ›Scherz‹, ›Witz‹, ›launiger Einfall‹). Die deutschsprachigen Fazetien gehen im Schwank auf. Behandelt werden v. a. Sujets aus dem alltäglichen Leben, insbesondere Erotisches, Sexuelles und Kritisches zu Klerus und Universität. Begründer der Form war Gian Francesco Poggio Bracciolini mit seinen 1470 zuerst gedruckten *Facetiae*. Heinrich Bebel gelang es, die Fazetie unter Wahrung der formalen Geschliffenheit ins Schwäbisch-Bodenständige zu wenden (*Facetiae*, 1509–12). Schulstreiche sind das Thema der *Facetiae Pennalium* (1618) Julius Wilhelm Zincgrefs.

Hermann Bote, *Dyl Vlenspiegel.* Titelholzschnitt des ältesten vollständig erhaltenen Drucks, Straßburg 1515 bei Johannes Grieninger.

GATTUNG

SCHWANKLITERATUR

EMANZIPATION DES LACHENS. Leser von Umberto Ecos Roman *Der Name der Rose* (1980) wissen, dass das Lachen in den Augen mancher mittelalterlicher Theologen etwas Verdächtiges ist, dass es »die Schwäche, die Hingabe und Verderbtheit unseres Fleisches« anzeigt und dass es den Keim der Auflehnung in sich trägt. Und so muss die Entdeckung des verloren geglaubten zweiten Teils der Poetik des Aristoteles über die Komödie mit allen Mitteln verhindert werden, weil sie »die Kunst des Lächerlichmachens« auch für gebildete Kreise, für Gelehrte annehmbar machen würde, so dass sie zur Waffe gegen den Ernst des Gottesdienstes, gegen den Glauben selbst eingesetzt werden könnte. Unter diesem nicht nur von fiktiven Theologen geäußerten Verdacht kann die Komik zunächst nur im Dienst der moralischen Belehrung und der satirischen Entlarvung des Bösen eine Rechtfertigung finden. Doch kommt es im Lauf des Spätmittelalters in der Schwanklite-

ratur zu Veränderungen, die die moralische Eindeutigkeit aufbrechen und andere, von moralischer Wertung freie, subversive, anarchische Motive des Lachens sichtbar werden lassen: Schadenfreude, Vergnügen an Witz, List und Schlagfertigkeit, an der Verletzung (vor allem) sexueller Tabus, sozialer Normen und Regeln der Logik.

SCHWANK UND SCHWANKROMAN. Das 16. Jahrhundert ist die große Zeit der Schwankbücher. Es erscheinen zahlreiche Sammlungen schwankhafter Kurzerzählungen, die Material aus mittelalterlichen Exempel- und Geschichtensammlungen und der humanistischen Fazetienliteratur vereinigen und dabei bald die moralische Belehrung hinter dem Lachen über die Vielfalt des Lebens zurücktreten lassen. Am Anfang steht noch die didaktische Variante: Johannes Paulis *Schimpf und Ernst* (1522) war ursprünglich als Hilfsbuch für Prediger und als erbauliche Lektüre gedacht, wurde aber dank seiner Weltfülle und des großen Anteils scherzhafter Geschichten (»Schimpf«) ungemein populär und diente den folgenden Schwankbüchern als Quelle. Diese machten ihre unterhaltende Funktion – Zeitvertreib auf Reisen, bei Gesellschaften und bei anderen Gelegenheiten – vielfach schon im Titel deutlich: Jörg Wickrams *Rollwagenbüchlin* (1555), Jacob Freys *Garten Gesellschafft* (1556), Martin Montanus' *Wegkürtzer* (1557), Michael Lindeners *Rastbüchlein* (1558) und Hans Wilhelm Kirchhofs *Wendunmuth* (1563–1603) gehören neben zahlreichen anderen Sammlungen hierher.

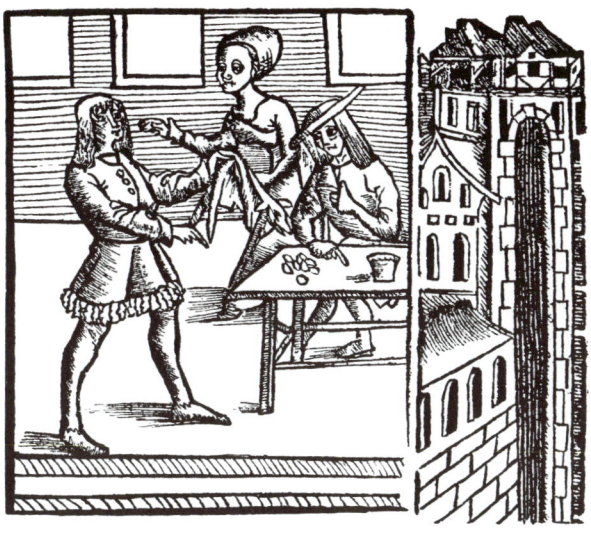

Holzschnitt zur 27. Histori: »wie Ulenspiegel den Landgroffen von Hessen malet und ihm weißmacht, wer unelich wär, der künt es nit sehen.«

Daneben gibt es seit dem Mittelalter zyklische Schwankdichtungen, die die Schwänke um eine Person zentrieren und sie in einen epischen Zusammenhang stellen. Die Geschichte dieser Schwankromane beginnt mit dem *Pfaffen Amîs* (um 1220–50) des Stricker und führt über Hermann Botes *Dyl Vlenspiegel* (um 1510–11) bis hin zu den Narrenkollektiven des *Lalebuchs* (1597) bzw. der *Schiltbürger* (1598). Dabei zeigt sich eine zunehmende Desillusionierung über die Beschaffenheit der Welt. Eulenspiegel etwa wirkt durch seine Tücke, Bösartigkeit und Rücksichtslosigkeit, mit der er die Dümmeren und Schwächeren übervorteilt, Zwietracht sät und Egoismus freisetzt, als eine Art Katalysator, der die Brüchigkeit gesellschaftlicher Strukturen bloßlegt. Und wenn er durch seine Körpersprache, durch seine Lust am Skatologischen und Obszönen, durch sein Wörtlichnehmen von Sprache die Vertrautheit der Welt in Frage stellt, provoziert er auch damit ein eher ungemütliches Lachen.

Titelblatt von Jörg Wickrams *Rollwagenbüchlin*.

JÖRG WICKRAM

um 1505 Jörg (Georg) Wickram als unehelicher Sohn eines Ratsherrn in Colmar geboren. Er erhält keine höhere Schulbildung und arbeitet u. a. als Ratsdiener, leitet zugleich das städtische Schauspielwesen und bemüht sich um die Gründung einer Meistersingergesellschaft
1531–52 Wickram bearbeitet und verfasst Fastnachtsspiele und biblische Dramen
1539 *Ritter Galmy*
1545 *P. Ovidij Nasonis [...] Metamorphosis* (Bearbeitung der nicht erhaltenen mittelhochdeutschen Übersetzung Albrechts von Halberstadt)
1546 Erwerb des Colmarer Bürgerrechts
1551 *Ein Schöne vnd doch klägliche History* (= *Gabriotto und Reinhart*)
1554 *Der Jungen Knaben Spiegel*
1555 *Das Rollwagenbüchlin* (Schwankbuch). Wickram wird Stadtschreiber in Burkheim (Kaiserstuhl)
1556 *Von Gůten vnd Bösen Nachbaurn*
1557 *Der Goldtfaden*
um 1560 Wickram stirbt in Burkheim

Titelblatt zu Jörg Wickrams *Goldfaden*, Straßburg 1557.

GATTUNG

DER BÜRGERLICHE ROMAN

DER WEG ZUM DEUTSCHEN ROMAN. Eigenständige deutsche Prosaromane gibt es erst seit dem Anfang des 16. Jahrhunderts. Vorher bestimmten Übersetzungen und Bearbeitungen ausländischer Texte und Prosaauflösungen mittelhochdeutscher Versromane das Bild. Bei den Übersetzungen zeigt sich – wie schon im Mittelalter – die Vorherrschaft der französischen Epik; daneben stehen Übertragungen lateinischer Prosatexte. Diese Romane und Prosaauflösungen waren zunächst, entgegen der lange gebräuchlichen, aber irreführenden Bezeichnung ›Volksbücher‹, Bücher für den Adel oder das städtische Patriziat; nur hier bestanden die erforderlichen finanziellen und bildungsmäßigen Voraussetzungen. Zu den erfolgreichsten Texten französischer Herkunft im 15. und 16. Jahrhundert gehört die Geschichte »von einer frowen genant Melusine die ein mer faye« war, die Thüring von Ringoltingen 1456 in einer deutschen Fassung vorlegte (Erstdruck 1474). Werke dieser Art, vielfach Erinnerungen an eine feudale Ritterwelt, verschwinden auch im 16. Jahrhundert nicht und erhalten mit der Ritterromanserie des *Amadís* (deutsche Fassung 1569–95 in 26 Bänden) in der zweiten Jahrhunderthälfte sogar neuen Auftrieb, doch erwächst ihnen eine Konkurrenz durch Romane, in denen unverkennbar von der eigenen bürgerlichen Gegenwart gesprochen wird.

GELD. Der Geist der neuen Zeit prägt den anonymen *Fortunatus*-Roman von 1509, den ersten deutschen Roman, der nicht auf einer fremden Vorlage beruht. Es handelt sich um eine drei Generationen umspannende Geschichte von Aufstieg und Niedergang einer Familie, die trotz aller Märchenmotivik (Säckel, Wunschhütlein) als exemplarische Darstellung der Macht und der Gefahr des Geldes zu verstehen ist. Geld ist der entscheidende Beweggrund hinter allem Geschehen, der Maßstab, an dem alles gemessen wird: Ausdruck einer neuen Lebens- und Wirtschaftsform, der der Autor, Zeitgenosse der Fugger und Welser, skeptisch gegenübersteht und die ihn zugleich fasziniert. Neue Akzente setzt auch Hermann Bote, der in dem fast gleichzeitigen *Dyl Vlenspiegel* (um 1510–11) die Lebenswelt des Stadt- und Zunftbürgertums einbezieht. Diesem inhaltlichen Modernisierungsprozess entsprechen in der weiteren Entwicklung des deutschen Romans im 16. Jahrhundert Bemühungen um eine Differenzierung der Erzähltechnik, die vor allem einer Verbesserung der Motivierung von Erzählzusammenhängen gelten. Den Höhepunkt der Gattung bilden, ungeachtet wichtiger anonymer Einzelleistungen (*Historia von D. Johann Fausten*, 1587; *Das Lalebuch*, 1597), die Romane Jörg Wickrams.

JÖRG WICKRAM UND DER BÜRGERLICHE ROMAN. Am Anfang von Wickrams Romanschaffen stehen mit *Ritter Galmy* und *Gabriotto und Reinhart* zwei didaktische Lie-

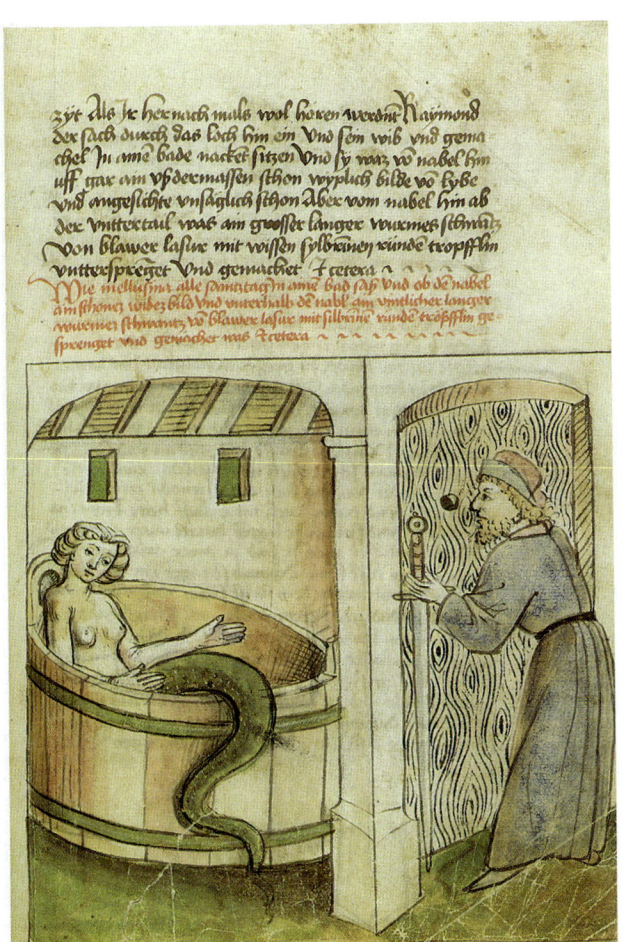

Melusine im Bade, Illustration aus einer Handschrift der *Melusine* Thürings von Ringoltingen. Obwohl der 1456 entstandene Roman bereits 1474 gedruckt wurde, sind 16 Handschriften überliefert.

besgeschichten, die in ritterlich-höfischem Milieu spielen. Mit den folgenden Werken jedoch wird Wickram zum Begründer des modernen bürgerlichen Romans in Deutschland. So zeigt *Der Jungen Knaben Spiegel*, eine Art Erziehungsroman auf der Grundlage des Gleichnisses vom verlorenen Sohn, eine Welt, in der nicht Geburt, sondern Tüchtigkeit und Leistung Glück und Erfolg garantieren. Und der Roman *Von Guten und Bösen Nachbaurn* entwirft das Modell eines auf Freundschaft und guter Nachbarschaft gegründeten Zusammenlebens, das dank bürgerlicher Arbeitsmoral, sorgfältiger Erziehung und Ausbildung den nachfolgenden Generationen einen stetigen wirtschaftlichen Aufstieg zu garantieren scheint. Märchenhafte Züge freilich trägt Wickrams erfolgreichster Roman *Der Goldtfaden* (1557), erneuert 1809 von Clemens Brentano, der Motive des Ritterromans mit einer ausgesprochen bürgerlichen Vorstellung sozialen Aufstiegs verbindet: Es ist die »Histori von eines armen hirten son / Lewfrid genant«, einem Ausbund ritterlicher und vor allem bürgerlicher Tugenden wie Fleiß, Gehorsam und Leistung, der schließlich die Hand der Grafentochter Angelina gewinnt.

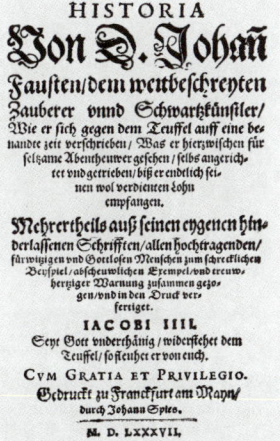

Titelblatt des ältesten Drucks der *Historia von D. Johann Fausten*, Frankfurt a. M. bei Johann Spies, 1587.

Johann Fischart. Zeitgenössischer Holzschnitt, vermutlich von Christoph Maurer.

AUTOR

JOHANN FISCHART

LEHRE, POLEMIK UND SATIRE. Fischarts sprachgewaltiges, schwer überschaubares Werk stellt eine Art Summe des Wissens, der moralischen und religiösen Denkweisen, der geschichtlichen Erfahrungen und der literarischen Überlieferungen des 16. Jahrhunderts dar. Die Spannweite seiner Interessen war beträchtlich, sein polemisches Temperament maßlos. Entsprechend vielfältig und spannungsvoll erscheint sein Werk. Heftige Polemiken aus calvinistischer Perspektive gegen die Institution der katholischen Kirche stehen neben sachlich-lehrhaften biblischen Historien, Sprüchen und geistlichen Lehrschriften; Übersetzungen bzw. Editionen von Hexenschriften (Jean Bodin, *Hexenhammer*) weisen ihn als Anhänger des Hexenglaubens und Verfechter der Hexenprozesse aus; humanistisches Städtelob und Lob bürgerlicher Tüchtigkeit und Nachbarschaft sowie von protestantisch-bürgerlichem Geist geprägte Schriften zu Ehe, Familie und Kinderzucht zeigen ihn als Vertreter einer freien Stadtkultur. Den literarischen Rang Fischarts bestimmt jedoch vor allem sein satirisches Werk, mit dem er an die oberrheinische Satiretradition seit Sebastian Brant und Thomas Murner anknüpft. Dazu zählen u.a. eine *Eulenspiegel*-Bearbeitung in Versen, die groteske ›Tierdichtung‹ *Flöh Haz / Weiber Traz*, eine von François Rabelais angeregte Satire auf Kalendermacherei und Wahrsagepraktiken und – Höhepunkt seines Schaffens überhaupt – die Bearbeitung von Rabelais' *Gargantua* (1534), des ersten Buchs von *Gargantua und Pantagruel*.

»GESCHICHTKLITTERUNG«. Fischarts deutscher Rabelais erschien 1575, 1582 und 1590 in jeweils erweiterten Fassungen, bis der Roman schließlich den drei- bis vierfachen Umfang des französischen Originals erreichte. Zunächst gab ihm Fischart den Obertitel *Affenteurliche vnd Vngeheurliche Geschichtschrift*; durchgesetzt hat sich der veränderte Titel der zweiten Auflage: *Affentheurlich Naupengeheurliche Geschichtklitterung*. Die Handlung folgt ei-

BIOGRAFIE

1546 Johann Fischart gen. Mentzer in Straßburg als Sohn eines aus Mainz stammenden Gewürzkaufmanns geboren
1565–70 Nach dem Besuch des Straßburger Gymnasiums und Privatunterricht Bildungsreisen (Niederlande, London, Paris, Italien)
1572 *Aller Practick Großmůtter; Das Sechste Buch. Vom Amadis auß Franckreich* (Übersetzung); *Eulenspiegel Reimensweiß*
1573 *Flöh Haz / Weiber Traz*
1574 Promotion zum Doktor beider Rechte in Basel, nachdem er wahrscheinlich 1668–69 in Siena mit dem Jurastudium begonnen hatte. Mitarbeit in der Druckerei Bernhard Jobins in Straßburg
1575 *Affenteurliche vnd Vngeheurliche Geschichtschrift*; erweiterte Fassungen 1582 und

Groteske Illustrationen aus der französischen Ausgabe von Rabelais' *Songes drolatiques de Pantagruel* (1565).

nem einfachen Schema, das auf den Ritterroman zurückgeht: Herkunft, Jugend und Taten des Helden, des Riesen Gargantua. Dieser Rahmen ist mit vielen Einzelepisoden gefüllt, die Rabelais und auf seine Weise auch Fischart nutzen, um zeitgenössische Missstände – Rechts- und Erziehungswesen, scholastische Theologie, Mönchtum – zu kritisieren und dem Gelächter preiszugeben. Als utopischer Gegenentwurf erscheint die weltliche Abtei Thelem (Thélème) am Ende des *Gargantua*, eine Schule der Humanität und der Bildung, gegründet auf individuelle Freiheit. Das alles steht auch bei Fischart, wird aber durch Einschübe, Erweiterungen, Exkurse, riesige assoziative Wortreihungen und andere Sprachmanipulationen fast zugedeckt. Die grotesken Züge sind bei Rabelais durchaus schon angelegt, aber Fischart steigert sie zu einer monströsen, absurden, wuchernden Sprachorgie ohne Beispiel in der deutschen Literatur. Einen Höhepunkt erreicht dieses Verfahren in der berühmten »Truncken Litanei«, die in 30 Seiten ohne Absatz und Pause – drei Seiten bei Rabelais – die Reden und Rufe, das Gestammel und das Geschrei eines Zechgelages zu einem rhythmisch mitreißenden Sprachstrom montiert: »da riß und schält man den wein auß Potten, auß Pinten, auß Kelchen, Napffen, Gonen: Kellen: Hofbechern: Tassen: Trinckschalen: Pfaffenmasen: Stauffen von hohen stauffen: Kitten: Kälten: Kanuten: Köpffen: Knartgen: Schlauchen: Pipen: Nussen: Fiolen […].« Fischarts satirischer, ins Groteske gesteigerter Roman bietet dem Leser »ein verwirretes vngestaltes Muster der heut verwirrten vngestalten Welt«, mit dem pädagogischen Ziel jeder Satire, »sie von jhrer verwirrten vngestalt vnd vngestalter verwirrung abzuführen«. So jedenfalls rechtfertigt er sein alle Grenzen sprengendes Unternehmen.

1590: *Affentheurlich Naupengeheurliche Geschichtklitterung*
1576 *Neue Künstliche Figuren Biblischer Historie*
1577 *Das Glückhafft Schiff von Zürich; Podagrammisch Trostbüchlin*
1578 *Das Philosophisch Ehzuchtbüchlin*
1580–83 Jurist am Reichskammergericht in Speyer
1580 *Das Jesuiterhütlein*
1581 *De Daemonomania Magorum* (Bodin-Übersetzung)
seit 1583 Amtmann in Forbach
um 1590 Fischart stirbt in Forbach

16. Jahrhundert

Das Schlaraffenland (1566), allegorisches Gemälde von Pieter Breughel d. Ä.; satirische Kritik an der Maßlosigkeit und Torheit der Welt.

ZEITRAUM

17. JAHRHUNDERT

ZUR WORTGESCHICHTE

Die Herkunft des Wortes ›barock‹ ist nicht gesichert. Es gibt zwei Möglichkeiten: Es leitet sich entweder vom mittellateinischen *baroco* her, einem Merkwort für einen später als abstrus empfundenen scholastischen Syllogismus, oder dem portugiesischen *pérola barroca*, einem Fachausdruck der Juweliere für eine Perle von unregelmäßiger, schiefrunder Form. Im 18. und 19. Jahrhundert wurde ›barock‹ als Geschmacksbegriff mit meist abwertender Bedeutung im Sinn von ›bizarr‹, ›grotesk‹, ›schwülstig‹ usw. verwendet.

1608 Zusammenschluss protestantischer Territorien und Städte zur »Protestantischen Union«
1609 Gegen die protestantische Vereinigung verbünden sich die katholischen Reichsstände unter der Führung Bayerns in der »Heiligen Liga«
1618–48 Dreißigjähriger Krieg
1648 24. Oktober, Münster und Osnabrück: Westfälischer Friede
1681 Unterwerfung der freien Reichsstadt Straßburg im Rahmen der französischen Reunionspolitik
1683 Belagerung Wiens durch die Türken
1685 Aufhebung des Edikts von Nantes; zahlreiche Hugenotten lassen sich in deutschen protestantischen Territorien nieder
1688–97 Pfälzischer Krieg; Frankreich gibt zahlreiche reunierte Gebiete zurück

EPOCHE. Das Heilige Römische Reich Deutscher Nation war im 17. Jahrhundert nur noch ein brüchiges Gebilde, gefährdet von innen und außen. Die Katastrophe des Dreißigjährigen Krieges brachte einen weiteren politischen und ökonomischen Rückschlag. Große Teile des Landes wurden verwüstet, die Bevölkerung im Reich ging von etwa 15 bis 17 Millionen vor dem Krieg auf 10 bis 11 Millionen Menschen im Jahr 1648 zurück. Es dauerte bis ins 18. Jahrhundert hinein, ehe die Bevölkerungsverluste ausgeglichen und der Stand der Vorkriegszeit wieder erreicht wurde. Als europäischer Konflikt war der Dreißigjährige Krieg ein Kampf um die Vorherrschaft in Europa, im Kontext des Reichs ging es um die Machtverteilung zwischen den Reichsständen und der kaiserlichen Zentralgewalt. Kaiser Ferdinand II. konnte sein Ziel, die Stärkung der zentralen Reichsgewalt, nicht erreichen; die zentrifugalen Tendenzen, die durch die Glaubensspaltung eine noch stärkere Dynamik bekommen hatten, ließen sich nicht aufhalten. Der Westfälische Frieden bestätigte vielmehr die Rechte der Territorien und der anderen Reichsstände. Unter diesen Umständen, nach dem Scheitern der reichsabsolutistischen Bestrebungen, bedeutet Absolutismus in Deutschland Territorialabsolutismus.

Der historischen Umbruchssituation entsprechen höchst widerspruchsvolle religiöse, philosophische und wissenschaftliche Entwicklungen. Dies zeigt sich u. a. in dem Nebeneinander von herkömmlicher christlicher Weltauffassung und modernen, vom Humanismus zur Aufklärung tradierten Doktrinen, von religiösem Dogmatismus und mystischen oder neuplatonisch-paracelsischen Strömungen bzw. neuen philosophischen und naturwissenschaftlichen Ansätzen. Eine breite Wirkung, auch auf die Dichtung, ging von der überkonfessionellen, auf praktische Lebensbewältigung gerichteten Philosophie des christlichen Stoizismus aus, wie sie der Niederländer Justus Lipsius formuliert hatte (*De constantia*, 1584; dt. 1599). Gleichwohl führte die politische und konfessionelle Spaltung des Reichs zu einer weitgehend getrennten Entwicklung von protestantischer und katholischer Literatur im Zeitalter des Barock.

BAROCK. Die Kunstgeschichtsschreibung verwendet Barock als Epochen- und Stilbegriff seit 1860; unter dem Einfluss von Heinrich Wölfflins *Kunstgeschichtlichen Grundbegriffen* (1915) folgte die deutsche Literaturwissenschaft in den ersten Jahrzehnten des 20. Jahrhunderts diesem Beispiel. Hier bezeichnete Barock zunächst einerseits einen durch bestimmte Merkmale charakterisierten Stil (ausgeprägte Rhetorisierung der Sprache, gesteigerte Bildlichkeit, Artistik der Form), andererseits die Epoche zwischen Reformationszeit bzw. Renaissance und Aufklärung, in der dieser Stil dominant zu sein schien. Während Barock als

Stilbegriff heute kaum noch eine Rolle spielt, hat er sich in der deutschen Literaturgeschichte als neutrale Epochenbezeichnung für die Periode von den literarischen Reformbestrebungen um 1600 bis zum endgültigen Durchbruch aufklärerischen Denkens in den ersten Jahrzehnten des 18. Jahrhunderts durchgesetzt. Das war nur möglich, weil man auf die früher mit dem Barockbegriff verbundenen einseitigen und daher unhaltbaren stilistischen und weltanschaulichen Festlegungen verzichtete (Barock als rauschhaft-mystische Sprachkunst, als Kunst der Gegenreformation, als Ausdruck eines antithetischen Lebensgefühls usw.). Der Begriff ist gleichwohl nicht unumstritten, doch keine der vorgeschlagenen Alternativen – etwa Manierismus, Zeitalter des Konfessionalismus bzw. des Absolutismus – scheint konsensfähig zu sein.

Das um 1611 entstandene Gemälde von Peter Paul Rubens zeigt den einflussreichen Begründer des Neostoizismus und Seneca-Herausgeber Justus Lipsius unter der Büste Senecas mit den Brüdern Peter Paul (am linken Bildrand) und Philipp Rubens (mit der Schreibfeder) sowie dem Humanisten Johannes Wouverius (rechts). Der Blick in die Landschaft zeigt den Palatin in Rom.

MARTIN OPITZ

1597 23. Dezember: Martin Opitz in Bunzlau (Schlesien) geboren
1617 *Aristarchus sive de contemptu linguae Teutonicae*, erste Reformschrift (in lateinischer Sprache)
1624 *Buch von der Deutschen Poeterey*
1625 *Acht Bücher Teutscher Poematum*
1626 Sekretär von Karl Hannibal von Dohna, zuständig für die Rekatholisierung Schlesiens
1627 Adelserhebung (»von Boberfeld«)
1629 Verspätete Aufnahme in die »Fruchtbringende Gesellschaft« (»Der Gekrönte«)
1633 Opitz tritt in den Dienst der protestantischen Piastenherzöge Schlesiens; *TrostGedichte In Widerwertigkeit Deß Krieges*
1637 Ernennung zum polnischen Hofhistoriographen
1638 *Geistliche Poemata*
1639 20. August: Opitz stirbt in Danzig an der Pest; postum erscheint die Sammlung *Weltliche Poemata* (1644)

SPRACHGESELLSCHAFTEN

1582 »Accademia della Crusca« (Florenz)
1617 »Fruchtbringende Gesellschaft«, auch »Palmenorden«. Erstes und wichtigstes Oberhaupt war bis zu seinem Tod 1650 Fürst Ludwig von Anhalt-Köthen (»Der Nährende«). Bis 1680 zählte die Gesellschaft annähernd 900 Mitglieder, darunter neben weniger produktiven Adeligen die tonangebenden deutschen Literaten
1633 »Aufrichtige Tannengesellschaft« in Straßburg um Jesaias Rompler von Löwenhalt
1642/43 »Deutschgesinnete Genossenschaft« Philipp von Zesens; sie verlor nach dem Tod ihres Gründers (1689) rasch an Bedeutung
1644 »Pegnesischer Blumenorden« in Nürnberg, begründet von Georg Philipp Harsdörffer und Johann Klaj
1658 »Elbschwanorden« um Johann Rist

LITERATURBETRIEB

DIE LITERATURREFORM

ERNEUERUNG IM GEIST DES HUMANISMUS. Im europäischen Kontext der Frühen Neuzeit war Deutschland eine ›verspätete Nation‹, politisch im Hinblick auf den Prozess, der in anderen Ländern zur Herausbildung moderner Nationalstaaten führte, literarisch im Vergleich zu den volkssprachlichen Renaissanceliteraturen Süd- und Westeuropas. Anfang des 17. Jahrhunderts wurde die kulturelle und literarische Diskrepanz zum Problem: Den Dichtern der italienischen Renaissance, der französischen Pléiade, des spanischen und holländischen ›Goldenen Zeitalters‹ oder der Elisabethanischen Ära hatte man in der eigenen Sprache nichts entgegenzusetzen. Diese Erkenntnis löste schließlich, nicht ohne patriotische Emphase, konsequente Reformbestrebungen mit dem Ziel einer neuen »Poesie in unserer Muttersprach« (Martin Opitz) aus. Dabei erwies sich der Diplomat Opitz als treibende Kraft.

Der Anschluss an das internationale Niveau ließ sich nur gewinnen, wenn man sich an humanistischen Konzepten und dem Vorbild der italienischen, französischen oder niederländischen Renaissancepoesie orientierte. Francesco Petrarca, Pierre de Ronsard oder Daniel Heinsius, aber auch die in der Nachfolge der Antike ausgebildeten Form- und Stilmuster der neulateinischen Dichtung setzten die

Maßstäbe, nicht die deutschsprachige Dichtung der unmittelbaren Vergangenheit mit ihren Meistergesangsgesetzen, Knittel- und Kirchenliedversen. Die neue Dichtung blieb, wie die neulateinische Poesie der deutschen Humanisten, Reservat einer elitären Schicht, wenn auch jetzt in der Volkssprache.

GRENZEN DER REFORM. Die gelehrte Kunstdichtung in deutscher Sprache setzte sich nicht überall durch. Ältere Traditionen volkstümlicher Dichtung brachen nicht durchweg ab. Außerdem verweigerten sich die katholischen Territorien Süd- und Westdeutschlands weitgehend der Sprach- und Dichtungsreform und führten eigene, lateinische und deutsche, Überlieferungen weiter. Nur wenige der katholischen Autoren schlossen sich der von protestantischer Seite angeregten und betriebenen Sprach- und Literaturreform an. Die übrigen behaupteten ihre Eigenständigkeit und setzten auf eine Doppelstrategie: Sie führten eine der europäischen katholischen Tradition verpflichtete neulateinische Produktion fort, und mit Blick auf ein breiteres Publikum entstand zugleich im Dienst der katholischen Gegenreformation eine auf der süddeutschen Sprachtradition beruhende volkssprachliche Literatur vorwiegend religiösen Charakters.

SPRACHGESELLSCHAFTEN. Wesentlichen Anteil an der Durchsetzung des literarischen Reformprogramms hatten die Sprachgesellschaften, lose Vereinigungen von Autoren und anderen Sprach- und Literaturinteressierten. Die erste und bedeutendste Sprachgesellschaft, die »Fruchtbringende Gesellschaft«, wurde 1617 nach dem Vorbild der italienischen »Accademia della Crusca« gegründet und hatte sich die »erbawung wolanstendiger Sitten« und die Pflege der deutschen Sprache zur Aufgabe gemacht. Die Verbindung von Sprach- und Tugendpflege ergibt sich aus der zeitgenössischen Auffassung, dass ein enger Zusammenhang zwischen dem Zustand der Sprache und der moralischen Verfassung eines Volkes vorliege. Erfolg hatten die Sprachgesellschaften vor allem mit der Förderung von Übersetzungen kulturell und literarisch Maßstäbe setzender ausländischer Vorbilder. In der »Fruchtbringenden Gesellschaft« hatten, bis auf wenige Ausnahmen, Geistliche keinen Zutritt. Auch Frauen waren ausgeschlossen. Erst die »Deutschgesinnete Genossenschaft« und der »Pegnesische Blumenorden« nahmen Frauen auf.

Vorderseite des Schilds der »Fruchtbringenden Gesellschaft« (Öl auf Leinwand, um 1650). »Alles Zu Nutzen« ist der Wahlspruch der Gesellschaft; das Porträt ihres Mitbegründers und ersten Oberhaupts Fürst Ludwig von Anhalt-Köthen ist vor dem Hintergrund einer Palmenlandschaft an einen Palmbaum gebunden. Die Gesellschaft hatte sich den »Indianischen Palmen- oder Nussbaum« zu ihrem Wahrzeichen gewählt – daher auch die Bezeichnung »Palmenorden« –, weil er an Nützlichkeit von keiner anderen Pflanze übertroffen werde. Wie die Gesellschaft selbst besaßen die einzelnen Mitglieder Namen, Wahlsprüche und Symbole, die in der Regel den Nützlichkeits- und Fruchtbarkeitsgedanken aufnahmen und Bilder aus der Pflanzenwelt bevorzugten.

Linke Seite: **Martin Opitz**. Das Gemälde entstand während Opitz' Aufenthalt in Danzig (1636–39); den Maler Bartholomäus Strobel pries Opitz in seinen Gedichten.

POETIK

DICHTUNG UND RHETORIK

Allegorische Darstellung der Rhetorik von Christophoro Giarda (*Icones Symbolicae*, Mailand 1626). In ihr finden sich Elemente verschiedener Rhetorik-Ikonographien: Eine Krone trägt die Rhetorik in vielen mittelalterlichen Darstellungen, der Merkurstab (*caduceus*) ist ein Attribut des Gottes Hermes, der für die Beredsamkeit steht, und die feinen Ketten vom Mund der personifizierten Eloquenz zu den Ohren von Zuhörern oder hier einem dreiköpfigen allegorischen Tier stammen von der Figur des *Hercules Gallicus*, die nach Lukian bei den Galliern die Beredsamkeit verkörperte: ein Mann, der eine Volksmenge hinter sich her zieht, mit Ketten von seinem Mund zu den Ohren der Leute.

RHETORISCHE DICHTUNGSAUFFASSUNG. Poesie bildet als ›gebundene Rede‹ einen Teil der Redekunst: Diese Ansicht, ein Erbe der Antike, ist grundlegend für das Verständnis von Dichtung und Poetik in der Frühen Neuzeit. Wenn Opitz den vornehmsten Zweck der Dichtung in »vberredung vnd vnterricht auch ergetzung der Leute« sieht, so verwendet er damit Kategorien der Rhetorik – *persuadere, docere, delectare* – und definiert Literatur als auf Wirkung angelegte Kunst; sie hat, und das betrifft alle Gattungen, einen ›Zweck‹.

Von der Rhetorik übernimmt die Poetik auch die grundlegende Unterscheidung von *res* und *verba*, Sachen (Gegenständen, Themen der Dichtung) und Wörtern, und die daraus folgende Gliederung: »erfindung« (*inventio*), »eintheilung« (*dispositio*) und »zuebereitung und ziehr der worte« (*elocutio*). Dazu kommt als eigenes Moment der Poesie nur noch die Verskunst. Dass dieses Nacheinander seine Logik hat, macht der Nürnberger Poetiker Georg Philipp Harsdörffer in seinem *Poetischen Trichter* (1647–53) deutlich: »Wann ich einen Brief schreiben will / muß ich erstlich wissen / was desselben Inhalt seyn soll / und bedencken den Anfang / das Mittel / das End / und wie ich besagten Inhalt aufeinander ordnen möge / daß jedes an seinem Ort sich wolgesetzet / füge: Also muß auch der Inhalt / oder die Erfindung deß Gedichts erstlich untersucht / und in den Gedanken verfasset werden / bevor solcher in gebundener Rede zu Papier fliesse. Daher jener recht gesagt: *Mein Gedicht ist fertig / biß auf die Wort.*«

STILLEHRE. Die Stillehre ist das differenzierteste und komplexeste Teilgebiet der Rhetorik. Wie die Suchkategorien der Topik für die Sammlung der Materialien und Argumente (*inventio*) und die Dispositionsschemata für die Gliederung konnte die rhetorische Stillehre unmittelbar auch in der Dichtkunst Verwendung finden. Das gilt für die Unterscheidung von drei Stilebenen – hoher, mittlerer, niederer Stil –, die sich durch die Zuordnung zu bestimmten Gegenstandsbereichen und den Ständen der Gesellschaft einerseits und den Gattungen andererseits zur so ge-

TOPIK

Topik ist die Bezeichnung der Rhetorik für die systematisierte Lehre von den Fundstätten (*topoi, loci*) der Beweise. Mit Hilfe der Topik soll dem Redner, umfassende Sachkenntnisse sind vorausgesetzt, im Rahmen der *inventio* das Auffinden geeigneter Gedanken und Argumente für seine Rede erleichtert werden. Die Fundstätten ergeben sich zum einen aus der Person (*loci a persona*), zum andern aus der Sache (*loci a re*). Fundorte zur Person sind beispielsweise Abstammung, Nationalität, Geschlecht, Alter, Beruf, Namen, aus der Sache folgende Fundstätten sind u. a. Ursache, Ort, Zeit, Möglichkeit, Definition, Ähnlichkeit, Umstände. Im Zusammenhang mit der rhetorischen Dichtungsauffassung in Humanismus und Barock erhielt die Topik eine große Bedeutung für die Literatur, insbesondere auch für die Verfertigung von Gelegenheitsgedichten.

nannten Ständeklausel verdichtete, es gilt für die stilistischen Mittel, die in einer dem Gegenstand, dem Publikum und dem angestrebten Wirkungsziel angemessenen Weise einzusetzen waren. Sie standen, nach rhetorischen Figuren und Tropen klassifiziert, in Handbüchern und Blütenlesen zur Verfügung.

DEUTSCHE POETIKEN. Die deutschen Poetiken konnten sich mit knappen Verweisen auf diese Vorstellungen begnügen; sie waren den Gebildeten durch ihre Schul- und Universitätsausbildung vertraut und Bestandteil humanistischer Lehrbücher. Worauf es nun ankam, waren sprachliche und verstechnische Anweisungen, die zur neuen humanistischen Kunstdichtung in deutscher Sprache hinführten. Sie bot als Erster und mit wünschenswerter Klarheit und Einfachheit Martin Opitz in seinem *Buch von der Deutschen Poeterey* (1624), in dem er die Metrik nach niederländischem Vorbild auf eine neue Grundlage stellte: Wie in der antiken Metrik bestimmen nun Versfüße die Gliederung des Verses, wobei nach Opitz nur die alternierenden Versmaße – Jamben und Trochäen – der deutschen Sprache gemäß sind; anders als in der Antike sollen die Silben nicht nach ihrer Dauer, sondern »aus den accenten vnnd dem thone« gemessen werden, damit zu erkennen ist, welche Silbe in die Hebung bzw. Senkung des Versfußes gehört. Erweiterungen der engen Vorschriften wurden bald vorgenommen; während Opitz nur Jamben und Trochäen akzeptierte, führten Augustus Buchner, Philipp von Zesen, Georg Philipp Harsdörffer und andere daktylische und anapästische Verse ein und versuchten sich in frei erfundenen Mischformen und Nachahmungen antiker Odenstrophen. Anders als die Alternationsregel blieb der zweite Grundsatz, die Beachtung des ›natürlichen‹ Wortakzents, von Dauer.

Die Poesie (1668/69), allegorisches Gemälde von Claude II. Audran, ursprünglich Teil der Ausstattung der Gemächer des Dauphins in den Tuilerien. Die Allegorie der Poesie erscheint mit ihren traditionellen Kennzeichen: bekränztes Haupt, entblößte Brust, Fanfare zu ihren Füßen. Folianten tragen die Autornamen Ovid, Vergil und Corneille; sie stehen für ein an der Antike orientiertes klassizistisches Programm.

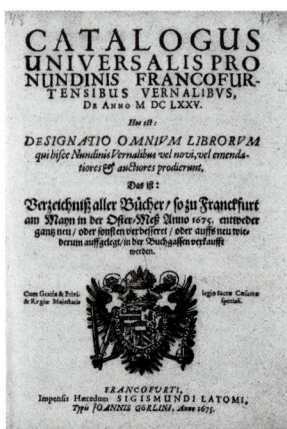

Titelseite eines Frankfurter Messkatalogs von 1675.

BUCHPREISE

Bücher waren verhältnismäßig teuer. Zwar gab es keine Festpreise, doch Regeln, nach denen sich der Verkaufspreis richtete: Umfang, Ausstattung (Kupfer) und Entfernung des Druckorts vom Verkaufsort bestimmten die Kalkulation. Die umfangreichen höfisch-historischen Romane der Zeit konnten sich nur relativ wohlhabende Leute – höhere Beamte, Adelige – leisten, denn der Preis von 8 Reichstalern, der für Lohensteins *Arminius* (1689–1690) angesetzt wird, entsprach dem Monatsgehalt eines niederen Beamten. Und auch für Grimmelshausens wesentlich weniger umfangreichen und weniger gut ausgestatteten *Simplicissimus Teutsch* (1668–69) hätten ein Schulmeister oder eine Magd ein bis zwei Wochen arbeiten müssen.

Jost Ammann, *Der Kramer mit der newen Zeitung*, Radierung von 1588. Um die Fülle der Flugschriften und Flugblätter an den Mann zu bringen, zogen so genannte Kolporteure als Hausierer durch Stadt und Land, nicht immer zur Freude der Obrigkeit, wenn es um sensible politische und religiöse Themen ging.

LITERATURBETRIEB

BUCHMARKT

PRODUKTION. Wie die übrige Wirtschaft wurde auch die Buchproduktion durch den Dreißigjährigen Krieg stark beeinträchtigt. Die aus den – allerdings unzuverlässigen – Messkatalogen gewonnenen Zahlen zeigen einen deutlichen Rückgang der Produktion seit 1620; erst im 18. Jahrhundert werden die Vorkriegszahlen wieder erreicht. Verzeichnen die Messkataloge für das Jahr 1618 genau 1757 Neuerscheinungen, so sind es 1634 nur noch 787. An erster Stelle, mit über 40 % der Gesamtproduktion, steht im ganzen 17. Jahrhundert die Theologie. Die Bereiche Recht, Medizin, Geschichte und – eher vage definiert – philosophische Wissenschaften kommen auf einen Anteil von etwa 50 %. Den schmalen Rest teilen sich Musik und Dichtung. Wesentliche Verschiebungen finden hier erst im Lauf des 18. Jahrhunderts statt. Bereits im 17. Jahrhundert beginnt jedoch eine andere wichtige Entwicklung, gekennzeichnet durch das Vordringen der deutschen Sprache: Erscheinen im Jahr 1600 nur 292 deutsche Bücher gegenüber 700 in lateinischer Sprache, so nimmt der Anteil der deutschsprachigen Produktion allmählich zu, bis schließlich – noch vor der Jahrhundertwende – mehr deutschsprachige als lateinische Druckerzeugnisse in den Katalogen angezeigt werden (1692, dem Jahr der endgültigen Wende, sind es 397 lateinische und 415 deutsche Bücher). 1740 haben sich die prozentualen Verhältnisse gegenüber 1600 umgekehrt.

VERLEGER UND AUTOR. Der große Buchhandelsverkehr fand auf den Buchmessen in Frankfurt a. M. und Leipzig statt. Die Verleger, die zugleich Buchhändler waren, tauschten ihre Erzeugnisse, in Buchfässern ungebunden angeliefert, mit Produkten anderer Verleger. Der Verkehr wurde nahezu bargeldlos vollzogen; zu größeren Honoraren waren die mit niedrigem Kapital arbeitenden Verleger nicht in der Lage. Und da bei der politischen Zersplitterung des Reichs die landesherrlichen oder kaiserlichen Privilegien kaum Wirkung hatten, machte sich die Praxis des unberechtigten Nachdrucks breit; dabei ging nicht nur der ursprüngliche Verleger, sondern auch der Autor leer aus. Für die meisten gelehrten Schriftsteller der Zeit spielten finanzielle Erwägungen allerdings nur eine Nebenrolle.

LESER. Exakte Angaben zu Größe und Art des Lesepublikums im 17. Jahrhundert sind kaum möglich. Einigermaßen überschaubar ist das

Der Buchhändler. Aus Christoph Weigels *Abbildung Der Gemein-Nützlichen Haupt-Stände* (1698).

BUCHMESSEN UND MESSKATALOGE

Während in der Frühzeit des Buchhandels Bücher von reisenden Buchführern und Kolporteuren auf Märkten und Messen vertrieben wurden, richteten Buchdrucker und Verleger seit dem 16. Jahrhundert feste Ladengeschäfte oder Niederlassungen ein. Um bei der zunehmenden Buchproduktion die Orientierung zu erleichtern und den Absatz der in Frankfurt eingekauften neuen Bücher zu fördern, druckte der Augsburger Verleger und Sortimenter Georg Willer 1564 den ersten Katalog der Neuerscheinungen: *Novorum librorum, quos nundinae autumnales Francofurti anno 1564 celebratae venales exhibuerunt, catalogus*. Daraus wurde eine regelmäßige Einrichtung, ein Verzeichnis, das zweimal im Jahr erschien und für Buchhändler und Gelehrte trotz seiner Lückenhaftigkeit beträchtlichen Nutzen besaß. Neben Büchern in den klassischen Sprachen wurden deutschsprachige Bücher und dann auch Bücher in lebenden Fremdsprachen verzeichnet. Willer erhielt 1598 eine amtliche Frankfurter Konkurrenz, konnte sich aber bis 1627 behaupten. In Leipzig erschienen Messkataloge seit 1594. Die zunehmende Bedeutung Leipzigs für den deutschen Buchhandel im 18. Jahrhundert führte 1750 zur Einstellung des Frankfurter Messkatalogs.

Publikum der gelehrten Literatur. Hier schreiben Gelehrte für Gelehrte. Allerdings muss man den Kreis der Akademiker – man hat diesen Personenkreis im 17. Jahrhundert auf durchschnittlich 60 000 geschätzt – um eine Zwischenschicht erweitern, die zwar keine abgeschlossene Universitätsausbildung vorweisen konnte, aber durch den Besuch einer Lateinschule und vielleicht ein abgebrochenes Studium eine gewisse Bildung erworben hatte. Zu dieser Schicht zählten viele Kaufleute, Buchdrucker, Apotheker, Wundärzte, kleine Advokaten und Schreiber (wie der bedeutendste Romancier des Jahrhunderts, Grimmelshausen). Aber auch der ungebildete »Pöbel«, so die Terminologie der gelehrten Literaten, d. h. große Teile der Landbevölkerung sowie die städtischen Unter- und Mittelschichten, blieb nicht ohne Literatur. Hier lebte die ›Volkspoesie‹ in ihren verschiedenen Formen, überwiegend mündlich weiterverbreitet (Vorlesen, Predigt, Aufführung), hier wurden Lieder gesungen, Zeitungen, Flugblätter, Volks- und Schwankbücher, Kalender, aber auch die Bibel und Erbauungsbücher gelesen bzw. vorgelesen.

»ZEITUNGS LUST UND NUTZ«

Dies ist der Titel eines Buches von Kaspar Stieler, das 1695 »derer so genanten Novellen oder Zeitungen / wirckende Ergetzlichkeit / Anmut / Notwendigkeit und Frommen« darstellt. Stieler war keine Ausnahme, das Thema Zeitungen wurde seit ihrem Aufkommen diskutiert, wobei sich negative und positive Stimmen die Waage hielten. Einerseits gab es die Besorgnis, dass allzu viele Informationen für breitere Bevölkerungskreise eher schädliche Auswirkungen hätten, andererseits erkannten weltoffene Gelehrte die Chancen, die das neue Medium bot. Zu diesen gehörte Christian Weise, der 1676 eine gelehrte lateinische Schrift über den Nutzen der Zeitungen veröffentlichte und dabei ihren Quellenwert für historische und politische Studien und den Unterricht hervorhob (*Schediasma curiosum de lectione novellarum*). Eine zu einem Kompendium erweiterte Neufassung ließ er 1703 folgen: *Curieuse Gedancken von den Nouvellen oder Zeitungen*.

Neben den Nutzen stellt Stieler die Freude, die das Zeitunglesen bringe: »Es bedenke ein aufgewecktes Herz / was dieses vor eine Süsse bringe / wenn ich in meiner Stube verständiget werden kan / was dieser und jener König geredet / wessen er sich unterfangen / und / was diejenige Partey / derer ich zugethan bin / ausgerichtet hat? Da reise ich in Gedanken durch die weite Welt / ich schiffe über Meer / bin bey den See- und Land-Schlachten gegenwärtig / schaue zu / wie man die Flügel schwinget / auf einander feuer giebet / Gefangene hinweg führet / Stücke vernagelt / Minen sprenget und Beute machet / und dieses alles ohne einzige Gefahr / Mühe und Kosten. Ich versetze keinen Fuß und erhebe doch ein Jubel-Geschrey in meinen Gedanken […].«

MEDIEN

FLUGBLATT UND ZEITUNG

INFORMATION, BELEHRUNG UND PROPAGANDA. Das einseitig bedruckte großformatige ›fliegende Blatt‹ wurde seit Beginn des Buchdrucks als publizistisches Medium zur schnellen Verbreitung von Neuigkeiten und Meinungen eingesetzt. Es musste, da es zum Verkauf bestimmt war, durch Aufmachung und Inhalt unmittelbar attraktiv wirken. Dabei kam den Illustrationen – Holzschnitte im 16., Kupferstiche und Radierungen im 17. Jahrhundert – eine wichtige Rolle zu. Die Texte weisen eine große Mannigfaltigkeit auf; das Medium Flugblatt ist offen für unterschiedliche Gattungen und Formen: Lied, Epigramm, Traktat- oder Predigtprosa, Rätsel, Satire, Parodie, Kontrafaktur usw. Zahlreiche Blätter in lateinischer Sprache zeigen, dass auch das gebildete Publikum zu den Zielgruppen gehörte.

Anfänglich vor allem der Morallehre gewidmet, erweiterte sich mit der Reformation das Themenspektrum des Flugblatts; es wurde zunehmend als Instrument politischer und religiöser Propaganda und Polemik genutzt. Zugleich übernahm es mit der Verbreitung von außergewöhnlichen Neuigkeiten und Ereignissen – oft unter dem anpreisenden Titel ›Neue Zeitung‹ – die Rolle der Sensationspresse und

Links: **Titelseite** einer Nummer des in Hamburg erscheinenden *Nordischen Mercurius* von 1666. Die von dem Lyriker, Übersetzer und Sachbuchautor Georg Greflinger seit 1665 redigierte Zeitung erschien zweimal wöchentlich. Sie entwickelte sich zu einem der bedeutendsten Korrespondenzblätter und hatte, später geleitet von Greflingers Söhnen, bis 1730 Bestand.

Rechts: **Abbildung aus** *Türckis. Estats- und Krieges-Bericht* von 1683, einer Zeitung mit Berichten aus dem Türkenkrieg.

berichtete von Kometen, Missgeburten, Wundergeschichten, spektakulären Verbrechen, Katastrophen oder auch Kriegsereignissen. Im Dreißigjährigen Krieg diente das Flugblatt, massenhaft verbreitet, der politischen Propaganda, thematisierte aber auch wirtschaftliche und soziale Missstände (z. B. ›Kipper-und-Wipper‹-Inflation, Notlage der Bauern u. a.); Höhepunkte stellen die publizistischen Kampagnen gegen Friedrich V. von der Pfalz, den kaiserlichen Feldherrn Tilly oder die Jesuiten dar.

NACHRICHTEN. Als Nachrichtenmedium verlor das Flugblatt im Verlauf des 17. Jahrhunderts an Bedeutung; die Zeitung (mittelniederdeutsch *tidinge* ›Nachricht‹) trat an seine Stelle. Die ersten Zeitungen, d. h. regelmäßig, mindestens einmal wöchentlich erscheinende Blätter, entstanden aus den älteren handgeschriebenen Nachrichtenbriefen und konnten bereits auf ein entwickeltes Korrespondentenwesen und Postsystem zurückgreifen. Die ältesten deutschen Zeitungen sind Anfang des 17. Jahrhunderts nachweisbar (Straßburg 1605), um 1700 gab es bereits etwa 60 miteinander konkurrierende Blätter. Die erste Tageszeitung erschien 1650 in Leipzig. Die frühen Zeitungen referierten politische, militärische, dynastische und andere Nachrichten von öffentlichem Interesse, kommentarlos und in der Regel nicht nach sachlichen Kriterien, sondern nach der Reihenfolge des Posteingangs angeordnet. Zeitungsherausgeber und Korrespondenten verstanden sich als Chronisten des Weltgeschehens; auf diesem Verständnis gründete sich auch die Hochschätzung der Zeitung bei den Gelehrten des 17. und 18. Jahrhunderts. Literarische Beiträge, aber auch Anzeigen von Buchhändlern und Verlegern finden sich bereits in den Zeitungen des 17. Jahrhunderts. Die erste Fortsetzungsgeschichte erschien 1668 in Georg Greflingers *Nordischem Mercurius*: *Die Entdeckung Der Insul Pines*, die deutsche Version von Henry Nevilles parodistisch-satirischer Robinsonade *The Isle of Pines* (1668), von Grimmelshausen für die *Continuatio* (1669) seines *Simplicissimus Teutsch* (1668) verwendet.

Anzeige aus der *Europäischen Relation* (Altona und Hamburg 1690):

»ADVERTISSEMENT. Es wird hiemit den Gelehrten und allen Liebhabern guter Bücher Nachricht gegeben / daß am künfftigen 31 Martii des weitberühmten Hn. von Zesen Bibliothec / darin allerhand schöne und rare Bücher vorhanden / durch eine öffentliche Auction distrahirt / und an den meistbietenden verkauft werden soll. Der Catalogus ist bey der Fr. Wittwe auff St. Jacobi Kirchhofe zu bekommen.«

Philipp von Zesen war am 13. November 1689 in Hamburg gestorben.

Linke Seite: **Der Einblattdruck** mit koloriertem Holzschnitt bringt die »Warhafftige vnd erschröckliche newe Zeittung« von einem Kugelblitz, der am 17. November 1623 die Menschen in und um Augsburg erschreckte. Neunzehn fünfzeilige Strophen sorgen nach einer genauen Beschreibung des Naturereignisses für die religiöse Interpretation: Dem göttlichen Strafgericht über die Gottlosigkeit hienieden lässt sich nur durch ein auf Gott und das ewige Heil gerichtetes Leben entgehen.

BIOGRAFIE

1616 2. Oktober: Andreas Gryphius in Glogau (Schlesien) geboren
1622–34 Besuch der Gymnasien in Glogau und Fraustadt; lange Unterbrechungen durch die Kriegswirren
1634–36 Studium am Akademischen Gymnasium in Danzig; 1634 erscheint sein lateinisches Epos *Herodis Furiae, et Rachelis lachrimae*
1636–38 Hauslehrer auf dem Gut Georg Schönborners bei Freistadt
1637 (»Lissaer«) *Sonette*. – Dichterkrönung und Ernennung zum Magister der Philosophie durch seinen Arbeitgeber und Gönner
1638–44 Studium an der Universität Leiden
1639 *Son- undt Fëyrtags-Sonnete*
1643 *Sonnete. Das erste Buch*; *Oden. Das erste Buch*; *Epigrammata*
1644–47 Reise nach Frankreich und Italien
1650 Gryphius wird Syndikus der Landstände des Fürstentums Glogau
1650 *Teutsche Reim-Gedichte* (unberechtigte Werkausgabe; enthält u. a. sein erstes Trauerspiel *Leo Armenius*)
1657 *Deutscher Gedichte / Erster Theil* (enthält u. a. die Trauerspiele *Catharina von Georgien*, *Carolus Stuardus* und *Cardenio und Celinde*)
1658 *Absurda Comica. Oder Herr Peter Squentz*
1659 *Großmüttiger Rechts-Gelehrter / Oder Sterbender Aemilius Paulus Papinianus*
1660–61 *Verliebtes Gespenste / Gesang-Spil. Die gelibte Dornrose / Schertz-Spill*
1663 *Freuden und Trauer-Spiele auch Oden und Sonnette*, *Horribilicribrifax Teutsch*
1664 16. Juli: Gryphius stirbt während einer Sitzung der Landstände in Glogau. Postum erscheinen die *Dissertationes funebres, Oder Leich-Abdanckungen* (1666) und *Teutsche Gedichte* (1698), eine von Christian Gryphius herausgegebene, um bisher unveröffentlichte Texte vermehrte Ausgabe der Werke seines Vaters

AUTOR

ANDREAS GRYPHIUS

VANITAS. Schon seine erste Sammlung deutscher Gedichte, nach dem Erscheinungsort *Lissaer Sonette* genannt, nimmt das Thema auf, das kennzeichnend für Gryphius' gesamtes Werk werden sollte: »Ich seh' wohin ich seh' / nur Eitelkeit auff Erden«. Sonette wie *Vanitas, vanitatum, et omnia vanitas, Trawrklage des Autoris / in sehr schwerer Kranckheit, Der Welt Wollust ist nimmer ohne Schmertzen, Menschliches Elende* oder *Trawrklage des verwüsteten Deutschlandes* (späterer Titel *Thränen des Vaterlandes / Anno 1636*) deuten den ganzen Umfang seiner Vorstellungen von der Eitelkeit des Irdisch-Menschlichen an, die in seiner Lyrik, seinen Trauerspielen und seinen Leichabdankungen (Leichenreden) mit rhetorischer Intensität und Wortgewalt ständig umkreist und variiert werden.

DIE HEILSGESCHICHTLICHE PERSPEKTIVE. Die Vanitasrhetorik ist Teil eines größeren Zusammenhangs. Das macht die Komposition der beiden späteren Sonettbücher von 1643 und 1650, in die auch die *Lissaer Sonette* eingegangen sind, sinnfällig: Am Anfang stehen Sonette an den Heiligen Geist und über die entscheidenden Stadien der Lebens- und Leidensgeschichte Christi, den Schluss bilden die Sonette über die vier letzten Dinge (*Der Tod, Das Letzte Gerichte, Die Hölle, Ewige Freude der Außerwehlten*) und ein Sonett über den Propheten Elias. Zwischen Anfang und Ende haben die Gedichte auf ›irdische Dinge‹ ihren Ort, eingeleitet von den allgemeinen Vanitas-Sonetten und Texten, die sich konkret »Menschliches Elende« zum Thema nehmen und mit krassen Worten von der Gebrechlichkeit des Menschen sprechen: »Mir grauet vor mir selbst / mir zittern alle Glider«, beginnt das Sonett *An sich selbst*. Der heilsgeschichtliche Rahmen erhellt den Stellenwert des Lebens in dieser Welt, das durch Hinfälligkeit und Vergänglichkeit charakterisiert ist; zugleich begründen die Verweise auf Leben und Leiden Christi die Notwendigkeit von Leid und Not im irdischen Leben und zeigen den Weg zum ewigen Leben auf, der über das Leiden führt. Und auch da, wo Gryphius von den Dingen dieser Welt, etwa von der Natur oder den Tageszeiten zu reden scheint, geht es um ihre heilsgeschichtliche Bedeutung und um das Seelenheil des Menschen.

POLITISCHE ASPEKTE. Gryphius hatte früh Interesse für staatsrechtliche Fragen gezeigt und war zudem als Rechtsberater (Syndikus) der protestantischen Landstände in Glogau direkt in die von konfessionellen Spannungen geprägten politischen Auseinandersetzungen in Schlesien involviert. Seine Dichtungen reflektieren diesen Umstand und verbinden politische und religiöse Themenstellungen. In exemplarischer Form geschieht dies in den Trauerspielen, die das deutsche Kunstdrama begründen. Denn wie viele Gedichte zielen auch die Dramen zwar ausdrücklich auf die Darstellung der »Vergängligkeit Menschlicher Sachen«, doch dienen gerade die Märtyrerstücke bei allem Vergänglichkeitspathos zugleich als Diskussionsforum für aktuelle politische und staatsrechtliche Fragestellungen, wobei die Bedeutung lutherischer Obrigkeitsvorstellungen nicht zu übersehen ist. In diesem Sinn stellen auch die Lustspiele eine Bestätigung der herrschenden Ordnung dar: Wer den ihm angemessenen Platz in der gesellschaftlichen Hierarchie verkennt, wirkt komisch.

Vanitas-Gemälde von Jean-François de Le Motte, um 1675, in der Trompe-l'œil-Technik, die dem Betrachter den Eindruck einer dreidimensionalen Darstellung vermittelt.

»Gryphius nichtete. Immer war ihm, was er tat, ekelhaft. So heftig er schreiben mußte, so wörterspeiend schwor er immer wieder dem Schreiben ab. Auch lief sein Überdruß an allem Geschriebenen oder gar Gedrucktem Hand in Hand mit seiner Lust, alles Geschriebene, etwa Trauerspiele, die ihm neuerdings von der Hand gingen, oder Schimpf- und Lustspiele, die er plante, bald gedruckt zu sehen.« (Günter Grass, *Das Treffen in Telgte*, 1979)

Linke Seite: **Andreas Gryphius.** Kupferstich von Philipp Kilian in den *Dissertationes funebres*.

FORMEN

In seiner Grundform besteht das Sonett aus zwei Quartetten (Oktave bzw. Oktett) und zwei darauf folgenden Terzetten (Sextett). Von Anfang an gibt es verschiedene Reimanordnungen in den Quartetten (alternierend: abab abab; umarmend: abba abba) wie in den Terzetten (cde cde, cdc dcd, cde dce usw.). Zu einer in Strophengliederung und Reimanordnung deutlich unterschiedenen Variante kam es im späten 16. Jahrhundert in England (›Shakespeare-Sonett‹); sie besteht aus drei alternierend reimenden Quartetten (mit jeweils eigenen Reimen) und einem abschließenden Reimpaar (abab cdcd efef gg). Verbreitet ist die Bildung von Sonettzyklen. Eine besonders artifizielle Form stellt der Sonettenkranz dar. Er besteht aus 15 Sonetten. Bei den ersten 14 Sonetten wird jeweils die Schlusszeile eines Sonetts als Anfangszeile des folgenden wiederholt (das erste Sonett beginnt mit der Schlusszeile des vierzehnten), so dass eine kreisförmige Struktur entsteht. Das letzte Sonett, Meistersonett genannt, setzt sich aus den Anfangsversen der anderen Sonette zusammen.

JOHANN HEINRICH VOSS

Klingsonate

Grave
   Mit
Prall-
  Hall
Sprüht
   Süd
Tral-
 Lal-
Lied,
   Kling-
  Klang
Singt;
  Sing-
Sang
Klingt.

WIRKUNGSGESCHICHTE

SONETT

DIE FORM. Das Sonett ist, wie die neuesten Versuche zeigen, auch nach einer mehr als 750-jährigen Geschichte immer noch für Überraschungen gut. Entstanden um 1220/30 am Hof Kaiser Friedrichs II. in Sizilien, erhielt das Sonett durch Petrarcas *Canzoniere* (entstanden 1336–74) seine klassische Gestalt und entwickelte sich zur bevorzugten Form der europäischen Renaissancepoesie. Im Werk Lope de Vegas, Luis de Góngoras, Luís de Camões' und in den großen Sonettzyklen der Dichter der Pléiade (Joachim Du Bellay, Pierre de Ronsard) und Shakespeares erreichte die Gattung eine nur selten wieder erreichte Höhe. Die Auseinandersetzung mit dieser großen Tradition – einschließlich der Sonderform des ›Shakespeare-Sonetts‹ – prägt die neuere Geschichte des Sonettes nicht nur in der deutschen Literatur.

IMITATION UND INNOVATION. Nach zaghaften Anfängen im 16. Jahrhundert leitete die Literaturreform des 17. Jahrhunderts die erste große Zeit des Sonetts in der deutschen Literatur ein. Der Aneignung der Form durch Übersetzung und Imitation ausländischer Muster durch Martin Opitz, Paul Fleming und andere folgte eine experimentelle Phase, in der die Poeten zwar die Grundstruktur nicht antasteten, aber durch manieristische Techniken oder metrische Variationen die neu entdeckten Ausdrucksmöglichkeiten der deutschen Verssprache zu demonstrieren suchten (Diederich von dem Werder, Philipp von Zesen, Catharina Regina von Greiffenberg, Quirinus Kuhlmann). Zurückhaltenderen, dafür um so wirksameren Gebrauch der neu gewonnenen metrischen Freiheiten machte Andreas Gryphius in den Sonetten *Die Hölle* oder *Mitternacht*, wie denn auch insgesamt seine rhetorisch expressiven Texte als eindringliche Dokumente der Krisenerfahrungen und der Gefährdung des Menschen im 17. Jahrhundert eine zentrale Stelle in der Geschichte des deutschen Sonetts einnehmen.

SONETTENWUT UND -KRIEG. Nach einer eher kritischen Distanz in der Aufklärung – von »gezwungenem Schellenklang« sprach Johann Christoph Gottsched – kam es in der Romantik zu einem erneuten, am italienischen Beispiel orientierten Aufschwung des Sonetts. Selbst der zunächst skeptische Goethe ließ sich zu einem Zyklus von Liebessonetten anregen. Mit der rasch ansteigenden Produktion oft minderer Qualität, von den Romantikern selbst parodiert (Ludwig Tieck: »Ein nett honett Sonett so nett zu drechseln«), wuchs jedoch die Kritik an der als willkürlich, klangorientiert und äußerlich empfundenen Form und führte schließlich zu einem mit Rezensionen, Satiren und Parodien ausgetragenen Sonettenkrieg zwischen den Heidelberger Romantikern und dem Klassizisten Johann Heinrich Voß. Zu den Höhe-

Handschrift von Eduard Mörike: *Zwei dichterischen Schwestern von ihrem Oheim*, ein Sonett, bei dem die Reime zu ergänzen sind (entstanden 1845, Erstdruck 1852).

Text einer »Buchhändler-Anzeige« von 1808, die einen Beitrag Arnims zum Heidelberger ›Sonettkrieg‹ ankündigt:

»In wenigen Tagen erscheint die Geschichte des Herrn Sonet und des Fräuleins Sonette, eine Romanze von L. A. Arnim, sie [...] erzählt in neunzig Sonneten, wie Herr Sonet die Sonnete kennen lernte, wie er zu dem Vater in die Lehre ging, und um sie warb, wie ihm Herr Ottav in die Quer kam und auch um sie warb, wie dieser abgewiesen ward, wie Herr Sonet sein Fräulein Sonnete aus dem Feuer rettete, und sie darauf heurathete, wie Herr Ottav sich mit der Schwester der Sonnete, Fräulein Terzine begnügte, und sie förmlich heurathete, wie diese unglücklich und jene glücklich, nachdem Herr Sonet sich das viele Trinken abgewöhnt, lebten, und endlich allesamt starben, worauf sie begraben wurden.«

punkten der Sonettdichtung im 19. Jahrhundert gehören August von Platens formbewusste, melancholische *Sonette aus Venedig* (1825), die eine eigene, bis in die Gegenwart reichende Tradition von Sonetten mit italienischer Thematik begründeten.

KONTRASTE. Um die Jahrhundertwende begann mit der Rezeption des französischen Symbolismus und der Rückbesinnung auf die europäische Überlieferung eine neue Phase der Sonettdichtung (Stefan George, Rudolf Borchardt, Rudolf Alexander Schröder). Sie gipfelte in Rainer Maria Rilkes tendenziell formsprengenden *Sonetten an Orpheus* (1923). Expressionisten wie Georg Heym oder Paul Zech gewannen gerade durch die Betonung der Spannung von alter, strenger Form und neuen bzw. neu gesehenen Inhalten – Großstadt, Arbeitswelt, Krieg – der Gattung neue Seiten ab. Gegen den weit verbreiteten kunstgewerblichen Nachvollzug der alten Muster in der Zeit nach dem Zweiten Weltkrieg zeigen moderne Texte, dass sich die Spannung zwischen klassischer Form und moderner Thematik noch immer fruchtbar machen lässt. Die Macht der Gattungstradition zeigt sich selbst noch in ironisch-parodistischer Verfremdung, individuellen Variationen und experimentellen Verfahrensweisen (Peter Rühmkorf, Gerhard Rühm, Günter Grass u. a.).

Karl Riha, *Königssonett*.

POETIK
EMBLEM

Das Emblem Alciatos, später mehrfach von anderen Autoren aufgenommen, rühmt die Süße des Friedens; in der zweisprachigen Ausgabe von 1542 mündet das deutsche Epigramm in der Mahnung: »O Furst all krieg mit ernst vermeyd, | Wo du mit rwe magst sitzen stil.«

EINIGE EMBLEMBÜCHER

1531 Andrea Alciato [Alciati], *Emblematum liber*
1581 Mathias Holtzwart, *Emblematum Tyrocinia*
1590–1604 Joachim Camerarius d. J., *Symbolorum et emblematum […] centuriae I–IV*
1611–13 Gabriel Rollenhagen, *Nucleus emblematum selectissimorum*
1618 Otto van Veen, *Amorum emblemata*
1618 Michael Maier, *Atalanta fugiens. Emblemata nova de secretis naturae chymica*
1619 Julius Wilhelm Zincgref, *Emblematum ethico-politicorum centuria*
1640 Diego de Saavedra Fajardo, *Idea de un principe politico-christiano*
1661 Johann Michael Dilherr, *Augen- und Hertzens-Lust. Das ist / Emblematische Fürstellung der Sonn- und Festtäglichen Evangelien*
1699–1713 Stanislaus Reinhard Acxtelmeier, *Ebenbild der Natur / Im Dem Entwurff dero Gewächsen / Unzieffern und einigen Thieren von vermischter Arth / mit Lehr- und Sinnreichen Sprüchen*

FORM UND FUNKTION. Das Emblem verbindet Bild und Text zu einer eigenen Gattung. Sie entstand in der Frühen Neuzeit als Sonderform gelehrter Epigrammkunst und entfaltete bis zum Beginn des 18. Jahrhunderts eine breite europäische Wirkung. Allein von Andrea Alciatos *Emblematum liber* (1531), das die Gattung begründete, sind über 150 Auflagen nachgewiesen; mehr als 600 Verfasser von Emblembüchern verzeichnen die Bibliographien. Die bildlich-literarische Mischform hat eine doppelte Funktion: Sie bildet einen Gegenstand oder eine Handlung ab und gibt zugleich eine mehr oder weniger vollständige Deutung. Das geschieht in einer dreiteiligen Form: Eine Überschrift (*inscriptio*, Motto, Lemma) deutet das Thema an, ein Bild (*pictura*, Icon, Symbolon) stellt den Gegenstand oder Sachverhalt dar, enthält aber häufig bereits auch Deutungselemente, und eine meist epigrammatische Bildunterschrift (*subscriptio*) legt das Bild aus. Dabei können durchaus Deutungsspielräume offenbleiben. Gelegentlich wird die Standardform noch durch einen Prosakommentar, der die lehrhafte Tendenz durch den Hinweis auf Autoritäten unterstreicht, oder durch Übersetzungen und Zitate erweitert. Neben der gelehrtanspruchsvollen Emblematik entstanden leichter zugängliche Emblembücher in der Volkssprache mit einfacherer Bildlichkeit und Lehre. Auch die zahlreichen zwei- oder mehrsprachigen Emblembücher mit ihren Übersetzungen der lateinischen Texte erweiterten die Rezeptionsmöglichkeiten.

THEMEN. In der Emblematik verbinden sich auf durchaus uneinheitliche Weise verschiedene literarische und bildkünstlerische Traditionen und Verfahren (antikes Epigramm, Renaissance-Hieroglyphik, Imprese, mittelalterliche Allegorese). Entsprechend vielfältig sind die Inhalte der umfangreichen europäischen Emblemproduktion nach Alciato. Dabei können Emblembücher nach dem Muster Alciatos Embleme aus den verschiedensten Bereichen nebeneinander stellen; häufig kommt es jedoch zu thematisch bestimmten Konzepten. So gibt es allgemein ethisch-moralische, politische, religiöse, alchimistische und erotische Emblembücher. Religiöse Emblembücher entstehen erst im 17. Jahrhundert, bilden dann aber einen Haupttypus der Gattung.

INNER- UND AUSSERLITERARISCHE WIRKUNGEN.

Die Emblematik wirkte auch auf andere Gattungen der Literatur, etwa auf die Struktur von Sonetten (Abfolge von Darstellung und Deutung), auf die Gestaltung von Titelkupfern und Illustrationen oder auf die Bildlichkeit der Sprache. Wenn etwa Lohenstein sein Trauerspiel *Sophonisbe* (1680) mit dem Vers »Die Schuld schwermt umb Verterb / wie Mutten umb das Licht« beginnt, so greift er ein von den Emblematikern gestaltetes Gleichnis auf: Sinnbild für verderbliche Leidenschaft (»Brevis et damnosa voluptas« bzw. »Kurz und Verderben bringend ist die Begierde«), aber auch für Unbesonnenheit im Krieg, die in den Untergang führt. Und um beides geht es bei Lohenstein. Noch eng mit der Literatur verbunden ist die Verwendung von emblematischen Schaubildern und Requisiten im Theater. Darüber hinaus zeigen sich vielfältige außerliterarische Wirkungen der Emblematik; man spricht von angewandter Emblematik. Sie betrifft alle Bereiche der bildenden Kunst. In großem Stil gilt das für die repräsentative weltliche und geistliche Architektur, in der vielfach einzelne Embleme oder Emblemreihen die Bildprogramme von Wänden und Decken prägen.

BEGRIFFE

Imprese, eine Text und bildliche Darstellung verknüpfende Kunstform des späten Mittelalters und der Frühen Neuzeit. Sie besteht aus einer Verbindung von Devise (Wahlspruch) und bildlichem Zeichen. Sie kann sich auf Individuen wie auf Institutionen beziehen und ist – im Unterschied zur intendierten Allgemeingültigkeit des Emblems – Ausdruck individueller Zielsetzung.

Renaissance-Hieroglyphik, Ergebnis der Versuche der Florentiner Humanisten, die ägyptische Schrift zu verstehen und fruchtbar zu machen. Sie sahen in ihr eine reine Bilderschrift. Anregungen erhielten sie durch die alexandrinische Hieroglyphensammlung des Horapollo (2. oder 4. Jahrhundert n. Chr.), die 1419 nach Florenz gelangte und zuerst 1505 in griechischer, 1517 in lateinischer Sprache erschien. Es handelt sich dabei um eine Art Geheimschrift, die sich u. a. an den wirklichen Hieroglyphen orientierte. Das Werk beeinflusste die Emblem- und Impresenkunst nachhaltig.

Allegorese, ein Verfahren der Textauslegung, das auf hinter dem Wortsinn verborgene Bedeutungen abzielt. Die Methode, die eine zentrale Rolle bei der Bibelexegese spielte, wurde auch für andere Bereiche, etwa die Naturkunde, genutzt. Zahlreiche Bildkonzepte der Emblematiker gehen auf den *Physiologus* zurück, ein im Mittelalter weit verbreitetes allegorisches Tierbuch.

Der Herrensitz Ludwigsburg in Schleswig-Holstein enthält in einer ›Bunten Kammer‹ ein ausführliches, eklektisch aus verschiedenen Emblembüchern gespeistes Bildprogramm als Wandschmuck. Aufgeschlossen wird es gewissermaßen durch die Schlüssel des Schlüsselbundes, die jeweils ein Emblem, einen Bereich des menschlichen Lebens, eröffnen. Das Schlüsselemblem selbst stammt von Julius Wilhelm Zincgref.

STOFFE/THEMEN

KRIEG

LITERATUR. Krieg ist seit je ein Thema der Literatur, ohne unbedingt auf eine Auseinandersetzung mit seiner Realität zu zielen. Wie sich zwanglos der Übergang vom wirklichen Krieg zu einer metaphorischen Ebene – Liebeskrieg – bewerkstelligen lässt, zeigt beispielsweise Kaspar Stielers Liederbuch *Die Geharnschte Venus oder Liebes-Lieder im Kriege gedichtet* (1660), das »unter denen Rüstungen im offenen Feld-Läger« entstanden sein soll: »Wer will / kan ein gekröntes Buch | von schwarzen Krieges-zeilen schreiben: | Ich will auff Venus Angesuch | ihr süsses Liebeshandwerk treiben«. Und in einer zentralen Gattung der Barockliteratur, dem höfisch-historischen Roman, gehören kriegerische Auseinandersetzungen großen Stils zu den wichtigsten Handlungsmomenten, stehen in zahllosen Feldzügen und Schlachten die Schicksale von Reichen und Regenten auf dem Spiel: realitätsfernes Kriegstheater, aufgebaut, damit sich die Protagonisten in ihren standesgemäß heroischen Tugenden bewähren und gegen minder tugendhafte Gegner im letzten Moment obsiegen können. Für die zahllosen unschuldigen Opfer dieser dynastischen Auseinandersetzungen gilt die Bemerkung in Thomas Manns Mittelalterroman *Der Erwählte*: »[...] sie waren ja nur Nebenpersonen.«

LITERATUR UND WIRKLICHKEIT. Zwischen derartigen literarischen Erzeugnissen und den Erfahrungen der Menschen in diesem Jahrhundert der realen Kriege liegen Welten. Aber auch wo aktuelles Geschehen zur Sprache kommt, wird das Bild des Krieges von den jeweiligen Interessen, von bestimmten Denkschemata oder von vorgegebenen Gattungsmustern geprägt. Das zeigt sich in der parteiischen Kriegspropaganda der Flugblätter oder der po-

> Aus den Aufzeichnungen eines hessischen Pfarrers:
>
> »Anno 1634. Diss Jahr ist ein recht gefährliches und allen Evangelischen ein betrübtes und hochschädliches Jahr gewesen. Da sie, die Überpliebente [der Schlacht von Nördlingen], dan ihre Retirada in die Obergrafschaft unser Vaterland und uf Mentz zu genommen und das ganze Land [...] ganz ausgeplündert, denen bald hernach die Keiserliche folgeten, ihren Feind zu suchen, sie auch hinüber über den Rhein jagten, aber in unserm Land Alles, was jene ubergelassen, wegraubeten und verwüsteten, also gar, daß weder Viehe noch Pferde, Schweine, Federviehe oder dergleichen so wenig in Stätten als Dörfern uberpliebe.
> Bald fielen die Schweden uber den Rhein herüber und jagten die Keiserischen aus ihrem Quartier, bald jagten diese hinwieder jene hinaus. Dadurch dan das ganze Land zwischen Meyn und Rhein gar erschöpfet wurde, und dorfte sich kein Mensch ufm Land blicken lassen, ihm wurde nachgejaget wie einem Wild, da er ergriffen, onbarmherzig zerschlagen und umb Verrahtung Geld oder Viehe oder Pferd mehr als auf türkische Weise geknöbelt, an heißen Ofen nackend angebunden, aufgehenkt [...].
> Umb solcher Tyrannei willen und daß kein Lebensmittel mehr ufm Land waren, wurden alle Dörfer, nicht eines ausgenommen, von allen Einwohnern verlassen.«

lemischen protestantisch-patriotischen Lyrik Georg Rodolf Weckherlins, in den immer unglaubwürdiger wirkenden Rechtfertigungsbemühungen der Theologen und der religiösen Dichtung oder in der abgehobenen Behandlung des Krieges in den gleichsam offiziösen Darstellungen in Zeitungen und Chroniken.

ENDZEIT. Weder religiöse Erklärungsversuche und politische Propaganda noch die nüchterne Wiedergabe historischer Fakten haben sich in das Gedächtnis eingegraben, sondern die Kriegsdarstellungen, die die Erfahrung des Leides und Schreckens mit dichterisch-visionärer Einbildungs- und Gestaltungskraft vergegenwärtigen und die Perspektive der Opfer einbeziehen. Unser Bild des Dreißigjährigen Krieges prägen immer noch Werke wie Grimmelshausens Roman *Der Abentheurliche Simplicissimus Teutsch* (1668–69), der den Lebenslauf seines Helden zu einem umfassenden Bild einer moralisch pervertierten Welt im Zeichen des Krieges ausweitet. Dabei konnte er auf die Schilderungen einer marodierenden Soldateska in Johann Michael Moscheroschs *Soldaten-Leben* (1644) in den *Gesichten Philanders von Sittewalt* zurückgreifen. Und Andreas Gryphius verdichtete in seinem Sonett *Thränen des Vaterlandes / Anno 1636* suggestive Bilder aus Martin Opitz' epischem *TrostGedichte In Widerwertigkeit Deß Krieges* (1633) zu einem symbolischen Bild des vom Schrecken des Krieges heimgesuchten Landes mit Zügen einer apokalyptischen Vision.

Oben und linke Seite: **Der in Augsburg wirkende Künstler Hans Ulrich Frank** schuf Mitte des Jahrhunderts eine Folge von 23 kleinformatigen Radierungen mit Episoden aus dem Dreißigjährigen Krieg. Die hier abgebildeten Radierungen entstanden 1643.

Dieses allegorische Bild, das die Auswirkungen von Krieg und Frieden einander gegenüberstellt, entstand 1650 (Stammbuch des Magisters Frenzel aus Leipzig). Bekannt ist der Bildtyp – auf einer anderen künstlerischen Ebene – etwa durch die Fresken der ›Guten und der Schlechten Regierung‹ (1337–39) von Ambrogio Lorenzetti im Palazzo Pubblico in Siena.

LITERATURBETRIEB

NÜRNBERG

DIE STADT. Nürnberg war eine lutherische Reichsstadt, regiert vom Patriziat mit eher unwesentlicher Beteiligung der Handwerker. Die kulturelle Blüte des 16. Jahrhunderts – Albrecht Dürer, Hans Sachs u.a. – setzte sich im Barock fort, wenn auch die großen Namen fehlten. Zwar gingen Macht und Einfluss der Reichsstädte zurück, doch Nürnberg war auch im 17. Jahrhundert noch eine wohlhabende Stadt und konnte wesentliche finanzielle Beiträge für das Reich und die Reichskriege leisten. Bedeutende Verlage hatten hier ihren Sitz und bereicherten – wie kunstsinnige Patrizier, Kaufleute und Gelehrte – das literarische und künstlerische Leben, das im »Pegnesischen Blumenorden« einen geselligen und organisatorischen Mittelpunkt fand. Mit dem 1628 eröffneten »Fechthaus« besaß Nürnberg das erste städtische Theater im Reich; 1668 wurde ein neuer Theaterbau (»Nachtkomödienhaus«) errichtet, in dem gegen Ende des Jahrhunderts auch große Opernproduktionen über die Bühne gingen. Für die höhere Bildung sorgte ein gut ausgebautes Schul- und Bildungswesen mit mehreren Gymnasien und einer Universität in Altdorf, einem zum Nürnberger Territorium gehörenden Ort.

VERLAGSWESEN. Nürnberg war einer der wichtigsten Verlags- und Druckorte des Reiches. Das hatte auch mit der Lage der Stadt zu tun, die eine vermittelnde Stellung

---

GEORG PHILIPP HARSDÖRFFER

1607 1. November: Georg Philipp Harsdörffer, Sohn einer Patrizierfamilie, in Fischbach bei Nürnberg geboren
1623–27 Studium in Altdorf und Straßburg (Recht, Philosophie u.a.)
1627–31 Bildungsreise (Schweiz, Frankreich, Niederlande, England, Italien)
1637 Assessor am Stadtgericht
1641–49 *Frauenzimmer Gesprächspiele*
1644–45 *Pegnesisches Schäfergedicht* (Mitverfasser)
1647–53 *Poetischer Trichter*
1649–50 *Der grosse Schauplatz jämmerlicher Mordgeschichte*
1649–52 *Hertzbewegliche Sonntagsandachten*
1655 *Ars Apophthegmatica*; Mitglied des Inneren Rats
1658 17. September: Harsdörffer stirbt in Nürnberg

Zur Feier des Westfälischen Friedens trafen sich 1649–50 Gesandte der an den Verhandlungen beteiligten Länder in Nürnberg. Das Ereignis unterstrich noch einmal die reale und symbolische Bedeutung der Stadt, des Aufbewahrungsorts der Reichskleinodien. An den glanzvollen Festlichkeiten mit Banketten und gewaltigem Feuerwerk beteiligten sich auch die Poeten der Stadt mit zahlreichen Dichtungen. Johann Klajs Lobgedicht *Geburtstag deß Friedens* (1650) – hier das allegorische Titelblatt – ist dem Kaiser gewidmet.

Vorder- und Rückseite von Sigmund von Birkens »Blumen-Ordens Insiegel«, einer emaillierten Medaille, wie sie auch andere Mitglieder der Sprachgesellschaft tragen sollten. Erhalten ist nur die Birkens mit dem religiösen Symbol der Passionsblume auf der Vorderseite und den Symbolen der »Pegnitzschäfer« (Panflöte, Hirte, Schafe) auf der Rückseite.

zwischen dem katholischen Süden und dem protestantischen Norden einnahm und diese Position durch eine strenge Zensurpolitik in religiösen und politischen Fragen abzusichern suchte. Unter den Verlegern dominierte die verzweigte Familie der Endter mit einem Programm, das neben Bibeln, Erbauungsliteratur und Kalendern auch bedeutende literarische Werke umfasste wie etwa die acht Bände der im Querformat gedruckten und großzügig illustrierten *Frauenzimmer Gesprächspiele* (1641–49) Georg Philipp Harsdörffers. Wie denn überhaupt Nürnberg als Verlagsort moderner deutscher Literatur eine herausragende Rolle spielte. Als Vermittler diente dabei neben Georg Philipp Harsdörffer später vor allem Sigmund von Birken, der auch für Herzog Anton Ulrich die Publikation seiner Romane bei dem Nürnberger Verleger Hofmann überwachte. Darüber hinaus verfügten die Nürnberger Drucker über die technischen Voraussetzungen und die Verbindungen zu führenden Kupferstechern und Künstlern, um selbst die anspruchsvollsten Druckwerke herzustellen.

»PEGNESISCHER BLUMENORDEN«. Diese ausgesprochen bürgerliche Sprachgesellschaft wurde 1644 von Harsdörffer und Johann Klaj ins Leben gerufen und dann von Birken weitergeführt, der ihr einen erbaulichen Anstrich gab. Harsdörffer, der führende Kopf der Anfangsjahre, zählt zu den fruchtbarsten deutschen Barockautoren. Er orientierte sich an den weiter fortgeschrittenen volkssprachlichen Literaturen West- und Südeuropas und trug durch zahlreiche Bearbeitungen und Übersetzungen wesentlich zu ihrer Rezeption im deutschen Sprachgebiet bei. Seine Poetik wurde als ›Nürnberger Trichter‹ sprichwörtlich. Die Spezialität der Nürnberger war seit dem gemeinschaftlichen Gründungswerk von Harsdörffer, Klaj und Birken, dem *Pegnesischen Schäfergedicht* (1644–45), die Schäferdichtung. Die Pegnitzschäfer nahmen auch Schäferinnen auf. Bis ins 18. Jahrhundert hinein leisteten ›Ordensmitglieder‹ wichtige Beiträge zur deutschen Dichtung und Poetik; die Gesellschaft besteht noch heute.

Aus den »Satzungen und Verordnungen [...] der löblichen Blumen-Gesellschafft an der Pegnitz«:

»Wegen genauer und treuer Verbindung der Gesellschaffter untereinander, soll ein jeder alsobald, wann er in diesen Orden aufgenommen wird, einen besondern Ordens-Namen, der von guter Bedeutung und Auslegung ist, nebst einem weissen Ordens-Band, darinnen eine Blume, samt diesem Namen gesticket ist, überkommen und annehmen; damit er sich von andern Gesellschafftern dadurch unterscheiden, und sonsten auch beweisen könne, daß er ein Mitglied solcher Gesellschafft sey.«

PETRARCAS »CANZONIERE«

Petracas *Canzoniere* – er selbst sprach von *Rerum vulgarium fragmenta* – ist das erste durchkomponierte Gedichtbuch der Nachantike. Das Werk entstand zwischen 1336 und 1374. Petrarca redigierte es mehrfach, zuletzt in seinem Todesjahr. Der *Canzoniere* deutet die Geschichte einer unerfüllten und unerfüllbaren Liebe an. Und dieses Thema der bittersüßen Liebe dominierte die Petrarca-Rezeption; andere Aspekte wie etwa die Künstlerthematik oder das patriotische Anliegen der politischen Kanzonen traten dabei in den Hintergrund.

PAUL FLEMING

1609 5. Oktober: Paul Fleming in Hartenstein im Vogtland (Sachsen) geboren
1622–33 Besuch der Thomasschule und der Universität in Leipzig; Promotion zum Magister artium am 2. Mai 1633
1631 Neben patriotischen und religiösen Gedichten erscheint ein Band mit lateinischen Liebesgedichten: *Rubella, seu Suaviorum liber I* (*Rubella oder das erste Buch der Küsse*)
1633–39 Fleming nimmt an der Holsteinischen Gesandtschaft nach Russland und Persien teil, die Holstein einen Anteil am profitablen Orienthandel sichern sollte. Auf der Rückreise 1639 verlobt er sich in Reval mit der Kaufmannstochter Anna Niehusen
1639–40 Wiederaufnahme des Medizinstudiums in Leiden. Am 23. Februar 1640 Promotion zum Dr. med.
1640 2. April: Fleming stirbt auf der Rückreise nach Reval in Hamburg
1641–49 Adam Olearius gibt Flemings dichterisches Werk heraus: *D. Paul Flemings Poetischer Gedichten So nach seinem Tode haben sollen herauß gegeben werden / Prodromus* (1641), *Teütsche Poemata* (1646), *Epigrammata latina* (1649)

POETIK

PETRARKISMUS

LITERARISCHE KONVENTION. Francesco Petrarcas *Canzoniere* prägte mit seinen Themen, Motiven, Bildern und sprachlich-rhetorischen Techniken auf Jahrhunderte hinaus die europäische Liebesdichtung. Der Grundton des Werkes ist der der Klage, der Resignation und der Melancholie, Folge der Hoffnungslosigkeit der Liebe und einer zutiefst gespaltenen Haltung des Liebenden zwischen sinnlichem Begehren und distanzierter Verehrung, Verfallenheit und Sehnsucht nach Befreiung, Leidenschaft und Sündenbewusstsein – eine Konstellation, die eine antithetische Darstellungsweise geradezu herausfordert. In der Rezeption ging das Individuelle der Liebesdichtung Petrarcas verloren. Erhalten blieben, zu Stereotypen erstarrt, die erotische Grundsituation, die zentralen Themen und Motive und vor allem die virtuosen sprachlich-rhetorischen Mittel: Es bildete sich eine im Einzelnen variable und den jeweiligen nationalen Besonderheiten angepasste literarische Konvention heraus, der Petrarkismus. Anknüpfungspunkte bildeten dabei gerade die Gedichte, in denen Petrarcas Stil durch eine Häufung von Antithesen und Oxymora ans Manieristische grenzt (*S'amor non è*, *Pace non trovo*), dann Petrarcas Bildersprache mit ihren Antithesen von Hitze und Kälte, Feuer und Eis, Krieg und Frieden oder Leben und Tod. Zugleich erhält die Frau, ausgehend von Petrarcas Schönheits- und Tugendpreis, fest umrissene Züge, wobei ihre Schönheiten katalogisiert und in ihrer Kostbarkeit und Unvergleichlichkeit durch eine entsprechende Preziosenmetaphorik und mythologische Anspielungen hervorgehoben und zusammen oder einzeln zum Gegenstand von Gedichten werden. Darüber hinaus verlieh Pietro Bembo in der ersten Hälfte des 16. Jahrhunderts der Petrarca-Rezeption durch den Rückgriff auf neuplatonische Lehren eine spiritualistische Dimension. Die Vorgänge in Italien waren das Vorbild für die in mehreren zeitlich verschobenen Phasen einsetzende Erneuerung der volkssprachlichen Dichtung in den anderen europäischen Literaturen.

DEUTSCHER PETRARKISMUS. In Deutschland setzt die petrarkistische Liebesdichtung in vollem Umfang erst mit der Literaturreform des 17. Jahrhunderts ein, vielfach aus zweiter Hand rezipiert (Pierre de Ronsard, niederländische Dichtung). Sie erreicht nach Martin Opitz und Georg Ro-

Linke Seite: Petrarca am Schreibpult. Miniatur von Antonio del Chierico aus einer oberitalienischen Petrarca-Handschrift aus der zweiten Hälfte des 15. Jahrhunderts.

Giorgiones Gemälde von Petrarcas Laura, der (fiktiven?) Geliebten in den Gedichten seines *Canzoniere*, hebt die allegorischen Züge der Gestalt hervor, die auch in der Laura-lauro-Symbolik der Gedichte angedeutet wird: Das Liebesthema (Laura) verbindet sich dem des Dichterlorbeers (»lauro«), der Unsterblichkeit des Dichters.

dolf Weckherlin ihren Höhepunkt in der Lyrik Paul Flemings, der in Sonetten und Liedern das petrarkistische Repertoire in seiner Vielfalt erfasst und variiert und dabei das ganze antithetische und hyperbolische Arsenal der Liebessprache benutzt. Das Gegenbild des zerrissenen petrarkistischen Liebhabers zeichnen die großen weltanschaulich-philosophischen Sonette und Alexandrinergedichte (*An Sich, Grabschrifft / so er ihm selbst gemacht, In grooß Naugart der Reussen*), in denen Fleming ein Tugendprogramm auf der Basis des Neostoizismus entfaltet und voller Selbstbewusstsein die Gültigkeit und Leistung des eigenen Lebens betont. Die petrarkistische Liebessprache drang auch in die religiöse Dichtung ein, etwa bei den geistlichen Barocklyrikern Friedrich Spee und Angelus Silesius (geistlicher Petrarkismus). Einen letzten Höhepunkt erlebte der Petrarkismus im Werk Heinrich Heines. Zum Petrarkismus gehört auch der Antipetrarkismus, der ihn als dichterische Opposition spielerisch-parodistisch oder satirisch fast von Anfang an begleitet.

Petrarcas Sonett »S'amor non è, che dunque è quel io sento?« über das Paradox der Liebe gehört zu den in den europäischen Renaissance- und Barockliteraturen am häufigsten übersetzten, imitierten und variierten Gedichten des *Canzoniere*. Die deutsche Version von Martin Opitz – hier ein Faksimile aus den *Weltlichen Poemata* (1644) – erschien zuerst 1624.

17. Jahrhundert

GATTUNG

KIRCHENLIED

PAUL GERHARDT

1607 12. März: Paul Gerhardt in Gräfenhainichen (Sachsen) geboren
1628 Nach dem Besuch der Fürstenschule in Grimma Theologiestudium in Wittenberg
1643 Hauslehrer in Berlin
1647 Die ersten Lieder Gerhardts erscheinen in Johann Crügers Gesangbuch *Praxis pietatis melica*
1651 Pfarrer in Mittenwalde in der Mark
1657 Diakon der Berliner Nicolaikirche. Hier wurde Gerhardt in die Besonderheiten der brandenburgischen Kirchenpolitik verstrickt. Er weigerte sich, das Toleranzedikt von 1664 zu unterschreiben, mit dem das reformierte Herrscherhaus die Anerkennung seiner Konfession und Toleranz zwischen Reformierten und Lutheranern zu erzwingen suchte
1666–67 *Geistliche Andachten Bestehend in hundert und zwantzig Liedern*, erste Sammlung von Gerhardts Liedern, herausgegeben und vertont von Johann Georg Ebeling
1667 Gerhardt wird abgesetzt
1669 Archidiakonus in Lübben, das zum lutherischen Sachsen-Merseburg gehörte
1676 27. Mai: Paul Gerhardt stirbt in Lübben im Spreewald

KIRCHENLIED UND GEISTLICHES LIED. Je nach ihrer Funktion im geistlichen Leben unterscheidet man zwischen Kirchenlied und Geistlichem Lied. Während das Kirchenlied im christlichen Gottesdienst gesungen wird und Teil der Liturgie sein kann, meint der Begriff Geistliches Lied das zur persönlichen Frömmigkeitsübung, zur privaten Andacht gesungene Lied. Die Abgrenzung ist im Einzelfall allerdings schwierig, da sich Andachtslieder auch als Kirchenlieder durchsetzen und Kirchenlieder zur Hausandacht verwendet werden können. Während Kirchenlieder im Kirchengesangbuch veröffentlicht werden, erscheinen Geistliche Lieder häufig als eigenständige Pu-

Gottlieb Wernsdorf, *Bildnis Paul Gerhardt*, um 1675. Paul-Gerhardt-Kirche (Stadtkirche St. Nikolai), Lübben (Spreewald).

blikationen der Autoren bzw. Komponisten. Thematisch, stilistisch und musikalisch weist das Geistliche Lied größere Freiheiten und entsprechend deutlicheren Kunstcharakter auf als das Kirchenlied. Dem entspricht, dass beim Kirchenlied und im Kirchengesangbuch die alten, bewährten Lieder bevorzugt werden, während beim Geistlichen Lied die neuen Veröffentlichungen dominieren.

PAUL GERHARDT. Ausgehend von den Liedern Luthers entstand in der Folgezeit ein riesiges Korpus protestantischer Lieddichtung. Die propagandistischen Erfolge des reformatorischen Kirchenlieds führten darüber hinaus zu entsprechenden Bemühungen auf katholischer Seite. Sie wurden im 17. Jahrhundert vor allem vom Jesuitenorden aufgenommen, der Gesangbücher herausgab und das Entstehen neuer, den Katechismusunterricht stützender Lieder forderte. Bedeutendster Liederdichter des Ordens war Friedrich Spee. Auch das protestantische Kirchenlied erhielt im 17. Jahrhundert durch Autoren wie Johannes Heermann, Johann Rist und Paul Gerhardt noch einmal neue Impulse. Gerhardts Lieder gehören zu den wenigen Texten aus dem Barock, die noch heute ein breiteres Publikum erreichen. Sie setzen die Tradition des reformatorischen Kirchenlieds fort, öffnen sich dabei aber den Strömungen einer vertieften und verinnerlichten Frömmigkeit, wie sie sich um 1600 im Erbauungsschrifttum Ausdruck verschafft hatten. Schlichtheit und religiöse Innigkeit charakterisieren viele seiner Lieder. Volkstümlich wurde er mit Texten wie *Befiehl du deine Wege*, *Geh aus mein Hertz und suche Freud* oder *Nun ruhen alle Wälder*.

WIRKUNGSGESCHICHTE. Im 18. Jahrhundert veränderten Pietismus und Aufklärung die Bedingungen für das Kirchenlied entscheidend. Subjektivierung auf der einen und klassizistisch-rationale Verengung auf der anderen Seite brachten es mit sich, dass sich im Protestantismus trotz der Bemühungen von Dichtern wie Christian Fürchtegott Gellert und Friedrich Gottlieb Klopstock kaum neue Lieder durchsetzen konnten. Erneuerungsbestrebungen im 19. und 20. Jahrhundert führten zu einer gewissen Bereicherung des Repertoires, das aber immer noch, wie das als Einheitsgesangbuch für alle Gliedkirchen konzipierte *Evangelische Kirchengesangbuch* von 1950 zeigt, maßgeblich von Liedern des 16. und 17. Jahrhunderts geprägt wird.
Die katholische Aufklärung des 18. Jahrhunderts betrieb die Annäherung an den hochdeutschen sprachlichen Standard; Gellert und Klopstock wurden wichtige Vorbilder. Von Michael Denis stammen einige noch heute gesungene Lieder (*Thauet, Himmel, den Gerechten*), und im Breslauer Gesangbuch (1778) von Ignaz Franz steht das einzige katholische Lied, das sich auch im Protestantismus durchgesetzt hat (*Großer Gott, wir loben dich*). Die katholische Kirche bemühte sich im 20. Jahrhundert ebenfalls um ein Einheitsgesangbuch (*Gotteslob*, 1975); wie im protestantischen Gegenstück stammen auch hier die meisten Lieder aus dem 16. und 17. Jahrhundert.

Friedrich Spees eigenhändige Titelzeichnung zu seinem Liederbuch *Trvtz-Nachtigal* in einem Arbeitsheft aus dem Jahr 1634. Eine Druckausgabe erschien erst postum 1649.

FRIEDRICH SPEE VON LANGENFELD

1591 25. Februar: Friedrich Spee von Langenfeld in Kaiserswerth bei Düsseldorf geboren
1610 Baccalaureat an der Kölner Universität; anschließend Eintritt in den Jesuitenorden
1622 Spee wird nach der üblichen Ausbildung und einem abschließenden Theologiestudium in Mainz zum Priester geweiht
1623–27 Lehrtätigkeit (Philosophie) an der Universität Paderborn, anschließend in Köln
1628 Spee wird mit der Rekatholisierung des Amtes Peine beauftragt
1629 Bei einem Mordanschlag wird Spee lebensgefährlich verletzt
1631 Spees Schrift gegen die Praxis der Hexenprozesse, *Cautio criminalis, seu de processibus contra sagas liber*, erscheint anonym
1635 7. August: Spee stirbt in Trier. Postum erscheinen sein geistlich-allegorisches Liederbuch *Trutz Nachtigal, Oder Geistlichs-Poetisch Lust-Waldlein* und das Erbauungs- und Exerzitienwerk *Güldenes Tugend-Buch* (beide 1649)

HÖFISCH-HISTORISCHE ROMANE

1621 John Barclay, *Argenis*, deutsch 1626 von Martin Opitz
1659–60 Andreas Heinrich Bucholtz, *Herkules*
1669–73 Anton Ulrich, Herzog zu Braunschweig, *Aramena*
1670 Philipp von Zesen, *Assenat*
1677–1707 Anton Ulrich, Herzog zu Braunschweig, *Octavia*
1689 Heinrich Anshelm von Ziegler und Kliphausen, *Die Asiatische Banise*
1689–90 Daniel Casper von Lohenstein, *Arminius*

SCHÄFERROMANE UND VERWANDTES

1559 Jorge de Montemayor, *Diana*, deutsch 1619
1590–93 Sir Philip Sidney, *Arcadia*, deutsch 1629
1607–27 Honoré d'Urfé, *Astrée*, deutsche Teilübersetzung 1619–32
1632 *Jüngst-erbawete Schäfferey*
1645 Philipp von Zesen, *Adriatische Rosemund*
1663 Johann Thomas, *Damon und Lisille*
1667 Johann Joseph Bekkh, *Elbianische Florabella*
1669–73 Heinrich Arnold und Maria Katharina Stockfleth, *Macarie*

PIKAROROMANE

1554 *Lazarillo de Tormes*, deutsch 1617
1599–1604 Mateo Alemán, *Guzmán de Alfarache*, deutsche Bearbeitung 1615 von Aegidius Albertinus
1605 Francisco de Úbeda, *La Pícara Justina*, deutsch 1620–27
1623 Charles Sorel, *Francion*, deutsch 1662 und 1668
1668 Hieronymus Dürer, *Lauf der Welt Und Spiel des Glücks*
1668–75 Grimmelshausens pikareske Romane
1682–83 Johann Beer, *Teutsche Winternächte* und *Die kurtzweiligen Sommer-Täge*
1696–97 Christian Reuter, *Schelmuffsky*

GATTUNG

BAROCKROMAN

LEGITIMATION. Der deutsche Roman des 17. Jahrhunderts gründet auf Entwicklungen in den anderen, weiter fortgeschrittenen europäischen Literaturen. Hier hatten sich seit der zweiten Hälfte des 16. Jahrhunderts die Romangattungen herausgebildet, die den europäischen Roman der Frühen Neuzeit und damit auch den deutschen Barockroman konstituieren sollten: Pikaro- oder Schelmenroman, Schäferroman und höfisch-historischer Roman. Am Anfang stehen Übersetzungen und Bearbeitungen der stil- und gattungsbildenden ausländischen Muster; deren Rezeption verbindet sich mit intensiven Reflexionen über die von der antiken und humanistischen Poetik ignorierte und überdies moralisch verdächtige Gattung. Angesichts dieser Voraussetzungen bedeutet Romanpoetik zunächst und für lange Zeit vor allem Apologetik. Wesentliche Punkte sind die Rechtfertigung der Fiktion – erfun-

dene Geschichten erfüllten den moralisch-didaktischen Wirkungszweck wesentlich besser als die Geschichtsschreibung – und die strategische Gegenüberstellung von ›altem‹ und ›neuem‹ Roman. Als Feindbild diente insbesondere der *Amadis auß Frankreich*, der – ausgehend von den vier Bänden des spanischen *Amadís de Gaula* (1508) – über Frankreich und Italien in der deutschen Ausgabe (1569–95) schließlich auf 26 Bände angewachsen war. Mit seiner Formlosigkeit, seiner freizügigen Moral und seiner ›unwahrscheinlichen‹ märchenhaften Mittelalteratmosphäre widersprach er fundamental der neuen aristotelischen Poetik, der sich der höfisch-historische Roman nach dem Beispiel des französischen Klassizismus unterworfen hatte, so dass er nun die Stelle des Epos im Gattungssystem beanspruchen konnte.

HOCH UND NIEDRIG. Von den drei Gattungen des deutschen Barockromans stehen höfisch-historischer und pikaresker Roman in ausdrücklichem Gegensatz zueinander, während der Schäferroman – meist kleine moralisierende Liebesromane mit unglücklichem Ausgang, die die Liebe als »Privat-werck« schildern – eher eine Nebenrolle spielt. Der höfisch-historische Roman, eine im Einzelfall viele tausend Seiten umfassende Großform, erzählt als ›hoher‹ Roman Liebesgeschichten von Herrschern und anderen Personen hohen Standes, wobei die Liebesgeschichten, da es keine Trennung von öffentlicher und privater Sphäre gibt, zugleich Staatsaffären von großer Reichweite sind. Darüber hinaus veranstaltet der allwissende Erzähler im Rahmen einer labyrinthischen Erzählstruktur – unvermittelter Einsatz (*medias in res*) an einem bereits fortgeschrittenen Punkt der Handlung, sukzessives Nachholen der Vorgeschichte(n) – ein dialektisches Spiel von Ver- und Entwirrung, bis am Ende hinter der vordergründig chaotischen, fortunabeherrschten Welt die providentielle Ordnung sichtbar wird, eine Ordnung, deren Affinität zum Absolutismus ausdrücklich oder implizit deutlich gemacht wird.

Ausdruck der Opposition gegen diese idealisierende Sicht der Dinge ist der satirische Pikaroroman. Er betrachtet die Welt von unten. Das zeigt schon die Gattungsbezeichnung: Das spanische Wort *pícaro*, das der Gattung den Namen gab, bedeutet etwa ›gemeiner Kerl von üblem Lebenswandel‹; im Deutschen wurde es im 17. Jahrhundert mit ›Landstörtzer‹ übersetzt. Zu den charakteristischen Merkmalen des Pikaroromans gehört die Form der fiktiven Autobiographie, die es dem (meist in Reue) zurückblickenden Erzähler erlaubt, verschiedene Entwicklungsphasen des Ich zu konfrontieren und die eigene Handlungsweise zu kommentieren. Zugleich ermöglicht der Roman, indem er den Helden als gesellschaftlichen Außenseiter in verschiedenen, auch kriminellen Rollen durch die Gesellschaft führt, einen kritisch-satirischen Blick auf die Welt und ihre Gebrechen. Um die Wende zum 18. Jahrhundert ging der Pikaroroman, der in Grimmelshausens *Simplicissimus Teutsch* (1668–69) gipfelt, im Abenteuerroman auf.

Titelkupfer von Philipp von Zesens *Adriatischer Rosemund* (1645), dem ersten deutschen Barockroman mit Kunstanspruch. Unter Ritterhold von Blauen verbirgt sich Zesen.

Linke Seite: **Der Geistliche Andreas Heinrich Bucholtz** war der erste deutsche Romanautor, der mit zwei in den vierziger Jahren des 17. Jahrhunderts entstandenen riesigen Werken Gegenentwürfe zu dem »schandsüchtigen«, unchristlichen und regellosen *Amadis* vorlegte. Gedruckt wurden sie erst später: *Des Christlichen Teutschen Groß-Fürsten Herkules Und Der Böhmischen Königlichen Fräulein Valiska Wunder-Geschichte* (1659–60) und *Der Christlichen Königlichen Fürsten Herkuliskus Und Herkuladisla Auch Ihrer Hochfürstlichen Gesellschaft anmuthige Wunder-Geschichte* (1665). Die Abbildung zeigt die kolorierte Titelzeichnung der 1660–62 angefertigten eigenhändigen Reinschrift des zweiten Romans, die Bucholtz Rudolf August von Braunschweig-Wolfenbüttel zueignete.

BIOGRAFIE

1621 oder 1622 Hans Jacob Christoph von Grimmelshausen wird in der lutherischen Reichsstadt Gelnhausen geboren
1634 Gelnhausen wird von kaiserlichen Truppen geplündert; Flucht zahlreicher Bewohner in die Festung Hanau
1635 Grimmelshausen gerät in den Krieg
1637–38 Stationierung mit einem kaiserlichen Regiment in Westfalen
1639–48 Musketier, dann Regimentsschreiber in Offenburg
1649 Heirat des inzwischen zum Katholizismus konvertierten Grimmelshausen mit Catharina Henninger
1649–60 »Schaffner« (Verwalter) bei den Reichsfreiherrn von Schauenburg in Gaisbach bei Oberkirch
1662–65 Verwalter auf der nahe gelegenen Ullenburg
1665–67 Wirt im »Silbernen Stern« in Gaisbach
1666–67 *Satyrischer Pilgram*
1667–76 Schultheiß im badischen Renchen
1668 *Simplicissimus Teutsch* (vordatiert auf 1669); 1669 folgt die vorläufig abschließende *Continuatio*
1670 *Courasche*, *Springinsfeld*, *Ewig-währender Calender*
1672 *Rathstübel Plutonis*, *Das wunderbarliche Vogel-Nest* (2. Tl. 1675)
1676 17. August: Grimmelshausen stirbt in Renchen

Grimmelshausens *Simplicissimus Teutsch* besitzt entgegen der üblichen Praxis keine Vorrede. An ihrer Stelle steht das emblematische Titelkupfer, das u. a. die satirische Intention des Textes anzeigt: Die halb tierische, halb menschliche Gestalt mit der Spott- und Verhöhnungsgeste der linken Hand ist eine Anspielung auf den Satyr und damit die »Satyre«, wie man im 17. Jahrhundert nach einer weit verbreiteten Theorie vom Ursprung der Satire schreibt.

AUTOR

HANS JACOB CHRISTOPH VON GRIMMELSHAUSEN

SCHWIERIGE VORAUSSETZUNGEN. Der Autor, dem wir einen der großen Romane der Weltliteratur verdanken, war bereits 45 Jahre alt, als er mit dem *Satyrischen Pilgram* (1666–67) sein erstes Werk veröffentlichte. Darin spielt er auch auf die prekären Voraussetzungen seiner literarischen Existenz an und stellt in einer Art Vorwärtsverteidigung die polemische Frage, was denn wohl Nützliches und Lehrreiches »von einem solchen Kerl wie der Author ist / zu hoffen seyn« sollte. Man wisse schließlich von ihm, dass er »nichts studirt, gelernet noch erfahren: sondern so bald er kaum das ABC begriffen hatt / in Krieg kommen / im zehenjährigen Alter ein rotziger Musquedirer worden« und entsprechend liederlich aufgewachsen sei.

Das Fehlen einer akademischen Ausbildung beeinträchtigte nicht nur Grimmelshausens berufliche und gesellschaftliche Aufstiegschancen – er musste sich mit eher untergeordneten Verwaltungspositionen begnügen –, sondern auch seine Stellung im literarischen Leben; hier galt humanistische Bildung als selbstverständliche Vorbedingung. So war auch sein Weg zur Literatur ein anderer als der der Gelehrtendichter seiner Zeit. Die Annahme liegt nahe, dass es die Erfahrungen des Krieges waren, die ihn zum Dichter werden ließen, und dass er, abgeschnitten vom üblichen akademischen Weg und auf sich selbst verwiesen, jede Gelegenheit genutzt haben muss, sich durch eigene Lektüre weiterzubilden, um wenigstens annähernd den Anforderungen der humanistischen Literaturproduktion gerecht zu werden – oder sie kritisch in Frage stellen zu können.

»SIMPLICISSIMUS TEUTSCH«. Ergebnis der Erinnerungsarbeit Grimmelshausens sind der *Simplicissimus* und die daran anschließenden Texte. Gleichwohl verbietet sich eine allzu enge biografische Lesart. Der Roman ist vielmehr eine Synthese von eigener Welt- und Lebenserfahrung und einer Auseinandersetzung mit den relevanten europäischen Roman- und Satiretraditionen. Er beginnt mit dem Einbruch des Kriegs in die Spessarter Waldidylle, in der der Held – wie Parzival – unschuldig und unwissend aufwächst. Er findet Zuflucht bei einem Einsiedler, seinem

Vater, wie sich später herausstellt, und dieser macht ihn »auß einer Bestia zu einem Christenmenschen« und gibt ihm drei Lehren mit auf den Weg: »sich selbst erkennen / böse Gesellschafft meiden / und beständig verbleiben«. Dann wird er endgültig vom Krieg erfasst, zunächst als einfältiges Opfer, dann aber auch als Handelnder, der sich – von gelegentlichen Besserungsversuchen abgesehen – immer tiefer in Schuld verstrickt und sich treiben lässt, bis er schließlich »auß sonderlicher Barmhertzigkeit« Gottes zu Selbsterkenntnis und Glaubensgewissheit gelangt und als Einsiedler ein gottgefälliges Leben zu führen trachtet. Das gelingt allerdings erst beim zweiten Versuch in Gestalt einer Robinsonade, ist aber auch hier nur eine vorläufige Lösung, wie die ›Fortsetzungen‹ zeigen. Die Abwendung von der Gesellschaft ist keine Antwort auf die Herausforderungen des Lebens.

BILD DER WELT. Grimmelshausen erzählt die Lebensgeschichte »eines seltzamen Vaganten« nach dem Muster des Pikaroromans. Damit öffnet er, durch das Medium seines Helden, den Blick auf die Welt, auf die Menschen und ihre Laster. Die fiktive Autobiographie mit ihrem religiös-moralischen Hintergrund weitet sich zu einer grellen Schilderung der Schrecken des Dreißigjährigen Kriegs und des materiellen und moralischen Elends einer Gesellschaft, in der alle Werte auf den Kopf gestellt sind. Ihr heilloser Zustand wird vor dem Hintergrund der christlichen Lehre und verschiedener innerweltlicher Utopien, die die Sehnsucht nach einem friedlichen Leben in einer friedlichen Welt thematisieren, nur umso deutlicher. Dabei steht der moralisch-religiöse Anspruch des Romans in ständiger Spannung zu einer elementaren Erzählfreude und einem satirisch-realistischen Erzählkonzept, durch das der *Simplicissimus* die Weltfülle gewinnt, die ihn vor allen anderen deutschen Romanen des 17. Jahrhunderts auszeichnet.

Die 1976 geprägte 5-DM-Gedenkmünze zu Ehren von Grimmelshausen.

SIMPLIZIADEN

Simpliziade ist eine in Analogie zu Robinsonade gebildete Bezeichnung für literarische Werke, die an Grimmelshausens Roman anknüpfen bzw. sich der Wörter ›Simplicissimus‹ und ›simplicianisch‹ zu Reklamezwecken bedienen. Nur wenige dieser Texte, zwischen 1670 und 1744 erschienen, weisen engere Beziehungen zu Grimmelshausen auf. Dazu gehören *Deß Frantzösischen Kriegs-Simplicissimi, Hoch-verwunderlicher Lebens-Lauff* (1682–83) von Johann Georg Schielen, Georg Daniel Speers *Ungarischer Oder Dacianischer Simplicissimus* (1683) und Johann Beers *Simplicianischer Welt-Kucker* (1677–79).

Grimmelshausen machte Randfiguren seines großen Romans *Simplicissimus Teutsch* zu Helden eigener Erzählungen. Der erste dieser Texte ist die Lebensgeschichte der Courasche, die der Erzähler im *Simplicissimus* als »mehr mobilis als nobilis« abqualifiziert hatte und die sich nun an Simplicius rächen will. Das emblematische Titelkupfer enthält zahlreiche Details, die sich auf die Eigenschaften der Heldin beziehen – z. B. auf Geldgier und Geiz (Esel), auf ihre sündhafte Sexualität (Biene, Geweih, Hirschkäfer) – oder weitere Deutungshinweise geben: z. B. auf die Vanitas (der Inhalt des geöffneten Mantelsacks) oder die Strafe Gottes (Heuschrecke).

LITERATURBETRIEB

BAROCKTHEATER

Unter Kaiser Leopold I. nahm das Jesuitentheater den Charakter eines Hoftheaters an. Dank großzügiger Subventionen und der modernsten technischen Ausstattung konnte es sich durch repräsentative Inszenierungen und die Realisierung prunkvoller Gesamtkunstwerke auch gegenüber der italienischen Oper behaupten. Zu den theatralischen Höhepunkten zählen die »ludi caesarei« des Jesuitendramatikers Nicolaus von Avancini, Stücke im Dienst der Verherrlichung des Glaubens wie der habsburgischen Monarchie. Die glanzvolle Aufführung seiner *Pietas Victrix* (*Sieghafte Frömmigkeit*, 1659) ist durch eine Reihe von Stichen dokumentiert; sie geben einen Eindruck von dem opernhaften Maschinenzauber mit feuerspeienden Drachen, einem im Sonnenwagen durch die Lüfte fahrenden Phaëton, einem aus dem Meer auftauchenden Neptun (Abbildung) oder einem Luftkampf zwischen Adler und Drachen.

DIE WELT ALS THEATER. Der Gedanke, dass die Welt ein Theater sei, ist seit der Antike geläufig und durchdringt alle europäischen Literaturen. Im Barock unterstreicht der geradezu inflationäre Gebrauch der Metapher von der Welt als Schauspiel die große Bedeutung des Theaters für das Zeitalter: »Die Welt / ist eine Spiel-büne / da immer ein Traur- und Freudgemischtes Schauspiel vorgestellet wird: nur daß / von zeit zu zeit / andere Personen auftreten«, zitiert – neben vielen anderen – 1669 der Nürnberger Dichter Sigmund von Birken diesen Gedanken in einer Romanvorrede. Und so wie die Welt eine große Schaubühne ist, auf der der Mensch die ihm zugewiesene Rolle spielt, so repräsentiert die Bühne die Welt, versteht sich das Barocktheater selbst vielfach als Welttheater. Unter den Stücken, die ausdrücklich die Welttheatermetapher realisieren, ist Calderóns »Auto sacramental« (Fronleichnamsspiel) *El gran teatro del mundo* (1675), das unübertroffene Muster mit seiner konsequenten Durchführung der Theaterfiktion, der Inszenierung des Konzepts von der Welt als Theater und vom Leben als Spiel, als Theater auf dem Theater: »Derweil ich dirigire, | Sei du die Bühne und der Mensch agiere.« Gott als Autor und oberster Spielleiter bestimmt die Welt zur Bühne, auf der die Menschen ihre Rollen – der Hierarchie der Sozialordnung folgend – nach ihrem freien Willen spielen, um je nach Qualität ihres Spiels nach dem Tod Lohn oder Strafe zu empfangen.

PROFESSIONELLES THEATER UND SCHULTHEATER. Sieht man vom Musiktheater ab – also der neuen Gattung der Oper und den verschiedenen Manifestationen der höfischen Festkultur –, so konkurrierten im 17. Jahrhundert vor allem zwei verschiedene Theaterauffassungen miteinander: Auf der einen Seite vertraten sowohl das protestantische Schultheater als auch das katholische Ordensdrama, ungeachtet der konfessionellen Konfrontation, ein Theater, das auf humanistischer Grundlage sprachlich-rhetorische, moralische und religiöse Belehrung verband, auf der anderen Seite gelangte durch das professionelle Theater der italienischen und englischen Berufsschauspieler ein neues Theaterkonzept und ein neuer Schauspielstil nach Deutschland. Statt wortzentrierter humanistischer Deklamation boten die Wandertruppen, insbesondere die so genannten Englischen Komödianten, naturalistische Anschaulichkeit, Drastik, Situationskomik, akrobatische und musikalische Einlagen, also eine auf ein breites Publikum zielende Form unterhaltsamen Theaters. Diesen Zielsetzungen entsprach ihre Vorliebe für blutrünstige Haupt- und Staatsaktionen, für Clowns-Komik und »Pickelhärings Lustigkeit« sowie ihr freier Umgang mit den literarischen Vorlagen: Zwar vermittelten die Engländer einen ersten Eindruck von der zeitgenössischen elisabethanischen Dramatik, doch in kruden Bearbeitungen, die die Originale auf eine Reihe möglichst effektvoller Szenen reduzierten.

BÜHNE. Wie die Gattung Oper wurden auch die neuesten technischen Errungenschaften aus Italien importiert. Hatte man bisher für die Bühne das Telarisystem der italienischen Renaissance verwendet, dessen drehbare, auf den Seiten verschieden bemalte Prismen relativ schnelle Szenenwechsel ermöglichten, so setzten italienische Bühnenarchitekten um 1650 auch in Deutschland die 1618 in Italien erfundene Kulissenbühne durch. Das Visuelle erhielt durch ein glänzendes Ausstattungswesen und die moderne Bühnentechnik mit ihren schnellen Verwandlungsmöglichkeiten, Beleuchtungseffekten, Flugapparaten, Donnermaschinen und anderen Vorrichtungen eine neue, erhöhte Bedeutung.

WANDERBÜHNE

Ausländische Wandertruppen traten seit der Mitte des 16. Jahrhunderts in Deutschland auf. Die Wirkung der italienischen Commedia dell'arte mit ihrem Improvisationstheater mit feststehenden Typen blieb aus sprachlichen Gründen vorwiegend auf die süddeutschen und österreichischen Höfe beschränkt. Der früheste Beleg berichtet von einer Aufführung in München 1568.
Von größerer Bedeutung für die deutsche Entwicklung waren die professionellen Theatertruppen aus England. Für 1586 ist das erste Gastspiel einer englischen Truppe, am Hof des sächsischen Kurfürsten in Dresden, bezeugt; 1592 spielte die Truppe von Robert Browne auf der Frankfurter Herbstmesse. Mit dem Übergang zur deutschen Sprache zu Beginn des 17. Jahrhunderts entstanden allmählich deutsche Truppen mit einheimischen Prinzipalen. Die bedeutendsten unter ihnen, wie Johannes Velten in der zweiten Hälfte des 17. Jahrhunderts, bemühten sich um eine Literarisierung des Theaters, ein Prozess, der sich im 18. Jahrhundert fortsetzte.

Theatersaal des Benediktinerklosters Ottobeuren mit dem Deckenfresko von Franz Spiegler (1724). Die Benediktiner entwickelten im 17. und 18. Jahrhundert eine umfangreiche und künstlerisch hochstehende Theaterpraxis, die mit der der Jesuiten mithalten konnte. Ausgangspunkt war Salzburg mit Benediktinergymnasium und Universität; von hier gingen – auch durch Personalaustausch – wesentliche Impulse auf das Theaterleben der Klöster der ›Provinz‹ aus: etwa Admont, Kremsmünster, Lambach oder Seidenstetten in Österreich und Freising, Ottobeuren und Weingarten in Bayern und Schwaben.

STOFFE/THEMEN

MÄRTYRER UND TYRANN

POETIK. »Der Held / welchen der Poet in dem Trauerspiel aufführet / soll ein Exempel seyn aller vollkommenen Tugenden / und von der Untreue seiner Freunde / und Feinde betrübet werden; jedoch dergestalt / daß er sich in allen Begebenheiten großmütig erweise und den Schmertzen / welche mit Seufftzen / Erhebung der Stimm / und vielen Klagworten hervorbricht / mit Tapferkeit überwinde.« So beschreibt Georg Philipp Harsdörffer im zweiten Teil seines *Poetischen Trichters* (1648) seine Konzeption des Tragödienhelden, eine Vorstellung, die in deutlichem Gegensatz zur aristotelischen Forderung eines mittleren Charakters als Voraussetzung der angestrebten reinigenden Wirkung der Tragödie steht. Dafür beschreibt sie recht genau das barocke Märtyrerdrama mit seinen beispielhaften Helden, die als Verkörperungen der Tugenden der Beständigkeit und Großmütigkeit zur Identifikation und Imitation anreizen sollen. Die entgegengesetzte Funktion, die Abschreckung vor dem Laster, übernehmen die Gegenspieler, die Tyrannen und ihre Helfer. In dieser Sicht dient die Tragödie einem moralischen Endzweck, zielt sie auf eine erbauliche Wirkung. Dass diese Auffassung nicht zuletzt bei den Theoretikern des Jesuitenordens auf Zustimmung stieß, kann nicht verwundern, gehört doch das Märtyrerdrama zum Kernrepertoire des Jesuitentheaters. Das dramatische Werk des Andreas Gryphius wiederum knüpft an dieses Muster an, setzt dabei aber eigene Akzente. Auch im fran-

Titelkupfer einer in zahlreichen Drucken verbreiteten Verteidigungsschrift König Karls I. von Großbritannien, der nach dem Bürgerkrieg zwischen Krone und Parlament (1642–48) zum Tode verurteilt und am 30. Januar 1649 hingerichtet wurde: *Eikòn Basilikè. Vel Imago Regis Caroli* (1649). Das »Bild des Königs«, das hier gezeichnet wird, ist durch drei Kronen gekennzeichnet: die Königskrone (sie liegt am Boden: Vanitas), die Dornenkrone des Märtyrers (in der Hand) und die himmlische Krone (über den Wolken). Die linke Seite des Kupfers zeigt Sinnbilder der Standhaftigkeit und der Tugend.

zösischen Klassizismus interpretierte man die Tragödie im Sinn des Märtyrerdramas als exemplarische Darstellung von Tugend und Laster mit dem Ziel, beim Zuschauer durch das Leiden des tugendhaften Helden Mitleid, durch die Aktivitäten des tyrannischen Gegenspielers Abscheu und Schrecken hervorzurufen. Lessing lehnte das Märtyrerdrama in seiner Aristotelesdeutung der *Hamburgischen Dramaturgie* (1767–69) entschieden ab.

RELIGION UND POLITIK.

Die Grundstruktur des Märtyrerdramas ist dualistisch. Die Antithese von Märtyrer und Tyrann entspricht dem Dualismus von himmlischem und irdischem Reich, von christlicher Heilsgewissheit und Weltüberwindung auf der einen und der »Vergängligkeit Menschlicher Sachen« (Gryphius) im Rahmen einer heillosen Geschichte auf der anderen Seite. In dieser Auseinandersetzung scheitern die Pläne und Aktionen des in die irdische Wirklichkeit verstrickten und seinen Affekten ausgelieferten Tyrannen am unverrückbaren Widerstand des zum Martyrium bereiten Gegenspielers, der in der Nachfolge Christi als Sieger die Welt verlässt.

Dass sich die Hohlform des Märtyrerdramas über ein religiöses Anliegen hinaus durchaus auch für andere Inhalte nutzen lässt, zeigt das Werk des Andreas Gryphius. Gryphius war schon früh mit diesem Dramentypus vertraut. Drei zentrale Stücke – *Catharina von Georgien* (1657), *Carolus Stuardus* (1657 bzw. 1663) und *Papinianus* (1659) – gehen vom Modell des Märtyrerdramas aus. Sie sind aber zugleich historisch-politische Schauspiele, die den realen politischen Machtkampf um Herrschaft, Vaterland oder Reich vorführen, der aus den Herrschern oder Politikern erst Märtyrer macht. Darüber hinaus stellen sie ein Diskussionsforum dar, auf dem im Kontext des Handlungsverlaufs die zentralen politischen, politisch-theologischen und staatsrechtlichen Vorstellungen und Konflikte zeitgenössischer absolutistischer Politik von allen Seiten beleuchtet werden.

1655 veröffentlichte der Breslauer Johann Using eine Reihe von Stichen zu Szenen von Gryphius' Trauerspiel *Catharina von Georgien*. Der hier abgebildete Stich zeigt die Folterszene des letzten Aktes, die im Drama hinter die Bühne verlegt und nur beschrieben wird.

Aus Gryphius' »Reyen der Tugenden / des Todes und der Liebe«, *Catharina von Georgien*, 4. Akt:

»Wer biß zum Tode libt wird ewig stehen / | Und kan im Tode nicht vergehen. | Es hillfft nicht daß man kämpff und ringe; | Das Ende krönet alle Dinge. | Wer angefangen / muß vollbringen; | Wo er ein Sige-Lid wil singen. | Wer biß zum Brand-Pfal Gott getreue / | Wer nicht für Zang und Schwerdt ist scheue / | Wer mit der Grufft verwechselt Stat und Thron; | Derselb erlangt die herrlichst Ehren-Cron.«

Das Titelkupfer der Erstausgabe von Gryphius' Trauerspiel *Großmüttiger Rechts-Gelehrter / Oder Sterbender Aemilius Paulus Papinianus* (1659) zeigt die Hinrichtung des Märtyrers für das ›heilige Recht‹.

LITERATURBETRIEB

BIBLIOTHEK

Das unsignierte und undatierte Gemälde – es stammt möglicherweise aus dem frühen 18. Jahrhundert – zeigt Herzog August d. J. zu Braunschweig-Lüneburg, den Begründer der Wolfenbütteler Bibliothek, vor einer Bücherwand. Auf dem Tisch liegt eine Zeichnung mit der Ansicht Wolfenbüttels. In einem Zeitraum von 70 Jahren baute er systematisch die Bibliothek auf. Die erhaltenen Unterlagen zeigen den Herzog als kritischen und kostenbewussten Käufer, der bei bibliographisch ungenauen Angeboten nachfragt, Preisvergleiche anstellt und gegebenenfalls auf Nachlässen besteht (»diese bücher seynd gahr zu hoch angeschlagen, die helffte wollen wir woll daran spediren«).

VOM MITTELALTER ZUR FRÜHEN NEUZEIT. Die zentrale Rolle der Klöster im Buchwesen – als Stätten der Produktion von Handschriften wie als Bibliotheksstandorte – ging mit Beginn der Frühen Neuzeit verloren. Die schnelle Ausbreitung des Buchdrucks schuf völlig veränderte Bedingungen. Sie führte zur Entwicklung eines leistungsfähigen Verlagswesens und eröffnete zugleich Bildung und Wissenschaften neue Möglichkeiten. Die Reformation stärkte mit ihrer Bildungspropaganda das städtische Schulwesen und damit die Rolle der Stadt- und Schulbibliotheken, in die überdies die Bestände zahlreicher Klosterbibliotheken eingingen. In den katholischen Territorien behielten die Ordensbibliotheken, insbesondere die der Hochschulen, ihre Bedeutung. Daneben wuchsen im 16. und 17. Jahrhundert die Fürstenbibliotheken zu bedeutenden Institutionen heran (Heidelberg, München, Wien, Wolfenbüttel); außerdem entstanden – Folge einer unter Gelehrten ziemlich verbreiteten Bibliomanie und einengender Benutzungsbeschränkungen zahlreicher ›öffentlicher‹ Bibliotheken – große Privatbibliotheken. Der Büchernarr ist seit Sebastian Brant beliebtes Thema der Satire.

KRIEGSVERLUSTE. Die Verheerungen des Dreißigjährigen Krieges machten natürlich auch nicht vor den Bibliotheken halt. Vernichtung, Plünderung und Verlagerung schädigten nicht zuletzt die städtischen Büchersammlungen. Der spektakulärste Verlust allerdings betraf die Bibliotheca Palatina in Heidelberg, die bis zum Beginn des 17. Jahrhunderts zu einer der bedeutendsten deutschen Fürstenbibliotheken angewachsen war: 1623 wurde die gesamte Bibliothek, die Bibliothek eines calvinistischen Fürsten, als Entschädigung für die päpstlichen Kriegskosten in den Vatikan gebracht. Allerdings bedeutete die Überführung nach Rom wohl auch ihre Rettung angesichts der Zerstörungen, die 1693 französische Truppen in Heidelberg anrichteten.

FÜRSTENBIBLIOTHEK: BEISPIEL WOLFENBÜTTEL.

Fürstenbibliotheken erfüllten verschiedene Funktionen. Sie dienten persönlichen Interessen des Fürsten, praktischen Bedürfnissen der Staatsverwaltung und nicht zuletzt auch fürstlichem Repräsentationsbedürfnis. Dass sich die Sammelleidenschaft barocker Fürsten mit außergewöhnlicher Gelehrsamkeit und Kennerschaft verbinden konnte, zeigt die Person Herzog Augusts d. J., der mit Hilfe zahlreicher Agenten in Europa in Wolfenbüttel eine der führenden europäischen Fürstenbibliotheken aufbaute. Bei der letzten Zählung zu seinen Lebzeiten – sie fand 1661 statt – umfasste die Bibliothek 116 351 Druckwerke in 28 415 Bänden (einschließlich 2003 Handschriften). Dabei entwarf der Herzog 1625 ein fortschrittliches Signatur- und Katalogsystem, das eine Aufstellung nach sachlich-systematischen Gesichtspunkten ermöglichte: Theologica, Juridica, Historica, Bellica, Politica, Oeconomica, Ethica (hier verbirgt sich ein großer Teil der ›schönen Literatur‹) usw. Um die Folianten des großenteils eigenhändig geschriebenen Katalogs nebeneinander benutzen zu können, ließ er ein Drehpult mit sechs beweglichen Brettern und einem Planetenradgetriebe bauen, für dessen Konstruktion er auf ein Buch in seiner Bibliothek zugreifen konnte (Agostino Ramelli, *Le diverse et artificiose machine*, 1588). Zu den späteren Wolfenbütteler Bibliothekaren zählten Leibniz (1690–1716) und Lessing (1770–81).

> Casanova über seinen Aufenthalt in Wolfenbüttel im Jahr 1764:
>
> In Wolfenbüttel »wollte ich acht Tage bleiben und war sicher, mich nicht zu langweilen, denn dort befand sich die drittgrößte Bibliothek von Europa. Ich hatte schon lange den lebhaften Wunsch, sie in Muße zu besichtigen. Ein höchst gelehrter Bibliothekar, dessen Höflichkeit mich um so mehr beeindruckte, als sie nicht übertrieben, noch im geringsten gekünstelt war, sagte mir bei meinem ersten Besuch, er werde mir einen Mann geben, der mir nicht nur in der Bibliothek alle verlangten Bücher heraussuchen, sondern sie mir auch in mein Zimmer bringen werde, einschließlich der Manuskripte, die den größten Schatz dieser berühmten Bibliothek bilden. In den acht Tagen, die ich dort verbrachte, verließ ich sie nur, um in mein Zimmer zu gehen, und verließ dieses nur, um in die Bibliothek zurückzukehren. Erst am achten Tag, eine Stunde vor meiner Abreise, sah ich den Bibliothekar wieder, um ihm zu danken. Ich lebte dort in vollkommenem Frieden, dachte weder an Vergangenheit noch an Zukunft und vergaß über der Arbeit die Gegenwart. Heute weiß ich, daß nur das Zusammentreffen ganz unbedeutender Umstände nötig gewesen wäre, um mich in dieser Welt zu einem wahrhaft Weisen zu machen.« (*Geschichte meines Lebens*, übers. von H. v. Sauter)

Die barocke Stiftsbibliothek in St. Gallen, die im Zuge der Umbauten der Klosteranlage 1766 vollendet wurde.

STOFFE/THEMEN

VANITAS UND CARPE DIEM

GEGENSÄTZE. Im Zeitalter der geistesgeschichtlichen Synthesen in den zwanziger Jahren des vorigen Jahrhunderts suchte man die disparaten Erscheinungen der Kultur und Literatur des 17. Jahrhunderts auf einen Nenner zu bringen, indem man sie etwa als Manifestation eines antithetischen Lebensgefühls oder als Ausdruck einer grundlegenden Spannung zwischen Diesseitslust und Weltentsagung begriff. Als Generalerklärung trifft das gewiss nicht zu, enthält aber die richtige Beobachtung, dass die traditionell christlichen Themen Eitelkeit der Welt, Vergänglichkeit und Erinnerung an den Tod (Memento mori) im Barock eine neue Bedeutung gewinnen, zugleich aber höchst diesseitige Gegenreaktionen im Geist der Antike und des Humanismus auslösen. Dazu gehört dann auch die

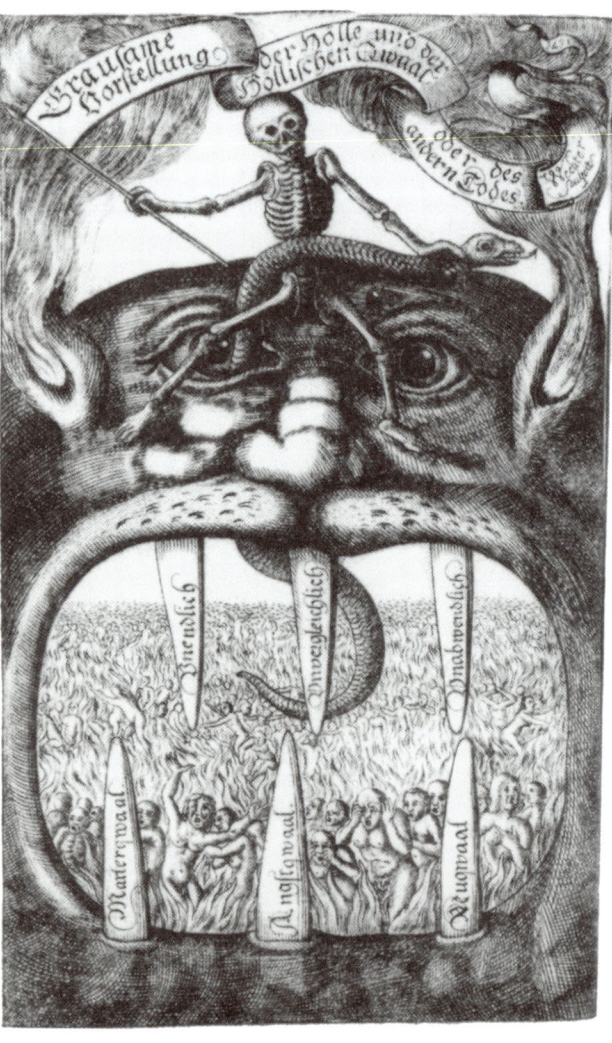

MARTIN OPITZ

Ach Liebste / laß vns eilen /
Wir haben Zeit:
Es schadet das verweilen
Vns beyderseit.
Der edlen Schönheit Gaben
Fliehn fuß für fuß:
Das alles was wir haben
Verschwinden muß.
Der Wangen Zierh
  verbleichet /
Das Haar wird greiß /
Der Augen Fewer weicht /
Die Brunst wird Eiß.
Das Mündlein von Corallen
  Wird vngestalt /
Die Händ' als Schnee
  verfallen /
Vnd du wirst alt.
Drumb laß vns jetzt
  geniessen
Der Jugend Frucht /
Eh' als wir folgen müssen
Der Jahre Flucht.
Wo du dich selber liebest /
So liebe mich /
Gieb mir / das / wann du
  giebest /
Verlier auch ich.

Oben: **Das Lied** über die rechte Zeit zu lieben wurde von einem französischen Text angeregt und erschien zuerst 1624. Es beginnt mit einem Paradoxon, denn die folgende Argumentation, die zur Liebe überreden will, zeigt gerade: Zeit im herkömmlichen Wortsinn haben die Liebenden eben nicht. ›Zeit‹ bezeichnet hier vielmehr den geeigneten Zeitpunkt, an dem etwas geschehen kann oder muss, die rechte Gelegenheit, die es – bildlich gestaltet in den Darstellungen der Göttin der Gelegenheit – beim Schopf zu erfassen gilt. Der scheinbare Widerspruch des Anfangs bestimmt die ganze Struktur des Lieds, das in kunstvoller Weise Gegenwart und Zukunft, Motive des Schönheitspreises und des Verfalls, des Carpe diem und des Memento mori miteinander verbindet.

scharfsinnig-spielerische Verbindung der beiden konträren Bereiche.

MEMENTO MORI. Niemand »nichtete« wortgewaltiger als Andreas Gryphius, wie Günter Grass die Vanitas-Rhetorik des großen Lyrikers und Dramatikers im *Treffen in Telgte* (1979) charakterisierte: Sei es, dass er in seinen Trauerspielen die »Vergänglichkeit Menschlicher Sachen« im geschichtlich-politischen Raum beschwört, sei es, dass er in seiner Lyrik den Prediger Salomo variiert (»Du sihst / wohin du sihst nur Eitelkeit auff Erden«), die Gebrechlichkeit des Menschen am Beispiel des eigenen Körpers thematisiert (»Mir grauet vor mir selbst / mir zittern alle Glider«) oder im Anschluss an den Jesuiten Jacob Balde durch die Evokation des Grauens in den *Kirchhoffs-Gedancken* den Menschen zur Erkenntnis der Vanitas irdischen Lebens zu führen sucht. Dabei nimmt er auch Vorstellungen des mittelalterlichen Totentanzes auf, so wie später Abraham a Sancta Clara in seiner Pestschrift *Mercks Wienn* (1680), die in einer satirischen Ständerevue den Menschen drastisch an das eigene Ende erinnert.

> **PAUL FLEMING**
>
> **Wie Er wolle geküsset seyn**
>
> Nirgends hin / als auff den Mund /
> da sinckts in deß Hertzen grund.
> Nicht zu frey / nicht zu gezwungen /
> nicht mit gar zu fauler Zungen.
>
> Nicht zu wenig nicht zu viel.
> Beydes wird sonst Kinder-spiel.
> Nicht zu laut / und nicht zu leise /
> Bey der Maß' ist rechte weise.
>
> Nicht zu nahe / nicht zu weit.
> Diß macht Kummer / jenes Leid.
> Nicht zu trucken / nicht zu feuchte /
> wie Adonis Venus reichte.
>
> Nicht zu harte / nicht zu weich.
> Bald zugleich / bald nicht zugleich.
> Nicht zu langsam / nicht zu schnelle.
> Nicht ohn Unterscheid der Stelle.
>
> Halb gebissen / halb gehaucht.
> Halb die Lippen eingetaucht.
> Nicht ohn Unterscheid der Zeiten.
> Mehr alleine / denn bey Leuten.
>
> Küsse nun ein jedermann
> wie er weiß / will / soll und kan.
> Ich nur / und die Liebste wissen /
> wie wir uns recht sollen küssen.

LEBEN. Die Schrecken des Krieges und der Pest sowie der verbreitete Glaube an das nahe bevorstehende Weltende lieferten das Anschauungsmaterial, mit dem die Verfasser frommer Dichtungen und Erbauungsschriften dieses Thema in endlosen Variationen ausführten. Dass die Gewissheit des nahen bzw. jederzeit möglichen Endes andere Konsequenzen als christliche Bußgedanken haben kann, zeigt die gleichsam kontrapunktische Weiterführung der bereits von den Neulateinern des vorigen Jahrhunderts gepflegten antiken Carpe-diem-Motivik und der sinnenfreudigen anakreontischen Dichtung. Auch die Kussdichtung der Neulateiner fand Nachahmer; Paul Fleming schrieb einen ganzen lateinischen Zyklus derartiger Gedichte und gab entsprechende Anweisungen auch in deutscher Sprache: *Wie Er wolle geküsset seyn*. Vielfach nachgeahmt wurde Martin Opitz' Lied *Ach Liebste / laß vns eilen*, ein kunstvoll-paradoxer Überredungsversuch, die rechte Zeit zum Lieben wahrzunehmen. Eine manieristisch-parodistische Version stellt Christian Hoffmann von Hoffmannswaldaus Sonett *Vergänglichkeit der schönheit* dar, das die angesprochene Schöne durch den Verweis auf die Vergänglichkeit ihrer Schönheit – »Es wird der bleiche tod mit seiner kalten hand | Dir endlich mit der zeit umb deine brüste streichen« – indirekt zum Genuss der Jugend auffordert.

Linke Seite: **Titelkupfer von Georg Justus Schottelius'** poetischer *Grausamen Beschreibung und Vorstellung Der Hölle Und der Höllischen Qwahl* (1676). Die 78. Strophe: »Dieses grosse Qwaalgewölb / diese finstre Peinigkammer / | Drin in Winklen durch und durch dumpfet her der Marterhammer / | Schmertzthum heget endelos / Wehstand wächset ewig fort / | Sterben stets ohn allen Tod / füllet jeden Höllenort.«

17. Jahrhundert

LITERATURBETRIEB

BRESLAU

SCHLESIEN. Das Herzogtum Schlesien, als Nebenland des Königreichs Böhmen seit 1526 dem Haus Österreich untertan, entwickelte sich im 17. Jahrhundert zu einer der führenden Literaturlandschaften des Reiches. Aus Schlesien kamen zahlreiche bedeutende und einflussreiche Dichter wie Martin Opitz, Andreas Gryphius, Friedrich von Logau, Angelus Silesius, Christian Hoffmann von Hoffmannswaldau und Daniel Casper von Lohenstein, aber auch so schwierige Denker wie Jacob Böhme und exzentrische Propheten und Chiliasten wie Quirinus Kuhlmann: Ausdruck auch der spannungsreichen Vielfalt, die die politische, konfessionelle und kulturelle Situation Schlesiens charakterisierte.

Zu den Voraussetzungen der literarischen Blüte im 17. Jahrhundert gehörte der Wohlstand des Landes und der literarisch interessierten Kreise, der durch den Dreißigjährigen Krieg seit den dreißiger Jahren nur vorübergehend Einbußen erlitten hatte. Breslau und Brieg blieben unzerstört und boten Schutz; außerdem verbrachte eine Reihe der führenden Literaten die schlimmsten Jahre auf ausländischen Universitäten bzw. auf Hochschulen in anderen protestantischen Territorien oder auf Bildungsreisen. Das war auch insofern notwendig, als Schlesien keine eigene Universität besaß, Folge der Schwäche der schlesischen Herzöge, der Zersplitterung des von Deutschen und Polen bewohnten Landes und der auf die Stärkung des eigenen Einflusses bedachten Politik des Kaisers, der kein Interesse daran haben konnte, die für eine Universitätsgründung erforderlichen Privilegien zu erteilen. Stände und Städte wehrten sich gegen die absolutistischen Zentralisierungstendenzen und die massive Rekatholisierungspolitik der Habsburger. Die Bevölkerung war vorwiegend protestan-

---

CHRISTIAN HOFFMANN VON HOFFMANNSWALDAU

Auff den Einfall der Kirchen zu St. Elisabeth. Sonnet.

Mit starckem Krachen brach der Bau des HErren ein / | Die Pfeiler gaben nach / die Balcken musten biegen / | Die Ziegel wolten sich nicht mehr zusammen fügen; | Es trente Kalck von Kalck / und rieß sich Stein von Stein.

Der Mauer hohe Pracht / der süssen Orgeln Schein / | Die hieß ein Augenblick in einem Klumpen liegen: | Und was itzund aus Angst mein bleicher Mund verschwiegen / | Must abgethan / zer-sprengt / und gantz vertilget seyn.

O Mensch! diß ist ein Fluch / der nach dem Himmel schmeckt / | Der dieses Hauß gerührt / und dein Gemütt erweckt. | Es spricht der Herren Herr / du solst mich besser ehren:

Die Sünde komt von dir / das Scheitern komt von Gott. | Und ist dein Hertze Stein / und dein Gemüthe todt / | So müssen dich itzund die todten Steine lehren.

Oben: **Das Sonett** hat in einer Handschrift unter dem Titel die Angabe »Anno 1649«. Am 10. August dieses Jahres war einer der Pfeiler der Breslauer Elisabethkirche eingestürzt, drei Tage später brach ein Teil des Daches zusammen. Ursache waren Bauarbeiten für eine Gruft. Menschen kamen nicht zu Schaden (»ist Gott höchlich zu dancken«). Wie derartige Ereignisse gleichwohl ganz im Stil der Zeit in religiösem Sinn als Mahnung gedeutet werden konnten, zeigt das Sonett.

tisch; die größte Gruppe stellten die Lutheraner, die Landesherrn waren zum Calvinismus übergetreten. Daneben hatten zahlreiche sektiererische Gruppierungen in Schlesien eine Heimat gefunden und trugen zu einem Klima bei, das bei allem Dogmatismus und Fanatismus kritische Diskussionen beförderte und neue Fragestellungen erleichterte.

DIE STADT. Breslau war eine bedeutende Handels- und Kaufmannsstadt. Sie gehörte zu den Gebieten, denen die Beibehaltung des evangelischen Bekenntnisses garantiert worden war, was aber das Vordringen der von Habsburg unterstützten Jesuiten nicht verhindern konnte. Für die Sache der Gegenreformation wirkte auch Angelus Silesius, der 1653 in Breslau in einem öffentlichen demonstrativen Akt zum Katholizismus konvertierte. Die Stadt wurde von einem Rat regiert, der sich durch Zuwahl selbst ergänzte und in dem sich alte Kaufmannsfamilien und neuer Beamtenadel zusammenfanden. Hoffmannswaldau gehörte von 1647 bis zu seinem Tod 1679 dem Rat an, zuletzt als Präses. Und Lohenstein hatte von 1670 an die politisch einflussreiche Stelle eines Syndikus bzw. Obersyndikus der Stadtrepublik inne. Im kulturellen Leben der Stadt kam den beiden von bedeutenden Gelehrten geleiteten protestantischen Gymnasien, Elisabeth- und Magdalenengymnasium, eine wichtige Rolle zu; sie boten einen gewissen Ausgleich für die fehlende Universität. Nach außen wirkten sie vor allem durch das Schultheater, das – nicht zuletzt als Gegengewicht gegen die Glaubenspropaganda des Jesuitentheaters – vom Rat und insbesondere von Hoffmannswaldau ausdrücklich gefördert wurde. Seine Blütezeit erlebte das Breslauer Schultheater nach 1648, als es zur Bühne für die großen schlesischen Barockdramatiker Gryphius, Lohenstein und Johann Christian Hallmann wurde. Deren Werke wiederum gehörten zum Programm des bedeutenden Breslauer Verlegers Esaias Fellgiebel.

Linke Seite: **Die »Sieben-Kurfürsten-Seite«** des Breslauers Rings mit dem sog. Greifenhaus aus dem 16. Jahrhundert.

Emblematisches Kupfer zum Ruhm der Stadt Breslau aus einem emblematischen Städtebuch von Daniel Meisner (*Sciographia cosmica. Daß ist: Newes emblematisches Büchlein, darinnen ... die Vornembste Stätt, Vestung, Schlösser etc. der gantzen Welt ... in Kupffer gestochen ... abgebildet werden*, 1637–38). Die lateinische Überschrift – vier chiastisch gestellte Ablative – lässt sich etwa so wiedergeben: »Breslau existiert unter der Führung der Tugend [von der die Pfeile des Neides abprallen] und wird begleitet von Fortuna«.

HEILSGESCHICHTLICHE GESCHICHTSAUFFASSUNGEN

Im 17. Jahrhundert gibt es mehrere Modelle, wie der Verlauf der Geschichte unter den Voraussetzungen des christlichen Glaubens zu denken sei.
1. Auf Augustinus geht die weit verbreitete Vorstellung von zwei Reichen, einem göttlichen und einem weltlichen (*civitas dei* und *civitas terrena*), zurück; Geschichte vollzieht sich als ständiger Kampf zwischen diesen beiden Reichen.
2. Die Vorstellung von den drei Zeitaltern der Weltgeschichte beruht auf Auslegungen von Paulus-Briefen und gliedert die Geschichte in die Zeit vor dem Gesetz (*ante legem*; von Adam bis Moses), die Zeit unter dem Gesetz (*sub lege*; von Moses bis Christus) und die mit dem Erscheinen Christi angebrochene Zeit im Zeichen der Gnade (*sub gratia*). Bei der auch von Luther übernommenen Annahme einer gesamten Geschichtszeit von 6000 Jahren dauert jede Phase 2000 Jahre.
3. Die Lehre von den Weltaltern setzt die sechs Schöpfungstage sechs Weltaltern gleich; der siebte Tag, der Ruhetag Gottes, verweist auf die Wiederkunft Christi.
4. Die Lehre von den vier Monarchien beruht auf der Prophetie im Buch Daniel des Alten Testaments; das letzte Reiche vor der Wiederkunft Christi, das römische, besteht im Deutschen Reich weiter.

Der Tod der Kleopatra, barockes Gemälde von Guido Cagnacci aus der Mitte des 17. Jahrhunderts. Kleopatra nahm sich nach der Entscheidungsschlacht zwischen Octavianus (Augustus) und Marcus Antonius 31 v. Chr. und dem Scheitern ihrer politischen Pläne durch Schlangenbiss das Leben: beliebter Gegenstand der bildenden Kunst, der Musik und der Literatur. Die bekannteste literarische Version der deutschen Literatur des 17. Jahrhunderts ist Lohensteins Trauerspiel *Cleopatra* (1661, 2. Fassung 1680).

STOFFE/THEMEN

GESCHICHTE

GESCHICHTE ALS EXEMPEL. Das Geschichtsverständnis im 17. Jahrhundert zielt auf das Exemplarische. Die historischen Ereignisse erscheinen als Ansammlung von beispielhaften Fällen, die zur Veranschaulichung und Bestätigung verbindlicher Wertvorstellungen der Moralphilosophie und der Theologie dienen und für das eigene Handeln in vergleichbaren Situationen fruchtbar gemacht werden können: »Unser kluger Fürst laas fürnemlich die bewährten Geschicht-Schreiber / welche gleichsam in einem Spiegel alles Thun der vorigen Welt einem fürhalten; und eine sichere Richt-Schnur künftigen Thuns abgeben«, heißt es in Lohensteins *Lob-Schrifft* (1676) auf den verstorbenen letzten schlesischen Herzog Georg Wilhelm.

GESCHICHTE UND FIKTION. Auch wenn Dichter historische Stoffe und Beispiele verwenden, geschieht das auf dieser Grundlage. Dabei bemühen sich die Verfasser von Dramen und Romanen häufig, die historische ›Wahrheit‹ ihrer Darstellung durch ausführliche Anmerkungen und Quellenangaben – und gelegentlich auch Quellenfiktionen – zu belegen und sich so abzusichern. Aber das ändert nichts daran, dass der Dichter grundsätzlich anders mit der Geschichte umgeht als der Geschichtsschreiber. Denn während der Historiker, so die aristotelische Unterscheidung, davon schreibt, was geschehen ist, schildert der Dichter die Dinge so, »wie sie etwan sein köndten oder solten« (Martin Opitz). Diese an das Gebot der Wahrscheinlichkeit gebundene Freiheit gegenüber der Geschichte lässt Korrekturen der geschichtlichen Ereignisse oder der handelnden Charaktere zu, um den Beispielcharakter der Historie noch weiter zu steigern. Im Extremfall, etwa in Anton Ulrichs höfisch-historischen Romanen *Aramena*

(1669–73) und *Octavia* (1677–1707), ist das Historische letztlich nur Hintergrund der Darstellung von bedeutungsvollen, der Tugendbewährung dienenden Konflikten. Anders verfährt Lohenstein, dessen voluminöser *Arminius* (1689–90) sich zu einer Art weltgeschichtlichem Schlüsselroman weitet.

HEILSGESCHICHTE UND WELTGESCHICHTE. Im 17. Jahrhundert spielen biblisch begründete heilsgeschichtliche Auffassungen von Geschichte noch immer eine wichtige Rolle. Die Vorstellung, in einer Endzeit zu leben, war weit verbreitet. Auch Andreas Gryphius teilte dieses Endzeitbewusstsein. Damit wird der Mensch radikal vor die Entscheidung zwischen Zeitlichkeit und Ewigkeit gestellt; die Geschichte, metaphorisch als ›Trauerspiel‹ bezeichnet, steht unter dem Signum der Vergänglichkeit, ist aber gleichwohl der einzige Bereich, in dem sich der Mensch, gerade auch der politisch Handelnde, im Hinblick auf die Ewigkeit bewähren kann oder sein Seelenheil verspielt: Märtyrer und Tyrann.

Neue Perspektiven eröffnen die Trauerspiele Lohensteins. Hier richtet sich der Blick nicht mehr auf die Entscheidung zwischen Zeit und Ewigkeit, zwischen Diesseits und Jenseits, sondern die Konflikte sind durchaus innerweltlich, handeln vom komplexen Verhältnis von Politik und Moral, dem Widerstreit von Vernunft und Leidenschaften und suggerieren einen zielgerichteten, vom ›Verhängnis‹ gelenkten und im Weltreich der Habsburger kulminierenden Geschichtsverlauf. Auf konkreten, praktischen Nutzen schließlich reduziert sich die Geschichtsdarstellung in den Schuldramen Christian Weises, die Intrigen und Gegenintrigen inszenieren und die geschickte Instrumentalisierung und Manipulierung von Personen, Parteien und Volk und ihrer Affekte im Sinn einer situations- und erfolgsorientierten politischen Klugheit vorführen. Stücke wie *Der gestürzte Marggraff von Ancre* (1679) oder *Masaniello* (1682) bieten Exempel für richtiges und falsches politisches Handeln und die daraus resultierenden Konsequenzen und konfrontieren dabei die spielenden Schüler und die Zuschauer mit den moralischen Forderungen, die sie bei ihrem Handeln im öffentlichen Leben im absolutistischen Staat begleiten sollen.

Masaniello. Zeitgenössische Darstellung.

EIN BRISANTES THEMA behandelt Christian Weises 1682 aufgeführtes *Trauer-Spiel Von dem Neapolitanischen Haupt-Rebellen Masaniello*. Es bringt den Aufstand des neapolitanischen Volkes unter der Führung des Fischers Tommaso Aniello, genannt Masaniello, gegen den spanischen Vizekönig und den Adel der Stadt im Juli 1647 auf die Bühne und zeigt an diesem Beispiel die durch eine falsche Politik herbeigeführte Gefährdung eines Staatswesens: kein Revolutionsstück, sondern ein Lehrstück politischen Handelns in einer Krisensituation, die durch eine kluge Politik von vornherein zu vermeiden gewesen wäre.

Böhmes Werk behauptete sich trotz aller Unterdrückungsmaßnahmen und übte einen tiefgreifenden Einfluss auf eine Reihe von Schriftstellern und unorthodoxen religiösen Denkern des 17. und 18. Jahrhunderts aus. Dabei führte der Weg durch die Vermittlung seiner schlesischen Anhänger – Abraham von Franckenberg ist an erster Stelle zu nennen – zunächst nach Holland und England. Im freieren Amsterdam erschienen die meisten seiner Texte im Druck, darunter die erste Gesamtausgabe – *Alle Theosophische Wercken* (1682) – in 15 Teilen (abgebildet ist der vom Wortlaut des Titelblatts abweichende Kupfertitel). Von dort aus wirkte Böhmes Werk wieder zurück nach Deutschland.

JACOB BÖHME

1575 Jacob Böhme in Alt-Seidenberg bei Görlitz als Sohn einer wohlhabenden Bauernfamilie geboren
1599 Böhme, inzwischen Schuhmachermeister, erwirbt das Bürgerrecht und Hausbesitz in Görlitz
1600 Visionserlebnis
1612 *Aurora, oder Morgenröte im Aufgang*, sein erstes Werk, entsteht und zirkuliert in mehreren Kopien
1615 *Aurora* wird auf Betreiben der lutherisch-orthodoxen Geistlichkeit konfisziert; Böhme erhält Schreibverbot, das er von 1618 an ignoriert
1619 *De tribus principiis, oder Beschreibung der Drei Prinzipien göttlichen Wesens*
1621 *Sechs theosophische Punkte*
1622 *De signatura rerum, oder Von der Geburt und Bezeichnung aller Wesen*
1622/23 *Mysterium Magnum, Oder Erklärung über das Erste Buch Mosis*
1624 *Der Weg zu Christo* erscheint, der einzige Druck eines seiner Werke zu Lebzeiten
1624 17. November: Böhme stirbt in Görlitz

EPOCHE/STRÖMUNG

MYSTIK

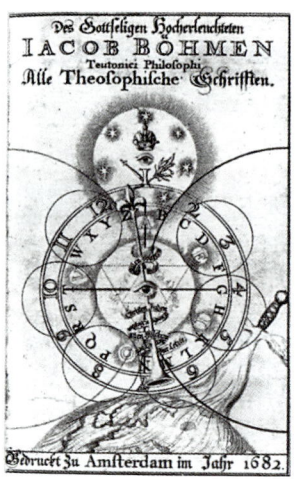

NATURMYSTIK. Die mittelalterliche Mystik wirkte weiter in der frühen Neuzeit und behielt auch im Protestantismus im Zusammenhang mit spiritualistischen Auffassungen des Christentums (Sebastian Franck, Valentin Weigel) und den Bemühungen um eine verinnerlichte, erlebte Frömmigkeit (z. B. bei Johann Arndt) eine wesentliche Bedeutung. Neu hingegen waren die naturmystischen Strömungen. Sie wurden maßgeblich geprägt von Paracelsus. Mit der Verbindung von naturwissenschaftlichen Konzepten auf der einen und symbolischem Analogiedenken, spekulativer Naturphilosophie und spiritualistischer Frömmigkeit auf der anderen Seite begründete er eine Tradition, die über Jacob Böhme und die Rosenkreuzer bis in die Romantik wirkte.

BÖHME UND DIE FOLGEN. Böhme erhob den Anspruch, durch göttliche Gnade »den Grund und Ungrund« der Schöpfung, ihr ganzes »Wesen in Bösen und Guten«, die Auflösung der Widersprüche in einer übergreifenden Einheit geschaut und erkannt zu haben. Dabei weitete sich das mystische Erlebnis zu einem Versuch, die ganze Schöpfung zu beschreiben und zu deuten, und es entstand, nicht zuletzt angeregt durch die Frage nach der Herkunft des Bösen in der Welt, ein umfassender, sprachmächtiger Schöpfungsmythos, in dem sich mystische Erfahrungen mit alchimistisch-paracelsischen Strömungen verbanden. Unmittelbare Wirkung ging vor allem von seinen naturmystischen Vorstellungen aus, die sich in seiner von Paracelsus beeinflussten Signaturenlehre und dem daraus folgenden Konzept von der »Natur-Sprache« konkretisierten. Auch Quirinus Kuhlmann, Verfasser des als dritter Teil der Bibel nach Altem und Neuem Testament konzipierten *Kühlpsalters* (1684–86), berief sich im Glauben an seine Berufung und seine Auserwähltheit auf Böhme. Dessen Natursprachenlehre steht auch hinter Kuhlmanns Anspruch, in seiner Dichtung mit Hilfe einer hermetischen Metaphorik und kabbalistischer Sprach- und Zahlensymbolik den göttlichen Zustand der Sprache wiederherstellen zu können.

MYSTISCHE EPIGRAMMATIK. Zu den Anhängern Böhmes gehörte der Schlesier Abraham von Franckenberg, der dem Görlitzer Mystiker eine Biografie widmete und seine

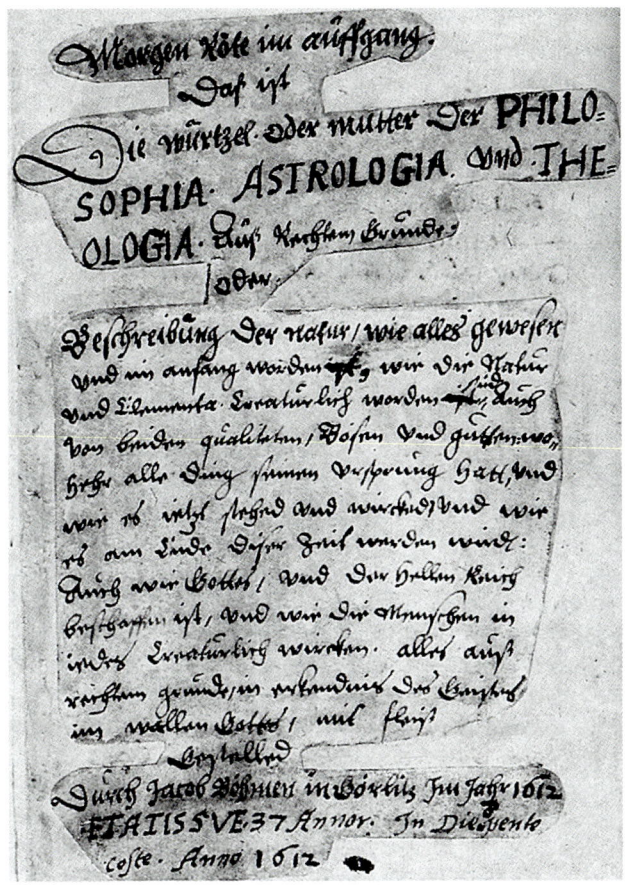

Titelseite der eigenhändigen Handschrift von Böhmes erstem Werk Aurora, oder Morgenröte im Aufgang (1612). Der ausführliche Titel liest sich im Wortlaut des ersten Druckes (Amsterdam 1656) so: *Morgen-Röte im Aufgangk. Das ist: Die Wurtzel oder Mutter Der Philosophiae, Astrologiae und Theologiae, Aus rechtem grunde. Oder Beschreibung der Natur / Wie alles gewesen und im anfangk worden ist: wie die Natur und Elementa Creatürlich worden seind; auch von beyden qualitäten Bösen und Guten / woher alle Ding seinen Ursprung hat / und wie es am Ende dieser Zeit werden wirdt: Auch wie Gottes- und der Höllen-Reich beschaffen ist / und wie die Menschen in jedes Creatürlich wircken. Alles aus rechtem Grunde / in Erkentnus des Geistes im wallen GOttes mit fleiß gestellet Durch Jacob Böhmen* […].

NATURSPRACHE

Böhme formulierte sein Konzept von der Natursprache in der Schrift *De signatura rerum, oder Von der Geburt und Bezeichnung aller Wesen*. Er versteht die Schöpfung als ein Sich-Offenbaren des göttlichen Wesens. Gott hat in der Schöpfung Spuren, Signaturen, hinterlassen, die gelesen werden wollen und dank der Erkenntniskraft des Menschen im Zustand der Erleuchtung auch gelesen werden können, denn jedes »Ding in der Natur [...] offenbaret seine innerliche Gestalt auch äußerlich«, auch durch den »ausgehenden Hall, Stimme und Sprache«. Dieses Konzept, einer »Natur-Sprache«, »daraus jedes Ding aus seiner Eigenschaft redet, und sich immer selber offenbaret«, hatte zusammen mit sprachtheoretischen Spekulationen über die Nähe des Deutschen zur Ursprache der Menschheit Folgen für die poetische Praxis: Eine Reihe von Poetikern sah in der Laut- und Klangmalerei einen Weg zur Ur- und Natursprache der Menschheit.

Lehren trotz der offiziellen Unterdrückungsmaßnahmen über Schüler und Korrespondenten verbreitete. Er führte auch die schlesischen Epigrammatiker Daniel Czepko von Reigersfeld und Angelus Silesius in die (natur)mystische Gedankenwelt Böhmes ein. Czepkos *Sexcenta Monodisticha Sapientum* (um 1640–47, im 17. Jahrhundert ungedruckt) beschreiben den Weg der Seele zu Gott. Und wie sie dabei mit Hilfe von Stilmitteln wie Paradoxon, Antithese und Chiasmus die mystische Einheit der Gegensätze sichtbar zu machen suchen, sind sie das Vorbild für Angelus Silesius' *Cherubinischen Wandersmann* (1675). Der Hinweis auf die Cherubim bezieht sich auf die traditionelle Hierarchie der Engel und deutet an, dass der Dichter den mystischen Weg zu Gott in einer intellektuellen, den Verstand ansprechenden Weise beschreitet. Dabei führt die Unmöglichkeit, das Wesen Gottes oder die Beziehung zwischen Mensch und Gott zu erfassen, zu einem spekulativen Umkreisen dieser Themen, zu Versuchen, durch negative Aussagen, Metaphern oder Paradoxa das Unsagbare zu umschreiben: »Ich weiß daß ohne mich GOtt nicht ein Nun kan leben / | Werd' ich zu nicht Er muß von Noth den Geist auffgeben«, lautet ein Epigramm mit der Überschrift *GOtt lebt nicht ohne mich*.

STOFFE/THEMEN

FERNE WELTEN

REISEN. Deutsche, die »nach der Kenntniß ausländischer Sachen« strebten, konnten in der Regel ihre Wissbegier nicht aus eigener Anschauung befriedigen. An den großen Entdeckungen und Eroberungen der Frühen Neuzeit war Deutschland nicht beteiligt, deutsche Teilnehmer entsprechend selten. Es bleibe aber, so meinte ein Verleger 1668 ganz im Sinne seines Geschäftszweigs, dem Deutschen eine Möglichkeit offen: »Kan er / weder zu Wasser / noch zu Lande / fort [...]: so reiset er gleichsam zu Papier / in den Schrifften andrer Personen / tapffer herum / und schauet also der Welt zu / gleichsam durch fremde Augen.« Die Erschließung Afrikas, Asiens und vor allem Amerikas hatte eine Vielzahl von Reisebeschreibungen und -berichten zur Folge, die – da nur ausnahmsweise von Deutschen verfasst – in der Regel rasch übersetzt und dann auch in Sammelwerken zugänglich gemacht wurden. Der bedeutendste eigenständige deutsche Beitrag zur Reiseliteratur ist die *Offt begehrte Beschreibung der Newen Orientalischen Reise* (1647) von Adam Olearius, die 1656 als *Vermehrte Newe Beschreibung Der Muscowitischen und Persischen Reyse* in ihrer endgültigen, erweiterten Form erschien: monumentales Ergebnis einer (sonst erfolglosen) Holsteinischen Gesandtschaftsreise (1633–39), die eine neue Handelsroute erschließen sollte, mit reich illustrierten Beiträgen zur Landeskunde Russlands und Persiens sowie Gedichten des mitreisenden »Hoff-Junckers« Paul Fleming. Dessen Verse begleiten die Reise, evozieren mit Hilfe eines verschwenderischen mythologischen Apparats die exotischen Schauplätze, besingen gesellschaftliche Anlässe und rufen die überstandenen Gefahren zurück: Stürme, Schiffbrüche, Tatarenüberfälle, Hunger und Durst. Zugleich bedeutet die lange Reise eine Ausnahmesituation, die die Selbstbeobachtung und Selbstreflexion fördert und in der Gegenüberstellung von zivilisatorischer Verderbnis und dem genügsamen Leben der russischen Bauern alte Topoi aktualisiert und kritisch auf den Krieg und die gesellschaftlichen Zwänge des Absolutismus bezieht.

WEITERVERWERTUNG. Reisebeschreibungen zählten zu den wichtigsten Quellen für populäre Kompilationen, die zu Belehrung und Unterhaltung »Raritäten« und »Curiositäten« aus verschiedenen Wissensgebieten präsentierten: *Ost- und West-Indischer wie auch Sinesischer Lust- und Stats-Garten* (1668), *Guineischer und Americanischer Blumen-Pusch* (1669) oder *Neu-polirter Geschicht- Kunst- und Sitten-Spiegel ausländischer Völcker* (1670) sind einige derartige Titel aus der Feder des fruchtbarsten Kompilators Erasmus Francisci. Auf Texte dieser Art griffen auch die Dichter, insbesondere die Romanautoren zurück, wenn sie Material zur Schilderung fremder, exotischer Welten benötigten: Das gilt etwa für *Die Asiatische Banise Oder Das blutig- doch muthige Pegu* (1689) von Heinrich Anshelm von Ziegler

---

POCAHONTAS

»Als diese und andere Ceremonien vorbey waren / da begunten diese barbarische unhöfliche Höflinge zu berathschlagen / auff was Weise sie den Gefangenen vom Leben zum Tode hinrichten wolten. Nach reiffer Überlegung legten sie vor den Groß-König zweene sehr große Steine nieder / und so viel ihrer zu dem Gefangenen gelangen kunten / so viel fasseten ihn auch an / brachten ihn zu gemelten Steinen / legten sein Haupt auff deren einen nieder und machten sich mit ihren Mord-Keulen parat, ihm in demselben Augenblick dasselbe zu zerschmettern / welches auch geschehen / wofern sich nicht bald eingefunden hätte

Das mitleidige Fräulein.

Als die greßliche Büttel noch immer parat stehen / zuzuschlagen / siehe! da erweckete Gott uhrplötzlich in des Kaysers Tochter / der Pocahuntas, ein grosses Mitleiden [...]. Sie sprang herbey / fassete des Gefangenen Haupt / legte es in ihren Schooß / ja ihr eigenes noch darzu auff jenes / umb ihn desto sicherer zu retten / wie dann auch die Büttel hiedurch gezwungen wurden / ihre Keulen zurücke zu ziehen.«

Oben: **Zu den Geschichten,** die aus Reiseberichten in die Kompilationsliteratur eingegangen sind, zählt auch die von der indianischen Prinzessin Pocahontas, die dem englischen Kapitän John Smith 1607 in der britischen Kolonie Virginia das Leben gerettet haben soll. Eberhard Werner Happel setzt in seiner Version in den *Grösten Denckwürdigkeiten der Welt* (Teil 2, 1685) ganz im Stil des höfisch-historischen Barockromans auf dramatische Effekte und Kontraste und hält mit Zwischenüberschriften das Interesse wach.

Jan van Kessel, *Amerika* (1666). Der Maler, der die »Neue Welt« nur aus zweiter Hand kannte, prägte mit seinem *Erdteil*-Zyklus (1664–66) das Bild der fernen Welten.

und Kliphausen oder Eberhard Werner Happel, der selbst voluminöse »Denkwürdigkeiten« zusammenstellte und seine Romanhelden weite Reisen machen lässt, um Anlässe für die Beschreibung aller Weltgegenden zu finden, etwa: *Der Insulanische Mandorell, Ist eine Geographische Historische und Politische Beschreibung Aller und jeden Insulen Auff dem gantzen Erd-Boden / Vorgestellet In einer anmühtigen und wohlerfundenen Liebes- und Helden-Geschichte* (1682).

AKTUALITÄT. Die seit langem währende Auseinandersetzung mit dem Osmanischen Reich nahm mit dem Vordringen türkischer Heere 1663–64 in die österreichischen Gebiete Ungarns und der Belagerung Wiens 1683 bedrohliche Formen an. Die aktuellen Entwicklungen hatten nicht nur Kampfschriften und polemische Flugblätter zur Folge, sondern förderten auch das Interesse an Nachrichten über die Vorgänge in der Türkei und den eroberten Gebieten. Dramatiker griffen auf türkische Stoffe zurück, mit religiöser Akzentuierung bei den Jesuiten, mit politisch-ethischer Wertung bei Lohenstein. Und hatte Grimmelshausen seinen Simplicissimus durch den Dreißigjährigen Krieg geführt, so schickte Georg Daniel Speer seinen Helden als Soldat in die Türkenkriege nach Ungarn und weiter bis nach Konstantinopel und darüber hinaus, Anlass für ausführliche Landschaftsschilderungen, Städtebilder und landeskundliche, historische Exkurse (*Ungarischer Oder Dacianischer Simplicissimus*, 1683; *Türckischer Vagant*, 1683).

DIE NEUE WELT ALS PARADIES

»Daher denn nicht unbillig die erste Wiederfinder / der eine lange Zeit vergessenen Neu-alten-Welt / als sie auf den Americanischen Bodem den ersten Tritt gethan / für Verwunderung fast erstarret / und gleichsam entzucket worden / über die Anmuth / womit selbiges Land von dem Himmel beseeliget war. Sie bildeten ihnen ein / ob kämen sie in das Paradeis; so lustig / zier- und freudenreich sahe alles umher aus.« (Erasmus Francisci, *Ost- und West-Indischer wie auch Sinesischer Lust- und Stats-Garten*, 1668)

AUTOR

ABRAHAM A SANCTA CLARA

Abraham a Sancta Clara. Anonymes Ölgemälde, um 1700.

KATHOLISCHE BAROCKPREDIGT. Im Gegensatz zu den protestantischen Literaturreformern, die bei grundsätzlicher Zweisprachigkeit das Lateinische allmählich in den Hintergrund treten ließen, hielten die katholischen Autoren am Vorrang des Lateinischen für den Diskurs unter den Gebildeten fest. Zugleich aber förderten sie im Einklang mit ihrem missionarischen Auftrag eine auf der süddeutschen Sprachtradition beruhende volkssprachliche Literatur für alle, für Gebildete und Ungebildete. Aufgrund ihrer direkten Wirkungsmöglichkeiten entwickelte dabei die Predigt eine besondere Dynamik und erreichte, gerade wegen der intendierten Volksnähe und ihrer unorthodoxen Verbindung von Ernst und Komik, von tiefer Frömmigkeit und treffsicherer Satire außergewöhnliche literarische Qualitäten. Prediger wie Abraham a Sancta Clara, Florentius Schilling, Prokop von Templin, Heribert von Salurn oder Wolfgang Rauscher nutzen dabei ganz bewusst Konzepte der barocken Ästhetik, um ihrem geistlichen Anliegen eine breite Resonanz zu verschaffen: einprägsame Bilder und Bilderreihen, Allegorien, Embleme, Gedichteinlagen, exemplarische Geschichten und Wundererzählungen (›Predigtmärlein‹).

Rechte Seite: **Anlass der ersten größeren Schrift des Kaiserlichen Hofpredigers** war die Wiener Pestepidemie des Jahres 1679, die Tausende von Toten forderte und Kaiser Leopold I. zur Flucht nach Prag bewegte: eine Verbindung von Pestbeschreibung, Predigt und drastischer totentanzähnlicher Ständerevue, die in der geistlichen Mahnung gipfelt, auf den Tod vorbereitet zu sein, um nicht das Seelenheil zu verscherzen.

WERK. Das ungemein umfangreiche Schaffen des sprachgewaltigen Kaiserlichen Hofpredigers Abraham a Sancta Clara umfasst neben zahlreichen Predigten, vor allem Heiligenpredigten, eine Vielzahl von Texten, die auf eigene Weise verschiedene Genres der geistlichen und weltlichen Literatur aktualisieren und miteinander verbinden: Predigt, Traktat, Roman, Ständesatire, Narrenliteratur, historischer Bericht, Memento mori, Totentanz, Emblematik und anderes. Abraham reagierte auch auf aktuelle Ereignisse wie die Pestepidemie von 1679 (*Mercks Wienn*, 1680) oder die Bedrohung durch die Türken: *Auff / auff Ihr Christen: Das ist; Ein bewegliche Anfrischung der Christlichen Waffen Wider den Türckischen Bluet-Egel* (1683). Großen Erfolg hatte er mit Handbüchern und Exempel- und Predigtsammlungen. Dabei entstanden in einzelnen Fällen durch die Integration der Predigten in einen erzählerischen Rahmen literarische Großformen. Bedeutendstes Beispiel ist das vierbändige Werk *Judas Der Ertz-Schelm / Für ehrliche Leuth / Oder: Eigentlicher Entwurff / Und Lebens-Beschreibung deß Ischariotischen Bößwicht* (1686–95): keine romanhafte Lebensgeschichte, sondern eine Art Predigthandbuch, das die einzelnen Stationen des Lebenslaufs als Ausgangspunkt für moralische und erbauliche Abhandlungen, Exkurse, Exempel und andere für Predigten geeignete ›Materien‹ nutzt. So führt etwa die unglückliche Ehe von Judas' Eltern zu einem langen Exkurs über den Ehestand, der Mord an einem Königssohn zu einer exempelgespickten Rede über den Neid.

NACHLEBEN. Durch Goethes Vermittlung lernte Schiller einen Sammelband mit Texten des Predigers kennen (*Reimb dich / Oder Ich liß dich*, 1684), aus dem er die Pestschrift, den Kampfaufruf gegen die Türken und den Text *Soldaten-Glory* für die Kapuzinerpredigt in *Wallensteins Lager* (1798) nutzte (»dieser Pater Abraham ist ein prächtiges Original, […] und es ist eine interessante und keineswegs leichte Aufgabe es ihm gleichzutun in der Tollheit und in der Gescheidigkeit nach oder gar vorzutun«). Allerdings darf der Beifall, den man seitdem Abrahams »Witz für Gestalten und Wörter, seinem humoristischen Dramatisieren« spendet (Jean Paul), nicht darüber hinwegtäuschen, dass der drastisch-volkstümliche Predigtstil mit seinen Wortspielen und Reihungen, seiner lateinisch-deutschen Mischsprache und den eingeflochtenen Versen und Geschichten nur Mittel zum Zweck ist: Bestandteil einer im Dienst der »allzeit florirenden / regierenden / victorisirenden Catholischen Kirchen« zielstrebig eingesetzten Überredungskunst.

BIOGRAFIE

1644 2. Juli: Hans Ulrich Megerle, Gastwirtssohn, in Kreenheinstetten bei Meßkirch (Baden) geboren
1662 Megerle tritt in den Orden der Reformierten Augustiner-Barfüßer ein und nennt sich von nun an Abraham a Sancta Clara
1668 Priesterweihe in Wien
1670–72 Wallfahrtsprediger im Kloster Taxa bei Augsburg
1677 Ernennung zum Kaiserlichen Prediger
1680 Prior des Klosters Mariabrunn bei Wien; *Mercks Wienn*
1686–88 Prior in Graz; danach in verschiedenen Funktionen für den Orden tätig
1686–95 *Judas Der Ertz-Schelm*
1707 *Huy! und Pfuy! Der Welt*
1709 1. Dezember: Abraham stirbt in Wien

CHRISTIAN HOFFMANN VON HOFFMANNSWALDAU

1616 25. Dezember: Christian Hoffmann von Hoffmannswaldau in Breslau geboren
1636 Nach dem Besuch des Breslauer Elisabethgymnasiums studierte der aus dem protestantischen Breslauer Patriziat stammende Hoffmannswaldau am Akademischen Gymnasium in Danzig und von 1638 bis 1639 an der Universität Leiden Rechts- und Staatswissenschaften, wandte sich aber zugleich auch philologischen Fächern und der Poesie zu
1639–41 Bildungsreise nach England, Frankreich und Italien
1641 Rückkehr nach Breslau
1647 Hoffmannswaldau wird in den Rat der Stadt gewählt, dem er bis zu seinem Tod in verschiedenen Funktionen, zuletzt als Präses, angehört
1657 Ernennung zum Kaiserlichen Rat auf seiner ersten Reise nach Wien; weitere diplomatische Reisen in die Kaiserstadt folgen 1660 und 1669–1670
1662 *Centuria Epitaphiorum: [...] Das ist: Hundert auserlesene und Sinnreiche Grabschrifften*
1678 *Des Sinnreichen Ritters Baptistae Guarini Pastor fido*
1679 18. April: Hoffmannswaldau stirbt in Breslau. – *Deutsche Übersetzungen Und Getichte*

POETIK

MANIERISMUS

KLASSIZISMUS UND MANIERISMUS. An der antiken Poetik und Rhetorik orientierte klassizistische Vorstellungen bestimmen seit Renaissance und Humanismus maßgeblich die europäische Literaturentwicklung. In der deutschsprachigen Literatur zeigt sich ihr Einfluss zuerst im 17. Jahrhundert. Das von Opitz vertretene Reformprogramm beruht auf klassizistischen Grundsätzen, forderte Klarheit und Reinheit der Sprache, ein angemessenes Verhältnis von ›Sachen‹ und ›Wörtern‹ und eine maßvolle Bildersprache. Die Metaphern dürften, schreibt der an Opitz anschließende Augustus Buchner, »nicht zu dunckel / und allzuweit hergenommen« sein.

Im Verlauf des 17. Jahrhunderts verliert die humanistische Harmonievorstellung jedoch an Bedeutung. Die enge Verbindung von *res* und *verba*, Sachen und Wörtern, lockert sich, Kriterien wie Angemessenheit und Deutlichkeit treten in den Hintergrund, während artistische Form und rhetorischer Ornatus (Schmuck) das Übergewicht gewinnen. Die deutsche Literatur nimmt dabei vor allem Tendenzen der Literaturen Italiens (Marinismus) und Spaniens (Gongorismus) auf. Dies geschieht vor dem Hintergrund elaborierter Theorien der ›Scharfsinnigkeit‹ (Argutia). Dabei geht es darum, durch formale und semantische Artistik, durch Wort- und Sinnspiele (Concetti) Staunen und Bewunderung hervorzurufen. Zu den bevorzugten Stilmitteln gehören entlegene oder dunkle Metaphern, Redefiguren wie die Hyperbel, die Bildung von wirklichen oder scheinbaren Gegensätzen durch Oxymora und Antithesen, das Spiel mit der eigentlichen und übertragenen Wortbedeutung und eine pointierte Sprechweise. Der aus diesen Quellen gespeiste ›barocke‹ Bildstil wird nach 1650 zeitweise zur bevorzugten Möglichkeit lyrischen Sprechens.

Titelkupfer und Titelblatt der zweiten Auflage des ersten Bandes der Anthologie Benjamin Neukirchs, in der zahlreiche Texte Hoffmannswaldaus und anderer spätbarocker Dichter zum ersten Mal gedruckt wurden. In der Vorrede bemerkt Neukirch rühmend, dass sich Hoffmannswaldau »sehr an die Italiäner gehalten / und die liebliche schreib-ahrt / welche nunmehr in Schlesien herrschet / am ersten eingeführet« habe.

MANIERISMUS

HOFFMANNSWALDAU. Der Breslauer Patrizier Christian Hoffmann von Hoffmannswaldau wusste schon früh die »gutten Erfindungen« der »Welschen« zu schätzen. Viele seiner Dichtungen – darunter scharfsinnig-pointierte Grabschriften, umfangreiche Übersetzungsarbeiten und ein Großteil der Lyrik – entstanden bereits in den vierziger Jahren, blieben aber zunächst ungedruckt. Erst die Auswahlausgabe seiner Dichtungen (*Deutsche Übersetzungen Und Getichte*, 1679) und dann die von Benjamin Neukirch begründete große Anthologie *Herrn von Hoffmannswaldau und andrer Deutschen auserlesene und bißher ungedruckte Gedichte* (1695 ff.), die nun auch Hoffmannswaldaus erotisch freizügigen »Lust-Getichte« enthielt, machten sie einer größeren Öffentlichkeit zugänglich. Trotz einer Anzahl von geistlichen Liedern, von melancholischen Gedanken über die Vergänglichkeit des Menschen und der Welt oder von lyrischen Diskursen mit neostoizistischem Hintergrund herrscht das Thema der sinnlichen Liebe vor. Die Motive sind eher beschränkt; sie kommen aus der petrarkistischen Tradition. Entscheidend ist die mit formaler Eleganz verbundene manieristische Kunst, bekannten Vorwürfen neue Seiten abzugewinnen, durch überraschende Verbindungen ein altes Thema in neuem Licht erscheinen zu lassen, durch Wort- und Sinnspiele verblüffende Effekte auszulösen. Daraus ergibt sich eine Vorliebe für epigrammatische Zuspitzungen, die sich in der Form des Epigramms selbst (*Poetische Grab-Schrifften*), aber auch in dem als verwandt empfundenen Sonett manifestieren. Geradezu Übungen der Scharfsinnigkeit und Metaphernerfindung sind die so genannten ›Abrisse‹ oder ›Ikon‹-Gedichte, in denen ein Gegenstand in einer – häufig langen – Reihe von Vergleichen und Metaphern ›definiert‹ wird. Voraussetzung derartiger Gedichte ist die artistische Beherrschung der Inventio, um in jedem Fall einen einleuchtenden, aber möglichst entlegenen und scharfsinnigen Vergleichsbezug zu finden. Dazu gehören die meist der Sache angemessenen Antworten auf die häufig gestellte Frage ›Was ist die Welt?‹, aber auch die den Abstand zwischen Sache und Wort manieristisch vergrößernden Metaphernkompendien, die mehr als fünfzig Metaphern, Umschreibungen und Vergleiche zur Charakteristik weiblicher Brüste aufbieten (*Lob-rede an das liebwertheste frauen-zimmer*).

Parmigianinos Selbstbildnis in einem konvexen Spiegel von 1523–1524, das Bild eines Melancholikers in einer schwankenden Umwelt, zeigt in seiner perspektivischen Verzerrung typische Merkmale des manieristischen Stils in der Malerei.

17. Jahrhundert

ARGUTIA

Die europäische Argutia-Bewegung der Frühen Neuzeit geht von italienischen und spanischen Theoretikern aus, die – abgeleitet von lat. *acutus* ›spitz‹ – von *acutezza* bzw. *argutezza* und *agudeza* sprechen. Die deutschen Bezeichnungen in Rhetoriken und Poetiken sind ›Scharfsinnigkeit‹ oder ›Spitzfindigkeit‹. Zu den einflussreichsten Texten gehören Baltasar Graciáns *Agudeza y Arte de Ingenio* (1642) und Emanuele Tesauros *Il Cannocchiale Aristotelico* (1655) sowie – im deutschen Sprachgebiet – Jacob Masens *Ars nova argutiarum* (1649).

Rechte Seite: **Antoine Watteau, Ballfreuden,** um 1717. Hinter der von repräsentativer Architektur gerahmten höfischen Szene im Vordergrund öffnet sich die freie Natur.

POLITISCH

Der Begriff des Politischen hatte im Verlauf der Entwicklung eines sich von der (christlichen) Moral emanzipierenden Staatsräsondenkens einen diesseitigen Charakter erhalten. Die moderne politische Klugheitslehre fand als Gegenmodell zur religiösen Ethik der Konfessionen zunehmend Anhänger. Zugleich löste sie aber wegen der ihr innewohnenden Tendenzen zu Veräußerlichung und moralischer Verflachung heftigen Widerstand im Namen deutscher Redlichkeit und christlicher Tugend aus. Friedrich von Logaus Epigramm *Heutige Welt-Kunst* (1654) bezeichnet präzise diese Auffassung: »Anders seyn / und anders scheinen: | Anders reden / anders meinen: | Alles loben / alles tragen / | Allen heucheln / stets behagen / | Allem Winde Segel geben: | Bös- und Guten dienstbar leben: | Alles Thun und alles Tichten | Bloß auff eignen Nutzen richten; | Wer sich dessen wil befleissen | Kan Politisch heuer heissen.«
Dagegen steht Christian Weise auf der Seite der ›modernen‹ Auffassung des Politischen, die er im *Politischen Redner* (1677) zum ersten Mal ausführlich formulierte und dann in zahlreichen weiteren Lehrbüchern ausbaute und auch in seiner umfangreichen poetischen Produktion – ›politischer Roman‹ und Schuldrama – veranschaulichte. Dabei vertrat er eine Konzeption, die die Spannung zwischen dem politischen Lebens- und Verhaltensideal, unabdingbar für den Dienst im absolutistischen Staat, und den christlichen Tugendforderungen zu überwinden und Weltklugheit und ethische Verantwortung zu vereinbaren suchte.

LITERATURBETRIEB

BÜRGERLICHE UND HÖFISCHE KULTUR

HOF UND STADT. Die politische Bedeutung der Städte geht seit der Mitte des 16. Jahrhunderts zurück. Dieser Vorgang steht im Zusammenhang mit der Konsolidierung und Stärkung der Territorialstaaten nach der Reformation; er beschleunigt sich im 17. Jahrhundert mit den zunehmenden absolutistischen Tendenzen und führt zu Konflikten zwischen Städten und den sie umgebenden Territorien, die die Kontrolle zu gewinnen suchen. Die Entwicklung einer höfischen Kultur jedoch, die unmittelbar vor Ausbruch des Dreißigjährigen Krieges etwa an den Höfen in Heidelberg und Stuttgart in großen festlichen Aufführungen gipfelte, wurde durch den Krieg entschieden beeinträchtigt. Erst in der zweiten Hälfte des 17. Jahrhunderts lässt sich von einer ausgesprochen höfischen Kultur größeren Ausmaßes sprechen, verbunden mit entsprechenden Baumaßnahmen und der Konzentration einer gelehrten Verwaltungselite und des Adels um den Hof. Allerdings behaupten große Städte wie Nürnberg, Hamburg oder Breslau ihre wirtschaftliche und kulturelle Position, und auch kleinere Städte ohne einen höfischen Mittelpunkt entfalten um Universitäten oder Gymnasien ein reges literarisches und kulturelles Leben, das sich u. a. im Schultheater und vor allem in einer unübersehbaren Fülle von Gelegenheitsdichtungen äußert.

DER BÜRGERLICHE GELEHRTE ALS STAATSDIENER. Die Ausweitung der Staatstätigkeit im frühneuzeitlichen Staat und der damit einhergehende steigende Bedarf an akademisch ausgebildeten Fachleuten führten seit dem 16. Jahrhundert zu einer Aufwertung der humanistischen Gelehrtenschicht, die sich einen privilegierten Platz in der Ständeordnung sichern konnte. Zahlreiche Funktionen in der Hof-, Gerichts- und Finanzverwaltung wurden mit Gelehrten bürgerlicher Herkunft besetzt, da den Adeligen vielfach die erforderliche Kompetenz für die neuen Aufgaben fehlte oder sie sich weigerten, in den Staatsdienst zu treten. Darüber hinaus gingen von einzelnen Fürstenhöfen Impulse zur Förderung einer die Standesgrenzen übergreifenden nationalen Kultur aus, wie das Beispiel von Anhalt-Köthen und die Gründung der ersten deutschen Sprachgesellschaft (»Fruchtbringende Gesellschaft«) zeigt. Um diese Chancen zu nutzen, setzte die bürgerliche Gelehrtenschicht auf eine Strategie der Annäherung an den Adel bzw. der Betonung des geistigen Adels gegenüber dem Blutadel. Auch die Versuche von Martin Opitz, mit der Dichtungsreform auch die soziale Aufwertung des einzelnen Dichters wie des ganzen Poetenstandes zu verbinden, stehen in diesem Zusammenhang: Die Gelehrtendichter, die umfassende Kenntnisse mit moralischer Autorität verbinden, könnten darauf hoffen, »inn königli-

chen vnnd fürstlichen Zimmern platz« zu finden, argumentiert er offensiv in seiner Poetik von 1624.

›POLITISCH‹ UND ›GALANT‹. In der zweiten Jahrhunderthälfte führte der von der absolutistischen Hofkultur ausgehende Sog zu grundlegenden Veränderungen in den Verhaltensvorstellungen. Sie zielten auf eine neue Ethik diesseitigen Charakters im Sinn eines weltklugen, erfolgsorientierten Handelns und entsprechender sozialer Umgangsformen und setzten sich damit sowohl von der religiösen Ethik der Konfessionen als auch von einem in Pedanterie erstarrten humanistischen Bildungsbetrieb ab. Repräsentanten dieser Reformkonzepte in der Übergangsphase zwischen Barock und Aufklärung sind Christian Thomasius und Christian Weise. Thomasius propagierte nach französischem Vorbild ›galante‹ Lebens- und Verhaltensnormen, die mit ihrer Verbindung höfisch-adeliger Ideale und bürgerlicher (Aufstiegs-)Interessen aufstrebenden Schichten im absolutistischen Staat als Orientierungshilfe dienen konnten. Ähnliche Ziele verfolgte Weise mit seiner ›politischen‹ Pädagogik, mit deren Hilfe er seinen Schülern ein auf Erfahrung, Klugheit und Selbsterkenntnis gegründetes weltmännisches und karriereförderndes Bildungsideal zu vermitteln suchte.

GALANT

Thomasius über Galanterie in seinem *Discours Welcher Gestalt man denen Frantzosen in gemeinem Leben und Wandel nachahmen solle?* (1687): Galanterie sei, so erläutert er im Anschluss an französische Autoren, »etwas gemischtes«, »so aus dem je ne scay qvoy, aus der guten Art etwas zuthun / aus der manier zu leben / so am Hoffe gebräuchlich ist / aus Verstand / Gelehrsamkeit / einen guten judicio, Höfflichkeit / und Freudigkeit zusammen gesetzet werde / und deme aller zwang / affectation, und unanständige Plumpheit zuwieder sey. Ja ich meine / daß ich nicht irren werde / wenn ich sage / daß bey denen Frantzosen die Galanterie und la Politesse eines sey [...].«

AUTOR

JOHANN CHRISTIAN GÜNTHER

ÜBERGANGSZEIT. In den letzten Jahrzehnten des 17. Jahrhunderts konkurrieren in der deutschen Lyrik unterschiedliche, z. T. gegensätzliche Strömungen. Zum einen verstärken sich die manieristischen Züge, zum anderen formieren sich Gegenbewegungen. Diese Opposition kommt von zwei Seiten: von den galanten Dichtern und Theoretikern, denen es um eine Abschwächung und Glättung des scharfsinnigen und schweren Metaphernstils geht, und von den Klassizisten, die sich an dem auf Vernunft und Natur gegründeten Stilideal des französischen Klassizismus (Nicolas Boileau, *L'Art poétique*, 1674) orientieren und »Vernunfft und Reim« aufs Neue miteinander zu vermählen suchen. So drückte es Friedrich Rudolph Ludwig von Canitz aus, der mit seinen *Neben-Stunden Unterschiedener Gedichte* (1700) zu den Hauptvertretern der klassizistischen Richtung zählt, die sich dann schließlich mit dem Wirken Johann Christoph Gottscheds durchsetzt.

GOETHE ÜBER GÜNTHER

Im siebten Buch von *Dichtung und Wahrheit* (1811–1814) charakterisiert Goethe die Literatur des 18. Jahrhunderts. Dabei kommt er auch auf Günther zu sprechen: »Betrachtet man genau, was der deutschen Poesie fehlte, so war es ein Gehalt, und zwar ein nationeller; an Talenten war niemals Mangel. Hier gedenken wir nur Günthers, der ein Poet im vollen Sinne des Worts genannt werden darf. Ein entschiedenes Talent, begabt mit Sinnlichkeit, Einbildungskraft, Gedächtnis, Gabe des Fassens und Vergegenwärtigens, fruchtbar im höchsten Grade, rhythmischbequem, geistreich, witzig und dabei vielfach unterrichtet; genug er besaß alles, was dazu gehört, im Leben ein zweites Leben durch Poesie hervorzubringen, und zwar in dem gemeinen wirklichen Leben. Wir bewundern seine große Leichtigkeit, in Gelegenheits-Gedichten alle Zustände durchs Gefühl zu erhöhen und mit passenden Gesinnungen, Bildern, historischen und fabelhaften Überlieferungen zu schmücken. Das Rohe und Wilde daran gehört seiner Zeit, seiner Lebensweise und besonders seinem Charakter oder, wenn man will, seiner Charakterlosigkeit. Er wußte sich nicht zu zähmen, und so zerrann ihm sein Leben wie sein Dichten.«

Louis de Silvestre d. J., *Bildnis Augusts des Starken*, des Kurfürsten von Sachsen, als König von Polen (1725–30). Günthers Versuche, eine Anstellung als Hofdichter zu finden oder einen Mäzen zu gewinnen, führten ihn 1719 – ohne Erfolg – auch an den Dresdener Hof Augusts des Starken.

FEHLSCHLAG: DICHTUNG ALS BERUF. In diese Übergangszeit gehört das Werk Johann Christian Günthers, das sich in seiner Tendenz zu ›natürlicher‹, schmuckloser Rede der zeitgenössischen galanten Poesie und den neuen klassizistischen Strömungen anschließt. Bereits früh in seinem kurzen Leben strebte Günther danach, Dichtung zum Beruf zu machen. Doch berühmt wurde er erst ein Jahr nach seinem Tod, als die erste Ausgabe seiner Gedichte zu erscheinen und Umfang und Rang seines Werkes sichtbar zu werden begannen.

Zuvor hatte der Medizinstudent, der sich mehr von der Liebe, dem studentischen Leben und der Poesie als vom Studium angezogen fühlte, sich vergeblich um materielle Sicherheit bemüht. Die Hinwendung zur Poesie, satirische Ausfälle und Verstöße gegen die herrschende Gesellschaftsmoral führten zum irreparablen Bruch mit dem Vater. Die Suche nach einem Mäzen und die Bewerbung um ein besoldetes Amt blieben erfolglos: Die große heroische Ode *Auf den zwischen Ihro Kayserl. Majestät und der Pforte An. 1718 geschloßnen Frieden* von Passarowitz (»Eugen ist fort. Ihr Musen, nach!«) fand keine Resonanz bei Prinz Eugen und dem Wiener Hof, und die von Anekdoten umrankte Vorstellung am Dresdener Hof war wohl ein Fiasko. Sporadische Versuche, doch noch eine bürgerliche Existenz als Mediziner aufzubauen, scheiterten nicht zuletzt an der Unversöhnlichkeit des Vaters. »Fünfmahl hab ich schon versucht, nur dein Antlitz zu gewinnen, | Fünfmahl hast du mich verschmäht, o was sind denn dies vor Sinnen!«, heißt es in dem letzten Bittgedicht vom März 1722. So hielt er sich mit Gelegenheitsgedichten bis zu seinem Tod im Elend nur mühsam über Wasser.

DICHTUNG UND LEBEN. Autobiografische Momente haben eine große Bedeutung für Günthers Schaffen, sei es in der Liebesdichtung, sei es in den Klagegedichten, sei es in der dichterischen Auseinandersetzung mit dem Vater. Eine Spannung zwischen aufbrechender Subjektivität und traditionellem dichterischem Rollenverständnis wird erkennbar. Gleichwohl ist es die Tradition, die die dichterischen Rollen bereitstellt, mit denen er sich identifiziert und in denen er sein existentielles Leid aussprechen kann: Er, der »deutsche Ovid«, erkennt sich wieder im Schicksal des exilierten römischen Dichters, und Günther sieht sich als anderer Hiob, wenn er seiner Verzweiflung in dem Gedicht mit der Anfangszeile »Gedult, Gelaßenheit, treu, fromm und redlich seyn« in nahezu blasphemischer Weise Ausdruck verleiht. Indem er, entschiedener als jeder andere Dichter der Zeit, seine eigene Person in die Dichtung einbringt, bereitet er, obwohl das Gefüge der traditionellen Poetik unangetastet bleibt, die spätere Entwicklung zur ›Erlebnisdichtung‹ vor.

Titelkupfer einer der letzten barocken Gesamtausgaben der Werke Johann Christian Günthers (1764).

BIOGRAFIE

1695 8. April: Johann Christian Günther in Striegau (Schlesien) als Sohn eines Arztes geboren
1710–15 Gymnasium in Schweidnitz; Liebesgedichte und Versepistel
1715–19 Medizinstudium in Wittenberg und Leipzig
1720 Nach der Rückkehr nach Schlesien liegt Günther monatelang krank im Armenhaus von Lauban
1720–21 Günthers Versuch, im oberschlesischen Kreuzberg eine bürgerliche Existenz als Landarzt aufzubauen, scheitert
1723 15. März: Günther stirbt in Jena, wahrscheinlich an Tuberkulose
1724 *Sammlung von Johann Christian Günthers aus Schlesien, Theils noch nie gedruckten, theils schon heraus gegebenen, Deutschen und Lateinischen Gedichten*; drei weitere Teile folgen bis 1735, Nachlesen bis 1764

1713–40 Friedrich Wilhelm I., der ›Soldatenkönig‹, begründet den preußischen Militär- und Beamtenstaat
1714–1837 Personalunion Hannovers mit dem Königreich Großbritannien
1718 Der Friede von Passarowitz beendet die Türkenkriege
1740 Maria Theresia tritt die Herrschaft in Österreich an (bis 1780), Friedrich II. in Preußen (bis 1786). Österreichischer Erbfolgekrieg (mit Unterbrechungen bis 1748), ausgelöst durch den Einmarsch der Preußen in Schlesien
1755 Erdbeben von Lissabon
1756–63 Siebenjähriger Krieg um Schlesien, der sich zum europäischen Konflikt und zum Krieg um die amerikanischen Kolonien ausweitet. Preußen behält Schlesien
1770 James Cook entdeckt die Ostküste Australiens
1772 Erste Teilung Polens zwischen Russland, Österreich und Preußen
1776 Unabhängigkeitserklärung der 13 Vereinigten Staaten von Nordamerika; Unabhängigkeitskrieg bis 1783
1780 Joseph II., seit 1765 Mitregent, folgt Maria Theresia nach
1783 Großbritannien erkennt im Frieden von Versailles die Unabhängigkeit der ehemaligen Kolonien an
1787 Auf dem Verfassungskonvent von Philadelphia wird die Verfassung der USA entworfen; seit 1789 rechtsgültig
1789 Ausbruch der Französischen Revolution

ZEITRAUM

18. JAHRHUNDERT

»DEUTSCHLAND«. Das Deutsche Reich bestand dem Namen nach bis 1806. Es war ein seltsames Gebilde, das mit den modernen Nationalstaaten Frankreich, Spanien oder England wenig gemeinsam hatte. Das staatsrechtliche »Monstrum«, so Samuel Pufendorf im 17. Jahrhundert, bestand aus mehr als 300 geistlichen und weltlichen Territorien und Stadtstaaten unterschiedlichster Größe, die jeweils eigene politische, wirtschaftliche und kulturelle Ziele zu verfolgen suchten. Innerhalb dieses Rahmens traten im Verlauf des 18. Jahrhunderts einige der größeren Territorien in den Vordergrund. Das gilt zunächst für Österreich, das durch den erfolgreichen Abschluss der Türkenkriege den Aufstieg zur Großmacht unterstrich, dann u.a. für Bayern, Lüneburg-Hannover, Sachsen und Brandenburg-Preußen. Daraus entwickelte sich seit 1740 ein preußisch-österreichischer Antagonismus, der die weitere geschichtliche Entwicklung Deutschlands bestimmte.

KLEINSTAATEREI. Die Nachteile der territorialen Zersplitterung des Reichs für die politische und wirtschaftliche Entwicklung waren beträchtlich. Mangelhafte Verkehrsverbindungen, zahlreiche Zollgrenzen sowie die unterschiedlichen Währungs-, Maß- und Gewichtssysteme behinderten die Entstehung eines großen Wirtschaftsraums. Darüber hinaus orientierten sich auch die kleinen und kleinsten Territorien am repräsentativen Herrschaftsstil des Absolutismus nach dem Versailler Modell und überforderten damit die Wirtschaftskraft ihrer Länder. Die Folge war nicht nur ein groteskes Missverhältnis zwischen herrscherlichem Anspruch und tatsächlichem politischem und wirtschaftlichem Leistungsvermögen, sondern eine große Armut der Bevölkerung. Es fehlte nicht an sarkastischem Spott aufgeklärter Zeitgenossen, etwa des Romanschriftstellers und Satirikers Johann Pezzl, über »Quadratmeilen-Monarchen, und Miniatur-Höfe«: »Es sitzt dort manches Fürstlein auf dem Thron, das kaum zwölf Hühner zu regieren im Stande wäre: indessen will es glänzen, will gleiches Schrittes mit den größern einher schreiten; muss seine Köche, seine Pferde, seine Hunde, seine Wesire, und seine Truppen haben, sollte auch die ganze Armee nur aus vier Grenadiers, sechs Musketiers, und zween Husaren bestehen: und um alles dieses auf die Beine zu bringen, wird die kleine Herde seiner Bauern immer rein bis aufs Hemde ausgezogen.«

KULTURELLE VIELFALT UND LITERARISCHE ÖFFENTLICHKEIT. Auch wenn die Zersplitterung des Reiches zahlreiche negative Folgen hatte, ist der daraus resultierende Gewinn nicht zu unterschätzen. Er betrifft zum einen die kulturelle Vielgestaltigkeit, die noch heute Deutschland entscheidend prägt, zum anderen bot der politische Flickenteppich Chancen, sich konfessioneller Verfolgung, politischer Unterdrückung oder Zensur zu entziehen. Zugleich bildete sich eine überregionale literarische Öffentlichkeit heraus, getragen von einer relativ kleinen Schicht von Schriftstellern und Rezipienten, die die bestehenden Verhältnisse kritisierte, auf ihre Verbesserung in allen Bereichen von der Verwaltung bis zum Erziehungswesen drang und zugleich das Bewusstsein einer kulturellen Identität der Deutschen aufrechterhielt. So urteilte Madame de Staël in ihrem Deutschlandbuch (*De L'Allemagne*, 1810) rückblickend: »Diese Zerrissenheit Deutschlands aber, die seiner politischen Kraft verderblich war, war allen möglichen Versuchen, die Genie und Einbildungskraft wagen mochten, äußerst förderlich. Es herrschte in bezug auf literarische und metaphysische Meinungen eine Art milde, friedliche Anarchie, die jedem gestattete, seine individuelle Anschauungsweise vollständig frei zu entwickeln.« (Übers. von R. Habs) Wenn es allerdings um politische oder soziale Reformen oder die zentrale Forderung der Presse- und Meinungsfreiheit ging, bestimmten die Herrschenden auch im so genannten aufgeklärten Absolutismus sehr entschieden die Grenzen dieser ›milden Anarchie‹.

Karte des Deutschen Reiches, 1705 zuerst von Nicolas de Fer gestochen und anlässlich der Heirat von Marie-Antoinette mit dem französischen Thronfolger (Ludwig XVI.) 1770 durch zusätzliche Kaiserporträts aktualisiert. Sie gibt einen guten Eindruck von der deutschen Kleinstaaterei, wenn auch keineswegs alle der über 300 mehr oder minder eigenständigen Territorien sichtbar gemacht werden konnten.

Linke Seite: **Das Lustschloss Solitude,** westlich oberhalb von Stuttgart, wurde 1763–67 erbaut und gehört zu den Schlossbauten in und um Stuttgart, mit denen Herzog Carl Eugen seinen verschwenderischen absolutistischen Herrschaftsstil dokumentierte und die Finanzen seines Herzogtums überforderte. Die von ihm 1770 gegründete Militärakademie (›Hohe Karlsschule‹), die auch Friedrich Schiller seit 1773 besuchte, war zunächst auf Schloss Solitude untergebracht.

EPOCHE/STRÖMUNG

AUFKLÄRUNG

IMMANUEL KANT

»Beantwortung der Frage: Was ist Aufklärung? *Aufklärung ist der Ausgang des Menschen aus seiner selbstverschuldeten Unmündigkeit. Unmündigkeit* ist das Unvermögen, sich seines Verstandes ohne Leitung eines anderen zu bedienen. *Selbstverschuldet* ist diese Unmündigkeit, wenn die Ursache derselben nicht am Mangel des Verstandes, sondern der Entschließung und des Mutes liegt, sich seiner ohne Leitung eines andern zu bedienen. Sapere aude! Habe Mut, dich deines *eigenen* Verstandes zu bedienen! ist also der Wahlspruch der Aufklärung.« (Berlinische Monatszeitschrift 12, 1784)

LICHTMETAPHORIK. Das Wort Aufklärung ist eine Bildung des späten 17. Jahrhunderts. Es hat zunächst eine meteorologische Bedeutung. So setzt es Kaspar Stieler 1691 in seinem großen Wörterbuch mit dem lateinischen *serenitas* gleich. Wenig später, in seinem Buch über die Zeitungen (*Zeitungs Lust und Nutz*, 1695), verwendet er es auch in übertragenem Sinn, wenn er von der »Aufklär- und Verbesserung des Verstandes« spricht, zu der die Zeitungen beitragen. Der Bildbereich der Klarheit und des Lichts gehört von Anfang an zu Begriff und Vorstellung von Aufklärung. Die Lichtmetaphorik charakterisiert auch die Begriffsbildung in anderen europäischen Sprachen, wo von *enlightenment*, *le siècle des lumières* oder *illuminismo* die Rede ist. Die Terminologie verweist auf Selbstverständnis und Ziel der Aufklärer: die Überwindung der geistigen Dunkelheit, d.h. die Befreiung des Menschen von der Herrschaft falscher Autoritäten, alter Vorurteile und finstern Aberglaubens in einem Prozess fortschreitender Erkenntnis und

Christian Wolff behandelte die verschiedenen Bereiche der Philosophie in einzelnen Schriften, deren Titel meist mit den Worten »Vernünfftige Gedancken von …« beginnen (siehe Abbildung rechte Seite). Das Fundament des philosophischen Lehrgebäudes bilden die *Vernünfftigen Gedancken Von Gott, Der Welt und der Seele des Menschen* (1720). Der dem Titelblatt der *Anmerckungen* (1724) zu diesem Buch gegenübergestellte Stich zeigt in aufklärerischer Lichtmetaphorik, wie die Sonne, das Licht der Vernunft, die Welt in Fruchtbarkeit erstrahlen lässt.

Vervollkommnung auf der Basis eines systematischen Vernunftgebrauchs.

EPOCHE. Die Datierung des Zeitalters der Aufklärung variiert in den europäischen Ländern. Als Epoche der deutschen Literaturgeschichte umfasst die Aufklärung im Wesentlichen das 18. Jahrhundert. Das schließt jedoch frühere Ansätze seit etwa 1680 ebenso wenig aus wie ihre Fortdauer bis ins 19. Jahrhundert hinein (Früh- bzw. Spätaufklärung). Allerdings gibt es nicht nur zu Anfang und Ende Überschneidungen mit anderen Epochen und Strömungen. Auch im ›aufgeklärten‹ Zeitalter selbst stellen sich der Fixierung auf einen rationalistischen Vernunftbegriff starke beharrende Kräfte entgegen, entfalten sich mit dem Pietismus und der Empfindsamkeit gleichzeitig Gegenbewegungen bzw. komplementäre Strömungen, ganz abgesehen davon, dass in den letzten Jahrzehnten des 18. Jahrhunderts ein komplexes Neben- und Miteinander von Aufklärung, Sturm und Drang, Klassik und Romantik herrscht. Dazu kommen, Folge der konfessionellen Spaltung, inhaltliche, zeitliche und regionale Differenzierungen. Neben der in den protestantischen nord- und mitteldeutschen Städten Leipzig, Hamburg und Berlin zentrierten Aufklärungsliteratur, die das Bild der Epoche geprägt hat, entwickelt sich mit einer gewissen Verspätung eine eigene aufklärerische Tradition in den katholischen Territorien Süddeutschlands und den habsburgischen Erblanden (›Josephinische Aufklärung‹).

Das Erdbeben von Lissabon, das am 1. November 1755 zwei Drittel der Stadt zerstörte, bestärkte Zweifel am aufklärerischen Optimismus und der von Christian Wolff popularisierten Vorstellung von ›der besten aller möglichen Welten‹, die auf Gottfried Wilhelm Leibniz und seine *Theodizee* (1710) zurückgeht. Voltaire verspottete dieses Konzept in seinem bissigen satirischen Roman *Candide ou L'optimisme* (1759). Zeitgenössischer Stich.

LITERATUR. Die Literatur der Aufklärung ist ohne die aufklärerische Philosophie nicht denkbar. Diese geht nicht nur zeitlich voraus – René Descartes, Baruch de Spinoza, Gottfried Wilhelm Leibniz, Christian Thomasius, Christian Wolff – und definiert die Grundlagen der aufklärerischen Programmatik, sie prägt auch in hohem Maß die Dichtung selbst, ihre poetologischen Grundlagen, ihre Inhalte und Formen. Daraus ergibt sich eine deutliche Bevorzugung von Gattungen, die sich zur direkten oder indirekten Belehrung einsetzen ließen: Lehrdichtung, Fabel, Satire, satirische Typenkomödie, Staatsroman. Allerdings zeigt etwa die Entwicklung der Dramenformen – rührendes Lustspiel, bürgerliches Trauerspiel – und des Romans nach angelsächsischem Vorbild Tendenzen, die auf eine Korrektur einer rein rationalistisch verstandenen Aufklärung zielen und ein Gleichgewicht von ›Kopf‹ und ›Herz‹ propagieren. Für die Verbreitung der Gedanken der Aufklärung spielt die Publizistik – Moralische Wochenschriften, Zeitschriften – eine große Rolle.

»ROBINSON« ALS KINDER- UND JUGENDBUCH

Der Erfolg der Robinsonaden gerade bei jungen Lesern brachte die Pädagogen auf den Plan, die gegen die vorwiegend aufs Abenteuerliche zielenden Texte religiöse, moralische und pädagogische Bedenken vorbrachten und durch kindgerechte Bearbeitungen Abhilfe zu schaffen suchten. Joachim Heinrich Campe konnte sich bei seiner *Robinson*-Version auf Jean-Jacques Rousseau berufen, der auf den erzieherischen Wert von Defoes Roman verwiesen hatte. Campes *Robinson der Jüngere*, »zur angenehmen und nützlichen Unterhaltung für Kinder« bestimmt (1779–80), war ungemein erfolgreich und regte zahlreiche Nachahmungen an (z. B. Johann David Wyss, *Der Schweizerische Robinson*, 1812–27) und trug so wesentlich dazu bei, dass sich eine eigene Gattung Kinder- und Jugendliteratur etablieren konnte.

GATTUNG

ROBINSONADE

DAS VORBILD. ›Robinsonaden‹ im Sinn von Schiffbrüchen mit anschließendem Inselaufenthalt gibt es als Motiv und Handlungselement in der europäischen Literatur seit der Antike. Zur Konstituierung einer eigenen Gattung ›Robinsonade‹ kam es jedoch erst im Zusammenhang mit dem großen europäischen Erfolg von Daniel Defoes Roman *The Life and Strange Surprizing Adventures of Robinson Crusoe, of York, Mariner* (1719). Unter der Fiktion eines Tatsachenberichts erzählt Defoe die Erfolgsgeschichte eines Individuums, der durch die Art seiner Bewältigung des selbstverschuldeten, unfreiwilligen Inselaufenthalts demonstriert, wie sich durch Tatkraft, Erfindungsgeist und Gottvertrauen der ökonomische Lohn einstellt und produktive Arbeit zur Vervollkommnung des Menschen beiträgt.

ERFOLGSGESCHICHTE, LITERARISCH. Unmittelbar nach Erscheinen der ersten Übersetzung des *Robinson Crusoe* im Jahr 1720 begann es »mehrere Decennien […] hindurch *Robinsone* ohne Zahl« zu regnen, wie der Herausgeber einer *Bibliothek der Robinsone* Anfang des 18. Jahrhunderts notierte. Bis dahin kann man mit annähernd 130 Texten rechnen, die sich nicht zuletzt durch Herkunftsbezeichnungen voneinander unterscheiden: *Der Sächsische Robinson* (1722–23), *Der Americanische Robinson* (1724), *Der Steyerische Robinson*, (1791). Es bleibt aber auch Raum für eine *Jungfer Robinsone* (1724), *Die böhmische Robinsonin* (1753) oder die *Lebensbeschreibung der Europäischen Robinsonetta* (1752). Durchgängig übernehmen die Robinsonaden aus Defoes Roman neben dem Namen als Werbeträger nur das Motiv des Schiffbruchs und des Inselaufenthalts. Im Übrigen verbinden sich Elemente verschiedener Erzählgattungen – fiktive Autobiografie, Reisebericht, Pika-

Die Karte der Insel Felsenburg in Johann Gottfried Schnabels Roman soll es »dem curieusen Leser« erleichtern, sich eine »bessere Idee von der gantzen Landschafft zu machen«. Sie zeigt die Lage der Insel, die nach außen gut abgeschirmt erscheint. Im Innern bildet die »Burg« des Gründers und Oberhaupts der Inselrepublik Albert Julius den Mittelpunkt, umgeben von einer Reihe weiterer Ansiedlungen bzw. ›Räumen‹. Die Analogie zu den biblischen Stämmen ist gewollt, wie auch andere Assoziationen – neues »Canaan«, »irdisches Paradies« – bestätigen.

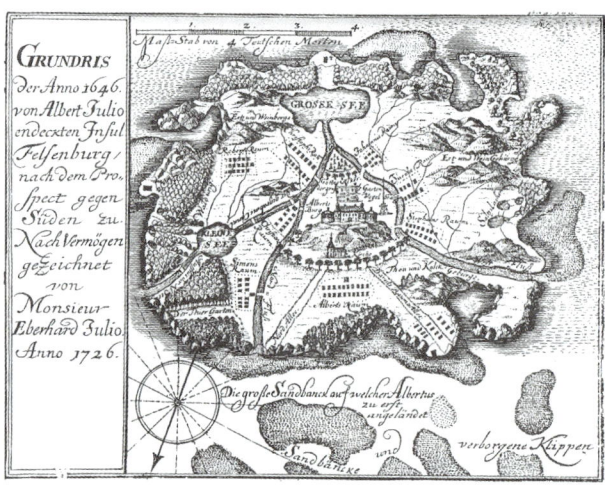

Koloriertes Kupfer aus einer illustrierten Kinderbuchfassung des *Robinson* aus der ersten Hälfte des 19. Jahrhunderts.

roroman – zu einem neuen, stark schematisierten Genre des abenteuerlichen Romans mit den Hauptpunkten Verlust des sozialen Status des Protagonisten, Reise als Verkettung katastrophaler Umstände, Schiffbruch, einsame Insel, Finden eines Schatzes, glückliche Heimkehr und Wiederherstellung des sozialen Status.

UTOPIE. In einer Variante der Robinsonaden verzichten die Robinsone auf die Rückkehr in ihre Heimat und gründen auf paradiesischen Inseln utopische Gemeinwesen. Zu diesen Romanen gehören der anonyme *Americanische Freybeuter* (1742–45), Johann Friedrich Bachstroms *Land der Inquiraner* (1736–37) und – als bedeutendstes und viel gelesenes Beispiel – Johann Gottfried Schnabels vier Bände der *Wunderlichen Fata Einiger See-Fahrer* (1731–43), bekannter unter dem Titel *Insel Felsenburg*: Hier verbindet sich die Robinsonade mit dem Modell der literarischen Utopie, die sich in einer auf Gottesfurcht, Vernunft und Tugend gegründeten Gemeinschaft von Europamüden als Gegenbild zu der als bedrückend erfahrenen, moralisch bankrotten europäischen Gesellschaftsordnung konkretisiert. Anders als in der *Utopia* (1516) des Thomas Morus und ähnlichen literarischen Utopien der Frühen Neuzeit geht es nicht um die abgezirkelte Konstruktion eines vollkommenen Staatsgebildes. Statt dem institutionellen Rahmen besondere Aufmerksamkeit zu schenken, konfrontiert der Roman vielmehr in einem komplexen erzählerischen Verfahren die Geschichte von der Entstehung und Fortentwicklung dieser Inselrepublik mit den Lebensläufen der hier zur Ruhe gekommenen Menschen, die nicht den geringsten Wunsch verspüren, ihr Vaterland »oder nur einen eintzigen Ort von Europa« jemals wieder zu sehen. Allerdings gibt es auch Romane, die parodistisch das Scheitern der utopischen Programmatik zeigen. Dazu zählen Johann Carl Wezels *Robinson Krusoe. Neu bearbeitet* (1779–80), Johann Gottlob Benjamin Pfeils *Die glückliche Insel* (1781) oder der anonyme *Jesuit auf dem Thron* (1794).

JOHANN GOTTFRIED SCHNABEL

1692 7. November: Johann Gottfried Schnabel in Sandersdorf bei Bitterfeld geboren
1702 Lateinschule in Halle; möglicherweise erwarb Schnabel anschließend medizinische Kenntnisse bzw. erlernte das Barbierhandwerk
1710–12 Teilnahme an den Feldzügen Prinz Eugens während des Spanischen Erbfolgekriegs wahrscheinlich als Feldscher; über die folgenden Jahre ist nichts bekannt
1724 Schnabel legt den Bürgereid in Stolberg (Harz) ab und wirkt als schlecht bezahlter »Hofbalbier«, Kammerdiener und Hofagent der Grafen von Stolberg
1731 Der erste Band der *Insel Felsenburg* erscheint: *Wunderliche Fata einiger See-Fahrer, absonderlich Alberti Julii, eines gebohrnen Sachsens […] entworffen […] Von Gisandern)*. Weitere Bände folgen 1732, 1736 und 1743
1731–41 Schnabel gibt die Zeitung *Stolbergische Sammlung Neuer und Merckwürdiger Weltgeschichte* heraus
1738 *Der im Irr-Garten der Liebe herum taumelnde Cavalier* (galanter Roman)
1744 Eine Bittschrift aus diesem Jahr ist das letzte Stolberger Zeugnis; man nimmt an, dass Schnabel Stolberg verlassen hat
1750 Der letzte Schnabel sicher zuzuschreibende Roman erscheint (*Der aus dem Mond gefallene und nachhero zur Sonne des Glücks gestiegene Printz*)
1760 Schnabel wird als verstorben bezeichnet, Sterbejahr und -ort unbekannt

MEDIEN

MORALISCHE WOCHENSCHRIFTEN

ZEITSCHRIFTEN UND AUFKLÄRUNG. Für die Verbreitung der Gedanken der Aufklärung spielten Zeitschriften eine große Rolle. Sie sollten den gebildeten Laien erreichen und ihn mit den neuesten Entwicklungen auf wissenschaftlichem und kritisch-literarischem Gebiet bekannt machen. Christian Thomasius, der mit seiner Kritik der Vorurteile grundlegende aufklärerische Positionen formuliert hatte, unternahm mit seinen *Monatsgesprächen* (1688–90) den ersten Versuch, die Grenzen ›pedantischen‹ Gelehrtentums zu überschreiten und mit satirisch-unterhaltsamen Rezensionen und Diskursen für sein Ideal des gebildeten Weltmanns zu werben. Im Verlauf des 18. Jahrhunderts stieg die Zahl der Zeitschriften stark an, die kritisch, d.h. nach den philosophischen Grundsätzen der Aufklärung, über Erscheinungen der Kultur, Wissenschaft, Politik und Gesellschaft berichteten. Die meisten Unternehmungen hatten keine lange Lebensdauer; das gilt auch für die berühmten *Briefe, die Neueste Litteratur betreffend* (1759–65), an denen Lessing mitwirkte. Zu den einflussreichsten Zeitschriften zählten die *Bibliothek der schönen Wissenschaften und der freyen Künste* (1757–1805) und vor allem Friedrich Nicolais Rezensionszeitschrift *Allgemeine Deutsche Bibliothek* (1765–1806, 264 Bände), eine Art Zentralorgan der deutschen Aufklärung. Neben den allgemeinen und fachwissenschaftlichen Zeitschriften kommt den Moralischen Wochenschriften mit ihrem spezifisch auf das Bürgertum gerichteten erzieherischen Anliegen eine besondere Bedeutung zu.

VERNUNFT UND TUGEND. Die deutschen Moralischen Wochenschriften orientierten sich am Vorbild der von Joseph Addison und Richard Steele herausgegebenen englischen ›Moral Weeklies‹ *The Tatler* (1709–11), *The Spectator* (1711–12) und *The Guardian* (1713). Nach einem wenig erfolgreichen frühen Unternehmen (*Der Vernünfftler*, 1713–14) leiteten die Züricher Johann Jakob Bodmer und Johann Jakob Breitinger mit ihrer

Die Discourse der Mahlern sind nominell das Produkt einer »Gesellschaft der Mahler«; die einzelnen Beiträge sind mit Namen von Malern unterzeichnet – Dürer, Holbein, Rubens u.a. Allerdings stammen die meisten Texte in den insgesamt 94 Nummern von den Initiatoren des Unternehmens, Johann Jakob Bodmer und Johann Jakob Breitinger.

Die Zeitungsliebhaberey. Kupferstich nach einer Zeichnung von Christian Schoeller, 1837.

Wochenschrift *Die Discourse der Mahlern* (1721–23) die Blüte des Genres im deutschsprachigen Raum ein. Es folgten u. a. *Der Patriot* (1724–28), die jeweils von Johann Christoph Gottsched herausgegebenen *Vernünftigen Tadlerinnen* (1725–26) und *Der Biedermann* (1727–29) – und rund 100 weitere kurzlebige Wochenschriften dieser Art bis etwa 1770.

Die Moralischen Wochenschriften richten sich an das wohlhabende Bürgertum. Ihrer moralischen Intention entsprechend machen sie – wie es Bodmer und Breitinger ausdrücken – »zu ihrem Objecte den Menschen«, »alles was menschlich ist und die Menschen angehet«. Sie behandeln Themen des bürgerlichen Alltags, des religiösen und gesellschaftlichen Lebens, der Sprachpflege und der schönen Literatur. Das Interesse ist auf das Leben in der Welt gerichtet, Maßstab ist der gesunde Menschenverstand. Religion betrachtet man unter dem Aspekt der Nützlichkeit und Vernunft. Das absolutistische System wird fraglos akzeptiert; allerdings birgt die dezidiert bürgerliche Konzeption von allgemeiner, standesunabhängiger Tugend und Menschlichkeit Sprengstoff, der nicht ohne Wirkung blieb. Die literarhistorische Bedeutung der Moralischen Wochenschriften liegt nicht zuletzt in ihrer Förderung der Lektüre weltlicher Literatur. Dass sie für die Dichtkunst eintreten, versteht sich für die Autoren der Wochenschriften von selbst. Sie halten Dichtung für eine Schule der Tugend, die deswegen auf eine breite Wirkung hoffen darf, weil sie nicht nur den Verstand anspricht: »Denn obgleich die Wahrheit und die heilsamsten Lehren Vernünftigen auch ohne Schmuck gefallen, so gefallen sie doch noch mehr, wenn sie angenehmer gemacht werden«, heißt es wenig originell 1745 im *Zeitvertreiber*. Und so geben sie Leseempfehlungen – etwa in den ›Frauenzimmerbibliotheken‹ mancher Blätter –, üben Kritik und diskutieren ästhetische Fragen. Vor allem aber sind es die vielfältigen Darbietungsformen (Gespräche, Briefe, Träume, Gedichte, Beispielgeschichten) und spezifische Erzähltechniken wie die Einschaltung von fiktiven Erzähler- und Redakteursfiguren, die zur Rezeption schöner Literatur hinführen.

Johann Jakob Bodmer und Johann Jakob Breitinger über die »Bibliotheck für die Frauenspersonen« in *Der Mahler der Sitten* (1746):

»Orilla, die ernsthafteste von dem lernensbegierigen Kleeblatte meiner Freundinnen, erinnerte mich neulich an mein gethanes Versprechen, daß ich das Verzeichniß einer Bibliotheck für das Frauenzimmer ausfertigen wollte, und bat mich mit dringenden Gründen, die Erfüllung desselben nicht länger aufzuschieben. Sie sagte bey dieser Gelegenheit unter anderm, das männliche Geschlecht wäre nur allzu sorgfältig, dem weiblichen die Mittel zu entziehen, durch welche es eine genauere Einsicht in die menschlichen Geschäfte und die Treibräder derselben bekommen könnte; das Buch der Wissenschaften wäre ihm verschlossen worden; man hätte das Vorurtheil schier allgemein gemacht, die Gelehrtheit wäre den Leuten von ihrem Geschlechte schädlich, sie machte ein Frauenzimmer ruhmräthig und lächerlich; sie hielte es von den nöthigern Geschäften ab; denn sie wären nur dazu gebohren, daß sie den Männern kocheten, wäscheten, näheten, bey ihnen schliefen, und wenn es hoch kommt, mit ihnen tändelten; ihr Geschmack meinte man, wäre vollkommen genug, wenn er durch eine fertige Empfindung wie durch einen sechsten Sinn, von der Gestalt einer Palatine oder Volante [Ausschnittumrandung bzw. Besatz an Kleidungs- und Wäschestücken] richtig urtheilete.«

JOHANN CHRISTOPH GOTTSCHED

1700 2. Februar: Johann Christoph Gottsched in Juditten bei Königsberg geboren
1723 Promotion zum Magister in Königsberg
1724 Flucht nach Leipzig, um der drohenden Zwangsrekrutierung zu entgehen
1725 Beginn seiner Vorlesungstätigkeit in Leipzig u. a. über die Philosophie Wolffs
1729 *Versuch einer Critischen Dichtkunst vor die Deutschen* (datiert auf 1730; erweiterte Auflagen 1737, 1742 und 1751)
1732 *Sterbender Cato*
1733–34 *Erste Gründe Der Gesamten Weltweisheit*
1734 Ordentlicher Professor für Logik und Metaphysik
1735 Heirat mit Luise Adelgunde Victoria Kulmus
1736 *Gedichte, Ausführliche Redekunst*
1741–45 *Die Deutsche Schaubühne nach den Regeln und Exempeln Der Alten* (Anthologie)
1748 *Grundlegung einer Deutschen Sprachkunst*
1752 *Heinrichs von Alkmar Reineke der Fuchs*
1766 12. Dezember: Johann Christoph Gottsched stirbt in Leipzig

POETIK

LEIPZIG UND ZÜRICH

KRITISCHE DICHTKUNST. Johann Christoph Gottscheds *Versuch einer Critischen Dichtkunst vor die Deutschen* (1729) ist die erste Poetik der deutschen Aufklärung. Sie entstand unter dem Einfluss Christian Wolffs und seines deduktiven philosophischen Denkens. Ein »Criticus«, schreibt der Leipziger Professor Gottsched, sei ein Gelehrter, »der von freien Künsten philosophieren kann«. In diesem Sinn sucht er die deutsche Dichtung auf eine neue Grundlage zu stellen und einen Prozess der Literatur- und Sprachreform einzuleiten. Entscheidend ist die Vorstellung, dass die Poesie auf überzeitlichen Regeln beruhe, auf Regeln, die »auf die unveränderliche Natur der Menschen und die gesunde Vernunft« gegründet seien. Das wichtigste Prinzip ist das der Nachahmung der Natur, wobei freilich starke Einschränkungen gelten: im Hinblick auf den von den Regeln der Vernunft bestimmten »Geschmack«, auf den moralischen Endzweck der Dichtung und auf einen sehr engen Begriff von Wahrscheinlichkeit (»die Ähnlichkeit des Erdichteten mit dem, was wirklich zu geschehen pflegt«). Nach Gottscheds rationalistischer Dichtungsauffassung entsteht Dichtung so: »Zuallererst wähle man sich einen lehrreichen moralischen Satz, der dem ganzen Gedichte zu Grunde liegen soll, nach Beschaffenheit der Absichten, die man sich zu erlangen vorgenommen. Hierzu ersinne man sich eine ganz allgemeine Begebenheit, worin eine Handlung vorkommt, daran dieser erwählte Lehrsatz sehr augenscheinlich in die Sinne fällt.« So will Homer in seiner *Odyssee* »den Griechen beibringen: dass die Abwesenheit eines Hausvaters oder Regenten üble Folgen nach sich ziehe; seine Gegenwart aber sehr ersprießlich sei«.

MÖGLICHE WELTEN. Die beherrschende Stellung Gottscheds im aufklärerischen Literaturbetrieb seit 1730 geriet in Gefahr, als die Züricher Johann Jakob Bodmer und Johann Jakob Breitinger um 1740 mit ihren poetologischen Hauptwerken hervortraten, die eine Lockerung des rigiden Konzepts verfochten. Die Folge war eine heftige Fehde zwischen Leipzig und Zürich bzw. den jeweiligen Parteigängern. Zentraler Streitpunkt war die Erweiterung des Nachahmungsbegriffs: Nachahmung der Natur bedeutet bei den Schweizern nicht mehr nur Nachahmung der wirklichen Welt, sondern – im Anschluss an Gedanken von Leibniz und Wolff – auch und gerade der möglichen Welten: »Ein jedes wohlerfundenes Gedicht ist darum nicht anderst anzusehen, als eine Historie aus einer andern möglichen Welt.« Zugleich betonen sie die Rolle einer schöpferischen Einbildungskraft, lassen Begriffe wie das »Neue«, »Wunderbare« und »Erhabene« als wichtige ästhetische Kriterien in den Vordergrund treten und fordern eine »pathetische, bewegliche oder herzrührende Schreibart«, einen bildhaften dichterischen Stil, der geeignet sei, »den Geist zu erheben«, das »Gemüth« zu rühren und den »Affect« anzuflammen. Erste Voraussetzungen für eine Subjektivierung der Dichtkunst und eine Befreiung von den Weisungen der normativen Regelpoetik waren damit geschaffen. Friedrich Gottlieb Klopstock nahm die Anregungen Bodmers und Breitingers ausdrücklich auf.

Quodlibet mit Bildnissen von Zeitgenossen und antiken Köpfen, Gemälde des Züricher Malers Johann Caspar Füssli in der illusionistischen Trompe-l'œil-Technik. In der Mitte das Porträt Johann Jakob Bodmers, links unten das Selbstbildnis des Malers, rechts oben Salomon Gessner (Daphnis). Die kleineren Bilder zeigen den Trogener Arzt Laurenz Zellweger (oben) und den Züricher Stadtarzt Hans Caspar Hirzel (unten). Das Bild entstand um 1757 möglicherweise in Erinnerung an eine gemeinsame Reise der Züricher Freunde nach Trogen.

Linke Seite: *Zürich.* Kolorierter Kupferstich von Balthasar Anton Dunker nach einer Zeichnung von Johann Jakob Aschmann, um 1790.

LITERATURBETRIEB

THEATERREFORM

KRITIK DES ZEITGENÖSSISCHEN THEATERS. Gottsched, dem Anwalt einer ›vernünftigen‹ Poesie, war der Zustand des deutschen Theaters seiner Zeit ein Gräuel. Die äußerst populäre Oper hielt er für die Verkörperung des absolut Unnatürlichen und Vernunftwidrigen – »das ungereimteste Werk, das der menschliche Verstand jemals erfunden hat« – und überdies für moralisch verwerflich als »eine Beförderung der Wollust, und Verderberin guter Sitten«. Das Treiben auf der Schauspielbühne gefiel ihm ebenso wenig. Weder die gespielten Stücke noch die Art der Aufführung waren mit seinen Vorstellungen eines moralischen und vernünftigen Theaters mit literarischem Anspruch in Einklang zu bringen: »Lauter schwülstige und mit Harlekins Lustbarkeiten untermengte Haupt- und Staatsaktionen, lauter unnatürliche Romanstreiche und Liebesverwirrungen, lauter pöbelhafte Fratzen und Zoten waren dasjenige, so man daselbst zu sehen bekam«, summiert er seine Leipziger Theatererfahrungen der zwanziger Jahre. Er attackiert die Praxis der Wanderbühne, Versdramen in Prosabearbeitungen zu geben und sie dabei einerseits auf das bloße Handlungsgerüst zu reduzieren, andererseits durch spektakuläre Bühnen- und Ausstattungseffekte aufzurüsten.

Hanswurst, die komische Figur des Wiener Volkstheaters, die Anfang des 18. Jahrhunderts in Joseph Anton Stranitzkey ihren bedeutendsten Darsteller fand.

LUISE GOTTSCHED, »DIE PIETISTEREY IM FISCHBEIN-ROCKE«

Das erste Beispiel der sächsischen Komödie lieferte Luise Gottsched mit dem Lustspiel *Die Pietisterey im Fischbein-Rocke; Oder die Doctormäßige Frau* (1736). Das Stück spielt in Königsberg im Haus der Frau Glaubeleichtin. Hier hat sich während der zweijährigen Abwesenheit ihres Mannes der Herr Scheinfromm mit seinem pietistischen Anhang eingenistet. Sie haben es auf die Tochter des Hauses und das Vermögen abgesehen. Vernunft und gesunder Menschenverstand siegen über Frömmlertum und Intoleranz. Das Stück war sofort heftigen Angriffen und Verboten ausgesetzt. König Friedrich Wilhelm I. von Preußen, der den Pietismus förderte, nannte das anonym erschienene Lustspiel »eine recht gottlose Schmäh-Schrift«. Es war das einzige Stück seiner Frau, das Gottsched nicht in die *Deutsche Schaubühne* aufnahm. Dass sie die Verfasserin war, wurde erst nach ihrem Tod bekannt.

LITERARISIERUNG DES THEATERS. Erstaunlich ist dann aber, dass der Leipziger Professor den Schritt in die Praxis nicht scheute, Kontakt mit Prinzipalen der Schauspieltruppen aufnahm und schließlich auch Anklang mit seinen Reformideen fand. Es kam zur Zusammenarbeit mit der Schauspieltruppe von Caroline und Johann Neuber, die daran interessiert waren, »das bisherige Chaos abzuschaffen« und ihr Repertoire durch neue, bessere Stücke zu bereichern. Durch Übersetzungen vor allem französischer Schauspiele sorgten Gottsched und andere Mitglieder der Leipziger »Deutschen Gesellschaft« dafür, dass »regelmäßige Tragödien in Versen« auf die Bühne kamen, Stücke also, die den Ansprüchen der klassizistischen Regelpoetik entsprachen. Dass diese Reformbemühungen auf ein empfängliches Publikum trafen, zeigt sich auch daran, dass Gottscheds eigenes Trauerspiel *Sterbender Cato* (Uraufführung 1731, Druck 1732) – sein »Fehler«, die Übertreibung der Tugend, macht ihn zum tragischen Helden – häufig mit Erfolg gespielt und immer wieder neu aufgelegt wurde. Gottscheds Bemühungen um die Literarisierung des Theaters, durchaus ein Schritt zu einem deutschen Nationaltheater, erreichten mit den sechs Bänden der *Deutschen Schaubühne nach den Regeln und Exempeln der Alten* (1741–45) ihren Höhepunkt. Mit dieser Sammlung von 38 ›regelmäßigen‹ Tragödien, Schäferspielen und Komödien lag ein für die Zeit repräsentatives Repertoire an spielbaren Stücken nach französischem klassizistischem Muster vor, auf das die Schauspieltruppen nachweislich häufig zurückgriffen.

Johann Christoph Gottsched mit seiner Frau Luise Adelgunde Victoria geb. Kulmus, Ölgemälde eines unbekannten Künstlers, um 1735–40.

KOMÖDIE. Ein symbolischer Akt machte 1737 auf die Reform der Komödie aufmerksam: die Vertreibung des Hanswurst, der Verkörperung unliterarischer, anarchischer Komik, von der Bühne. Die von Gottsched propagierte neue Komödie (›Sächsische Komödie‹) ist eine satirische Typen- und Verlachkomödie nach französischem Vorbild (Philippe Néricault Destouches). Der Held repräsentiert ein Laster, eine menschliche Schwäche oder Torheit, der Zusammenstoß mit der vernünftigen Umwelt, d. h. den anderen Figuren des Stücks, produziert Komik. Das Lasterhafte ist zugleich das Lächerliche, und wer sich ›lasterhaft‹, d. h. unvernünftig, verhält, verdient es, ausgelacht zu werden. Eine Intrige wird eingefädelt, die den Helden in der Regel vom Laster heilt, das vielfach den Stücken den Namen gibt (*Der geschäftige Müßiggänger*, *Der Hypochondrist*, *Der Misogyn*, *Die Betschwester* usw.). In der Distanzierung von den im Stück verlachten Verhaltensweisen liegt der erhoffte moralische Gewinn für den Zuschauer. Zu den Autoren dieser in den dreißiger und vierziger Jahren des 18. Jahrhunderts florierenden Form der satirischen Typenkomödie gehören Luise Gottsched, Johann Theodor Quistorp, Johann Christian Krüger und – wenigstens mit einem Teil ihres dramatischen Schaffens – Johann Elias Schlegel, Christian Fürchtegott Gellert und Lessing.

Linke Seite: **Theaterzettel** der Neuberschen Truppe von 1738.

POETIK

HEILIGE POESIE

FRIEDRICH GOTTLIEB KLOPSTOCK

1724 2. Juli: Friedrich Gottlieb Klopstock in Quedlinburg geboren
1745–48 Nach Gymnasium (Quedlinburg 1736–39) und Fürstenschule (Schulpforta 1739–45) studiert Klopstock Theologie zunächst in Jena, ab 1746 in Leipzig
1748 Die ersten drei Gesänge des »Heldengedichts« *Der Messias* erscheinen in den *Bremer Beiträgen*
1750 Klopstock folgt einer Einladung J. J. Bodmers nach Zürich
1751 Klopstock reist nach Kopenhagen; der dänische König hatte ihm eine jährliche Pension von 400 (später 600) Talern ausgesetzt – mit der einzigen Verpflichtung, den *Messias* zu vollenden. Der erste Band des *Messias* mit insgesamt fünf Gesängen erscheint; weitere Bände folgen 1755, 1768 und 1773
1754 Heirat mit Meta Moller
1757 *Der Tod Adams*; diesem biblischen Drama schließen sich mit *Salomo* (1764) und *David* (1772) zwei weitere an
1758 *Geistliche Lieder*; 2. Teil 1769
1769 *Hermanns Schlacht*, erster Versuch mit einer neuen lyrisch-dramatischen Form (»Bardiet«); Weiterführung in *Hermann und die Fürsten* (1784) und *Hermanns Tod* (1787)
1770 Umzug nach Hamburg
1771 *Oden und Elegien*; *Oden*
1774 *Die deutsche Gelehrtenrepublik*
1779–80 *Über Sprache und Dichtkunst. Fragmente*
1792 Ernennung zum Ehrenbürger der Französischen Republik
1794 *Grammatische Gespräche*
1803 14. März: Klopstock stirbt in Hamburg

»WITZ« UND »HERZ«. Nach Gottsched gehört neben der Einbildungskraft der »Witz« zu den »natürlichen Gaben«, über die ein Dichter verfügen muss, ergänzt freilich durch »Kunst und Gelehrsamkeit«. Witz wiederum, Ingenium, ist eine auf Scharfsinnigkeit beruhende »Gemüthskraft«, die es ermöglicht, Ähnlichkeiten zwischen Dingen wahrzunehmen und Vergleiche anzustellen. Und je größer die Scharfsinnigkeit, desto größer der Witz und desto »sinnreicher« die Gedanken. Gegen diese rationalistische ›Witz‹-Kultur hatten Bodmer und Breitinger den Weg zu einer pathetischen, das Herz rührenden Dichtkunst gewiesen: Anregungen, die in einer Zeit zunehmender Emotionsbereitschaft immer mehr Anhänger fanden und bei Friedrich Gottlieb Klopstock zum Durchbruch einer neuen Auffassung vom Dichtertum beitrugen.

ERHABENER GEGENSTAND, ERHABENER STIL. Klopstock sieht sich in der Rolle des *poeta vates*, des Sehers und Künders; die »höhere Poesie ist ein Werk des Genies«. Wenn er den Gegenstand seiner Dichtung aus der Religion nimmt, diese in seiner »heiligen Poesie« gewissermaßen ›nachahmt‹, meint er nicht »die Schreibart der Offenbarung«, sondern den »Hauptplan der Religion«: »Große wunderbare Begebenheiten, die geschehen sind, noch wunderbarere, die geschehen sollen!« Der erhabene Gegenstand fordert einen Stil, der geeignet ist, Hörer oder Leser für die erhabenen Gedanken und Vorstellungen empfänglich zu machen, sie durch ein begeisterndes Pathos der Rede mitzureißen. Die poetologische Legitimation für den erhabenen Stil lieferte die Schrift *Vom Erhabenen* (Pseudo-Longinus) aus dem ersten nachchristlichen Jahrhundert, die durch Nicolas Boileaus Übersetzung von 1674 in die neuere ästhetische Diskussion eingeführt worden war und deren Gedanken, von Bodmer und Breitinger vermittelt, bei Klopstock auf fruchtbaren Boden fielen.

»DER MESSIAS«. Die Veröffentlichung der ersten drei der 20 Gesänge des *Messias* 1748 erregte großes Aufsehen und machte den Dichter auf einen Schlag bekannt. Seit seiner Schulzeit hatte er, von Homer und Vergil angeregt, nach einem Gegenstand für ein großes nationales Heldengedicht gesucht. Über John Milton fand er zum die ganze Menschheitsgeschichte umspannenden religiösen Epos: »Und als Milton, den ich vielleicht ohne Ihre Übersetzung allzuspät zu sehen bekommen hätte, mir in die Hände fiel«, schrieb er 1748 an Bodmer, »loderte das Feuer, das Homer entzündet hatte, zur Flamme auf und hob meine Seele, um den Himmel und die Religion zu singen.«
Der *Messias* beginnt mit den Worten: »Sing, unsterbliche Seele, der sündigen Menschen Erlösung.« Klopstock bettet das Heilsgeschehen in einen kosmischen Rahmen ein, in den neu aufbrechenden Kampf zwischen Himmel und Höl-

Johann Caspar Füssli, *Ewald von Kleist und Friedrich Gottlieb Klopstock in einer allegorischen Darstellung*. Die Fama verkündet den Ruhm der Dichter, deren Tugend und Maß – personifiziert durch die beiden händehaltenden Gestalten – das Böse besiegen (Harpyie, Gorgo, Drache). Klopstock, der Dichter des *Messias*, ist mit dem Attribut des Kreuzes gekennzeichnet, der preußische Offizier Kleist mit Helm und Degen. Kleist war mit dem elegisch-empfindsamen Naturgedicht *Der Frühling* (1749) hervorgetreten und verkehrte während seines Aufenthalts als Werbeoffizier in Zürich 1751–1752 u. a. mit Bodmer, bei dem sich Klopstock 1750–51 aufgehalten hatte.

le. Der Darstellung der Leidensgeschichte schließt sich die der Verherrlichung des Erlösers an: Auferstehung, Sieg über Satan, Visionen des künftigen Gerichts und Aufstieg zum himmlischen Thron Jehovas. Moderne wissenschaftliche Auffassungen vom Weltall verbinden sich mit traditionellen Vorstellungen von Himmel und Hölle; das Geschehen weitet sich aus in die entferntesten Räume des unendlichen Weltraums. Adam und Eva, die Altväter, die ungeborenen Seelen – sie alle sind in Visionen und Erinnerungen in das Heilsgeschehen einbezogen. Das zeitliche Nacheinander des traditionellen epischen Erzählens macht der Gleichzeitigkeit Platz, eine subjektive, distanzlose, erhaben-erregte, ekstatische Darstellungsweise löst die distanzierte Erzählweise des antiken Epos ab. In dem Aufsatz *Von der heiligen Poesie* schreibt Klopstock: »Das Herz ganz zu rühren, ist überhaupt, in jeder Art der Beredsamkeit, das Höchste, was sich der Meister vorsetzen, und was der Hörer von ihm fordern kann. Es durch die Religion zu tun, ist eine neue Höhe.« Doch nicht im Versuch eines religiösen Epos, das keine Zukunft hatte, sondern in dem Durchbruch zu einem neuen dichterischen Pathos, einer bisher unerreichten Ausdrucksfähigkeit der deutschen Dichtersprache – von Gottsched und seinen Anhängern als neobarocker, lohensteinischer Schwulst attackiert –, liegt die bleibende geschichtliche Leistung Klopstocks.

KLOPSTOCK LOBEN UND LESEN

Lessing leitet seine *Sinngedichte* (1753) mit einem Text ein, in dem die personifizierten Epigramme den Leser anreden (*Die Sinngedichte an den Leser*): »Wer wird nicht einen Klopstock loben? | Doch wird ihn jeder lesen? – Nein. | Wir wollen weniger erhoben | Und fleißiger gelesen sein.«

SATIRE

»Unter den Lastern und Thorheiten sind vornehmlich diejenigen ein Gegenstand der Satire, die in der menschlichen Gesellschaft überhaupt, oder in irgend einem Staate, einem Stande und Zeitalter *herrschend* geworden sind. Denn eigentlich soll die Bestrafung des satirischen Dichters mehr wider das Laster und die Thorheit, als wider den Verbrecher und Thoren, mehr wider eine ganze Gattung, als einzelne Individuen gerichtet seyn; es sey denn, daß er eins derselben als Beyspiel einer ganzen ähnlichen Menschenklasse aufstellen könne. *Persönlich* darf die Satire nur äusserst selten werden, fast nur in dem einzigen Falle, wenn uns das Beste des Ganzen, und der allgemein schädliche Einfluß eines Verbrechens dazu auffordert, das sich auf keine andre Art rächen oder strafen läßt.« (Johann Joachim Eschenburg, in: *Entwurf einer Theorie und Litteratur der schönen Wissenschaften*, 1783)

GATTUNG
LEHRHAFTE DICHTUNG

VOM NUTZEN DER DICHTUNG. Wenn Dichtung frei nach Horaz' viel zitiertem Wort ›nützen‹ und ›erfreuen‹ soll, so steht in der Aufklärung eindeutig der Nutzen im Vordergrund. Dementsprechend dominieren die Gattungen, die den lehrhaften Zweck im Sinn der Verbreitung aufklärerischer Vorstellungen am besten zu erfüllen vermochten und geeignet waren, breitere Kreise der Bevölkerung für weltliche Literatur zu gewinnen. Dabei zeigen sich im Hinblick auf das anvisierte Publikum deutliche Differenzierungen. Lehrgedicht, Satire oder Fabel als die wichtigsten Gattungen der lehrhaften Dichtung der Aufklärung teilen zwar den aufklärerischen Erziehungsanspruch, gehen aber von unterschiedlichen Bildungsvoraussetzungen aus und orientieren sich daher in Thematik, Darstellungsform und Stil an der Aufnahmefähigkeit der jeweiligen Zielgruppe. Die höchsten Ansprüche stellt das philosophisch-moralische Lehrgedicht, das auf eine bis in die Antike zurückreichende Tradition zurückblicken kann und in der Aufklärung seine letzte große Zeit erlebt. Hier ragen die Texte Albrecht von Hallers mit ihren beunruhigenden Reflexionen über Gott und die Welt und das Problem der Theodizee heraus. Die Satire der Aufklärung entlarvt falsches, d.h. unvernünftiges Verhalten in der Gesellschaft in der Hoffnung, dadurch zur Besserung beizutragen. Dabei geht es recht harmlos zu. »Die Religion und den Fürsten zu beleidigen«, schreibt Gottlieb Wilhelm Rabener, sei dem Satiriker »der schrecklichste Gedanke«. Und so beschränken sich die erfolgreichsten Satiriker seiner Zeit auf allgemeine moralische Verhaltenskritik.

DIE WAHRHEIT DURCH EIN BILD SAGEN. Die größte Breitenwirkung hatte die Fabeldichtung. Sie entwickelte sich unter dem Einfluss antiker und französischer Muster und Theorien zu einer der beliebtesten Literaturgattungen der deutschen Aufklärung. Ihr pädagogischer Zweck ist offensichtlich, die ›Moral‹ am Anfang oder Ende meist explizit. Ein allgemeiner moralischer Satz wird durch eine Geschichte in Vers oder – seltener – Prosa illustriert, in der Tiere, Pflanzen oder Gegenstände mit menschlichen Eigenschaften und Fähigkeiten auftreten. Da sich die Fabel an ein wenig gebildetes Publikum richtet, haben die Lehren meist die Natur einfacher Sprichwortweisheiten, die sich an einem spezifisch bürgerlichen Tugendkatalog orientieren: Es geht darum, wie es Christian Fürchtegott Gellert ausdrückte, »Dem, der nicht viel Verstand besitzt, | Die Wahrheit, durch ein Bild zu sagen«. Um das Interesse wach zu halten, mussten die Fabeln neben leichter Fasslichkeit – gefällige Sprache, relative Kürze und Geschlossenheit – auch einen gewissen, in einer witzigen Schlusspointe gipfelnden Unterhaltungswert besitzen. Den Geist der Anpassung an das herrschende absolutistische System, in dem das Bürgertum sich moralisch, aber

Der Tanzbär. Kupferstich von Daniel Chodowiecki zu einer Fabel von Christian Fürchtegott Gellert.

Aquarell von Franz Feyerabend. Unten steht: »Der blinde Pfeffel von Colmar« und »Gerichtsherr Jacob Sarasin von Basel«. Jacob Sarazin, Magistrat und Seidenfabrikant, gehörte zu den engsten Freunden des Elsässer Fabeldichters und Pädagogen.

SATIRE IN DEUTSCHLAND

»Geht hin und schreibt einmal eine Satyre auf den regierenden Kammerdiener, auf den natürlichen Sohn, oder des natürlichen Sohns Bastard oder des Bastards Bankert. Ihr werdet des Henkers werden. Überhaupt wenn ihr in Deutschland auf vornehme Herrn Satyren machen wollt, so rate ich euch zwei Stücke, entweder wählt euch welche aus dem alten Testament, oder bewerbt euch zuvor um ein Dienstgen zwischen den Tropicis, und wenn euch das nicht ansteht, so halts Maul.« (Georg Christoph Lichtenberg in Heft E seiner Sudelbücher, 1775–76 niedergeschrieben)

nicht politisch verwirklichen konnte, prägt einen Großteil der Fabeldichtung des 18. Jahrhunderts. Gellert ist der repräsentative Vertreter dieser Mittelstandsmoral; andererseits trug er durch sein ungemein populäres Werk wie kein anderer zur Literarisierung breiter Schichten bei. Mit dem Sturm und Drang verlor die Gattung an Bedeutung, soweit sie nicht Fortschrittlichkeit reklamierte, d.h. gegen die herrschenden Verhältnisse opponierte. Für die Politisierung der Fabel steht – nach Ansätzen bei Lessing – vor allem Gottlieb Konrad Pfeffel, ein Anhänger der Französischen Revolution, der für die Menschenrechte eintrat und adelige Willkür und fürstliche Despotie attackierte.

Links: **Lessing** stellt sich mit seinen Fabeln und seiner Fabeltheorie gegen die verbreitete Tendenz zum Unterhaltsamen, gegen die zu längeren Erzählungen ausgebauten witzigen und detailfreudigen versifizierten Fabeln. Er plädiert stattdessen für die knappe äsopische Prosafabel, die den moralischen Satz prägnant herausstellt.

BIOGRAFIE

1729 22. Januar: Gotthold Ephraim Lessing in Kamenz (Sachsen) geboren
1746 Immatrikulation als Student der Theologie in Leipzig,
1748 Wechsel zum Medizinstudium, Flucht vor seinen Gläubigern nach Wittenberg und
1749 nach Berlin (freier Schriftsteller)
1751 Rückkehr nach Wittenberg und 1752 Magisterexamen, danach wieder, unterbrochen von Reisen, freier Schriftsteller in Berlin
1753–55 *Schrifften*
1755 *Miß Sara Sampson, Pope ein Metaphysiker!*
1759 *Fabeln. Drey Bücher. Nebst Abhandlungen mit dieser Dichtungsart verwandten Inhalts*
1759–65 Mitherausgeber der *Briefe, die Neueste Litteratur betreffend*
1760–65 Sekretär bei dem Breslauer Stadtkommandanten General von Tauentzien
1766 *Laokoon: oder über die Grenzen der Mahlerey und Poesie*
1767 Dramaturg am neu gegründeten »Nationaltheater« in Hamburg, das freilich nach zwei Jahren finanziell am Ende ist. – *Minna von Barnhelm*, *Hamburgische Dramaturgie* (bis 1769)
1770 Bibliothekar der Herzoglichen Bibliothek in Wolfenbüttel
1772 *Emilia Galotti*
1776 Heirat mit Eva König, die nur 14 Monate später, bald nach der Geburt eines Sohnes, stirbt. Der Aufenthalt in Wolfenbüttel wird durch Reisen u. a. nach Wien (Audienz bei Kaiser Joseph II. 1775) und Italien (als unfreiwilliger und missmutiger Reisebegleiter eines Braunschweiger Prinzen 1775–76) unterbrochen
1778 *Anti-Goeze, Ernst und Falk. Gespräche für Freymäurer* (bis 1780)
1779 *Nathan der Weise*
1780 *Die Erziehung des Menschengeschlechts*
1781 15. Februar: Lessing stirbt in Braunschweig

AUTOR

GOTTHOLD EPHRAIM LESSING

DICHTERVORSTELLUNGEN. Die Überwindung der Gottsched-Ära und die Erneuerung der deutschen Literatur vollzieht sich von unterschiedlichen Positionen aus, die für eine vielstimmige literarische Szene in den Jahrzehnten nach 1750 sorgen. Klopstock legte mit seiner Vorstellung vom religiös inspirierten, enthusiastischen Dichter »den Grund zu einer unabhängigen Würde« des Dichtertums (Goethe), die auf einer Einheit von Beruf und Berufung gründete und Dichtung als eigenständiges ästhetisches Medium der Selbsterfahrung und Welterkenntnis neben Religion und Philosophie verstand. Zugleich bereitete dieses Konzept mit seiner Betonung der Subjektivität des schöpferischen Ich die Genieästhetik des Sturm und Drang vor. Gegen diese emphatische Dichtervorstellung steht in der deutschen Literaturgeschichte seit Lessing und Christoph Martin Wieland der Typus des kritischen Schriftstellers, der nicht verkündet, sondern konkret für seine Zeit schreibt und sich mit zentralen poetologischen, religiösen oder politischen Fragen auseinandersetzt. »Bestimmtheit, Präzision und Kürze« seien die erforderlichen Eigenschaften, um sich aus »der wässrigen, weitschweifigen, nullen Epoche« der Gottsched-Ära herauszuretten.

Linke Seite: **Anton Graff, *Porträt Gotthold Ephraim Lessing*, 1771.**

Diese Bemerkung Goethes in *Dichtung und Wahrheit* (1811–14) charakterisiert präzise das kritische und dichterische Werk Lessings. Es trug, auf andere Weise als das Klopstocks, aber ebenso folgenreich, zur Erneuerung der deutschen Literatur nach der »nullen« Epoche bei. Allerdings hat das Konzept des kritischen ›freien‹ Schriftstellers eine materielle Seite, die Lessing oft genug zu schaffen machte und ihn zu »nichtswürdigen literarischen Untersuchungen« zwang. Als man ihm 1772 100 Dukaten für ein Stück bot, begründete er in einem Brief an seinen Bruder Karl, warum er 100 Louisd'or wolle: »jeder Künstler setzt sich seine Preise; jeder Künstler sucht so gemächlich von seinen Werken zu leben als möglich: warum denn nun nicht auch der Dichter? […] Also, Geld für die Fische – oder beköstigt euch noch lange mit Operetten.«

LITERATUR UND KRITIK. Lessing begann nicht als radikaler Neuerer; auch der Geniekult des Sturm und Drang blieb ihm später eher fremd. Ausgangspunkt war vielmehr die Regelpoetik der frühen Aufklärung, und seine ersten Komödien stehen durchaus in der Tradition der sächsischen Typenkomödie, wie sie Gottsched propagierte. Aber zu den grundlegenden Eigenschaften Lessings gehörten gedankliche Unabhängigkeit, die Bereitschaft zur kritischen Überprüfung vorgegebener Meinungen und Normen, Offenheit für neue Erfahrungen – und eine Lust an Streit und Polemik. Das waren Züge, die einen Stillstand nicht zuließen und Lessing vor allem auf dem Gebiet der Ästhetik, des Dramas, aber auch der Theologie zu einem Vorbereiter der Klassik werden ließen. Dabei spielte die Abwendung von den klassizistischen französischen Mustern eine entscheidende Rolle. An deren Stelle traten englische Vorbilder – Shakespeare, das bürgerliche Trauerspiel – und eine neue Interpretation des Aristoteles. Aus diesem kritischen Prozess wuchsen die eigenen großen dichterischen Leistungen hervor, die in der das Tragische streifenden Komödie *Minna von Barnhelm* (1767) und dem ›dramatischen Gedicht‹ *Nathan der Weise* (1779) mit seiner Aufforderung zu Toleranz und Humanität gipfelten.

Friedrich Schlegel über Lessing:

»Alles was Lessing getan, gebildet, versucht und gewollt hat, läßt sich am füglichsten unter den Begriff der Kritik zusammenfassen […].
Lessings poetische Bestrebungen sind zu betrachten als Beispielübungen für seine Prinzipien der Poetik und Dramaturgie; in der Philosophie aber, demjenigen Gebiete, für welches ihn eigentlich die Tendenz seines Geistes bestimmte, war er durchaus nicht Systematiker und Sektenstifter, sondern Kritiker. Prüfung, freimütige und sorgfältige Prüfung der Meinung andrer, Widerlegung manches gemeingeltenden Vorurteils, Verteidigung und Wiederanregung dieser oder jener alten, oft schon vergeßnen Paradoxie, das war die Form, in welcher er seine eignen Meinungen in diesem Fach, meist nur indirekt, vorzutragen pflegte.
Die große Masse seiner andern Schriften, antiquarischer, dramatургischer, grammatischer, und eigentlich literarischer Untersuchungen, gehört selbst nach dem gemeineren Begriffe [von Kritik] hierher; und ich weiß nicht, ob nicht auch alle Polemik wenigstens als eine der Kritik sehr nah verwandte Gattung betrachtet werden sollte.« (Aus: *Lessings Geist aus seinen Schriften*, 1804)

18. Jahrhundert

Lessings Wohnhaus in Wolfenbüttel.

> »Die Namen von Fürsten und Helden können einem Stücke Pomp und Majestät geben; aber zur Rührung tragen sie nichts bei. Das Unglück derjenigen, deren Umstände den unsrigen am nächsten kommen, muß natürlicherweise am tiefsten in unsere Seele dringen; und wenn wir mit Königen Mitleiden haben, so haben wir es mit ihnen als mit Menschen, und nicht als mit Königen. Macht ihr Stand schon öfters ihre Unfälle wichtiger, so macht er sie darum nicht interessanter. Immerhin mögen ganze Völker darein verwickelt werden; unsere Sympathie erfodert einen einzeln Gegenstand, und ein Staat ist ein viel zu abstrakter Begriff für unsere Empfindungen. ›Man tut dem menschlichen Herze unrecht‹, sagt auch Marmontel, ›man verkennet die Natur, wenn man glaubt, daß sie Titel bedürfe, uns zu bewegen und zu rühren. Die geheiligten Namen des Freundes, des Vaters, des Geliebten, des Gatten, des Sohnes, der Mutter, des Menschen überhaupt: diese sind pathetischer als alles; diese behaupten ihre Rechte immer und ewig.‹« (G. E. Lessing, *Hamburgische Dramaturgie*; Vierzehntes Stück, Den 16. Junius 1767). – Jean-François Marmontel, aufklärerischer Erzähler und für die Literatur zuständiger Mitarbeiter der *Encyclopédie* (1751–80).

GATTUNG

NEUE DRAMATISCHE FORMEN

GATTUNGSSYSTEM. Im Verlauf des 18. Jahrhunderts kam es zu beträchtlichen Verschiebungen innerhalb des traditionellen Gattungssystems. Auf dem Gebiet des Dramas bildeten sich mit dem rührenden Lustspiel und dem bürgerlichen Trauerspiel Formen heraus, die mit der klassizistischen Regelpoetik nicht mehr zu vereinbaren waren, d. h. die Grenzen zwischen Lust- und Trauerspiel verwischten und die seit der Renaissancepoetik verbindliche Zuordnung von Gattung und sozialer Stellung der Personen, die ›Ständeklausel‹, missachteten. Die Vorbilder für das bürgerliche Trauerspiel lieferte das englische Theater, das rührende Lustspiel folgt der französischen *comédie larmoyante* und der englischen *sentimental comedy*.

RÜHRENDES LUSTSPIEL. Christian Fürchtegott Gellert stellt in seiner *Abhandlung für das rührende Lustspiel* (1751) die rhetorische Frage, warum »man denn nicht auch dann und wann der Komödie einen ernsthaften, seiner Natur nach aber angenehmen Inhalt geben« sollte. Er begründet seine Antwort u. a. mit der Überlegenheit des rührenden Lustspiels über den Typus der Verlachkomödie der Gottschedschule: »Die Abschilderungen lasterhafter Personen zeigen uns bloß das Ungereimte, das Verkehrte und Schändliche; die Abschilderungen guter Personen aber zeigen uns das Gerechte, das Schöne und Löbliche. Jene schrecken vor dem Laster ab; diese feuern zu der Tugend an und ermuntern die Zuschauer, ihr zu folgen.« Darin zeigt sich der Anspruch des Bürgertums, nicht mehr nur als Gegenstand des Spottes auf der Bühne zu erscheinen, sondern in seiner moralischen Qualität. Die Stücke sind ganz in der bürgerlichen Sphäre angesiedelt; es geht stets um Häusliches, um Familienglück und Familienkrisen, um die Bewährung selbstloser Tugend. Wichtigstes deutsches Beispiel ist Gellerts Stück *Die zärtlichen Schwestern* (1747).

BÜRGERLICHES TRAUERSPIEL. Schauplatz des bürgerlichen Trauerspiels ist der Bereich der Familie; Privatpersonen – Bürger, aber auch Adelige – setzen sich mit Problemen des häuslichen Lebens, der menschli-

Der Band mit Gellerts Lustspielen enthält neben den *Zärtlichen Schwestern*, einem Schäferspiel und einem Singspiel auch zwei frühere Komödien mit einer stärker satirisch-komischen Note: *Die Betschwester* (1745) und *Das Los in der Lotterie* (1746).

chen Beziehungen und der Moral auseinander. Zunächst dominieren wie im rührenden Lustspiel empfindsame Züge: Das bürgerliche Trauerspiel will durch ›Rührung‹ auf das Gemüt bzw. das ›Herz‹ einwirken und zur moralischen Besserung beitragen, indem es die Fähigkeit zum ›Mitleiden‹ aktiviert. Lessing führte mit *Miß Sara Sampson* (1755) diesen Dramentypus in Deutschland ein. Sein Stück blieb für rund 20 Jahre vielfach nachgeahmtes Modell für Dramen, deren innere Handlung um Tugend und Laster kreist und die mit dem Leiden der vollkommenen oder sich vervollkommnenden tugendhaften Charaktere und der Reue der Widersacher (Väter, Rivalen, Rivalinnen usw.) für Rührung, Mitleid und empfindsame Tränenfluten sorgten. Mit Lessings *Emilia Galotti* (1772) löste ein anderer Typus des bürgerlichen Trauerspiels die empfindsame Version ab. Nun wurde, bis zu Schillers *Kabale und Liebe* (1784), der meist durch Liebesbeziehungen ausgelöste Konflikt zwischen den Ständen zum charakteristischen Thema. Insbesondere im Sturm und Drang erhielt das bürgerliche Trauerspiel einen dezidiert gesellschaftskritischen Sinn (Heinrich Leopold Wagner, Jakob Michael Reinhold Lenz). Das gilt unter veränderten gesellschaftlichen Umständen auch für die dramatische Auseinandersetzung mit Bürgertum und Familie im 19. und 20. Jahrhundert.

Theaterzettel der Schönemannschen Truppe aus Lübeck 1757.

Lessings *Emilia Galotti* in der Inszenierung von Andrea Breth am Burgtheater Wien, 2002/03. Michael König als Odoardo Galotti und Johanna Wokalek als Emilia.

LITERATURBETRIEB

LITERATURKRITIK

INSTITUTIONALISIERUNG DER LITERATURKRITIK. Im Unterschied zur gelehrten philologischen Kritik bildete sich im 17. Jahrhundert in Frankreich die Form der aktuellen Literaturkritik heraus. Gegenüber dem gelehrten ›Pedanten‹ profilierte sich der Typus des modernen weltmännischen Kritikers, der sich weniger an den kanonischen Werken der Vergangenheit als an der Gegenwart orientierte, auf Neuerscheinungen einging und in der Volkssprache für ein größeres Publikum schrieb. Voraussetzung dafür war die Entstehung von gelehrten Zeitschriften und ihre zunehmende Öffnung für Rezensionen und andere informierende bzw. kritische Beiträge zum literarischen Tagesgeschehen. Das erste deutschsprachige Beispiel sind die *Monatsgespräche* (1688–90) von Christian Thomasius mit ihren Unterhaltungen über neue Bücher und ästhetische Fragen. Im 18. Jahrhundert wuchs die Zahl der Zeitschriften stark an, die sich – z. T. ausschließlich – der Kunst-, Literatur- und Theaterkritik widmeten. Eine bedeutende Rolle spielte hier zunächst Gottsched, der sein in Büchern vorgelegtes systematisch-vernünftiges Regelwerk in mehreren Zeitschriften erläuterte und verteidigte und so zusammen mit seinen Kontrahenten dazu beitrug, die Literaturkritik als Institution des literarischen Lebens und damit

---

Friedrich Nicolai argumentiert 1755 in einem seiner *Briefe über den itzigen Zustand der schönen Wissenschaften in Deutschland*, »Daß die schärfste Kritik zu der Aufnahme der schönen Wissenschaften unumgänglich notwendig sei«. Es heißt u. a.:

»Es ist gewiß, daß, wann in einem Lande der gute Geschmakk bis auf den höchsten Gipfel gestiegen ist, so ist die nächste Ursach zu seiner Verschlimmerung, der Mangel der Kritik; Ein Schriftsteller, der einen lebhaften Wiz, schimmernde Gedanken, ia öfters wohl nur gute Reime, und eine fliessende Schreibart hat, ist sehr geneigt, sich für einen grossen Geist zu halten, und zu glauben, daß er das sei, was er billig sein solte; Er überredet sich dahero leicht, daß er es so weit gebracht habe, als dieienigen, die seine Muster sind; Ich wundere mich dieserwegen auch gar nicht, daß viele von unseren Kunstrichtern und Schriftstellern, mit sich und ihren Brüdern in Apollo so sehr zufrieden sind. Wie nachläßig wird man aber nicht, wann man nicht glaubt, mehrere Staffeln der Volkommenheit erreichen zu dürfen, und wie wenig ist es zu hoffen, daß man bei dieser Zuversicht, sich über das Mittelmäßige, worinnen man sich gefällt, erheben werde; Die Kritik ist die einzige Helferin, die, indem sie unsere Unvolkommenheiten aufdekt, in uns zugleich die Begierde nach höhern Volkommenheiten anfachen kan.«

Moritz Daniel Oppenheim, *Lavater und Lessing bei Moses Mendelssohn*, 1856.

der bürgerlichen Öffentlichkeit zu etablieren.

VERNUNFT UND GESCHMACK. Gottscheds Vorstellung vom »Criticus« als einem Gelehrten, »der von freien Künsten philosophieren kann« und dabei von unumstößlichen, weil vernunftgegründeten Kunstregeln geleitet wird, stieß im Rahmen der Debatte über den Geschmack als Urteilskriterium an ihre Grenzen. Seit der Anerkennung einer eigenständigen sinnlichen Erkenntnis neben dem Verstandesurteil durch die Ästhetik Alexander Gottlieb Baumgartens (*Aesthetica*, 1750–58) sah sich der Kritiker vor die Aufgabe gestellt, zwischen ästhetischen Grundsätzen und subjektivem Geschmacksurteil zu vermitteln. Während »der Mann von Geschmack« sein Urteil »auf die bloße Empfindung« gründe, so sei es die Sache des »Kunstrichters«, »seine Empfindung mit Gründen« zu unterstützen, heißt es bei Lessing.

»BRIEFE, DIE NEUESTE LITTERATUR BETREFFEND«. Wichtigstes Forum dieser räsonierenden Literaturkritik waren für einige Jahre, von 1759 bis 1765, die von Lessing, Moses Mendelssohn und Friedrich Nicolai gegründeten *Literaturbriefe*, eine jeweils donnerstags erscheinende Zeitschrift. Von den insgesamt 352 »Briefen« verfasste Lessing in den ersten beiden Jahren 54; danach zog er sich zurück. Die Texte haben einen fiktiven Adressaten, einen im Siebenjährigen Krieg verwundeten Offizier, der über neue Entwicklungen in der literarischen Szene informiert werden soll. Und dies geschieht in einem eher familiären Ton, mit Witz und scharfer Polemik. Diese richtet sich nicht zuletzt gegen Gottsched und seine Anhänger: »Es wäre zu wünschen, daß sich Herr Gottsched niemals mit dem Theater vermengt hätte«, heißt es im berühmten 17. *Literaturbrief* vom 16. Februar 1759, in dem Lessing Shakespeare gegen den französischen Klassizismus ins Feld führt und den *Doktor Faust* als Beispiel dafür nennt, dass »unsre alten Stücke wirklich sehr viel Englisches gehabt« hätten. Hier und in anderen Beiträgen wird Lessings besonderes Interesse am Theater deutlich. »Die Verfaßer der Literaturbriefe machten, daß Gottsched mit Bodmer vergeßen wurde«, heißt es in Friedrich Just Riedels *Briefen über das Publikum* (1768) über die Bedeutung der kritischen Zeitschrift.

Konrad Ekhof galt als einer der besten deutschen Schauspieler des 18. Jahrhunderts. Er war mit Lessing befreundet, der seinen ›natürlichen‹ Schauspielstil schätzte, und spielte auch 1767–69 am Hamburger Nationaltheater. 1771 kam er mit der Seylerschen Schauspieltruppe an den Hof Anna Amalias nach Weimar; nach dem Brand des Schlosses, das den Theaterbetrieb vorerst beendete, ging Ekhof als Leiter des Hoftheaters nach Gotha. Der Kupferstich aus dem Gothaer Theaterkalender von 1776–78 zeigt Ekhof in dem Stück *Die Brüder* (mit dem Nebentitel *Schule der Väter*) von Karl Franz Romanus. Lessing bespricht es in der *Hamburgischen Dramaturgie* (96. Stück, 1. April 1768).

LITERATURBETRIEB

NATIONALTHEATER

BEGRIFF. Die Idee eines Nationaltheaters entwickelte sich aus der von Gottsched betriebenen Erneuerung und Literarisierung des deutschen Theaters. Gemeint war mit dem Begriff, den Johann Elias Schlegel eingeführt hatte, ein im Unterschied zur Wanderbühne stehendes Theater spezifisch bürgerlichen Charakters. Unabhängig von Hof, Adel und Zensur sollte es deutsche Originaldramen mit deutschen Sujets und Gestalten auf die Bühne bringen und zugleich Ort kritischer Diskussion werden. Wie das zu denken war, hatte der nach Dänemark berufene Schlegel angedeutet, als er dort seinem Trauerspiel *Canut* (1746) einen Stoff aus der dänischen Geschichte zugrunde legte: Er ging davon aus, dass »diejenigen Trauerspiele mehr interessieren und mehr auf die Gemüter wirken, deren Stoff in der Geschichte des Volkes liegt«. Und der Gottsched-Schüler, wichtigster deutscher Dramatiker der deutschen Aufklärung vor Lessing, löste sich zugleich von der Vorstellung allgemeinverbindlicher zeit- und geschichtsloser Regeln seines Lehrers:

Ansicht des Theaterplatzes in Mannheim mit dem Hof- und Nationaltheater (links) und der Jesuitenkirche. Gouache von Jacobo Pozzi, 1834.

»Denn jede Nation schreibt einem Theater, das ihr gefallen soll, durch ihre verschiedenen Sitten auch verschiedene Regeln vor, und ein Stück, das für die eine Nation gemacht ist, wird selten den andern ganz gefallen.«

DER ERSTE VERSUCH. 1767 wurde im Hamburger Theater am Gänsemarkt der erste Versuch der Etablierung eines deutschen Nationaltheaters unternommen, für den sich eine Gruppe von Kaufleuten und Schauspielern (u. a. Konrad Ekhof) zusammengefunden hatten. Lessing war in deren Auftrag als ständiger Rezensent an dem Unternehmen beteiligt, das aber nach weniger als zwei Jahren scheiterte: schlechte Organisation, Interessenkonflikte, Repertoireprobleme – Mangel an zugkräftigen deutschen Originalschauspielen – und als Folge ungenügende Resonanz bei Hamburgs Bürgern. Auch ein zeitweiliges Ausweichen nach Hannover half nicht mehr.

»HAMBURGISCHE DRAMATURGIE«. Das bedeutendste Ergebnis der Hamburger Theatergründung ist die *Hamburgische Dramaturgie* Lessings. Sie besteht aus 104 Kritiken und Essays, die vom 8. Mai 1767 bis zum 26. März 1769 einzeln erschienen und dann in einer zweibändigen Ausgabe zusammengefasst wurden. Absicht war ursprünglich, alle aufgeführten Stücke kritisch zu beleuchten, doch bald traten konkrete Details der Aufführungen immer mehr hinter allgemeinen Erörterungen zurück. Sie galten nicht zuletzt der Auseinandersetzung mit der klassizistischen französischen Dramentradition, deren Stücke – trotz der 16 Aufführungen von Lessings *Minna von Barnhelm* (1767) – den Spielplan des Nationaltheaters dominierten. Über die Erörterung formaler Aspekte gelangte Lessing dann zu grundsätzlichen Fragen der Tragödiendefinition. Diese Diskussion mündet in der einflussreichen Neuübersetzung und -interpretation des Satzes von Aristoteles über den Endzweck der Tragödie: Sie solle nach Lessing »Mitleid und Furcht« – nicht »Mitleid und Schrecken« – erregen, wobei er die Furcht dem für ihn zentralen Begriff des Mitleids unterordnet: »es ist die Furcht, daß wir der bemitleidete Gegenstand selbst werden können. […] diese Furcht ist das auf uns selbst bezogene Mitleid«. Zugleich deutet er die aristotelische Katharsis im Sinn einer moralischen Läuterung um: die reinigende Wirkung der Tragödie beruhe in nichts anderem »als in der Verwandlung der Leidenschaften in tugendhafte Fertigkeiten«. Aus diesen Vorstellungen ergibt sich auch die Forderung nach gemischten Charakteren; weder christliche Märtyrer noch völlige Bösewichte seien geeignet, Mitleid zu erwecken, sondern allein Helden »mit uns von gleichem Schrot und Korn«.

Das Theater am Gänsemarkt, in dem die Aufführungen des Nationaltheaters stattfanden, war 1765 erbaut worden. Es gehörte Konrad Ackermann, dessen Truppe den größten Teil des Personals stellte.

NATIONALTHEATER, FORTSETZUNG

Mit dem Hamburger Projekt war die Idee eines bürgerlichen Nationaltheaters zunächst gescheitert. Zwar wurden in der Folgezeit einige Theater in Nationaltheater umbenannt, aber immer in der Verbindung Hof- und Nationaltheater: In Wien gab Joseph II. dem Burgtheater diesen Status; Stuttgart, Mannheim u. a. folgten. Doch bedeutete die Bezeichnung nur, dass die Theater allen Ständen offen standen. In der Praxis übten einige Theater für gewisse Zeit die Funktion eines Nationaltheaters aus. Das gilt für das Weimarer Hoftheater unter der Direktion Goethes (1791–1817), dann für das Wiener Burgtheater, das seit 1848 nach längerer Unterbrechung wieder in Hof- und Nationaltheater umbenannt wurde und unter der Direktion Heinrich Laubes und Franz Dingelstedts zum führenden deutschsprachigen Theater in der zweiten Hälfte des 19. Jahrhunderts aufstieg. Heute verweist die Bezeichnung Nationaltheater – Mannheim, Weimar – nur noch auf die Tradition.

EPOCHE/STRÖMUNG

ROKOKO

VORAUSSETZUNGEN. Rokoko bezeichnet in der Kunstgeschichte den Stil, der aus dem repräsentativen Barockstil hervorging und dessen strenge Schmuckformen zum Leichten, Graziösen, Dekorativ-Ornamentalen hin weiterentwickelte. Übertragen auf die deutsche Literaturgeschichte steht Rokoko für eine literarische Strömung innerhalb der Aufklärung zwischen 1740 und 1780, die ein neues Stilideal verwirklichte, gewonnen an den Griechen als Vätern »alles schönen Denkens« und ihren römischen Erben (Georg Friedrich Meier). Charakteristisch für das literarische Rokoko ist die Vorliebe für das Heitere, Scherzhafte, Spielerische und Idyllische. Das bedeutet auch, dass aufklärerische Konzepte ihre Strenge – Tugend – oder ihre Größe und Erhabenheit – Natur – verlieren. Dementsprechend bevorzugen die Rokokodichter ›kleine‹ Gattungen wie Lied, Epigramm, Idylle, Verserzählung oder Singspiel.

ANAKREONTIK. Die Rokokodichtung verdankt einen ihrer entscheidenden Impulse der Rezeption der anakreontischen Lyrik, einer Sammlung von gesellig-scherzhaften Liedern, die dem griechischen Dichter Anakreon zugeschrieben wurden. Diese Texte waren schon im 16. Jahrhundert bekannt, doch erst seit 1740 entfalteten sie ihre Breitenwirkung in der deutschen Literatur. Ihr Kennzeichen ist eine sinnenfrohe, diesseitige Lebenshaltung mit einem eher stereotypen um Liebe, Wein und Geselligkeit kreisenden Motiv- und Bildrepertoire, verbunden mit einer neuen Leichtigkeit des Stils und der Verssprache. Friedrich von Hagedorn gab mit seiner *Sammlung Neuer Oden und Lieder* (1742–52) den Anstoß. Im pietistischen Halle fanden dann Johann Wilhelm Ludwig Gleim, Johann Peter Uz und Johann Nikolaus Götz in ihrem Interesse an Anakreon zusammen und schufen sich mit ihren spielerisch-epikureischen, graziösen Dichtungen Auswege aus der pietistischen Enge. Gleims *Versuch in Scherzhaften Liedern* (1744–45) beginnt mit dem programmatischen Gedicht *Anakreon*: »Anakreon, mein Lehrer, | Singt nur von Wein und Liebe.« Der Themenkatalog ist wie bei den anderen Anakreontikern beschränkt: Geselligkeit, Lebensgenuss, Liebe, »Mädchen«, Wein; und als Kulisse dient eine von den Zwängen der Gesellschaft freie arkadische Natur. Anakreontisches wurde zur Mode. Zahlreiche bedeutende Dichter der zweiten Jahrhunderthälfte machten eine anakreontische Jugendphase durch (Lessing, Wieland, Goethe, Schiller usw.).

IDYLLE. Die Rokokodichtung bewegt sich auf einer mittleren Stilebene. Doch gleichwohl verfügt sie über zahlreiche Facetten des Ausdrucks vom Scherzhaften und Anmutigen bis hin zum Melancholisch-Empfindsamen. Stehen etwa die Lieder der Anakreontiker für Heiterkeit, Geselligkeit und Freude oder die frühen Verserzählungen Chris-

---

Salomon Gessner über seine Vorbilder als Maler:

»Endlich studierte ich blos und allein die beyden Poussin [Nicolas Poussin und Gaspard Dughet, sein Adoptivsohn] und den Claude Lorrain. In diesen fand ich vorzüglich die wahre Grösse; es ist nicht blos Nachahmung der Natur, wie man sie leicht findt; es ist die Wahl des Schönsten; ein poetisches Genie vereint bey den beyden Poussin alles was groß und edel ist; sie versetzen uns in jene Zeiten, für die uns die Geschichte und die Dichter mit Ehrfurcht erfüllen, und in Länder, wo die Natur nicht wild, aber groß in ihrer Mannigfaltigkeit ist, und wo unter dem glücklichen Clima jedes Gewächse seine gesundeste Vollkommenheit erreicht. Ihre Gebäude sind nach dem grossen Geschmack und der edeln Einfalt der alten Baukunst aufgeführt, und ihre Bewohner sind von edelm Ansehen und Betragen, so wie sich unsere Einbildungskraft Griechen und Römer denkt, wenn sie von ihren edeln Handlungen begeistert ist, und sich in ihre glücklichsten Zeiten versetzt. Anmuth und Zufriedenheit herrschen überall in den Gegenden, die uns Lorrain mahlte; sie erwecken in uns eben die Begeisterung, eben die ruhigen Empfindungen, die uns die Betrachtung der schönen Natur selbst erwekt; sie sind reich ohne Wildheit und Gewimmel; mannigfaltig, und doch herrschet überall Sanftheit und Ruhe. Seine Landschaften sind Aussichten in ein glückliches Land, das seinen Bewohnern Überfluß liefert. Ein reiner gesunder Himmelsstrich, unter dem alles mit gesunder Üppigkeit aufblühet.« (*Brief über die Landschaftsmahlerey*, 1772)

Salomon Gessner, *Der Wasserfall*, Gouache des Züricher Malers und Idyllendichters mit arkadischen Gestalten, 1779.

Gessner über seine *Idyllen*:

»Diese Idyllen sind die Früchte einiger meiner vergnügtesten Stunden; denn es ist eine der angenehmsten Verfassungen, in die uns die Einbildungs-Kraft und ein stilles Gemüth setzen können, wenn wir uns mittelst derselben aus unsern Sitten weg, in ein goldnes Weltalter setzen. [...] Oft reiß ich mich aus der Stadt los, und fliehe in einsame Gegenden, dann entreißt die Schönheit der Natur mein Gemüth allem dem Ekel und allen den wiedrigen Eindrüken, die mich aus der Stadt verfolgt haben; ganz entzükt, ganz Empfindung über ihre Schönheit, bin ich dann glüklich wie ein Hirt im goldnen Weltalter und reicher als ein König.« (*An den Leser*, 1756)

toph Martin Wielands für spielerischen Witz, Komik und Ironie, so repräsentieren Salomon Gessners *Idyllen* (1756) die empfindsame Variante. Sie bestehen aus kurzen dialogischen, beschreibenden oder erzählenden Genreszenen mit Monologen, Liebesklagen und empfindsamen Zwiegesprächen stilisierter Schäferinnen und Schäfer. Das geschieht in einer sanft bewegten lyrischen Prosa, die der beschworenen Harmonie von Mensch und Natur entspricht. Die *Idyllen*, Gegenbilder zur zeitgenössischen Wirklichkeit, brachten Gessner europäischen Ruhm. Jean-Jacques Rousseau und Denis Diderot gehörten zu seinen Lesern. Auf Wunsch Diderots erschienen 1772 in einer gemeinsamen Ausgabe *Moralische Erzählungen und [Neue] Idyllen von Diderot und S. Gessner*. Gottfried Keller setzte Gessner ein Denkmal in der Novelle *Der Landvogt von Greifensee* (1877), und Wilhelm Raabe kontrastierte in seinem Roman *Hastenbeck* (1899) die Idyllik Gessners mit Leid und Not des Siebenjährigen Krieges.

JOHANN WILHELM LUDWIG GLEIM

Anakreon

Anakreon, mein Lehrer,
Singt nur von Wein und Liebe;
Er salbt den Bart mit Salben,
Und singt von Wein und Liebe;
Er krönt sein Haupt mit Rosen,
Und singt von Wein und Liebe;
Er paaret sich im Garten,
Und singt von Wein und Liebe;
Er wird beim Trunk ein König,
Und singt von Wein und Liebe;
Er spielt mit seinen Göttern,
Er lacht mit seinen Freunden,
Vertreibt sich Gram und Sorgen,
Verschmäht den reichen Pöbel,
Verwirft das Lob der Helden,
Und singt von Wein und Liebe;
Soll denn sein treuer Schüler
Von Haß und Wasser singen?

LAOKOON

Vergil beschreibt in der *Äneis* (II,40–55) das Schicksal des trojanischen Priesters Laokoon, der vor dem ›Trojanischen Pferd‹ warnt und mit seinen Söhnen von zwei großen Seeschlangen getötet wird. Ein hellenistischer Bildhauer gestaltete um 50 v. Chr. diese Szene in einer Plastik, die 1506 wieder entdeckt wurde. An ihrem Beispiel entwickelt Winckelmann in den *Gedanken über die Nachahmung der Griechischen Wercke* seine Vorstellung von griechischer Klassik: »Das allgemeine vorzügliche Kennzeichen der griechischen Meisterstücke ist endlich eine edle Einfalt, und eine stille Größe, sowohl in der Stellung als im Ausdrucke. So wie die Tiefe des Meeres allezeit ruhig bleibt, die Oberfläche mag noch so wüten, ebenso zeiget der Ausdruck in den Figuren der Griechen bei allen Leidenschaften eine große und gesetzte Seele.«

Die Gestalt des Laokoon mit ihrer stoischen Seelengröße und ihrem Ausdruck des gebändigten Schmerzes erscheint Winckelmann als exemplarische Verkörperung seiner Auffassung von antiker bildender Kunst. »Er erhebet kein erschreckliches Geschrei, wie Vergil von seinem Laokoon singet«, heißt es dann noch in diesem Zusammenhang. Und dieser »missbilligende Seitenblick« auf Vergil ruft dann Lessing auf den Plan, der sich kritisch mit dem stoischen Ideal auseinandersetzt und für eine »menschliche« Schmerzäußerung plädiert, die Mitleid zu erregen vermag. Zugleich macht er sich grundsätzliche Gedanken über den Unterschied der Künste: »Figuren und Farben in dem Raume«, nebeneinander dargestellte »Körper mit ihren sichtbaren Eigenschaften« auf der einen, »Töne in der Zeit« und »Handlungen« im Nacheinander auf der anderen Seite (G. E. Lessing, *Laokoon: oder über die Grenzen der Mahlerey und Poesie*, 1766).

STOFFE/THEMEN

GRIECHENLAND

ANTIKEREZEPTION. Seit dem Humanismus bestimmte die antike Literatur die ästhetischen Maßstäbe nicht nur der neulateinischen Dichtung; auch die Erneuerung der volkssprachlichen Literaturen in Europa basierte nicht zuletzt auf den poetologisch-rhetorischen Grundlagen der antiken Dichtung und ihrem Gattungs-, Formen- und Motivrepertoire. Dabei hatte eindeutig die römische Literatur der Kaiserzeit – Vergil, Horaz, Seneca – den Vorrang vor der griechischen. Auch als Gottsched mit seinem *Versuch einer Critischen Dichtkunst* (1729) die klassizistischen Normen festzuschreiben suchte, knüpfte er über seine französischen Vorbilder an die römische Literatur an. Die ersten Anzeichen einer Neuorientierung kamen von den Anakreontikern; und wie sich diese auf den griechischen Lyriker Anakreon beriefen und die reimlose Verssprache nachahmten, so nannte Gessner den griechischen Idyllendichter Theokrit als Vorbild. Zugleich suchte Klopstock mit seiner Ablösung des Alexandriners durch den Hexameter und seinen Nachbildungen antiker Odenformen die deutsche Metrik auf eine neue Grundlage zu stellen: Die deutsche Dichtung habe sich nicht nur in Einzelheiten, sondern prinzipiell auf die antike, vor allem auf die griechische Metrik zu gründen (*Von der Nachahmung des griechischen Silbenmaßes im Deutschen*, 1755).

GRIECHENLAND

Johann Joachim Winckelmann. Gemälde von Otto Gerike, Kopie eines Bildes Anton von Marons, das kurz vor Winckelmanns Tod 1768 entstand. Es zeigt Winckelmann bei der Arbeit; im Hintergrund u. a. eine Büste Homers.

›EDLE EINFALT, STILLE GRÖSSE‹. Eine grundsätzlich neue Sicht der Antike brachte das Werk Winckelmanns. Zwar war sein Ausgangspunkt die bildende Kunst, aber die Wirkung auf die gesamte Literatur- und Geistesgeschichte war immens. Mit den *Gedancken über die Nachahmung der Griechischen Wercke in der Mahlerey und Bildhauer-Kunst* (1755) begann die Bevorzugung der griechischen vor der römischen Kunst und Kultur – und eine neue Methode der Annäherung an die Werke der klassischen Kunst. An die Stelle gelehrt-antiquarischen Interesses tritt ein eminentes Einfühlungsvermögen, ein sinnliches Erlebnis der antiken Kunstwerke, in denen Winckelmann »Natur« und »Ideal« verschmolzen sieht. Günstige klimatische Bedingungen, politische Freiheit und einen auf Gesundheit und körperliche Schönheit gerichteten Lebensstil erkennt er als Voraussetzungen für die Vollkommenheit der griechischen Kunst. Sie – nicht die Natur – ist nachzuahmen, denn hier erscheine die Natur bereits in ihrer idealen Form. Weitreichende Folgen hatte seine klassizistische Formel von der ›edlen Einfalt und stillen Größe‹ der griechischen Kunst, die er den barocken Formübersteigerungen entgegenhielt. Die systematische und historische Entfaltung dieser Gedanken, die eine ganze Epoche prägten und in der Weimarer Klassik, aber auch bei Friedrich Hölderlin ihre utopische Kraft bewiesen, folgte in seinem Hauptwerk, der *Geschichte der Kunst des Altherthums* (1764).

JOHANN JOACHIM WINCKELMANN

1717 9. Dezember: Johann Joachim Winckelmann in Stendal (Sachsen-Anhalt) geboren
1738–40 Theologiestudium in Halle, dann nach einer Zeit als Hauslehrer Wechsel zur Medizin in Jena (1741–42)
1743–48 Konrektor der Lateinschule in Seehausen
1748–54 Bibliothekar bei dem Reichsgrafen Heinrich von Bünau in Nöthnitz bei Dresden
1754 Konversion zum Katholizismus als Vorbereitung für seine Absicht, nach Italien zu gehen
1755 *Gedancken über die Nachahmung der Griechischen Wercke in der Mahlerey und Bildhauer-Kunst*. – Reise nach Rom mit einem kursächsischen Stipendium
1757 Bibliothekar zunächst bei Kardinal Alberigo Archinto, dann nach einem Aufenthalt in Florenz seit 1759 bei Kardinal Alessandro Albani
1762 *Anmerkungen über die Baukunst der Alten*, *Sendschreiben von den Herculanischen Entdeckungen*
1763 Oberaufseher aller römischen Altertümer
1764 *Geschichte der Kunst des Alterthums*
1767–68 *Monumenti antichi inediti spiegati ed illustrati*
1768 8. Juni: Winckelmann wird in Triest ermordet

18. Jahrhundert

BIOGRAFIE

1733 5. September: Christoph Martin Wieland in Oberholzheim bei Biberach geboren
1747–50 Wieland besucht ein pietistisch gefärbtes Internat bei Magdeburg
1752–60 Aufenthalt in der Schweiz, zunächst zwei Jahre als Gast bei Johann Jakob Bodmer, dann als Hauslehrer in Zürich und Bern
1758 *Lady Johanna Gray*
1760 Senator und Kanzleiverwalter in Biberach
1762–66 *Shakespeares Theatralische Werke*
1764 *Der Sieg der Natur über die Schwärmerey, oder die Abentheuer des Don Sylvio von Rosalva*
1765 Heirat mit Anna Dorothea von Hillenbrand. – *Comische Erzählungen*
1766–67 *Geschichte des Agathon*; erweiterte Fassungen 1773 und 1794
1768 *Musarion, oder die Philosophie der Grazien*
1769–72 Professor der Philosophie an der Universität Erfurt
1772 *Der goldne Spiegel, oder die Könige von Scheschian*

Georg Melchior Kraus, *Wieland im Kreis seiner Familie*, 1774/75.

AUTOR

CHRISTOPH MARTIN WIELAND

VERNUNFT UND GEFÜHL. Neben Klopstock und Lessing ist Wieland der dritte Autor, der maßgeblichen Anteil an der Erneuerung der deutschen Literatur um 1750 hatte. Während Klopstock die Möglichkeiten lyrischen Sprechens erweiterte und Lessing neue Maßstäbe für die Literaturkritik und das Drama setzte, hob Wieland die Erzählkunst auf eine in der deutschen Literatur des 18. Jahrhunderts bisher unerreichte Höhe. Seine großen Romane sind Teil eines ungemein vielseitigen Werkes, das neben der Erzählprosa stilistisch virtuose Verserzählungen von den frühen *Comischen Erzählungen* bis hin zur scherzhaft-ironischen Klassik des *Oberon*, das erste deutsche Drama in Blankversen (*Lady Johanna Gray*) sowie zahlreiche Übersetzungen und essayistische Arbeiten umfasst.

Man kann in Wielands Weg als Schriftsteller eine Entwicklung vom Idealisten und platonischen Schwärmer über den angeblich frivolen Rokokodichter und Skeptiker zum humanen Aufklärer und Vorbereiter der Weimarer Klassik sehen. Er selbst bezeichnete das in der Verserzählung *Musarion* geschilderte Ideal einer Vernunft und Gefühl harmonisch miteinander verbindenden, maßvollen Lebensform (»Philosophie der Grazien«) als »eine getreue Abbildung« der Gestalt seines Geistes. Die Versöhnung von Gegensätzen – von Vernunft und Gefühl, Geist und Sinnlichkeit, Moral und Genuss – ist zentrales Anliegen seiner Werke, sei es durch die satirische Darstellung ihrer Verfehlung, sei es durch die Schilderung eines Ausgleichs-

prozesses über Widerstände und Rückschläge hinweg. Das Erste gilt etwa für den Roman der antiken Schildbürger in der *Geschichte der Abderiten*, deren Phantasie keine durch Vernunft gesetzte Grenzen kennt, für das Zweite steht beispielhaft, neben *Musarion*, die Entwicklungsgeschichte des *Agathon*.

DER VERMITTLER. Wielands Kenntnis der Weltliteratur war beeindruckend. Das hatte Folgen. Zum einen setzte er sich mit den verschiedensten Werken und Schreibweisen auseinander, ahmte sie nach, suchte sie zu überbieten: Er stammte aus einer Zeit, in der Begriffe wie Nachahmung, Witz, Anmut und Geschmack noch Gültigkeit besaßen und Originalität und Individualität noch keine entscheidenden Kriterien darstellten. So lieferte Cervantes das Grundmuster für den *Don Sylvio von Rosalva*, und die Verserzählungen und -epen spielen virtuos mit der italienischen Romanzentradition und den Ritterbüchern des Mittelalters. Die Romantiker suchten Wieland deswegen 1799 als Plagiator zu diskreditieren, nachdem bereits 1773 die Klopstockjünger des Göttinger Hainbundes mit Texten dieses undeutschen und unzüchtigen Dichters ihre Pfeifen angezündet hatten. Zum anderen führten Wielands weit gespannte Interessen zu zahlreichen Übersetzungen. Daraus ragen die musterhaften Verdeutschungen der Werke von Horaz (1782, 1786) und Lukian (1788–89) sowie der Briefe Ciceros (1808–13) heraus. Unmittelbaren Einfluss auf die Theaterpraxis und die Shakespearerezeption bis zur Romantik übte er mit seiner Übertragung von 22 Dramen Shakespeares (1762–66) aus.

Als Medium seiner Mittler- und Popularisierungstätigkeit diente Wieland nicht zuletzt seine 1773 gegründete Zeitschrift *Der Teutsche Merkur*: »Der Merkur soll hauptsächlich unter den *mittelmäßigen* Leuten sein Glück machen und macht es auch«, schrieb Wieland über seine einträgliche »Fabrik«. Und um den vielfältigen Interessen eines anonymen Publikums gerecht zu werden, deckte die Zeitschrift ein breites Spektrum ab: Sie enthielt literarische Werke – Wieland selbst veröffentlichte von nun an einen großen Teil seiner Produktion zuerst hier –, Arbeiten zu Literatur und Philosophie, aber auch Naturwissenschaftliches und Politisches, darunter eine Reihe von Aufsätzen Wielands über die Französische Revolution.

Mitglieder des Göttinger Hainbundes verbrennen am 2. Juli 1773 Bild und Schriften Wielands anlässlich der Feier des Geburtstages von Klopstock. Stich aus der *Gartenlaube* (1860) nach einer Zeichnung von Georg Karl Schweissinger.

1772–75 Prinzenerzieher am Weimarer Hof; danach freier Schriftsteller in Weimar
1773 *Der Teutsche Merkur* (bis 1810)
1774–80 Der Roman *Geschichte der Abderiten* erscheint in Fortsetzungen im *Teutschen Merkur*; Buchausgabe 1781
1780 *Oberon*
1791 *Geheime Nachrichten des Philosophen Peregrinus Proteus*; weitere philosophische Romane – *Agathodämon* (1799), *Aristipp* (1800–01) – folgen
1797 Wieland lebt bis 1803 auf seinem Landgut Oßmannstedt bei Weimar
1808 Napoleon verleiht Wieland den Orden der Ehrenlegion
1813 20. Januar: Wieland stirbt in Weimar

GATTUNG

DER ›NEUE‹ ROMAN

MODERNE ROMANKUNST. Wielands episches Werk steht für eine neue Epoche in der Geschichte des deutschen Romans. Bei Miguel de Cervantes und Henry Fielding findet er die Anregungen für eine differenzierte, mehrschichtige Erzählweise, in der eine auktoriale, räsonierende Erzählerfigur eine zentrale Rolle erhält. Sie bietet Gelegenheit zu Reflexionen und Kommentaren und ermöglicht es, den Leser gleichsam gesprächsweise einzubeziehen und den Vorgang des Erzählens selbst zu thematisieren. Die Vielfalt der erprobten Formen und Themen reicht von der Satire auf die schwärmerische Verfehlung der Wirklichkeit im *Don Sylvio von Rosalva* über die Entwicklungsgeschichte des *Agathon*, den mit mehrfachen perspektivischen Brechungen arbeitenden skeptischen Staatsroman *Der goldne Spiegel* und die große Gesellschaftssatire der *Abderiten* bis hin zu den späten philosophischen Dialog- und Briefromanen. Wieland bot damit nicht nur Anregungen für den klassischen Bildungsroman, sondern stellte mit seiner ironischen Erzählweise, seiner artistischen Sprachkunst und seiner komplexen Erzähltechnik Muster bereit, die über Jean Paul und die Romantiker bis ins 20. Jahrhundert weiterwirkten.

ENTWICKLUNG DURCH DESILLUSIONIERUNG. Lessing schrieb in der *Hamburgischen Dramaturgie* über Wielands *Geschichte des Agathon*: »Es ist der erste und einzige Roman für den denkenden Kopf, von klassischem Geschmacke. Roman? Wir wollen ihm diesen Titel nur geben, vielleicht daß es einige Leser mehr dadurch bekömmt.« Denn obwohl Wieland durchaus Versatzstücke älterer Romantraditionen verwendet, geschieht hier etwas Neues: Anders als die moralisch-empfindsamen Romane in der Nachfolge Samuel Richardsons entwirft Wieland das Konzept einer auf psychologischer Wahrheit beruhenden Geschichte, dessen Protagonist »weniger ein Held, aber desto mehr ein Mensch« ist. Die immer gleich bleibenden Helden der moralischen Romane seien zwar lobenswert, aber »im Leben finden wir es anders«. Um zu zeigen, wie eine psychologisch stimmige Entwicklungsgeschichte verläuft, stattet Wieland Agathon wie in einer Versuchsanordnung mit bestimmten Anlagen und Charaktereigenschaften aus

Der »Herausgeber« über den Plan, die ›Versuchsanordnung‹, des fiktiven griechischen Autors der *Geschichte des Agathon*:

»[...] da es (wie gesagt) nun einmal die Absicht des Autors war, aus seinem Helden einen tugendhaften Weisen zu machen, und zwar solchergestalt, daß man ganz deutlich möchte begreifen können, wie ein solcher Mann – – so geboren – – so erzogen – – mit solchen Fähigkeiten und Dispositionen – – mit einer solchen besondern Bestimmung derselben – – nach einer solchen Reihe von Erfahrungen, Entwicklungen und Veränderungen – – in solchen Glücks-Umständen – – an einem solchen Ort und in einer solchen Zeit – – in einer solchen Gesellschaft – – unter einem solchen Himmels-Strich – – bei solchen Nahrungs-Mitteln (denn auch diese haben einen stärkern Einfluß auf Weisheit und Tugend, als sich manche Moralisten einbilden) – – bei einer solchen Diät – – kurz, unter solchen gegebenen Bedingungen, wie alle diejenigen Umstände sind, in welche er den Agathon bisher gesetzt hat, und noch setzen wird – – ein so weiser und tugendhafter Mann habe sein können, und [...] unter den nämlichen, oder doch sehr ähnlichen Umständen, es auch noch heutzutage werden könnte: Da, sage ich, dieses seine Absicht war, so blieb ihm freilich kein andrer Weg übrig, als seinen Helden in diesen Zusammenhang glücklicher Umstände zu setzen, in welchen er sich nun bald, zu seinem eigenen Erstaunen, befinden wird.« (XI,1)

DER ›NEUE‹ ROMAN

Das vierte Buch der *Abderiten* schildert in einer blendenden Juristensatire den »Proceß um des Esels Schatten«, der die Stadt in Fraktionen spaltet und schließlich zu Unruhen führt. Erst als das Volk vor Wut den Esel zerreißt, wird die Sache für erledigt erklärt.

ROMAN UND ROMANTHEORIE

Erst als die religiös und moralisch begründete Ablehnung des Romans an Wirksamkeit verlor, mehrten sich die Versuche, die Gattung in Rezensionen und Romanvorreden auch ästhetisch zu legitimieren. Dabei bestimmten die ausländischen Muster, die in den vierziger Jahren den bürgerlichen Roman als »Geschichte von Privatpersonen« begründet hatten (Samuel Richardson, Henry Fielding), die romantheoretische Diskussion. Das änderte sich mit Wielands *Agathon*, der für »eine neue Klasse von Romanen« (Heinrich Wilhelm von Gerstenberg) stand und der Romantheorie neue Impulse verlieh. Friedrich von Blanckenburgs *Versuch über den Roman* (1774), die erste bedeutende deutsche Romantheorie, gründet sich vor allem auf das Beispiel Wielands (und die auch für Wieland wichtigen Romane Fieldings). Wie viele andere Theoretiker geht Blanckenburg vom Vergleich mit dem Epos aus, doch argumentiert er im Gegensatz zur klassizistischen Poetik historisch: der Roman habe die Stelle des Epos eingenommen. Dem auf die private Existenz reduzierten Untertanen des zeitgenössischen Absolutismus entspricht im Gegensatz zum »Bürger« der antiken Polis eine Kunstform, die statt »Thaten« und »Unternehmungen« die innere Erfahrungswelt des Menschen ausdrückt: »Hauptwerk« des Romans ist »das *Seyn* des Menschen, sein *innrer Zustand*«, die »innre Geschichte« eines Menschen, »die Ausbildung und Formung, die ein Charakter durch seine mancherley Begegnisse erhalten kann«.

und führt ihn anhand einer Reisehandlung durch eine Reihe von inneren und äußeren Stationen. Als religiöser Schwärmer in Delphi aufgewachsen und in platonischer Liebe Psyche verbunden, scheitert Agathon als jugendlicher Staatsmann in Athen. In Smyrna, der Sphäre des Sophisten Hippias und der geistvollen Hetäre Danae, gibt er seine platonische Haltung auf. Enthüllungen über Danaes Vorleben desillusionieren ihn. Er wendet sich auf Platons Spuren nach Syrakus, um sich am Hof des Tyrannen Dionys in der Politik zu bewähren. Hier entgeht er nur knapp dem Tod und reist enttäuscht nach Tarent, wo der weise Archytas ein ideales Gemeinwesen regiert. Das Ende lässt zwei Möglichkeiten offen: erneute Desillusionierung, da der angestrebte maßvolle Ausgleich zwischen »Kopf« und »Herz« in der Wirklichkeit nicht herzustellen ist, oder ein mit dem psychologisch-kausalen Erzählprogramm kaum vereinbarer Sprung in die Utopie. In den späteren Fassungen sollte eine Darstellung der idealistischen Philosophie des Archytas dem Werk »die Krone« aufsetzen. Doch die Versöhnung von Gefühl und Verstand gelingt nur in der Theorie. Wirklichkeit und moralische Forderung klaffen auseinander. Der klassische Bildungsroman mit seinem Ziel einer Harmonie von Subjekt und Welt sieht sich dann vor ähnlichen Schwierigkeiten.

VOLKSAUFKLÄRUNG

Als Volksaufklärung bezeichnet man eine Reform- und Erziehungsbewegung des 18. und 19. Jahrhunderts, die dem ›Volk‹ – d.h. insbesondere der bäuerlichen Bevölkerung sowie den städtischen und ländlichen Unterschichten – aufgeklärtes Denken und Handeln nahe zu bringen suchte. Es ging um praktische Lebenshilfe und um eine Veränderung der Mentalität, um die Vermittlung einer vernunftgegründeten Wirtschafts- und Lebensweise und aufklärerischer Religionsvorstellungen, um den Kampf gegen Aberglauben und bäuerlichen Traditionalismus. Träger der Volksaufklärung waren zunächst Wirtschafts- und Naturwissenschaftler und Gutsbesitzer, später übernahmen Geistliche beider Konfessionen, Ärzte, Publizisten und Wirtschaftsbeamte die führende Rolle.

Neben der unmittelbaren, direkten Einflussnahme auf das ›Volk‹ vor allem durch Geistliche war die Literatur das wichtigste Vehikel der Volksaufklärung. Dabei handelte es sich um ökonomische und medizinische Sachliteratur, um dialogisch und katechetisch gestaltete Lehrschriften aller Bereiche, um aufklärerische ›Volksblätter‹ wie die *Zeitung für Städte, Flecken und Dörfer* (ab 1786) und nicht zuletzt um Texte, die Unterhaltung und Belehrung miteinander verbanden (Beispielerzählungen, Fabeln, Gedichte). Aus diesem Bemühen um eine zum Lesen einladende Verkleidung der Lehren entstand die Konzeption des ›unterhaltsamen Volksbuchs‹, dessen erfolgreichstes Beispiel Rudolph Zacharias Beckers *Noth- und Hülfsbüchlein für Bauersleute* (1788 ff.) darstellt, das die praktischen Ratschläge und Lehren in eine romanhafte Rahmenhandlung einkleidet. Die literarischen Formen der Volksaufklärung blieben auch noch im 19. Jahrhundert wirksam, etwa in Jeremias Gotthelfs Roman *Der Bauernspiegel* (1837).

STOFFE/THEMEN

ERZIEHUNG

DAS PÄDAGOGISCHE JAHRHUNDERT. So nannte der Pädagoge, Schriftsteller und Ehrenbürger der Französischen Republik Heinrich Joachim Campe die Zeit, in der er lebte. Dieses Gewicht des Pädagogischen ergibt sich schon aus dem Verständnis der Aufklärung als eines fortschreitenden Prozesses der Erkenntnis und Vervollkommnung. Erziehung und Bildung waren notwendige Voraussetzungen, um die Menschen von der Herrschaft falscher Autoritäten und alter Vorurteile zu befreien und sie für eine auf die Vernunft gegründete Lebensform zu gewinnen. Dabei richteten sich die Bestrebungen zunächst vor allem auf die mittleren bürgerlichen Schichten. Reflexionen, wie die angestrebte Erziehung zum Menschen und Bürger zu gestalten sei, führten zu neuen Konzeptionen der Schule, die durch eine vernünftige, praxisorientierte Erziehung fleißige, für das Gemeinwesen nützliche Bürger formen sollte. Zugleich richtete sich der Blick auf das niedere Schulwesen und die Aufklärung der ländlichen und städtischen Unterschichten (›Volksaufklärung‹). Darüber hinaus hatte die neue Auffassung von Kindheit als eigener, die künftige Entwicklung prägender Lebensphase, wie sie sich im Anschluss an Jean-Jacques Rousseau durchsetzte (*Émile ou de l'Éducation*, 1762), einen großen Aufschwung aufklärerischer Kinderliteratur zur Folge, die in ›kindgemäßer‹ Form für moralische und sachliche Belehrung sorgen sollte. Das Angebot umfasste u.a. ABC-, Lese- und Fabelbücher, aber auch Romane, Schauspiele, Gedichte und sogar Zeitschriften für Kinder. Lektüre sollte nützlich sein, lustbetontes Lesen galt als schädlich.

»ROBINSON DER JÜNGERE«. Wie man sich moralisch-belehrende Literatur für Kinder vorstellte, demonstriert Campes Bearbeitung von Defoes *Robinson Crusoe* zu einem

Kinderbuch: *Robinson der Jüngere, zur angenehmen und nüzlichen Unterhaltung für Kinder* (1779–80). Campe schreibt die Robinsonade um zur Geschichte eines ungehorsamen Kindes, das auf eine Insel verschlagen wird und sich dort, aus Schaden klug geworden, zu einem tugendhaften, frommen und arbeitsamen Menschen entwickelt und so als nützliches Mitglied in die Gesellschaft zurückkehren kann. Das Ganze ist in eine Rahmenerzählung eingebettet, die eine ideale pädagogische Situation darstellt, die auch das Titelkupfer abbildet: Geschildert wird eine Familie mit zahlreichen Kindern, die vor den Toren Hamburgs wohnt und nach der Arbeit gerne Geschichten lauscht, die sie »verständiger, weiser und besser machen« könnten. Und so erzählt der Vater die Geschichte Robinsons an 30 Abenden, immer wieder unterbrochen durch Kommentare, Äußerungen der Anteilnahme und Fragen der Kinder, durch Erklärungen und didaktische Erläuterungen des Vaters. Je mehr sich Robinson im Verlauf der Erzählung ihren Wertvorstellungen nähert, umso stärker identifizieren sich die Familienmitglieder mit ihm. Sein Leben gerät zum Beispiel dafür, »wie man es machen müsse um hier zufrieden, und einst ewig glüklich zu werden«. Am Anfang der pädagogisch aufbereiteten Geschichte hatte es aus Kindermund noch geheißen: »Fi! den Robinson mag ich nicht leiden.« Am Ende stehen die Worte: »Hier schwieg der Vater. Die junge Geselschaft blieb noch eine Zeitlang nachdenkend sizen, bis endlich bei allen der feurige Gedanke: *so wil ich es auch machen!* zur festen Entschliessung reifte.«

Titelkupfer der Erstausgabe von Joachim Heinrich Campes *Robinson der Jüngere*, Teil 1, 1779.

Titelkupfer und Titelblatt (linke Seite) sowie Buchstabe B aus Joachim Heinrich Campes *Abeze- und Lesebuch*, 1807.

LITERATURBETRIEB

DIE LESER UND DAS LESEN

BUCHMARKT. In Buchhandel und Verlagswesen des 18. Jahrhunderts fanden tief greifende Veränderungen statt. Leipzig gewann als Messestandort allmählich die Oberhand über Frankfurt a. M. Das hatte mit der strengen Zensur auf der Frankfurter Messe durch die Kaiserliche Bücherkommission zu tun, aber auch mit neuen Tendenzen auf dem Buchmarkt selbst. Abgesehen vom wissenschaftlichen und universitären Bereich verlor das Lateinische immer mehr an Bedeutung. Erschienen zwischen 1680 und 1690 noch etwa gleich viele lateinische und deutsche Bücher, so lag der Anteil der deutschsprachigen Produktion 1740 bereits über 70 %, 1770 bei etwa 85 % und 1800 bei mehr als 95 %. Zugleich kam es zu einem starken Rückgang der erbaulich-religiösen Literatur von rund 40 % der Buchproduktion im Jahr 1735 auf 6 % im Jahr 1800, während umgekehrt die naturwissenschaftliche, populärphilosophische und schöngeistige Literatur entsprechend anwuchs. Diese Tendenzen, die im Zusammenhang mit der Durchsetzung aufklärerischen Denkens und entsprechend veränderter Lesegewohnheiten stehen, wirkten sich zugunsten des Messestandorts Leipzig und des norddeutsch-protestantischen Buchhandels aus.

LESEVERHALTEN. Ein folgenreicher Wandel im Leseverhalten, eine ›Leserevolution‹, vollzieht sich in der zweiten Hälfte des 18. Jahrhunderts. Es ist die Wende vom ›intensiven‹ Lesen – d. h. der wiederholten Lektüre einiger weniger Bücher (Bibel, Erbauungsliteratur) – zum ›extensiven‹ Lesen, der einmaligen Lektüre immer neuer Texte zur Unterhaltung und Information. In diesem Prozess spielen die Zeitschriften und die Moralischen Wochenschriften eine bedeutende Rolle; zugleich kommt es zu einer Expansion der Unterhaltungsliteratur. So wächst die Romanproduktion – die Zahlen sind allerdings nur mit Vorsicht zu gebrauchen – von jährlich 10 Romanen im Jahr 1740 auf 100 im Jahr 1770 und 500 im Jahr 1800. Kritiker sahen in dieser »Lesewut« oder »Lesesucht« eine Gefahr für die bürgerliche Ordnung durch die Macht der Phantasie.

INSTITUTIONEN. Lesegesellschaften und kommerziell betriebene Leihbibliotheken erleichterten den

---

Werther und Lotte lesen Ossian:

»Werther ging in der Stube auf und ab, sie trat an's Klavier und fing einen Menuet an, er wollte nicht fließen. Sie nahm sich zusammen, und setzte sich gelassen zu Werthern, der seinen gewöhnlichen Platz auf dem Kanapee eingenommen hatte.
Haben Sie nichts zu lesen? sagte sie. Er hatte nichts. Da drin in meiner Schublade, fing sie an, liegt Ihre Übersetzung einiger Gesänge Ossians; ich habe sie noch nicht gelesen, denn ich hoffte immer, sie von Ihnen zu hören; aber seither hat sich's nicht finden, nicht machen wollen. Er lächelte, hohlte die Lieder, ein Schauer überfiel ihn, als er sie in die Hände nahm, und die Augen standen ihm voll Thränen, als er hinein sah. Er setzte sich nieder und las.
›Stern der dämmernden Nacht, schön funkelst du in Westen, hebst dein strahlend Haupt aus deiner Wolke, wandelst stattlich deinen Hügel hin. Wornach blickst du auf die Haide? [...]‹
Ein Strom von Thränen, der aus Lottens Augen brach, und ihrem gepreßten Herzen Luft machte, hemmte Werthers Gesang. Er warf das Papier hin, faßte ihre Hand und weinte die bittersten Thränen. Lotte ruhte auf der andern, und verbarg ihre Augen in's Schnupftuch. Die Bewegung beyder war fürchterlich. Sie fühlten ihr eignes Elend in dem Schicksale der Edlen, fühlten es zusammen, und ihre Thränen vereinigten sich. Die Lippen und Augen Werthers glühten an Lottens Arme; ein Schauer überfiel sie; sie wollte sich entfernen, und Schmerz und Antheil lagen betäubend wie Bley auf ihr. Sie athmete sich zu erhohlen, und bath ihn schluch-

Jean-Honoré Fragonard, *Lesendes junges Mädchen*, 1776.

Zugang zu den neuesten Lesestoffen. Bei den Lesegesellschaften gab es verschiedene Organisationsformen: den privaten Kreis von 12 bis 15 Mitgliedern, die gemeinsam Neuerscheinungen kauften und zirkulieren ließen, und das Lese- oder Lektürekabinett mit eigenen Räumen (60 bis 150 Mitglieder), das Konversation und Diskussion im Geist gegenseitiger Aufklärung ermöglichte. Gerade dieser Aspekt machte die Lesegesellschaften in den Augen der absolutistischen Obrigkeit verdächtig und zog Überwachung und Verbote nach sich. Restriktive Aufnahmebedingungen und hohe Beiträge sorgten für eine homogene Mitgliedschaft (höhere Beamte, gehobenes Bürgertum, Adel). Gelesen wurden vor allem die aktuellen Zeitungen, politische, wissenschaftliche und kulturelle Zeitschriften sowie entsprechende Sachliteratur. Dagegen befriedigten die Leihbibliotheken das wachsende Lektürebedürfnis des Mittelstandes und der Gruppen, denen die Lesegesellschaften verschlossen blieben. Dazu gehörten beispielsweise Studenten, Frauen, Schreiber und nichtadelige Militärs. Um 1800 überflügelten die Leihbüchereien die Lesegesellschaften, zugleich verschob sich das Angebot der Bibliotheken. Die Sachliteratur trat immer stärker hinter die unterhaltende Erzählprosa zurück. Übrigens lasen Männer eher Zeitungen, Zeitschriften und Sachbücher (nichtprofessionelles Lesen war nur in der Kindheit und Jugend statthaft), Frauen vorwiegend ›schöne Literatur‹.

> zend fortzufahren, bath mit der ganzen Stimme des Himmels! Werther zitterte, sein Herz wollte bersten, er hob das Blatt auf und las halbgebrochen:
> ›Warum weckst du mich, Frühlingsluft? Du buhlst und sprichst: Ich bethaue mit Tropfen des Himmels! Aber die Zeit meines Welkens ist nahe, nahe der Sturm, der meine Blätter herabstört! Morgen wird der Wanderer kommen, kommen der mich sah in meiner Schönheit, rings um wird sein Auge im Felde mich suchen, und wird mich nicht finden. –‹
> Die ganze Gewalt dieser Worte fiel über den Unglücklichen. Er warf sich vor Lotten nieder in der vollsten Verzweiflung, faßte ihre Hände, druckte sie in seine Augen, wider seine Stirn, und ihr schien eine Ahndung seines schrecklichen Vorhabens durch die Seele zu fliegen. Ihre Sinnen verwirrten sich, sie drückte seine Hände, drückte sie wider ihre Brust, neigte sich mit einer wehmüthigen Bewegung zu ihm, und ihre glühenden Wangen berührten sich. Die Welt verging ihnen.« (J. W. Goethe, *Die Leiden des jungen Werthers*, 1774; Zit. nach der Fassung von 1787)

Linke Seite: **Titelblatt einer Schrift von Johann Gottfried Hocke** gegen die angeblich grassierende Lesewut. Empirisch lässt sich eine derartige Sucht keineswegs bestätigen. Trotz einer gewissen Erweiterung der Lesefähigkeit in der Aufklärung umfasste das potenzielle Lesepublikum immer noch nur einen geringen Teil der Bevölkerung.

GATTUNG

AUTOBIOGRAFIE

PIETISMUS UND AUTOBIOGRAFIE. Die Gattung der Autobiografie erlebt im 18. Jahrhundert einen gewaltigen Aufschwung. Dieser vollzieht sich vor dem Hintergrund einer Neubewertung der Rolle des Subjekts im Erkenntnisprozess (René Descartes: »cogito, ergo sum«); vor allem aber tragen bestimmte Formen der Frömmigkeitsübung zu einer Intensivierung der Selbstbeobachtung und Selbsterforschung bei. Diese Tendenzen sind zwar in der Buß- und Beichtpraxis der Kirche bereits angelegt, erhalten aber nun, losgelöst von institutionellen und dogmatischen Vorgaben, im Pietismus und verwandten Erscheinungen eine neue, auf die individuelle Erfahrung abzielende Qualität. Die Introspektion, die Beobachtung des eigenen Innern hat die Funktion, die religiösen Empfindungen wach zu halten, sündhafte Neigungen zu erkennen und zu bekämpfen und auf Zeichen der göttlichen Gnade zu achten. Daraus entwickelt sich ein recht einheitliches Schema der Erweckungs- und Bekehrungsgeschichte, deren Mittelpunkt stets das Erweckungserlebnis, der Durchbruch der göttlichen Gnade, die Wiedergeburt des neuen, geläuterten Menschen bildet. Vorbild für Deutschland wurde August Hermann Franckes *Lebenslauff* (1690). Tausende derartiger Dokumente sind im Archiv der Brüdergemeinde von Herrnhut gesammelt; eine Auswahl bieten die sieben Bände der von Johann Heinrich Reitz begonnenen Autobiografiensammlung *Historie Der Wiedergebohrnen* (1698–1745).

Das Titelkupfer zum ersten Band der Autobiografiensammlung *Die Historie der Wiedergebohrnen* (1698) von Johann Heinrich Reitz thematisiert das pietistische Erweckungserlebnis. Die Absicht, die der Herausgeber mit der Publikation der frommen Lebensläufe, der Seelen-, Bekehrungs- und Bewährungsgeschichten verfolgt, nennt die Vorrede: »Da kan ein jeder in solcher Historie / wie in einem lebendigen Spiegel / am besten sehen und vernehmen / sein Bild / Gestalt / und Gleichheit / oder seine Ungleichheit / und was ihm fehlt / wie nahe oder wie fern er noch sey vom Reich GOttes?«

ERFAHRUNGSSEELENKUNDE. Die pietistischen Lebensdarstellungen haben, indem sie sich genau an ein vorgegebenes Muster halten und das weltliche Dasein vor der Wiedergeburt ohnehin negativ sehen, nur begrenzte autobiografische Qualität. Gleichwohl war die schriftliche Fixierung seelischer Vorgänge geeignet, die Fähigkeiten zur Selbstbeobachtung zu schärfen, und zwar vor allem dann, wenn der Beobachter Aufrichtigkeit und kritische Selbsterkenntnis über die Fixierung auf das verbindlich gewordene Schema stellte und die psychischen Folgen der introvertierten, weltfeindlichen Haltung des Pietismus protokollierte. Von hier war der Weg zur empirischen Psychologie nicht weit, wie sie Karl Philipp Moritz in seinem *Magazin zur Erfahrungsseelenkunde* (1783–93) betrieb und auch in seinem autobiografischen Ro-

Karl Franz Jacob Heinrich Schumann, *Porträt Karl Philipp Moritz*, 1791.

KARL PHILIPP MORITZ

1756 15. September: Karl Philipp Moritz in Hameln geboren
1771–76 Nach einer Hutmacherlehre und einem Selbstmordversuch als Folge andauernder qualvoller Unterdrückung Gymnasiumsbesuch in Hannover, ermöglicht durch Stipendien und Freitische
1778 Nach vergeblichen Versuchen Schauspieler zu werden und einem abgebrochenen Theologiestudium erhält Moritz 1778 eine Stelle am angesehenen Gymnasium zum Grauen Kloster in Berlin (1784 Gymnasialprofessor)
1779 Moritz wird Freimaurer; Beziehungen zu Berliner Aufklärern (Moses Mendelssohn u. a.)
1783 *Reisen eines Deutschen in England im Jahre 1782*, Moritz' erster literarischer Erfolg
1783–93 *Gnothi Sauton oder Magazin zur Erfahrungsseelenkunde*
1785–90 *Anton Reiser. Ein psychologischer Roman*
1786 *Versuch einer deutschen Prosodie, Andreas Hartknopf. Eine Allegorie*; der zweite Teil des Romans folgt 1790 unter dem Titel *Andreas Hartknopfs Predigerjahre*. Bis 1788 Aufenthalt in Italien; enge Freundschaft mit Goethe
1788 *Über die bildende Nachahmung des Schönen*
1789 Nach einem Aufenthalt in Weimar Ernennung zum Professor der Theorie der schönen Künste an der Akademie der Künste in Berlin
1790 *Götterlehre oder Mythologische Dichtungen der Alten*
1792–93 *Reisen eines Deutschen in Italien in den Jahren 1786 bis 1788*
1793 26. Juni: Moritz, inzwischen Hofrat und Mitglied der Preußischen Akademie der Wissenschaften, stirbt an einem chronischen Lungenleiden.

man *Anton Reiser* (1785–90) anwandte. Selbst Opfer einer bedrückenden Erziehung, steht er seinem ›Untersuchungsgegenstand‹, seiner inneren Geschichte, mit wissenschaftlicher Distanz und nicht ohne Ironie gegenüber. Religiöse Deutungsmuster haben hier keinen Platz mehr, vielmehr analysiert Moritz in der kausalpsychologischen Entwicklungsgeschichte des Anton Reiser nicht zuletzt die schlimmen Folgen pietistischer Religiosität und ihrer Zwänge, die zu Weltverlust, selbstbetrügerischen Phantasien und Heuchelei führen und, der Utopie des Bildungsromans entgegengesetzt, einen Ausgleich von Ich und Welt verhindern.

ICH UND WELT. Anders als Moritz verzichtet Johann Heinrich Jung genannt Stilling in seiner *Lebensgeschichte* (1777–1817) nicht auf religiöse Deutungen, aber auch bei ihm verliert die Autobiografie den Charakter einer reinen Zweckform. Er nutzt vielmehr Erzähltechniken des modernen Romans, bleibt nicht bei schematischer pietistischer Introspektion stehen, sondern schreibt die Geschichte eines Individuums, in der sich Ich- und Welterfahrung verbinden. Vor allem die anschauliche Schilderung seiner Kindheit und Jugend, die ihn von der äußersten Isolation im abgelegenen Haus seines Großvaters, eines Siegerländer Kohlenbrenners, in den Straßburger Kreis um Goethe führte, gehört zu den eindrucksvollsten autobiografischen Zeugnissen des 18. Jahrhunderts. Goethe erkannte Jungs Erzählergabe und gab die Jugendgeschichte heraus (*Heinrich Stillings Jugend. Eine wahrhafte Geschichte*, 1777).

EPOCHE/STRÖMUNG

STURM UND DRANG

Gerhard von Kügelgen, *Porträt Johann Gottfried Herder*, 1809.

Rechte Seite: **Carl Philipp Fohrs Zeichnung**, entstanden um 1817, zeigt eine Szene aus dem fünften Akt von Goethes *Götz von Berlichingen*: Der geschlagene Ritter kommt auf der Flucht in ein Zigeunerlager.

JUGENDBEWEGUNG. Der Sturm und Drang war eine literarische Jugendbewegung, die ihren Höhepunkt nach der Begegnung Johann Gottfried Herders und Goethes 1770 in Straßburg in den siebziger Jahren des 18. Jahrhunderts erreichte. Gemeinsamkeiten der im Einzelnen durchaus unterschiedlichen Positionen bestanden u. a. in der Forderung nach einer größeren Autonomie und Freiheit des Individuums, nach Selbstverwirklichung und Selbstentfaltung, Forderungen, die wiederum den Blick auf die einschränkenden gesellschaftlichen Verhältnisse lenkte. Die Rebellion gegen die Welt der Väter und die von ihnen repräsentierte gesellschaftliche Unfreiheit äußerte sich in radikaler Sozialkritik und utopischen gesellschaftlichen Konzepten, führte aber auch in engem Zusammenhang damit zu einem entschiedenen Bruch mit der herrschenden Ästhetik und Poetik. Der Vorstellung von der großen, freien Persönlichkeit, die sich über die gesellschaftlichen Zwänge hinwegsetzt, entspricht auf der künstlerischen Seite die Genieästhetik.

GENIE. Die neue Ästhetik der Phantasie, der Leidenschaft und Spontaneität wurde durch die Gefühlskultur des Pietismus und der Empfindsamkeit und durch das Werk und die Dichtungsauffassung Friedrich Gottlieb Klopstocks vorbereitet. Englische Vorbilder spielten eine große Rolle. Bereits 1759 hatte Edward Young in seinen *Conjectures On Original Composition* eine von Regeln befreite Ästhetik gefordert. Herder, Goethe, Heinrich Wilhelm von Gerstenberg u. a. sahen in Shakespeare die Verkörperung des dichterischen Genies, neben Homer wichtigstes Beispiel des allein aus sich schaffenden, autonomen Individuums, das aller Beschränkungen durch konventionelle poetologische Regeln und Normen enthoben war. Konkret richtete sich diese Anschauung gegen die herrschende Ästhetik des französischen Klassizismus und ihren engen Begriff der Naturnachahmung. Gleichwohl ist der Sturm und Drang keine radikale Gegenbewegung gegen die Aufklärung. Bei aller Betonung des Gefühls wurde kein reiner Irrationalismus propagiert; es ging vielmehr um eine Versöhnung von Gefühl und Vernunft.

NATUR, VOLK. In den Zusammenhang der Genie- und Originalitätsästhetik gehört auch die begeisterte Aufnahme des Rousseauschen Naturbegriffs, der Vorstellung einer ursprünglichen, vorzivilisatorischen Zeit »der Unschuld und Gleichheit« im unwiederbringlich verlorenen Naturzustand. Auffassungen dieser Art, die sich mit einem schwärmerischen Naturgefühl verbanden, begünstigten die Hinwendung zum ›Volkstümlichen‹ als dem Ursprünglichen, Natürlichen (und daher Guten) und regten zur Suche nach dichterischen Zeugnissen an, in denen sich noch Spuren dieses Zustandes erkennen ließen. So fanden die von Thomas Percy herausgegebenen alten englischen Lieder (*Reliques of Ancient English Poetry*, 1765) und James McPhersons Rückgriff auf eine mythische keltische Vorzeit in seinen Ossiandichtungen bzw. -fälschungen (1760–65) große Resonanz auch in Deutschland. Herder regten diese Beispiele zu eigener Sammeltätigkeit an (*Volkslieder*, 1778–79); darüber hinaus wurden sie Ausgangspunkt einer neuen Auffassung von Dichtung in dem rhapsodischen *Auszug aus einem Briefwechsel über Oßian und die Lieder alter Völker* (1773): Dichtung als unmittelbarer Erlebnisausdruck, frei von Konventionen, »unbedacht«, entstanden »aus unmittelbarer Gegenwart, aus unmittelbarer Begeisterung der Sinne, und der Einbildung«, »kurz, stark, männlich, abgebrochen in Bildern und Empfindungen« und gekennzeichnet durch »Sprünge und kühne Würfe«.

»WIRRWARR« UND »STURM UND DRANG«

Friedrich Maximilian Klingers Drama *Sturm und Drang*, 1777 in Leipzig zuerst aufgeführt, gab der Epoche ihren Namen. Allerdings sollte das Stück eigentlich den (wohl eher passenden) Titel *Der Wirrwarr* tragen, doch Klinger ließ sich von Christoph Kaufmann, der mit einem Empfehlungsschreiben Johann Caspar Lavaters als ›Apostel der Geniezeit‹ herumreiste, zu *Sturm und Drang* überreden. Der amerikanische Unabhängigkeitskrieg dient in diesem Drama als Folie für ein an Shakespeares *Romeo und Julia* erinnerndes Geschehen, wobei freilich letztlich doch noch, dank der Liebe, eine Versöhnung der Geschlechter zustande kommt. Für Klinger war es »das liebste und wunderbarste was aus meinem Herzen geflossen ist«: »Ich hab die tollsten Originalen zusammengetrieben. Und das tiefste tragische Gefühl wechselt immer mit Lachen und Wiehern.«

STOFFE/THEMEN

NATUR

PHYSIKOTHEOLOGIE UND ›MALEREI‹. Die Physikotheologie, die Gotteslehre aus der Natur, war eine nach 1700 weit verbreitete erbaulich-theologische Richtung, ein Nachklang gleichsam der christlich-allegorischen Naturdeutung in Mittelalter und Barock. Die exemplarische poetische Manifestation der Physikotheologie stellt Barthold Heinrich Brockes' *Irdisches Vergnügen in Gott* (1721–48) dar: Brockes füllt neun Bände mit vielfach variierten Erweisen, dass die bestehende die beste aller möglichen Welten sei und dass es in der Schönheit, Zweckmäßigkeit und Nützlichkeit der Natur den Schöpfer zu erkennen und zu loben gelte. Dabei erreichen die von der unmittelbaren sinnlichen Erfahrung ausgehenden Beschreibungen mit ihrer wissenschaftlichen Präzision und ihrem Reichtum an Nuancen bei der Charakterisierung von Farben, Gerüchen oder Formen eine in der deutschen Literatur bisher unbekannte Qualität und tragen so wesentlich zu einer Blüte der ›malenden Poesie‹ in der ersten Hälfte des 18. Jahrhunderts bei.

Während Brockes' Beschreibungskunst mit Vorliebe dem Kleinen, Lieblichen und Zierlichen gilt – vom Schmetterling und der Schnee- und Krokusblume bis zum vollendeten Naturkunstwerk der Kirschblüte –, macht Albrecht von Haller die große und erhabene Natur zum Thema (*Die Alpen*, 1732 in seinem *Versuch Schweizerischer Gedichten* zuerst erschienen). Das Hochgebirge, bisher eher als menschenfeindlich und Schrecken erregend empfunden, erhält im Einklang mit der zeitgenössischen ästhetischen Diskussion über das Erhabene eine positive Dimension. Dabei verbindet Haller die breit ausgeführte, detailfreudig beschriebene Naturidylle und die Schilderungen des Lebens im Einklang mit der Natur mit der traditionellen kulturkritischen Opposition von Stadt und Land, Zivilisation und Natur, Laster und Tugend.

SUBJEKTIVIERUNG. Die empfindsamen Strömungen des 18. Jahrhunderts beeinflussen auch die ›malende‹ Natur- und Landschaftsbeschreibung. So tritt bei Ewald von Kleist (*Der Frühling*, 1749) das empfindende und empfindsame

UT PICTURA POESIS

Dieses Wort aus der *Ars poetica* des Horaz – »eine Dichtung ist wie ein Gemälde« – wird in der Frühen Neuzeit häufig zitiert. Bei Horaz geht es um die Bedeutung des Betrachter- oder Leserstandpunktes für das Verständnis eines Werkes: »Eine Dichtung ist wie ein Gemälde: es gibt solche, die dich, wenn du näher stehst, mehr fesseln, und solche, wenn du weiter entfernt stehst […].« In der Renaissance dient der aus dem Zusammenhang gerissene Satz als Ausgangspunkt von Erörterungen über die gemeinsamen Gesetze von Dichtung und bildender Kunst, bei denen auch das Wort des Simonides

Caspar Wolf, *Der Lauterbrunnengletscher*, 1776.

Subjekt an die Stelle des objektiven Betrachters und setzt die Natur in Beziehung zu seinen melancholischen Gefühlen und Gedanken. Bei Salomon Gessner wird die idyllische Schäfer- und Hirtenwelt in ihrer Harmonie von Mensch und Natur zum Spiegel der Seelenzustände des Betrachters und zum Gegenbild der Zwänge der zeitgenössischen Gesellschaft (*Idyllen*, 1756). Und Friedrich Gottlieb Klopstock schließlich feiert die Natur, die Erhabenheit des unendlichen Kosmos und sucht dabei die Höhe des Gefühls, den enthusiastischen Ton, um Hörer oder Leser für die erhabenen Gedanken empfänglich zu machen.

Gegenüber dieser letztlich noch von der rhetorischen Tradition bestimmten Kunstdichtung bedeutet dann die von Johann Gottfried Herder geprägte Dichtungsauffassung des Sturm und Drang mit ihren Gedanken über Volksdichtung und über Dichtung als unmittelbaren Gefühlsausdruck einen entschiedenen Neuanfang. Herders Auffassung vom Ursprünglichen, das er bei dem antiken Idylliker Theokrit zu erkennen glaubt, schlägt sich auch in der Idyllendichtung nieder. Sie gibt den idealisierenden, harmonisierenden Ton der Naturdarstellung Gessners auf und zeigt nun, etwa in Friedrich ›Maler‹ Müllers ›pfälzischen Idyllen‹, ausgesprochen realistische Tendenzen. Zugleich entsteht mit Goethes dynamischer Sturm-und-Drang-Lyrik eine neue Erlebnisdichtung, die auf die Wiedergabe authentischen Gefühls zielt, Natur und Eros in Beziehung setzt und die unmittelbare Einheit von Mensch und Natur zu evozieren sucht (*Willkommen und Abschied*, *Maifest*, *Ganymed*, *Auf dem See*).

(um 500 v. Chr.) von der Malerei als einer stummen Poesie und der Poesie als einer redenden Malerei eine Rolle spielt. Diese Vorstellungen bestärkten bis ins 18. Jahrhundert hinein Tendenzen einer ›malenden‹, beschreibenden Dichtung, denen erst durch Lessings Abgrenzung von bildender Kunst und Dichtung die theoretische Grundlage entzogen wurde (*Laokoon: oder über die Grenzen der Mahlerey und Poesie*, 1766). Das bedeutete allerdings nicht ihr Ende. Zu den Beispielen für das Weiterbestehen einer beschreibenden Literatur gehört etwa das Werk Adalbert Stifters.

Shakespeare im Straßburger Kreis um Herder und Goethe:

»Und so wirkte in unserer Straßburger Sozietät Shakespeare, übersetzt und im Original, stückweise und im Ganzen, stellen- und auszugsweise, dergestalt, daß, wie man bibelfeste Männer hat, wir uns nach und nach in Shakespeare befestigten, die Tugenden und Mängel seiner Zeit, mit denen er uns bekannt macht, in unseren Gesprächen nachbildeten, an seinen Quibbles die größte Freude hatten, und durch Übersetzung derselben, ja durch originalen Mutwillen mit ihm wetteiferten. Hierzu trug nicht wenig bei, daß ich ihn vor allen mit großem Enthusiasmus ergriffen hatte. Ein freudiges Bekennen, daß etwas Höheres über mir schwebe, war ansteckend für meine Freunde, die sich alle dieser Sinnesart hingaben. [...]
Will jemand unmittelbar erfahren, was damals in dieser lebendigen Gesellschaft gedacht, gesprochen und verhandelt worden, der lese den Aufsatz Herders über Shakespeare, in dem Hefte ›Von deutscher Art und Kunst‹; ferner Lenzens ›Anmerkungen übers Theater‹, denen eine Übersetzung von ›Love's Labour's Lost‹ hinzugefügt war. Herder dringt in das Tiefere von Shakespeares Wesen und stellt es herrlich dar; Lenz beträgt sich mehr bilderstürmerisch gegen die Herkömmlichkeit des Theaters, und will denn eben all und überall nach Shakespearescher Weise gehandelt haben.« (Goethe rückblickend im elften Buch von *Dichtung und Wahrheit*, 1811–14)

LITERATURBETRIEB

SHAKESPEARE

TEXTE. Einigermaßen textnahe Übertragungen von Dramen Shakespeares gibt es bis zur Mitte des 18. Jahrhunderts nicht. Zwar tauchen seit dem 17. Jahrhundert Shakespeare-Titel im Repertoire der Wanderbühne und auch in entsprechenden Sammlungen auf (z. B. *Englische Comedien und Tragedien*, 1620), doch hier waren die Texte ohne sprachlich-literarischen Ehrgeiz auf das krude Handlungsgerüst reduziert. Mitten in der Gottsched-Ära erschien dann die erste wirkliche Übersetzung eines Shakespearestücks, wenn auch in Alexandrinern, Caspar Wilhelm von Borckes *Versuch einer gebundenen Übersetzung des Trauer-Spiels von dem Tode des Julius Cäsar* (1741). Nun setzte allmählich eine nähere Beschäftigung mit Shakespeare ein, die eine Korrektur der klassizistischen Vorurteile einleitete, bis dann Christoph Martin Wieland nicht ohne Freiheiten 22 Dramen in deutscher Prosafassung vorlegte und damit die Grundlagen für die rasch einsetzende Bühnenrezeption schuf (*Shakespeares Theatralische Werke*, 1762–66). Auf Wieland basierte die verbesserte und ergänzte Ausgabe Johann Joachim Eschenburgs (1775–82), die noch Goethe der Schlegel-Tieckschen Übersetzung als bühnentauglicher vorzog. Jedenfalls hatte Wieland, ungewollt, den Dichtern des Sturm und Drang den Weg bereitet, die hier ihre Vorstellung vom »Originalgenie« bestätigt sehen konnten.

DRAMA. Bereits Lessing hatte im 17. der *Briefe, die Neueste Litteratur betreffend* von 1759 und in seiner *Hamburgischen Dramaturgie* (1767–69) das klassizistische französische Modell des Dramas, wie es Gottsched vertrat, vor dem Hintergrund der Dramatik Shakespeares polemisch kritisiert. »Hätte man statt Corneille und Racine Shakespeare übersetzt«, heißt es im 17. *Literaturbrief*, »es würde von bessern Folgen gewesen sein«: »Denn ein *Genie* kann nur von einem *Genie* entzündet werden; und am leichtesten von so einem, das alles bloß der Natur zu danken zu haben schei-

Joseph Anton Koch, *Landschaft mit Macbeth und den Hexen*, 1829/30.

net, und durch die mühsamen Vollkommenheiten der Kunst nicht abschrecket.«

Die Autoren des Sturm und Drang begeisterten sich nicht nur am Geniegedanken, sie zogen auch die dichterischen Konsequenzen. Das Drama entwickelte sich zur bevorzugten Gattung der jungen Genies, und hier zeigten sich die ästhetischen und thematischen Innovationen am eindrücklichsten. Die klassizistische Dramaturgie wurde aufgegeben; die offene Form mit kurzen Szenen, Episodenreihungen, häufigem Ortswechsel und Zeitsprüngen setzte sich, verbunden mit einer expressiven Stilhaltung, in Anlehnung an Shakespeare durch. Ein Manifest dieser Shakespeare-Auffassung ist Goethes Straßburger Rede *Zum Shakespeares-Tag* (bzw. in seiner Schreibung *Zum Schäkespears Tag*) von 1771, die die Befreiung von den Regeln, die Weltfülle (»ein schöner Raritätenkasten«) und die Menschendarstellung Shakespeares feiert: »Natur! Natur! Nichts ist so Natur als Shakespeares Menschen.« Umgesetzt wurden diese Vorstellungen an aktuellen Themen: Familienzwiste, die Zerrissenheit des Menschen zwischen Gefühl und Verstand, das Problem des Standesunterschieds und der Konflikt zwischen dem Freiheitsdrang des Einzelnen und den Restriktionen der Gesellschaft gehören zu den zentralen Gegenständen der Sturm-und-Drang-Dramatiker von Goethe und Friedrich Maximilian Klinger über Jakob Michael Reinhold Lenz und Heinrich Leopold Wagner bis hin zu Friedrich Schiller.

Linke Seite: Goethe zeichnete diese Hexenszene um 1776–77, lange bevor seine großen dichterischen Hexenszenen im *Faust* entstanden. Als Vorbild kommt nicht zuletzt die Hexenszene in Shakespeares *Macbeth* in Frage.

STOFFE/THEMEN

DIE KINDSMÖRDERIN

AUS DEN AKTEN

Am 14. Januar 1772 wurde die Kindsmörderin Susanna Margaretha Brandt in Frankfurt a. M. nach einem den Gesetzen entsprechend korrekt geführten Prozess hingerichtet. Der Verteidiger plädierte durchaus überzeugend, wenn auch ohne Erfolg, für mildernde Umstände und eine gnädige Strafe. Aus seiner Argumentation: »Ihr Verführer war der erste und letzte, der über Ihre Tugend gesieget hatte. Und auch dieser mußte zu unerlaubten übernatürlichen Mitteln seine Zuflucht nehmen, um zu seinem verruchten Endzweck zu gelangen. [...] Dieser Bösewicht ist die moralische Ursache alles des Unglücks, das die bejammernswürdige Inquisitin betrifft. Und so wie er seinem Schicksal und der Strafe der rächenden Gerechtigkeit gewiß nicht entgehen wird, so muß seine listige Verführung der Inquisitin Ihr in gewißer maße zur Entschuldigung gereichen. Die Ihr geraubte Ehre, dieses schätzbare Kleinod, welches billig dem Werth des Lebens gleich geachtet wird, die WiedenErlangung desselben, oder eigentlicher zu reden, die Verbergung der Schande, war der Hauptbewegungs-Grund Ihres Verbrechens. [...] Alles dieses sind untrügliche Kennzeichen, daß Inquisitin kein böses und verstocktes Hertz besitze, und bestätiget zugleich im Zusammenhang mit allen übrigen Umständen den bereits oben gewagten Ausspruch nunmehr überzeugend, daß die Inquisitin mehr unglücklich als lasterhaft zu nennen und deswegen alles Mitleidens würdig seye.« Die Richter ließen sich nicht überzeugen, und die Kindsmörderin wurde auf dem Richtplatz »unter beständigen Zurufen der Herren Geistlichen« hingerichtet.

BEISPIEL. Für Kindsmord sah das deutsche Strafrecht seit dem 16. Jahrhundert die Todesstrafe vor (*Constitutio Criminalis Carolina*, 1532), sofern der Nachweis eindeutig erbracht werden konnte, dass das Kind lebendig geboren und vorsätzlich getötet worden war. Da diese Voraussetzungen häufig nicht vorlagen, führten die Prozesse keineswegs zwangsläufig zum Todesurteil. Dies gilt allerdings nicht für den Fall der Susanna Margaretha Brandt in der Reichsstadt Frankfurt a. M.: Ihr hatte der Scharfrichter nach einem penibel geführten Prozess am 14. Januar 1772 »durch einen Streich den Kopf glücklich abgesetzt«. Ihr Fall entsprach dem typischen Muster dieses Delikts: Eine junge Frau der Unterschicht, hier eine analphabetische Dienstmagd in einem einfachen Frankfurter Gasthaus, rechtschaffen und fleißig, wird Opfer einer Verführung, verbirgt ihre Schwangerschaft und bringt das Kind heimlich zur Welt. Sie tötet es, um die Schande zu verbergen. Bei den Vernehmungen spricht sie davon, dass sie bei der Verführung und der Tötung des Kindes vom Teufel verblendet und angereizt worden sei. Zu den Prozessbeobachtern gehörte Goethe, der 1771 als Lizentiat der Rechte von Straßburg zurückgekommen war und sich als Advokat in Frankfurt niedergelassen hatte. Im Elternhaus wurden Abschriften von Prozessprotokollen gefunden. Es gilt als sicher, dass die Eindrücke des Brandt-Prozesses sich in der Gretchen-Tragödie des *Faust* niederschlagen.

LITERATUR UND SOZIALKRITIK. Die Häufigkeit des Verbrechens des Kindsmords hatte im 18. Jahrhundert nicht nur juristische und sozialpolitische Überlegungen zur Folge, sondern führte auch zu einer von Mitgefühl, Einsicht in die sozialen Zwänge und die Notlage der Delinquentinnen getragenen literarischen Diskussion. Zahlreiche Texte vor allem des Sturm und Drang behandeln das Thema.

Goethe schrieb etwa 1773–76 die Szenen seines (erst 1887 entdeckten) fragmentarischen *Urfaust* und gestaltete die Gretchenhandlung zu einer Tragödie der Liebe. Meist jedoch dominieren sozialkritische und sozialpsychologische Aspekte, wobei die Autoren nicht selten den adeligen Verführer, der das Bürgermädchen aus Standesgründen verlässt und so in den Tod treibt, an den Pranger stellen. Beispiel dafür ist Gottfried August Bürgers Ballade *Des Pfarrers Tochter von Tauben-*

Der Kupferstich aus dem 18. Jahrhundert stellt das Schicksal einer Kindsmörderin in einer Art Bilderbogen chronologisch dar: Tat, Entdeckung, geistlicher Zuspruch, Abholung, Hinrichtung durch das Schwert.

heim (1782). Der Junker, als die Verführte »an Gottes Altare« zu treten verlangt: »Ho, Närrchen, so hab ich es nimmer gemeint! | Wie kann ich zum Weibe dich nehmen? | Ich bin ja entsprossen aus adligem Blut. | Nur Gleiches zu Gleichem gesellet sich gut; | Sonst müßte mein Stamm sich ja schämen.« Die Ballade zeigt das übliche Schema: Verführung, Verstoßung durch den Vater, Niederkunft in der Einsamkeit, Tötung des Neugeborenen, Verzweiflung, Wahnsinn. Beim Ende gibt es Alternativen: Prozess und Hinrichtung – so in Jakob Michael Reinhold Lenz' Erzählung *Zerbin oder Die neue Philosophie* (1776) – oder Hoffen auf Begnadigung. Derart offen schließt Heinrich Leopold Wagners Drama *Die Kindermörderinn* (1776), das durch seine genaue Milieuzeichnung besticht und die aus Standesunterschieden bzw. Standesdünkel resultierenden Konflikte aus entschieden bürgerlicher Sicht bewertet. Es komme »vieles auf die Umstände an«, räumt der Gerichtsbeamte gegen Ende des Stückes ein. Er steht mit dieser Differenzierung für die erhoffte Wirkung der literarischen Appelle, für die Hoffnung auf ein Umdenken auch im Strafrecht. Nach Wagner kein Werk für die Bühne, »sondern fürs Kabinet, für denkende Leser«.

Titelkupfer Daniel Chodowieckis zu dem Roman *Carl von Carlsberg oder Über das menschliche Elend* (1783) des Pädagogen und Philanthropinisten Christian Gotthilf Salzmann, einer empirisch genauen Darstellung des sozialen Elends seiner Zeit. Der Stich zeigt die gängige Praxis der öffentlichen Auspeitschung von Frauen wegen sexueller ›Verfehlungen‹, d. h. sexueller Beziehungen außerhalb der Ehe.

WIRKUNGSGESCHICHTE

JAKOB MICHAEL REINHOLD LENZ

Jakob Michael Reinhold Lenz. Anonyme Bleistiftzeichnung; das Original der Zeichnung ist verschollen, es gibt mehrere fotografische Reproduktionen.

PERSON UND WERK. Lenz gehört zu den schwierigen, durch ihre Kindheit und Familienverhältnisse geschädigten Charakteren der deutschen Literaturgeschichte. Mit Goethe sah er sich als Erneuerer der deutschen Literatur, und mit Goethe verband ihn ein eigentümliches Verhältnis – unglückliche Annäherungen an Goethes Sesenheimer Liebe Friederike Brion, an Goethes Schwester Cornelia –, das schließlich 1776 in Weimar zum Bruch führte. Lenz fiel durch exzentrisches Benehmen auf und wurde – der Vorgang ist im Einzelnen ungeklärt – auf Goethes Veranlassung des Landes verwiesen. Er begann ein Wanderleben; zugleich verstärkten sich Anzeichen einer Geisteskrankheit. Einen tagebuchartigen Krankenbericht verfasste der Pfarrer Johann Friedrich Oberlin, bei dem sich Lenz 1778 aufhielt. Bis dahin waren seine wichtigsten Werke, die Dramen, erschienen. Lenz brach mit dem regelmäßigen klassizistischen Drama und verwirklichte stattdessen eine offene dramatische Form, die er in seinen *Anmerkungen übers Theater* begründete. Dabei kam er auch zu einer neuen, aufs Tragikomische hinzielenden Definition der Komödie als der wirklichkeitsnäheren Form des Dramas, als »Gemälde der menschlichen Gesellschaft« (»und wenn die ernsthaft wird, kann das Gemälde nicht lachend werden«). Die Stoffe sind der Gegenwart entnommen, behandeln Berufsprobleme von Akademikern und die damit verbundenen Anforderungen der Triebunterdrückung und -sublimierung (*Der Hofmeister*), zeigen den krisenhaften Zustand der Gesellschaft sowohl innerhalb der Stände als in ihrem Verhältnis zueinander (etwa im Verhältnis Bürgertum – Militär: *Die Soldaten*).

GEORG BÜCHNER. Die Modernität des Dramatikers Lenz regte Bearbeitungen und Aktualisierungen an. So betonte

Die Lithographie Théodóre Mullers von 1837 zeigt Waldersbach im Steintal in den Vogesen. Das dritte Haus von links ist das Pfarrhaus Johann Friedrich Oberlins, in dem sich Lenz 1778 aufhielt.

Bertolt Brecht in seiner *Hofmeister*-Version von 1950 für das Berliner Ensemble »die gleichnishafte Bedeutung der Entmannungsfabel« (»Selbstentmannung der Intellektuellen«) und nannte das Stück »die früheste – und sehr scharfe – Zeichnung der deutschen Misere«. Später, 1968, aktualisierte Heinar Kipphardt auch die Sozialkritik der *Soldaten*; drei Jahre vorher hatte Bernd Alois Zimmermann die *Soldaten* auf die Opernbühne gebracht.
Dagegen interessierte den Mediziner und Dramatiker Georg Büchner die Person Lenz mehr als das Werk. 1835 begann er in Straßburg biografisches Material für eine Novelle über Lenz zu sammeln; er erhielt auch eine Abschrift der Aufzeichnungen Oberlins, Hauptquelle seiner postum im Januar 1839 in Karl Gutzkows Zeitschrift *Telegraph für Deutschland* abgedruckten Erzählung *Lenz*. Gutzkow rühmte in seinem Vorwort die »Naturschilderungen« und die »Seelenmalerei«: »wir müssen erstaunen über eine solche Anatomie der Lebens- und Gemütsstörung.« Es war in der Tat dieser Aspekt, der den Mediziner Büchner anzog. Dabei verwandte er z. T. zwar wörtlich Formulierungen aus Oberlins Bericht, doch während dieser bei der Schilderung der äußeren Ereignisse und Symptome stehen blieb, gelang Büchner ein kunstvoll erzähltes seelisches Seismogramm, bei dem die Grenzen von Innen- und Außenwelt, von Vernunft und Wahnsinn zu zerfließen scheinen. Büchners Studie wiederum diente Peter Schneider als Anregung für seine Erzählung *Lenz* (1973), die Erfahrungen der Studentenrevolte von 1968 reflektiert und in seinem Helden, dem Studenten Lenz, Erfahrungen der Gestalt Büchners aktualisiert.

BIOGRAFIE

1751 23. Januar: Jakob Michael Reinhold Lenz in Seßwegen (Casvain, Livland) als Sohn eines Geistlichen geboren
1768–71 Studium der Theologie in Königsberg
1771 Lenz nutzt die Gelegenheit, zwei livländische Adelige als Hofmeister nach Straßburg zu begleiten; Bekanntschaft mit Goethe und anderen Autoren des Sturm und Drang
1774 *Lustspiele nach dem Plautus fürs deutsche Theater*, *Der Hofmeister oder Vortheile der Privaterziehung*, *Der neue Menoza*, *Anmerkungen übers Theater nebst angehängten übersetzten Stück Shakespears*
1776 *Die Soldaten*. – Lenz folgt Goethe nach Weimar; nach seiner Ausweisung führt er ein Wanderleben (Oberrhein, Schweiz)
1777 Anzeichen einer Geisteskrankheit (Schizophrenie?) machen sich bemerkbar
1778 Aufenthalt bei dem Pfarrer Johann Friedrich Oberlin im Steintal (Vogesen); anschließend übernimmt Goethes Schwager Johann Georg Schlosser in Emmendingen die Betreuung des Kranken
1779 Rückkehr nach Livland. Von seinem Vater abgelehnt, scheitert er bei dem Versuch, sich eine bürgerliche Existenz aufzubauen
1781 Lenz lebt in Moskau von kleineren literarischen Arbeiten und Zuwendungen von Freunden
1792 4. Juni: Lenz wird tot auf einer Moskauer Straße gefunden

Die Oper *Die Soldaten* von Bernd Alois Zimmermann, uraufgeführt 1965 in Köln, gehört zu den bedeutendsten Zeugnissen der modernen Lenz-Rezeption. Der Text hält sich, wenn auch gekürzt, recht eng an die Vorlage. Das Szenenbild aus dem ersten Akt der Aufführung der Staatsoper Stuttgart von 1987 (Regie Harry Kupfer) zeigt das Gegenüber von bürgerlicher und militärisch-adeliger Welt.

DARMSTÄDTER KREIS

Die ›große Landgräfin‹ Henriette Christiane Caroline von Hessen prägte bis zu ihrem Tod 1774 das geistige Klima in der Residenzstadt Darmstadt. Sie war, anders als etwa Friedrich II. von Preußen, an der zeitgenössischen deutschen Literatur interessiert. Sie empfing durchreisende Dichter (Christoph Martin Wieland, Johann Wilhelm Ludwig Gleim u. a.) und Dichterinnen (Sophie von La Roche), und in ihrem Umkreis entstand 1771 die erste Sammlung der *Oden und Elegien* Friedrich Gottlieb Klopstocks, einem der Musterautoren der Empfindsamkeit. Adelige und mit dem Darmstädter Hof durch Ämter verbundene Angehörige des höheren, gebildeten Bürgertums sammelten sich in empfindsamen Zirkeln um den Hofrat Andreas Peter Hesse und um Johann Heinrich Merck, Kriegszahlmeister und seit 1768 Kriegsrat am Darmstädter Hof. Hier hatte 1770 Johann Gottfried Herder Hesses Schwägerin Caroline Flachsland getroffen, die ebenso wie andere Damen des Hofs zum Kreis der Empfindsamen zählte (und durch die Verlobung mit Herder diesen, wenn auch von ferne, mit einbezog). Merck wiederum führte Goethe 1772 in diesen Zirkel ein. Dass dieser nun häufig von Frankfurt nach Darmstadt ›wanderte‹, hinderte ihn nicht daran, sich in seinem *Fastnachtsspiel [...] vom Pater Brey* (1773) über gewisse Auswüchse des schwelgerischen Empfindsamkeitskultes, verkörpert durch den Prinzenerzieher Franz Michael Leuchsenring, einen penetranten Empfindsamkeitsapostel, zu mokieren.

Tränenreiche Vorlesung aus Goethes *Werther* in der Version Wilhelm Ambergs von 1870. Vorlage des Gemäldes ist ein Aquarell Heinrich Becks aus dem 18. Jahrhundert.

EPOCHE/STRÖMUNG

EMPFINDSAMKEIT

BEGRIFF. Empfindsamkeit bezeichnet eine literarische Tendenz innerhalb der Aufklärung. Die Begriffe Empfindsamkeit bzw. empfindsam sind als Übersetzungen aus dem Englischen und Französischen seit etwa 1760 belegt; zu ihrer Durchsetzung hat dann vor allem Johann Joachim Christoph Bode, einem Vorschlag Lessings folgend, mit seiner Übersetzung von Laurence Sternes *A Sentimental Journey through France and Italy* (1768) als *Yoricks empfindsame Reise durch Frankreich und Italien* (1768) beigetragen. Das Wort Empfindsamkeit hat zunächst einen doppelten Sinn; zum einen bezeichnet es durch äußere Eindrücke oder Gegenstände hervorgerufene Empfindungen, zum andern steht Empfindsamkeit als in der menschlichen Natur angelegte ›moralische Zärtlichkeit‹ für freundschaftliche und verwandtschaftliche Gefühle.

LITERATUR. Empfindsame Tendenzen treten in der deutschen Literatur seit etwa 1740 auf, wobei insbesondere die Moralischen Wochenschriften an ihrer Verbreitung teilhaben. Sie erfassen alle Gattungen. In der Lyrik gehören die frühen Gedichte Friedrich Gottlieb Klopstocks und die Poesie des Göttinger Hains in diesen Zusammenhang. Im Drama zeigen die neuen Gattungen des rührenden Lustspiels und des bürgerlichen Trauerspiels die Intention dieser Gefühlskultur besonders eindringlich: Sie zielt mit ihren auf Rührung und Mitleid gerichteten Aspekten auf die emotionale Gefühlsgemeinschaft zwischen Künstlern bzw. künstlerischer Präsentation und Publikum. Über die Wirkung der Uraufführung von Lessings *Miß Sara Sampson* am 10. Juli 1755 in Frankfurt a. d. O. schrieb Karl Wilhelm Ramler: »Herr Leßing hat seine Tragödie in Franckfurt spielen sehen und die Zuschauer haben drey und eine halbe Stunde zugehört, stille gesessen wie Statüen, und geweint.« Aber auch der Roman der Empfindsamkeit seit Christian Fürchtegott Gellerts *Leben der Schwedischen Grä-*

fin von G*** (1747–48) bietet gefühlsträchtige Identifikationsmöglichkeiten zwischen Romanfiguren und Lesern bzw. Leserinnen. Trivialisierungen blieben nicht aus, wie die Tränenseligkeit von Johann Martin Millers *Siegwart. Eine Klostergeschichte* (1776) illustriert. Kritische Zeitgenossen sprachen von einer Modekrankheit. Jean Paul begegnete der Gefahr des Abgleitens in die Sentimentalität durch eine Verbindung von Empfindsamkeit und Witz in der Manier Sternes. Eine äußerste Radikalisierung der Empfindsamkeit stellt Goethes Briefroman *Die Leiden des jungen Werthers* (1774) dar, wie denn überhaupt neben dem Briefroman die intimen Gattungen Brief und Tagebuch zu den bevorzugten Ausdrucksformen empfindsamer Literatur gehören.

Der Stich Daniel Chodowieckis aus einer späteren Ausgabe illustriert den Schluss von Johann Martin Millers *Siegwart* (1776): »hastig lief er aufs Grab, stürzte sich drauf hin, umarmte das Kreuz, hieng den Kranz dran, und weinte laut. – O Mariane, Mariane! rief er, auf deinem Grab, auf deinem Grab! … Nimm mich zu dir! Nimm mich zu dir, Engel! – Von der heftigen Bewegung, und der schnellen Verkältung entkräftet, sank er ohnmächtig an dem Kreuz nieder. […] Alle flogen hinab auf den Kirchhof, und der edle Jüngling lag erstarrt und todt im blassen Mondschein auf dem Grabe seines Mädchens, dem er treu geblieben war bis auf den letzten Hauch.«

GÖTTINGER HAIN. Die Kultur der Empfindsamkeit, das Vergnügen an »theilnehmenden Gemüthsbewegungen« (Joachim Heinrich Campe), führte zu einer Gefühlsgemeinschaft zwischen Autoren bzw. ihren Schöpfungen und dem Publikum, die Züge einer sozialen Bewegung annehmen konnte und vor allem die jüngere Generation betraf. Deutlich wird das etwa bei der *Werther*-Rezeption (»Wertherfieber«). Zugleich bildeten sich konkrete gesellschaftliche Zirkel wie der empfindsame Kreis am Darmstädter Hof oder der am 12. November 1772 gegründete Studentenbund des Göttinger Hains. Der Name bezieht sich programmatisch auf Klopstocks Ode *Der Hügel und der Hain* und die Gegenüberstellung von antikem Parnass und germanischem Hain als Dichtersitz. Die Studentengruppe verstand sich als Protestbewegung gegen Rationalismus, Aufklärung und französische Kultureinflüsse – personifiziert durch Wieland – und setzte stattdessen, angeregt durch Empfindsamkeit, Sturm und Drang, englische Gräberpoesie und ihre Klopstockverehrung, auf schwärmerische Natur- und Vaterlandsliebe. Zu den Mitgliedern gehörten u. a. Johann Heinrich Voß, Christian und Friedrich Leopold zu Stolberg, Ludwig Christoph Heinrich Hölty und Johann Martin Miller. Dem Bund nahe standen Gottfried August Bürger, Matthias Claudius und Christian Friedrich Daniel Schubart. Zu den wichtigen eigenen Leistungen des Kreises zählt die Herausbildung der deutschen Kunstballade. Bedeutendster Lyriker war Hölty, der in seinen Oden, Elegien und Idyllen in ruhig fließenden, melodischen Versen eine melancholische Grundstimmung evozierte. Der Bund löste sich, mit dem Studienabschluss seiner Mitglieder, nach 1775 allmählich auf.

Klopstocks Hut. Johann Wilhelm Ludwig Gleim richtete sich in seinem Haus in Halberstadt, ganz im Sinn des empfindsamen Freundschaftskults, einen »Freundschaftstempel« ein, den er mit Porträts und Erinnerungsstücken seiner Freunde und Freundinnen ausstattete. Die Verbindung wurde durch Besuche, vor allem aber durch einen ausgedehnten Briefwechsel (mit mehr als 500 Partnern) aufrechterhalten. Am 27. März 1801, zwei Jahre vor seinem Tod, erhielt er von der »Klopstocken«, Klopstocks zweiter Frau Johanna Elisabeth, den lang gewünschten Hut des Verehrten: »Endlich mein bester Gleim, sende ich Ihnen Klopstock seinen alten Huth, ich hätte es längst thun sollen, ich flehe zu ihrer Freundschaft mir diesen Schein von Nachlässigkeit zu verzeihen.«

BRIEF

In der höfischen Kultur des 17. Jahrhunderts dominierte die französische Sprache im brieflichen Verkehr, wenn auch im Rahmen der Bemühungen der Sprachgesellschaften wichtige Briefzeugnisse und Briefwechsel in deutscher Sprache entstanden. Einen Ausnahmefall im Kontext der höfischen Kultur stellen die derben deutschen Briefe der Herzogin Elisabeth Charlotte von Orléans (Liselotte von der Pfalz) dar. Im 18. Jahrhundert setzte ein Prozess der Subjektivierung auch der Briefkultur ein. Die rhetorischen Formkonventionen verloren – jedenfalls im privaten Verkehr – ihre Verbindlichkeit; Christian Fürchtegott Gellerts Forderung eines natürlichen Briefstils – der Brief »ist eine freye Nachahmung des guten Gesprächs« – bestimmte die weitere Entwicklung. Alle Lebensbereiche vom alltäglichen Handeln über das Gefühlsleben (Liebe, Freundschaft) bis zu wissenschaftlichen, ästhetischen oder literarischen Reflexionen wurden Gegenstand brieflicher Kommunikation. Eine besondere Prägung erhielt diese vorwiegend bürgerliche Briefkultur in Aufklärung, Empfindsamkeit und Romantik durch bedeutende Briefschreiberinnen (Luise Gottsched, Anna Louisa Karsch, Meta Moller, Eva König, Caroline Schlegel-Schelling, Bettine von Arnim, Rahel Levin bzw. Varnhagen), in deren Briefen sich unmittelbares Mitteilungsbedürfnis, freies, individuelles Denken und eine vertiefte Empfindungsfähigkeit niederschlagen.

Samuel Richardsons *Pamela* inspirierte den Maler Joseph Highmore um 1745 zu einer Folge von *Pamela*-Gemälden. Hier sieht man Pamela Andrews mit Reverend Williams im Garten eines Landguts von Mr. B., der sie hatte entführen lassen.

GATTUNG

BRIEFROMAN

BRIEF UND ROMAN. Der Briefroman ist eine Romanform vor allem des 18. Jahrhunderts. Seine Entstehung hängt mit der zunehmenden Bedeutung des privaten Briefes zusammen. Diesen Umstand illustriert augenfällig das Beispiel Samuel Richardsons, der die Gattung zu Beginn ihrer Entwicklung prägte: Sein erster Roman *Pamela, Or Virtue Rewarded* (1740) ging aus der Arbeit an einem Briefsteller hervor. Richardson lieferte auch die Muster für die beiden Formvarianten des Briefromans: Während *Pamela* das Geschehen konsequent aus der Perspektive der verfolgten Unschuld entwickelt, stellt sein zweiter Roman *Clarissa Harlowe* (1747–48), ebenfalls eine Verführungsgeschichte, mit seinem Nebeneinander von Briefen verschiedener Personen die polyperspektivische Variante des Briefromans dar.

MORAL UND SUBJEKTIVITÄT. Der große Erfolg des Briefromans im 18. Jahrhundert erklärt sich aus seiner engen Beziehung zu wichtigen Tendenzen des Zeitalters. Diese Romanform steht für Subjektivität und Authentizität, ermöglicht eine neue Intensität der Selbsterkundung und Selbstaussprache, und mit ihrer Methode, seelische Zustände und Vorgänge unmittelbar zu vergegenwärtigen, fördert sie auch die emotionale Wirkung auf den Leser. Dabei führt die Entwicklung vom moralisch-empfindsamen Roman der direkten Richardson-Nachfolge mit einer eher schematischen Gegenüberstellung von Tugend und Laster zu einer zunehmenden Subjektivierung und Radikalisierung, die in Goethes monologischem Briefroman *Die Lei-*

den des jungen Werthers (1774) ihren extremsten Ausdruck findet. Formal dominierten allerdings die multiperspektivischen Romane bis hin zu Ludwig Tiecks Geschichte des Herrn Wilhelm Lovell (1795–96), einem Roman der romantisch-idealistischen Ich-Krise, mit mehr als 20 Korrespondenten.

»GESCHICHTE DES FRÄULEINS VON STERNHEIM«.

Christoph Martin Wieland gab 1771 den modifizierten Briefroman Geschichte des Fräuleins von Sternheim seiner Freundin Sophie von La Roche heraus. Das Werk gilt als der erste deutsche ›Frauenroman‹. Es ist jedenfalls ein Roman, der, von einer Frau verfasst, eine Frau in den Mittelpunkt stellt und auf ein vorwiegend weibliches Publikum zielt. Wie bei Richardson handelt es sich um eine Geschichte der verfolgten Unschuld, behauptet sich die weibliche Tugend trotz aller Intrigen, Anfechtungen und Erniedrigungen. Das Tugend-Laster-Schema wiederholt sich dabei in der Kontrastierung von korruptem Hof- und sittlichem Landleben. Sophie von Sternheim hält an der optimistischen Aufklärungsmoral fest; trotz aller Enttäuschungen und seelischer Konflikte gibt es kein Verlieren in subjektivistischer Unbedingtheit. Und anders als Richardsons Tugendheldinnen nimmt das Fräulein von Sternheim die Schicksalsschläge nicht passiv hin, sondern betätigt sich aus der größten Erniedrigung heraus in praktischer und pädagogischer Menschenliebe.

Der Roman fand begeisterte Aufnahme bei den Stürmern und Drängern, die ihn als Bekenntnis lasen und gegen die vorsichtigen ästhetischen Einwände Wielands in der Vorrede in Schutz nahmen. Wie die Empfindsamen reagierten, lässt Caroline Flachslands Brief vom 14. Juni 1771 an Herder erkennen: »Ich habe indeßen auch [die] Geschichte der Fräulein von Sternheim gelesen. mein ganzes Ideal von einem Frauenzimmer! sanft, zärtlich, wohltätig, stolz und tugendhaft. und betrogen. Ich habe köstliche, herrliche Stunden beym Durchlesen gehabt. ach, wie weit bin ich noch von meinem Ideal von mir selbst weg!« La Roches Roman machte Schule. Der Briefroman wurde eine bevorzugte Ausdrucksform schreibender Frauen bis zur Romantik (Sophie Mereau, Amanda und Eduard, 1803). Dabei orientierten sich die Autorinnen allerdings nicht nur am Vorbild La Roches, sondern auch an der gesteigerten Subjektivität und Empfindsamkeit von Jean-Jacques Rousseaus Nouvelle Héloïse (1761) und Goethes Werther.

Sophie von La Roche in einer anonymen Pastellzeichnung, nach 1774.

BRIEFSTELLER

Briefsteller sind Anleitungen zum formgerechten Schreiben von Briefen. Sie lehren die Verfertigung von stilistisch und sozial korrekten Briefen, indem sie Schreibanweisungen und Regeln sowie Musterbriefe für alle wichtigen Schreibanlässe bereitstellen und dabei traditionellen rhetorischen Aufbauschemata folgen. In dieser Form erschienen im 17. und 18. Jahrhundert zahlreiche einschlägige Lehrbücher, nicht zuletzt auch im Zusammenhang mit der Propagierung eines weltmännischen, galanten Verhaltens (z. B. Christian Friedrich Hunold, Die Allerneueste Art Höflich und Galant zu Schreiben, 1702). Gellerts Forderung eines gesprächsnahen Briefstils (Briefe, nebst einer Praktischen Abhandlung von dem guten Geschmacke in Briefen, 1751) änderte nichts an der weiteren Verbreitung der Briefsteller.

WIRKUNGSGESCHICHTE

»WERTHER«

INDIVIDUUM UND GESELLSCHAFT. Als Goethes Roman *Die Leiden des jungen Werthers* 1774 erschien, löste er heftige Kontroversen aus. Er traf das Lebensgefühl der jüngeren Generation, die sich »in einem schleppenden, geistlosen, bürgerlichen Leben« (Goethe) gefangen sah und sich mit der radikalen Absage an die Gesellschaft und die moralisierende Aufklärungskultur identifizierte. Die Kritiker verurteilten gerade diese Radikalisierung des Individualismus, die den Suizid als einzigen Ausweg aus dem »Kerker« der Welt zu propagieren schien und jeden Versuch einer Versöhnung des Bruchs zwischen Individuum und Gesellschaft im Sinn einer aufgeklärten bürgerlichen Moral ausschloss. Daher sind auch Werthers Briefe nicht Mittel der Kommunikation, sondern zutiefst monologisch. Die Erfahrung der »Einschränkung« verweist ihn auf sich selbst: »Ich kehre in mich selbst zurück, und finde eine Welt.« Werthers Leiden an der Begrenztheit des Menschen (und des Künstlers) bleiben, auch wo er in emphatischen Aufschwüngen die Einheit mit der Natur beschwört. Und die hoffnungslose Liebe zu Lotte weckt in ihm zwar die großen, tiefen Gefühle; in ihrer Unbedingtheit führen sie aber nicht zur Befreiung aus der gesellschaftlichen Enge, sondern zur Selbstzerstörung. Die Ablösung der Homer- durch die schwermütige Ossianlektüre bereitet das Ende vor. Werther leiht sich die Pistolen von Lottes Verlobtem Albert, legt den blauen Frack mit gelber Weste an – die Kleidung, die er trug, als er auf einem Ball Lotte kennen lernte – und erschießt sich am Schreibtisch.

Die beliebte Meißener Werther-Tasse mit blau-gelbem Dekor. Die Motive sind nach den Roman-Illustrationen von Daniel Chodowiecki gearbeitet.

MISSVERSTÄNDNISSE. Dass Goethes Roman bereits eine Kritik an Werther impliziert, wurde vielfach übersehen. Weder verherrlicht der Roman die Empfindsamkeit, wie die Empfindsamen meinten, noch verteidigt er die Selbsttötung, wie man in Kreisen der kirchlichen Orthodoxie annahm. Es kam einerseits zu Verkaufsverboten – etwa durch die Stadt Leipzig am 30. Januar 1775 –, begleitet von heftigen Attacken durch Kirchenmänner (Hauptpastor Johann Melchior Goeze: »dieses, so weit ausgestreute giftige Unkraut [...]«), andererseits brach ein heftiges Werther-Fieber aus: Mit schlimmen Folgen, wo sich Selbstmörder auf Werthers Beispiel beriefen, harmlos, wo Szenen aus dem Roman auf Porzellan gemalt wurden oder sich junge Leute wie Werther ausstaffierten. Goe-

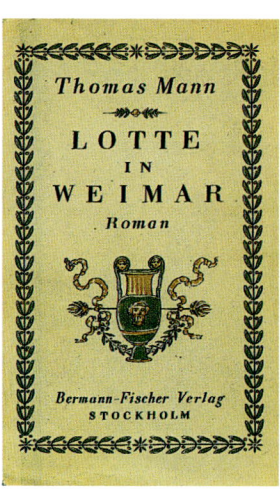

Lotte in Weimar. Ausgangspunkt des 1939 in Stockholm erschienenen Romans ist der Besuch der 63-jährigen »Hofrätin Witwe Charlotte Kestner, geb. Buff«, Werthers Lotte, im September 1816 in Weimar: über allem Biographischen und Pseudobiographischen hinaus eine facettenreiche Variation der Mannschen Thematik von Kunst und Leben, Leben und Geist.

Kolorierter Kupferstich des englischen Karikaturisten Thomas Rowlandson aus dem Jahr 1787: Der sensible Metzger und sein ebenso gefühlvoller Hund zerfließen vor Rührung über Werthers Geschichte, während die Metzgersgattin bei der Sache bleibt.

the selbst machte sich mit seinen Freunden 1775 im Werther-Kostüm auf die Reise in die Schweiz. Er war fortan – und noch für Napoleon – der Dichter des *Werther* und eine europäische Berühmtheit. Die Frage, was denn an der Geschichte »wahr« sei, ärgerte ihn sein Leben lang. Aus Rom schrieb er am 1. Februar 1788: »Hier sekkieren sie mich mit den Übersetzungen meines *Werthers* und zeigen sie mir und fragen, welches die beste sei, und ob auch alles wahr sei! Das ist nun ein Unheil, was mich bis nach Indien verfolgen würde.«

LITERATUR. Zu den unmittelbaren literarischen Folgen der Mode gehörten zahlreiche Werther-Nachahmungen im In- und Ausland, Werther-Moritaten, Bearbeitungen für das Theater und Parodien. Der Aufklärer Friedrich Nicolai schilderte die *Freuden des jungen Werthers* (1775), und auch Goethe schrieb eine parodistische Werther-Szene mit Werther und Lotte als Ehepaar nach dem missglückten Selbstmord (»Sauschuß«), obwohl er im Übrigen nach einer Umarbeitung von 1787 jede nähere Beschäftigung mit dem Werk vermied.

Zwei Jahrhunderte später nutzte Ulrich Plenzdorf in dem auf einem Filmskript basierenden Roman *Die neuen Leiden des jungen W.* (1973) Goethes Text als Folie für die Darstellung von Problemen in der DDR-Gesellschaft. Auch hier kollidiert das Lebensgefühl der Jungen mit dem der Väter, und Plenzdorfs Edgar Wibeau entdeckt in seinem Streben nach Selbstverwirklichung und in seinem Leben Parallelen zu Goethes Roman.

Ulrich Plenzdorf
Die neuen Leiden des jungen W.
Er schmeißt die Lehre, rennt von zu Hause fort und versteckt sich in einer Wohnlaube. Hier fühlt er sich frei, keine Sauberkeit, Ordnung, Pünktlichkeit, ohne Mutter, die das Briefgeheimnis bricht. Hier macht er Musik, „nicht irgendeinen Händelsohn Bacholdy, sondern echte Musik", singt und spielt ein Lied auf Blue Jeans. Schläft, malt und tanzt mit sich allein. Auf dem Nachbargrundstück lernt er Charlie kennen, die zwanzigjährige Kindergärtnerin.

Suhrkamp

FRIEDRICH NICOLAIS »FREUDEN DES JUNGEN WERTHERS« (1775)

»Indem kam der Knabe, der Werthers Zettelchen brachte, worin er Alberten um die Pistolen bat.
Albert las den Zettel. Murmelte vor sich: ›Der Querkopf!‹, ging in sein Zimmer, ergriff die Pistolen, lud sie selbst und gab sie dem Knaben. ›Da, bring sie‹, sagte er, ›deinem Herrn! Sage ihm, er soll sich gleichwohl damit in acht nehmen, sie wären geladen. Und ich ließe ihm eine glückliche Reise wünschen.‹ Lotte staunte. Albert erklärte ihr nun weitläufig, er gebe nach reifer Überlegung nicht auf die Ansprüche auf sie auf. Er wollte eine zärtliche wechselseitige Liebe nicht stören. […]
Werther erhielt indessen die Pistolen, setzte eine vor den Kopf, drückte los, fiel zurück auf den Boden. Die Nachbarn liefen zu, und weil man noch Leben an ihm verspürte, ward er auf seine Bette gelegt. […]
Albert: ›Guter Werther, bist 'n Tor! Wenn doch kalte Abstraktion nicht klüger wäre als versengte Einbildung. Da, lass dir 's Blut abwischen. Sah ich nicht, dass du 'n Querkopf warst und würd'st deinen bösen Willen haben wollen? Da lud ich dir die Pistolen mit 'ner Blase voll Blut. Es ist von 'nem Huhn, das du heute abend mit Lotte verzehren sollst.‹«

KRITIK VON UNTEN

Mit der negativen Einschätzung der zivilisatorischen Entwicklung in der Nachfolge Rousseaus stieg zugleich das Interesse am ›Volk‹, am ›Volkstümlichen‹ als dem Ursprünglichen (und daher Guten). So erkannte Johann Gottfried Herder in der unverbildeten Kraft der Volksdichtung, wie sie etwa in den mündlich überlieferten Volksliedern sichtbar wird, die Quelle für eine Erneuerung der Dichtung als unmittelbarem Erlebnisausdruck. Zugleich nutzte eine Reihe von Dichtern ›volkstümliche‹ Formen, um ihre Kritik an den herrschenden sozialen und politischen Verhältnissen umso wirkungsvoller aus der Perspektive des unterdrückten Volkes vorbringen zu können. Das geschieht häufig als Rollendichtung. Vehemente Anklagen von bisher unerhörter aggressiver Radikalität finden sich etwa bei Schubart (*Freyheitslied eines Kolonisten*, *Kaplied*, *Die Fürstengruft*), bei Voß in vaterländischen Liedern (»Dann trinken wir beim Freudenmahl, Triumph! Tyrannenblut«) und in der Idylle *Die Leibeignen* oder bei Bürger: »Du nicht von Gott, Tyrann!«, heißt es programmatisch am Schluss des Gedichts *Der Bauer. An seinen Durchlauchtigen Tyrannen*. Die Anmerkung eines englischen Magazins, »daß der Teutsche unter allen Nationen das beste Geschick zu einem Sklaven habe«, versieht Schubart mit dem ironischen Kommentar: »wahr ists, 's Gefühl der Freyheit ist unter uns Teutschen ziemlich erstorben. Aber es ist gewiß: weder Dummheit noch Phlegma, sondern reife Ueberlegung und Ordnungsliebe ists, die uns zur Subordination geschmeidig macht«.

Lavierte Federzeichnung von Victor Wilhelm Peter **Heideloff**: Schiller liest seinen Freunden im Bopserwald oberhalb von Stuttgart aus den *Räubern* vor; im Hintergrund Stuttgart.

STOFFE/THEMEN

FREIHEIT

ZIVILISATIONS- UND GESELLSCHAFTSKRITIK. Der Sturm und Drang war als Jugendbewegung zugleich Protestbewegung. Die zivilisationskritischen Gedanken Rousseaus über die Natur und einen hypothetischen Naturzustand, über den Menschen, der als natürliches Wesen ursprünglich gut gewesen sei, und über die menschliche Geschichte als Verfallprozess fielen auf fruchtbaren Boden. Die junge Generation sah sich in ihrem Streben nach Individualität, nach Selbstverwirklichung in jeder Beziehung eingeengt: durch gesellschaftliche Konventionen (Familie, Beruf), durch politische und administrative Institutionen, durch eine sämtliche Bereiche des bürgerlichen Lebens erfassende Reglementierungswut auf allen Verwaltungsebenen. Gegen diesen für die Gesellschaft der Frühen Neuzeit charakteristischen Prozess der Sozialdisziplinierung opponierend, erheben sich die ›großen Kerls‹ in den Dramen des Sturm und Drang, rühmt Justus Möser das Faustrecht als »ein Kunstwerk des höchsten Stils« im Gegensatz zum nivellierenden Rechtssystem der eigenen Zeit, ein Gedanke, der für Goethes Drama *Götz von Berlichingen mit der eisernen Hand* (1773) von Bedeutung wurde.

AMERIKA. Der nordamerikanische Unabhängigkeitskrieg (1775–83) fand große Resonanz in der deutschen Publizistik. Das hatte zum einen damit zu tun, dass hier zum ersten Mal die Gedanken der Aufklärung konkrete politische

Die Festung Hohenasperg aus dem 16. Jahrhundert mit verstärktem und erweitertem Mauergürtel des 17. Jahrhunderts diente unter Herzog Carl Eugen im 18. Jahrhundert als Gefängnis für politische Gefangene. Ansicht der Festung auf dem Weg von Möglingen her, kolorierte Radierung, um 1820.

Folgen hatten (Christoph Martin Wieland: »erster praktischer Triumph der Philosophie«), zum anderen erregte die Praxis deutscher Fürsten, durch den Verkauf von Soldaten an England ihre Kassen aufzubessern, großes Aufsehen. Schiller behandelte das Thema effektvoll in einer Szene von *Kabale und Liebe* (1784). Durchaus parteiisch begleitete Schubart in seiner *Deutschen Chronik* seit 1774 bis zu seiner Einkerkerung 1777 auf dem Hohenasperg die Vorgänge »Aus dem Lande der Freyheit«, wobei er keinen Hehl aus seiner Sympathie für die amerikanischen »Kolonisten« machte.

DIALEKTIK DER FREIHEIT. Auch Schiller nahm in seinen ersten Dichtungen soziale und politische Themen des Sturm und Drang auf. So enthält seine 1781 erschienene *Anthologie auf das Jahr 1782* das Rollengedicht einer Kindsmörderin auf dem Weg zum Richtplatz und eine satirische Abrechnung mit dem Despotismus (*Die schlimmen Monarchen*), die er dann in seinem »bürgerlichen Trauerspiel« *Kabale und Liebe* am besonders unaufgeklärten Beispiel Württembergs konkretisierte. Sein erstes Drama *Die Räuber* (1781) zeigt – neben der Sturm-und-Drang-Thematik der verfeindeten Brüder und des Vater-Sohn-Konflikts – einen Helden, der sich über die Einengung durch Konventionen und Gesetze beklagt und seinen Ekel »vor diesem tintenklecksenden Säkulum« zum Ausdruck bringt. Aber der grenzenlose, anarchische Freiheitsdrang und der Versuch des autonomen Selbsthelfers, das Gesetz in eigene Hände zu nehmen, macht schließlich der Einsicht in die Notwendigkeit von Gesetzen und Einschränkungen Platz, der Erkenntnis nämlich, dass »zwei Menschen wie ich den ganzen Bau der sittlichen Welt zugrund richten würden«.

Zwei Strophen aus Schubarts *Freyheitslied eines Kolonisten*:

Da seht Europens Sklaven an, | In Ketten rasseln sie! – | Sie braucht ein Treiber, ein Tyrann | Für würgbares Vieh.

Ihr reicht den feigen Nacken, ihr, | Dem Tritt der Herrschsucht dar? – | Schwimmt her! – hier wohnt die Freyheit, hier! | Hier flammt ihr Altar!

ZUR ENTSTEHUNG DES »NATHAN«

In einem Brief an seinen Bruder Karl schreibt Lessing am 11. August 1778: »Ich habe vor vielen Jahren einmal ein Schauspiel entworfen, dessen Inhalt eine Art Analogie mit meinen gegenwärtigen Streitigkeiten hat, die ich mir damals nicht träumen ließ.« Dieser Dramenentwurf basierte auf einer Geschichte aus Giovanni Boccaccios *Decamerone* (um 1350) mit der Überschrift *Der Jude Melchisedech entgeht durch eine Geschichte von drei Ringen einer großen Gefahr, die ihm Saladin bereitet hat* (I,3). Im *Nathan* erzählt der Titelheld das »Märchen« von den Ringen als Antwort auf die Frage nach der wahren Religion. Es handelt von einem Ring, dessen Stein die geheime Kraft besaß, »vor Gott | Und den Menschen angenehm zu machen, wer | In dieser Zuversicht ihn trug«. Der Ring wurde über Generationen hin immer auf den Lieblingssohn vererbt, bis sich schließlich ein Vater außerstande sah, einem seiner drei Söhne den Vorzug zu geben und daher zwei weitere, völlig gleiche Ringe anfertigen ließ. Boccaccio endet skeptisch mit der Ununterscheidbarkeit der Ringe, Lessing mit einer Herausforderung.
Und was die Frage nach der Offenbarung angeht, so teilt Lessing zwar Reimarus' Position nicht, aber orthodoxe Denkverbote und Festlegungen sind seine Sache erst recht nicht. Es geht ihm vielmehr um den Prozess der Wahrheitssuche auf der Grundlage der eigenen Vernunft.

STOFFE/THEMEN

RELIGION, AUFKLÄRUNG UND TOLERANZ

RELIGIONSKRITIK. Während die aufklärerische Religionskritik in Frankreich radikale Formen bis hin zur völligen Ablehnung von Christentum und Kirche annahm, vertraten die protestantischen deutschen Theologen und Philosophen der Aufklärung weitgehend die Vereinbarkeit von Vernunft und Offenbarung. Bemühungen um eine historisch-kritische Aufklärungstheologie setzten um 1740 ein (protestantische Neologie); die traditionellen Methoden der Bibelexegese wurden überprüft, legendenhafte und mythische Elemente aus den dogmatischen Lehrbüchern entfernt. Die orthodoxe Sicht der Bibel als eines in jeder Hinsicht unfehlbaren, weil wörtlich von Gott inspirierten Textes wurden als unhaltbar zurückgewiesen, biblische Aussagen konnten im Licht der geschichtlichen Bedingungen der Entstehungszeit der Texte interpretiert werden.

REIMARUS UND LESSING. Zu Kontroversen in der aufklärerischen Religionsdebatte führte die Rezeption von Gedanken des englischen Deismus. Dieser vertrat gegen den Offenbarungsglauben das Konzept einer natürlichen Religion, deren Grundsätze – Existenz Gottes, Pflicht zur Gottesverehrung, Moral, Glaube an die Unsterblichkeit – für das menschliche Heil ausreichten. Beeinflusst von diesen Vorstellungen war der Hamburger Gymnasiallehrer Hermann Samuel Reimarus. Er schrieb ein Buch über *Die vornehmsten Wahrheiten der natürlichen Religion* (1754) und hinterließ ein Manuskript (*Apologie oder Schutzschrift für die vernünftigen Verehrer Gottes*), das radikale Zweifel an der Wahrheit der Offenbarungsdokumente äußerte und die Jünger des Betrugs beschuldigte. Lessing publizierte von 1774 an Ausschnitte aus Reimarus' Werk als *Fragmente eines Ungenannten* und löste damit den ›Fragmentenstreit‹ mit orthodoxen Theologen wie dem Hamburger Hauptpastor Johann Melchior Goeze aus. Lessings Braunschweiger Landesherr beendete 1778 die polemische Auseinandersetzung, indem er die Lessing gewährte Zensurfreiheit aufhob und die Fortführung der Kontroverse untersagte.

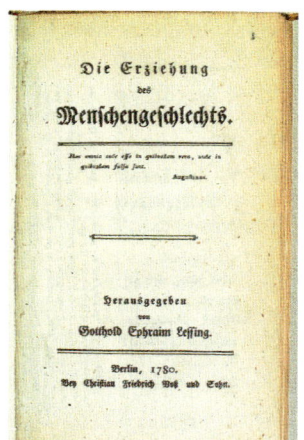

»NATHAN DER WEISE«. Lessings letztes Drama ist eine Reaktion auf dieses Verbot: »Ich muß versuchen, ob man mich auf meiner alten Kanzel, auf dem Theater wenigstens, noch ungestört

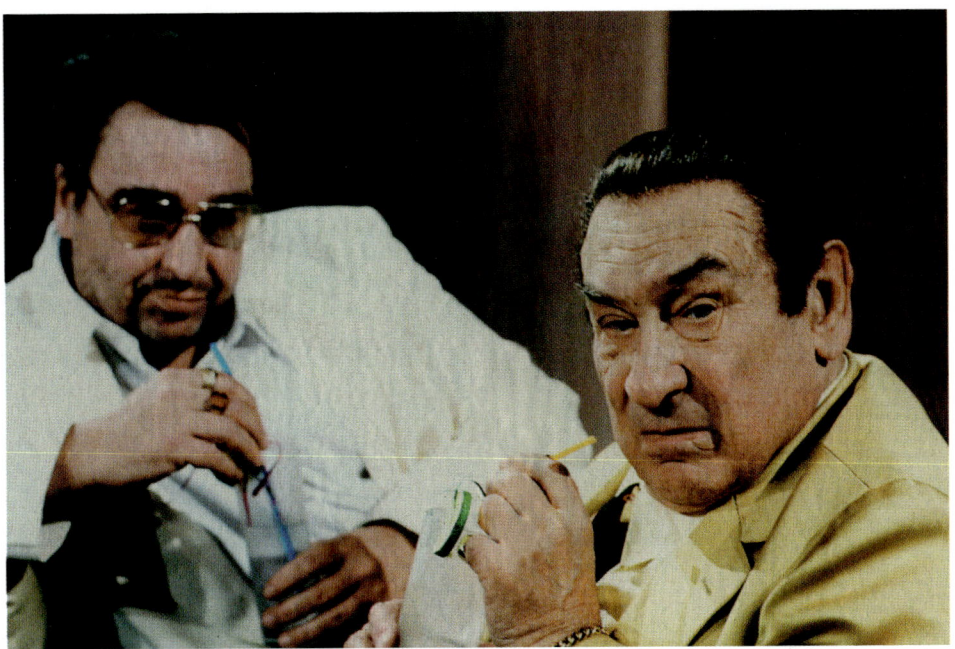

Nathan der Weise 2003 am Bayerischen Staatsschauspiel, München, in der Inszenierung von Elmar Goerden: Sultan Saladin (Oliver Nägele, links) im Gespräch mit Nathan (Rudolf Wessely).

will predigen lassen.« Die Mitte des Dramas um Sultan Saladin, einen Kreuzritter und den Juden Nathan und seine Pflegetochter Recha ist die berühmte Ringparabel. Nathan erzählt sie als Antwort auf die Frage nach der wahren Religion, und die Antwort bietet nicht die Gewissheit einer absoluten Wahrheit, sondern die unlösbare Frage nach der Echtheit der drei Ringe mündet in die Herausforderung zu einem von Toleranz und Humanität geprägten Handeln, zu einem Wettstreit um die rechte Wahrheit, der zur Überwindung alter Vorurteile und damit zur utopischen Wiederherstellung einer ursprünglichen Einheit führt: »Es eifre jeder seiner unbestochnen | Von Vorurteilen freien Liebe nach! | Es strebe von euch jeder um die Wette, | Die Kraft des Steins in seinem Ring' an Tag | Zu legen!« Diese Aufforderung zur Toleranz spiegelt sich in der Auflösung der Handlung des Stückes, die den Sieg von Frömmigkeit und Nächstenliebe über Vorurteil und Intoleranz zeigt und am Ende die Personen – und die Religionen – als Mitglieder einer Familie zusammenführt.

Die erste (missglückte) Aufführung des 1779 im Druck erschienenen Dramas fand 1783 in Berlin statt. Erst mit der Weimarer Inszenierung von 1801, eingerichtet von Schiller, setzte sich das Werk auf der Bühne durch. Es werde sich, schreibt Goethe, »lange erhalten, weil sich immer tüchtige Schauspieler finden werden, die sich der Rolle Nathans gewachsen fühlen. Möge doch die bekannte Erzählung, glücklich dargestellt, das deutsche Publikum auf ewige Zeiten erinnern, daß es nicht nur berufen wird, um zu schauen, sondern auch zu hören und zu vernehmen. Möge zugleich das darin ausgesprochene göttliche Duldungs- und Schonungsgefühl der Nation heilig und wert bleiben.« Im Dritten Reich wurde das Stück nicht gespielt.

Linke Seite: *Die Erziehung des Menschengeschlechts* (1780), Lessings theologisch-geschichtsphilosophische Schrift, z. T. im Zusammenhang mit den Reimarus-Fragmenten entstanden, führt die Gedanken des *Nathan* weiter und deutet die Offenbarung als göttliche Erziehungshilfe, die mit zunehmender Reife sich selbst entbehrlich macht. Die Offenbarungswahrheiten verwandeln sich in Vernunftwahrheiten: »Als sie geoffenbahret wurden, waren sie freilich noch keine Vernunftwahrheiten; aber sie wurden geoffenbahret, um es zu werden.« Am Schluss steht ein Ausblick auf die »Zeit eines *neuen ewigen Evangeliums*«, da der Mensch »das Gute tun wird, weil es das Gute ist«.

POETIK/LITERATURBETRIEB
TRIVIALROMAN

Illustration zu Christian August Vulpius' *Rinaldo Rinaldini der Räuberhauptmann* nach der Ausgabe von 1824.

PEST. Hundert Jahre nach dem etwas voreiligen Stoßseufzer des Schweizer Romanhassers Gotthard Heidegger, der 1698 ein »ohnendlich Meer« von Romanen (d.h. vierteljährlich »einer oder mehr«) über den deutschen Leser hereinbrechen sah, schrieb ein anderer Schweizer Kritiker durchaus realitätsnah für das ausgehende 18. Jahrhundert von etwa 300 neuen Romanen pro Jahr. Mit schlimmen Folgen: »So lange die Welt stehet, sind keine Erscheinungen so merkwürdig gewesen als in Deutschland die Romanleserey, und in Frankreich die Revolution. Diese zwey Extreme sind ziemlich zugleich mit einander großgewachsen, und es ist nicht ganz unwahrscheinlich, daß die Romane wohl eben so viel im Geheimen Menschen und Familien unglücklich gemacht haben, als es die so schreckbare französische Revo-

TRIVIALLITERATUR ist ein eher unscharfer bzw. verschieden definierter Begriff für die fiktionale Literatur, die sich durch andere ästhetische Zielsetzungen vom Bereich der ›hohen‹ Literatur und ihren Normen abgrenzt. Originalität, Innovation oder theoretische Reflexion sind ihre Sache nicht; vielmehr arbeitet sie seit dem 18. Jahrhundert mit schematisierten Gattungs-, Handlungs-, Darstellungs- und Stilmustern und entsprechend normierten Welt- und Menschenbildern. Diese Standardisierung erlaubt eine serielle Produktionsweise, die sich zunächst in Fortsetzungen erfolgreicher Romantypen, Romanserien oder Fortsetzungsromanen äußerte und im 20. Jahrhundert in der arbeitsteiligen, anonymen Massenproduktion von Roman- und Comic-Heften gipfelt. Hier liefern dann die Verlage selbst in ihren detaillierten Anweisungen an die Autoren die verbindliche ›Regelpoetik‹, die die für den Erfolg unabdingbare Gleichmäßigkeit der Produktion garantiert und so die Lesererwartungen und -bedürfnisse erfüllt. Die Trivialliteratur ermöglicht es dem Leser, seine Gefühlswelt zu entfalten und seine Wünsche zu erfüllen, indem er in der Phantasie »eine Korrektur der unbefriedigten Wirklichkeit« vornimmt (Sigmund Freud). Ihre massenhafte Rezeption erlaubt die Annahme, dass hier geistige Grundbedürfnisse einer großen Leserschicht befriedigt werden.

lution öffentlich thut«, heißt es 1795 in dem Pamphlet *Appel an meine Nation. Über die Pest der deutschen Literatur* des Schweizer Buchhändlers Johann Georg Heinzmann. Wenn auch die verbreitete Kritik an der angeblichen »Lesewut« ideologischen Charakter hat, bleibt das Faktum einer Veränderung der Lesegewohnheiten und einer (allerdings durchaus beschränkten) Zunahme des lesenden Publikums. Damit korrespondiert ein rapider Anstieg der Produktion unterhaltender Erzählliteratur in den letzten Jahrzehnten des 18. Jahrhunderts. Die Folge war eine deutliche Spaltung zwischen einer ästhetisch hochstehenden Literatur für eine Elite und einer (tendenziell) massenhaften Unterhaltungsliteratur für die Bedürfnisse eines größeren Publikums, wobei es allerdings durchaus Abstufungen und Übergänge gibt.

Heftchenroman 2004, für dessen Heldin freundlicherweise ein anderer Arzt-Serienheld wirbt.

ERZÄHLMUSTER. Die Ende des 18. Jahrhunderts entstandenen Muster des Trivialromans waren sehr erfolgreich und wirkten lange weiter. Zu den beliebtesten Genres gehörten Räuber- und Ritterromane, Schauerromane, Geschichtsromane und sentimentale Familien- und Liebesromane. Einer der berühmtesten Autoren war August Heinrich Julius Lafontaine, der neben der rührselig-erbaulichen Liebesgeschichte französischer Emigranten *Klara du Plessis und Klairant* (1794) rund 100 weitere Liebes- und Familienromane schrieb. Zu den erfolgreichsten deutschen Romanen überhaupt zählt *Rinaldo Rinaldini der Räuberhauptmann* (1797) von Christian August Vulpius, eine Mischung aus unpolitisch-edler Räuberromantik, schaurig-schönen Stimmungsbildern, Weltschmerz und Zivilisationsmüdigkeit. Ein repräsentatives und äußerst erfolgreiches Beispiel bewusst verfertigter Trivialliteratur ist H. Claurens *Mimili* (1816), eine Erzählung, in der sich folkloristischer Alpenkitsch, Empfindsamkeit, idyllisch verbrämte Lüsternheit, Patriotismus und Franzosenfeindlichkeit aufs Schönste verbinden. Heinrich Heine meinte, man werde »in keinem Bordell eingelassen«, wenn man nicht Clauren gelesen habe.

WECHSELWIRKUNGEN. Einerseits: Der Ritterroman mit seinem Interesse für das Mittelalter und für große Kerle, die das Gute mit Faust und Schwert gegen eine Welt von Schurken verteidigen, verdankte seine Entstehung nicht zuletzt Goethes Drama *Götz von Berlichingen* (1773). Und das bekannte Sujet vom edlen Räuber, der sich über die korrumpierte öffentliche Ordnung stellt und als Beschützer, Wohltäter und Rächer der Armen auftritt, erhielt durch Schillers Schauspiel *Die Räuber* (1781) neue Aktualität, die sich auch in der Romanproduktion niederschlug. Andererseits erwies sich die Trivialliteratur als ergiebiges Stoff- und Motivreservoir für die ›Hochliteratur‹. Besonders ausgeprägt ist die Wirkung des Schauerromans: Hier bedienten sich u. a. Ludwig Tieck, der in seiner Schulzeit selbst an der fabrikmäßigen Produktion von Trivialromanen beteiligt war, Jean Paul und E. T. A. Hoffmann.

Linke Seite unten: **Johann Peter Hasenclever,** *Die Sentimentale,* 1846. Aufgeschlagen sind Goethes *Leiden des jungen Werthers* (1774) und Claurens *Mimili* (1816). Die sentimentale *Werther*-Rezeption mit ihren tränenseligen Auswüchsen (z. B. bei Johann Martin Miller) und ihren kunstgewerblichen Folgen hatte durchaus triviale Züge, einen Umstand, den das Bild durch die Zusammenstellung mit *Mimili* kommentiert.

GOETHES »ITALIENISCHE REISE«

Die ersten beiden Teile der *Italienischen Reise* erschienen 1816–17 unter dem Obertitel *Aus meinem Leben*, den auch seine Autobiografie *Dichtung und Wahrheit* (1811–14) trägt. Als er 1829 die *Italienische Reise* um einen dritten Teil vermehrte (*Zweiter römischer Aufenthalt*), ließ er den Obertitel weg. Anders als *Dichtung und Wahrheit* sind die ersten beiden Teile der *Italienischen Reise* kein Alterswerk. Sie beruhen auf Briefen und Tagebuchaufzeichnungen aus der Zeit der Reise, z. B. dem Reisetagebuch für Frau von Stein, und reflektieren durchaus die Aufbruchsstimmung dieser Jahre. Gleichwohl hat der in großem zeitlichem Abstand bearbeitete Text mit seinen Streichungen (von allzu privaten Umständen), Umstellungen und neuen Akzentuierungen den Charakter eines stilisierten Erzählwerks, das den Reiseerlebnissen nicht ohne Verklärung eine entscheidende Funktion im Prozess der Selbstfindung gibt. Die *Italienische Reise* gehörte zu den beliebtesten Werken Goethes. Sie gab der deutschen Italiensehnsucht ein Modell, das bei bildungsbeflissenen Bürgern weiten Anklang fand: *Goethe unser Reisebegleiter in Italien*.

STOFFE/THEMEN

ITALIEN

GEGENWART UND VERGANGENHEIT. Das deutsche Interesse an der italienischen Kultur blieb während der gesamten Frühen Neuzeit ungebrochen, auch wenn die Reformation mit ihrer Kritik an ›Rom‹ gelegentlich das Bild trübte. Im späten 17. Jahrhundert jedoch verlor Italien, gezeichnet von wirtschaftlichem und kulturellem Niedergang, seine Attraktivität; Frankreich und England boten die nun vorbildlichen Zivilisationsmodelle.

Während die italienische Kultur der Renaissance und des Barock mehr und mehr in Vergessenheit geriet, fand Italiens Vergangenheit neues Interesse, nicht zuletzt ausgelöst durch die Ausgrabungen in Herculaneum und Pompeji seit 1737 bzw. 1748. Reisen nach Italien galten nun diesen Ausgrabungen und anderen Zeugnissen der Antike. Zur sinnlichen Erfahrung wurden die antiken Zeugnisse der Architektur und bildenden Kunst für Johann Joachim Winckelmann. Die Antike und die neu interpretierte antike Kunst (›edle Einfalt und stille Größe‹) wurde zu einem wesentlichen Bestandteil des Italienbildes. Dazu kamen, beeinflusst von der zeitgenössischen Klimatheorie, Vorstellungen von dem wohltuenden Einfluss eines Lebens »unter einem glücklichen Klima« (Karl Philipp Moritz) und das sinnliche Erlebnis der italienischen Landschaft, wie es Wilhelm Heinse in seinem Künstlerroman *Ardinghello und die glückseeligen Inseln* (1787) vitalistisch überhöhte. Neapel: »[…] und bei uns, hinter dem schüchternen Portici, in schrecklicher Majestät Vesuv. Ein echter wonneschäumender Becher rundum, dieser große Meerbusen! Hier schwimmt alles und schwebt in Lust, im Wasser, am Ufer und auf den Straßen. Die Feuermassen scheinen dies Land der Sonne näherzurücken; es sieht ganz anders als die übrige Welt aus. […] Immerwährender Frühling, Schönheit und Fruchtbarkeit von Meer und Land, und Gesundheit von Wasser und Luft.«

Der Landschaftsmaler Jacob Philipp Hackert schuf 1780 eine Folge von *Zehn Aussichten von dem Landhause des Horaz*, das in den Sabinerbergen bei Rom lag. Unter diesen Gouachen befindet sich auch die hier abgebildete Ansicht einer der Quellen des Flusses Licenza auf dem Mons Lucretilis. Hackert gehörte zum Freundeskreis Goethes in Italien, der bei ihm auch Mal- und Zeichenunterricht nahm.

Seite aus Rolf Dieter Brinkmanns *Rom. Blicke* (1979).

WIEDERGEBURT. Nachdem er sich am 3. September 1786 heimlich aus Karlsbad fortgestohlen hatte, erreichte Goethe – »Filippo Miller, Tedesco, Pittore« – am 29. Oktober Rom: »und ich zähle einen zweiten Geburtstag, eine wahre Wiedergeburt, von dem Tage, da ich Rom betrat.« Goethes italienische Reise ist keine traditionelle Bildungsreise mit dem Ziel, das Wissen zu vermehren. Es geht um die Überwindung der privaten und künstlerischen Krise, um Selbstbildung, um das Finden der eigenen Persönlichkeit in der Begegnung mit einer neuen Welt. Natur, menschliche Gesellschaft und Kunst sind die Themen, die ihn vor allem beschäftigen. Sinnliche Erfahrung der Natur und Naturstudien gehen Hand in Hand. Hier in Italien findet er, fern vom kalten, nassen Norden mit seinem sauren Obst, sein Arkadien. Und in Palermo notiert er: »Italien ohne Sizilien macht gar kein Bild in der Seele: hier ist erst der Schlüssel zu allem.« Im öffentlichen botanischen Garten von Palermo, der ihn »ins Altertum versetzt«, liest er Homers *Odyssee*, und das sinnliche Erlebnis der ›antiken‹ mediterranen Natur und Landschaft – nicht das der Kunst – führt ihn zu einem ganzheitlichen Erlebnis der Antike und inspiriert ihn zu dichterischen Plänen und Arbeiten.

ANDERE ITALIENISCHE REISEN

Nicht alle Italienreisenden waren Kunstreisende. So sah der Aufklärer Johann Gottfried Seume (*Spaziergang nach Syrakus im Jahre 1802*, 1803) das antike Italien nur als Folie, vor der die Unzulänglichkeiten und die Armut der Gegenwart, verschuldet von der Kirche und den Feudalherrn, nur umso sichtbarer werden. Rom erschien ihm als »Kloake der Menschheit«. Und 170 Jahre später, 1972, bricht Rolf Dieter Brinkmann nicht aus eigenem Antrieb nach Rom auf, sondern weil das Stipendium für den Aufenthalt in der Villa Massimo braucht, um seine Familie zu ernähren. Sein ›Tagebuch‹, postum 1979 unter dem Titel *Rom. Blicke* veröffentlicht, ist eine Collage aus eigenen Texten (Eindrücke, Erlebnisse, Beobachtungen, Reflexionen) und den verschiedensten Materialien (Fotos, Stadtpläne, Fahrkarten usw.). Es entsteht ein widerspruchsvolles, vielfältiges Bild der Stadt; der Italienromantik begegnet Brinkmann mit dem Satz: »Dieses Arkadien ist die reinste Lumpenschau.« Zugleich ist das Buch aber auch eine Abrechnung mit dem westdeutschen Literaturbetrieb: Was sich von diesem in seiner Außenstelle, der Villa Massimo, zeigt, bleibt dem Einzelgänger im westdeutschen Literaturbetrieb in seiner Suche nach einer »totalen Individualität« verhasst.

GATTUNG

DRAMA, KLASSISCHER FORM SICH NÄHERND

GOETHE hatte in einem Brief an Schiller vom 19. Januar 1802 seine *Iphigenie* als »ganz verteufelt human« bezeichnet. Auf dieses Paradox geht Theodor W. Adorno – im Anschluss auch an einen Vortrag Arthur Henkels – in seinem Aufsatz *Zum Klassizismus von Goethes Iphigenie* (1967) ein:
»Der Konflikt des zivilisierten, an Zivilisation erstarkten und durch sie geschwächten Subjekts mit der Zivilisation ist der des Tasso. Sein tragisches Ende – Goethe vermied weise das Wort und redete abermals von Schauspiel – entschleiert, daß das befreite Subjekt frei nicht zu leben vermag in der bürgerlichen Gesellschaft, die Freiheit ihm vorgaukelt. Einzig im Untergang wird sein Recht bekräftigt. Die Antinomie in der Iphigenie ist noch nicht ebenso manifest. Sie verlagert sich auf den Zusammenprall zweier Völker aus zwei Weltaltern. Zivilisation, die Phase des mündigen Subjekts, überflügelt die mythischer Unmündigkeit, um dadurch schuldig an dieser zu werden und in den mythischen Schuldzusammenhang hineinzugeraten. Zu sich selbst, und zur Versöhnung, gelangt sie nur, indem sie sich negiert, durchs Geständnis, das die kluge Griechin dem humanen Barbarenkönig ablegt. Es gibt den selbsterhaltenden Geist ihrer Zivilisationsgenossen preis. Auch um solcher Dialektik willen ist die Humanität der Iphigenie verteufelt; human wird sie erst in dem Augenblick, in dem Humanität nicht länger auf sich und ihrem höheren Recht beharrt.« (*Gesammelte Schriften*, Bd. 11, 1974)

FORMFRAGEN. Der Weg Goethes und Schillers zur Klassik führt von der offenen Form der Sturm-und-Drang-Dramatik wieder zurück zum ›regelmäßigen‹ Versdrama. Bei Schiller bildet der *Don Karlos* (1787) den Übergang von den Jugenddramen zu seinen späteren klassischen Dramen. Wie sich das ursprünglich geplante »Familiengemälde in einem fürstlichen Haußße« zum politischen Drama der Freiheit und Menschlichkeit wandelte, so gewann Schiller mit der Abkehr von der Prosa und der Hinwendung zum Blankvers die geeignete objektivierende Form für die großen programmatischen Auseinandersetzungen des Dramas. Für Goethe bedeutete die Reise nach Italien den entscheidenden Einschnitt. Hier fanden seine großen Dramen *Egmont*, *Iphigenie auf Tauris* und *Torquato Tasso* ihre endgültige Gestalt. Dabei nimmt das bereits 1774–75 begon-

Anselm Feuerbach, *Iphigenie*, 1871.

nene Trauerspiel *Egmont* (1788) formal und inhaltlich eine Übergangsstellung ein, während *Iphigenie* und *Tasso* mit ihrer vollendeten Verssprache, der Geschlossenheit und Symmetrie des Aufbaus, verbunden mit einem weitgehenden Verzicht auf äußere Handlung, in exemplarischer Weise die klassische Dramenform verwirklichen.

HUMANITÄT. *Iphigenie auf Tauris* (1787) gilt als programmatisches Werk der Weimarer Klassik und ihres Humanitätsideals. Als Quintessenz der humanen Botschaft werden häufig Verse zitiert, die Goethe 1827 einem Orest-Darsteller widmete: »Alle menschliche Gebrechen | Sühnet reine Menschlichkeit.« Iphigenie erscheint als Priesterin der Humanität, die in ihrem Exil bei den ›Barbaren‹ die Menschenopfer abgeschafft hat; sie heilt ihren Bruder Orest, den Muttermörder, vom Wahnsinn und durchbricht die Wirkung des auf dem Geschlecht der Tantaliden liegenden Fluchs. In einem Monolog fordert sie die Götter heraus, dem Vertrauen zu entsprechen, das sie mit ihrem Eintreten für eine humane Lebensordnung auf sie gesetzt hat: »Rettet mich | Und rettet euer Bild in meiner Seele!« Und indem sie Thoas, dem König der Taurier, ihren Fluchtplan gesteht, gibt sie im Vertrauen auf seine Humanität sich, Orest und Pylades in seine Hände. Wobei Thoas, der sich großmütig zeigt und seiner Leidenschaft entsagt, die Ironie in ihrem Ansinnen nicht entgeht: »Du glaubst, es höre | Der rohe Skythe, der Barbar, die Stimme | Der Wahrheit und der Menschlichkeit, die Atreus, | Der Grieche nicht vernahm?«

Georg Melchior Kraus, *Corona Schröter als Iphigenie, Goethe als Orest in Iphigenie auf Tauris*. Die erste Aufführung des Stücks fand am 6. April 1779 in Weimar statt. Es handelte sich um die Prosafassung des Dramas; seine endgültige Gestalt nahm es erst in Italien an (Erstdruck 1787). Die genaue Entstehungszeit des Gemäldes – zwischen 1779 und 1801 – ist nicht bekannt.

KÜNSTLER UND GESELLSCHAFT. Kommt es in der *Iphigenie* zu einem Ausgleich auf Kosten der ›Barbaren‹, so führt der dramatische Konflikt in *Torquato Tasso* (1790), die »Disproportion des Talents mit dem Leben« (Goethe), zum Scheitern. Tasso ist ein Künstlerdrama. Der Dichter erscheint als ›gesteigerter Werther‹, der sich am Hof seines Mäzens, des Herzogs von Ferrara, nicht zurechtfindet, Symbole – wie seine Krönung mit einem Lorbeerkranz – missversteht, höfische Sitten und Konventionen verletzt, sich in Wahnvorstellungen steigert und von der geliebten Prinzessin, die er zu umarmen wagt, in die Schranken gewiesen wird. Als Gegenspieler erscheint der im Lauf der Arbeit an dem Stück aufgewertete tätige Staatsmann Antonio, an den sich der gebrochene Dichter am Ende Halt suchend klammert. Ob das eine neue Selbsttäuschung Tassos oder wirkliche Hoffnung andeuten soll, bleibt in diesem Seelendrama um das prekäre Verhältnis von Künstler und Gesellschaft offen.

Goethes *Iphigenie auf Tauris* in der Inszenierung von Claus Peymann 1977 am Staatstheater Stuttgart: Thoas (Branko Samarovski) und Iphigenie (Kirsten Dene).

ZEITRAUM

REVOLUTION UND RESTAURATION 1789–1832

Freiheitsbaum mit Jakobinermütze und dem Schild: »Passans cette terre est libre« (»Vorübergehende, dieses Land ist frei«). Aquarellierte Zeichnung von Goethe (1792); die Autorschaft ist nicht unumstritten.

1789–95 Französische Revolution
1792–97 Erster Koalitionskrieg (Österreich und Preußen gegen Frankreich)
1799 Nach einem Staatsstreich bildet Napoleon, als Erster Konsul auf zehn Jahre gewählt, die Regierung; Militärdiktatur; bis 1802 Zweiter Koalitionskrieg: Neuordnung Italiens
1803 Reichsdeputationshauptschluss: Säkularisation aller geistlichen Gebiete (außer Mainz)

DAS ENDE DES ALTEN REICHS. Mit den Revolutionen in Nordamerika und Frankreich und ihren programmatischen Verlautbarungen – Virginia Bill of Rights, Unabhängigkeitserklärung von 1776, Erklärung der Menschenrechte von 1789 – fanden die Ideen der Aufklärung ihren Niederschlag auch in der Politik. Die Mehrheit der deutschen Gebildeten begrüßte zunächst die Französische Revolution, wenn sie auch nicht an eine Übertragung auf Deutschland dachten. Gleichwohl veränderte die Französische Revolution die Verhältnisse im Reich wie in ganz Europa tief greifend. Das Deutsche Reich löste sich unter dem Druck Napoleons auf, der mit der Bildung des Rheinbundes in die deutschen Verhältnisse eingegriffen und sich Verbündete gegen Österreich und Preußen geschaffen hatte. Die süd- und südwestdeutschen Territorien profitierten dabei enorm durch die Säkularisation von Kirchengütern. Dazu gab es Standeserhöhungen; Bayern und Württemberg wurden zu Königtümern, Baden und Hessen-Darmstadt zu Großherzogtümern erhoben.

NATIONALE REAKTION. Die französische Vorherrschaft, die mit dem Frieden von Tilsit 1807 ihren Höhepunkt erreicht hatte, löste ungeachtet der damit verbundenen rechtlichen und sozialen Errungenschaften eine entschieden nationale Reaktion in Literatur, Philosophie und Publizistik aus. Sie nahm nicht selten chauvinistische Züge an (Ernst Moritz Arndt, Friedrich Ludwig Jahn) und führte zu einer Mythisierung des Volksbegriffs, wenn sie nicht gar in einer quasiphilosophischen Überhöhung des Nationalbewusstseins einer einzigartigen Rolle der Deutschen in der Weltgeschichte das Wort redete (Johann Gottlieb Fichte, *Reden an die deutsche Nation*, 1807–08). Zu den unerfreulichsten Dokumenten dieser Art zählt Jahns ideologische Hauptschrift *Deutsches Volkstum* (1810) mit ihrer Berufung auf einen biologisch geprägten Volkstumsbegriff und ihrem maßlosen Nationalismus, der weit über den aktuellen Anlass hinausging. Zur Stärkung der »Hochgedanken Volk, Deutschheit und Vaterland« propagierte Jahn ein Erziehungsprogramm (»Anerziehung zum Volkstum«), das nichts auslässt: Volkstracht statt Mode, Volksfeste, »Volkstumdenkmäler«, Sprachreinigung, »volkstümliche Bücher« (»Verflucht der Schriftsteller, der sein Volkstum vor dem Ausland schmäht«), Ehe (»Der Mann im Vollsinn des Wortes liebt nur das *weibliche Weib* […]«) usw. Auf der politischen Ebene hatte die Niederlage gegen Napoleon vor allem in Preußen die Einsicht in die Notwendigkeit innerer Reformen in Staat (Freiherr Karl vom Stein, Karl August von Hardenberg), Heer (Gerhard von Scharnhorst) und Bildung (Wilhelm von Humboldt) geweckt.

ENTTÄUSCHUNG. Der Zusammenbruch der napoleonischen Herrschaft nach der Katastrophe des Russlandfeldzugs und den Befreiungskriegen brachte nicht die von den nationalen und liberalen Kräften Deutschlands erhofften Ergebnisse. Der Wiener Kongress, auf dem die Neuordnung Europas verhandelt wurde, orientierte sich an den Vorstellungen der vorrevolutionären Zeit. Politisch mündete das in der Gründung des Deutschen Bundes, eines losen Verbandes von 41 souveränen Einzelstaaten und Reichsstädten, ideologisch in der Wiederbelebung des fürstlichen Absolutismus und der Unterdrückung liberaler und nationaler Bestrebungen. Nach dem Wartburgfest der Deutschen Burschenschaft 1817 mit den Forderungen nach Freiheit und Einheit und der Ermordung des in russischen Diensten stehenden Schriftstellers August von Kotzebue durch einen Burschenschafter (1819) kam es zu Verboten (der Burschenschaften, des Turnens), Verfolgungsmaßnahmen gegen Liberale und Nationale (›Demagogenverfolgungen‹) und verschärfter Zensur. Dieses Klima der Unterdrückung prägte die deutschen Verhältnisse bis 1848, nur kurz unterbrochen durch die Auswirkungen der französischen Julirevolution (1830), die zu einer rasch wieder erstickten Wiederbelebung nationaler und liberaler Aktivitäten führte (Hambacher Fest 1832).

1804 *Code Napoléon* (*Code civil*); Krönung Napoleons zum Kaiser
1805 Dritter Koalitionskrieg; Einzug Napoleons in Wien. Die Seeschlacht bei Trafalgar sichert die britische Seeherrschaft
1806 Gründung des Rheinbundes durch 16 süd- und westdeutsche Fürsten unter dem Protektorat Napoleons. Ende des Heiligen Römischen Reiches Deutscher Nation
1806–07 Zusammenbruch Preußens im Vierten Koalitionskrieg
1809 Die österreichische Erhebung endet mit einer Niederlage
1812 Gescheiterter Russlandfeldzug Napoleons
1813–15 Befreiungskriege
1814–15 Wiener Kongress; Neuordnung Europas
1815 Gründung des Deutschen Bundes; Gründung der Deutschen Burschenschaften in Jena
1819 Ermordung des Diplomaten und Schriftstellers August von Kotzebue durch den Burschenschafter Karl Ludwig Sand. In den Karlsbader Beschlüssen werden die Grundlagen für eine repressive Innenpolitik gelegt
1821–29 Griechischer Freiheitskampf
1830 Juli-Revolution in Frankreich; der ›Bürgerkönig‹ Louis-Philippe, Herzog von Orléans, tritt die Herrschaft an (bis 1848). Erste Eisenbahn von Liverpool nach Manchester
1832 Goethe stirbt

Sitzung des Wiener Kongresses. Kupferstich von Jean Godefroy (1819) nach einer Zeichnung von Jean-Baptiste Isabey, der als Pariser Hofkünstler der französischen Delegation angehörte.

1789 5. Mai: Eröffnung der Versammlung der Generalstände in Versailles; 14. Juli: Sturm auf die Bastille; 4./5. August: Abschaffung der Feudalrechte; 16. August: Erklärung der Menschenrechte
1791 Juni: Fluchtversuch König Ludwigs XVI.; 3. September: Neue Verfassung (konstitutionelle Monarchie)
1792 10. August: Sturm auf die Tuilerien und Gefangennahme der königlichen Familie als Reaktion auf ein Manifest des Herzogs von Braunschweig, das zur Befreiung des Königs aufgefordert hatte; 21. September: Absetzung des Königs, Frankreich wird Republik
1793 21. Januar: Hinrichtung Ludwigs XVI.; Juli: Beginn der ›Schreckensherrschaft‹
1794 27./28. Juli: Sturz Robespierres; September: Schließung des Revolutionstribunals und der politischen Klubs; Verbot der Marseillaise
1795–99 Regierung des Direktoriums
1799 Staatsstreich Napoleons

J. A. Le Campion, *Schleifung der Bastille*. Farbaquatinta, 1789.

STOFFE/THEMEN

DIE FRANZÖSISCHE REVOLUTION

REVOLUTIONSREISENDE. »Vierundzwanzig Millionen Sklaven werden das Joch der Unterdrückung mutig abschütteln und aus gemißhandelten Lasttieren *Menschen* werden! Wohl uns, daß wir diese große Weltbegebenheit erlebt haben! Meine Gefährten und ich eilen, sosehr wir können, um wenigstens den zweiten Akt derselben anzusehen«, schrieb Joachim Heinrich Campe 1790 in seinen begeisterten *Briefen aus Paris zur Zeit der Revolution*. Den ersten Akt, den Ausbruch der Revolution, hatten er und seine Begleiter, darunter der junge Wilhelm von Humboldt, versäumt. Geschichte unmittelbar zu erleben, war auch das Motiv zahlreicher anderer Reisender, die sich in der ersten Phase der Revolution auf den Weg machten: »Schon so lange umtönte uns das ferne Rauschen des gallischen Freiheitskatarakts. Warum sollten wir nicht näher gehen?«, fragte rhetorisch der Oldenburger Justizrat Gerhard Anton von Halem, einer der Parisreisenden des Jahres 1790. Die Stimmen waren in dieser Phase überwiegend positiv; man erkannte in den Errungenschaften der Revolution und ihrem Programm der Freiheit, Gleichheit und Brüderlichkeit die Frucht aufklärerischen Denkens. Die Radikalisierung der Revolution 1793–94 (›Schreckensherrschaft‹) dämpfte dann allerdings den Enthusiasmus. Das zeigen auch die Schriften deutscher Jakobiner, die als Emigranten nach Frankreich gingen oder wie Georg Forster nach dem Scheitern der Mainzer Republik (1793) dort blieben und

nun unter den neuen Bedingungen differenzierter über die Revolution und die Diskrepanz zwischen Theorie und politischer Praxis urteilten.

DIE DICHTER UND DIE REVOLUTION. In gewisser Weise antwortet die gesamte Literatur der Epoche, nicht nur die ausgesprochen politische, auf die große Umwälzung in Frankreich. Das gilt ganz unmittelbar für die Revolutionslyrik Friedrich Gottlieb Klopstocks, der die revolutionären Ereignisse zunächst bewundernd, dann enttäuscht mit Oden und Elegien begleitet. Und es gilt neben vielen anderen für die Republikaner Jean Paul und Friedrich Hölderlin, aber ebenso für Schiller und den entschiedenen Skeptiker Goethe, die alle auf komplexe Weise auf das Geschehen reagieren. Dabei reflektieren sie auch die inneren Widersprüche der Revolution, die Gefahren einer absolut gesetzten Vernunft, den Umschlag der Freiheit in Despotie und die Grenzen, die die anthropologischen und gesellschaftlichen Gegebenheiten setzen.

> Anlässlich der Errichtung des Freiheitsbaumes in Mainz am 13. Januar 1793 schrieb Friedrich Lehne nach »der Melodie des Marsches der Marseiller« ein *Lied freier Landleute*. Hier die erste Strophe:
>
> Wohlan! es geht! es ist gegangen!
>   Uns segnet Gottes Vater-Blick;
> Laßt Sklaven vor Despoten bangen!
>   Die feige Brut verdient kein Glück.
> Laßt uns der Freiheit würdig werden!
>   Sie ist des Menschen bestes Gut,
>   Und fließt für sie auch all' sein Blut –
> Genießt sein Sohn doch Glück auf Erden.
>   Wohlan! die Wahl ist leicht!
>   Nur Freiheit oder Tod!
>   Weh' dem! Fluch dem!
> Der je es wagt und unsrer Freiheit droht!

Schiller etwa, seit 1792 Ehrenbürger Frankreichs und durchaus Anwalt der Freiheit und der Menschenrechte, argumentierte kritisch, dass die Menschheit noch nicht die notwendige Entwicklungsstufe erlangt habe, dass »derjenige noch nicht reif ist zur *bürgerlichen* Freiheit, dem noch so vieles zur *menschlichen* fehlt«. Aus dieser Erkenntnis resultierte dann sein Programm der ästhetischen Erziehung des Menschen von 1795. Goethe war der Überzeugung, dass gewaltsame Veränderungen nicht den auf evolutionäre Entwicklung angelegten Gesetzen der Natur entsprächen und dass eine Revolution in Deutschland wegen der spezifischen politischen Verhältnisse und des Mangels an gesellschaftlicher Bildung kaum Erfolgschancen hätte. In seinem dichterischen Werk setzte er sich immer wieder mit diesen Themen auseinander. Aber seine Zurückhaltung wollte er nicht so ausgelegt haben, als sei er ein »Freund des Bestehenden« gewesen; Revolutionen seien nie die Schuld des Volkes, »sondern der Regierung«, notierte sein Sekretär Johann Peter Eckermann 1824.

JAKOBINISCHE LITERATUR

Die deutschen Anhänger der Französischen Revolution entfalteten eine rege literarische und publizistische Tätigkeit. Für ihre Hervorbringungen hat man die Bezeichnung Jakobinische Literatur geprägt, benannt nach den radikalen französischen Republikanern. Im Gegensatz zur klassischen Dichtungsauffassung und ihrem Konzept der ästhetischen Erziehung verstanden sich die deutschen ›jakobinischen‹ Autoren als politische, räsonierend eingreifende Schriftsteller, die – angeregt durch die Zustände in England und die Revolutionen in Amerika und Frankreich – Staatsangelegenheiten zu einer öffentlichen Sache zu machen suchten. Die Wirkung auf den ›gemeinen Mann‹ war, wie das Beispiel der Mainzer Republik 1792/93 zeigt, eher gering. Neben journalistischen Medien (Zeitung, Flugblatt) nutzten die Jakobiner zur Propagierung ihrer Vorstellungen Formen wie Reisebericht, Reiseroman und satirischer Roman sowie die politische Lyrik. Zu den Autoren zählen u. a. Joachim Heinrich Campe, Georg Forster, Adolph Freiherr von Knigge und Andreas Georg Friedrich Rebmann.

Daniel Chodowiecki, *Hermann und Dorothea auf der Flucht*, Kupferstichillustration zu Goethes *Hermann und Dorothea* (1797).

KLASSIK

Das lateinische Wort *classicus* ›zur höchsten Steuerklasse gehörend‹ wurde noch in der Antike auch auf die geistige Leistung bezogen (»scriptor classicus«). In der Neuzeit entwickelte sich der Begriff des Klassischen zu einem Norm- und Wertbegriff, der im Sinn des Vorbildlichen, Musterhaften mit dem Antiken gleichgesetzt wurde. Ein klassischer Autor ist im Wortgebrauch des 18. Jahrhunderts ein Schriftsteller der Antike. Der Bezug zur Antike führte wiederum zu einer Orientierung an ihren Formvorstellungen, an ihrem durch Harmonie und Maß gekennzeichneten ›klassischen‹ Stil. Der Gegenbegriff ist der des Romantischen als des Modernen, der seinen Bezugspunkt im Mittelalter hat. Goethe operierte zwar gelegentlich polemisch mit dem Gegensatzpaar klassisch-romantisch, hielt jedoch die »durch die romantische Wendung ungebildeter Jahrhunderte« geschaffenen neuen Formen für unverzichtbar für die Dichtung seiner Zeit, auch etwa für die »barbarische Komposition« des *Faust*.

EPOCHE/STRÖMUNG

WEIMARER KLASSIK

REZEPTIONSPHÄNOMEN. Die Epoche der Weimarer Klassik umfasst, so die übliche Übereinkunft, den Zeitraum von Goethes Aufbruch nach Italien (1786) bis zum Tod Schillers (1805); als Kernphase gilt die Zeit der engen Zusammenarbeit von Goethe und Schiller (1794–1805). Die Weimarer Klassik ist, wie alle Klassiken, ein Rezeptionsphänomen, d. h. eine nachträgliche Konstruktion, die aus einem durchaus widersprüchlichen Komplex von Werken einen normbildenden Kanon heraushebt und auf Grund bestimmter ästhetischer und ideologischer Prämissen als Klassik definiert. Dieser wertende Auswahlprozess lässt gleichzeitige literarische Strömungen wie Spätaufklärung und Romantik in den Hintergrund treten und betrifft selbst das Werk der Autoren, die im Zentrum der Weimarer Klassik stehen. Denn so wenig wie Goethes *Faust* oder *Wilhelm Meister* können Schillers späte Dramen, darunter die »romantische Tragödie« *Die Jungfrau von Orleans*, mit klassischen, d. h. antiken Maßstäben erfasst werden.

Dass es gleichwohl zum Konstrukt einer deutschen Klassik als Epochenbegriff kam, hängt mit den politischen Konstellationen im 19. Jahrhundert und den Fehlschlägen auf dem Weg zu einem Nationalstaat zusammen. Die Klassik, als Höhepunkt der nationalen Kulturentwicklung verstanden, wurde zum Leitbild einer kulturellen nationalen Iden-

Das Juno-Zimmer in Goethes Weimarer Wohnhaus am Frauenplan.

Der Junotempel in Agrigent auf Sizilien. Gemälde von Caspar David Friedrich oder – die Urheberschaft ist umstritten – Carl Gustav Carus, um 1830.

tität erhoben, die im Nationalstaat ihre politische Erfüllung finden würde. Das ästhetische Programm der Klassik wurde so seines universalen und kosmopolitischen Charakters beraubt und aufs Nationale verengt.

KANON UND KUNSTAUFFASSUNG. Ein relativ kleiner Kanon poetischer und theoretischer Texte, gilt als zentral für die Weimarer Klassikdoktrin. Es sind dies Johann Gottfried Herders *Ideen zur Philosophie der Geschichte der Menschheit* (1784–91), Dramen Goethes (*Iphigenie auf Tauris*, 1787; *Torquato Tasso*, 1790) und Schillers (*Don Karlos*, 1787; *Wallenstein*, 1798–99), Schillers ästhetische Schriften und das Balladenschaffen Goethes und Schillers. Zu den grundlegenden Vorstellungen gehören das Konzept der ästhetischen Autonomie, das eine strenge Trennung von Kunst und Wirklichkeit fordert und alle zweckgerichteten Bestimmungen der Kunst ablehnt, ohne damit allerdings auf Wirkung zu verzichten (Karl Philipp Moritz, Immanuel Kant, Schiller); dann das Programm der »Bildung zur Humanität« durch Kunst, das neben Herder vor allem Wilhelm von Humboldt und Schiller vertreten; und schließlich ein ästhetisches Ideal, das sich auf die Antike und ihr Verständnis durch Johann Joachim Winckelmann gründet. Goethe sprach in diesem Zusammenhang von »Stil«, der – auf eine »allgemeine Norm« und das »Wesen der Dinge« bezogen – die höchste Stufe dichterischer Hervorbringung gegenüber bloßer »Nachahmung« und subjektivistischer »Manier« darstelle; Schiller stellte sein Formideal unter den Begriff der »Simplicität«.

GOETHES HAUS

Am 21. Juli 1821 besuchte der Naturwissenschaftler und Maler Carl Gustav Carus Goethe. Seine Beschreibung beginnt mit der Schilderung der »Wohnung« am Frauenplan: »Unter all diesen Betrachtungen war indes 11 Uhr herangerückt, ja vorübergegangen, und ich eilte nun, Goethes Wohnung aufzufinden. Gleich beim Eintritt in das mäßig große, im einfach antiken Stil gebaute Haus deuteten die breiten, sehr allmählich sich hebenden Treppen, sowie die Verzierung der Treppenruhe mit dem Hunde der Diana und dem jungen Faun von Belvedere die Neigungen des Besitzers an. Weiter oben fiel die Gruppe der Dioskuren angenehm in die Augen, und am Fußboden empfing den in den Vorsaal Eintretenden, blau ausgelegt, ein einladendes Salve. Der Vorsaal selbst war mit Kupferstichen und Büsten auf das reichste verziert und öffnete sich gegen die Rückseite des Hauses durch eine zweite Büstenhalle auf den lustig umrankten Altan und auf die zum Garten hinabführende Treppe. In ein anderes Zimmer geführt, sah ich mich auf's neue von Kunstwerken und Altertümern umgeben: schön geschliffene Schalen von Calcedon standen auf Marmortischen umher, über dem Sofa verdeckten halb und halb grüne Vorhänge eine große Nachbildung des unter dem Namen der Aldobrandinischen Hochzeit bekannten alten Wandgemäldes, und außerdem forderte die Wahl der unter Glas und Rahmen bewahrten Kunstwerke, meistens Gegenstände alter Geschichte nachbildend, zu aufmerksamer Betrachtung auf. Endlich kündigte ein rüstiger Schritt durch die anstoßenden Zimmer den werten Mann selbst an.« (*Lebenserinnerungen und Denkwürdigkeiten*, 1865–66)

Christian Rohlfs' Gemälde von Goethes Gartenhaus an der Ilm entstand 1902.

LITERATURBETRIEB

WEIMAR

AUFSTIEG. Als die Herzogin Anna Amalia von Sachsen-Weimar-Eisenach nach dem Tod ihres Mannes 1758 die Regentschaft über das kleine Land mit seinen knapp 2000 Quadratkilometern und etwa 100 000 Einwohnern übernahm, lebten rund 6000 Menschen in Weimar. Das Land war verarmt, die Stadt selbst noch 1775, wie Johann Gottfried Herder schrieb, ein »unseliges Mittelding zwischen Hofstadt und Dorf«. Doch dank der Aufbauarbeit, die Anna Amalia begonnen hatte und Herzog Carl August seit 1775 fortsetzte, gelang es allmählich, die Armut der Bevölkerung zu lindern, die Finanzen zu konsolidieren und so die Voraussetzungen auch für den kulturellen Aufstieg zu schaffen. Dazu gehörte neben der Förderung von Institutionen – Schulwesen, Landesuniversität in Jena, Hoftheater u. a. – auch eine erfolgreiche Personalpolitik, eine schwierige Aufgabe trotz der Aufgeschlossenheit und des Mäzenatentums der herzoglichen Familie angesichts der finanziellen Situation des Herzogtums und der geringen Attraktivität Weimars. Diese freilich wuchs mit jeder neuen Berufung, so dass die Stadt schließlich nicht zuletzt dank Goethes europäischem Ruhm sich bis zur Jahrhundertwende zum Mittelpunkt des geistigen Lebens in Deutschland entwickelte und so die fehlende Hauptstadt ersetzte.

GROSSE NAMEN. Die erste wichtige Berufung an den künftigen Musenhof war die Christoph Martin Wielands 1772 als Erzieher des Erbprinzen Carl August. Nach dessen Volljährigkeit (1775) konnte er sich, durch eine Pension abgesichert, in Weimar und zeitweise auf dem nahe gelegenen Landgut Oßmannstedt seinem literarischen Werk und dem gesellig-literarischen Verkehr widmen. Auf Empfehlung Goethes, der im November 1775 nach Weimar gekommen war, wurde ein Jahr später Johann Gottfried Herder als Generalsuperintendent und erster Prediger an der

Stadtkirche berufen, zuständig auch für das Schulwesen. Mit dem Aufschwung der Landesuniversität in Jena, 20 Kilometer von Weimar entfernt, entstand ein weiteres kulturelles Zentrum in dem kleinen Land, eine Hochburg der Philosophie Kants (und seit 1798 der Frühromantik). Hier lehrte seit 1788 Schiller, in den neunziger Jahren folgten Johann Gottlieb Fichte, Friedrich Wilhelm Joseph Schelling und August Wilhelm Schlegel, 1801 Georg Wilhelm Friedrich Hegel. Hier in Jena kam es 1794 zur entscheidenden Begegnung Schillers und Goethes, die ihre Freundschaft und Zusammenarbeit einleitete und zu einem regen Brief- und Besuchsverkehr zwischen Weimar und Jena führte. Die Zusammenarbeit mit Schiller wirkte sich auch auf das Weimarer Hoftheater aus, das Goethe von 1791 bis 1817 leitete und in der Zeit von 1798 (Uraufführung von *Wallensteins Lager*) bis zu Schillers Tod 1805 zum führenden deutschen Theater aufstieg. Mittelpunkt des gesellschaftlichen Lebens in Weimar war Goethes Haus am Frauenplan, außerdem Ziel der »Wallfahrt« (Herder) zahlreicher illustrer Persönlichkeiten aus dem In- und Ausland. Aber auch der von Goethe und anderen einheimischen Schriftstellern und Künstlern gern aufgesuchte Salon Johanna Schopenhauers (seit 1806) gehörte zum Besuchsprogramm der Durchreisenden.

Johanna Schopenhauer. Ausschnitt aus einem Ölgemälde von Caroline Bardua, 1806. Die Mutter des Philosophen Arthur Schopenhauer war 1806 nach Weimar gezogen. Hier gelang es ihr in kurzer Zeit, ihre Teeabende zu einem Erfolg zu machen. Goethe gehörte zu den regelmäßigen Gästen in ihrem Salon, in dem sie auch – vor der übrigen Weimarer Gesellschaft – Goethes Frau Christiane empfing.

Auf Goethes Vorschlag wurde 1791 in Weimar die »Freitags-Gesellschaft« gegründet, bei der Gelehrte und Künstler aus Jena und Weimar in kleinem Kreis über ihre Arbeiten und Entdeckungen sprechen sollten. Die Gesellschaft bestand etwa fünf Jahre lang; man traf sich zunächst wöchentlich, dann monatlich und schließlich unregelmäßig im Wittumspalais oder in Goethes Haus am Frauenplan. Das Aquarell von Georg Melchior Kraus (um 1795) zeigt eine dieser Gesellschaften. Goethe – dritter von links – liest aus einem Buch, die Herzoginmutter Anna Amalia sitzt in der Mitte, Johann Gottfried Herder rechts außen.

BIOGRAFIE

1749 28. August: Johann Wolfgang Goethe in Frankfurt a. M. geboren
1765–68 Studium der Rechte in Leipzig
1770 Fortsetzung des Studiums in Straßburg (Promotion zum Lizentiaten der Rechte im August 1771). Begegnung mit Johann Gottfried Herder. Zur gleichen Zeit lernt er die Pfarrerstochter Friederike Brion in Sesenheim kennen
1772 Praktikant am Reichskammergericht in Wetzlar. Bekanntschaft mit Charlotte Buff und ihrem Bräutigam Johann Christian Kestner
1773 *Götz von Berlichingen*
1774 *Die Leiden des jungen Werthers*
1776 *Stella. Ein Schauspiel für Liebende.* – Goethe folgt der Einladung Herzog Carl Augusts nach Weimar
1782 Erhebung in den Adelsstand durch Kaiser Joseph II.
1786–88 Italienreise
1787 *Iphigenie auf Tauris*
1788 *Egmont.* – Beginn der Lebensgemeinschaft mit Christiane Vulpius; Trauung 1806
1790 *Torquato Tasso, Faust. Ein Fragment*
1791 Goethe übernimmt die Leitung des Weimarer Hoftheaters (bis 1817)
1792–93 Begleiter des Herzogs bei der ›Campagne in Frankreich‹ und der Belagerung von Mainz
1794 Beginn der Freundschaft mit Schiller. – *Reineke Fuchs*
1795 *Römische Elegien, Unterhaltungen deutscher Ausgewanderten, Wilhelm Meisters Lehrjahre* (bis 1796)
1797 *Hermann und Dorothea*
1803 *Die natürliche Tochter.* – Oberaufsicht über die naturwissenschaftlichen Institute der Universität Jena
1806 Von nun an im Sommer regelmäßige Kuraufenthalte in böhmischen Badeorten: Karlsbad, Franzensbad, Teplitz

Johann Heinrich Wilhelm Tischbein, *Goethe am Fenster seiner Wohnung in Rom.* Aquarell von 1787.

AUTOR

JOHANN WOLFGANG GOETHE

SELBSTDARSTELLUNG. Goethes Leben ist, so scheint es, außergewöhnlich gut dokumentiert. Neben den großen autobiografischen Schriften bieten Tagebücher aus 52 Jahren, Tausende von Briefen, Notizen und umfangreiche Gesprächsaufzeichnungen eine Überfülle von Material zu Leben und Werk, die es erlaubt, sein Leben (fast) von Tag zu Tag zu verfolgen. Aber von den frühen, durch Unmittelbarkeit bestimmten Briefen und Tagebüchern abgesehen, hält Goethe auf Distanz und verweigert Einblicke in sein ›Wesen‹. Das gilt gerade für die veröffentlichten autobiografischen Texte, in denen er sein Leben gleichsam zum Kunstwerk stilisiert. Und wenn er andererseits seine Dichtungen als »Bruchstücke einer großen Konfession« bezeichnet, so ist auch das Arbeit an dem eigenen Bild.

Die Wahrheit, die sein »biographisches Poëm« *Dichtung und Wahrheit* enthält, ist weder eine der faktischen Einzelheiten noch der Introspektion und der Seelenanalyse, sondern eine höhere Wahrheit, das »Grundwahre«. Es ergibt sich aus der Darstellung des »Menschen in seinen Zeitverhältnissen«, aus der Wechselwirkung von innerer Entwicklungsgeschichte und äußeren Umständen, von Selbst- und Welterkenntnis. So wird *Dichtung und Wahrheit* zu einem Bild der Zeit, dessen vielfältigen Aspekte freilich immer auf die Zentralfigur angeordnet und der stilisierten Geschichte seiner Entwicklung unterworfen sind. Auch die *Italienische Reise* ist ein eher verklärender Rückblick, in dem das empirische Material als Basis einer poetischen Konstruktion dient, in dessen Mittelpunkt der Prozess der Selbstfindung, das Finden der eigenen Persönlichkeit in der Begegnung mit dem Fremden steht.

Georg Melchior Kraus, *Porträt Johann Wolfgang Goethe*, 1775.

EINBLICK. Goethes Nachlass enthält eine in der dritten Person verfasste Selbstcharakteristik aus dem Jahr 1797, eines der wenigen Dokumente, in denen er ohne poetische Stilisierung und Verhüllung von der eigenen Person spricht. Der Text blieb wohl nicht zufällig Fragment. Deutlich wird eine innere Unruhe, Rastlosigkeit und Unsicherheit, die ihn – allerdings nicht ohne Gewinn »nach außen und innen« – in viele falsche Richtungen geführt habe. Dann heißt es: »Eine Besonderheit, die ihn sowohl als Künstler als auch als Menschen immer bestimmt, ist die Reizbarkeit und Beweglichkeit, welche sogleich die Stimmung von dem gegenwärtigen Gegenstand empfängt, und ihn also entweder fliehen oder sich mit ihm vereinigen muß. So ist es mit Büchern, mit Menschen und Gesellschaften.« Sichtbar wird ein Projekt der Selbsterziehung, das sich auch in seinem auf Maß und Ausgleich bedachten Wirken nach außen niederschlägt. In diesem Bestreben, seiner Furcht vor Unruhe und Leidenschaft Herr zu werden, mag auch die Ursache liegen für die spätere, von Besuchern immer wieder beschriebene Steifheit, Kälte und Unnahbarkeit des ›Olympiers‹ wie für seine Ablehnung exzentrischer oder gefährdeter Gestalten wie Jakob Michael Reinhold Lenz, Friedrich Hölderlin oder Heinrich von Kleist.

(mehrere Treffen mit Beethoven 1812) und später auch Marienbad (Begegnung mit Ulrike von Levetzow)
1808 *Faust. Eine Tragödie.* – Begegnung mit Napoleon
1809 *Die Wahlverwandtschaften*
1810 *Zur Farbenlehre*
1811–14 *Aus meinem Leben. Dichtung und Wahrheit*
1814, 1815 Reisen in die Rhein-Main-Gegend; 1814 lernt er Marianne von Willemer in Wiesbaden kennen
1815 Ernennung zum Staatsminister
1816 Goethes Frau Christiane stirbt. – *Italienische Reise* (bis 1817)
1819 *West-östlicher Divan*
1821 *Wilhelm Meisters Wanderjahre oder Die Entsagenden*
1830 Goethes Sohn August stirbt in Rom
1832 22. März: Goethe stirbt in Weimar

GATTUNG

BILDUNGSROMAN

BILDUNGSROMAN

Der Begriff Bildungsroman bezeichnet eine im letzten Drittel des 18. Jahrhunderts entstandene Romangattung, die die Bildungs- und Entwicklungsgeschichte eines Menschen – d. h. meist eines Mannes – in der Auseinandersetzung mit der Welt darstellt. Die Entstehung dieses Romantyps setzt die emanzipatorischen Tendenzen der Aufklärung voraus, d. h. ein neues, von ständischen und religiösen Bindungen sich mehr und mehr befreiendes Selbstbewusstsein, die Entdeckung der eigenen, unverwechselbaren Individualität und die Vorstellung eines Bildungs- und Entwicklungsprozesses, in dessen Verlauf individuelle Natur und äußere Welt, auch und gerade durch produktive Krisen, zu einem Ausgleich finden (können). Allerdings ließ sich die Vorstellung einer Versöhnung von Subjekt und Welt als Ziel der Bildungsgeschichte schon von Anfang an nicht ohne Brüche verwirklichen, und im weiteren Verlauf der Gattungsgeschichte wurde das harmonisierende Modell immer stärker problematisiert und durch Gegenmodelle in Frage gestellt.

Den Begriff Bildungsroman prägte Karl Morgenstern 1803; er erläuterte ihn 1817–20 in mehreren Aufsätzen, doch erst die idealtypische Beschreibung Wilhelm Diltheys (z. B. in *Das Erlebnis und die Dichtung*, 1906) setzte ihn in der literaturwissenschaftlichen Diskussion durch. Seine Herkunft aus der deutschen Tradition hat dazu geführt, dass man den Bildungsroman – oft mit nationaler Emphase – im Gegensatz zum Gesellschaftsroman als spezifisch deutsche Literaturgattung angesehen hat bzw. noch immer ansieht.

DAS MODELL. Christoph Martin Wielands *Geschichte des Agathon* (1766–67) ist der erste deutsche Roman, der die Entwicklung eines Charakters zu seinem Thema macht. Gattungsbildend wirkte jedoch erst Goethes Roman *Wilhelm Meisters Lehrjahre* (1795–96). Er erzählt die Geschichte eines Kaufmannssohns, der aus der Enge des bürgerlichen, allein dem Gelderwerb gewidmeten Lebens hinausstrebt. Auf dem Weg durch die Welt wird der durch »vielseitige Beweglichkeit« ausgezeichnete Wilhelm den maßgebenden Bildungsmächten seiner Zeit ausgesetzt: Bürgertum, Adel, Theater, pietistische Frömmigkeit (in den »Bekenntnissen der schönen Seele«), Aufklärung und Freimaurertum. Diese Einflüsse wirken auf den Helden ein, der sein Ziel so formuliert: »mich selbst, ganz wie ich da bin, auszubilden, das war dunkel von Jugend auf mein Wunsch und meine Absicht«. Dies sei dem Bürger, im Gegensatz zum Adeligen, nur durch die Kunst möglich. Doch die universelle Ausbildung des Individuums durch die Kunst, das Theater, scheitert, wie auch Wilhelms Vorstellung vom Adel durch die Wirklichkeit korrigiert wird. An dem Bildungsprozess sind eine Reihe von Frauen beteiligt, aber auch Gestalten dunkler Herkunft wie Mignon und der Harfner, die dem Bildungsoptimismus und dem aufklärerischen Rationalismus, verkörpert durch die Wilhelms Schicksal lenkende Turmgesellschaft, widersprechen. Es zeigt sich, dass Wilhelm in seinem Streben nach individueller Vervollkommnung zu kurz greift. Erst in der Gesellschaft, so macht der Romanschluss nicht ohne utopische Momente deutlich, findet der Bildungsweg ein Ende. Dass es ein vorläufiges ist, zeigt die erneute Aufnahme des Themas in dem Spätwerk *Wilhelm Meisters Wanderjahre oder Die Entsagenden* (1821, 1829).

DIE WIRKUNG. Die *Lehrjahre* sind ein welthaltiger, handlungs- und gestaltenreicher Zeitroman der Jahre vor der Französischen Revolution, souverän und mit überlegener

Georg Melchior Kraus, *Ansicht der Isola Bella im Lago Maggiore*, kolorierte Radierung, 1796. Diese Insel ist der Ort, in dem der Held von Jean Pauls *Titan* (1800–03) seine Kindheit verbrachte und zu dem es ihn sehnsüchtig zurückzieht: »O du allzuglücklicher Albano auf dem Rosenparterre der Kindheit – unter Italiens tiefblauem Himmel – in den schwelgerischen Zitronenlauben voll Blüten – auf dem Schoße der *schönen* Natur, die dich wie eine Mutter liebkoset und hält […].« Auch Wilhelm Meister kommt in den *Wanderjahren* (1821, 1829) auf diese »geschmückteste der Inseln«.

Ironie erzählt. Friedrich Schlegel lehnte in seiner Rezension (*Über Goethe's Meister*, in *Athenaeum* 1798) eine Beurteilung nach herkömmlichen Kriterien ab und sah in dem Werk, u. a. wegen seiner ironischen Haltung und den Tendenzen zur Gattungsmischung, gleichsam den Prototyp des romantischen Romans. Doch ungeachtet ihrer Komplexität wirkten die *Lehrjahre* vor allem als Bildungsroman. Die weitere Geschichte der Gattung erweist sich als eine Geschichte der kritischen Auseinandersetzung mit dem Goetheschen Paradigma und dem harmonisierenden Konzept einer Versöhnung von Subjekt und Welt. Beiträge zu dieser Diskussion liefern u. a. Jean Paul (*Titan*, 1800–03), Novalis (*Heinrich von Ofterdingen*, 1802), Joseph von Eichendorff (*Ahnung und Gegenwart*, 1815) und Eduard Mörike (*Maler Nolten*, 1832). Ausgesprochen parodistisch ist E. T. A. Hoffmanns Doppelroman *Lebens-Ansichten des Katers Murr* (1819–21), während die Bildungsromane des Realismus entweder die Brüchigkeit des neuhumanistischen Bildungskonzepts in schon fast desillusionierender Weise erkennen lassen (Gottfried Keller, *Der grüne Heinrich*, 1854–55) oder als Rahmen für die problemlose, organische Entwicklungsgeschichte eigens eine utopische Gegenwelt zur zeitgenössischen Gesellschaft erfinden (Adalbert Stifter, *Der Nachsommer*, 1857). Hingegen gelingt dem Protagonisten in Gustav Freytags dezidiert deutschbürgerlichem Roman *Soll und Haben* (1855) die harmonische Versöhnung von Ich und Welt, die Integration in die gesellschaftliche Ordnung, allerdings um den Preis der utopischen Dimension der Gattung. Rückbezüge auf den Bildungsroman finden sich in der ersten Hälfte des 20. Jahrhunderts bei Thomas Mann und Hermann Hesse. Im Übrigen bleiben Annäherungen an die Tradition schon deswegen punktuell, weil die Voraussetzungen des Bildungsromans – Einheit der Person, Kontinuität der Existenz – mit der Moderne fragwürdig geworden sind.

Linke Seite: **E. T. A. Hoffmann entwarf diese Todesanzeige** seines bildungsbeflissenen Katers 1821 nach Erscheinen der parodistischen *Lebens-Ansichten des Katers Murr nebst fragmentarischer Biographie des Kapellmeisters Johannes Kreisler in zufälligen Makulaturblättern* (1819–21).

Jean-Pierre Blanchard unternahm seit 1784 Ballonfahrten mit Heißluftballons, wie sie die Brüder Montgolfier entworfen und 1782 und 1783 erprobt hatten. 1785 überquerte er als erster den Ärmelkanal. Die Abbildung dokumentiert seinen ersten Ballonaufstieg am 2. März 1784 (Paris, Marsfeld). Am 13. Juli 1792 erschien in der *Bayreuther Zeitung* ein Bericht über eine Ballonfahrt Blanchards. Jean Paul notierte sich am 20. Juli 1792 den Namen Blanchard als mögliches literarisches Motiv. Der Name Blanchard taucht dann mehrfach in seinem Werk auf, in dem auch sonst Flugbilder keine Seltenheit sind.

AUTOR

JEAN PAUL

BIOGRAFIE

1763 21. März: Johann Paul Friedrich Richter in Wunsiedel im Fichtelgebirge geboren
1779–80 Besuch des Gymnasiums in Hof. Nach dem Tod des Vaters (1779) verarmt die Familie völlig
1781 Aufnahme des Theologiestudiums in Leipzig, das er Ende des Jahres abbricht, um Schriftsteller zu werden
1783 *Grönländische Prozesse*
1784 Flucht vor seinen Gläubigern nach Hof, wo er zunächst bei seiner Mutter lebt
1787–94 Hauslehrer an verschiedenen Orten Oberfrankens
1/89 *Auswahl aus des Teufels Papieren*
1793 *Die unsichtbare Loge*; im Anhang die Idylle *Leben des vergnügten Schulmeisterlein Maria Wuz in Auenthal*. Richter nennt sich nun Jean Paul (in Analogie zu *Jean-Jacques Rousseau*)
1795 *Hesperus*
1796 Aufenthalt in Weimar. – *Quintus Fixlein*, *Siebenkäs* (bis 1797)
1797 *Das Kampaner Tal*. – Nach dem Tod der Mutter Umzug nach Leipzig
1798–1800 Weimar
1800–01 Berlin. Heirat mit Karoline Mayer. – *Titan* (bis 1803)

PROVINZ UND WELT. Eines der *Xenien* (1796) Goethes und Schillers, *Richter* überschrieben, beginnt: »Richter in London – was wär' er geworden! Doch Richter in Hof ist | Halb nur gebildet […]«. Die Beschränkung, die die Dichterfürsten aus Jean Pauls Lebensumständen und seinen ersten Romanen und Idyllen ablasen, war real: Jean Paul kam in der Tat aus äußerst dürftigen Verhältnissen, und der Weg zur Literatur war beschwerlich und seine Bildung unsystematisch. Doch die gönnerhafte Herablassung zeugte von einer entschiedenen Fehleinschätzung. Denn aus dieser scheinbaren Provinzialität entstand ein welthaltiger epischer Kosmos von enzyklopädischen Ausmaßen, der die Problematik der menschlichen Existenz zum Thema hat: Jean Paul begreift die Kunst als Möglichkeit, die auf das »Unendliche« gerichtete Subjektivität des Menschen mit der Erfahrung der Beschränktheit, der »Endlichkeit«, zu versöhnen.

VOM ›ESSIGFABRIKANTEN‹ ZUM ROMANSCHRIFTSTELLER. Zwischen Jean Pauls Entschluss Ende 1781, das Theologiestudium zugunsten der Literatur aufzugeben und seinen ersten literarischen (und finanziellen) Erfolgen liegen mehr als zehn Jahre, Hungerjahre. Er begann als Satiriker im Geist der Aufklärung, angeregt von der Lektüre englischer, französischer und deutscher Aufklärer. Nach der geringen Resonanz der beiden Satirebände (*Grönländische Prozesse*, *Auswahl aus des Teufels Papieren*) verabschiedete sich Jean Paul jedoch von seiner »satirischen Essigfabrik« und fand in der Fiktion das ihm gemäße Medium, das es ihm erlaubte, seinem zentralen Thema – dem Verhältnis von Innen- und Außenwelt – nachzugehen, ohne auf seinen im aufklärerischen Sinn ›witzigen‹ Stil verzichten zu müssen.

ICH UND WELT. Das Verhältnis der Helden Jean Pauls zur Welt ist durchaus problematisch. Mit ihrer Zerrissenheit

Jean Paul. Scherenschnitt von Luise Duttenhofer.

und Einsamkeit, mit ihren beunruhigenden Fragen nach dem eigenen Ich stehen sie fremd und unangepasst in einer Zeit, in der die Aufklärung die Mündigkeit und Eigenverantwortlichkeit des Menschen postuliert. Ausdruck dieser Identitätsproblematik sind die Doppelgängergestalten, die Jean Paul im *Siebenkäs* einführt und im *Titan* weiterleben lässt: »Da sah Leibgeber zufällig in den Spiegel: ›Fast sollt' ich mich doppelt sehen, wenn nicht dreifach‹ – sagt' er –; ›einer von mir muss gestorben sein, der drinnen oder der draußen. Wer ist hier in der Stube denn eigentlich gestorben und erscheint nachher dem andern? Oder erscheinen wir bloß uns selber?‹ – « Die Konzeption der zum Verwechseln ähnlichen Gestalten – das Wort Doppelgänger ist eine Prägung Jean Pauls – hat ihr Gegenstück in den Zwillingsbrüdern Walt und Vult in den *Flegeljahren*, die konträre Lebenshaltungen verkörpern – vereinfacht: Idealismus versus Realismus – und die zusammen einen ganzen Menschen ausmachen würden. Dass sich Walt, der Herrscher über das Reich der Phantasie, in der Welt behaupten kann, liegt daran, dass er sich durch seine reiche und starke innere Welt die äußere anverwandelt und unterwirft: ein Verwandter der bekanntesten Gestalt Jean Pauls, des Schulmeisterleins Maria Wutz. Die eindrücklichste Metapher schließlich für die existenzielle Problematik des Menschen gelingt Jean Paul in der Erzählung *Des Luftschiffers Giannozzo Seebuch* im Anhang des *Titan*. Die Existenz des Luftschiffers zwischen Himmel und Erde steht für das menschliche Leben, für dessen Einsamkeit und Verlorenheit: »Aber zwischen Himmel und Erde wurd' ich am einsamsten. Ganz allein wie das letzte Leben flog ich über die breite Begräbnisstätte der schlafenden Länder, durch das lange Totenhaus der Erde, wo man den Schlaf hinlegt und wartet, ob er keine Scheinleiche sei.«

1801–04 Nach Meiningen und Coburg wird 1804 Bayreuth Jean Pauls endgültiger Wohnort
1804–22 *Vorschule der Ästhetik* (1804), *Flegeljahre* (1804–05), *Freiheits-Büchlein* (1805), *Levana oder Erziehlehre* (1807), *Friedens-Predigt an Deutschland* (1808), *Dämmerungen für Deutschland* (1809), *Des Feldpredigers Schmelzle Reise nach Flätz* (1809), *Dr. Katzenbergers Badereise* (1809), *Leben Fibels* (1812), *Politische Fastenpredigten* (1817), *Der Komet, oder Nikolaus Marggraf* (1820–22)
1825 14. November: Jean Paul stirbt in Bayreuth

Heinrich Pfenninger, *Porträt Jean Paul*, 1798.

POETIK

HUMORISTISCHES ERZÄHLEN

ROMANSCHULEN

In der *Vorschule der Ästhetik* trifft Jean Paul eine »Einteilung der Romane nach ihrer Materie« in drei »Schulen«. Die italienische Schule steht für den ›hohen‹ Roman, charakterisiert durch eine idealisierende Darstellungsweise in einem entsprechenden sozialen und geographischen Ambiente. Dazu zählt er Werke aus der Tradition des Erziehungs-, Bildungs- und Staatsromans wie Christoph Martin Wielands *Agathon* oder seinen eigenen *Titan*. Den Gegenpol bildet die komisch-realistische niederländische Schule, zu der er u. a. seine Idyllen rechnet. In der Mitte stehen die Romane der deutschen Schule, deren Helden »weder die Erhabenheit der Gestalten der italienischen Form, noch die komische oder auch die ernste Vertiefung der entgegengesetzten niederländischen« annehmen. Hierher gehören etwa die Romane Henry Fieldings und Laurence Sternes, Jean Pauls *Siebenkäs* und *Flegeljahre* sowie »zum Teil« Goethes *Wilhelm Meister*.

DIGRESSIONEN. In einem Brief schreibt Jean Paul über das Erzählen: »— im Grunde muß jede Hauptmaterie für einen Autor nur das Vehikel und das Pillensilber und der Katheder sein, um darin über alles andere zu reden.« Er charakterisiert damit seine eigene Erzählweise, die von Laurence Sternes Roman *Tristram Shandy* (1759–67) beeinflusst wurde. Ihre Kennzeichen sind neben einer beziehungsreichen Metaphernsprache Unterbrechungen, Digressionen, die wiederum weitere Abschweifungen nach sich ziehen, Um- und Abwege, eingeschobene Extrablätter, Vor-, Nach- und Zwischenreden, Leseranreden und Exkurse. Zur konsequenten Aufhebung der Linearität des

Illustration von William Hogarth zu Laurence Sternes *Tristram Shandy*. Das 1760 entstandene Kupfer, das dem ersten Band in der zweiten Auflage vorangestellt ist, bezieht sich auf eine Szene im zweiten Buch des Romans: Korporal Trim liest eine Predigt vor; Dr. Slop ist eingeschlafen, neben ihm sitzen Walter und Toby Shandy (während im Nebenzimmer die Geburt des Erzählers unmittelbar bevorsteht).

Erzählens zugunsten der Arabeske kommen starke Spannungen, die sich in dem Neben- und Gegeneinander von hohen Aufschwüngen des Gefühls, Witz, Ironie und satirischer Kritik manifestieren. Dabei erhält, ganz in der englischen Tradition des humoristischen und komisch-realistischen Romans, die Gestalt des Erzählers eine besondere Bedeutung: Sie ist die vermittelnde Instanz, die im ständigen Gespräch mit dem Leser diese Gegensätze zusammenzuhalten und eine Art Harmonie der Gegensätze zu stiften sucht, eine »Synthese des Dualism zwischen Poesie und Wirklichkeit«. Der Roman konnte so für die Leserin (vor allem) und für den Leser, die für Jean Pauls Erzählweise empfänglich waren, zu einem Medium der Selbsterfahrung und Selbstvergewisserung werden. Andere blieben eher ratlos: »Der Leser schwebt zwischen Zeit und Ewigkeit, und kann weder diese noch jene fassen, sondern ist ein Spielball von allerhand unbegreiflichen Eindrücken«, heißt es in einer zeitgenössischen Kritik.

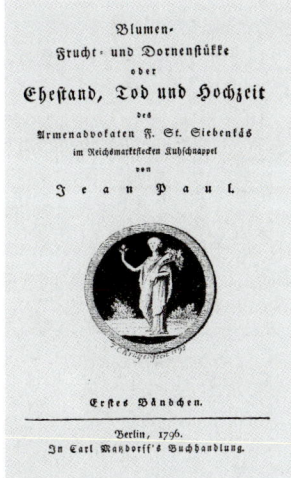

HUMOR. Das Interesse an der äußeren Handlung tritt bei einer derartigen Konzeption zurück. Und so hat Jean Paul auch keine Bedenken, sich dafür aus dem Motiv- und Themenvorrat der gängigen Romangattungen seiner Zeit zu bedienen und auch mit Versatzstücken des Trivialromans sein ironisches Spiel zu treiben. Das ist nicht ohne Reiz für den Leser, aber für Jean Paul nur Ausgangspunkt für die Bildung eines vielschichtigen Erzählkosmos, in dem alles mit allem zusammenhängt, in dem sich die »Unendlichkeit des Subjekts« spiegelt. »Das Unentbehrlichste am Roman ist das Romantische«, heißt es in der *Vorschule der Ästhetik* (1804), eine Absage an den Roman als didaktischer Unternehmung. Sollte es nicht »eine poetische Enzyklopädie, eine poetische Freiheit aller poetischen Freiheiten geben«? Diese Überlegungen bilden einen Zusammenhang mit seiner Vorstellung von Humor, die er bereits vorher in der *Vorschule* entwickelt hatte. Der Humor »als das umgekehrt Erhabene« vernichte »das Endliche durch den Kontrast mit der Idee«. Durch diese Kontrastierung entsteht die angepeilte »humoristische Totalität«. Für den Humor gibt es »keine einzelne Torheit, keine Toren, sondern nur Torheit und eine tolle Welt; er hebt [...] keine einzelne Narrheit heraus, sondern er erniedrigt das Große, aber – ungleich der Parodie – um ihm das Kleine, und erhöht das Kleine, aber – ungleich der Ironie – um ihm das Große an die Seite zu setzen und so beide zu vernichten, weil vor der Unendlichkeit alles gleich ist und nichts«.

Jean Paul über die Spannweite seines Erzählens:

»Ich konnte nie mehr als drei Wege, glücklicher (nicht glücklich) zu werden, auskundschaften. Der erste, der in die Höhe geht, ist: so weit über das Gewölke des Lebens hinauszudringen, daß man die ganze äußere Welt mit ihren Wolfsgruben, Beinhäusern und Gewitterableitern von weitem unter seinen Füßen nur wie ein eingeschrumpftes Kindergärtchen liegen sieht. – Der zweite ist: – gerade herabzufallen in Gärtchen und da sich so einheimisch in eine Furche einzunisten, daß, wenn man aus seinem warmen Lerchennest heraussieht, man ebenfalls keine Wolfsgruben, Beinhäuser und Stangen, sondern nur Ähren erblickt, deren jede für den Nestvogel ein Baum und ein Sonnen- und Regenschirm ist. – Der dritte endlich – den ich für den schwersten und klügsten halte – ist der, mit den beiden andern zu wechseln. –« (*Leben des Quintus Fixlein*, 1796)

Heinrich Heine über Jean Paul:

»Man hat ihn den Einzigen genannt. Ein treffliches Urteil, das ich jetzt erst ganz begreife, nachdem ich vergeblich darüber nachgesonnen, an welcher Stelle man in einer Literaturgeschichte von ihm reden müßte. Er ist fast gleichzeitig mit der romantischen Schule aufgetreten, ohne im mindesten daran teilzunehmen, und eben so wenig hegte er später die mindeste Gemeinschaft mit der Goetheschen Kunstschule. Er steht ganz isoliert in seiner Zeit, eben weil er, im Gegensatz zu den beiden Schulen, sich ganz seiner Zeit hingegeben und sein Herz ganz davon erfüllt war.« (*Die romantische Schule*, 1836)

AUTOR

FRIEDRICH SCHILLER

BIOGRAFIE

1759 10. November: Friedrich Schiller in Marbach am Neckar geboren
1773 Eintritt in die von Herzog Carl Eugen gegründete Militärakademie
1780 Militärarzt in Stuttgart
1781 *Die Räuber* erscheinen ohne Verfasser- und Verlegerangabe; Uraufführung am 13. Januar 1782 am Mannheimer Nationaltheater
1782 Schiller flieht am 22. September aus Württemberg und reist über Mannheim und Frankfurt a. M. nach Thüringen. – *Anthologie auf das Jahr 1782*
1783 *Die Verschwörung des Fiesco zu Genua.* – Theaterdichter in Mannheim (bis 1784)
1784 *Kabale und Liebe*
1785–87 Aufenthalt bei Christian Gottfried Körner und anderen neuen Freunden in Leipzig und Dresden. – *Don Karlos* (1787)
1788 *Geschichte des Abfalls der vereinigten Niederlande von der Spanischen Regierung*
1789 Schiller erhält eine unbesoldete Professur für Geschichte an der Universität Jena
1790 Schiller heiratet – vom Weimarer Herzog mit einem Jahresgehalt von 200 Talern und vom Meininger Hof mit einem Hofratsdiplom ausgestattet – Charlotte von Lengefeld. – *Geschichte des Dreißigjährigen Kriegs* (bis 1793)
1792 Ehrenbürger der Französischen Republik
1794 Beginn der Freundschaft mit Goethe
1795 *Über die ästhetische Erziehung des Menschen*
1799 Umzug nach Weimar
1800 *Wallenstein* (Uraufführung der einzelnen Teile 1798–99)
1801 *Maria Stuart* (Uraufführung 1800), *Die Jungfrau von Orleans*
1802 Erhebung in den Adelsstand
1803 *Die Braut von Messina*
1804 *Wilhelm Tell*
1805 9. Mai: Schiller stirbt in Weimar

DER SENTIMENTALISCHE DICHTER. »Der Dichter [...] ist entweder Natur, oder er wird sie *suchen*. Jenes macht den naiven, dieses den sentimentalischen Dichter.« Diese Sätze stehen in Schillers Abhandlung *Über naive und sentimentalische Dichtung* (1795–96), seinem Versuch, mit diesem Begriffspaar die unterschiedlichen Formen des Schöpferischen zu fassen und ihren Ort in der Kultur- und Literaturgeschichte zu bezeichnen. Die beiden Begriffe haben einerseits einen geschichtlichen bzw. geschichtsphilosophischen Aspekt – Verlust der ursprünglichen Harmonie und Einheit durch den Eintritt des Menschen in den Zustand der Kultur, Forderung einer Synthese von Natur und Vernunft auf einer höheren Ebene –, andererseits stehen sie für zwei überzeitliche Möglichkeiten der Dichtung, die sich freilich miteinander verbinden können. Die erste ist durch Unmittelbarkeit, Sinnlichkeit und Realismus gekennzeichnet, die zweite durch eine reflektierende, ›moderne‹ Kunsthaltung, die »sich die Darstellung des Ideals« zum Ziel setzt. Es ist die Schillers selbst, der hier auch die eigene Position bestimmt, nicht zuletzt im Vergleich mit Goethe.

DICHTER DER FREIHEIT. Dass das Thema der Freiheit eine große Rolle in Schillers dichterischem Werk spielt, hat nicht zuletzt seine Ursache in dem Klima der Unterdrückung, dem er sich in seiner Jugend ausgesetzt sah. Dafür sorgten früh sein autoritärer Vater und später sein Landesherr, Herzog Carl Eugen. Er verbrachte beinahe acht Jahre in der ›Karlsschule‹, immer unter den Augen des Herzogs, der täglich Berichte über seine »Kinder«, ihre Gesundheit, ihr Benehmen, ihre Leistungen erhielt und entsprechend für Belohnungen und Strafen sorgte. Der Unterricht, das Verhalten bei den Mahlzeiten, in der Freizeit, in der Nacht waren streng geregelt, Uniform und Perücke Pflicht. Urlaub gab es selten, dafür Überwachung und gegenseitige Bespitzelung. Freiraum bot die intensive Beschäftigung mit Literatur und (politischer) Philosophie, die zu eigener Produktion führte. Diese dokumentiert, Reflex der eigenen Erfahrungen, sowohl die Auflehnung gegen Unterdrückung wie die Unterdrückung der Freiheit durch Vatergestalten.

DICHTER DES VOLKES. Die Wirkungsgeschichte Schillers zeigt zwiespältige Züge. Einerseits forderte sein rhetorischer Stil, sein Sinn für Effekte und plakative Formulierungen schon früh Kritik und Spott heraus. Bekannt ist die Wirkung, die *Das Lied von der Glocke* auf die Jenaer Romantiker hatte (»fast von den Stühlen gefallen vor Lachen«). Andererseits sorgte gerade diese Idealisierung bürgerlicher Tugenden zusammen mit einer dem jeweiligen Zweck angepassten nationalen Instrumentalisierung von Schillers Werk für eine ungemeine Popularität im 19. Jahrhundert, die in den zahlreichen Schillerfeiern des Jahres 1859 gipfelte. Goethe musste erfahren, dass sein eigener Ruhm zunehmend von dem seines verstorbenen Freundes verdunkelt wurde. Er fühlte sich, auch was seine politischen Ansichten anging, verkannt. Dagegen habe »Schiller, der, unter uns, weit mehr ein Aristokrat war als ich […], das merkwürdige Glück, als besonderer Freund des Volkes zu gelten« (zu Johann Peter Eckermann am 4. Januar 1824).

Linke Seite: **Schiller-Büste** von Johann Heinrich von Dannecker, nach 1810.

Friedrich Schiller. Zeichnung von Johann Gottfried Schadow, 1804.

1784 schrieb Schiller in der Ankündigung der Zeitschrift *Rheinische Thalia* über seine Zeit in der Karlsschule:

»Ich schreibe als Weltbürger, der keinem Fürsten dient. Frühe verlor ich mein Vaterland, um es gegen die große Welt auszutauschen, die ich nur eben durch die Fernröhre kannte. Ein seltsamer Mißverstand der Natur hat mich in meinem Geburtsort zum Dichter verurteilt. Neigung für Poesie beleidigte die Gesetze des Instituts, worin ich erzogen ward, und widersprach dem Plan seines Stifters. Acht Jahre rang mein Enthusiasmus mit der militärischen Regel; aber Leidenschaft für die Dichtkunst ist feurig und stark, wie die *erste* Liebe. Was sie ersticken sollte, fachte sie an. Verhältnissen zu entfliehen, die mir zur Folter waren, schweifte mein Herz in eine *Idealenwelt* aus – aber unbekannt mit der *wirklichen*, von welcher mich eiserne Stäbe schieden […].«

Postkarte aus der Zeit um 1900: der Mythen- oder Schillerstein am Vierwaldstättersee.

GOETHES »REGELN FÜR SCHAUSPIELER«

Goethe arbeitete nicht nur an der Bildung des Publikums, sondern auch an der seiner Schauspieler. Er hielt nichts von dem üblichen »Naturalismus« auf die Bühne, sondern suchte durch eine stilisierte Schauspielkunst eine deutliche Trennung von Kunstwerk und Leben herbeizuführen und damit die Eigengesetzlichkeit der Kunst zu betonen. Was er seinen Schülern seit 1803 beibrachte und diktierte, fasste Johann Peter Eckermann 1824 in 91 Paragraphen zusammen, die sich vor allem auf Sprache und Körperbewegung beziehen. Die Regeln enthalten viel Technisches und Formalistisches. Sie beginnen im ersten Paragraphen mit der Forderung reinen, dialektfreien Sprechens: »Kein Provinzialismus taugt auf die Bühne! Dort herrsche nur die reine deutsche Mundart, wie sie durch Geschmack, Kunst und Wissenschaft ausgebildet und verfeinert worden.« Ausführliche Hinweise auf zu vermeidende Fehler, auf die richtige Art der Rezitation und Deklamation folgen. Und auch die Regeln für die »Stellung und Bewegung des Körpers auf der Bühne« verleugnen die klassizistischen Tendenzen nicht. In Paragraph 35 heißt es: »Zunächst bedenke der Schauspieler, daß er nicht allein die Natur nachahmen, sondern sie auch idealisch vorstellen solle, und er also in seiner Darstellung das Wahre mit dem Schönen zu vereinigen habe.«

Rechte Seite: **Anlässlich der Weimarer Aufführung von Mozarts** *Zauberflöte* 1794 zeichnete Goethe eine Dekoration für den Auftritt der Königin der Nacht im ersten Aufzug vor. Das tatsächlich verwirklichte Bühnenbild stimmte weitgehend mit diesem Entwurf überein.

LITERATURBETRIEB

THEATERREPERTOIRE

MORALISCHE ANSTALT? Schiller setzte 1784 in seiner Mannheimer Rede *Was kann eine gute stehende Schaubühne eigentlich wirken?*, die später den Titel *Die Schaubühne als moralische Anstalt betrachtet* erhielt, hohe Maßstäbe: »Die Schaubühne ist der gemeinschaftliche Kanal, in welchen von dem denkenden bessern Teil des Volks das Licht der Weisheit herunterströmt und von da aus in mildern Strahlen durch den ganzen Staat sich verbreitet. Richtige Begriffe, geläuterte Grundsätze, reinere Gefühle fließen von hier durch alle Adern des Volks; der Nebel der Barbarei, des finstern Aberglaubens verschwindet, die Nacht weicht dem siegenden Licht.« In der Praxis der vom jeweiligen Hof subventionierten (und kontrollierten) Theater sah es anders aus. Es dominierte die zeitgenössische triviale Dramatik, die für moralische und staats- bzw. fürstentreue Unterhaltung sorgte. Die erfolgreichsten und fruchtbarsten Dramatiker der Jahrzehnte vor und nach der Jahrhundertwende waren August Wilhelm Iffland mit 65 Dramen und August von Kotzebue mit mehr als 230 Stücken.

EIN BEISPIEL. Als Goethe 1791 die Leitung des Weimarer Hoftheaters übernahm, eröffnete er die Spielzeit am 7. Mai mit Ifflands ›ländlichem Sittengemälde‹ *Die Jäger* (1785). Thema ist die Liebe zwischen Anton, dem Sohn eines Oberförsters, und seiner Nichte Friederike. Komplikationen ergeben sich daraus, dass Antons Vater eine Verbindung seines Sohnes mit dem affektierten Fräulein Kordelchen von Zeck favorisiert, der Tochter des korrupten, bösen Amtmanns (Ifflands Rolle bei der Uraufführung). Doch als der rechtschaffene, aber brummige Oberförster dessen Machenschaften durchschaut und auch weitere Hindernisse beseitigt sind, steht dem jungen Glück nichts mehr im Weg. Wie in den anderen Stücken Ifflands stehen sich Gut und Böse ohne Differenzierung gegenüber. Dieser Konstellation entspricht der Gegensatz von Bürgertum und (niederem) Adel, von ländlich-derber Sittlichkeit und einer Welt der Falschheit und der Anmaßung. Dabei weiß sich der gute Bürger in seiner Kritik am korrupten Adel einig mit dem guten Fürsten im Hintergrund. Nicht kritische Analyse, sondern systemkonforme Bestätigung des Bekannten ist das Erfolgsrezept der populären Dramatik der Zeit.

GOETHES REPERTOIRE. Dass der Theaterdirektor Goethe zu diesem Stück Ifflands griff, war kein Ausrutscher, sondern notwendige Konzession an das Unterhaltungsbedürfnis des Publikums, das ständig nach neuen Stücken verlangte (die wiederum nicht lange in einer Stadt mit sechseinhalbtausend Einwohnern gespielt werden konnten). Und so wurden im Verlauf seiner 25-jährigen Amtszeit (bis 1817) zahllose Werke der Trivialdramatik inklusive romantischer Schicksalsdramen aufgeführt (u. a. 87 von Kotzebue, 46 von Goethes Schwager Christian August Vulpius, 31 von Iffland), aber zugleich hielt er, in dieser Zeit einzig in Deutschland, an dem ›Bildungsauftrag‹ des Theaters fest, zeitweilig unterstützt durch Schiller. Gespielt wurden also auch Stücke Goethes, Schillers, Lessings und Shakespeares. Dabei konnten nur Schillers *Don Karlos*, *Wallenstein* und *Maria Stuart* einigermaßen mit der Popularität trivialer Erfolgsstücke mithalten. Goethes *Tasso* etwa wurde in dieser ganzen Periode insgesamt nur fünfzehn Mal gespielt. Seinen *Faust* ließ er überhaupt nicht aufführen, wie denn auch zahlreiche andere anspruchsvolle zeitgenössische Dramen – etwa die der Romantiker – ›Lesedramen‹ blieben. Bekannt ist der Misserfolg der Weimarer Uraufführung von Heinrich von Kleists Lustspiel *Der zerbrochne Krug* (1808), das in drei Akte zerstückelt nach einem Opern-Einakter gegeben wurde.

August Wilhelm Iffland als Franz Moor in Schillers Schauspiel *Die Räuber*.

Friedrich Schiller über Wallenstein in der *Geschichte des Dreißigjährigen Kriegs* (1790–93):

»So endigte Wallenstein in einem Alter von funfzig Jahren sein tatenreiches und außerordentliches Leben; durch Ehrgeiz emporgehoben, durch Ehrsucht gestürzt, bei allen seinen Mängeln noch groß und bewundernswert, unübertrefflich, wenn er Maß gehalten hätte. Die Tugenden des *Herrschers* und *Helden*, Klugheit, Gerechtigkeit, Festigkeit und Mut, ragen in seinem Charakter kolossalisch hervor; aber ihm fehlten die sanftern Tugenden des *Menschen*, die den Helden zieren und dem Herrscher Liebe erwerben. *Furcht* war der Talisman, durch den er wirkte; ausschweifend im Strafen wie im Belohnen, wußte er den Eifer seiner Untergebenen in immerwährender Spannung zu erhalten, und gehorcht zu sein wie er, konnte kein Feldherr in mittlern und neuern Zeiten sich rühmen. [...]
Durch Mönchsintrigen verlor er zu Regensburg den Kommandostab und zu Eger das Leben; durch mönchische Künste verlor er vielleicht, was mehr war als beides, seinen ehrlichen Namen und seinen guten Ruf vor der Nachwelt. Denn endlich muß man zur Steu-

GATTUNG

GESCHICHTSDRAMA

DRAMA UND GESCHICHTE. Die neuzeitliche Dramatik nutzte seit je historische Stoffe. Allerdings ging es dabei nicht um Geschichtliches im Besonderen, sondern Geschichte galt als Reservoir für positive oder negative Beispiele, für exemplarische Fälle, die zur Veranschaulichung von moralischen, politischen oder religiösen Lehren dienen konnten. Erst mit der Entwicklung eines neuen Geschichtsbewusstseins im 18. Jahrhundert bildete sich ein Geschichtsdrama im engeren Sinn heraus. Epoche machte Goethes *Götz von Berlichingen* (1773) mit seiner Aufwertung der ›altdeutschen‹ Zeit und einem Protagonisten, der mit seiner großen, kraftvollen, freiheitsliebenden Natur eine untergehende Welt verkörpert. Auch *Egmont* (1788) ist durch diese auf den großen Charakter bezogene Geschichtsauffassung geprägt. Geschichte als Prozess und als Prüfstein bringt dann Friedrich Schiller auf die Bühne.

»WALLENSTEIN«. Schillers *Don Karlos* (1787) weist nicht nur durch seine Verssprache und die im Vergleich zu den Jugenddramen gedämpftere Leidenschaftsdarstellung auf seine klassischen Dramen voraus, sondern auch in seiner Behandlung des historischen Stoffes. Gleichwohl dauerte es – nach intensiven historischen Studien und philosophisch-ästhetischen Arbeiten – zehn Jahre, ehe sich Schiller wieder dem Drama zuwandte. Bis auf die *Braut von Messina* (1803) handelt es sich um Dramen, denen historische Stoffe zugrunde liegen. Am Anfang steht *Wallenstein* (Uraufführung 1798–99, Druck 1800). Der Charakter des Feldherrn interessierte Schiller, weil er – anders als die Idealisten Karlos und Posa – »ächt realistisch« schien und neue dramatische Möglichkeiten eröffnete. Die ersten beiden Teile – *Wallensteins Lager, Die Piccolomini* – lassen sich als groß angelegte Exposition verstehen: Sie geben Einblicke in Wallensteins Charakter, seine Gedankenwelt und seine Zeit im Spiegel der Meinungen und Gesinnungen des Lagers, der Offiziere und seiner Familie. In *Wallensteins Tod* kommt dann die Handlung in Gang: Folge von

Tellsprung und erste Tellkapelle. Ausschnitt aus dem Holzschnitt des sog. Meisters M. S. aus der Zeit um 1535.

Wallensteins Manövrieren und Zögern, mit dem er seine Entschlussfreiheit bewahren zu können glaubt und damit gerade die Gegenaktion des Kaiserhofs auslöst. Das eigentliche Trauerspiel nimmt seinen Lauf. Wie die Helden der antiken Tragödie scheint Wallenstein den Umständen ausgeliefert, ist er blind für das, was um ihn herum geschieht. Aber das »Schicksal« ist Resultat menschlicher Politik. Wallenstein ist es selbst, der durch seine Intrigen die ihn schließlich vernichtenden Konstellationen herbeiführt.

POETISCHE WAHRHEIT. In den folgenden Stücken *Maria Stuart* (Uraufführung 1800, Druck 1801), *Die Jungfrau von Orleans* (1801) und *Wilhelm Tell* (1804) entfernt sich Schiller von der historischen Realität zugunsten einer ›poetischen Wahrheit‹. Er wolle zwar noch Personen und Kolorit der Geschichte entnehmen, jedoch »alles übrige poetisch frei [...] erfinden«, schreibt er. Das gilt für *Maria Stuart*, ein Stück, in dem Privates bzw. Persönliches und Politisches in einer komplexen Wechselbeziehung stehen und die Heldin sich zu einer ›schönen Seele‹ läutert, es gilt noch mehr für die »romantische Tragödie« *Die Jungfrau von Orleans* mit ihren legendenhaften Zügen, während *Wilhelm Tell* wieder stärker in den (allerdings legendären) geschichtlich-politischen Bereich zurückführt.

> er der Gerechtigkeit gestehen, daß es nicht ganz treue Federn sind, die uns die Geschichte dieses außerordentlichen Mannes überliefert haben; daß die Verräterei des Herzogs und sein Entwurf auf die böhmische Krone sich auf keine streng bewiesene Tatsache, bloß auf wahrscheinliche Vermutungen gründen. Noch hat sich das Dokument nicht gefunden, das uns die geheimen Triebfedern seines Handelns mit historischer Zuverlässigkeit aufdeckte, und unter seinen öffentlichen, allgemein beglaubigten Taten ist keine, die nicht endlich aus einer unschuldigen Quelle könnte geflossen sein. Viele seiner getadeltsten Schritte beweisen bloß seine ernstliche Neigung zum Frieden; die meisten andern erklärt und entschuldigt das gerechte Mißtrauen gegen den Kaiser und das verzeihliche Bestreben, seine Wichtigkeit zu behaupten.«

Carl Theodor von Piloty, *Wallensteins Zug nach Eger*, um 1861/62 (Ausschnitt). Historiengemälde mit düsteren Andeutungen des bevorstehenden Endes, z.B. in der Friedhofsszene mit den Totengräbern oder in der traditionell Melancholie signalisierenden Geste des Protagonisten.

BIOGRAFIE

1770 20. März: Friedrich Hölderlin als Sohn eines Juristen und herzoglichen Beamten und einer Pfarrerstochter in Lauffen am Neckar geboren; der Vater stirbt 1772
1774–84 Hölderlin wächst in Nürtingen auf; sein Stiefvater, seit 1776 Bürgermeister in Nürtingen, stirbt 1779
1784–93 Besuch der Klosterschulen in Denkendorf und Maulbronn, anschließend (seit 1788) Studium der Theologie und Philosophie im Tübinger Stift, wo er zeitweise mit Georg Wilhelm Friedrich Hegel und Friedrich Wilhelm Joseph Schelling das Zimmer teilt und 1790 mit Christian Ludwig Neuffer und Rudolf Magenau einen Dichterbund gründet
1793–95 Hofmeister bei der Familie von Kalb in Waltershausen (Thüringen) durch Vermittlung Schillers; 1795 besucht er Vorlesungen Johann Gottlieb Fichtes in Jena
1796–98 Hofmeister in Frankfurt a. M. bei der Bankiers- und Kaufmannsfamilie Gontard; Zerwürfnis wegen des engen Verhältnisses zu Susette Gontard (»Diotima«)
1797–99 *Hyperion*
1798–1800 Aufenthalt in Homburg, unterstützt von der landgräflichen Familie und seinem Studienfreund Isaak von Sinclair, dem höchsten Beamten des Territoriums
1801–02 für jeweils kurze Zeit Hofmeister in der Schweiz und in Bordeaux

Hölderlin benutzte mehrere Reisebeschreibungen für die landschaftliche und geschichtliche Kulisse seines *Hyperion*, darunter die *Voyage pittoresque de la Grèce* von Marie-Gabriel-Florents-Auguste Comte de Choiseul-Gouffier, dessen erste Lieferungen in der Übersetzung Heinrich August Ottokar Reichards 1780 und 1782 unter dem Titel *Reise des Grafen von Choiseul-Gouffier durch Griechenland* erschienen. Hier die Darstellung eines »Grabmals bey Mylasa« aus der Ausgabe von 1780.

AUTOR

FRIEDRICH HÖLDERLIN

HÖLDERLIN UND DIE WEIMARER KLASSIK(ER). Hölderlin gehört wie Jean Paul und Heinrich von Kleist zu den Autoren der klassisch-romantischen Periode, die – obwohl durchaus mit den literarischen Strömungen ihrer Zeit verbunden – sich einer eindeutigen Zuordnung entziehen. Gemeinsam ist allen drei Autoren, dass sie bei Goethe und Schiller eher auf Zurückhaltung stießen, obwohl Hölderlin zunächst in Schiller einen Förderer und eine Vaterfigur fand und seine dezidierte Hinwendung zur griechischen Antike auf seine Nähe zur Vorstellungswelt der Weimarer Klassik zu verweisen scheint. Allerdings zeigt dann seine spätere Sophoklesübersetzung, die den orientalischen Hintergrund der griechischen Kultur deutlich zu machen sucht, seinen Abstand von den Weimarern und ihrer apollinischen Interpretation des Griechentums. Auf der anderen Seite wuchs auch Schillers Distanz zu Hölderlin unter dem Eindruck von Goethes reservierter Haltung. Das spezifische Leiden an der deutschen Wirklichkeit und den persönlichen Lebensumständen erschien den auf Maß und Harmonie zielenden Klassikern als Mangel an Welt, als Überspanntheit. »Ich möchte wissen«, schrieb Schiller am 17. August 1797 an Goethe, »ob [...] diese Richter [Jean Paul], diese Hölderlin absolut und unter allen Umständen so subjektivisch, so überspannt, so einseitig geblieben wären, ob es an etwas Primitivem liegt, oder ob nur der Mangel einer ästhetischen Nahrung und Einwirkung von außen und die Opposition der empirischen Welt, in der sie leben, gegen ihren idealischen Hang diese unglückliche Wirkung hervorgebracht hat. Ich bin sehr geneigt, das letztere zu glauben, und wenn gleich ein mächtiges und glückliches Naturell über alles siegt, so däucht mich doch, daß manches brave Talent auf diese Art verloren geht.«

»HYPERION«. Die politischen und philosophischen Diskussionen der Tübinger Zeit, geprägt von der Begeisterung für die Französische Revolution, bilden den Hintergrund der frühen hymnischen Dichtung Hölderlins. Auch sein

einziger Roman *Hyperion oder Der Eremit in Griechenland* nimmt dieses Thema auf, allerdings – so formuliert es ein Brief – im Sinn einer »künftigen Revolution der Gesinnungen und Vorstellungsarten«, zu der seine Dichtung beitragen solle.

Hyperion ist ein Briefroman mit Elementen des Bildungs- und Künstlerromans. Der Grieche Hyperion erzählt in Briefen an seinen Freund, den Deutschen Bellarmin, seine Geschichte. Er schreibt diese Briefe – ausgenommen den eingelegten Briefwechsel mit Diotima – im Rückblick auf seine Jugend und ihre Aspirationen. Eine ideale Antike bildet die Folie, vor der die Aufgaben und Konflikte der Gegenwart dargestellt werden. Freundschaft, politische Aktivitäten, Versuche, »Eines zu sein mit Allem, was lebt«, enden in Enttäuschung und bestätigen den Eindruck von der »Unheilbarkeit des Jahrhunderts«. Die Begegnung mit Diotima löst die Dissonanz in Hyperion auf. Sie erscheint ihm als Verkörperung eines ursprünglichen harmonisch-schönen Lebens im Einklang mit der Natur, das auch das Dasein im alten Griechenland charakterisierte und Ziel des künftigen neuen Menschen sein muss. Angesichts der Ruinen von Athen fordert ihn Diotima auf, »Erzieher unsers Volks« zu werden. Doch statt sich für diese große Aufgabe zu bilden, nimmt er an der Seite seines Freundes Alabanda am griechischen Freiheitskampf gegen die Türken teil (1770), muss jedoch erkennen, dass sich mit einer Räuberbande kein »Elysium« pflanzen lässt. In seiner Einsamkeit und Trauer gelangt er nach dem Tod Diotimas zum Studium nach Deutschland, Anlass für eine vehemente Anklage: »Es ist ein hartes Wort und dennoch sag ichs, weil es Wahrheit ist: ich kann kein Volk mir denken, das zerrißner wäre, wie die Deutschen. Handwerker siehst du, aber keine Menschen, Denker, aber keine Menschen, Priester, aber keine Menschen […].« Er kehrt nach Griechenland zurück und findet zur Ruhe, indem er sich »mehr und mehr der seligen Natur« hingibt. Die Harmonie der alten Welt bietet das Modell für die gewaltlose Überwindung der Gegenwart und die »neue Religion« der Zukunft. Der Widerspruch zwischen schöner Humanität und politisch orientiertem Handeln hebt sich auf im dichterischen Schaffen, auf das Diotima vorausgedeutet hatte: »und die dichterischen Tage keimen dir schon.«

Franz Karl Hiemer, *Porträt Friedrich Hölderlin*, 1792.

1804–06 Sinclair vermittelt ihm eine (Schein-)Anstellung als Bibliothekar in Homburg; *Die Trauerspiele des Sophokles* (1804)
1806 Einlieferung ins Tübinger Klinikum
1807–43 Hölderlin lebt, als unheilbar geisteskrank entlassen, bis zu seinem Tod bei dem Tübinger Schreinermeister Ernst Zimmer in einem turmartigen Anbau am Neckar
1826 Ludwig Uhland und Gustav Schwab veranstalten die erste Ausgabe von Gedichten Hölderlins
1843 7. Juni: Hölderlin stirbt in Tübingen

Das Drama von Peter Weiss, 1971 uraufgeführt, zeigt in einer Folge von Stationen das Leben Hölderlins und die Auswirkungen der Französischen Revolution auf die deutsche Intelligenz. Am Schluss kommt es zu einer fiktiven Begegnung zwischen dem der Welt entrückten Hölderlin im Turm und dem jungen Karl Marx.

FORMEN

Elegie, lyrische Gattung, lässt sich nach formalen und inhaltlichen Gesichtspunkten definieren. Formal ist eine Elegie ein Gedicht aus elegischen Distichen (d. h. aus Verspaaren, die aus einem Hexameter und einem Pentameter bestehen), das jeden Inhalt ausdrücken kann; inhaltlich wird die Elegie als ein Gedicht der Klage, Trauer, Resignation und rückwärtsgewandter Sehnsucht verstanden. Beide Kriterien können zusammentreffen.

Hymne, ursprünglich kultischer Lob- und Preisgesang. Später wurde der Begriff allgemein für feierlich-erhabene Lieder unterschiedlicher Thematik – Religion, Freundschaft, Vaterland, Freiheit usw. – angewandt: Das Beispiel der griechischen und römischen Hymnendichtung der Antike wirkte in der deutschen Literatur erst seit der Frühen Neuzeit. Die ausgedehnte Hymnendichtung des christlichen Mittelalters knüpfte an die Psalmen und Gesänge der Bibel an.

Ode, strophisch gegliederte Gedichtform, charakterisiert durch Feierlichkeit, Gedankenschwung, Ergriffenheit und Gefühlsausdruck im Rahmen fester formaler Schemata. Das Themenspektrum ist breit und bezieht Öffentliches – Politik, Staat, Religion, Moral – und Privates – Liebe, Freundschaft, Natur – ein. Die Odendichtung der Neuzeit gründet auf den beiden Typen der antiken Ode, der dreiteilig gegliederten Chorlyrik Pindars (Pindarische Ode) und der von Einzelsängern vorgetragenen Odendichtung in vierzeiligen Strophen mit festen Maßen, benannt nach griechischen Lyrikern (alkäische, asklepiadeische, sapphische Odenstrophe).

Hölderlin dichtete auch nach Ausbruch der Geisteskrankheit, nun in einfachen, gereimten Formen. Abgebildet ist die Handschrift des Gedichts *Der Frühling*, mit »Scardanelli« (d. i. Hölderlin) unterschrieben und auf den 24. April 1839 datiert.

GATTUNG/POETIK

ANTIKISIERENDE FORMEN

HÖLDERLINS ODEN UND ELEGIEN. Erst mit der Lösung von der gereimten Hymnik in der Nachfolge Schillers seit 1797 fand Hölderlin zu einer eigenen lyrischen Sprache, die sich metrisch an antiken Vorbildern und dem Beispiel Friedrich Gottlieb Klopstocks orientierte. Der Weg führte über die Oden- und Elegiendichtung zu den großen freirhythmischen Hymnen der letzten schöpferischen Jahre. Pointiert epigrammatische Oden, entstanden 1798, dokumentieren den Abschied vom Wortreichtum der frühen Hymnik. Mit Oden wie *Diotima, Stimme des Volks, An die Deutschen, An unsre großen Dichter, Abendphantasie, Gesang des Deutschen, Der Main, Heidelberg* oder *Der Neckar* aus den Jahren 1799 und 1800 erreichte die deutsche Odendichtung ihren Höhepunkt. Dabei kehrte Hölderlin im Gegensatz zur Experimentierfreude Klopstocks zu den strengen Odenformen der Antike zurück (er bevorzugte die alkäische und die asklepiadeische Strophe) und schuf in den der heimatlichen Landschaft gewidmeten Texten – dazu gehört auch die Elegie *Stuttgart* – Bilder einer die Zerrissenheit überwindenden Einheit der Lebensverhältnisse. Charakteristisch für die Elegien dieser Periode ist eine Dynamik, die von der Trauer um das verlorene Ideal zur Hoffnung auf eine neue, die Gegensätze versöhnende Zeit führt. Zu einem weltgeschichtlichen Entwurf weitet sich diese Denkfigur in der Elegie *Brot und Wein*: Die Erinnerung an das antike Griechenland, an ein Leben in Harmonie mit den Göttern und der Natur schlägt um in Trauer über den Verlust und die Gottferne der Moderne. Daraus ergibt sich die Frage nach dem Sinn der eigenen Existenz – »und wozu Dichter in dürftiger Zeit« –, aus der sich die visionäre Hoffnung einer künftigen Gesellschaft entwickelt, die wie die antike göttlich inspiriert ist und in der Christus, »der Syrier«, den antiken Weingott Dionysos ablöst.

DIE SPÄTEN HYMNEN. Die großen Hymnen aus den letzten Schaffensjahren – z. B. *Der Rhein, Patmos, Andenken, Friedensfeier* – sind in schwer lesbaren, mehrere Arbeitsstufen enthaltenden Manuskripten überliefert und blieben den Zeitgenossen bis auf wenige Ausnahmen unbekannt. Eine Reihe von Hymnen blieb auch nach wiederholten Bemühungen unvollendet. Die Form der freirhythmischen Hymnen zeigt den Einfluss Pindars, den Hölderlin übersetzte; charakteristisch ist die prononciert vorgetragene Auffassung vom Dichter als Priester, als Vermittler zwischen dem Absoluten und dem Menschen. In der fragmentarischen Hymne *Wie wenn am Feiertage* heißt es: »Doch uns gebührt es, unter Gottes Gewittern, | Ihr Dichter! mit entblößtem Haupte zu stehen, | Des Vaters Strahl, ihn selbst, mit eigner Hand | Zu fassen und dem Volk ins Lied | Gehüllt die himmlische Gabe zu reichen.«

Auch in den späten Hymnen klingt die aus den früheren Gedichten vertraute Einheitsvorstellung an: Das Erscheinen des Göttlichen, des Absoluten im Irdischen ruft die Utopie einer Welt hervor, in der die Widersprüche versöhnt und ein herrschaftsfreies Leben im Einklang mit der Natur und den Göttern möglich ist. Im Zeichen von Hölderlins Wendung vom Griechischen zum »Hesperischen«, d.h. zum Abendländischen, tritt dabei Christus als Gestalt der Vermittlung hervor. »Denn noch lebt Christus«, heißt es in *Patmos*, einem Werk biblischer und poetischer Verheißung. Er lebt in den Werken seiner »Söhne«, der Dichter, die in götterferner Zeit die Zeichen seiner Anwesenheit zu deuten haben.

Hans Memling, *Johannes-Altar*, um 1474–79. Der rechte Flügel zeigt den auf die Insel Patmos verbannten Johannes und die Visionen der Apokalypse. Hölderlin widmete seine große Hymne *Patmos* 1803 dem Landgrafen von Homburg; sie erschien zuerst im *Musenalmanach für das Jahr 1808*.

STOFFE/THEMEN

FAUST

THOMAS MANNS »DOKTOR FAUSTUS« (1947)

Thomas Manns Roman *Doktor Faustus*, zwischen 1943 und 1947 entstanden, knüpft nicht an Goethes Dichtung an, sondern geht auf die *Historia* von 1587 zurück und widerruft gleichsam den aufklärerischen Rettungs- und Erlösungsoptimismus. Im Roman selbst geschieht dies in analoger Weise durch seinen Helden, den Komponisten Adrian Leverkühn: Mit seiner letzten Komposition, der Kantate *Dr. Fausti Weheklag*, einem Werk »unendlicher Klage«, nimmt er gleichsam Beethovens Neunte Symphonie und ihre Botschaft zurück. Nach Vollendung der Kantate versammelt Leverkühn wie Faust vor Ablauf der Frist im Volksbuch seine Freunde um sich, spielt aus dem Werk und legt, wiederum wie der Faust der *Historia*, seine Lebensbeichte ab. Er erleidet einen paralytischen Schock, bricht am Klavier zusammen und lebt in geistiger Umnachtung noch einige Jahre weiter. Das Schicksal des Tonsetzers, teilweise parallel geführt mit dem Deutschlands, hat symptomatische Bedeutung: Der Künstlerroman ist zugleich ein Gesellschafts- und Zeitroman, der sowohl die geistige Vorgeschichte des Faschismus wie den Untergang des Dritten Reiches einbezieht. Die Verbindung mit dem Deutschlandthema gelingt nicht zuletzt durch die Erzählerfigur des Romans, den klassischen Philologen Dr. phil. Serenus Zeitblom, der am 23. Mai 1943 mit der Niederschrift der Biografie seines verstorbenen Freundes beginnt (wie Mann mit der des Romans) und – vor allem in den späteren Kapiteln – mit dem Fortschreiten der biografischen Erzählung auch die aktuelle Lage bis zum Untergang des Dritten Reiches kommentiert.

WARNENDES EXEMPEL. Die breite Tradition der Faustdichtungen nimmt ihren Ausgang von der *Historia Von D. Johann Fausten* (1587), der romanhaften Lebensgeschichte eines »weitbeschreyten Zauberers vnd Schwartzkünstlers«. Sie erzählt die Geschichte eines Mannes, der in seinem Streben nach Wissen (»Fürwitz«) die dem Menschen gesetzten Grenzen überschreitet, seine Seele dem Teufel verschreibt, verstockt und verblendet an der Möglichkeit der Gnade zweifelt und nach Ablauf der Frist zur Hölle fährt. Es ist eine drastische Warnung vor den Folgen des menschlichen Erkenntnisdrangs und der Autonomiebestrebungen des Individuums in Renaissance und Humanismus. Bearbeitungen des Textes erschienen bis ins 18. Jahrhundert; die des »Christlich Meynenden« (1725) benutzte Goethe. Übersetzungen der *Historia* sorgten für die europäische Verbreitung des Stoffes. Um 1592 entstand mit Christopher Marlowes *Tragicall History* das erste Faustdrama, das dann wieder – in verballhornter Form – über wandernde Schauspieltruppen den Weg auf das deutsche Theater fand und auch als Puppenspiel kursierte.

RETTUNG. In der zweiten Hälfte des 18. Jahrhunderts gewinnt der Fauststoff durch die Verbindung mit Vorstellungen der Aufklärung und des Sturm und Drang neue Aktualität. Eine Wende in der Beurteilung der Faustgestalt bedeutet Lessings nur in einigen Szenen und Skizzen überliefertes Faustdrama (erste Veröffentlichung einer Szene im 17. *Literaturbrief* vom 16. Februar 1759). Wie der Schluss ausgesehen haben könnte, teilte Friedrich von Blanckenburg, der Verfasser des *Versuchs über den Roman* (1774), in einem 1784 gedruckten *Schreiben über Lessings verloren gegangenen Faust* nach einem vagen Überblick über den Handlungsverlauf mit: »Genug, die höllischen Heerscharen glauben ihre Arbeit vollbracht zu haben; sie stimmen im fünften Akte Triumphlieder an – wie eine Erscheinung aus der Oberwelt sie auf die unerwartetste und doch natürlichste und doch für jeden beruhigendste Art unterbricht: ›Triumphiert nicht‹, ruft ihnen der Engel zu, ›ihr habt nicht über Menschheit und Wissenschaft gesiegt; die Gottheit hat dem Menschen nicht den edelsten der Triebe gegeben, um ihn ewig unglücklich zu machen; was ihr sahet und jetzt zu besitzen glaubt, war nichts als ein Phantom. –‹«

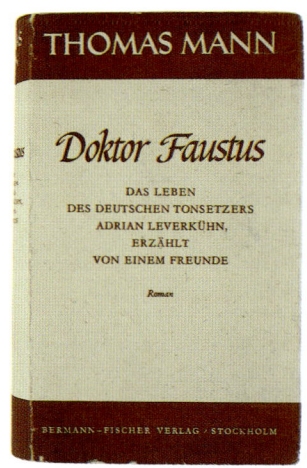

WELTTHEATER. Blanckenburg zu Folge arbeitete Lessing an der Umarbeitung oder Vollendung seines Stücks zu einer Zeit, wo angeblich »aus allen Zipfeln Deutschlands Fauste angekündigt wurden«. Das war in den siebziger Jahren, als Goethe begann, sich mit dem Stoff zu beschäftigen und Friedrich Müller (Maler Müller) in *Fausts Leben* (1778) einen ›großen Kerl‹ im Geist des Sturm und Drang auf die Bühne brachte. Für seine seit 1787 erscheinende erste Werkausgabe nahm sich Goethe die Szenen des *Urfaust* (entstanden etwa 1773–75) wieder vor, die dem Stoff mit der Gretchentragödie eine weitere Dimension gegeben hatten. Das Ergebnis war immer noch fragmentarisch (*Faust. Ein Fragment*, 1790). Erst zwischen 1797 und 1806 schloss er, angetrieben von Schiller, die Lücken im Handlungszusammenhang. Dazu gab er dem irdischen Geschehen durch den »Prolog im Himmel« mit der Wette zwischen dem Herrn und Mephistopheles einen transzendenten Rahmen und den Charakter eines großen Welttheaters. In seinem Mittelpunkt steht Faust als Repräsentant der Menschheit, der an den Grenzen des menschlichen Erkenntnisvermögens leidet, sich der Magie ergibt, um zu erkennen, »was die Welt | Im Innersten zusammenhält«, nur um gedemütigt und in seine Schranken verwiesen zu werden und dann die andere, sinnliche Seite seiner Natur auf fatale Weise auszuleben. Dass der durchaus zwiespältige Charakter schließlich doch in seinem »Streben« Erlösung findet, nimmt Vorstellungen Lessings und der Aufklärung auf.

Goethe schrieb den »Prolog im Himmel«, in dem nach dem Wechselgesang der Erzengel, »der Herr« und Mephistopheles zum eigentlichen Drama hinführen, um 1800; Druck des *Faust I* 1808. Goethes Zeichnung zu dieser Szene entstand zwischen 1800 und 1812.

Titelblatt des Faust-Dramas von Christopher Marlowe.

WIRKUNGSGESCHICHTE
GOETHES »FAUST«

Max Beckmanns Federzeichnungen zu *Faust. Der Tragödie zweiter Teil* entstanden 1943–1944. Hier redet Mephistopheles Faust an (Erster Akt. *Finstere Galerie*): »Die Mütter sind es!« (V. 6216).

FAUST IN LITERATUR, MUSIK, FILM

1778 Friedrich Müller, *Fausts Leben* (Drama)
1790 Goethe, *Faust. Ein Fragment* (Drama)
1791 Friedrich Maximilian Klinger, *Fausts Leben, Thaten und Höllenfahrt* (Roman)
1808 Goethe, *Faust. Der Tragödie erster Teil*
1816 Louis Spohr, *Faust* (Oper)
1829 Christian Dietrich Grabbe, *Don Juan und Faust* (Drama)
1833 Goethe, *Faust. Der Tragödie zweiter Teil*
1836 Nikolaus Lenau, *Faust* (»Gedicht«, episch-dramatische Mischform)
1846 Hector Berlioz, *La Damnation de Faust* (»Légende dramatique«)
1847 Heinrich Heine, *Der Doktor Faust. Ein Tanzpoem*
1854 Franz Liszt, *Eine Faust-Symphonie in drei Charakterbildern*
1859 Charles Gounod, *Faust* (Oper)
1862 Friedrich Theodor Vischer, *Faust. Der Tragödie Dritter Teil* (Parodie)
1868 Arrigo Boito, *Mefistofele* (Oper)
1925 Ferruccio Busoni, *Doktor Faust* (Oper)
1926 *Faust: Eine deutsche Volkssage* (Film; Regie: Friedrich Wilhelm Murnau)
1947 Thomas Mann, *Doktor Faustus. Das Leben des deutschen Tonsetzers Adrian Leverkühn, erzählt von einem Freunde* (Roman)

ZWEI TEILE. »Der Tragödie erster Teil« von 1808 zeigt den melancholischen Helden zunächst in seinem Leiden an den Grenzen des menschlichen Erkenntnisvermögens und seinem Versuch, durch Magie diese in der Natur des Menschen begründeten Einschränkungen zu überwinden. Er scheitert. Als Mephisto seine Hilfe anbietet, kommt es nicht zum traditionellen Teufelspakt, sondern zu einer Wette, bei der es um die Bewahrung von Fausts Identität, um sein ewiges Streben geht. Dieses allerdings richtet sich, nach dem Misslingen der geistigen Entgrenzungsversuche, auf das Diesseits und mündet schließlich in der Gretchentragödie. Noch während er *Faust I* zum Abschluss zu bringen und sich von »aller nordischen Barbarei« loszumachen suchte, beschäftigte sich Goethe mit einer Fortsetzung auf einer anderen Ebene. Dieser vollständig erst 1833 veröffentlichte zweite Teil, eine komplexe Komposition von rund 7000 Versen, zeigt Faust (mit Mephistopheles) in herausgehobenen Stationen seines weiteren Lebenswegs: Faust am Kaiserhof, »klassische Walpurgisnacht«, Faust und Helena im Rahmen einer »klassisch-romantischen Phantasmagorie«, d.h. der utopischen Vermittlung von Antike und Moderne, Projekt der Landgewinnung, Tod und Erlösung im opernhaften Finale. Über dem Ganzen liegt ein Netz metaphorischer, allegorischer und symbolischer Zusammenhänge. Zugleich ergibt sich ein mit vielen Anspielungen auf die Gegenwart versehenes historisch-kulturelles Panorama.

EIN ANDERER ZWEITER TEIL? Der zweite Teil mit seinem ›katholischen‹ Ende stieß im 19. Jahrhundert auf wenig Verständnis. Diesen Schluss fand die vorwiegend protestantische Literaturwissenschaft schon aus religiösen Gründen schlimm. Zudem vermisste man insgesamt die Moral: Wie konnte Goethe einen Verbrecher ›retten‹? Dabei konzentrierte sich der Vorwurf gegen Faust meist auf die Gretchentragödie; er trifft aber ebenso sein Projekt der Landgewinnung, bei dem er über Leichen geht. Was sich der liberale Bürger im Gefolge der 48er-Revolution für einen zweiten Teil gewünscht hätte, formulierte der Philosoph Friedrich Theodor Vischer 1861: Einen Faust, der sein Fehlverhalten gegenüber Gretchen bereut und für seine Schuld büßt, sich von Mephistopheles trennt, in den Bauernkriegen für die Freiheit des deutschen Volkes kämpft und angesichts der blutigen Realität als reiner Ide-

alist den Freitod wählt: Faust als Prophet einer unbefleckten Revolution, die dem deutschen Volk eine neue Welt der Freiheit, Größe und Humanität eröffnet. Diesen zweiten Teil schrieb Vischer allerdings nicht, dafür einen parodistischen dritten.

Eugène Delacroix, *Faust und Mephisto in der Nacht des Hexensabbats*, Lithographie von 1825/27.

DAS FAUSTISCHE. Seit der Mitte des 19. Jahrhunderts und insbesondere seit der Reichsgründung zeigen sich zunehmend Tendenzen einer Ideologisierung der Faustdichtung, der Überhöhung der Faustgestalt zu einer nationalen Identifikationsfigur: Faust, der immer Strebende, der dynamische Tatmensch als Verkörperung des deutschen Wesens. Möglich war das angesichts der Universalität der Goetheschen Dichtung nur durch eine entschiedene Reduktion ihrer Komplexität und die Verabsolutierung und Fehlinterpretation einiger weniger Textstellen. Dabei gewinnt – über die imperialistischen und nationalsozialistischen Vereinnahmungen bis hin zur ›sozialistischen‹ Interpretation Walter Ulbrichts – vor allem die Vision Fausts von einem freien Volk auf freiem Grund aus dem zweiten Teil der Dichtung zentrale Bedeutung, vollendet sich doch hier der titanische Tatmensch als Inbegriff germanisch-deutschen Menschentums. Mit der Dichtung Goethes und der tiefen Skepsis und Ironie des Autors gegenüber seiner Hauptgestalt hat das allerdings nichts mehr zu tun.

Mephistopheles (Emil Jannings) entführt den verjüngten Faust (Gösta Ekman) im Flug. Szene aus Friedrich Wilhelm Murnaus Film *Faust. Eine deutsche Volkssage* (1926).

LITERATURBETRIEB

JOHANN FRIEDRICH COTTA

BIOGRAFIE

1764 27. April: Johann Friedrich Cotta in Stuttgart geboren
1787 Übernahme der 1659 in Tübingen gegründeten Cotta'schen Verlagsbuchhandlung
1810 Stuttgart wird Sitz des Verlags
1814 Cotta tritt als Delegierter der deutschen Buchhändler beim Wiener Kongress für ein allgemeines Nachdruckverbot ein
1817 Erhebung in den Adelsstand (von Cotta zu Cottendorf; seit 1822 Freiherr)
1827 Goethes *Werke. Vollständige Ausgabe letzter Hand* beginnen zu erscheinen (bis 1842, 60 Bände)
1832 29. Dezember: Cotta stirbt in Stuttgart
1833–88 Georg von Cotta (bis 1863) und Carl von Cotta (1863–88) führen den Verlag weiter
1889 Verkauf des Verlages an Adolf Kröner, der ihn als »J. G. Cotta'sche Buchhandlung Nachfolger« weiterführt
1977 Der Stuttgarter Klett Verlag erwirbt die Namensrechte (»Klett-Cotta«). Das Cotta-Verlagsarchiv befindet sich im Schiller-Nationalmuseum in Marbach

NEUE ORGANISATIONSFORMEN. In den letzten Jahrzehnten des 18. Jahrhunderts bildete sich das moderne Buchhandels- und Verlagswesen aus. Zuvor war der Tauschhandel die übliche Methode der Distribution: Druckerverleger tauschten mit ihren Kollegen auf der Frankfurter oder Leipziger Buchmesse strikt Bogen für Bogen und boten dann die getauschten Werke als Sortimentsbuchhändler ihren Kunden an. Nun setzte sich der wesentlich kapitalintensivere neuzeitliche Bar- und Konditionshandel durch: Verleger lieferten ihre Bücher nur gegen Barzahlung (bzw. auf Kredit) mit einem Rabatt ($33\frac{1}{3}\%$ wurden üblich) und räumten zugleich das Recht auf Rückgabe ein. Zu den Folgen der neuen Handelsform (mit höheren Preisen und der Möglichkeit höherer Honorare) gehörte der unautorisierte Nachdruck attraktiver Neuerscheinungen in anderen Territorien, eine Praxis, die erst 1835 durch einen verbindlichen Beschluss des Deutschen Bundes und die anschließende Urheberrechtsgesetzgebung generell unterbunden wurde.

VERLEGER DER KLASSIKER. Georg Joachim Göschen, Verleger der ersten Goethe-Ausgabe (1787–90), begründete seine Ablehnung, auch Goethes erste kleine naturwissenschaftliche Schrift über die Metamorphose der Pflanzen zu verlegen, unverblümt damit, dass Goethes Sachen nicht den Geschmack eines größeren Publikums träfen und fügte hinzu: »Ob ein Goethe das Buch geschrieben hat, ob es die höchste Geisteskraft erfordert hat, darauf kann ich als Kaufmann keine Rücksicht nehmen. Ein Krä-

Georg Emanuel Opiz, *Der Antiquar*, Aquarell, 1825. Um 1800 etablierte sich der Handel mit antiquarischen Büchern als eigener Zweig des Buchhandels. Er diente dem Abbau zu großer Lagerbestände, profitierte aber zusätzlich 1803 von der Auflösung zahlreicher Klosterbibliotheken als Folge der Säkularisation.

Johann Friedrich Freiherr Cotta von Cottendorf. Gemälde von Karl Jakob Theodor Leybold, 1824.

mer kann kein Mäcen sein.« Damit war nach einer Übergangszeit der Weg frei für Johann Friedrich Cotta, der ein anderes Verhältnis zur Literatur hatte, sich zielstrebig um die großen Autoren seiner Zeit bemühte und so zum führenden Literaturverleger der klassischen Epoche aufstieg (»Goethe-Bonaparte«). Begonnen hatte die Erfolgsgeschichte mit einem Vertrag mit Schiller. Er verlegte dessen Zeitschrift *Die Horen* (1795–97) und nutzte die sich daraus ergebenden Kontakte zu den führenden Schriftstellern seiner Zeit mit Erfolg. Er bot bessere Bedingungen als seine Konkurrenten und zeichnete sich neben seiner Großzügigkeit auch durch Takt aus. Schiller legte ihm insbesondere die »Acquisition« Goethes ans Herz, bei dessen verlegerfeindlicher Haltung Takt in der Tat angebracht war. Die Zusammenarbeit mit Goethe begann mit der (verlustbringenden) Zeitschrift *Die Propyläen* (1798–1800). Seit 1802 war Cotta Schillers, seit 1806 auch Goethes alleiniger Verleger. Johann Gottfried Herder, Friedrich Hölderlin und Jean Paul gehörten neben vielen anderen ebenfalls zu den Autoren seines Verlages. Für die Romantiker zeigte er allerdings kein Interesse.

Nach dem Tod Johann Friedrich Cottas übernahm sein Sohn Georg die Verlagsgeschäfte. Zu den Schwerpunkten seines Programms gehörte die Lyrik (Annette von Droste-Hülshoff, Friedrich Hebbel, August von Platen, Eduard Mörike, Nikolaus Lenau, Friedrich Rückert, Ludwig Uhland). In der nächsten (und letzten) Cotta-Generation konnten noch die Rechte an den *Sämtlichen Werken* (1872) Franz Grillparzers erworben werden.

COTTA ALS ZEITUNGS- UND ZEITSCHRIFTENVERLEGER

Cottas *Allgemeine Zeitung*, 1798 als *Neueste Weltkunde* gegründet und 1810 aus Zensurgründen nach Augsburg verlegt, entwickelte sich zu einer der bedeutendsten politischen Tageszeitungen des 19. Jahrhunderts. Heinrich Heine schrieb später für sie als Pariser Korrespondent. Große Verbreitung fand auch das *Morgenblatt für gebildete Stände* bzw. *Leser* (1807–65), eine dem kulturellen Leben gewidmete Tageszeitung, die sich in den ersten Jahren ihres Bestehens vor allem durch ihren Kampf gegen die Romantik hervortat. Später entwickelte sie sich, nicht zuletzt durch das *Literaturblatt* (1820–49), eine selbständige Beilage, zu einem bedeutenden literarischen Publikationsorgan, in dem zahlreiche Erstdrucke u. a. von Texten Ludwig Börnes, Heinrich Heines und Annette von Droste-Hülshoffs erschienen.

EPOCHE/STRÖMUNG

ROMANTIK

Philipp Otto Runge, *Der große Morgen*, 1808/09.

BEGRIFF UND ABGRENZUNGEN. Als Epochenbegriff bezeichnet Romantik im Rahmen der deutschen Literaturgeschichte den Zeitraum von etwa 1795 bis 1830. Das Wort ›romantisch‹ war im 18. Jahrhundert vorwiegend im Sinn des Phantastischen, Romanhaften, Märchenhaften gebraucht worden. Nun erhielten diese Bedeutungen einen positiven Sinn und wurden um neue Nuancen erweitert. ›Romantisch‹ erscheint als eine Sehweise, die das Gewöhnliche, Alltägliche überhöht: »Die Welt muss romantisiert werden«, heißt es bei Novalis. Zugleich verwandten die Romantiker den Begriff des Romantischen als weit gefasste Epochenbezeichnung für die Moderne und Gegenbegriff zum Klassischen, d.h. Antiken: ›Romantisch‹ in diesem Sinn heißt ›nichtklassisch‹ und bezieht sich auf die Dichtung des christlichen Mittelalters, die Literaturen Spaniens und Italiens (Dante, Petrarca, Calderón, Cervantes) und nicht zuletzt auf Shakespeare und Goethe. Wenn die Romantik auch in manchen Aspekten als Gegenbewegung gegen das rationalistische Denken des 18. Jahrhunderts erscheinen mag, so handelt es sich jedoch keineswegs um eine generelle Opposition. Gerade weil sich Romantik, Klassik und späte Aufklärung zeitlich teilweise überschneiden, kommt es nicht nur zu Abgrenzungen, sondern auch zum Dialog. So kann man in der Romantik bei aller Polemik gegen Spätaufklärer wie Friedrich Nicolai den Versuch erkennen, die Tendenzen der Aufklärung fortzusetzen, sie auf bisher unterdrückte oder vernachlässigte Bereiche zu erweitern. Das Interesse an der »Nachtseite« der Natur (Gotthilf Heinrich Schubert, *Ansichten von der Nachtseite der Naturwissenschaft*, 1808), an den Phänomenen des Unterbewussten, des Traumes, des Somnambulismus oder des Mesmerismus, das alles ist nicht Ausdruck eines bedenklichen Okkultismus, sondern öffnet den Blick für bisher noch nicht rational erklärte Erscheinungen mit höchst fruchtbaren Folgen für die Literatur (Heinrich von Kleist, E.T.A. Hoffmann u.a.).

GRUPPIERUNGEN

Die Frühromantiker hatten ihr Zentrum in Jena im Hause der Brüder Schlegel und ihrer Frauen (›Jenaer Romantik‹); hier versammelten sich seit 1798 neben den Schlegels Friedrich von Hardenberg (Novalis), Ludwig Tieck, Wilhelm Heinrich Wackenroder, Friedrich Schleiermacher, Johann Gottlieb Fichte, Friedrich Wilhelm Joseph Schelling, Johann Wilhelm Ritter u.a.). Publizistisches Organ war die Zeitschrift *Athenaeum* (1798–1800).
Die ›Heidelberger Romantik‹ bildete sich seit 1805 im Umkreis der Universität mit Achim von Arnim, Clemens Brentano, Joseph von Eichendorff, Joseph Görres und Friedrich Creuzer als wichtigsten Repräsentanten.

PROGRAMMATISCHES. Die Romantik vertrat kein einheitliches Programm; ihre Repräsentanten waren sich dessen durchaus bewusst und setzten die widersprüchlichen Ansätze und Denkmodelle dialektisch miteinander in Beziehung. Denn im Hintergrund standen Ideen von einer allumfassenden Einheit oder Ganzheit und einem organischen Werdensprozess, in dem das Wirken des Absoluten sichtbar werden sollte. Geschichtsphilosophisch steht hinter diesem Denken ein dreistufiges Modell (ursprüngliche Einheit von Mensch und Natur, Verlust dieser Einheit, ihre Wiedergewinnung auf einer höheren Stufe), wie es sich auch in der Klassik u.a. bei Schiller findet. Die Romantiker sahen in einem idealisierten ›altdeutschen‹ Spätmittelalter dieses Goldene Zeitalter, das inzwischen verloren und durch die Poesie in einer großen Synthese wiederzugewinnen war. Dem Ungenügen an der modernen Gesellschaft und dem bürgerlichen Alltag (›Philistertum‹) setzte die Dichtung Gegenbilder entgegen; Gestalten wie der Künstler, Träumer, Wanderer, Taugenichts verweisen ebenso darauf wie die Grenzüberschreitungen ins Übersinnliche bis hin zum Wahnsinn. Zeichenhaft für diese andere, poetisierte Welt stehen neben dem christlich-wunderbaren Mittelalter Italien und der Orient. Als universales Symbol dieser Sehnsüchte figuriert die »blaue Blume« in Novalis' *Heinrich von Ofterdingen* (1802). Sie erscheint dem Helden am Anfang des Romans im Traum: »Er sah nichts als die blaue Blume, und betrachtete sie lange mit unnennbarer Zärtlichkeit.« Als er sich ihr nähert, beginnt sie sich zu verändern und ihm zuzuneigen: »und die Blütenblätter zeigten einen blauen ausgebreiteten Kragen, in welchem ein zartes Gesicht schwebte.«

In Dresden entstand um 1808–1809 um die Zeitschrift *Phöbus* ein romantischer Zirkel, dem u.a. Heinrich von Kleist, der Staatsphilosoph Adam Müller und der Arzt und Naturforscher Gotthilf Heinrich Schubert angehörten. Die beiden wichtigsten Zentren der Spätromantik waren Berlin und Wien. E.T.A. Hoffmann hielt sich seit 1814 in Berlin auf, wo auch die neu gegründete Universität große Anziehungskraft ausübte (Fichte, Schleiermacher, Henrik Steffens); in Wien vertraten F. Schlegel, A. Müller und Zacharias Werner – wie später Görres in München – die restaurativen, katholischen Tendenzen der Romantik.

Das Aquarell Carl Philipp Fohrs, Ende 1813 entstanden, zeigt das Heidelberger Schloss vom Osten mit einer weißen Kuh und einer Gruppe von Kindern im Vordergrund, die von dem Monument der Vergangenheit keine Notiz nehmen (und wie die Morgenstimmung vielleicht die Assoziation ›Beginn‹ auslösen sollen).

LUDWIG TIECK

1773 31. Mai: Ludwig Tieck in Berlin geboren
1792–94 Studium (nominell Theologie, in Wirklichkeit Literatur, Kunst, Altertumswissenschaft und Philosophie) in Halle, Göttingen und Erlangen (hier mit Wilhelm Heinrich Wackenroder)
1794 Rückkehr nach Berlin, freier Schriftsteller
1795–96 *Geschichte des Herrn William Lovell*
1797 *Der gestiefelte Kater, Ritter Blaubart, Volksmährchen* herausgegeben von Peter Leberecht
1798 *Franz Sternbalds Wanderungen*
1802 Tieck zieht auf das Gut eines Freundes bei Ziebingen in der Nähe von Frankfurt a. d. O.; in den folgenden Jahren zahlreiche Reisen (Rom, München, Prag, London, Paris u. a.)
1804 *Kaiser Octavianus*
1812–16 *Phantasus. Eine Sammlung von Mährchen, Schauspielen und Novellen*
1819 Übersiedlung nach Dresden (1825 Hofrat und Dramaturg des Hoftheaters), wo er bald, auch durch die berühmten Leseabende, eine zentrale Stellung im Kulturleben einnimmt
1826 *Der Aufruhr in den Cevennen*
1836 *Der junge Tischlermeister*
1840 *Vittoria Accorombona*
1842 Berufung nach Berlin, wo er Musteraufführungen inszenieren soll
1853 28. April: Ludwig Tieck stirbt in Berlin

POETIK
KUNSTFRÖMMIGKEIT

KUNST UND NATUR. In Wilhelm Heinrich Wackenroders *Herzensergießungen eines kunstliebenden Klosterbruders* ist von »zwei wunderbaren Sprachen« die Rede, »durch welche der Schöpfer den Menschen vergönnt hat, die himmlischen Dinge in ganzer Macht, soviel es nämlich […] sterblichen Geschöpfen möglich ist, zu fassen und zu begreifen. […]. Die eine dieser wundervollen Sprachen redet nur Gott; die andere reden nur wenige Auserwählte unter den Menschen, die er zu seinen Lieblingen gesalbt hat. Ich meine: *die Natur* und *die Kunst*.« Ausgelöst wurden diese Überlegungen durch das religiös-ästhetische Natur- und Kunsterlebnis der Berliner Studenten Wackenroder und Ludwig Tieck im Sommer 1793, als sie ihre Studienzeit an der Universität Erlangen zu Ausflügen und Wanderungen in die Umgebung nutzten. Hier in der fränkischen Landschaft, bei Besuchen in Bamberg, Nürnberg und Pommersfelden wurden die preußischen Protestanten überwältigt von der süddeutschen Naturlandschaft und Barockkultur, den Eindrücken eines katholischen Hochamts in Bamberg, vom mittelalterlichen Stadtbild Nürnbergs und der ›altdeutschen‹ Kunst Dürers, von der italienischen Malerei der Renaissance in der Galerie von Schloss Pommersfelden. Diese Erfahrungen prägten nicht nur die literarische Entwicklung Wackenroders und Tiecks: Sie wurden zum Ausgangspunkt der romantischen Bewegung und wesentlicher Elemente ihrer Kunstauffassung.

WACKENRODERS »HERZENSERGIESSUNGEN«. Bei diesem Werk eines fiktiven Mönchs handelt es sich um eine locker komponierte Sammlung von kleinen Abhandlungen, fiktiven Briefwechseln, Gemäldebeschreibungen, Biografien italienischer Maler (kontrastiert mit einem »Ehrengedächtnis« Dürers) und einer abschließenden Mu-

Albrecht Dürer, *Drahtziehmühle*, Aquarell, um 1494.

Johann Friedrich Overbeck, *Italia und Germania*. Overbeck begann das Gemälde 1811 als Freundschaftsbild für Franz Pforr und stellte die zukünftigen idealen Bräute mit biblischen Assoziationen als Sulamith und Maria dar. Das Bild war unvollendet, als Pforr 1812 starb. 1828 vollendete Overbeck das Bild und gab ihm nun einen allgemeinen allegorischen Sinn – Italia und Germania –, Bekräftigung des Kunstideals der deutschen romantischen Kunst mit ihrem Bezug auf die italienische und deutsche Malerei des Spätmittelalters und der Renaissance (Raffael, Dürer). Der zweigeteilte Hintergrund – italienische bzw. deutsche Landschaft – spiegelt sich auch in den Kleidern, nur trägt Germania die italienischen, Italia die deutschen Nationalfarben.

sikerbiografie. Diese Texte setzen der rationalistischen, didaktisch ausgerichteten Kunstauffassung der Aufklärung Vorstellungen einer neuen ästhetischen Erfahrung entgegen, die sich vor allem an der sakral verstandenen Kunst des Mittelalters und der Renaissance orientiert. Kunst erscheint als Sache höherer Offenbarung, rückt in die Nähe der Religion. Kunstbetrachtung und Kunstgenuss sind Andacht, Gebet. Die »Hieroglyphenschrift« der Kunst eröffnet neue Erlebnisbereiche und trägt zur Überwindung des modernen Zwiespalts von Geist und Natur bei. Mit diesem Kunstenthusiasmus kontrastiert die abschließende Künstlernovelle *Joseph Berglinger*, die den Konflikt zwischen Künstler und Gesellschaft, dem »angebornen ätherischen Enthusiasmus« und dem »niedrigen Elend dieser Erde« zum Thema hat: Vorbild für die romantischen Künstlererzählungen Tiecks, E. T. A. Hoffmanns und anderer.

»FRANZ STERNBALDS WANDERUNGEN«. Die gemeinsam mit Wackenroder entwickelten Vorstellungen einer romantischen Kunstreligion sind auch der Ausgangspunkt von Tiecks *Franz Sternbalds Wanderungen* (1798), einem Fragment gebliebenen Künstler- und Bildungsroman: Die Wanderungen des Dürerschülers Sternbald dienen der Ausbildung seiner künstlerischen Fähigkeiten. Sie führen – verbunden mit Verwicklungen, die bis in die Kindheit zurückreichen und Fragen nach der eigenen Identität und Familie aufwerfen – über Holland (Aufenthalt bei Lukas van Leyden; letzte Begegnung mit Dürer) und Straßburg nach Italien, dem Land der Sinnlichkeit und der erotischen Versuchungen. Bezugspunkt bleibt Dürer als Vertreter einer religiös-ethischen Position: Die Fortsetzung hätte Sternbald zurück nach Nürnberg zum Grab Dürers führen sollen. Kunst ist das zentrale Thema des Romans, der in seinen Reflexionen die neue romantische Ästhetik auf den Nenner bringt: »Alle Kunst ist allegorisch.«

WILHELM HEINRICH WACKENRODER

1773 13. Juli: Wilhelm Heinrich Wackenroder in Berlin geboren
1793–94 Studium der Rechte in Erlangen (mit Ludwig Tieck) und Göttingen
1794 Referendar in Berlin
1796 *Herzensergießungen eines kunstliebenden Klosterbruders* (vordatiert auf 1797)
1798 13. Februar: Wilhelm Heinrich Wackenroder stirbt in Berlin; postum erscheinen 1799, von Tieck herausgegeben, *Phantasien über die Kunst*

LITERATURBETRIEB

SALON

Peter Friedel, *Porträt Rahel Levin*, um 1800.

DIE ROLLE DER FRAU. In der höfischen Geselligkeit kommt der Frau seit dem Mittelalter eine besondere Rolle zu. Ein Buch wie Baldassare Castigliones *Libro del Cortegiano* (1528) zeigt, wie sich diese Tradition in der Renaissance fortsetzte: Hier unterhalten sich unter der Führung der Herzogin Elisabetta Gonzaga und ihrer Schwägerin Emilia Pia am Hof von Urbino Gelehrte und Hofleute über das Ideal des Hofmanns und die Hofkultur der Renaissance, in der – bereits die Gesprächssituation des Buches illustriert es – die Frau zumindest in der Theorie den Ton angibt, Idealvorstellungen verkörpert und mit Autorität spricht. Die Bezeichnung Salon für diese Form der Gesellschaftskultur tritt dann erstmals im 17. Jahrhundert in Frankreich auf. Paris ist die Stadt der Salons, denen eine wichtige Funktion im gesellschaftlichen und literarischen Leben zukommt. Bekannt sind u.a. die Salons der Marquise de Rambouillet oder der Romanschriftstellerin Madeleine de Scudéry.

BERLIN. Literarische Salons nach französischem Vorbild entstanden in Deutschland erst seit dem Ende des 18. Jahrhunderts, als die politischen und gesellschaftlichen Voraussetzungen gegeben waren. Das gilt vor allem für Preußen, das zu einer europäischen Macht aufgestiegen war und mit Berlin eine Großstadt besaß, in der sich dank der preußischen Judenemanzipation, der Emanzipation der Frau und des Bürgertums überhaupt ein günstiges kulturelles Klima entwickelt hatte. Die beiden wichtigsten Berliner Salons um 1800 waren, zeitweise durchaus miteinander konkurrierend, die von Henriette Herz (geb. de Lemos) und Rahel Levin (seit 1814 Rahel Varnhagen von Ense), von äußerst gebildeten Frauen mit starker Ausstrahlung aus wohlhabenden jüdischen Familien.

Während der Arzt und Kantschüler Markus Herz in seinem Haus einen wissenschaftlich-philosophischen Gesprächskreis unterhielt, versammelte seine Frau Henriette Herz in ihrem Salon seit Ende der achtziger Jahre literaturinteressierte junge Leute um sich, darunter Alexander und Wilhelm von Humboldt, Dorothea Veit (die Tochter Moses Mendelssohns), später Friedrich Schleiermacher und Friedrich Schlegel. Rahel Levins Wohnung in ihrem Elternhaus entwickelte sich seit den neunziger Jahren zu einem geselligen und kulturellen Zentrum, in dem sich – ebenfalls ständeübergreifend – Künstler, Gelehrte, Studen-

»Aus den Papieren des Grafen S****« über *Rahel Levin und ihre Gesellschaft*, »Gegen Ende des Jahres 1801«, ohne Verfasserangabe abgedruckt in Karl August Varnhagen von Enses *Denkwürdigkeiten und vermischte Schriften* (Bd. 8, 1859):

»Wir hatten in die Jägerstraße eingelenkt, und nach wenigen Schritten standen wir vor dem Hause. Wir wurden gemeldet und angenommen, durch einen Saal in ein anstoßendes Eckzimmer geführt [...]. Neben der Wirtin auf dem Sofa saß eine Dame von großer Schönheit, eine Gräfin Einsiedel, wie ich nachher hörte. Sie schwieg, und schien wenig Anteil an dem zu nehmen, was ihr ein Herr vorsagte, den man den Abbé nannte, und dessen Gesicht und Stimme mir gleich den anmaßlichen Pedanten zu erkennen gaten und Militärs trafen (u. a. Prinz Louis Ferdinand von Preußen und seine Geliebte Pauline Wiesel, Jean Paul, Friedrich Schlegel, Clemens Brentano). Nach dem Zusammenbruch Preußens 1806 in den napoleonischen Kriegen konnte Rahel Levin den Salon nicht mehr weiterführen; Henriette Herz hatte bereits vorher nach dem Tod ihres Mannes 1803 aus finanziellen Gründen ihre Aktivitäten einschränken müssen. Im 19. Jahrhundert verbreitete sich die Salonkultur von Berlin aus (Wien, Weimar, München usw.) und blieb bis ins 20. Jahrhundert lebendig.

BRIEFKULTUR. Ein wesentliches Element der Gesellschaftskultur war die Ergänzung des Gesprächs durch den brieflichen Dialog. Insbesondere Rahel Levins (bzw. Varnhagens) Briefe zirkulierten in ihrem Freundeskreis, und das mit Grund: Ihre Briefe sind Spiegel der Zeit, ihrer Persönlichkeiten und Ereignisse, ihrer Alltagswirklichkeit, ihrer literarischen, kulturellen und politischen Tendenzen, zugleich Porträt einer außergewöhnlichen Frau und Zeugnis ihrer intuitiven Menschenkenntnis, ihrer Unmittelbarkeit und ihres kritischen Urteilsvermögens. Unmittelbar nach ihrem Tod gab ihr Mann als Privatdruck eine einbändige Auswahl aus ihren Briefen und Tagebüchern heraus (1833), die er im folgenden Jahr zu einer dreibändigen, auch im Buchhandel erhältlichen Ausgabe erweiterte: *Rahel. Ein Buch des Andenkens für ihre Freunde.*

> ben. Rückwärts abgewendet sprach Friedrich Schlegel mit dem Bruder von Rahel, dessen Dichternamen Ludwig Robert später auch sein bürgerlicher wurde. Beide Herren waren mir schon bekannt; Schlegel hatte ich mit seinem Freund und Lobredner Schleiermacher am Tage zuvor bei Mad. Veit gesehen; daß er seinen Roman Lucinde auch ›Bekenntnisse eines Ungeschickten‹ benannt, war mir gleich ganz charakteristisch für ihn, denn ungeschickt im höchsten Grad erschien er mir selbst und sein Roman. [...]
> Das Gespräch wurde sehr lebhaft, und wogte, zwischen den Personen wechselnd, über die mannigfachsten Gegenstände hin. [...] Alle waren auf natürliche Weise tätig, und doch keiner aufdringlich, man schien ebenso gern zu hören als zu sprechen. Am merkwürdigsten war Dlle Levin selbst. Mit welcher Freiheit und Grazie wußte sie um sich her anzuregen, zu erhellen, zu erwärmen! Man vermochte ihrer Munterkeit nicht zu widerstehen! Und was sagte sie alles! Ich fühlte mich wie im Wirbel herumgedreht, und konnte nicht mehr unterscheiden, was in ihren wunderbaren, unerwarteten Äußerungen Witz, Tiefsinn, Gutdenken, Genie, oder Sonderbarkeit und Grille war. Kolossale Sprüche hörte ich von ihr, wahre Inspirationen, oft in wenig Worten, die wie Blitze durch die Luft fuhren, und das innerste Herz trafen.«

Anton Graff, *Bildnis der Henriette Herz*, 1792.

FRAGMENT, wörtlich Bruchstück (lat. *fragmentum*), hat in der Literaturwissenschaft verschiedene Bedeutungen. Es bezeichnet zunächst einen nur bruchstückhaft überlieferten, aber ursprünglich vollständigen Text, dann ein aus inneren oder äußeren Gründen unvollendet gebliebenes Werk (Verlust der materiellen Voraussetzungen, Tod, Schreibhemmung, konzeptionelle Gründe usw.) und schließlich – seit der zweiten Hälfte des 18. Jahrhunderts – eine eigene literarische Form.

EIN APHORISMUS ist die prägnant zugespitzte Formulierung eines Gedankens in Prosaform, die isoliert, d. h. sinnunabhängig, ohne systematischen Zusammenhang neben anderen derartigen Texten steht. Durch seine konzise Formulierung und Pointierung, durch den wirkungsvollen, zum Nachdenken anregenden Einsatz verschiedener literarischer und rhetorischer Stilmittel wie Paradoxon, Anspielung, Antithese, Metapher usw. zielt der Aphorismus auf – überraschende – Erkenntnis.

GATTUNG

FRAGMENT

KONTEXT. Das romantische Fragment gehört in den Bereich der Aphoristik, wie er sich im 17. und 18. Jahrhundert, ausgehend von Frankreich (La Rochefoucauld, *Réflexions, ou Sentences et maximes morales*, 1665), herausgebildet hatte. In Deutschland kam es erst in den Jahren vor 1800 zur produktiven Rezeption dieser Tradition, wobei die Romantiker Anregungen für diese neuen »Texte zum Denken« (Novalis) vor allem von Nicolas Chamforts pointierten *Maximes, pensées, caractères et ancedotes* (1795) empfingen. Neben den Lyceums- und Athenaeums-Fragmenten des Kreises um Friedrich und August Wilhelm Schlegel und den Sammlungen des Novalis (*Blüthenstaub*, 1798; *Glauben und Liebe*, 1798) trugen Jean Paul mit seinen *Wetterbeobachtungen über den Menschen* im *Hesperus* (1795) und – in den postumen Teilveröffentlichungen aus seinen *Sudelbüchern* (*Vermischte Schriften*, Bd. 1–2, 1800–01) – der Aufklärer Georg Christoph Lichtenberg zur Blüte der Form bei.

FRAGMENT UND UNIVERSALITÄT. Wenn das Fragment auch einzeln, ohne systematischen Zusammenhang abgesondert von den Nachbartexten steht, so bezieht es sich doch im romantischen Denken auf ein – verlorenes, ersehntes, erstrebtes – Ganzes, auf das Postulat eines übergreifenden Systemzusammenhangs des Wissens und der Vorstellung von einer tieferen, ursprünglichen Einheit der Welt. »Viele Werke der Alten sind Fragment geworden.

Viele Werke der Neuern sind es gleich bei der Entstehung«, lautet einer der Aphorismen im ersten Band des *Athenaeum* (1798). Und die Fragmente »bei der Entstehung« sind Bruchstücke, gerichtet entweder auf das verlorene Ganze oder vorausdeutend auf ein zukünftiges Ganzes.

POETIK. Die von A. W. und F. Schlegel herausgegebene Zeitschrift *Athenaeum*, wichtigstes publizistisches Organ der Frühromantik, enthält zentrale Texte F. Schlegels zur romantischen Ästhetik, darunter den Aufsatz *Über Goethe's Meister* (1798), das *Gespräch über die Poesie* (1800) und eine Sammlung von Fragmenten (*Fragmente*, 1798), die mit ihrer Neigung zu paradoxen Formulierungen nicht zuletzt der programmatischen Selbstdarstellung der jungen Romantikergeneration dienen. Zu den bekanntesten Texten gehört das 116. Fragment mit seiner Bestimmung des Charakters der romantischen Dichtung: »Die romantische Poesie ist eine progressive Universalpoesie.« Dabei geht es nicht nur darum, »alle getrennte Gattungen der Poesie wieder zu vereinigen«, sondern auch um einen alle Künste und Wissenschaften, Reflexion und Poesie umgreifenden Prozess der Steigerung und Potenzierung, der zwar ein Ganzes ahnen lässt, aber grundsätzlich unendlich ist (»wie in einer endlosen Reihe von Spiegeln«): »Die romantische Dichtart ist noch im Werden; ja das ist ihr eigentliches Wesen, daß sie ewig nur werden, nie vollendet sein kann.« Ein Resultat dieser prinzipiellen Unabschließbarkeit ist die Tendenz zum Fragment, ein anderes die so genannte ›romantische Ironie‹, die über den Gegensätzen des Endlichen und Unendlichen, des Absoluten und Bedingten ›schwebt‹ bzw. durch Desillusionierung und Destruktion die Gegensätze bewusst macht. Am ehesten, so macht Schlegel an anderer Stelle deutlich, könne sich diese romantische Poesie in der offenen Form des Romans verwirklichen.

Georg Christoph Lichtenberg in einem Kupferstich von Ernst Ludwig Riepenhausen, 1800. Der Göttinger Physikprofessor Lichtenberg führte mindestens seit 1764 von ihm selbst so genannte *Sudelbücher*, die literarisch durchgeformte Aphorismen, private Notizen, Zitate, naturwissenschaftliche Beobachtungen und Bemerkungen, Reflexionen und Gedankenspielereien aller Art enthalten: »Ich habe fast auf jeder Seite Ideen-Körner ausgestreut, die wenn sie auf den rechten Boden fallen Kapital ja Dissertationes tragen können.«

Linke Seite: **Künstliche Ruine auf der Pfaueninsel in der Havel bei Berlin.** Die Gartenanlagen und Bauten auf der Insel entstanden 1794–97. Die Geliebte König Friedrich Wilhelms II., die Gräfin Lichtenau, nutzte eine längere Abwesenheit des Königs und ließ, um ihn zu überraschen, ein kleines Schloss nach der »Ansicht eines ruinösen Castells auf der Insel Capri« errichten. Gouache von Wilhelm Barth (1823).

POETIK

ROMAN DER ROMANTIK

DER ROMAN ALS ROMANTISCHES BUCH. In den Überlegungen Friedrich Schlegels über die romantische Poesie kommt dem Roman eine zentrale Bedeutung zu. Anregend wirkte dabei nicht zuletzt Goethes *Wilhelm Meister* (1795–96), der die durch eine massenhafte Produktion von Trivialromanen diskreditierte Gattung rehabilitiert hatte: »Die wunderbare Prosa ist Prosa und doch Poesie«, heißt es in Schlegels Rezension im *Athenaeum* (1798). Für ihn ist dieser Roman »der faßlichste Inbegriff« von Goethes Universalität, die Antikes und Modernes, »die Harmonie des Klassischen und des Romantischen« in sich vereinige (*Gespräch über die Poesie*, 1800). Und die Universalität, die Werke wie Cervantes' *Don Quijote* oder Goethes *Meister* auszeichnet, lässt den Roman als geeignetes Medium der romantischen Dichtung erscheinen, wobei dann Schlegels Vorstellung von romantischer progressiver Universalpoesie wiederum seinen Romanbegriff mit Inhalt füllt: Der Roman vereinigt alle poetischen Gattungen, aber auch Wissenschaft, Kritik, Romantheorie, Witz, Humor, Allegorie in einem wahrhaft ›progressiven‹ Werk, das über eine (von Schlegel verabscheute) »besondere Gattung« Roman hinausweist. Vielmehr: »Der Roman ist ein romantisches Buch.« Eine wirkliche Theorie freilich – im ursprünglichen Wortsinn als »eine geistige Anschauung des Gegenstandes« – dieses absoluten Romans »würde

> »Im Romane entwickelt sich alles aus der tiefsten Individualität, der innigsten Subjektivität, also aus der Absolutheit des Gemüths, der Religion der Liebe; darum muß jeder ächte Roman einen Anstrich des Mystischen haben. Mit dieser Absolutheit des Inneren ist zugleich absolute Freyheit gesetzt. So wie also in ihm alles aus der geheimsten Tiefe des Menschen ausfließt, die ihr unendliches, freyes Leben in tausend Lichtgestalten und Farben offenbaren kann, so kann auch der Roman alle Formen der Poesie in sich aufnehmen, und das Universum der Poesie spiegelt sich eben so in ihm ab, wie im Gemüthe des Menschen das gesammte Universum wiederstrahlt.« (Friedrich Ast, *System der Kunstlehre oder Lehr- und Handbuch der Aesthetik*, 1805)

selbst ein Roman sein müssen [...]« (*Brief über den Roman*, im *Gespräch über die Poesie*).

ROMANEXPERIMENTE. Schlegels einziger Roman *Lucinde* (1799) entstand im Zusammenhang mit seinen Überlegungen über den Roman als romantisches, alle Gattungen vereinigendes Buch. *Lucinde* ist ein ästhetisches Experiment, ein »das schönste Chaos« nachbildender Roman, in dem das, »was wir Ordnung nennen«, vernichtet werden sollte. Schlegel nennt dieses Formprinzip auch »Arabeske«, Bezeichnung für der Natur nachempfundene, scheinbar ordnungslose, wilde Kompositionen, die gleichwohl den Kunstwillen des Autors spiegeln. Und in diesem Sinn verbindet Schlegel in der *Lucinde* in einer symmetrisch um einen Mittelteil gruppierten Komposition erzählende Partien, Briefe, Allegorien, Dithyramben, Dialoge und Reflexionen. Zentrales Thema ist die Liebe, wobei die Totalität der Liebeserfahrung – Liebe ist »geistige Wollust« wie »sinnliche Seligkeit« – und ein neues Frauenbild als Teil einer »Allegorie auf die Vollendung des Männlichen und Weiblichen zur vollen ganzen Menschheit« proklamiert werden.

Zu den direkten Folgen von Schlegels romantheoretischen Vorstellungen gehört Clemens Brentanos »verwilderter Roman« (Untertitel) *Godwi oder Das steinerne Bild der Mutter* (1801). Es ist eine Familien- und Bildungsgeschichte, die epische und lyrische Formen miteinander verbindet und dabei dem eher einfachen Handlungsmuster durch Einschübe, Reflexionen, Perspektivenwechsel und witzige, illusionsdurchbrechende Momente den Charakter eines schönen Chaos in der Art der Schlegelschen Arabeske zu verleihen trachtet: »Dies ist der Teich, in den ich S. 266 im ersten Band falle.«

Andere Akzente setzt Novalis in seinem Fragment gebliebenen Roman *Heinrich von Ofterdingen* (1802). Das in einer vagen mittelalterlichen Welt spielende Werk führt die Reihe der romantischen Künstlerromane fort und geht, in betontem Gegensatz zur »oeconomischen Natur« von Goethes *Wilhelm Meister*, den Weg nach innen und zielt auf eine Aufhebung aller Gegensätze, auf eine »Poëtisierung der Welt«, auf die Wiederherstellung des goldenen Zeitalters durch die schöpferische Einbildungskraft. Ein Traum, in dem der Romanheld Heinrich sich der »blauen Blume« nähert, erweckt ihn zum Dichter. Losgelöst vom Roman wurde die ›Blaue Blume‹ zu einem Symbol für die Romantik schlechthin.

Gouache des belgischen Symbolisten Fernand Khnopff, die das Symbol der blauen Blume in die emblematisch-verschlüsselte Komposition aufnimmt: *Braune Augen und eine blaue Blume* (1905).

»Ein Roman muß durch und durch Poësie seyn. Die Poësie ist nämlich, wie die Philosophie, eine harmonische Stimmung unsers Gemüths, wo sich alles verschönert, wo jedes Ding seine gehörige Ansicht – alles seine passende *Begleitung* und *Umgebung* findet. Es scheint in einem ächt poëtischen Buche, alles so *natürlich* – und doch so wunderbar – Man glaubt es könne nichts anders seyn, und als habe man nur bisher in der Welt geschlummert – und gehe einem nun erst der rechte Sinn für die Welt auf. Alle Erinnerung und Ahndung scheint aus eben dieser Quelle zu seyn [...].« (Novalis, *Fragmente und Studien*, 1799)

Linke Seite: Frontispiz und Titelkupfer zum zweiten Teil von Brentanos Roman nach Zeichnungen von Johann Heinrich Ramberg.

LITERATURBETRIEB

FRAUEN

Karoline von Günderrode. Anonymes Gemälde, um 1800.

KAROLINE VON GÜNDERRODE

1780 11. Februar: Karoline von Günderrode in Karlsruhe geboren
1797 Eintritt in ein evangelisches Damenstift in Frankfurt a. M. Sie lernt Clemens und Bettine Brentano und Friedrich Carl von Savigny kennen
1804 *Gedichte und Phantasien*. – In Heidelberg macht Karoline von Günderrode die Bekanntschaft mit dem Mythenforscher Friedrich Creuzer, der mit einer älteren Professorenwitwe verheiratet ist. Es kommt zu einer spannungsreichen Liebesbeziehung
1805 *Poetische Fragmente*
1806 26. Juli: Karoline von Günderrode ersticht sich in Winkel am Rhein, nachdem Creuzer das Verhältnis aufgelöst hatte. Creuzer verhindert auch das Erscheinen der Werksammlung *Melete*, das für 1806 vorgesehen war

›FRAUENROMANE‹. Nach dem ersten Beispiel eines ›Frauenromans‹, das Sophie von La Roche mit der *Geschichte des Fräuleins von Sternheim* (1771) vorgelegt hatte, beteiligten sich mehr und mehr Frauen nicht mehr nur lesend, sondern auch schreibend am expandierenden Literaturmarkt. Dabei spielt die Form des Briefromans eine bedeutende Rolle; thematisch dominiert das moralisch-empfindsame Konzept der verfolgten und bewährten Tugend in der Nachfolge Samuel Richardsons und Sophie von La Roches. Das Bild der Frau bleibt in diesen Werken in der Regel innerhalb der männlich geprägten poetologischen und gesellschaftlichen Konventionen: Der Wirkungskreis der Frau ist die häusliche Umgebung, in der sie dank ihrer Seelengröße, Tugend und altruistischen Liebe einen positiven Einfluss ausübt. Programmatisch ist der Titel von Wilhelmine Karoline von Wobesers Erfolgsroman *Elisa, oder das Weib, wie es seyn sollte* (1795). Andere Romane der Epoche, etwa *Agnes von Lilien* (1798) von Caroline von Wolzogen, deuten emanzipatorische Gedanken wenigstens an. Und Sophie Mereau (seit 1803 Sophie Brentano) bestand ausdrücklich entgegen der konventionellen Frauenrolle auf »Selbstbestandheit«, auf weiblicher Selbstbestimmung, die sie in ihrer Arbeit als Berufsschriftstellerin und ihrem Ehe- und Liebesleben umzusetzen suchte und als Thema in ihren Romanen *Das Blüthenalter der Empfindung* (1794) und *Amanda und Eduard* (1804) anklingen ließ.

KONTROLLE. Die Männer, die Weimarer Klassiker wie die Romantiker, druckten in ihren Zeitschriften zwar Texte von Frauen, bestanden aber auf männlicher literarischer (und sozialer) Kontrolle. Der Ton war herablassend. Schiller an Goethe am 30. Juni 1797: »Ich muß mich doch wirklich darüber wundern, wie unsere Weiber jetzt, auf bloß dilettantischem Wege, eine gewisse Schreibgeschicklichkeit sich zu verschaffen wissen, die der Kunst nahe kommt.« Anlass war der Abdruck des Anfangs von *Amanda und Eduard* »der Dichterin Sophie Mereau« in den *Horen*.

Goethes Rat in einer Rezension von drei Romanen von Frauen 1807 lautete: »Sollten denn aber geistreiche und talentvolle Frauen nicht auch geist- und talentvolle Freunde erwerben können, denen sie ihre Manuskripte vorlegten, damit alle Unweiblichkeiten ausgelöscht würden [...].«

KAROLINE VON GÜNDERRODE. Das Interesse an ihrem Leben und ihrem Tod hat das dichterische Werk »der Günderrode« immer in den Hintergrund gedrängt. Es umfasst Gedichte, erzählende und meditative Prosastücke, Briefe, dramatisch-lyrische Szenen und Dramen. Das Lyrische herrscht vor und durchdringt mit einer klang- und bilderreichen Sprache alle Gattungen. In der Wahl der Stoffe und der Bildbereiche zeigt sich eine Hinwendung zu nichtchristlichen und nichtantiken Mythologien, zum Germanischen und Orientalischen (Ägypten, Arabien, Persien, Indien). Dazu gehört auch – in einer Art Hesse-Vorahnung – die Abkehr von der europäischen Zivilisation zugunsten eines kontemplativen Lebens am Ganges, in der Hoffnung auf »eine Zeit der Vollendung [...], wo jedes Wesen harmonisch mit sich selbst und mit den Andern wird, [...] wo jede Melodie hinstürzt in die ewige Harmonie« (*Geschichte eines Bramines*). Zentrale Themen ihres Werkes sind, nicht ohne ästhetizistische Vorklänge, Liebe, Schönheit und Tod.

Die Silhouette Sophie Mereaus ist unterschrieben »Madame Mereau in Jena«.

NACHLEBEN

Die Karoline von Günderrode bewegenden inneren Konflikte werden am ehesten in ihren Briefen sichtbar. Bettine von Arnim suchte ihr Gedächtnis mit dem Briefbuch *Die Günderrode* (1840) zu bewahren. Durchaus gegenwartsbezogen, als Entwurf einer herrschaftsfreien Beziehung zwischen zwei Menschen, gestaltete Christa Wolf in ihrer Erzählung *Kein Ort. Nirgends* (1979) die Vision einer Begegnung zwischen Karoline von Günderrode und Heinrich von Kleist und einer Reihe anderer Romantiker(innen).

Johann Heinrich Ramberg, *Die gelehrte Frau*, 1802 (Graphik 1803). Die Zeichnung illustriert die allgemeinen gesellschaftlichen Vorurteile: Die Frau vergisst über ihre gelehrten oder schriftstellerischen Ambitionen ihre Pflichten im Haus.

GATTUNG

MÄRCHEN

VOLKS- UND KUNSTMÄRCHEN.

Die *Kinder- und Hausmärchen* von Jacob und Wilhelm Grimm, 1812–15 zuerst erschienen, haben die Vorstellung von der Gattung Märchen entscheidend geprägt. Sie repräsentieren eine neue Entwicklungsstufe in einer langen Gattungstradition, in der sich mündliche und schriftliche Überlieferungen über Jahrhunderte hinweg gegenseitig befruchtet haben. Nach den mittelalterlichen orientalischen Geschichten aus *Tausendundeiner Nacht* entstehen seit der Renaissance auch im Westen literarisch überformte Märchen und Märchensammlungen. In Deutschland beginnt die Geschichte des Kunstmärchens im 18. Jahrhundert mit Christoph Martin Wieland und seinem ironisch-parodistischen Umgang mit den Feenmärchen in seinem ersten Roman *Don Sylvio von Rosalva* (1764) und seiner Sammlung von Geister- und Feenmärchen (*Dschinnistan*, 1786–89). Die mündliche

DEFINITIONEN UND THEORIEN

Märchen sind realitätsenthobene Erzählungen wunderbaren Inhalts. In der Märchenwelt geschieht das Wunderbare gleichsam wie selbstverständlich; es wird nicht eigens betont wie in Sage oder Legende. Es gelten keine Natur- oder Kausalitätsgesetze. Zu den konstitutiven Merkmalen des Volksmärchens gehört, dass es keinen namentlich bekannten Verfasser hat, dass es über einen längeren Zeitraum mündlich überliefert wurde und dass daher mit einer Reihe von Varianten zu rechnen ist. Vom Inhalt her kann man u. a. zwischen Zauber-, Schwank-, Tier-, Lügen- und Legendenmärchen unterscheiden.

Die Frage nach Entstehung und Alter des Märchens lässt sich nicht generell beantworten. Nur in Einzelfällen besteht eine nachweisbare Kontinuität der Überlieferung über das späte Mittelalter hinaus. Auffallend sind allerdings die Übereinstimmungen in der Motivik zwischen orientalischen, antiken und mittelalterlichen Überlieferungen auf der einen Seite und neueren Sammlungen auf der anderen. Verschiedene Erklärungsmodelle – Monogenese (einmalige Erfindung, Wanderung), Polygenese oder Archetypik – konkurrieren miteinander.

Das Märchen *Gockel, Hinkel und Gackeleia* von Clemens Brentano nach Giambattista Basile erschien 1838. Es gehört in den Zusammenhang der nicht abgeschlossenen Märchenprojekte Brentanos (»Italienische Märchen« nach Basile und »Märchen vom Rhein«). Das Titelkupfer versammelt die Protagonisten des Märchens.

Überlieferung kommentiert er abschätzig. Das steht in Widerspruch zu der von Johann Gottfried Herder ausgehenden Neubewertung der ›Volksdichtung‹, die für das Märchen erst durch die Sammeltätigkeit in der Romantik eine breite Resonanz findet. Zugleich ist die Romantik aber auch die Periode, in der – nicht zuletzt angeregt durch Goethes *Märchen* in den *Unterhaltungen deutscher Ausgewanderten* (1795) – das Kunstmärchen seinen künstlerischen Höhepunkt erreicht.

›GRIMMS MÄRCHEN‹. Die Anregung zur Sammeltätigkeit kam von Clemens Brentano im Zusammenhang mit der Volksliedersammlung *Des Knaben Wunderhorn* (1805–1808). Neben mündlich überlieferten Texten benutzten die Brüder Grimm auch schriftliche Quellen. Aber selbst vieles vom dem, was die so genannten »Märchenfrauen« erzählten – in der Regel keineswegs alte Mütterchen aus dem ›Volk‹, sondern junge, gebildete Frauen aus dem Bürgertum –, ging auf literarische Texte zurück. Einen einheitlichen Charakter erhielt das durchaus heterogene, z. T. auch fragmentarische Material erst durch Jacob und vor allem Wilhelm Grimm. Zwar erklärten sie, dass sie inhaltlich aus eigenen Mitteln nichts hinzugesetzt hätten, aber: »daß der Ausdruck und die Ausführung des Einzelnen großenteils von uns herrührt, versteht sich von selbst«. Diese Tendenz verstärkte sich von Auflage zu Auflage. Erst dadurch erhielten die Texte ihren eigentümlichen Märchenton mit den anschaulichen Redewendungen, Sprichwörtern und den klassischen Anfangs- und Schlussformeln, der ihren gewaltigen Erfolg ermöglichte. Durch stilistische und strukturelle Eingriffe (und die Eliminierung oder Verschleierung sexueller oder sozialkritischer Motive) entstanden stark typisierte, homogene ›Buchmärchen‹, Texte, die das Märchen, vorher Unterhaltung von Erwachsenen, zur Kinderlektüre im städtischen Bürgerhaus geeignet machten. Zugleich regten ›Grimms Märchen‹ eine intensive Forschungs- und Sammeltätigkeit in zahlreichen anderen Ländern an. In Deutschland knüpften u.a. Wilhelm Hauff (*Mährchen-Almanach*, 1826–28) und Ludwig Bechstein (*Deutsches Märchenbuch*, 1845) an dieses Vorbild an.

Wilhelm und Jacob Grimm. Stahlstich nach einer Daguerrotypie von Hermann Biow, um 1850.

Illustration von Heinrich Vogeler zu dem Märchen *Die Gänsemagd* der Brüder Grimm, angefertigt für eine Ausgabe von acht Märchen 1907.

LITERATURBETRIEB

WELTLITERATUR

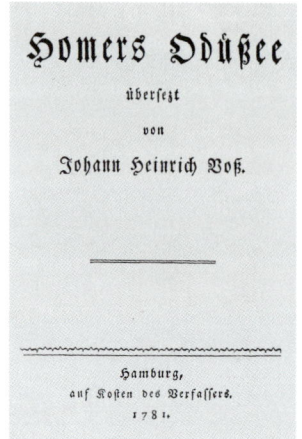

Johann Heinrich Füssli, *Titania und der eselsköpfige Zettel,* um 1780–90, Gemälde zu Shakespeares Komödie *Ein Sommernachtstraum.*

BEGRIFF. Von Goethe stammt der erste gedruckte Beleg für den Begriff Weltliteratur. Mehrfach kommt er 1827 und den folgenden Jahren auf dieses Thema zu sprechen. »Nationalliteratur will jetzt nicht viel sagen; die Epoche der Weltliteratur ist an der Zeit, und jeder muß jetzt dazu wirken, diese Epoche zu beschleunigen«, notierte etwa Eckermann am 31. Januar 1827. Dabei versteht Goethe Weltliteratur umfassend als die Gesamtheit der literarischen Überlieferung der Völker. Die Literaturwerke sind zwar durch ihre jeweilige Sprache Teil einer nationalen Kultur, aber durch ihren Geist miteinander verbunden. Dabei kommt der Vermittlung eine entscheidende Rolle zu, nicht nur durch Übersetzungen, sondern vor allem durch die Kommunikation der »lebendigen und strebenden Literatoren« untereinander, die »einander kennen ler-

nen und durch Neigung und Gemeinsinn sich veranlaßt finden, gesellschaftlich zu wirken«. Weltliteratur ist eine Art Zukunftsprojekt, zielt auf die Herstellung einer übernationalen literarischen Öffentlichkeit, auf den freien Verkehr der Gedanken.

Auch vor dem Wort, das übrigens bereits von Christoph Martin Wieland 1790 in einer handschriftlichen Eintragung verwendet wurde, war die Vorstellung von Weltliteratur geläufig. Das gilt etwa für Johann Gottfried Herders Konzept von ›Volksdichtung‹ und seine die gesamte Weltliteratur einbeziehende Sammlung von so genannten *Volksliedern* (1778–79), die in zweiter Auflage den Titel *Die Stimmen der Völker in Liedern* (1807) erhielt, und es gilt ebenso für Wielands urbanen Kosmopolitismus sowie für die Romantiker, die den weltliterarischen Horizont bis hin nach Indien erweiterten und nicht ohne Einfluss auf Goethes Konzept blieben.

ÜBERSETZUNGEN. In den Jahrzehnten vor und nach der Jahrhundertwende erhalten die literarischen Übersetzungen eine neue Qualität. Das gilt in besonderer Weise für die Übersetzungen der klassisch-romantischen Periode, die nicht nur die Kenntnis fremder Literaturen förderten, sondern auch die deutsche Sprache wesentlich bereicherten. Dazu zählen u. a. Wielands Horaz-, Lukian- und Cicero-Übertragungen seit 1782, der deutsche Homer von Johann Heinrich Voß (1781, 1793), Ludwig Tiecks Übersetzung von Cervantes' *Don Quijote* (1799–1801), Johann Gottfried Herders Adaption des spanischen *Cid* (1805) und August Wilhelm Schlegels *Spanisches Theater* (1805–09) mit Stücken Calderóns.

Einen Höhepunkt der deutschen Übersetzungsliteratur stellt Schlegels Shakespeare-Übersetzung dar (17 Dramen 1797–1801, 1810), die später mit nicht ganz so glücklichen Ergebnissen unter dem Namen Ludwig Tiecks von Dorothea Tieck und Wolf Heinrich Graf Baudissin fortgeführt wurde (1825–33). Sie machte, nach anfänglicher Zurückhaltung der Theater, den englischen Dramatiker zu einem populären deutschen Bühnenautor. Bevor Schlegel 1797 die ersten Bände mit *Romeo und Julia*, *Sommernachtstraum*, *Julius Cäsar* und *Was ihr wollt* veröffentlichte, machte er sich in einem Aufsatz in Schillers Zeitschrift *Die Horen* (1796) selber Mut: »Wenn es nun möglich wäre, ihn treu und zugleich poetisch nachzubilden, Schritt vor Schritt dem Buchstaben des Sinns zu folgen, und doch einen Teil der unzähligen, unbeschreiblichen Schönheiten, die nicht im Buchstaben liegen, die wie ein geistiger Hauch über ihm schweben, zu erhaschen! Es gilt einen Versuch.«

Honoré Daumier, *Don Quichotte*, um 1868.

August Wilhelm Schlegel war sich der »Schwierigkeiten und Schranken der Übersetzungskunst« wohl bewusst:

»Indessen ließ ich mich dadurch nicht abschrecken, ich versuchte allerlei: am Dante, am Shakespeare, am Calderon, am Ariost, am Petrarca, am Camoens u. s. w., auch an einigen Dichtern des classischen Alterthums. Ich könnte nun sagen, ich habe durch so viele Mühe nur die Überzeugung gewonnen, das Übersetzen sei eine zwar freiwillige, gleichwohl peinliche Knechtschaft, eine brodlose Kunst, ein undankbares Handwerk; undankbar, nicht nur weil die beste Übersetzung niemals einem Original-Werke gleich geschätzt wird, sondern auch, weil der Übersetzer, je mehr er an Einsicht zunimmt, um so mehr die unvermeidliche Unvollkommenheit seiner Arbeit fühlen muß. Ich will aber lieber die andre Seite hervorheben. Der ächte Übersetzer, könnte man rühmen, der nicht nur den Gehalt eines Meisterwerkes zu übertragen, sondern auch die edle Form, das eigenthümliche Gepräge zu bewahren weiß, ist ein Herold des Genius, der über die engen Schranken hinaus, welche die Absonderung der Sprache setzte, dessen Ruhm verbreitet, dessen hohen Gaben verteilt. Er ist ein Bote von Nation zu Nation, ein Vermittler gegenseitiger Achtung und Bewunderung, wo sonst Gleichgültigkeit oder gar Abneigung Statt fand.« (*Indische Bibliothek*, 1826)

Drei Strophen aus Ernst Moritz Arndts *Vaterlandslied* (1812):

Der Gott, der Eisen wachsen ließ,
Der wollte keine Knechte,
Drum gab er Säbel Schwert und Spieß
Dem Mann in seine Rechte,
Drum gab er ihm den kühnen Mut,
Den Zorn der freien Rede,
Daß er bestände bis aufs Blut,
Bis in den Tod die Fehde.

O Deutschland, heilges Vaterland!
O deutsche Lieb und Treue!
Du hohes Land! du schönes Land!
Dir schwören wir aufs neue:
Dem Buben und dem Knecht die Acht!
Der füttre Krähn und Raben!
So ziehn wir aus zur Hermannsschlacht
Und wollen Rache haben.

Laßt klingen, was nur klingen kann,
Die Trommeln und die Flöten!
Wir wollen heute Mann für Mann
Mit Blut das Eisen röten,
Mit Henkerblut, Franzosenblut –
O süßer Tag der Rache!
Das klinget allen Deutschen gut,
Das ist die große Sache.

Georg Friedrich Kersting, *Theodor Körner, Friesen und Hartmann auf Vorposten*, 1815. Körner, Friedrich Karl Friesen und Heinrich Hartmann fielen 1813 im Krieg gegen Napoleons Truppen.

Rechte Seite unten: **Titelseite der Ausgabe von 1867,** dem Gründungsjahr der Universal-Bibliothek (als Nr. 4 nach Goethes *Faust I* und *Faust II* sowie Lessings *Nathan*).

STOFFE/THEMEN

NATIONALBEWUSSTSEIN UND FREIHEITSKRIEGE

PUBLIZISTIK. Mit dem Ende des Reichs und der vernichtenden Niederlage Preußens 1806, durch die die französische Vorherrschaft in Deutschland gefestigt wurde, verstärkten sich die Stimmen, die für eine politische Erneuerung Deutschlands eintraten. Dies geschah nicht ohne nationale und nationalistische Töne und die Berufung auf einen Volksbegriff, der geradezu mythische Züge annahm. Zu diesen Dokumenten des Widerstands gegen die napoleonische Herrschaft gehören die *Reden an die deutsche Nation*, die Johann Gottlieb Fichte 1807–08 im französisch besetzten Berlin hielt. Eine innere Erneuerung, gegründet auf eine »eigentümliche deutsche Nationalerziehung«, soll aus dem aktuellen »Zustand der Abhängigkeit« herausführen und darüber hinaus zur Höherentwicklung der ganzen Menschheit beitragen. Dem deutschen Wesen ist eine Staatsverfassung zuwider, »die mit ausländischen Worten sich Humanität, Liberalität und Popularität nennt, die aber richtiger in deutscher Sprache Schlaffheit und ein Betragen ohne Würde zu nennen ist«. Wenig erbaulich ist auch, was Ernst Moritz Arndt in seinen Aufsät-

zen, gesammelt in den vier Bänden *Geist der Zeit* (1806–18), zu sagen hat: »Verflucht aber sei die Humanität und der Kosmopolitismus«, schreibt er 1813 und bringt damit die heillose nationalistische Gegnerschaft gegen den Westen auf einen Nenner. Sein Schüler Friedrich Ludwig Jahn, verharmlosend als »Turnvater« apostrophiert und auch als Spracherneuerer tätig (»Wälschen ist Fälschen«), bereichert diese Gedankenwelt in seiner ideologischen Hauptschrift *Deutsches Volkstum* (1810) noch mit einem biologisch begründeten Volkstumsbegriff und dem Traum von einem großen Deutschland, das in der Hauptstadt Teutonia, »ungefähr auf dem halben Weg von Genf nach Memel, von Triest und Fiume nach Kopenhagen, von Dünkirchen nach Sendomir«, seine Mitte findet.

DICHTUNG, MILITANT. Eine dichterische Antwort auf die französische Besatzung ist Heinrich von Kleists Stück *Die Hermannsschlacht*, 1808 in einer Zeit entstanden, als in Preußen Pläne zu einem Volkskrieg erörtert wurden und Österreich den Kampf gegen Napoleon vorbereitete. In der Konstellation des Stückes spiegelt sich die aktuelle politische Situation: Römer – Franzosen, Cherusker – Preußen, Sueben – Österreicher, die uneinigen Germanenfürsten – Rheinbundstaaten. Ob man Kleists Kampfaufruf allerdings als eindeutigen Lobgesang auf das deutsche Vaterland lesen muss, ist durchaus fraglich. Denn sein Held ist gewiss keine Identifikationsfigur: Der unbedingte Freiheitswille, den Hermann auszeichnet, macht ihn zu einem rücksichtslosen Agitator, der seine Frau und sein Volk barbarisiert für »Deutschlands große Sache«.

Napoleon Bonaparte. Das 1845 entstandene Gemälde von Paul Delaroche, ein für einen Leipziger Kunstsammler bestimmtes Auftragswerk, zeigt »Napoleon I. zu Fontainebleau am 31. März 1814 nach dem Empfang der Nachricht vom Einzug der Verbündeten in Paris«.

Die Freiheitskriege brachten einen Aufschwung der patriotischen Lyrik. Arndt und Theodor Körner sind die zentralen Gestalten. Dabei verbinden sich freiheitliche, gegen den Absolutismus (und natürlich gegen Frankreich) gerichtete Tendenzen mit religiösen Opfervorstellungen. Ungemein populär wurde die Gedichtsammlung *Leyer und Schwert* (1814) von Theodor Körner, der wie Jahn und Eichendorff in das Freikorps des Majors von Lützow eingetreten und 1813 in einem Gefecht getötet worden war. Zur Wirkung der Gedichte über die Freiheitskriege hinaus trugen die emotionsgeladenen Bilder, die eingängige Polarisierung (Freund – Feind, Freiheit – Tod) und sakrale Anklänge bei. Gebete und Lieder vor der Schlacht verbinden Gottesdienst und Heldentod, Jäger-, Reiter- und Trinklieder beflügeln die schwarzen Lützowschen Jäger in ihrer wilden, verwegenen Jagd auf die »fränkischen Schergen«.

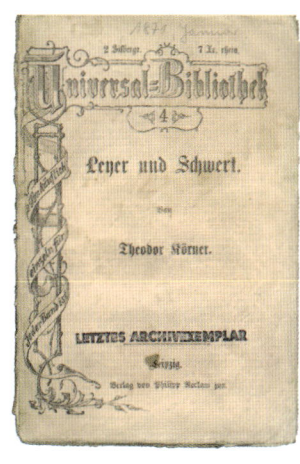

BIOGRAFIE

1777 18. Oktober: Heinrich von Kleist in Frankfurt a.d.O. geboren
1792 Kleist tritt nach seiner Konfirmation in das Regiment Garde ein; Teilnahme am Rheinfeldzug 1793–95
1799 Studium der Rechte in Frankfurt a.d.O. (bis 1800)
1800 Verlobung mit Wilhelmine von Zenge, Tochter des Ortskommandanten
1801 März: ›Kant-Krise‹
1802 Mehrmonatiger Aufenthalt auf einer Aare-Insel bei Thun
1803 Kleists erstes Stück, *Die Familie Schroffenstein*, erscheint
1804 Kleist erhält eine Stellung im preußischen Staatsdienst, zunächst in Berlin, dann (seit April 1805) in Königsberg
1806 Als Kleist nach der Niederlage Preußens gegen Napoleon nach Berlin reist, wird er als Spion verhaftet und als Gefangener nach Frankreich gebracht (März bis Juli 1807)
1807 Aufenthalt in Dresden (bis 1808), wo er mit Adam Müller die kurzlebige Zeitschrift *Phöbus* herausgibt. – *Amphitryon, ein Lustspiel nach Moliere*
1808 Kleists Lustspiel *Der zerbrochne Krug* wird in Weimar unter der Regie Goethes uraufgeführt; Druck 1811
1810 Berlin. – *Das Käthchen von Heilbronn*; *Berliner Abendblätter* (bis 1811); *Erzählungen* (bis 1811)
1811 21. November: Kleist erschießt seine Freundin Henriette Vogel und sich selbst zwischen Berlin und Potsdam am heutigen Kleinen Wannsee

AUTOR

HEINRICH VON KLEIST

RÄTSEL UND WIDERSPRÜCHE. Nach seinem Abschied vom Militär schrieb Kleist ganz im optimistischen Glauben der Aufklärung an Tugend und Vernunft im Mai 1799 an seine Halbschwester Ulrike über die Lebenshaltung »eines freien, denkenden Menschen«: »Er bestimmt nach seiner Vernunft, welches Glück für ihn das höchste sei, er entwirft sich einen Lebensplan, und strebt seinem Ziele nach sicher aufgestellten Grundsätzen mit allen seinen Kräften entgegen. […] So lange ein Mensch noch nicht im Stande ist, sich selbst einen Lebensplan zu bilden, so lange ist und bleibt er unmündig […].« In diesem Vertrauen auf Selbstbestimmung und die Wirkung aufklärerischer Pädagogik traktierte er auch seine Verlobte Wilhelmine von Zenge mit Denkaufgaben, pädagogischen Programmen und erzieherischen Verhören. Dieses feste Weltbild brach 1801 zusammen, als er nach einer Kant-Lektüre von der Einsicht überwältigt wurde, »daß wir hienieden von der Wahrheit nichts, gar nichts, wissen«. Dazu kam der während einer Parisreise im selben Jahr gewonnene Eindruck einer allgemeinen Krise der staatlichen und gesellschaftlichen Ordnung. Diese Erschütterungen schlagen sich in Kleists dichterischem Werk nieder, das nun zu entstehen beginnt, während er gleichzeitig ein äußerst unstetes Leben führt, das nur vorübergehend berufliche Bindungen im Staatsdienst zulässt und im Übrigen durch zahlreiche, meist rätselhafte Reisen (wohl auch verbunden mit politischer Kuriertätigkeit) gekennzeichnet ist und überdies eine Inhaftierung als (vermeintlicher?) Spion einschließt. Sein dichterisches Werk fand kaum Resonanz bei den Zeitgenossen. Anlass zu Mythen- und Legendenbildung war sein Tod. Nach gemeinsamer sorgfältiger Planung erschoss Kleist seine schwer kranke Freundin Henriette Vogel und dann sich selbst. Wenige Stunden

Caspar Wolf, *Sturm auf dem Thunersee*, 1776. Kleist hatte 1802 auf der Aare-Insel an der Mündung in den Thuner See ein Häuschen gemietet, das 1940 wegen Baufälligkeit abgerissen wurde. Er spielte kurze Zeit mit dem Gedanken, hier ein Leben nach idyllischem Modell zu verwirklichen.

vorher (»am Morgen meines Todes«) schrieb er an seine Schwester: »Ich kann nicht sterben, ohne mich, zufrieden und heiter, wie ich bin, mit der ganzen Welt, und somit auch, vor allen anderen, meine teuerste Ulrike, mit Dir versöhnt zu haben. [...] wirklich, Du hast an mir getan, ich sage nicht, was in Kräften einer Schwester, sondern in Kräften eines Menschen stand, um mich zu retten: die Wahrheit ist, daß mir auf Erden nicht zu helfen war.«

Peter Friedel, *Heinrich von Kleist*, 1801. Es gibt wahrscheinlich nur zwei authentische Bildnisse Kleists, dieses ist eines davon. Es wurde für seine Braut Wilhelmine von Zenge angefertigt, die sich damit über seine lange Abwesenheit – er ging auf Reisen nach Paris und in die Schweiz – hinwegtrösten sollte. Die Verlobung wurde 1802 gelöst.

THEMEN. Der Rätselhaftigkeit und Widersprüchlichkeit von Kleists Leben entspricht ein ebenso schwieriges und die Zeitgenossen – soweit sie es überhaupt zur Kenntnis nahmen – irritierendes dramatisches und erzählerisches Werk, das die politischen und sozialen Krisenerscheinungen der Zeit reflektiert. Dabei erscheinen die Stücke wie die Erzählungen als Versuchsanordnungen, die die Menschen und ihre Verhaltensweisen auf differenzierte, spannungsvolle Weise auf die Probe stellen und dabei die dominanten Themen und Ordnungsvorstellungen Kleists – Familie, Staat, Recht und Gerechtigkeit, Krieg – in ihrer Ambivalenz sichtbar machen. Eine besondere Rolle spielt, vor allem in der Auseinandersetzung der Geschlechter, der Bereich der menschlichen Gefühle und Leidenschaften bzw. ihrer Verwirrungen und die daraus resultierenden tragischen Verstrickungen. Das gilt für das dezidiert antiklassische Antikendrama *Penthesilea* mit seiner ins Extreme gesteigerten Darstellung menschlicher Leidenschaften und Handlungen, es gilt aber auch für das »Lustspiel nach Moliere« *Amphitryon*, dessen Handlung ans Tragische grenzt und quälende Fragen nach der menschlichen Identität aufwirft. Bis zum Todesurteil, schließlich in innerer Freiheit akzeptiert, führt die Probe auf Liebe, Krieg und Ruhm, Familie und Staat den somnambulen Helden in *Prinz Friedrich von Homburg*, einem »Schauspiel« zwischen Traumutopie und Staatsräson, zwischen den auch für andere Werke Kleists konstitutiven Gegensätzen von Gesetz und Freiheit, Disziplin und schöpferischer Spontaneität.

Kleists *Penthesilea* 1991 am Wiener Burgtheater in der Inszenierung von Ruth Berghaus und dem Bühnenbild von Erich Wonder; in der Titelrolle Anne Bennent.

STOFFE/THEMEN

RECHT UND STAAT

GESTÖRTE ORDNUNGEN. Die Erschütterung der alten Ordnung Europas hat tiefe Spuren im Werk Kleists hinterlassen. Zum einen behandelt der ehemalige Offizier daraus resultierende politische und staatsrechtliche Aspekte – etwa die auf Napoleon bezogene Frage nach der Legitimation von Herrschaft im *Robert Guiskard* (1808) – oder betreibt nationale Agitation (*Die Hermannsschlacht*, 1808; Druck 1821), zum anderen reflektieren zahlreiche Werke auf eine allgemeinere Weise die gesellschaftlichen und moralischen Folgen der fundamentalen Umwälzungen. Dazu gehört das wiederholt verwendete Handlungsmuster, auf die Familie wie den Staat bezogen, bei dem es um die Wiederherstellung der durch ein Verbrechen oder Unrecht gestörten Ordnung geht.

Gouache-Grisaille von **Adolph Menzel** für eine Prachtausgabe von Kleists *Zerbrochnem Krug* 1877. Illustration zum siebten Auftritt des Lustspiels; vorn links der Gerichtsrat Walter, in der Mitte Dorfrichter Adam, rechts Frau Marthe mit dem Krug in Händen.

ÖDIPUS UND DER SÜNDENFALL. Kleists Lustspiel *Der zerbrochne Krug* fiel bei seiner Uraufführung am 2. März 1808 in Weimar durch. Das lag nicht nur an Goethes Bearbeitung, die das (überlange) Lustspiel in drei Akte teilte, sondern auch an dem hohen Anspruch, den das Stück im Gegensatz zur landläufigen Komödienproduktion stellte. Statt Situationskomik, traditioneller Intrigenhandlung und einem eindeutigen Happy End bietet das Stück Anspielungen auf Biblisches im Allgemeinen und den Sündenfall im Besonderen – Dorfrichter Adam und Eve Rull als Protagonisten –, auf Recht und Gerechtigkeit und den Verlauf der Weltgeschichte. Zudem ist das Lustspiel eine geniale Variation von Sophokles' *König Ödipus*, auf den schon Adams Klumpfuß verweist (griech. *oidipous* ›Schwellfuß‹): Kleist übernimmt nicht nur die Form des analytischen Dramas, dessen Handlung in der schrittweisen Aufdeckung eines in der Vergangenheit liegenden, verborgenen Ereignisses besteht, sondern auch das Hauptmotiv vom Täter, der als Richter gegen sich selbst ermittelt. Dabei liegt die Komik des Stückes nicht zuletzt in den phantasiereichen Versuchen Adams, seinen Kopf aus der Schlinge zu ziehen und in immer neuen Variationen eine Scheinwelt aufzubauen, die freilich als reines Sprachgebilde der Wirklichkeit nicht standzuhalten vermag. Am Schluss steht weder eine Apotheose der Gerechtigkeit noch die lustspielhafte Integration eines reuigen Sünders. Eine Komödie gegen die Publikumserwartungen.

»MICHAEL KOHLHAAS«. Kleists Novellen sind moralische Erzählungen, die ihre Normen freilich nicht von den als fragwürdig erkannten Institutionen Staat, Kirche und Familie herleiten; das Moralische verwirklicht sich vielmehr im Handeln des Einzelnen – auch und gerade gegen die Gesellschaft und ihre Konventionen. Den Stoff zu seiner berühmtesten und umfangreichsten Erzählung *Michael Kohlhaas* (1810) entnahm Kleist einer Chronik. Sie behandelt einen Fall aus der Lutherzeit. Am Anfang steht ein relativ geringfügiger Akt feudaler Willkür – ein sächsischer Junker vergreift sich am Besitz des brandenburgischen Pferdehändlers Kohlhaas. Die korrupten sächsischen Behörden hintertreiben die Wiedergutmachung, so dass der in seinem Eigentum und seinem Rechtsgefühl verletzte Bürger schließlich zur Selbsthilfe greift. Die Folgen sind Gewalt und bürgerkriegsähnliche Zustände. So entwickelt sich der private Konflikt zu einer die staatliche Ordnung bedrohenden Affäre, die erst durch das Eingreifen des brandenburgischen Kurfürsten zu einer für Kohlhaas' Rechtsgefühl befriedigenden, paradoxen Lösung findet: Wiedergutmachung des Unrechts, Hinrichtung wegen Landfriedensbruchs, Standeserhöhung der Söhne.

Der siebte Auftritt in der Verfilmung des *Zerbrochnen Krugs* von 1937 in der Regie von Gustav Ucicky. Den Dorfrichter Adam spielte Emil Jannings.

»BERLINER ABENDBLÄTTER«

Bei seinem letzten Berliner Aufenthalt 1810–11 suchte sich Kleist durch die Herausgabe einer Zeitung finanziell abzusichern. Die *Berliner Abendblätter* erschienen vom 1. Oktober 1810 bis zum 31. März 1811 täglich, den Sonntag ausgenommen. Das kleinformatige Blatt war zunächst sehr erfolgreich. Grund dafür war vor allem die Lokalberichterstattung: Kleist erhielt vom befreundeten Polizeipräsidenten die aktuellen Polizeirapports und steuerte selbst Berichte über aktuelle Ereignisse, unterhaltsame Anekdoten, aber auch kurze Erzählungen wie *Das Bettelweib von Locarno* bei. Außerdem besprach er Theateraufführungen und Kunstausstellungen, und auch das wichtigste Zeugnis seines ästhetischen Denkens, den Aufsatz *Über das Marionettentheater*, veröffentlichte er hier in Fortsetzungen. Schwierigkeiten mit der preußischen Zensur trugen entscheidend zum Niedergang des Blattes bei.

Szenenfoto aus dem Film *Michael Kohlhaas. Der Rebell* 1968 von Volker Schlöndorff.

ALTE UND NEUE ZEIT

STOFFE/THEMEN

Rechte Seite: **Eisenbahnmodell** für Goethes Enkel.

Goethes *Wahlverwandtschaften*. Bild aus Claude Chabrols Filmversion (*Les Affinitées electives*, 1981). Der See spielt eine fatale Rolle in dem Roman; er ist Ort der Katastrophe, die dem Kind den Tod bringt und damit das Leben der Protagonisten endgültig zerstört. Walter Benjamin in seinem Essay *Goethes Wahlverwandtschaften* (1924–25): »Nirgends verleugnet der See seine unheilvolle Natur unter der toten Fläche des Spiegels. […] Das Wasser als das chaotische Element des Lebens droht hier nicht in wüstem Wogen, das dem Menschen den Untergang bringt, sondern in der rätselhaften Stille, die ihn zu Grunde gehn läßt. Die Liebenden gehen, soweit Schicksal waltet, zu Grunde. Sie verfallen, wo sie den Segen des festen Grundes verschmähen, dem Unergründlichen.«

UMBRUCH. Das Bewusstsein, in einer Zeit des Umbruchs zu leben, durchdringt die gesamte Literatur der Epoche. Eine Reihe von Zeitromanen befasst sich dabei weniger mit der Veränderung der politischen Strukturen, die mit der französischen Vorherrschaft und der Auflösung des Reiches einhergingen, als vielmehr mit den tieferliegenden gesellschaftlichen Ursachen der als krisenhaft empfundenen Entwicklungen. Und neben der Diagnose stellen diese Romane auch die Frage nach der Zukunft – und beantworten sie auf durchaus unterschiedliche Weise: Goethes *Wahlverwandtschaften* (1809), Achim von Arnims *Armut, Reichtum, Schuld und Buße der Gräfin Dolores* (1810), Joseph von Eichendorffs *Ahnung und Gegenwart* (1815) und schließlich Goethes Spätwerk *Wilhelm Meisters Wanderjahre oder Die Entsagenden* (1821 bzw. 1829).

URSACHENFORSCHUNG. In der Diagnose sind sich die Romane weitgehend einig: Der zeitgenössische Adel versagt moralisch und politisch und wird seinem Führungsanspruch nicht gerecht. In Eichendorffs liederreichem Roman bleibt zwar das angestrebte Zeitbild eher vage (»ein getreues Bild jener gewitterschwülen Zeit« vor den Befreiungskriegen ist das Ziel), doch das Urteil über die degenerierte Epoche und die korrupte, zügellose Gesellschaft ohne Patriotismus und Religion ist vernichtend. Während

sich Eichendorff sehr direkt mit der Existenzberechtigung seines eigenen Standes auseinandersetzt, verfährt Goethe in seiner komplexen Ehegeschichte *Die Wahlverwandtschaften* auf höchst hintergründige Weise. Die Anwendung einer ›chemischen Gleichnisrede‹ – die Eigenschaft chemischer Elemente, Verbindungen miteinander einzugehen und zugunsten anderer Elemente wieder aufzulösen – auf die vier ›Versuchspersonen‹ in der begrenzten Welt eines adeligen Landguts hat exemplarischen Charakter: »soziale Verhältnisse und die Conflicte derselben symbolisch gefaßt darzustellen«, sei die Idee des Romans gewesen, äußerte Goethe gegenüber Friedrich Wilhelm Riemer. Arnim erkannte die zeitgeschichtliche Dimension des Romans, der die unausweichliche Tragik der Liebesgeschichte mit der Darstellung des die alte Ordnung zersetzenden geschichtlichen Wandels verknüpft: »Übrigens wollen wir unserm Herrgott und seinem Diener Goethe danken, daß wieder ein Teil untergehender Zeit für die Zukunft in treuer, ausführlicher Darstellung aufgespeichert ist.«

ANTWORTEN. Arnim ließ sich durch die *Wahlverwandtschaften* zu einem Gegenentwurf anregen. Auch die *Gräfin Dolores* verbindet Ehe- und Zeitroman, auch hier steht der Ehebruch für die Krise der Zeit. Da ist es kein Zufall, dass dieser Ehebruch der Gräfin am 14. Juli, dem Tag des Sturms auf die Bastille, stattfindet und sie an einem 14. Juli stirbt: Die Französische Revolution erscheint als Folge der Immoralität des Adels, der seine Verbindung mit dem Volk verloren hat und nur seinen Vergnügungen und Lastern lebt. Die tiefgreifende Wandlung der Gräfin, die in tätiger Reue und Buße eine große Kinderschar aufzieht, sowie das Beispiel des Grafen Karl – Wirtschaftsfachmann, Humanist und guter Christ – zeigen, wo die Heilung liegt: in der Festigung der Institution der Ehe und einem entschiedenen Reformwillen: »Nein, daß adlig all auf Erden, | Muß der Adel Bürger werden«, notiert Karl.

GOETHES »WANDERJAHRE«

Auch Goethes vielschichtiger später Roman *Wilhelm Meisters Wanderjahre oder Die Entsagenden* (1821, umgearbeitete Fassung 1829), beschäftigt sich mit dem Problem des geschichtlichen Wandels, allerdings nicht mehr auf die Adelsproblematik bezogen, sondern wesentlich konkreter (und moderner). Dabei geraten insbesondere die Umwälzungen als Folge der fortschreitenden Industrialisierung und Technisierung ins Blickfeld (»Maschinenwesen«), und statt der individuellen Bildungsproblematik von *Wilhelm Meisters Lehrjahren* stellt der Roman gesellschaftsbezogenes Leben und Handeln in den Vordergrund. Ausdruck findet dieser Aspekt in den sozialutopischen Modellen, wie sie sich etwa in der Pädagogischen Provinz und den Auswanderungs- und Siedlungsplänen konkretisieren. Sie zeigen – freilich nicht ohne eine gewisse Ironie und Distanz – Perspektiven einer neuen Ordnung im Rahmen einer arbeitsteiligen Gesellschaft auf und verweisen zugleich auf ethische Verpflichtungen des Individuums gegenüber sich selbst wie gegenüber der Gesellschaft und der Natur. Dafür stehen die Begriffe Entsagung und Ehrfurcht.

BEGRIFFE

Almanach, das Wort stammt aus dem Arabischen und wurde bereits im Mittelalter in der Bedeutung Kalender in die europäischen Sprachen übernommen. Die ersten gedruckten Almanache des 15. Jahrhunderts waren im Wesentlichen kalendarische und astronomische Datensammlungen in Tabellenform.

Kalender, das Wort geht auf mittellateinisch *calendarium* (Schuldbuch, jeweils bezogen auf den Monatsersten) zurück. Kalender sind Verzeichnisse der Tage, Wochen und Monate eines Jahres sowie der kirchlichen Feste und Feiertage und der Heiligen und Märtyrer. Daneben gibt es den Typus des ›Ewigwährenden Kalenders‹, der nicht auf ein Jahr beschränkt ist und stets aktualisiert werden kann. Seit der Frühen Neuzeit wurden neben astronomischen und meteorologischen Angaben immer häufiger weitere Informationen und erzählende Texte aufgenommen, aus denen sich dann die literarische Bedeutung des Kalenders ergibt.

MEDIEN

KALENDER UND ALMANACH

NUTZEN UND UNTERHALTUNG. Seit der Frühen Neuzeit enthalten Kalender und Almanache neben dem Kalendarium auch belehrende und unterhaltende Texte: praktische Ratschläge für die Land- und Hauswirtschaft, astrologische Vorhersagen, Gesundheitsregeln, Berichte von außerordentlichen Begebenheiten mit moralischer Deutung, historische und erzählende Beiträge. In der zweiten Hälfte des 18. Jahrhunderts entwickeln sich die beiden Publikationsformen auseinander. Almanache werden zu einem wichtigen Medium des Literaturbetriebs, das dem an schöngeistiger Literatur interessierten Publikum (meist) neue Texte als Begleiter für das neue Jahr vorstellt. Dagegen behält der Kalender seine praktische Funktion, macht aber auch einen Prozess verstärkter Literarisierung durch, wobei sich die ›Kalendergeschichte‹ schließlich verselbständigt.

MUSENALMANACH. Mit dem *Göttinger Musenalmanach* (1770–1804) begann nach dem Vorbild des Pariser *Almanac des Muses* (1765 ff.) die Reihe der deutschen schöngeistigen Almanache (mit oder ohne Kalendarium). Bis etwa 1860 erschienen rund 2000 Titel, wobei zahlreiche Unternehmungen nur kurzlebig waren. Die Almanache, unter ihnen zahlreiche landschaftlich gebundene, enthielten vorwiegend lyrische und kürzere epische Texte, seltener dramatische Szenen. Ein großer Teil der Poesie des Göttinger Hains, der Klassik und Romantik sowie des Biedermeier und Vormärz wurde hier zuerst gedruckt. Da die Herausgeber aber auch die Leser zur Mitarbeit einluden, ergab sich im Rahmen einer literarisch-geselligen Kommunikation eine eigentümliche Verbindung von Dilettantismus und Dichtkunst.

»DER RHEINLÄNDISCHE HAUSFREUND«. Kalender hatten einen relativ stabilen Absatz und brachten dem Inhaber des Privilegs im jeweiligen Territorium beträchtliche Einnahmen. Das Privileg für den *Badischen Land-Calender* (gegründet 1719 als *Baden-Durlachischer Land-Calender*) besaß das Karlsruher Gymnasium, an dem Johann Peter Hebel von 1791 an unterrichtete. Seit 1803 schrieb er Beiträge für den Kalender, 1806 wurde er Leiter des stagnierenden Unternehmens. Er reformierte den Kalender, der 1808 erstmals in seiner neu-

Kannitverstan. Zeichnung von Ferdinand Rothbart, um 1850, zu Hebels Geschichte.

en Gestalt mit verändertem Titel erschien: *Der Rheinländische Hausfreund oder Neuer Calender auf das Schaltjahr 1808, mit lehrreichen Nachrichten und lustigen Erzählungen.* Hebels Kalenderbeiträge fanden überregional Anklang. Der Verleger Johann Friedrich Cotta regte eine Auswahlausgabe an, das *Schatzkästlein des rheinischen Hausfreundes* (1811).

Die Vielfalt der Themen der Kalenderbeiträge Hebels spiegelt sich in der Auswahl des *Schatzkästleins*. Neben den eigentlichen Geschichten stehen moralisierend-didaktische Texte, Rechenexempel, »nützliche Lehren«, zeitgeschichtliche Artikel. Und mit der *Allgemeinen Betrachtung über das Weltgebäude* am Anfang bewahrt Hebel die Kalenderpraxis, den Leseteil regelmäßig mit einem kosmologischen Beitrag einzuleiten. Die Kalendergeschichten erhalten ihren besonderen Ton durch die fiktive Gestalt des »Hausfreundes«, der als Vermittler auftritt und mit großer Kunst den Eindruck des einfachen Erzählens erweckt. Dabei verhindert Hebel durch Ironie und Hintergründigkeit jeden Anschein des Philiströsen, und die Moral am Schluss der Geschichten wird keineswegs ungebrochen realisiert: »Der Hausfreund denkt etwas dabei; aber er sagt's nicht.« Vor allem zwei Erzählungen haben Hebels Ruhm begründet, *Kannitverstan* und *Unverhofftes Wiedersehen*. Jeremias Gotthelf, Berthold Auerbach und Ludwig Anzengruber knüpften an Hebel an. Im 20. Jahrhundert führten u. a. Oskar Maria Graf (1929) und Bertolt Brecht (1949) die Tradition weiter.

Einen *Musenalmanach* gab Schiller von 1795 bis 1799 jeweils im Herbst für das folgende Jahr bei Cotta heraus – nicht zuletzt aus finanziellen Gründen. Neben Beiträgen anderer Autoren enthalten die Almanache einen wesentlichen Teil des lyrischen Werkes von Goethe und Schiller aus diesen Jahren, darunter Goethes *Venetianische Epigramme*, seine großen Elegien *Alexis und Dora*, *Euphrosyne* und *Die Metamorphose der Pflanzen*, Schillers *Lied von der Glocke*, das Gemeinschaftswerk der *Xenien* und schließlich auch – im so genannten ›Balladenalmanach‹ für das Jahr 1798 – die meisten der klassischen Balladen Goethes und Schillers.

GATTUNG

LIED

LIED UND VOLKSLIED. Die Sammlung ›alter deutscher Lieder‹ *Des Knaben Wunderhorn* (1805–08) sollte ein Liederbuch werden, das – wie Clemens Brentano an seinen Freund Achim von Arnim schrieb – zwischen dem Romantischen und Alltäglichen schweben und »Geistliche, Handwerks, Tagewerks, Tagezeits, Jahrzeits, und Scherzlieder ohne Zoten« enthalten müsse. Und: »Es muß so eingerichtet sein, daß kein Alter davon ausgeschlossen ist, es könnten die bessern Volkslieder drinne befestigt, und neue hinzu gedichtet werden.« Mit dem letzten Satz wird deutlich, dass Arnim und Brentano nicht als bloße Sammler und Bewahrer des Alten ans Werk gingen. Sie bearbeiten und ergänzen die alten Texte, dichten sie um, nehmen selbst verfasste Gedichte auf, so dass letztlich ein eigenes Gedichtbuch entsteht, reich an Klängen, Formen, Motiven und Themen. Hier finden sich die populären Lieder von Liebe und Liebesleid wie *Wenn ich ein Vöglein wär* oder *Ich hört ein Sichlein rauschen*, erscheinen die Gestalten des Jägers und des Müllers in beziehungs- und assoziationsreichen Gedichten, spiegeln sich menschliche Gefühle in einer blumenreichen und von einer Vielzahl von Vögeln bevölkerten Natur. Dazu kommen, nicht ohne Gegenwartsbezug, historische Volkslieder und Balladen sowie ein

»DAS WUNDERHORN«

Das einleitende Gedicht der Sammlung trägt den Titel *Das Wunderhorn* und erzählt von einem Knaben, der auf das Schloss der Kaiserin reitet und ihr von »einer Meerfei« ein »Horn vom Elefant« überbringt:

Der schöne Knab sagt auch:
›Dies ist des Horns Gebrauch:
Ein Druck von Eurem Finger,
Ein Druck von Eurem Finger –

Und diese Glocken all,
Sie geben süßen Schall,
Wie nie ein Harfenklang
Und keiner Frauen Sang,

Kein Vogel obenher,
Die Jungfraun nicht im Meer
Nie so was geben an!‹
Fort sprengt der Knab
         bergan,

Ließ in der Kaisrin Hand
Das Horn, so weltbekannt;
Ein Druck von ihrem Finger,
O süßes hell Geklinge!

Moritz von Schwind, *Im Walde*, um 1848.

Beginn von Franz Schuberts Vertonung des Gesangs des Harfners *Wer sich der Einsamkeit ergibt* aus dem zweiten Buch von Goethes *Wilhelm Meisters Lehrjahren* (1795–96), Handschrift von 1816.

Anhang mit bekannten und bekannt gebliebenen Kinderreimen. Die Sammlung übte eine nachhaltige Wirkung auf die deutsche Lyrik des 19. Jahrhunderts aus und inspirierte zahlreiche Komponisten bis hin zu Gustav Mahler.

VOLKSLIEDTON. Der kunstvolle Volksliedton, den Arnim und Brentano schufen, prägt zusammen mit den formalen Mustern und den Themen und Motiven der ›alten deutschen Lieder‹ die liedhafte Lyrik des 19. Jahrhunderts. Dass Brentanos eigene, von einer außergewöhnlichen Musikalität der Sprache getragene Lyrik bereits vor dem *Wunderhorn* über diesen Ton verfügt, braucht nicht zu verwundern (etwa in seiner Lore-Lay-Ballade *Zu Bacherach am Rheine* oder in dem Gedicht *Ein Fischer saß im Kahne*). Während die Lieder Brentanos mit ihrem von der Realität abgehobenen Reichtum an Bildern und Klängen eine eigene poetische Welt entstehen lassen, verbirgt sich bei Joseph von Eichendorff hinter der scheinbaren Einfachheit der formelhaften Bilderwelt und der Volksliedmotivik von deutschem Wald und deutscher Wanderlust ein gebrochenes Verhältnis zum Leben zwischen Aufbruchstimmung, Einsamkeit, Vergänglichkeit und Tod.

Auch Wilhelm Müller nimmt in seinem Liederzyklus *Die schöne Müllerin* (1821), der die Geschichte der unglücklichen Liebe eines Müllers in stimmungsvollen Bildkomplexen erzählt, den durch das *Wunderhorn* popularisierten Volksliedstil auf. Und zwar derart authentisch, dass Heinrich Heine in einem Brief bekannte, erst in Müllers Liedern »den reinen Klang und die wahre Einfachheit, wonach ich immer strebte, gefunden zu haben«. Allerdings bleibt bei Heine (*Buch der Lieder*, 1827) das Verhältnis zur Tradition durchaus gebrochen: In seinen Gedichten sei »nur die Form einigermaßen volkstümlich, der Inhalt gehört der konventionellen Gesellschaft«. Eine Romantik ohne Ironie repräsentieren die Gedichte Ludwig Uhlands (1815). Die Vorliebe für volksliedhafte Formen und Balladeskes teilt er mit den anderen Vertretern des ›Schwäbischen Dichterkreises‹.

Aus Goethes Rezension des ersten Bandes von *Des Knaben Wunderhorn*:

»Die Kritik dürfte sich vorerst nach unserem Dafürhalten mit dieser Sammlung nicht befassen. Die Herausgeber haben solche mit so viel Neigung, Fleiß, Geschmack, Zartheit zusammengebracht und behandelt, daß ihre Landsleute dieser liebevollen Mühe nun wohl erst mit gutem Willen, Teilnahme und Mitgenuß zu danken hätten. Von Rechts wegen sollte dieses Büchlein in jedem Hause, wo frische Menschen wohnen, am Fenster, unterm Spiegel, oder wo sonst Gesang- und Kochbücher zu liegen pflegen, zu finden sein, um aufgeschlagen zu werden in jedem Augenblick der Stimmung oder Unstimmung, wo man denn immer etwas Gleichtönendes oder Anregendes fände, wenn man auch allenfalls das Blatt ein paarmal umschlagen müßte. Am besten aber läge doch dieser Band auf dem Klavier des Liebhabers oder Meisters der Tonkunst [...].«

»NACHTWACHEN VON BONAVENTURA«

Der satirische Roman Ernst August Klingemanns, unter dem Pseudonym Bonaventura in einem eher obskuren *Journal von neuen deutschen Original-Romanen* 1804 erschienen, erinnert mit seiner verschlungenen Erzählweise an Friedrich Schlegels *Lucinde* (1799). Held und Ich-Erzähler ist der Nachtwächter und satirische Schriftsteller Kreuzgang – als Findelkind nach dem Fundort benannt. In einer Folge von sechzehn »Nachtwachen« berichtet er über nächtliche Erlebnisse: Tod eines Freigeists nebst eifernden Pfaffen, Mord, Wahnsinn, Selbstmord eines Dichters, lebendig begrabene Nonne u. a. Daneben stellt er desillusionierende Betrachtungen über Gott und die Welt an, die allesamt in der Negation enden. In dieses Bild eines ›allgemeinen Irrenhauses‹ fügt Kreuzgang seine eigene Lebensgeschichte ein, rückwärts erzählt von der Gegenwart bis zur Geschichte seiner Zeugung. Er ist der Sohn eines Alchimisten und einer Zigeunerin, gezeugt in Anwesenheit des Teufels. Gipfelt die nihilistische Weltinterpretation in einem von Jean Paul inspirierten »Monolog des wahnsinnigen Weltschöpfers«, so erreicht die Zeit- und Gesellschaftssatire der *Nachtwachen* ihren Höhepunkt in dem Moment, als es dem Nachtwächter in seiner »Tollheit« einfällt, »in der letzten Stunde des Säkulums […] statt der Zeit die Ewigkeit auszurufen«. Die Furcht vor dem bevorstehenden Jüngsten Tag lässt die »Masken« und »Larven« von den Angesichtern fallen und so die wahre Beschaffenheit der Menschen und der Gesellschaft erkennen. Dies wiederum führt zur Frage, was denn die Menschheit seit Adam vollbracht habe – und damit zurück zum zentralen Thema: »Ich behaupte: Gar nichts!«

STOFFE/THEMEN

›SCHWARZE ROMANTIK‹

NIHILISMUS UND ROMANTIK. »*Ich selbst* bin das einzige Gesetz in der ganzen Natur, diesem Gesetz gehorcht alles. Ich verliere mich in eine weite, unendliche Wüste«, schreibt der Held von Ludwig Tiecks Briefroman *Die Geschichte des Herrn William Lovell* (1795–96) und manifestiert in diesen Sätzen die Krise des Ich, die zu Schwermut, Handlungsunfähigkeit, innerer Leere und schließlich zur Bedrohung durch den Wahnsinn führt. Das ist eine der Gefahren romantisch übersteigerter Subjektivität, die sich aus der idealistisch-subjektivistischen Philosophie der Zeit (Johann Gottlieb Fichte) nährt und in Nihilismus umschlagen kann. In der Folgezeit nimmt Jean Paul im *Siebenkäs* (1796–97) in der visionären »Rede des toten Christus vom Weltgebäude herab, daß kein Gott sei«, das Thema des Nihilismus auf, und auch die Gestalt des Roquairol in seinem *Titan* (1800–03) zeigt verwandte Züge. August Klingemanns satirischer Roman *Nachtwachen* (1804) schließlich gibt sich ausdrücklich als krasses Dokument nihilistischer Weltinterpretation.

»ANSICHTEN VON DER NACHTSEITE DER NATURWISSENSCHAFT«. Unter diesem Titel veröffentlichte der Arzt und Naturphilosoph Gotthilf Heinrich Schubert

1808 eine Reihe von Vorlesungen, die auf ihre Weise die Aufklärung weiter betreiben und den Blick für bisher noch nicht rational erklärte Erscheinungen öffnen. Später folgte noch eine *Symbolik des Traumes* (1814). Schuberts Hinweise auf die »dunklen Gebiete unsrer Natur«, seine Beträge zur Erhellung des Unterbewussten und des Traumes, zu den Phänomenen des Somnambulismus, des Mesmerismus und der Alchimie übten eine große Faszination auf Dichter wie Heinrich von Kleist oder E. T. A. Hoffmann aus. Dafür sprechen z. B. Gestalten wie der somnambule Träumer Prinz Friedrich von Homburg, das Käthchen von Heilbronn bei Kleist oder Hoffmanns »serapiontisches Prinzip« des notwendigen Ausgleichs von Phantasie und Wirklichkeit, von Innenwelt und Außenwelt: Gerade das Verfehlen dieser Harmonie wird zu einem zentralen Thema der Erzählungen der *Serapions-Brüder* (1819–21) mit ihren Sonderlingen, Magnetiseuren, Automaten, Kranken oder Wahnsinnigen, ihren gefährdeten, einsamen Künstlernaturen und den Vertretern einer pervertierten rationalistischen Wissenschaft.

Carl Blechen, *Pater Medardus*, Ölgemälde von 1826. Pater Medardus, den auch die zweite Illustration zeigt, ist die Hauptgestalt von E. T. A. Hoffmanns Roman *Die Elixiere des Teufels*.

SCHAUERROMANTIK. Phantastisches und Unheimliches, Phänomene, die außerhalb der Erfahrungswirklichkeit liegen, machen den Reiz des Schauerromans aus. Er knüpft an die englische *Gothic novel* an, die sich seit Horace Walpoles *The Castle of Otranto* (1764) zu einem populären Romangenre entwickelt hatte und mit Werken wie *The Monk* (1796, dt. 1797–98) von Matthew Gregory Lewis Verbreitung in ganz Europa fand. Versatzstücke derartiger Horrorgemälde sind wilde Landschaften, dunkle Kloster- und Burggemäuer, Folterkammern, Geheimbünde, Intrigen, Familienflüche, Wahnvorstellungen, Satanismus, Vampirismus, Doppelgängermotive und vieles andere mehr. Bedeutendstes Beispiel eines deutschen Schauerromans ist E. T. A. Hoffmanns *Die Elixiere des Teufels* (1815–1816), wobei aber – wie bei der Rezeption des Genres bei Ludwig Tieck oder Achim von Arnim – die Requisiten und Bilder einen tieferen Sinn erhalten: Das Unterbewusste wird gleichsam als phantastische Wirklichkeit nach außen projiziert. Hier zeigt sich wieder die Fruchtbarkeit von Schuberts *Ansichten von der Nachtseite der Naturwissenschaft*.

Linke Seite: **Illustration von Theodor Hosemann** zu E. T. A. Hoffmanns Roman *Die Elixiere des Teufels* für eine Ausgabe von 1844 zu einer Szene im ersten Abschnitt des zweiten Teils. Der Ich-Erzähler und verbrecherische Kapuziner Medardus hört Geräusche unter dem Fußboden seines Kerkers: »Der, der unten war, drückte wacker herauf. Vier, fünf Steine lagen zur Seite weggeschleudert, da erhob sich plötzlich ein nackter Mensch bis an die Hüften aus der Tiefe empor und starrte mich gespenstisch an mit des Wahnsinns grinsendem, entsetzlichem Gelächter. Der volle Schein der Lampe fiel auf das Gesicht – ich erkannte mich selbst – mir vergingen die Sinne.«

BIOGRAFIE

1776 24. Januar: Ernst Theodor Wilhelm Hoffmann in Königsberg geboren; den dritten Vornamen ersetzte der Mozartverehrer 1804 durch Amadeus
1792–95 Jurastudium in Königsberg
1796 Beginn seiner juristischen Laufbahn in Glogau; weitere Stationen Berlin (1798–1800), Posen (1800–02) und Płock a. d. Weichsel (1802–04, Strafversetzung wegen bissiger Karikaturen) und Warschau (1804–07; Regierungsrat)
1807 Nach der Besetzung Warschaus durch napoleonische Truppen verliert Hoffmann sein Amt. Er geht nach Berlin, dann nach Bamberg, wo er als Musikdirektor scheitert, aber ohne offizielle Anstellung in verschiedenen Funktionen (Kapellmeister, Komponist, Theaterarchitekt und -maler) weiter für das Theater arbeitet
1813–14 Kapellmeister in Dresden
1814 Wiederaufnahme in den preußischen Staatsdienst. – *Fantasiestücke in Callot's Manier* (bis 1815)
1815–16 *Die Elixiere des Teufels*
1816 Kammergerichtsrat; Uraufführung der Oper *Undine* in Berlin. – *Nachtstücke* (bis 1817)
1819–21 *Die Serapions-Brüder*, *Lebens-Ansichten des Katers Murr* (vordatiert auf 1820–22). – Mitglied einer Kommission, die gemäß den Karlsbader Beschlüssen hochverräterische Umtriebe zu untersuchen hat
1821 Versetzung in den Oberappellationssenat des Kammergerichts, die oberste Instanz der preußischen Strafgerichtsbarkeit. – *Prinzessin Brambilla. Ein Capriccio nach Jakob Callot*
1822 *Meister Floh*. – Wegen dieses satirischen Märchens wird ein Verfahren gegen Hoffmann eingeleitet (»Verletzung der Amtsverschwiegenheit«)
1822 25. Juni: E. T. A. Hoffmann stirbt in Berlin

AUTOR

E. T. A. HOFFMANN

VIELSEITIGKEIT. Die vielseitige Begabung des studierten Juristen machte ihm die Entscheidung für eine bestimmte künstlerische Tätigkeit schwer. Zunächst stellte er sich selbst nur die Frage, ob er »wohl zum Maler oder zum Musiker geboren« sei (1803), und lange schien die Entscheidung zugunsten des Musikers gefallen zu sein, bis dann mit der 1809 entstandenen Novelle *Ritter Gluck* und den darauf folgenden Rezensionsaufträgen die Literatur allmählich neben und dann, nach der Vollendung seiner romantischen Oper *Undine* (Uraufführung 1816), vor die Musik trat.

›HOFFMANNS ERZÄHLUNGEN‹. Als Dichter beschränkte sich Hoffmann fast ausschließlich auf Prosagattungen, wobei er viele seiner Geschichten, Novellen, Märchen und kritischen Aufsätze unter bestimmten erzählerischen und/oder thematischen Gesichtspunkten zu großen Sammlungen vereinigte. Zu den charakteristischen Eigenschaften seines literarischen Werkes zählt ein grundsätzlicher Dualismus, der in verschiedenen Ausprägungen erscheint: als Gegensatz von Kunst und Leben bzw. Künstler- und Spießerwelt, von phantastisch-grotesker bzw. märchenhafter Kunst und bürgerlich-vernünftiger Normalität, von äußerer Wirklichkeit und den »Nachtseiten« der Innenwelt, von romantischem religiösem und künstlerischem Enthusiasmus und scharfer, grotesker Satire oder bizarrem Humor. Die Aufhebung der Gegensätze ist nur in der Kunst möglich. Anders als das Lesepublikum reagierte die Kritik eher abweisend, nannte Hoffmanns Texte

E. T. A. Hoffmann und der Schauspieler Ludwig Devrient in der Weinstube von Lutter & Wegener in Berlin. Gemälde von Karl Themann (um 1818).

»krankhaft« (Rahel Varnhagen) oder sah darin die Frucht eines übertriebenen Opiumgebrauchs (Sir Walter Scott in einer von Goethe zustimmend verbreiteten Rezension). Derartige moralisierende Vorstellungen mit ihren Rückschlüssen vom Werk auf die Biografie prägten lange das populäre Hoffmannbild. Zu seiner Verbreitung trug nicht zuletzt Jacques Offenbachs Oper *Les Contes d'Hoffmann* (1881) bei, die Momente aus verschiedenen Erzählungen auf den Dichter selbst projizierte.

KATER UND KÜNSTLER. Die *Lebens-Ansichten des Katers Murr nebst fragmentarischer Biographie des Kapellmeisters Johannes Kreisler in zufälligen Makulaturblättern* sind ein Doppelroman. Darin verbindet Hoffmann die Autobiografie des Katers, eine Bildungsromanparodie, mit einer romantischen Musikerbiografie. Murrs chronologisch erzählte triviale Bildungsgeschichte wird immer wieder mitten im Satz durch die vom Drucker angeblich versehentlich eingeschobenen Makulaturblätter der Kreislerbiografie unterbrochen, die ihrerseits keiner chronologischen Ordnung folgt und bruchstückhaft bleibt. Zielen Parodie und Satire auf die bürgerliche Welt, deren Vorstellungen der Kater beflissen nachahmt und mit verballhornten Bildungsschatz-Zitaten garniert, so gilt die Satire im anderen Romanteil der aristokratischen Gesellschaft am Beispiel eines anachronistischen Miniaturhofes. Zugleich ist dieser Teil des Werkes Künstlerroman, der Roman der Auseinandersetzung eines romantischen, zerrissenen Künstlers mit sich selbst und der Gesellschaft. Weder die Kunst noch die Liebe, so muss Kreisler erfahren, können sich in der Realität rein verwirklichen. Die Harmonie muss aus dem Inneren kommen. Nicht allein Murrs Philisterwelt verfällt der Kritik, auch die Unbedingtheit des romantischen Künstlers bleibt nicht unbestritten. Eine Aufhebung der Widersprüche kann nur in einem überlegenen Bewusstsein stattfinden, in der höheren Instanz des Humors, wie sie der Autor bzw. »Herausgeber« Hoffmann verkörpert.

Hoffmanns karikaturistisches Talent, das die Spitzen der Posener Gesellschaft und dabei nicht zuletzt die preußischen Militärs aufs Korn nahm, bescherte ihm während der ersten Hälfte seiner juristischen Laufbahn 1803 eine Art Strafversetzung von Posen nach Płock an der Weichsel. Die hier abgebildeten Karikaturen haben mit seinem musikalischen Schaffen zu tun: »Der Kapellmeister Johannes Kreisler in Haustracht nach dem Leben gezeichnet von Erasmus Spikher« (linke Seite), ein Aquarell von 1815, der Zeit der Entstehung der Oper *Undine*, und eine Federzeichnung des Kontrabass-Virtuosen Antonio Dall' Occa »Concertspielend« von 1820.

Marianne von Willemer. Pastell von Johann Jacob de Lose, vermutlich 1809 gemalt.

STOFFE/THEMEN

ORIENT UND OKZIDENT

ORIENTALISCHES IN DER DEUTSCHEN LITERATUR. Seit dem Mittelalter befruchten Erzählstoffe aus dem Vorderen Orient, aus Persien und Indien die deutsche Dichtung. Mit den kriegerischen Auseinandersetzungen – Kreuzzüge, Maurenkämpfe, Türkenkriege – und vermehrten Orientreisen wuchs das Interesse am exotischen Osten. Bereits im 17. Jahrhundert wurden literarische Texte aus Persien ins Deutsche übertragen (Adam Olearius), doch wirklich nachhaltige Bedeutung erlangte erst die erfolgreiche Übertragung der Erzählungen aus *Tausendundeiner Nacht* durch den französischen Orientalisten Jean-Antoine Galland (1704–17). Von Johann Heinrich Voß 1781–85 übersetzt, übten die orientalischen Geschichten einen lang anhaltenden Einfluss auf die deutsche Literatur von Christoph Martin Wieland über Wilhelm Hauff bis zu Hugo von Hofmannsthal aus und verfestigten das Bild vom märchenhaften Orient bis in die Gegenwart hinein. Den Höhepunkt der schöpferischen Auseinandersetzung mit orientalischer Dichtung im 19. Jahrhundert stellt Goethes *West-östlicher Divan* (1819) dar, inspiriert durch die Lektüre des *Divan* – das Wort bedeutet Versammlung, Gruppe, Liedersammlung – des persischen Dichters Hafis (Hafez, 14. Jahrhundert) in der Übersetzung des Wiener Orientalisten Joseph von Hammer-Purgstall (1812–13).

WECHSELSEITIGE SPIEGELUNGEN: GOETHE. Der *West-östliche Divan* gehört, wie der zweite Teil des *Faust* und *Wilhelm Meisters Wanderjahre*, zu den komplexen Spätwerken Goethes, die eine Vielfalt von Formen, Themen und Motiven zu einer höchst beziehungsreichen Einheit verbinden und durch ein System wechselseitiger Spiegelungen strukturieren. Im *Divan* bildet die Begegnung von Ost und West den übergeordneten Gesichtspunkt; ihm ordnet sich eine Reihe von Grundmotiven unter, wobei der Vielfalt und dem Nebeneinander von orientalischen und westlichen Bild- und Vorstellungswelten ein souveräner Wechsel der Stil- und Sprachebenen – geistvolles Spiel, Ironie, Umgangssprache, Pathos – entspricht. Dabei ergibt sich, getragen auch von einer Aufbruchsstimmung und einem Gefühl innerer Verjüngung, eine Art dichterischer Wettstreit mit dem persischen Dichter, zu dem Goethe eine innere Verwandtschaft fühlte. Insbesondere zog den westlichen Dichter die Verbindung von Diesseitig-

Eine Handschrift des *Divan* von Hafis in der Herzogin-Anna-Amalia-Bibliothek in Weimar.

Schmucktitel zu Goethes *West-östlichem Divan* (1819), nach einem Entwurf Goethes gestochen und koloriert von C. Ermer.

keit und mystischer Religiosität, von Ironie und Ergriffenheit an. Ein Gedicht wie *Selige Sehnsucht* im *Buch des Sängers*, das in traditionellen Bildern von Selbstvernichtung und Wiedergeburt spricht, spiegelt mit seinem Ineinander von religiöser und erotischer Motivik diese Affinität. Das Thema der Liebe bleibt in vielfacher Variation gegenwärtig: im *Buch der Liebe* in allgemeiner Form mit Musterbildern orientalischer Liebender in Dichtung und Mythologie, stark persönlich geprägt im dialogischen *Buch Suleika* mit Beiträgen Marianne von Willemers, pädagogisch in der Liebe zu einem schönen Knaben im *Schenkenbuch*, im Wechselspiel von irdischer und himmlischer Liebe im abschließenden *Buch des Paradieses*. Dabei steht, wie bei Hafis, Sinnliches und Geistiges in engem Zusammenhang. Er habe, schreibt Goethe, in dessen Werk eine Poesie gefunden, die sich seinen Jahren zieme: »Unbedingtes Ergeben in den unergründlichen Willen Gottes, heiterer Überblick des beweglichen, immer kreis- und spiralartig wiederkehrenden Erdetreibens, Liebe, Neigung, zwischen zwei Welten schwebend, alles Reale geläutert, sich symbolisch auflösend – Was will der Großpapa weiter.«

Was Goethe weniger interessierte und er nur ansatzweise imitierte, war die spezifisch orientalische Gedichtform des Ghasels mit ihren ständigen Reimwiederholungen. Friedrich Rückert (*Ghasele des Mewlana Dschelaleddin Rumi*, 1819) und August von Platen (*Ghaselen*, 1821; *Neue Ghaselen*, 1823) führten dann diese Form in die deutsche Literatur ein, allerdings ohne dauernde Nachwirkung.

FRIEDRICH RÜCKERT

Friedrich Rückert bewunderte Goethes intuitive Adaption orientalischer Formen und Motive. Er selbst betrieb intensive Studien der orientalischen Sprachen und Literaturen (u. a. in Wien bei Joseph von Hammer-Purgstall und seit 1826 als Professor der Orientalistik in Erlangen). Auf dieser Basis schuf er ein bedeutendes Übersetzungswerk und ließ sich gleichzeitig zu eigenen, orientalisch geprägten Dichtungen anregen. Mit dem sechsbändigen »Lehrgedicht in Bruchstücken« *Die Weisheit des Brahmanen* (1836–39) legte er eine Summe seiner Lesefrüchte vor, die als weltanschaulich neutrales Erbauungsbuch im 19. Jahrhundert äußerst erfolgreich war.

ZEITRAUM

19. JAHRHUNDERT

Fürst Metternich. Gemälde von Thomas Lawrence, um 1815.

RESTAURATION. Clemens Lothar Fürst von Metternich, der Architekt der europäischen Ordnung nach dem Ende der napoleonischen Herrschaft, war nicht ohne Einsicht in die Vergeblichkeit seiner Bemühungen, gegen die vom Bürgertum getragenen nationalen und liberalen Bestrebungen die feudalen Herrschaftsverhältnisse aufrechtzuerhalten: »Mein geheimster Gedanke ist es, daß das alte Europa am Anfang seines Endes ist. Ich werde, entschlossen, mit ihm unterzugehen, meine Pflicht zu tun wissen. Das neue Europa ist andererseits noch im Werden, zwischen Ende und Anfang wird es ein Chaos geben.« Im Namen dieser Pflicht etablierte Metternich mit Hilfe der im Deutschen Bund organisierten 41 Territorien unter der Führung Österreichs und Preußens ein restauratives System, das Verfassungsversprechen nicht einhielt und auf die repressive Herrschaft der Fürsten bzw. ihrer Bürokratien, auf Verbote, Verfolgungsmaßnahmen und Zensur setzte. Dieses Klima der Unfreiheit und Unterdrückung prägte die deutschen Verhältnisse bis 1848, von kurzen Momenten der Hoffnung und des Aufbegehrens unterbrochen.

1830 Julirevolution in Paris; in der Folge Aufstände in anderen europäischen Ländern, Durchsetzung von Verfassungen in einigen deutschen Territorien und Belebung der nationalen Bewegung
1834 Gründung des Deutschen Zollvereins unter preußischer Führung; Verschärfung der Repressionsmaßnahmen im Deutschen Bund
1835 Erste deutsche Eisenbahn zwischen Nürnberg und Fürth, 1837 folgt Leipzig – Dresden
1837 Ende der Personalunion England – Hannover; Amtsenthebung der ›Göttinger Sieben‹ – Professoren der Universität, darunter die Brüder Grimm – nach ihrem Protest gegen die Aufhebung der Verfassung durch den neuen König Ernst August
1840 Friedrich Wilhelm IV. wird König von Preußen (bis 1861)
1847 Sonderbundskrieg in der Schweiz; neue Bundesverfas-

WIDERSPRÜCHE. Während in den politischen Strukturen vorrevolutionäre Verhältnisse mit Gewalt aufrechterhalten wurden, entwickelten sich Wirtschaft und Industrie mit zunehmender Dynamik. Vor allem Preußen förderte einen schrankenlosen Wirtschaftsliberalismus. Krisen blieben nicht aus, Folgen sowohl der Veränderung der agrarischen Strukturen (Großgrundbesitz, Landflucht) und wie der Industrialisierung (Pauperismus). Entgegen dem wirtschaftsliberalen Modernisierungsprozess setzte die liberale bürgerliche Mittelschicht und die von ihr getragene Literatur auf traditionelle, ständisch geordnete Produktionsweisen (Ludwig Tieck, *Der junge Tischlermeister*, 1836) und auf das freie Bauerntum (Berthold Auerbach, Jeremias Gotthelf, Karl Immermann), während das Phänomen der Industrialisierung selten – und dann nur im Hinblick auf negative Erscheinungen – ins Blickfeld geriet.

»EINIGKEIT UND RECHT UND FREIHEIT«.

Die Forderungen des politischen Liberalismus nach Einigkeit (staatliche Einheit), Recht (Konstitution) und Freiheit formulierte eingängig August Heinrich Hoffmann von Fallersleben in seinem 1841 auf dem englischen Helgoland entstandenen *Lied der Deutschen*. Das Scheitern der Revolution von 1848–49 machte die Hoffnungen auf einen demokratisch legitimierten deutschen Einheitsstaat zunichte. Die Reaktion siegte in allen deutschen Staaten, während die Revolutionäre verfolgt und in die Emigration getrieben wurden. Erst in den sechziger Jahren ermöglichten Amnestiegesetze ihre Rückkehr. Die Gründung des deutschen Kaiserreichs unter preußischer Führung 1871 brachte zwar die (kleindeutsche) Erfüllung der nationalen Ziele des Bürgertums, aber um den Preis der alten freiheitlichen Ideale des Liberalismus. Das innenpolitische Klima verschärfte sich auch im Zeichen wirtschaftlicher Krisenerscheinungen (›Gründerschwindel‹) und der Folgen der schnell fortschreitenden Industrialisierung. Ein ausgesprochen nationales Denken beherrschte die Kultur und die Kulturpolitik und führte zur Bekämpfung aller ›zersetzenden‹ Einflüsse (Katholizismus, Judentum, Sozialismus) im Namen deutscher Größe.

sung nach amerikanischem Vorbild 1848
1848 Die revolutionären Unruhen in Frankreich greifen auf Deutschland über (Märzrevolution); 18. Mai: Eröffnung der Verfassunggebenden Nationalversammlung in der Frankfurter Paulskirche. – Karl Marx / Friedrich Engels: *Manifest der Kommunistischen Partei*
1848–1916 Franz Joseph I. österreichischer Kaiser
1849 Auflösung des Parlaments im März; Niederschlagung der Revolution mit militärischen Mitteln
1861 Wilhelm I. König von Preußen (reg. seit 1858), ab 1871 Deutscher Kaiser (bis 1888)
1862 Otto von Bismarck preußischer Ministerpräsident
1864 Deutsch-Dänischer Krieg; Genfer Konvention; Gründung des Internationalen Roten Kreuzes
1866 Deutscher Krieg zwischen Preußen und Österreich und ihren jeweiligen Verbündeten; Sieg der preußischen Seite, Ende des Deutschen Bundes
1867 Gründung des Norddeutschen Bundes; Franz Joseph I. zum König von Ungarn gekrönt
1869 Gründung der Sozialdemokratischen Partei in Eisenach
1870–71 Deutsch-Französischer Krieg
1871 Gründung des kleindeutschen Kaiserreichs; Bismarck Reichskanzler. Beginn des ›Kulturkampfes‹ zwischen Staat und katholischer Kirche; vorausgegangen war die Verkündigung des Unfehlbarkeitsdogmas des Papstes 1870 auf dem 1. Vatikanischen Konzil
1878 Bekämpfung der Sozialdemokratie; Sozialistengesetz
1888 Kaiser Wilhelm II. (bis 1918)
1890 Entlassung Bismarcks

Straßenkampf vor der Frankfurter Paulskirche im September 1848, zeitgenössische Lithographie.

BIEDERMAIER UND BIEDERMEIER

Der Begriff Biedermeier wurde bald nach der Epoche geprägt. In den Münchener *Fliegenden Blättern* erschienen seit 1853 Gedichte eines erfundenen schwäbischen Schulmeisters Gottlieb Biedermaier: Es waren Parodien von Adolf Kussmaul und Ludwig Eichrodt, die die unpolitische Haltung des deutschen Kleinbürgers in der Zeit vor der Revolution satirisch bloßstellten. Zu einer positiven Bewertung des Begriffs kam es nach 1900 im Zeichen einer kunsthandwerklichen Biedermeier-Renaissance. In der Literaturwissenschaft der zwanziger und dreißiger Jahre erkannte man im Biedermeier – Ausdruck wohl der eigenen Situation – eine geistesgeschichtliche Epoche, deren Lebenshaltung und Stil durch unpolitische Resignation und Anpassung gekennzeichnet sei. Es ist kaum ein Zufall, dass der Begriff in den siebziger Jahren erneut in den Vordergrund trat und so die Politisierungstendenzen der Germanistik kritisch kommentierte.

EPOCHE/STRÖMUNG

BIEDERMEIER UND VORMÄRZ

KONKURRIERENDE GESCHICHTSBILDER. Die deutsche Literatur der Zeit der politischen Restauration zwischen Wiener Kongress und der Revolution von 1848 zeigt ein Neben- und Gegeneinander unterschiedlicher Traditionen und Strömungen. Die Frage, welche Züge die Epoche am nachhaltigsten prägen und ihr daher den Namen geben sollten, ist für die Zeit von 1815 bzw. 1830 bis 1848 umstritten. Zwei konträre Begriffe – Biedermeier und Vormärz – werden verwendet; beide implizieren Wertungen und beide reflektieren Positionen der Literaturwissenschaft in bestimmten historischen Konstellationen.

BIEDERMEIER. Die Epochenbezeichnung Biedermeier betont die traditionellen Züge, das Fortleben der Konventionen der klassisch-romantischen Ära. In den Vordergrund treten damit Dichter wie Franz Grillparzer, Eduard Mörike oder Annette von Droste-Hülshoff, während bedeutende ›moderne‹ Autoren wie Georg Büchner oder Heinrich Heine eher mühsam in das traditionalistische Bild eingeordnet werden müssen. Für die ausgesprochen politischen Schriftsteller der Zeit bleibt dabei ohnehin

Erasmus Engert, *Wiener Hausgarten*, 1828/30.
Lob der Bescheidenheit und Genügsamkeit: Frau bei der Handarbeit im kleinen Garten.

Carl Gustav Carus, *Allegorie auf Goethes Tod*, nach 1832. Der Mediziner, Naturforscher, Maler und Schriftsteller hatte Goethe 1821 in Weimar besucht und Beiträge zu dessen Schriftenreihe *Zur Naturwissenschaft überhaupt, besonders zur Morphologie* (1817–24) geliefert. Sein Buch über Goethe – *Goethe. Zu dessen näherem Verständnis* (1843) – fand große Resonanz im 19. Jahrhundert.

nur eine Nebenrolle, obwohl sie mit journalistischen Arbeiten, Zeitromanen, sozialkritischen Analysen und engagierter politischer Lyrik die Szene beherrschten. Stilgeschichtlich lassen sich gleichwohl einige charakteristische Merkmale erkennen, die die verschiedenen Strömungen übergreifen. Dazu gehören ein besonderes Interesse an den Gegenständen der Alltagswelt, Landschaftsgebundenheit und Detailgenauigkeit. Zugleich kommt es zu einer Bevorzugung literarischer Gebrauchsformen und kleinerer Erzählformen; die verstärkte Aufnahme reflexiver Elemente führt zu einer Lockerung geschlossener Formen.

VORMÄRZ. Der Alternativbegriff Vormärz bezeichnet zunächst ganz wörtlich die zur Revolution im März 1848 hinführende literarische Epoche, impliziert aber ebenfalls eine Wertung, weil er auf die ›progressiven‹ Entwicklungen abhebt. Unterschiedliche Auffassungen gibt es darüber, wann der Vormärz einsetzt (1815, 1830, 1840). Jedenfalls beginnt mit der französischen Julirevolution von 1830 ein zur Revolution hinführender Politisierungsprozess, der sich zunächst in der Bewegung des Jungen Deutschland manifestiert und sich nach deren Zerfall mit dem Auftreten der Jung- und Linkshegelianer seit 1840/41 zunehmend radikalisiert. Nach einer vorübergehenden Lockerung der politischen Repressionsmaßnahmen nach der Thronbesteigung Friedrich Wilhelms IV. von Preußen wurden die meisten Autoren politischer Vormärzliteratur für kürzere oder längere Zeit ins Exil getrieben (Zürich, Brüssel, Paris, London). Insbesondere die Lyrik erwies sich als wirkungsvolles Medium der politischen Agitation; Georg Herwegh bezeichnete sie als »Vorläuferin der Tat«. Begleitet von einer breiten sozialkritischen Publizistik, wandten sich neben der Lyrik auch der Roman und die Novellistik der Behandlung sozialer Themen zu (Ernst Dronke, Georg Weerth, Ernst Willkomm).

Umschlagtitel von Ludwig Eichrodts *Biedermaiers Liederlust* (1869), der Sammlung seiner lyrischen Parodien aus den fünfziger Jahren.

Franz Grillparzer. Aquarell von Moritz Michael Daffinger, 1827.

AUTOR
FRANZ GRILLPARZER

ZWISCHEN DEN ZEITEN. Hugo von Hofmannsthal schrieb 1915 über die geschichtliche Stellung Franz Grillparzers: »Grillparzer geht aus dem alten Österreich hervor und ragt in das neue hinein; er steht mitten zwischen der Zeit Maria Theresiens und unsrer eigenen.« Er selbst charakterisierte seine Position in einer Zeit des Umbruchs 1859 in einem Epigramm so: »Ich komme aus andern Zeiten | Und hoffe in andre zu gehen.« Diese Spannung prägt auch sein Werk und äußert sich in einem Neben-, Gegen- und Ineinander von objektiven metaphysischen Verbindlichkeiten und neuzeitlichem Subjektivismus, von zeitenthobenen religiösen und politischen Ordnungsvorstellungen und dem Bewusstsein geschichtlicher Veränderung. Das geschieht in einem dramatischen Werk, das Momente des spanischen Barocktheaters, des Wiener Volkstheaters und der Weimarer Klassik aufnimmt, die verschiedensten Gattungen erprobt – Schicksalstragödie, Künstlerdrama, Besserungsstück, Traumspiel, Geschichtsdrama und Liebestragödie – und dabei die traditionellen Strukturen durch neue Ausdrucksmöglichkeiten bereichert und zugleich durch eine in die Tiefe gehende Psychologisierung, durch die Einbeziehung der Widersprüchlichkeit der Erfahrungen der Moderne wieder in Frage stellt.

KONFLIKTE. Grillparzers Dramenfiguren sind Herausforderungen ausgesetzt, die sie aus ihren gewohnten Bahnen werfen und ihre persönliche Integrität gefährden. Liebe, Ehrgeiz, Eigensucht üben ihre zerstörerische Wirkung aus, führen zu Verstößen gegen die Pflicht: sei es im Sinn des dichterischen Auftrags (*Sappho*), sei es im Bereich der Politik oder anderer Ordnungsvorstellungen (*König Ottokars Glück und Ende*, *Ein treuer Diener seines Herrn*, *Des Meeres und der Liebe Wellen*, *Ein Bruderzwist in Habsburg*, *Die Jüdin von Toledo*), sei es in einem Zusammenstoß der Zivilisationen (*Das goldene Vließ*). Gerade die Medea-Trilogie, ein

BIOGRAFIE

1791 15. Januar: Franz Grillparzer in Wien geboren
1812 Nach dem Jurastudium (1807–11) arbeitet Grillparzer zunächst als Privatlehrer, dann als (unbezahlter) Praktikant in der Hofbibliothek und erhält schließlich Ende 1814 eine feste Stelle im Staatsdienst (Hofkammer)
1817 Uraufführung des Trauerspiels *Die Ahnfrau* im Theater an der Wien
1818 *Sappho* wird wie die folgenden Stücke im Burgtheater uraufgeführt
1819 Italienreise nach dem Suizid der Mutter
1821 Versetzung ins Finanzministerium. Verlobung mit Kathi Fröhlich, der »ewigen Braut«. Uraufführung der Trilogie *Das*

Gegenstück zu Goethes ›ganz verteufelt humaner‹ *Iphigenie*, zeigt in der Darstellung der tragischen Konflikte einschließlich des Gegensatzes von griechischer Kultur und Barbarentum das Zukunftsweisende von Grillparzers Vorgehen. Indem er das Geschehen psychologisch verständlich zu machen sucht – Hofmannsthal spricht von einer »Zergliederung der Seelen, die ganz der neueren Zeit angehört« –, gelingt ihm eine durchaus moderne Ehetragödie.

HABSBURG. Grillparzer machte sich mit seinem 1821 veröffentlichten Romgedicht *Campo vaccino* mit seiner Gegenüberstellung von großer Vergangenheit und ›neuer, flacher Zeit‹ unbeliebt und galt bei Hof fortan als Radikaler (mit entsprechenden Zensurproblemen). Als 1828 die Tragödie *Ein treuer Diener seines Herrn* mit großem Beifall aufgeführt wurde, wollte ihm der Kaiser das Stück abkaufen, um weitere Aufführungen und einen Druck zu verhindern: Dem Kaiser missfiel wohl, dass dieses Beispiel (borniertren) treuen Dienens Schatten auf die Herrschaft werfen mochte. Zufrieden konnte er jedoch mit dem vorhergehenden Drama *König Ottokars Glück und Ende* sein, wo dem Fall eines (an Napoleon erinnernden) unmäßigen Machtmenschen das mythische Bild des guten Kaisers Rudolf entgegengestellt wird (»Heil! Heil! Hoch Österreich! Habsburg für immer!«). Tiefer greift Grillparzers großes Geschichtsdrama *Ein Bruderzwist in Habsburg*, das im Spiegel der Krisenzeit vor Ausbruch des Dreißigjährigen Krieges auf die eigene Gegenwart zielt. Der aus persönlichen und politischen Rivalitäten resultierende Konflikt steht im Zusammenhang mit einem größeren geschichtlichen Zerfallsprozess, der auf die Reformation zurückgeht und – von den verschiedensten religiös und machtpolitisch motivierten Kräften befördert – in die Katastrophe des Dreißigjährigen Krieges mündet. Zugleich artikuliert Grillparzer mit der Darstellung des Scheiterns des kunstsinnigen, depressiven und zaudernden Kaisers Rudolf II., der das »Gespenst der blutgen Zukunft« abzuwehren sucht, seine nicht unbegründeten Befürchtungen für die bestehende Ordnung im habsburgischen Vielvölkerstaat.

goldene Vließ (*Der Gastfreund*, *Die Argonauten*, *Medea*)
1825 *König Ottokars Glück und Ende*
1826 Deutschlandreise (Dresden, Berlin, Weimar)
1828 *Ein treuer Diener seines Herrn*
1831 *Des Meeres und der Liebe Wellen*
1832 Direktor des Hofkammerarchivs (bis zu seiner Pensionierung als Hofrat 1856)
1834 Uraufführung des ›dramatischen Märchens‹ *Der Traum ein Leben* (Druck 1840)
1836 Reise nach Paris und London
1838 Uraufführung des Lustspiels *Weh' dem, der lügt!* Aus Verbitterung über den Misserfolg zieht sich Grillparzer weitgehend vom literarischen Leben zurück und behält seine weiteren Dramen in der Schublade
1847 Die Erzählung *Der arme Spielmann* erscheint in *Iris*, einem Almanach. Gründungsmitglied der Österreichischen Akademie der Wissenschaften
1850–51 Der Burgtheaterdirektor Heinrich Laube besorgt eine Reihe von erfolgreichen Neuinszenierungen (Grillparzer: »zu spät!«)
1861 Ernennung zum Mitglied des Herrenhauses auf Lebenszeit
1872 21. Januar: Grillparzer, seit 1863 fast taub, stirbt in Wien. Postum erscheinen im Todesjahr seine *Gedichte* sowie die respektive 1847, 1848 und 1851 vollendeten Trauerspiele *Libussa*, *Ein Bruderzwist in Habsburg* und *Die Jüdin von Toledo* im Rahmen der vom Verlag Cotta veranstalteten Gesamtausgabe

Brigittenkirchtag 1810. Stich von Vincenz Raimund Grüner. Grillparzers Novelle *Der arme Spielmann* (1847) beginnt mit einer Schilderung eben dieses Volksfests: »In Wien ist der Sonntag nach dem Vollmonde im Monat Juli jedes Jahres samt dem darauf folgenden Tage ein eigentliches Volksfest, wenn je ein Fest diesen Namen verdient hat.«

JOHANN NEPOMUK NESTROY

1801 7. Dezember: Johann Nepomuk Nestroy in Wien geboren
1817–21 Studium in Wien (Philosophie und zwei Semester Jura)
1822 Debüt als Sarastro in Mozarts *Zauberflöte* im Wiener Theater nächst dem Kärntnertore
1823–31 Engagements in Amsterdam, Brünn, Preßburg und Graz
1827 *Der Zettelträger Papp*, seine erste Lokalposse, wird in Graz aufgeführt. Im Ganzen verfasste Nestroy über 80 Stücke (in der Regel »mit Gesang«), die auf den verschiedensten Quellen – Vaudevilles, Romane, Novellen usw. – beruhen
1831 Nestroy kehrt nach Wien zurück und spielt bis 1839 am Theater an der Wien, dann am Leopoldstädter Theater, das er 1854 pachtet und als Direktor leitet
1833 *Der böse Geist Lumpacivagabundus oder Das liederliche Kleeblatt*
1835 *Zu ebener Erde und erster Stock*
1839–49 Nestroys bedeutendsten Stücke werden am Leopoldstädter Theater uraufgeführt: *Die verhängnisvolle Faschingsnacht* (1839), *Der Talisman* (1840), *Das Mädl aus der Vorstadt* (1841), *Einen Jux will er sich machen* (1842), *Der Zerrissene* (1844), *Freiheit in Krähwinkel* (1848), *Höllenangst* (1849), und die Hebbel-Parodie *Judith and Holofernes*
1857 *Tannhäuser*, eine weitere Wagner-Parodie, *Lohengrin*, folgt 1859
1860 Nestroy tritt zurück und übersiedelt nach Graz
1862 25. Mai: Nestroy stirbt in Graz

LITERATURBETRIEB

WIENER VOLKSTHEATER

TRADITION. Im Wiener Vorstadttheater des 18. und 19. Jahrhunderts lebte zunächst die barocke Theatertradition ungebrochen weiter. Die Komödie, wie sie etwa vom Theater am Kärntnertor gepflegt wurde, war Stegreiftheater in der Tradition der Commedia dell'arte. Die komische Figur, der Hanswurst, fand Anfang des 18. Jahrhunderts in Joseph Anton Stranitzky ihren bedeutendsten Darsteller. Mit einem Edikt Kaiserin Maria Theresias begannen 1752 die Versuche, die Stegreifburleske durch »wohl ausgearbeitete Piecen« zu ersetzen. Philipp Hafner gelang es, in seinem Zauberstück *Mägera, die förchterliche Hexe* (1762–63) die Tradition des burlesken Stegreifspiels mit Elementen der europäischen literarischen Komödie (Molière, Ludvig Holberg, Carlo Goldoni) zu verbinden und so die Grundlage für die weitere Entwicklung der Wiener Volkskomödie in ihren verschiedenen Genres – Zauber- und Märchenspiel, Parodie, Sitten- und Besserungsstück – zu schaffen.

VOM ZAUBER- ZUM BESSERUNGSSTÜCK: RAIMUND. Als um 1820 eine ungemein produktive Zeit des Wiener Volkstheaters einsetzt, erlebt auch das Zauberstück eine neue Blüte. Sein erfolgreichster Autor ist Ferdinand Raimund. Er übernimmt zunächst die traditionelle Form, wie sie seit dem 18. Jahrhundert in Wien gepflegt wurde: ein Spiel auf zwei Handlungsebenen, einer irdischen und einer überirdischen, die miteinander in Beziehung treten und auf diese Weise die Handlung vorantreiben. So verfährt er in den märchenhaft-parodistischen Stücken *Der Barometermacher auf der Zauberinsel* (1823) und *Der Diamant des Geisterkönigs* (1824). Dann verschiebt sich allmählich die Gewichtung der verschiedenen Elemente. Allegorische Darstellungsweisen erhalten eine stärkere Bedeutung, illustrieren menschliche Konflikte und vermitteln Lebenslehren (*Das Mädchen aus der Feenwelt oder Der Bauer als Millionär*, 1826). Zudem reduziert Raimund die komischen Elemente, und auch die Zauberwelt tritt immer mehr zurück. So ist der Alpenkönig in Raimunds bedeutendstem Stück *Der Alpenkönig und der Menschenfeind* (1828), einem Höhepunkt der deutschen Komödiendichtung, letztlich nur eine Verkörperung der biedermeierlichen Vernunft, das Stück selbst – wie *Der Verschwender* (1834) – ein Rückgriff auf den Typ des Besserungsstücks. Übrigens wurden die Texte zu Raimunds Lebzeiten nicht gedruckt.

Raimund als Darsteller des ›Aschenmanns‹ in seinem Stück *Das Mädchen aus der Feenwelt oder Der Bauer als Millionär* (1826).

Szenenbild aus dem »Die Reaktion« überschriebenen zweiten Teil von Nestroys *Freiheit in Krähwinkel* (1848). Der Zeitungsredakteur Ultra (links, Nestroys Rolle) überzeugt, als Metternich verkleidet, den Bürgermeister als Vertreter des »Zopfensystems«, das Eingreifen der Stadtsoldaten hinauszuschieben, so dass die Bürger Barrikaden errichten und mit ihren als Studenten verkleideten Frauen die gegnerische Streitmacht zum Aufgeben bringen können. Aquarell von Christian Schoeller, 1848.

SATIRE: NESTROY. Auch Johann Nepomuk Nestroy hatte seinen ersten großen Erfolg mit einer »Zauberposse mit Gesang«, *Der böse Geist Lumpacivagabundus oder Das liederliche Kleeblatt* (1833). In der Folgezeit jedoch verzichtete er auf den Zauberapparat und ließ die gesellschaftskritische Intention direkt hervortreten. In dem Stück *Zu ebener Erde und erster Stock* (1835) machte er den sozialen Gegensatz zwischen Arm und Reich bereits im geteilten Bühnenbild sichtbar. Außenseitergestalten wie der rothaarige Titus Feuerfuchs im *Talisman* (1840) – die Hauptrollen spielte Nestroy selbst – stellen die herrschende Ungerechtigkeit und Dummheit bloß; Ausbruchsversuche aus dem Alltag (der Armut, der kleinbürgerlichen Beschränktheit und Routine, der Langeweile) bestätigen nur die Unvollkommenheit der Weltordnung. Bei der satirischen Entlarvung gesellschaftlicher Mechanismen und Anmaßungen, ebenso komisch wie desillusionierend, kommt Nestroys witziger Dialogkunst, seinen virtuosen Sprachspielereien und seinen philosophierenden Couplets entscheidende Bedeutung zu. Direkte politische Kritik, eine entschiedene Abrechnung mit der Reaktion, dem »Zopfensystem«, stellt die Revolutionsposse *Freiheit in Krähwinkel* (1848) dar, nicht ohne Skepsis allerdings gegenüber bloßer Revolutionsrhetorik.

Nestroy als Jupiter in *Orpheus in der Unterwelt* von Jacques Offenbach. Zeitgenössische Fotografie.

STOFFE/THEMEN

DER RHEIN

Lorenz Clasen, *Germania auf der Wacht am Rhein*, 1860.

RHEINROMANTIK. Wenn auch die Rheinromantik in erster Linie in den Bereich des Tourismus und der Fremdenverkehrwerbung gehört, so hat doch die Literatur einen nicht geringen Anteil daran, dass es dazu kommen konnte. Dichter der Romantik rückten die Schönheiten der Rheinlandschaft in den Blick, angezogen von der Natur ebenso wie von den Burgen, Burgruinen und anderen Bauten der Vergangenheit, die die alte Kulturlandschaft prägen. In diesen Zusammenhang gehören auch die Bemühungen um eine Vollendung des Kölner Doms, die von den Brüdern Sulpiz und Melchior Boisserée aus romantischem Interesse an mittelalterlicher Kunst und Architektur zu Beginn des 19. Jahrhunderts ausgingen, bald allerdings in eine nationale Kampagne mündeten: Der Kölner Dom »als Symbol des neuen Reiches, das wir bauen wollen« (Joseph Görres, 1814). Das dem Mittelalter zugewandte Geschichtsbild der Romantiker förderte zugleich ihre dichterische Phantasie: Nicht nur, dass sie den »Vater Rhein« – Hölderlin als Stichwortgeber – besangen und an alte Sagen (Nibelungen, Siegfried) erinnerten, sie schufen neue. Rheinsagen und Rheinmärchen hatten bald Konjunktur, doch am folgenreichsten war die Lieddichtung und hier besonders Clemens Brentanos Erfindung der undinenhaften Sagengestalt der Lore Lay in seinem Roman *Godwi* (1801), wo er sie im Ton der Nibelungenstrophe besang: »Zu Bacherach am Rheine | Wohnt eine Zauberin | Sie war schön und feine | Und riß viel Herzen hin.« Heinrich Heines fast zum Volkslied gewordenes Gedicht »Ich weiß nicht, was soll es bedeuten« im *Buch der Lieder* (1827) besiegelte den Ruhm des Rheinfelsens, dem Gegenstand zahlreicher weiterer Loreley-Gedichte, aber auch von Loreley-Sagen, Loreley-Opern und natürlich Loreley-Parodien.

»SIE SOLLEN IHN NICHT HABEN«. Mit der Niederlage gegen Napoleon und den Befreiungskriegen erhielt die Rheinromantik nationalistische Züge. Allen voran ging Ernst Moritz Arndt mit seiner Schrift *Der Rhein, Deutschlands Strom, nicht Deutschlands Grenze* von 1813: eine wirkungsvolle, immer abrufbare Losung. Als dann 1840 die französische Regierung unter Louis-Adolphe Thiers von außenpolitischen Rückschlägen ablenken wollte und Ansprüche auf die Rheingrenze anmeldete, erhob sich in Deutschland in der Tat ein Ruf wie Donnerhall: »Sie sollen ihn nicht haben | Den freien deutschen Rhein, | Ob sie wie gier'ge Raben | Sich heiser danach schrei'n«, reimte Nikolaus Becker in seinem Lied *Der deutsche Rhein*. Daraus entwickelte sich ein richtiger Sängerkrieg mit Teilnehmern von beiden Ufern des Rheins. So antwortete Victor Hugo mit biblischer Metaphorik »Allons revoir notre Jourdan« (»Wir wollen unsern Jordan wiedersehen«), und Alfred de Musset verfasste eine eher spöttische »Réponse à la Chanson de Becker« mit der mehrfach wiederholten Zeile »Nous l'avons eu, votre Rhin allemand« (»Wir haben ihn gehabt, euren deutschen Rhein«), während auf der deutschen Seite Ernst Moritz Arndt ein weiteres Mal zur Feder griff und Becker zur Seite sprang (»Komm, Hoffart, willst du Streit! | Germania ist da«). Und noch im selben Jahr 1840 folgte Max Schneckenburgers *Wacht am Rhein*, mit der noch die deutschen Besatzer im Film *Casablanca* von 1941 gegen die Marseillaise ankämpften: »Es braust ein Ruf wie Donnerhall, | Wie Schwertgeklirr und Wogenprall: | ›Zum Rhein! zum Rhein! zum deutschen Rhein!‹ | Wer will des Stromes Hüter sein? | Lieb Vaterland, magst ruhig sein: | Fest steht und treu die Wacht am Rhein!« Denkmäler, den Blick fest auf Frankreich oder den Rhein gerichtet, unterstrichen nach der Reichsgründung diese Botschaft, etwa das Nationaldenkmal auf dem Niederwald bei Rüdesheim mit der Kolossalstatue der Germania (1883) oder das Kaiser-Wilhelm-Denkmal (1897) am Koblenzer ›Deutschen Eck‹.

> **ROSE AUSLÄNDER**
>
> Lorelei
>
> Unter dem Rhein
> singt die Lorelei
>
> Fische
> verschweigen das Lied
>
> Ein hellhöriger Angler
> fängt es heraus
> schenkt es
>
> uns allen
>
> (1982)

William Turner, *Lurleiberg and St Goarshausen*, Aquarell von 1817.

BIOGRAFIE

1797 13. Dezember: Heinrich Heine (bis zur protestantischen Taufe 1825: Harry Heine) als Sohn einer jüdischen Kaufmannsfamilie in Düsseldorf geboren
1815 Lehrzeit in Frankfurt a. M., ab 1816 im Bankhaus seines reichen Hamburger Onkels Salomon Heine, der ihm 1818 die Gründung des Manufakturwarengeschäfts »Harry Heine & Comp.« ermöglicht, das bald darauf in Konkurs geht
1819–25 Jurastudium in Bonn, Göttingen, Berlin und wieder Göttingen. Hier promoviert er im Juli 1825 zum Dr. jur.
1826–31 Heine lebt als freier Schriftsteller; Reisen nach England (1827), Italien (1828), Helgoland (1830). – *Reisebilder* (1826–31); *Buch der Lieder* (1827)
1831 Übersiedlung nach Paris; seit 1835 gewährt ihm die französische Regierung eine Pension. – *Französische Zustände* (1833); *Der Salon* (1834–40), darin u.a. *Aus den Memoiren des Herren von Schnabelewopski* (1834), *Zur Geschichte der Religion und Philosophie in Deutschland* (1835) und *Der Rabbi von Bacherach* (1840)
1836 *Die romantische Schule*
1840 *Heinrich Heine über Ludwig Börne*
1841 Heirat nach katholischem Ritus mit Mathilde Mirat, die seit Ende 1834 mit ihm zusammenlebt
1843 Reise nach Hamburg. – *Atta Troll. Ein Sommernachtstraum*
1844 *Neue Gedichte*; *Deutschland. Ein Wintermärchen*
1846 Die Symptome (Lähmungserscheinungen) einer schweren Krankheit (myatrophische Lateralsklerose, Muskelschwund) verstärken sich und fesseln Heine von 1848 an die »Matratzengruft«
1851 *Der Doktor Faust. Ein Tanzpoem* (frz. Fassung 1847); *Romanzero*
1854 *Gedichte 1853 und 1854*; *Lutezia*
1856 17. Februar: Heinrich Heine stirbt in Paris

AUTOR

HEINRICH HEINE

ÄRGERNIS. Kurt Tucholsky schrieb 1929: »Die Zahl der deutschen Kriegerdenkmäler zur Zahl der deutschen Heine-Denkmäler verhält sich hierzulande wie die Macht zum Geist.« Wenige Jahre später war ohnehin »Schluss mit Heinrich Heine«, wie ein Artikel in den *Nationalsozialistischen Monatsheften* unterstrich, vorläufiges Ende einer bereits zu Heines Lebzeiten beginnenden Auseinandersetzung mit dem Werk und vor allem der Person des Dichters. Dabei sind die zeitgenössischen Reaktionen durchaus ambivalent und reichen von Anerkennung für seine frühe Lyrik bis zu heftiger Kritik an seiner angeblichen Frivolität, seiner Subjektivität, seiner Frechheit, seinem verletzenden Witz und schließlich auch seiner politischen Haltung. Die Vorwürfe gewinnen nach der Reichsgründung eine neue, antisemitische Qualität (Heinrich von Treitschke, 1889). Die Bemühungen um Heine-Denkmäler in Deutschland (1887, 1893, 1906) zeigen zwar, dass es an positiven Stimmen nicht fehlte, ihre Vergeblichkeit aber bestätigt die Stärke der nationalen und antisemitischen Vorurteile. Die Ironie ist, dass einige Texte Heines – auch in Verbindung mit den Vertonungen von Friedrich Silcher, Franz Schubert oder Robert Schumann – ungemein populär waren

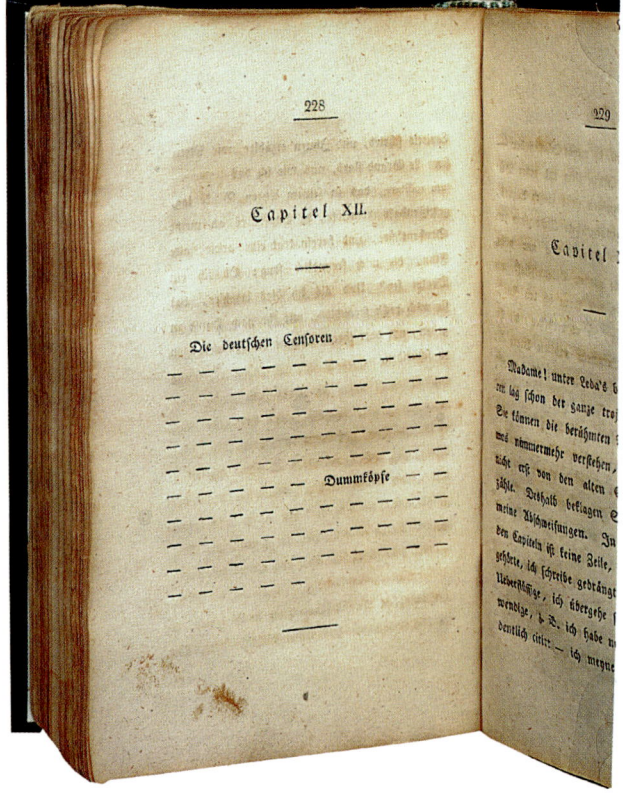

Ernst Benedikt Kietz, *Heine und seine Frau Mathilde*, Ölgemälde von 1851.

und blieben. Zuerst in der DDR, dann seit den sechziger Jahren auch in der BRD erfuhr das Werk Heines eine längst überfällige Renaissance. Seit 1956/58 (Berlin/DDR), 1981 (Düsseldorf) und 1982 (Hamburg) gibt es auch Heine-Denkmäler.

»REISEBILDER«. Die *Reisebilder* dokumentieren Heines Durchbruch zum politischen Schriftsteller. Dabei wandelte er die ihm geläufigen Formen der aufklärerischen und romantischen Reiseliteratur ab und entwickelte ein neues Genre, das Reisebeobachtungen scheinbar spielerisch-assoziativ mit politischer, sozialer und literarischer Kritik verbindet und wie seine Lyrik mit ironischer Brechung und Sprachwitz, dazu aber auch mit satirischer Aggressivität arbeitet. Die *Harzreise* lebt von dem Gegensatz von Philisterwelt (Göttingen) und Natur. Heftige Adelskritik üben die *Nordsee*-Reisebilder, während Heine in der Geschichte seiner Jugend in Düsseldorf (*Ideen. Das Buch Le Grand*) die Gestalt Napoleons zum politisch-religiösen Mythos erhöht. Das Reisebild *Die Bäder in Lucca* handelt weniger von Italien als von der deutschen Restauration. Im Mittelpunkt steht eine Abrechnung mit August von Platen. Die rücksichtslos in den privaten Bereich eindringende Polemik schadete Heine beträchtlich. Er war nun ein berühmter, aber auch umstrittener Autor.

Linke Seite: **Das zwölfte Kapitel von *Ideen. Das Buch Le Grand*** aus dem zweiten Teil der *Reisebilder* (1827).

HEINE ALS VERMITTLER

Heine gewann rasch Zugang zu den künstlerischen und intellektuellen Kreisen der französischen Hauptstadt. Dabei trat er auch als Vermittler zwischen Deutschland und Frankreich auf, suchte das gegenseitige Verständnis zu fördern. So berichtete er für ein deutsches Publikum aus Paris in Beiträgen für Cottas *Morgenblatt* über *Französische Maler* (Buchfassung 1834) und für dessen *Allgemeine Zeitung* zunächst über *Französische Zustände* (Buchfassung 1833), dann noch einmal seit 1840 über »Politik, Kunst und Volksleben« (Buchfassung: *Lutezia*, 1854); auf der anderen Seite schrieb er für die französische Zeitschrift *L'Europe littéraire* 1833 eine Artikelserie über die neuere deutsche Literatur (endgültige dt. Fassung unter dem Titel *Die romantische Schule*, 1836) und 1834 in der *Revue des Deux Mondes* das philosophiegeschichtliche Gegenstück dazu (dt. Fassung: *Zur Geschichte der Religion und Philosophie in Deutschland*, 1835).

STOFFE/THEMEN

DEUTSCHLAND, GESEHEN AUS DER EMIGRATION

BÖRNE UND HEINE. Zahlreiche Schriftsteller des Vormärz wurden in die Emigration getrieben. Andere verließen das Land, weil sie unter den repressiven Bedingungen der Restauration nicht leben und arbeiten konnten oder wollten. 1831 überquerte Heine den Rhein, den »Jordan, der das geweihte Land der Freiheit trennt von dem Lande der Philister«; bereits ein Jahr vorher war der Publizist Ludwig Börne nach der Julirevolution nach Paris übergesiedelt. Enttäuscht in seiner Hoffnung, dass eine grundlegende Veränderung der europäischen Verhältnisse bevorstehe, kommentierte und attackierte der radikale Republikaner in seinen *Briefen aus Paris* (1832) die politischen Verhältnisse in Europa und speziell in Deutschland. Er sah es als Aufgabe der Literatur, sich im Kampf gegen die Unterdrückung zu engagieren und seine Feder zu schärfen, um »sie soviel als möglich einem Schwerte gleichzumachen«. Aus dieser Sicht heraus hasste er nicht nur Goethe als »eine ungeheuer *hindernde* Kraft«, auch Heine verfiel schließlich seinem Verdikt.

Heine reagierte zunächst nicht öffentlich auf die Angriffe Börnes und anderer deutscher Republikaner, die ihm Opportunismus und gewissenloses Ästhetentum vorwarfen, legte aber 1840, drei Jahre nach Börnes Tod, seine Sicht der Dinge in dem Buch *Ludwig Börne. Eine Denkschrift* dar: politische Streitschrift, Persönlichkeits- und Zeitanalyse und Darstellung der eigenen Kunst- und Lebensanschauung in einem. Gegenüber dem asketischen »Nazarener« Börne sieht sich Heine als sinnenfroher »Hellene« und äußert seine Befürchtungen: Mit dem Sieg der puritanischen Republikaner in ihrem »aschgrauen Gleichheitskostüm« werde kein Platz mehr für Schönheit, Sinnlichkeit und Genie sein. Heines Buch – nach Thomas Mann die »genialste deutsche Prosa bis Nietzsche« – löste einen Entrüstungssturm aus.

WINTERMÄRCHEN. Heines »höchst humoristisches Reise-Epos« *Deutschland. Ein Wintermärchen* (1844) setzt Eindrücke einer Reise um, die er im Herbst 1843

Moritz Daniel Oppenheim, *Porträt Ludwig Börne*, 1831.

nach zwölfjährigem Exil von Paris über Brüssel, Aachen, Köln und das Münsterland nach Hamburg unternommen hatte. Während der Reisende an der Grenze von preußischen Zöllnern durchsucht wird, singt ein kleines Harfenmädchen »das alte Entsagungslied, | Das Eiapopeia vom Himmel, | Womit man einlullt, wenn es greint, | Das Volk, den großen Lümmel«. Dagegen verspricht der Erzähler ein »neues, ein besseres Lied«: »Wir wollen hier auf Erden schon | das Himmelreich errichten.« Programmatisch verkündet er den Anspruch auf ein Leben ohne Ausbeutung und materielle Not, auf irdisches Glück für alle Menschen, auf »Schönheit und Lust, | Und Zuckererbsen nicht minder«. Die allgemeine Emanzipation findet ihren Höhepunkt in der Verlobung der »Jungfer Europa« mit »dem schönen Geniusse | der Freiheit«. Mit diesem sozialrevolutionären Programm in frühsozialistischem Geist kontrastiert die reaktionäre Wirklichkeit, wie sie dem Reisenden begegnet: preußisches Militär, religiöse Restauration, Preußens romantisch-reaktionäre Monarchie und preußisch-deutscher Nationalismus (Beispiele: der Arminius- und Barbarossakult und die Bestrebungen, den Kölner Dom, »des Geistes Bastille«, zu vollenden). Heines Bild der Zukunft hat zwei Seiten: »Zuckererbsen für jedermann« und den Verwesungsgeruch des partikularistischen Deutschland, utopische Hoffnung und realitätsgerechte Skepsis. Das Werk, stets aktuell und aktualisierbar, fand eine Reihe von Nachfolgern, zuletzt in Wolf Biermanns *Deutschland. Ein Wintermärchen* (1972).

Am Anfang seiner *Romantischen Schule* (1836) macht Heine deutlich, dass er sein Buch »gleichsam als eine Fortsetzung« von Madame de Staëls Deutschlandbuch (*De l'Allemagne*, 1810) versteht, nicht zuletzt um ihr Bild der Romantik zu korrigieren:

»Frau von Staëls Werk *de l'Allemagne* ist die einzige umfassende Kunde, welche die Franzosen über das geistige Leben Deutschlands erhalten haben. Und doch ist, seitdem dieses Buch erschienen, ein großer Zeitraum verflossen und eine ganz neue Literatur hat sich unterdessen in Deutschland entfaltet. Ist es nur eine Übergangsliteratur? hat sie schon ihre Blüte erreicht? ist sie bereits abgewelkt? Hierüber sind die Meinungen geteilt. Die meisten glauben mit dem Tode Goethes beginne in Deutschland eine neue literarische Periode, mit ihm sei auch das alte Deutschland zu Grabe gegangen, die aristokratische Zeit der Literatur sei zu Ende, die demokratische beginne [...].
Was mich betrifft, so vermag ich nicht in so bestimmter Weise über die künftigen Evolutionen des deutschen Geistes abzuurteilen. Die Endschaft der ›Goetheschen Kunstperiode‹, mit welchem Namen ich diese Periode zuerst bezeichnete, habe ich jedoch schon seit vielen Jahren vorausgesagt.«

Linke Seite: **Die 1842 entstandene Lithographie** von Georg Osterwald zeigt die feierliche Grundsteinlegung zum Weiterbau des Kölner Doms.

DIE OBRIGKEIT DEFINIERT EINE LITERARISCHE SCHULE

Als »literarische Schule« wurde das Junge Deutschland zuerst in dem Verbotsbeschluss des Bundestages vom 10. Dezember 1835 bezeichnet, der als betroffene Autoren »namentlich Heinr. Heine, Karl Gutzkow, Heinr. Laube, Ludolf Wienbarg und Theodor Mundt« anführt. Heine allerdings galt zwar – wie Ludwig Börne – den Jungdeutschen als Vorbild, ist aber kaum zu dieser losen Gruppierung zu zählen, der sich u. a. noch Ferdinand Gustav Kühne und Ernst Willkomm zurechnen lassen. Der amtliche Vorwurf war, dass sie unverhohlen darauf zielten, »in belletristischen, für alle Klassen von Lesern zugänglichen Schriften die christliche Religion auf die frechste Weise anzugreifen, die bestehenden sozialen Verhältnisse herabzuwürdigen und alle Zucht und Sittlichkeit zu zerstören«. Die massive staatliche Repression nach dem Verbotsbeschluss führte zu einem raschen Zerfall der organisatorisch nicht gefestigten Bewegung.

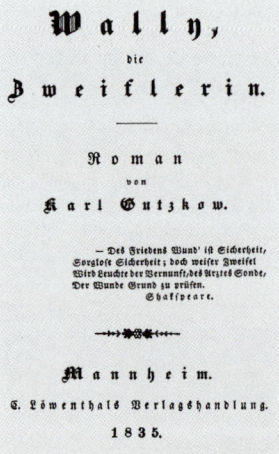

EPOCHE/STRÖMUNG

JUNGES DEUTSCHLAND

PROTEST UND EMANZIPATION. Die literarische Bewegung des Jungen Deutschland der Jahre 1830 bis 1840 erhielt ihren Namen durch Ludolf Wienbargs *Ästhetische Feldzüge. Dem jungen Deutschland gewidmet* (1834). Der Name verweist auf die Aufbruchsstimmung nach der französischen Julirevolution von 1830. Die politischen Vorstellungen der Jungdeutschen orientierten sich an den bürgerlich-liberalen Ideen (Verfassung, Pressefreiheit, staatliche Einheit), die durch die Vorgänge in Frankreich neue Aktualität gewonnen hatten. Der Protest gegen die politische Restauration verband sich mit diffusen Gedanken einer umfassenden Erneuerung einer durch ›Zerrissenheit‹ charakterisierten Zeit, einer emanzipatorischen Verbindung von Kunst, Wissenschaft und Leben. Kernpunkte waren die Forderungen nach einer natürlichen Religion und einer neuen Moral (Emanzipation der Frau, ›Wiedereinsetzung des Fleisches‹).

PROSA. Das literarische Programm des Jungen Deutschland entstand aus der Auseinandersetzung mit der idealistischen Ästhetik der klassisch-romantischen Epoche und ihrem ›Aristokratismus‹. Im Gegensatz dazu vertrat sie das Konzept einer emanzipatorischen Literatur der »Einmischung« (Karl Gutzkow), die sich kritisch-reflektierend mit allen Belangen der Gegenwart auseinandersetzen und kraft ihrer philosophischen, religiösen und politischen Ideen zu gesellschaftlichen Veränderungen beitragen sollte. Die diesen Zielen entsprechende Sprachform war nach Meinung der Jungdeutschen die Prosa, die sich den vielfältigen Inhalten am ehesten anpassen konnte (Theodor Mundt, *Die Kunst der deutschen Prosa*, 1837). Die auf ein breites Publikum gerichtete Wirkungsstrategie führte einerseits zur Bevorzugung kleinerer literarischer und journalistischer Formen (Reisebild, Feuilleton, Brief, Skizze, Novelle), andererseits erhielt der Roman mit philosophisch-religiös fundierten Emanzipationsgeschichten positiven oder negativen Ausgangs eine besondere Bedeutung. Beispiele sind Heinrich Laubes *Das junge Europa* (1833–1837), Gutzkows *Wally, die Zweiflerin* (1835) und Mundts *Madonna. Unterhaltungen mit einer Heiligen* (1835). Die heftigen Attacken des Literaturkritikers Wolfgang Menzel auf das angeblich gotteslästerliche und unsittliche Buch Gutzkows (und die ganze jungdeutsche Bewegung) dienten den Restaurationsregierungen als willkommener Vorwand für ihr Eingreifen.

»WALLY, DIE ZWEIFLERIN«. Die junge, mondäne Wally leidet unter der Zerrissenheit und Orientierungslosigkeit ihrer Generation, auch unter der durch eine verfehlte Erziehung erzeugten »pflanzenartigen Bewußtlosigkeit, in welcher die Frauen vegetieren«. In der Liebe findet sie vorübergehend Erfüllung bei dem weltmännischen Skepti-

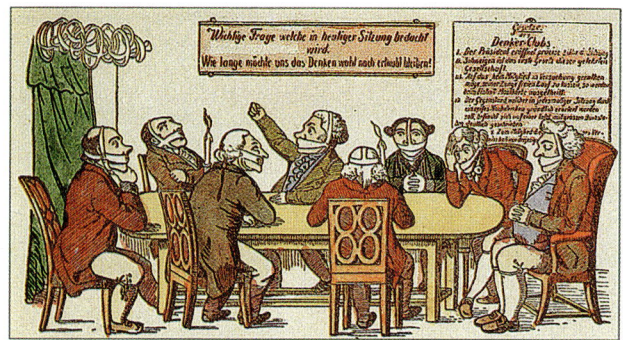

Sitzung des »Denker-Clubs« (»Auch eine neue deutsche Gesellschaft«) zur Frage: »Wie lange möchte uns das Denken wohl noch erlaubt bleiben?«. Karikatur auf die Verhältnisse im Deutschen Bund in der Metternich-Ära (um 1835).

ker Cäsar. Ihm zeigt sie sich, bevor sie eine konventionelle Ehe mit einem anderen Mann eingeht, in einer kunstvoll-kitschigen Szene nackt – wie Sigune dem Schionatulander im *Jüngeren Titurel*. Nach dem Scheitern ihrer Ehe lebt sie mit Cäsar zusammen, doch religiöse Zweifel gefährden ihr Glück. Als Cäsar sie zugunsten ihrer Freundin Delphine verlässt und ihr eine Schrift mit Gedanken der zeitgenössischen Bibel- und Religionskritik zuschickt, nimmt sie sich – Goethes *Werther* klingt an – das Leben, da sie es nicht ertragen kann, dass sich Gott den Menschen verbirgt: »Sie, die Zweiflerin, die Ungewisse, die Feindin Gottes, war sie nicht frömmer, als die, welche sich mit einem nicht verstandenen Glauben beruhigen? Sie hatte die tiefe Überzeugung in sich, daß ohne Religion das Leben des Menschen elend ist.«

Eugène Delacroix, *Die Freiheit führt das Volk an*, 1830, durch die Julirevolution inspirierte allegorische Darstellung.

GEORG BÜCHNER

1813 17. Oktober: Georg Büchner in Goddelau bei Darmstadt geboren. **1816** Umzug der Familie nach Darmstadt
1831 Beginn des Medizinstudiums in Straßburg; hier verlobt er sich 1832 heimlich mit der Pfarrerstochter Minna Jaeglé
1833 Herbst: Fortsetzung des Studiums an der Landesuniversität Gießen. Er lernt den Butzbacher Rektor Friedrich Ludwig Weidig, den führenden oberhessischen Oppositionellen, kennen und entscheidet sich im Frühjahr 1834 für die sozialrevolutionäre Agitation
1834 Angesichts der polizeilichen Verfolgungsmaßnahmen kehrt Büchner im September nach Darmstadt zurück. Entwurf der Flugschrift *Der Hessische Landbote*, die in einer von Weidig abgeschwächten Form in Oberhessen verteilt wird
1835 März: Flucht nach Straßburg; am 13. Juni verbreiten die Darmstädter Behörden einen Steckbrief. – *Dantons Tod*
1836 Büchner erhält für die Abhandlung *Sur le système nerveux du barbeau* den Doktorgrad der Philosophischen Fakultät der Universität Zürich. Er siedelt nach Zürich über und wird, nach einer Probevorlesung *Über Schädelnerven*, am 5. November 1836 als Privatdozent zugelassen
1837 19. Februar: Büchner stirbt an Typhus. Postum erscheinen ein Teildruck von *Leonce und Lena* (1838) und die Erzählung *Lenz* (1839)

STOFFE/THEMEN

GESCHICHTE UND DRAMA

KONZEPTIONEN. In der Restaurationszeit verstärken sich die pessimistischen Deutungen der Geschichte und vor allem der Rolle des Individuums im geschichtlichen Prozess. So ist bei Christian Dietrich Grabbe das tragische Scheitern seiner überlebensgroßen Helden in *Herzog Theodor von Gothland* (1827), *Napoleon oder die hundert Tage* (1831) oder *Hannibal* (1835) Folge von Zufall oder Willkür, nicht Ausdruck der Gültigkeit einer höheren Weltordnung oder eines sinnvollen Geschichtsverlaufs. Und mit Georg Büchners *Dantons Tod* (1835) beginnt gleichsam die Moderne, die Destruktion jeden Sinns der Geschichte. Bei Friedrich Hebbel dagegen verbindet sich eine tragische Existenzerfahrung mit einem dialektischen Geschichtskonzept, das aus den Katastrophen geschichtlicher Übergangszeiten eine neue, höhere Ordnung hervorgehen sieht, Resultat eines notwendigen bzw. zwangsläufigen Geschichtsprozesses, dem die handelnden Personen unabhängig von persönlicher Schuld unterworfen sind. Das gilt, so

Georg Büchner im Felsenmeer (»la mer des rochers«; am Rand des Odenwalds südlich von Darmstadt). Zeichnung seines Freundes Jean-Baptiste Alexis Muston, 1833.

sieht es jedenfalls Hebbel, für seine Dramatisierungen mythologischer oder geschichtlicher Stoffe (z. B. *Judith*, 1841; *Herodes und Mariamne*, 1850; *Agnes Bernauer*, 1855; *Gyges und sein Ring*, 1856; *Die Nibelungen*, 1862) ebenso wie für sein in der Gegenwart angesiedeltes bürgerliches Trauerspiel *Maria Magdalene* (1844).

»DANTONS TOD«. »Die Darmstädtischen Polizeidiener waren meine Musen«, bemerkte Büchner über die Entstehungsbedingungen seines Dramas, das er, ständig von Verhaftung bedroht, in fünf Wochen Anfang 1835 niederschrieb, bevor er nach Straßburg floh. Es basiert auf einer intensiven Beschäftigung mit der Französischen Revolution und dramatisiert, z.T. Quellenzitate montierend, einen Ausschnitt aus der Spätphase der Jakobinerherrschaft im Frühjahr 1794: Die Revolutionsführer Danton und Robespierre stehen sich als Gegner gegenüber. Danton hatte einst der Revolution ihren Schwung gegeben; nun ist er müde geworden und weigert sich, die Initiative wieder an sich zu reißen. Dagegen leitet Robespierre, getragen von seiner Philosophie der Tugend und des Schreckens (»das Laster ist zu gewissen Zeiten Hochverrat«), konsequent die Ausschaltung des Sensualisten und Epikureers Danton und seiner Anhänger in die Wege, der einzigen Gruppe, die seine Macht noch bedrohen könnte.

Büchner demaskiert die Motivationen, Selbsttäuschungen, Rollenspiele, die großen Gesten und revolutionären Phrasen der Protagonisten. Nicht sie bestimmen, welche Rollen sie spielen und für wie lang; sie alle sind dem »gräßlichen Fatalismus der Geschichte« (Büchner) unterworfen. Dritter Akteur ist das Volk, für dessen Elend keine der beiden Parteien eine Lösung anzubieten hat. Ein realistischer Anhänger Dantons erkennt: »das Volk ist materiell elend, das ist ein furchtbarer Hebel«. Es entscheidet sich für die Tugend Robespierres und gegen Dantons elitär-üppiges Leben. Allerdings gilt Dantons Feststellung, »die Revolution ist wie Saturn, sie frißt ihre eigenen Kinder«, wenige Monate später auch für Robespierre.

Szenenfoto aus *Danton* (1982) von Andrzej Wajda; Patrice Chéreau als Camille Desmoulins, Gérard Depardieu als Georges Danton.

GEORG-BÜCHNER-PREIS

Im Herbst 1951 verlieh die Deutsche Akademie für Sprache und Dichtung in Darmstadt zum ersten Mal den Georg-Büchner-Preis. Einen Büchner-Preis des Landes Hessen hatte es bereits seit 1923 gegeben, bestimmt für in Hessen geborene Künstler und Schriftsteller. Währen der NS-Zeit wurde er nicht vergeben. Nach dem Krieg verlieh die Stadt Darmstadt den Preis einige Male, bis dann die neu gegründete Deutsche Akademie für Sprache und Dichtung den Preis gleichsam übernahm, ihn auf Schriftsteller beschränkte, zugleich aber seinen regionalen Charakter aufhob.
Der erste Preisträger der neuen Ära war Gottfried Benn, ein Vorgang nicht ohne Ironie, wenn man bedenkt, dass die Akademie »das Sozialpolitische des Engagements wie das Zukunfts-Trächtige der Aussage« auszeichnen wollte. Der Georg-Büchner-Preis gilt heute, unter einer Vielzahl von Preisen, als bedeutendster Literaturpreis der Bundesrepublik Deutschland. Ihn erhielten:

1951 Gottfried Benn
(1952 nicht verliehen)
1953 Ernst Kreuder
1954 Martin Kessel
1955 Marie Luise Kaschnitz
1956 Karl Krolow
1957 Erich Kästner
1958 Max Frisch
1959 Günter Eich
1960 Paul Celan
1961 Hans Erich Nossack
1962 Wolfgang Koeppen
1963 Hans Magnus Enzensberger
1964 Ingeborg Bachmann
1965 Günter Grass
1966 Wolfgang Hildesheimer
1967 Heinrich Böll
1968 Golo Mann
1969 Helmut Heißenbüttel
1970 Thomas Bernhard
1971 Uwe Johnson
1972 Elias Canetti
1973 Peter Handke
1974 Hermann Kesten
1975 Manès Sperber
1976 Heinz Piontek
1977 Reiner Kunze
1978 Hermann Lenz

WIRKUNGSGESCHICHTE

GEORG BÜCHNER

EIN NEUER HELD. Einen Dramenhelden wie die Gestalt des Woyzeck, eines in die Psychose und zum Mord getriebenen Menschen aus der untersten Gesellschaftsschicht, hatte es bisher nicht gegeben. Büchners letztes, nur fragmentarisch überliefertes Drama *Woyzeck* beruht wie *Dantons Tod* und die Erzählung *Lenz* auf historischen Quellen; hier handelt es sich um Berichte und Gutachten über drei viel diskutierte Mordfälle der Zeit. Büchner verarbeitete das Material zu einer eindringlichen Leidensgeschichte, die in einer der Zeit weit vorauseilenden Analyse die Frage nach der Verantwortlichkeit von Moral, Religion, Wissenschaft und Gesellschaft aufwirft. Dies geschieht im Anschluss an die Dramentechnik Shakespeares und des Sturm und Drang in einer Reihe von kurzen, unverbundenen Szenen, Ausschnitten aus einer widersprüchlichen Wirklichkeit. Die balladeske Szenenfolge zeigt die Zerstörung des Verhältnisses zwischen dem einfachen Soldaten Woyzeck und seiner Geliebten Marie durch den Tambourmajor, bis schließlich die Gewissheit von Maries Untreue dem von Wahnvorstellungen gehetzten, verzweifelten Woyzeck den letzten Halt nimmt und das Opfer zum Täter wird. Parallel geführte Szenen machen deutlich, dass die Ursache der Ka-

Anfang einer Seite aus einem der fragmentarischen handschriftlichen Entwürfe von Georg Büchners *Woyzeck*. Der Ausschnitt beginnt mit den Worten: »thut das nicht, ein guter Mensch, der ein gutes Gewissen hat… Red' er doch was Woyzeck. Was ist heut für Wetter.« Es handelt sich um die Szene Hauptmann-Woyzeck, in der Woyzeck den Hauptmann rasiert und dieser über Tugend räsoniert.

tastrophe nicht Woyzecks Eifersuchtsanfall ist, sondern in seiner Existenz als ausgebeuteter, zum Versuchstier degradierter, gedemütigter und verhöhnter Kreatur liegt.

NATURALISMUS UND EXPRESSIONISMUS. Den ersten Versuch einer Ausgabe des *Woyzeck* unternahm Karl Emil Franzos 1879; die Schreibung »Wozzeck« beruht auf einem Lesefehler. Die Modernität des Stückes wurde sofort erkannt. Gottfried Keller bemerkte 1880 in einem Brief an Paul Heyse, im Ganzen durchaus reserviert, dass der »Wozzek eine Art von Realismus« aufweise, »die den Zola und seine Nana *jedenfalls* überbietet«. Jedenfalls verwundert es nicht, dass sich die deutschen Naturalisten von dem Sozialdrama und seiner Milieuschilderung angezogen fühlten und dass Gerhart Hauptmann seine Dramen des sozialen Mitleids vorweggenommen sah. Für ihn erhält eine Reise nach Zürich im Sommer 1888 »etwas von der sakralen Vergeistigung einer Pilgerfahrt«. Büchner wird zu einer Kultfigur: »Das Grab Georg Büchners wurde für unseren Kreis, die werdenden Forscher und Dichter, ein ständiger Wallfahrtsort«, heißt es in Hauptmanns Rückblick *Das Abenteuer meiner Jugend* (1937). Über den Naturalismus hinaus (und voraus auf den Expressionismus) verweist Frank Wedekinds Auseinandersetzung mit Büchner in *Frühlings Erwachen* (1891). Nicht das Sozialdrama steht im Mittelpunkt der Rezeption, sondern mit den episch gereihten Kurzszenen und der Kontrastierung von lyrisch-expressiver Intensität und ins Groteske gesteigerter Satire nimmt Wedekind die zukunftsweisenden formalen und künstlerischen Aspekte von Büchners Drama auf. Die Uraufführung des *Wozzek* fand am 8. November 1913 im Residenztheater München statt. Zahlreiche weitere Aufführungen des Stückes folgten, in dem die Expressionisten über das Sozialkritische hinaus die Darstellung der Passion des Menschen im Allgemeinen sahen. Der Besuch einer Wiener Aufführung regte Alban Berg zur Komposition seines *Wozzek* an (Uraufführung 1925), einer der großen Opern des 20. Jahrhunderts und bedeutendstes Zeugnis der Wirkungsgeschichte Büchners.

1979 Ernst Meister
1980 Christa Wolf
1981 Martin Walser
1982 Peter Weiss
1983 Wolfdietrich Schnurre
1984 Ernst Jandl
1985 Heiner Müller
1986 Friedrich Dürrenmatt
1987 Erich Fried
1988 Albert Drach
1989 Botho Strauß
1990 Tankred Dorst
1991 Wolf Biermann
1992 George Tabori
1993 Peter Rühmkorf
1994 Adolf Muschg
1995 Durs Grünbein
1996 Sarah Kirsch
1997 H. C. Artmann
1998 Elfriede Jelinek
1999 Arnold Stadler
2000 Volker Braun
2001 Friederike Mayröcker
2002 Wolfgang Hilbig
2003 Alexander Kluge
2004 Wilhelm Genazino
2005 Brigitte Kronauer
2006 Oskar Pastior
2007 Martin Mosebach
2008 Josef Winkler
2009 Walter Kappacher
2010 Reinhard Jirgl
2011 Friedrich Christian Delius

Linke Seite: **Büchners *Woyzeck*** in einer Inszenierung von Jürgen Gosch am Schauspielhaus Köln, 1982. Anna Henkel als Marie, Circe als Woyzeck.

Heinrich Heines *Weberlied* als Flugblatt, 1844.

GATTUNG
POLITISCHE LYRIK

FREIHEIT ODER »HELLAS UND DIE WELT«. Die politische Lyrik spielte angesichts der Unterdrückungsmaßnahmen im Deutschen Bund in den zwanziger und dreißiger Jahren nur eine untergeordnete Rolle. Zu den Ausnahmen gehören die anonym in Hamburg erschienenen *Spaziergänge eines Wiener Poeten* (1831) von Anastasius Grün (d. i. Anton Alexander Graf von Auersperg), eine pathetische und satirische Anklage gegen das Metternichsche Unterdrückungssystem und den Klerikalismus, gegen »Canon und Kanone«. Daneben blieb allerdings die Möglichkeit indirekten Protests erhalten, indem man die Freiheitsbewegungen in anderen europäischen Ländern – Griechenland, Polen – besang und damit die Repression im eigenen Land kommentierte: »Ohne die Freiheit, was wärest du, Hellas? | Ohne dich, Hellas, was wäre die Welt?«, heißt es im Gedicht *Hellas und die Welt* in Wilhelm Müllers *Lieder der Griechen* (1821–24).

AUFBRUCH. Erst um 1840–41 setzten neue Entwicklungen ein. Der Regierungsantritt König Friedrich Wilhelms IV. von Preußen weckte Hoffnungen auf eine politische Liberalisierung. Zugleich erhielt die Politisierung mit dem Auftreten der Jung- und Linkshegelianer eine radikale, systemkritische Dimension. Im Kontext dieser Aufbruchsstimmung erwies sich die Lyrik als wirkungsvolles Medium der politischen Agitation: Georg Herwegh bezeichnete sie als »Vorläuferin der Tat«, als »Waffe für unsere Sache«. Freiheit, Verfassung, staatliche Einheit waren die Themen, verbunden

GEORG HERWEGH

1817 31. Mai: Georg Herwegh in Stuttgart geboren
1841–43 *Gedichte eines Lebendigen*
1843 *Einundzwanzig Bogen aus der Schweiz.* – Übersiedlung nach Paris
1848–49 Der Versuch, mit einem Freikorps die badischen Revolutionäre zu unterstützen, scheitert; Flucht in die Schweiz
1863 *Bundeslied für den Allgemeinen Deutschen Arbeiterverein*
1866 Rückkehr nach Deutschland. Von 1869 an erscheint eine Reihe von Shakespeare-Übersetzungen
1875 7. April: Herwegh stirbt in Lichtental bei Baden-Baden

Barrikade an der Neuen Königsstraße in Berlin am 19. März 1848.

mit einer satirischen Abrechnung mit der deutschen Gegenwart, mit dem Repressionssystem, mit Fürstenherrschaft und Standesdünkel, Kleinstaaterei, Klerikalismus und Philistertum (August Heinrich Hoffmann von Fallersleben, *Unpolitische Lieder*, 1840–41; Franz Dingelstedt, *Lieder eines kosmopolitischen Nachtwächters*, 1841). Weniger Ironie und Satire als Pathos und Polemik waren die Sache Georg Herweghs. In seinen *Gedichten eines Lebendigen* attackierte er mit militanter Rhetorik Pfaffen, Kirche und Feudalismus und beschwor die Freiheit – den freien Mann, das freie Wort, das freie Vaterland – in allen Variationen: »Und durch Europa brechen wir | Der Freiheit eine Gasse!« Heinrich Heine distanzierte sich zwar von der direkten politischen Instrumentalisierung der Lyrik (»gereimte Zeitungsartikel«), schrieb aber selbst mit seinem Zeitgedicht *Die schlesischen Weber* (1844) ein Beispiel anklagender sozialer Literatur.

Eugène Delacroix, *Massaker in Chios*, 1824. Episode aus dem griechischen Freiheitskampf gegen die Türken.

REVOLUTION. Zunehmende Radikalisierung charakterisiert das dichterische Werk Ferdinand Freiligraths. Berühmt geworden durch den Exotismus der Themen, Motive und Bilder seiner ersten Gedichtsammlung von 1838 und mit einer königlich-preußischen Pension versehen, wandte sich nach anfänglicher Ablehnung der demokratisch-liberalen Opposition zu (*Ein Glaubensbekenntnis*), um dann in *Ça ira!* mit allegorischer Bildlichkeit und großem rhetorischem Pathos für die proletarische Revolution einzutreten: Das Langzeilengedicht *Von unten auf!* nutzt das Bild einer Rheinfahrt des preußischen Königs, um auf die notwendige – und kommende – Umwälzung der Verhältnisse hinzuweisen. Denn »unter all der Nettigkeit und unter all der schwimmenden Pracht« schafft der »Proletarier-Maschinist«, der mit einem Ruck, einem Schlag das (Staats-)Gebäude zum Einsturz bringen kann. Der Epilog des Dichters, *Springer*, vergleicht den Kampf der »Freien wider die Despoten« mit dem Schachspiel und endet mit den Versen: »Kein Zug des Schicksals setzt mich matt: – Matt werden kann ja nur der König!« Auch der liberale Demokrat Herwegh fand später den Weg zum Sozialismus; für den Allgemeinen Deutschen Arbeiterverein schrieb er 1863 das *Bundeslied*.

FERDINAND FREILIGRATH

1810 17. Juni: Ferdinand Freiligrath in Detmold geboren
1838 *Gedichte*
1844 *Ein Glaubensbekenntnis*. – Emigration (Belgien, Schweiz, London)
1846 *Ça ira*
1848 Rückkehr nach Deutschland; hier lässt er eine Reihe seiner Revolutionsgedichte in hoher Auflage als Flugblätter drucken. Nach der Niederschlagung der Revolution emigriert er wieder, steckbrieflich gesucht, nach London
1849 *Zwischen den Garben. Eine Nachlese; Neuere politische und soziale Gedichte* (bis 1851)
1868 Rückkehr nach Deutschland
1870 *Gesammelte Dichtungen*
1876 18. März: Freiligrath stirbt in Cannstatt (heute Stadtteil von Stuttgart)

Der alte Turmhahn. Von 1834 bis 1843 lebte Mörike als Pfarrer in Cleversulzbach bei Heilbronn. Den eisernen Turmhahn aus dem frühen 18. Jahrhundert lässt er in seiner »Idylle« (Erstdruck 1852) über den Lauf der Welt räsonieren.

EDUARD MÖRIKE

1804 8. September: Eduard Mörike in Ludwigsburg geboren
1818–26 Nach dem Gymnasium Theologiestudium in Urach und ab 1822 im Tübinger Stift
1826–34 Vikar und Pfarrverweser an verschiedenen kleinen württembergischen Orten
1832 *Maler Nolten* (überarbeitete Fassung 1877)
1834–43 Pfarrer in Cleversulzbach bei Heilbronn. – *Gedichte* (1838; erweiterte Ausgabe 1848, 1856, 1867), *Classische Blumenlese* (1840).
1843–51 Nach seiner Pensionierung zieht Mörike mit seiner Schwester Klara zunächst nach Wermutshausen und Schwäbisch-Hall, dann 1844 nach Mergentheim. – *Idylle vom Bodensee* (1846)
1851–75 Mörike heiratet die Katholikin Margarethe Speeth, Freundin seiner Schwester, und zieht mit ihnen nach Stuttgart. Hier hält er Literaturunterricht am Katharinenstift. Nach zwei weiteren Wohnsitzwechseln (Lorch 1867, Nürtingen 1869) lebt er, 1873 von seiner Frau getrennt, in Stuttgart. – *Das Stuttgarter Hutzelmännlein* (1853), *Mozart auf der Reise nach Prag* (1856), *Anakreon und die sogenannten Anakreontischen Lieder* (1864)
1875 4. Juni: Mörike stirbt in Stuttgart

Das Aquarell Annette von Droste-Hülshoffs entstand 1820 und zeigt Haus Bökerhof in Bökendorf (Kreis Höxter). Es war ein Hauptwohnsitz der Familie von Haxthausen, um die sich seit dem Besuch von Wilhelm Grimm 1811 ein Kreis von an Volkspoesie interessierten Liebhabern bildete.

STOFFE/THEMEN

NATUR UND LANDSCHAFT

TENDENZEN DER LYRIK. Die Lyrik des Biedermeier und Vormärz lässt ein deutliches Abrücken vom klassisch-romantischen ›Erlebnisgedicht‹, von der Vorstellung einer unmittelbaren Gefühlsaussprache erkennen. Das schließt Subjektivität und Gefühl nicht aus, aber sie binden sich eher an konkrete Erfahrungen und Gegenstände. Im Zusammenhang damit stehen Verschiebungen in den Darstellungstechniken. Das betrifft nicht nur die Rhetorisierung der Sprache im politischen Gedicht, sondern schlägt sich auch in der Verwendung allegorischer Sprechweisen nieder. Dazu kommt eine Renaissance des Gelegenheitsgedichts – etwa bei Eduard Mörike – und eine Tendenz zur Regionalisierung, die Landschaften wie Schwaben oder Westfalen auf die lyrische Landkarte setzt. Allerdings verschließt sich die deutsche Lyrik nicht den allgemeinen Zeitströmungen. Beispiel dafür ist die musikalische Lyrik Nikolaus Lenaus (*Gedichte*, 1832; *Neuere Gedichte*, 1838). Ihr Grundton ist Trauer und Melancholie, die Naturbilder evozieren Vergänglichkeit, Verfall, Einsamkeit und Tod: Ausdruck der eigenen schwermütigen Veranlagung wie Reflex der europäischen Weltschmerzdichtung.

OBJEKTIVIERUNG. Während Lenau auch als aggressiver politischer Dichter hervortrat, reagierte Eduard Mörike auf die politischen Verhältnisse mit dem Rückzug nach innen und dem Versuch, die Gefährdungen und Spannungen in der Kunst aufzuheben. Er verfügt über ein vielfältiges Formenspektrum. Neben volksliedhaften Gebilden und Balladen stehen zahllose Gelegenheitsgedichte sowie strenge Sonette und Gedichte in antiken Strophenformen, die auf

seinen Willen zur Objektivierung und Distanzierung deuten. Auch in der Naturlyrik drängt Mörike nach frühen, von der Romantik inspirierten Texten und Anklängen an romantische Sehnsucht und Traumverlorenheit (z. B. *Im Frühling*) das Subjektive zurück. Das äußert sich zum einen im Rückgriff auf ältere Traditionen, auf Verfahren wie Personifikation und Allegorie: »Gelassen stieg die Nacht ans Land, | Lehnt träumend an der Berge Wand«, heißt es zu Beginn des Gedichts *Um Mitternacht* von 1828. Zum anderen zeigen die späteren Naturgedichte eine Hinwendung zur konkreten Erscheinung der Dinge, die – genau beschrieben – zur Betrachtung und Kontemplation führt und damit über sich hinausweist (*Die schöne Buche*, *Auf eine Christblume*). Das ist der Weg zum ›Dinggedicht‹, als dessen Erfinder Mörike gilt (*Auf eine Lampe*).

Annette von Droste-Hülshoff. Daguerrotypie von Friedrich Hundt, 1845.

HEIDEBILDER. Annette von Droste-Hülshoff entdeckte mit ihren Naturgedichten eine neue Landschaft für die Lyrik, Heide und Moor ihrer westfälischen Heimat. Neu ist auch die Darstellungsweise, die von genauer Beobachtung und Freude am realistischen Detail geprägt ist und ästhetischen Reiz durch prägnante Neubildungen, Metaphern und Vergleiche, aber auch durch die Anwendung seltener, oft historischer Fachbegriffe gewinnt. Dabei steigert die Genauigkeit, mit der Droste-Hülshoff das sinnlich Erfassbare schildert, die Wirkung der Beschwörungen der bedrohlichen, unheimlichen Seite der Natur (*Der Heidemann*, *Der Knabe im Moor*). Doch so unmittelbar und anschaulich die Dichterin die Natur zu erfassen sucht, es bleibt nicht bei bloßer Beschreibungspoesie. Droste-Hülshoff bezieht das reflektierende Ich ein, die konkreten Gegenstände werden zu Sinnbildern, eine Technik, die sie in dem Zyklus *Das geistliche Jahr* erprobt hatte. In bekenntnishaften Gedichten dient die konkrete Situation als Ausgangspunkt für Betrachtungen, in denen Erfahrung, Erinnerung und Traum oder Vision in suggestiven Bildern verschmelzen: »Und noch zuletzt sah ich, gleich einem Rauch, | Mich leise in der Erde Poren ziehen«, heißt es in einer Vision des eigenen Todes in dem Gedicht *Im Moose*.

ANNETTE VON DROSTE-HÜLSHOFF

1797 10. Januar: Annette von Droste-Hülshoff auf der Wasserburg Hülshoff bei Münster geboren
1838 *Gedichte* (Sammlung von Versepen und einigen Gedichten)
1842 *Die Judenbuche*
1844 Die erste Gesamtausgabe der *Gedichte* erscheint
1848 24. Mai: Annette von Droste-Hülshoff stirbt in Meersburg; postum erscheinen der Gedichtzyklus *Das geistliche Jahr* (1851; entstanden 1820–39) und *Letzte Gaben* (1860)

Rechte Seite: **Durch Wilhelm Hauffs historischen Roman** *Lichtenstein* (1826) angeregt, erwarb Herzog Wilhelm von Urach 1837 das Gelände um die verfallene ältere Burg Lichtenstein von dem württembergischen König Wilhelm, seinem Vetter, und ließ nach den Plänen des Nürnberger Architekten Carl Alexander von Heideloff ein pseudomittelalterliches, romantisches Schloss bauen. Es wurde 1842 eingeweiht.

Szenenfoto aus dem Film *Ivanhoe* von Richard Thorpe (1952) nach dem Roman von Walter Scott. Den Ivanhoe (links hinten) spielte Robert Taylor, in der Rolle der Rebecca (rechts vorn) Elizabeth Taylor.

GATTUNG

HISTORISCHER ROMAN

SCOTT UND DIE FOLGEN. Wilhelm Hauff beschrieb 1827 in Cottas *Morgenblatt für gebildete Stände* satirisch die Popularität der historischen Romane Sir Walter Scotts, für die sogar eine Übersetzungsfabrik eingerichtet worden sei. Das führt ihn zu dem Plan, ein Kollektiv von Romanschreibern zu organisieren, die in Arbeitsteilung eine entsprechende Romanserie zur deutschen Geschichte herzustellen hätten: »Und der Titel soll heißen: *Die Geschichte Deutschlands von Hermann dem Cherusker bis 1830 in hundert historischen Romanen!*« Dass die Satire von der Wirklichkeit eingeholt werden würde, ahnte er wohl nicht, wenn er auch selbst mit *Lichtenstein* (1826) seinen Beitrag zum historischen Roman in der Scott-Nachfolge geleistet hatte. Das Muster bildete Scotts *Waverley, or, 'Tis Sixty Years Since* (1814), der erste von rund 30 Waverley-Romanen. Er erzählt aus der Perspektive eines fiktiven ›mittleren‹ Helden von der Auseinandersetzung zwischen den Stuarts und dem Haus Hannover und entfaltet dabei ein Geschichtspanorama der Zeit um 1745. Der Romanheld, keine historische Gestalt, tritt hinter die Geschichte zurück und hat nur die Funktion, die vergangenen Ereignisse vergegenwärtigen zu helfen.

VERGANGENHEIT UND GEGENWART. Zu den bedeutenden Autoren, die sich von Scott anregen ließen, zählen

vor 1848 neben Hauff und Willibald Alexis auch Ludwig Tieck und Hermann Kurz. Tieck allerdings beschränkt sich im Unterschied zu den anderen Autoren nicht auf Stoffe aus der nationalen Geschichte. Zudem nutzt er den historischen Roman, um am geschichtlichen Beispiel allgemeinere, überzeitliche Probleme zu behandeln (*Der Aufruhr in den Cevennen*, 1826; *Vittoria Accorombona*, 1840). Dagegen zielen jüngere Autoren wie Kurz und Alexis auf die konkrete politische Gegenwart und ihre Verbesserung in demokratisch-liberalem Sinn: Kurz mit seinen Romanen über Schicksale im absolutistischen Württemberg des 18. Jahrhunderts (*Schillers Heimatjahre*, 1843; *Der Sonnenwirt*, 1855) und Alexis mit der »vaterländischen« Romanserie über Themen der brandenburg-preußischen Geschichte seit dem Mittelalter (u. a. *Der Roland von Berlin*, 1840; *Die Hosen des Herrn von Bredow*, 1846; *Der Wärwolf*, 1848; *Ruhe ist die erste Bürgerpflicht*, 1852).

ESKAPISMUS, AFFIRMATION, KRITIK. In der zweiten Jahrhunderthälfte werden neue Entwicklungen sichtbar. Nicht Auseinandersetzung mit der Gegenwart, sondern eskapistische Ablenkung durch die unterhaltsame Beschwörung einer besseren Vergangenheit charakterisiert den erfolgreichen Mittelalterroman *Ekkehard* (1855) Joseph Viktor von Scheffels. Dagegen behält Gustav Freytag die nationale Gegenwart im Blick, wenn er, inspiriert durch die Reichsgründung, in seinem sechsbändigen Romanzyklus *Die Ahnen* (1872–80) die geistige Einheit der deutschen Geschichte seit der Völkerwanderungszeit darzustellen sucht. Die eskapistische oder affirmative Geschichtsromanschreibung, zu der auch gelehrt-patriotische ›Professorenromane‹ wie Felix Dahns *Ein Kampf um Rom* (1876) beitragen, wird kritisch begleitet durch Werke wie Adalbert Stifters *Witiko* (1865–67), Conrad Ferdinand Meyers *Jürg Jenatsch* (1874), Theodor Fontanes *Vor dem Sturm* (1878) und Wilhelm Raabes *Das Odfeld* (1888), die sich jeweils auf eigene Weise den nationalistischen und chauvinistischen Tendenzen ihrer Zeit entgegenstellen.

ZUR POETIK DES HISTORISCHEN ROMANS

»Man kann diese Poesie [...] auch durch den Charakter des Demokratischen bezeichnen. Der Held im Vordergrunde ist immer der poetische Monarch, und ganze Gruppen im Vordergrunde bilden eine natürliche Aristokratie. Wirklich ist auch das Volk im Hintergrunde immer zu einer sehr erbärmlichen Statistenrolle herabgewürdigt worden. In dem neuen historischen Roman aber herrscht eben dieses Volk, und was davon in den Vordergrund sich herausstellt, sind immer nur seine Organe, aus seiner Mitte, aus allen seinen Classen, ja aus seiner Hefe herausgegriffen. Darum sind die Helden der Walterscottisierenden Romans niemals Ideale, sondern nur schlichte Menschen, Repräsentanten einer ganzen Gattung, und sofern ein solcher Held den ganzen Roman zu beherrschen scheint, so ist er doch nur als ein Faden, um daran die Länder-, Völker- und Sittengemälde aufzureihen. [...]
Ziehen wir alles dieß in Betrachtung, so ergibt sich, daß es immer nur das Volk ist, was als der eigentliche Held des historischen Romans betrachtet werden muß. Davon hängt nun auch das Gesetz ab, daß der Dichter sich einer möglichst objektiven Darstellung befleißige, denn wenn es ihm vergönnt ist, einem Menschen seine Gesinnungen und Empfindungen unterzulegen, so kann dieß doch nicht bei einem Volke oder dessen Repräsentanten stattfinden. Das Volk muß treu nach der Wahrheit geschildert werden, und der Dichter darf sich nie erlauben, seine Geschichte willkürlich zu entstellen.« (Wolfgang Menzel, *Walter Scott und sein Jahrhundert*, 1827)

STOFFE/THEMEN

AMERIKA

DIE EUROPAMÜDEN. Dass Amerika es besser habe, diese von Goethe 1827 formulierte Erkenntnis teilten angesichts der politischen Unterdrückung und der gesellschaftlichen Erstarrung der Restaurationszeit viele Zeitgenossen. Zwar war die Vorstellung von Amerika als Land der Freiheit seit dem Unabhängigkeitskrieg durchaus geläufig, sie erhielt nun aber wieder eine aktuelle Bedeutung. Dabei ging es zunächst allerdings weniger um die Vereinigten Staaten selbst und ihre gesellschaftliche Wirklichkeit als vielmehr um ein Gegenbild zu den deutschen Verhältnissen. Eine prägnante Formel für diese Tendenz bietet der Titel des (sonst eher unbedeutenden) Romans *Die Europamüden* (1838) von Ernst Willkomm, der im Geist der Jungdeutschen ein kritisches Zeitbild der Restaurationsepoche entwirft und in Amerika das Land der Verheißung erblickt. Er bleibt allerdings, anders als Goethe bei den Auswanderungs- und Siedlungsprojekten in *Wilhelm Meisters Wanderjahren* (1821, 1829), konkrete Vorstellungen schuldig; es genügt ihm, dass die ›Europamüden‹ die »Brigg Hoffnung« besteigen.

AUGENZEUGEN. Dagegen konnte sich der ehemalige Ordenspriester Carl Magnus Postl, der sich als Schriftsteller Charles Sealsfield nannte, auf eigene, durch ausgedehnte Reisen in den USA und Mexiko gewonnene Einsichten und Erfahrungen berufen, wenn er in seinen Werken dem alten, versklavten Europa das Bild eines von kraftvollen Naturen geprägten freien Amerika gegenüberstellte. In seinen an James Fenimore Cooper und Walter Scott geschulten abenteuerlichen Romanen stellt, so Sealsfield, »das ganze Volk« den Helden dar, repräsentiert allerdings durch

---

JOHANN WOLFGANG GOETHE

Den Vereinigten Staaten

Amerika, du hast es besser
Als unser Kontinent, das alte,
Hast keine verfallene Schlösser
Und keine Basalte.
Dich stört nicht im Innern
Zu lebendiger Zeit
Unnützes Erinnern
Und vergeblicher Streit

Benutzt die Gegenwart mit Glück!
Und wenn nun eure Kinder dichten,
Bewahre sie ein gut Geschick
Vor Ritter-, Räuber- und Gespenstergeschichten.

Charles Dickens' Roman *The Life and Adventures of Martin Chuzzlewit* (1844) schildert die desillusionierenden Erfahrungen eines jungen Engländers in Amerika. Die Illustrationen beziehen sich auf seine Arbeit für die Schwindelfirma »Eden Land Corporation«: »The thriving City of Eden as it appeared on paper« und »The thriving City of Eden as it appeared in fact«.

Hippolyte Sebron, *Der Broadway in New York*. Das Gemälde wurde 1855 auf dem Pariser Salon ausgestellt.

herausgehobene Charaktere. Das ist auch in seinem bekanntesten Werk, *Das Cajütenbuch oder nationale Charakteristiken* (1841), der Fall, das in einzelnen Episoden Repräsentanten der amerikanischen Gesellschaft und ihrer verschiedenen Entwicklungsstufen auftreten lässt. Berühmt geworden ist die ausdrucksstarke Schilderung der exotischen Natur in dem häufig separat gedruckten Teil *Die Prairie am Jacinto*. Zu den Auswanderern – allerdings aus Abenteuerlust – zählte auch Friedrich Gerstäcker. *Die Regulatoren in Arkansas* (1846) und *Die Flußpiraten des Mississippi* (1848), die bekanntesten seiner Amerikaromane, fanden mit ihrer spannenden Handlung, mit ihrem Gegensatz von bürgerlicher Gesetzlichkeit und ungebundener Gesetzlosigkeit und ihren wirklichkeitsnahen Schilderungen des Siedlerlebens im noch ›wilden‹ Westen lange ein großes Publikum.

AMERIKAKRITIK. Der Amerikaenthusiasmus blieb nicht ohne Widerspruch. Schon früh gab es kritische Stimmen, die politische und wirtschaftliche Entwicklung, aber auch die Sklaverei in den USA kritisierten. Beispiel dafür ist Heinrich Heine, dessen früheres positives, gegen die Restauration instrumentalisiertes Amerikabild in völlige Ablehnung umschlug: Argument nun gegen Ludwig Börnes radikalen Republikanismus. Das Gegenstück zu Willkomms Roman *Die Europamüden* legte dann Ferdinand Kürnberger 1855 vor: Sein »Amerikanisches Kulturbild« *Der Amerika-Müde* verarbeitet die negativen Erfahrungen Nikolaus Lenaus 1832–33 in Amerika und unterzieht am Beispiel von Auswandererschicksalen das populäre utopische Amerikabild des Vormärz einer radikalen, stark antikapitalistisch geprägten Kritik. Auch die eher wirklichkeitsfernen Abenteuerromane Karl Mays, der sein Amerikawissen u. a. aus George Catlins *Die Indianer Nordamerikas* (1841, dt. 1848) bezog, nehmen dieses Thema auf (böse Yankees – gute Deutsche bzw. Sachsen) und richten den Blick zudem auf die durch die Aggression der Weißen zum Untergang verurteilten Indianer, denen er »das wohlverdiente Denkmal« setzen wollte (*Winnetou*, 1893).

FERDINAND KÜRNBERGER, »DER AMERIKA-MÜDE«

Der Held des Romans, der deutsche Schriftsteller Dr. Moorfeld, stimmt bei der Einfahrt in den Hafen von New York einen Hymnus an – »Amerika! heilige Erstarrung ergreift mich bei dem Anblicke« –, nur damit diese hehren Gefühle bald von der Wirklichkeit umso stärker enttäuscht werden können. Zwar erregt die große Stadt Bewunderung, doch stärker schlägt das Negative zu Buche: Materialismus, Egoismus, Bigotterie und Kulturlosigkeit. Auch als Moorfeld nach Ohio reist, um die Voraussetzungen für eine geplante Mustersiedlung zu schaffen, sind die Erfahrungen desillusionierend. Geschäftstüchtige Händler nehmen die Siedler aus, Sektenprediger treiben ihr Unwesen und Moorfeld verliert das ersteigerte Land auf Grund einer undurchsichtigen Rechtspraxis an einen Spekulanten. Moorfeld verlässt enttäuscht die Staaten. Vom Schiff aus sieht er noch die »Rauchspur des eingeäscherten Kleindeutschlands«, des von Rowdys niedergebrannten Treffpunkts der deutschen Auswanderer in New York, während als ironischer Kontrast von einem einlaufenden Einwandererschiff »aus hundert deutschen Kehlen« der Jubelruf durch die Luft donnert: »Vivat das freie Amerika!«

LITERATURBETRIEB

BURGTHEATER

Christine Enghaus, seit 1846 mit Friedrich Hebbel verheiratet, als Judith in dessen gleichnamiger Tragödie. Das Gemälde Ferdinand Benders entstand 1850.

AUFSTIEG. Die bedeutendste österreichische Sprechbühne wurde 1741 als »Theater nächst der Burg« im alten Hofballhaus am Michaelerplatz gegründet und pflegte zunächst ein gemischtes Repertoire (Schauspiel, Singspiel, Oper). 1776 erklärte Kaiser Joseph II. das Burgtheater zum »Hof- und Nationaltheater«. Mitglieder der deutschen Schauspieltruppe wurden zu fest besoldeten Hofschauspielern ernannt, Statuten legten ihre Aufgaben und Pflichten fest. Für ihre Durchführung war ein von dem Ensemble gewählter Ausschuss vorgesehen. Neben Schauspielen standen weiterhin Opern, Singspiele und Ballette auf dem Spielplan. Erst seit 1810 ist das Burgtheater reine Sprechbühne.

Unter der Direktion Joseph Schreyvogels (1814–32) entwickelte sich das Burgtheater zum führenden deutschsprachigen Theater und löste das Weimarer Nationaltheater in dieser Rolle ab. Schreyvogel hob das künstlerische Niveau des Spielplans, ließ regelmäßig Stücke Goethes und Schillers spielen und nahm Werke Shakespeares und des spanischen Theaters in den Spielplan auf. Außerdem band er Franz Grillparzer fest an das Burgtheater: Abgesehen von seinem ersten Stück, der *Ahnfrau*, wurden alle seine Dramen bis zum Misserfolg des Lustspiels *Weh' dem, der lügt!* (1838) hier uraufgeführt.

GEISTIGES UND KULTURELLES ZENTRUM. Nach einer Periode der Stagnation kam es erst 1849 zu einem Neuanfang, der den Rang Wiens als Theatermetropole im deutschsprachigen Raum unterstrich und das Burgtheater zu einem geistigen und gesellschaftlichen Mittelpunkt der bürgerlichen Elite Österreichs werden ließ. Maßgeblichen Anteil an dieser Entwicklung hatte Heinrich Laube, Kritiker und Theaterautor der ›jungdeutschen‹ Generation, der 1849 die Leitung des Theaters übernahm und durch ein ungemein breites Repertoire (weit über 100 Stücke pro Saison) den »verhängnisvollen Dualismus von *Kunst* und *Theater*« zu überwinden suchte: Mit Boulevardstücken von Alexandre Dumas fils, Eugène Scribe oder

Eugène Labiche sorgte er für geschäftlichen Erfolg, während er zugleich eine Grillparzer-Renaissance einleitete und als Regisseur einen eher kargen, auf das Wort konzentrierten Stil durchsetzte. Friedrich Hebbel allerdings, der seit 1846 mit der Burgschauspielerin Christine Enghaus verheiratet war und *Marie Magdalene* (1848) und *Herodes und Mariamne* (1849) im Burgtheater uraufführen konnte, fand in Laube keinen Freund: »Meine Privatverhältnisse haben sich verschlechtert, seit der *Doktor Laube* das Burgtheater dirigiert; der Mann ist vom ersten Augenblick an aufs gehässigste gegen mich und meine Frau angetreten, und sucht uns bis zur Stunde den Boden unter den Füßen wegzuziehen«, notierte er am 31. Dezember 1850 in seinem Tagebuch.

Laube musste 1867 nach Konflikten mit der höfischen Intendanz als Burgtheaterdirektor abtreten; ihm folgte 1870–1881 Friedrich Dingelstedt. Dieser hatte sich zuvor in München und Weimar nicht zuletzt mit bedeutenden Shakespeare-Inszenierungen als Regisseur einen Namen gemacht und sich – im Gegensatz zu Laube – für Hebbel eingesetzt und u. a. die *Nibelungen*-Trilogie 1861 in Weimar uraufgeführt. Darüber hinaus erweiterte er in Wien den Spielplan um Dramen Henrik Ibsens und Ludwig Anzengrubers und wirkte innovativ durch seine Regiekonzeption, die im Gegensatz zu Laubes Wortregie von der Szene ausging und die Ausstattung – Kostüme, Bühnenbild – betonte und mit Massenszenen arbeitete. Erst nach Dingelstedts Tod machte Berlin im Zusammenhang mit dem Naturalismus Wien den Rang als Theaterhauptstadt im deutschsprachigen Raum streitig.

FRIEDRICH HEBBEL

1813 18. März: Friedrich Hebbel in Wesselburen (Ditmarschen) geboren
1835 Hebbel lebt in Hamburg und beginnt mit Tagebuchaufzeichnungen
1840 Erster Erfolg mit der Tragödie *Judith* (Druck 1841)
1842 *Gedichte*; ein Stipendium ermöglicht Reisen nach Paris (1843), Rom und Neapel (1844)
1844 *Maria Magdalene* erscheint
1845 Hebbel lässt sich in Wien nieder; in den folgenden Jahren erscheinen seine Dramen *Herodes und Mariamne* (1850), *Agnes Bernauer* (1855), *Gyges und sein Ring* (1856), *Die Nibelungen* (1862) und – postum 1864 – *Demetrius*.
1863 13. Dezember: Hebbel stirbt in Wien

Franz Alt, *Das alte Burgtheater*, Aquarell von 1873. Im Jahr 1888 zog das Burgtheater vom Michaelerplatz in das neue Haus am Ring um.

KARL GUTZKOW

1811 17. März: Karl Gutzkow in Berlin geboren
1829 Studium der Theologie und Philosophie in Berlin; unter dem Eindruck der französischen Julirevolution von 1830 wendet sich Gutzkow dem Journalismus zu
1835 Der Roman *Wally, die Zweiflerin* löst die Verfolgungsmaßnahmen gegen das Junge Deutschland aus
1841 Mit *Richard Savage, oder Der Sohn der Mutter*, einem Künstlerdrama, wendet sich Gutzkow der Bühne zu. Großen Erfolg hat er mit dem historischen Hohenzollern-Lustspiel *Zopf und Schwert* (1844) und Stücken wie *Das Urbild des Tartüffe* (1846) und *Uriel Acosta* (1847), die verhüllt aktuelle Probleme reflektieren (Zensurpraxis, Geistesfreiheit)
1847–49 Dramaturg am Dresdener Hoftheater
1850–51 *Die Ritter vom Geiste* erscheinen in neun Bänden; 1858–61 folgt *Der Zauberer von Rom*, ebenfalls in neun Bänden
1855–64 Generalsekretär der Schillerstiftung; nach einem Nervenzusammenbruch lebt Gutzkow u. a. in Vevey am Genfer See, Berlin, Heidelberg und schließlich in Sachsenhausen bei Frankfurt a. M.
1878 16. Dezember: Gutzkow stirbt in Sachsenhausen

POETIK

NEUE ERZÄHL- UND ROMANFORMEN

ERZÄHLUNG UND REPORTAGE. Als Reaktion auf die sich beschleunigende Industrialisierung und die Zunahme des Elends in den Städten und auf dem Land bildete sich seit den vierziger Jahren eine vielfältige sozialkritische Literatur heraus. Zu den wichtigsten Beispielen zählen die Romane Ernst Willkomms (*Eisen, Gold und Geist*, 1843; *Weiße Sclaven oder die Leiden des Volkes*, 1845) mit ihrer kritischen Darstellung der Industriearbeit und des Elends der Ausgebeuteten und Unterdrückten sowie die sozialen Novellen Ernst Dronkes. Dabei treten rein ästhetische Erwägungen hinter die meist von sozialistischen Vorstellungen getragene Wirkungsabsicht zurück. Dronke bezeichnet die »Wahrheit« als die einzige »Tendenz« seiner Novellen, die literarische Form nur als Mittel zum Zweck: »Es kommt nur auf wahre, ungeschminkte Auffassung der heutigen Gegensätze des Lebens an.« Was Dronke hier in der Vorrede zur Novellensammlung *Aus dem Volk* (1846) formuliert, gilt auch für die *Polizei-Geschichten* (1846), die in einer Reihe von Fällen den Zusammenhang zwischen Armut und Verbrechen, Armut und Prostitution darstellen und zugleich die Rolle von Polizei und Justiz kritisch beleuchten. Die absichtsvolle Kunstlosigkeit hat zukunftsweisende Aspekte: Sie liegen in Dronkes Annäherung an die dokumentarische Reportage, in seiner Technik, Aktennotizen, Zeitungsausschnitte, aktuelle Begebenheiten und lebende Persönlichkeiten in seine Novellen einzubeziehen. In seinem zweibändigen Berlinbuch (*Berlin*, 1846), einem Hauptwerk der frühsozialistischen Publizistik, machte er den Schritt zur groß angelegten Reportage über die Lebensverhältnisse und Klassengegensätze in einer Großstadt. Sie brachte ihm zwei Jahre Festungshaft ein, die er allerdings nicht ganz absitzen musste.

»ROMAN DES NEBENEINANDERS«. Bedeutende Anregungen für den deutschen Gesellschaftsroman der Jahrhundertmitte kamen vom französischen Zeitungs- oder Feuilletonroman Eugène Sues (*Les mystères de Paris*, 1842–43, dt. 1843). Das gilt sowohl für die Form der Veröffentlichung – in Fortsetzungen im Zeitungsfeuilleton – wie für den Versuch, die komplexen gesellschaftlichen Verhältnisse einer Großstadt erzählerisch zu bewältigen. Für die deutsche Literatur lieferte Karl Gutzkow mit den Romanen *Die Ritter vom Geiste* (1850–51) und *Der Zauberer von Rom* (1858–61) innovative Beispiele vielsträngigen Erzählens, mit denen er sein Programm eines umfassenden Zeit- und Gesellschaftsromans zu verwirklichen suchte. Während »der Roman von früher [...] das *Nacheinander* kunstvoll verschlungener Begebenheiten« dargestellt und damit die Wirklichkeit des Lebens verfehlt habe, sei der neue Roman »der Roman des *Nebeneinanders*. Da liegt die ganze Welt! Da ist die Zeit wie ein ausgespanntes Tuch! Da begegnen sich Könige und Bettler! […] Nun fällt die Willkür der Erfindung fort. Kein Abschnitt des Lebens mehr, der ganze runde, volle Kreis liegt vor uns.« Dabei erinnert Gutzkows Romankonzeption an die Theodizeevorstellungen des höfischen Barockromans: Indem der Dichter »aus der Perspektive des in den Lüften schwebenden Adlers« eine Welt baue, die »Thron und Hütte, Markt und Wald« zusammenrücke, könne »die Menschheit aus der Poesie wieder den Glauben und das Vertrauen schöpfen, *daß auch die moralisch umgestaltete Erde von einem und demselben Geiste doch noch könne göttlich regiert werden*«. Das geschieht in den *Rittern vom Geiste* im Rahmen einer eher kolportagehaften Handlung, wobei der Verlust von Dokumenten und die Suche danach der »mechanische Hebel« sind, der das Geschehen in Gang setzt. Ziel ist eine gewaltlose, von einem gewandelten Bewusstsein getragene Lösung der sozialen und politischen Probleme der Zeit im Sinn einer allseitigen gesellschaftlichen Harmonie.

Polizei - Geschichten

von

Ernst Dronke.

Leipzig
Verlag von Carl B. Lorck
1846.

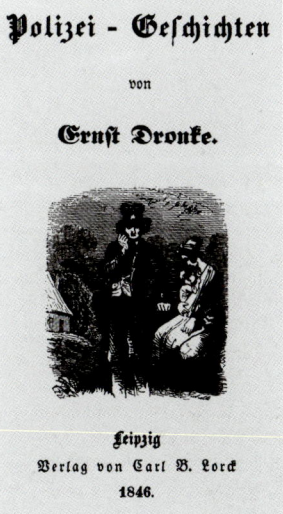

DER ZAUBERER VON ROM

Mit diesem Roman (s. Abbildung linke Seite) schließt Gutzkow an das erzählerische Verfahren der *Ritter vom Geiste* an. Um ein möglichst breites gesellschaftliches und ideologisches Spektrum der Zeit des Vormärz und der Revolution von 1848 zu erfassen, schickt er auch hier seine Figuren verschiedenster Herkunft durch die europäische Welt und verbindet ihre Schicksale durch abenteuerliche Konstruktionen. Dabei zielt er vor allem auf die katholische Kirche und ihre finsteren Machenschaften. Die Hoffnung auf eine Reform der Kirche im Geist menschlicher Freiheit durch einen Reformpapst, den letzten Papst, steht am Ende.

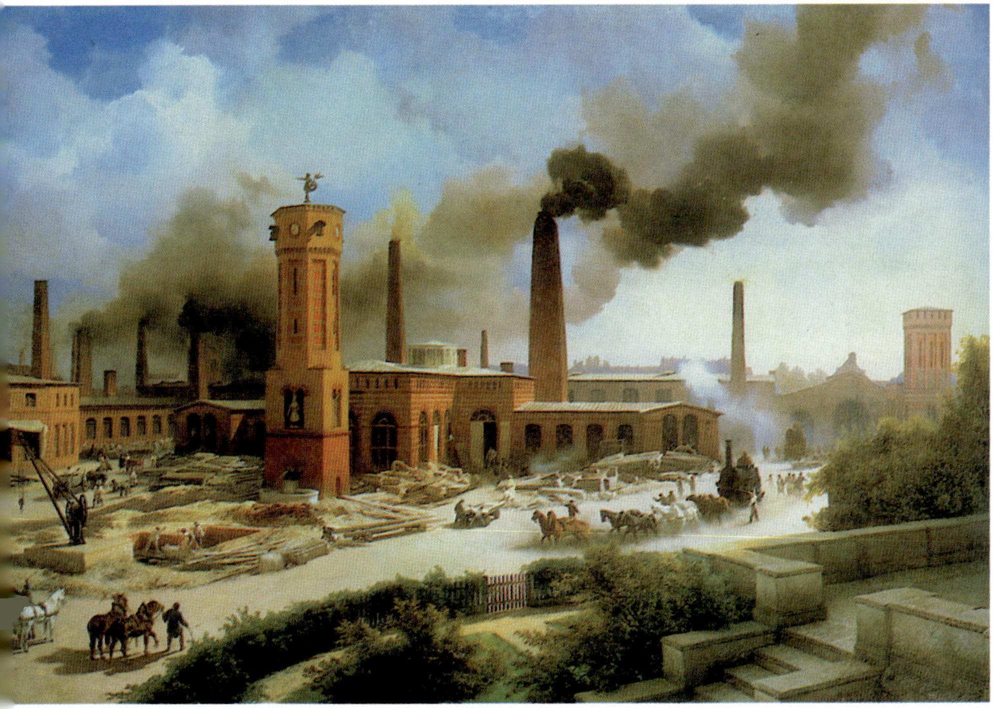

Borsigs Maschinenbau-Anstalt und Eisengießerei in der Berliner Chausseestraße. Gemälde von Karl Eduard Biermann, 1847. Rechts deutet sich die Terasse der Fabrikantenvilla an.

Adalbert Stifter. Fotografie von Ernst Pfeiffer.

STOFFE/THEMEN

GEGEN DEN ZEITGEIST

HERAUSFORDERUNGEN. Die Antworten der Schriftsteller auf die gesellschaftlichen und wirtschaftlichen Veränderungen in Stadt und Land waren, wie ihre künstlerischen und ideologischen Positionen, durchaus unterschiedlich. Auf der einen Seite steht die konkrete Kritik. Die Zeitromane des Vor- und Nachmärz machen die sozialen Folgen der rapiden Industrialisierung in den Städten und den Industriegebieten zu ihrem Thema, Jeremias Gotthelf setzt sich in seinen pädagogischen Bauernromanen mit den sozialen und ideologischen Konflikten auseinander, die aus dem Eindringen des modernen ›Zeitgeists‹ in die agrarische Welt resultieren. Auf der anderen Seite kommt es zu einer Haltung der Verweigerung, des Rückzugs in eine politik- und gesellschaftsferne Innerlichkeit, aber auch zu utopischen Postulaten eines neuen Welt- und Menschenbilds. Beispiel dafür ist das Werk Adalbert Stifters mit seinen entschiedenen Gegenentwürfen zur Moderne überhaupt.

DAS SANFTE GESETZ. In den Erzählungen Stifters, gesammelt in den Bänden *Studien* und *Bunte Steine*, zeigt sich eine zunehmend radikalere Distanzierung von Geschichte und Gesellschaft. Die Helden der Erzählungen in den *Bunten Steinen* etwa sind Kinder, weltfremde, vereinsamte Sonderlinge oder Heilige. Natur- und Landschaftsschilderungen nehmen einen großen Raum ein und zeigen – wie in der Weihnachtsgeschichte *Bergkristall* – höchste stilistische Meisterschaft. Rahmenkonstruktionen sorgen für Distanz, das Subjektive wird zugunsten eines objektiven Erzählstils zurückgedrängt, jedem noch so kleinen Detail gehört die Aufmerksamkeit des Erzählers. Die Vorrede zu den *Bunten Steinen* begründet dieses Vorgehen, in dem sich ein neues Natur- und Menschenbild niederschlägt. Die höhere Gesetzmäßigkeit in Natur und Menschenleben offenbare sich nicht in spektakulären, gewaltsamen Einzelereignissen, sondern im Kleinen, Unscheinbaren. Für den Menschen liege daher wahre Größe in einem Leben »voll Gerechtigkeit Einfachheit Bezwingung seiner selbst Verstandesgemäßheit Wirksamkeit in seinem Kreise«, nicht in zerstörerischer Leidenschaft, die Stifter mit Naturkatastrophen vergleicht: »Wir wollen das sanfte Gesetz zu er-

Titelkupfer zum ersten Band von Stifters *Nachsommer* (1857).

Adalbert Stifter, *Steinstudie*. Handschriftlicher Vermerk: »Adalbert Stifter Kirchschlag 26t März 1866. (In der Stube der Natur.)«

blicken suchen, wodurch das menschliche Geschlecht geleitet wird.« Das ist zugleich ein Kommentar auf die Revolution von 1848, die Stifter als Geschichtskatastrophe verurteilte und auf die er mit den verstärkten pädagogischen Bemühungen seiner »Kindergeschichten« antwortete: »Kinder revolutionieren nicht […].«

RÜCKWÄRTSGEWANDTE UTOPIE. Die Auseinandersetzung Stifters mit seiner Zeit erreicht im Bildungsroman *Der Nachsommer* (1857) ihren paradoxen Höhepunkt. Der Gegenstand der Kritik kommt nicht mehr vor. Vielmehr schildert Stifter in einer streng objektiven Erzählweise eine artifizielle Scheinwelt, ein schönes Leben, in dem auch das Nützliche ästhetisiert und die »Restauration des Schönen« zur bevorzugten Beschäftigung wird. Das Bildungsprogramm, das den Helden Heinrich Drendorf »zu einem Wissenschaftler im allgemeinen« ausbilden soll, wendet sich gegen Spezialisierung und Arbeitsteilung, zielt auf Totalität. Es kennt keinerlei Rückschläge und führt auch in der Liebe zu einem glücklichen Ende, während sein Mentor, der Freiherr von Risach, seinerseits einen »Nachsommer« mit seiner früheren leidenschaftlichen Liebe genießen kann. Heinrichs Charakter formt sich nicht in der Auseinandersetzung mit der Welt, vielmehr ist der eher blasse Held widerstandsloser Rezipient abstrakter Belehrungen. Die gesellschaftliche Wirklichkeit kommt nur als patriarchalische Familiengemeinschaft, als heile Welt auf dem Lande vor. Es scheint, als sei die Erfindung einer utopisch-idyllischen Gegenwelt die Voraussetzung, um eine organische Bildungsgeschichte gelingen lassen zu können. Er habe, schreibt Stifter später, »eine große einfache sittliche Kraft der elenden Verkommenheit gegenüber stellen wollen«.

ADALBERT STIFTER

1805 23. Oktober: Adalbert Stifter in Oberplan im Böhmerwald geboren
1826–30 Jurastudium in Wien, ohne Abschluss; vergebliche Suche nach einer Anstellung
1837 Heirat mit Amalie Mohaupt; 1847 nimmt das kinderlose Paar eine sechsjährige Nichte auf
1840 Nach dem Erfolg seiner ersten Erzählungen verbessert sich Stifters finanzielle Lage
1844–50 *Studien*
1848 Umzug nach Linz. Schulrat (1850) und Konservator für Oberösterreich (1853)
1853 *Bunte Steine*
1857 *Der Nachsommer*. – Stifters Gesundheitszustand (Nervenleiden, Leberzirrhose) verschlechtert sich zunehmend
1859 Suizid der Pflegetochter
1865 Stifter wird als Hofrat pensioniert. Der historische Roman *Witiko* erscheint (1865–67)
1868 28. Januar: Tod Stifters zwei Tage nach einem Suizidversuch mit einem Rasiermesser

EPOCHE/STRÖMUNG

REALISMUS

GEGEN DEN SUBJEKTIVISMUS. Als Epochenbegriff bezeichnet Realismus die Zeit von 1848 bis 1880/90. Er entspricht dem Selbstverständnis des nachrevolutionären bürgerlichen Zeitalters und seiner nationalstaatlichen und naturwissenschaftlich-technischen Orientierung. Ausgangspunkt für die Programmatik des Realismus ist die Ablehnung der Literatur des Jungen Deutschland und des Vormärz und ihrer so genannten subjektiven Reflexionspoesie ohne Basis in der Wirklichkeit. Dagegen erheben die Realisten die Forderung einer Darstellung ›objektiver‹, geschichtlich begründeter sittlicher Verhältnisse, für die trotz der gescheiterten bürgerlichen Revolution der Boden bereitet sei: Auch ohne politische Selbstbestimmung sei das Bürgertum dank seiner sittlichen Überlegenheit, die bereits das private und wirtschaftliche Leben durchdringe, auf dem Weg auch zur politischen Macht. Insofern biete die deutsche Wirklichkeit die Grundlage für eine objektive Literatur und Kunst. Hauptorgan des programmatischen Realismus war die von Gustav Freytag und Julian Schmidt herausgegebene Zeitschrift *Die Grenzboten* (1842–1922). Die Forderung nach Objektivität gilt allerdings nur mit einer bezeichnenden, in der idealistischen Grundlage des bürgerlichen Realismus angelegten Einschränkung: Die Kunst habe zwar die Erfahrungswirklichkeit und ihre Widersprüche darzustellen, aber sie müsse zugleich auch ›verklären‹ (›poetischer Realismus‹). Otto Ludwig, Verfasser des Romans *Zwischen Himmel und Erde* (1856), spricht in diesem Zusammenhang von realistischer Dichtung als einer »Poesie der Wirklichkeit, die nackten Stellen des Lebens überblumend […] durch Ausmalung der Stimmung und Beleuchtung des Gewöhnlichsten im Leben mit dem Lichte der Idee«.

NOVELLE UND ROMAN. Im Realismus spielen Drama und Lyrik nur eine untergeordnete Rolle. Erzählende Gattungen dominieren. Die konzentrierte Form der Novelle entspricht mit ihrem kunstvollen, aber nicht ironisch gebrochenen Erzählen und mit ihrer distanzierenden Rahmentechnik in hohem Maß der Forderung der Objektivität (Gottfried Keller, Theodor Storm, Conrad Ferdinand Meyer); ihren großen Erfolg verdankt sie aber auch der Entwicklung des Buch- und Zeitschriftenmarkts. Der Roman des Realismus entwickelt sich zunächst in der Auseinandersetzung mit dem klassisch-romantischen Bildungs- und Künstlerroman. Zeigt Kellers *Grüner Heinrich* (1854–55) den schwierigen Übergang von der romantischen zur bürgerlichen Künstlerexistenz (auch des Autors), so liefert Freytag mit *Soll und Haben* (1855) das Muster eines realistischen Bildungsromans, eine kleinbürgerliche Aufsteigergeschichte bei gründlicher Demontage aller unbürgerlichen Kräfte (Juden, adelige Großgrundbesitzer, Polen). Auch Wilhelm Raabes *Hungerpastor* (1863–64)

›LITERATUR UND ARBEITSWELT‹

»Ist denn in der Tat das Leben um uns herum so arm an interessanten Gestalten, an erschütternden Begebenheiten, ja auch an großartigen Leidenschaften? […] Grade heraus, was uns fehlt, sind nicht die Bilder des Lebens, welche der Dichter zu verarbeiten hat, sondern die Dichterkraft, Augen, welche das Leben anzusehen wissen, Bildung, welche dasselbe versteht und Schönheitssinn, der dasselbe zu idealisieren weiß. Wenn doch nur einer von all den Romanen, welche im letzten Jahr in Deutschland geschrieben sind, uns das tüchtige, gesunde, starke Leben eines gebildeten Menschen, seine Kämpfe, seine Schmerzen, seinen Sieg so darzustellen wüßte, daß wir eine heitere Freude daran haben könnten. Wir haben doch in der Wirklichkeit eine große Anzahl tüchtiger Charaktere unter unsren Landwirthen, Kaufleuten Fabrikanten u.s.w., deren Lebenslauf und Verhältnisse dem, der sie kennen lernt, das höchste menschliche Interesse einflößen; warum haben wir keinen Dichter, der Analoges für ein Kunstwerk verarbeitete?«

Adolph Menzel, *Das Eisenwalzwerk*, Ölgemälde von 1875. Realistische Darstellung der Arbeit und der Arbeitsbedingungen in einer Fabrik.

folgt diesem Schema mit entsprechend linearer Erzählstruktur. Allerdings halten sich vor allem die Romanschriftsteller nicht lange an die poetologischen Vorgaben, indem sie etwa wie der späte Raabe ganz im Gegensatz zu den Forderungen einer ›objektiven‹ Erzählweise (Friedrich Spielhagen) das Erzählen selbst in virtuoser Weise thematisieren oder wie Fontane die Rolle des außenstehenden, ›objektiven‹ Erzählers durch eine vielstimmige und offene Erzählweise verändern.

DORFGESCHICHTE. Die ›verklärende‹ Darstellung der Wirklichkeit, wie sie das Programm des poetischen Realismus forderte, prägt von Anfang an auch die Erzählform der Dorfgeschichte. Sie hat ihren Ursprung zwar noch in der Zeit des Biedermeier, wirkt aber weiter in der zweiten Jahrhunderthälfte, gekennzeichnet durch eine Spannung zwischen den harmonierenden Tendenzen ihres Begründers Berthold Auerbach und sozialkritischen Milieuschilderungen bei Ludwig Anzengruber. Auerbach hatte mit seinen *Schwarzwälder Dorfgeschichten* (1843–54) der Gattung den Namen gegeben und nach Karl Immermanns *Münchhausen* (1838–39) mit der darin eingefügten »Oberhof«-Bauernutopie und neben Jeremias Gotthelfs volkspädagogischen Bauerngeschichten (*Der Bauernspiegel*, 1837; *Uli der Knecht*, 1841; *Uli der Pächter*, 1849; *Die schwarze Spinne*, 1842) das dörfliche und bäuerliche Leben zum Thema gemacht. Sein Ziel war, »das ganze häusliche, religiöse, bürgerliche und politische Leben der Bauern in bestimmten Gestaltungen zur Anschauung« zu bringen, allerdings mit der Vorgabe, die Konflikte im Sinn einer praktischen Humanität zu einem »versöhnlichen Abschluß« zu führen.

»Wir haben kein Salonleben, wir haben keine Salonsprache, wir sind nicht in einer großen Stadt zusammenzubringen, und wenn wir einmal zusammengedrängt werden, präsentiren wir uns nicht vorteilhaft. Wer uns schildern will, muß uns aufsuchen in unserer Arbeitsstube, in unserem Comptoir, unserem Feld, nicht nur in unserer Familie. Der Deutsche ist am größten und schönsten, wenn er arbeitet. Die deutschen Romanschriftsteller sollen sich deshalb um die Arbeit der Deutschen kümmern. So lange sie das nicht thun, werden sie keine guten Romane schreiben.« (Gustav Freytag, Rezensionen neuer deutscher Romane 1853 in der Zeitschrift *Die Grenzboten*)

MEDIEN

ZEITSCHRIFTEN

ZEITSCHRIFTEN FÜR ALLE. In der zweiten Hälfte des 19. Jahrhunderts erweiterte sich der Zeitungs- und Zeitschriftenmarkt beträchtlich. Zahlreiche neue Zeitschriften wurden gegründet, die mit vielseitigen Angeboten die Bedürfnisse eines wachsenden, mit literarischen oder publizistischen Erzeugnissen wenig vertrauten Lesepublikums zu befriedigen suchten. Sie brachten in attraktiver Aufmachung Unterhaltendes und Belehrendes für die ganze Familie, d. h. populäre Literatur sowie popularisierende Berichte und Informationen aus allen Bereichen der Wissenschaft und der Kultur. Während bei den traditionell eher elitären literarischen, kulturellen oder politischen Zeitschriften eine Auflagenhöhe von 1000 Exemplaren kaum überschritten werden konnte, erzielte der neu entstandene Typ des Familienblatts Massenauflagen. Unangefochtener Marktführer wurde *Die Gartenlaube. Illustriertes Familienblatt*, 1853 gegründet und – mehrfach verändert und fusioniert – 1944 eingestellt. Als Vorläufer können die von Karl Gutzkow seit 1852 (bis 1864) herausgegebenen *Unterhaltungen am häuslichen Herd* gelten, als Konkurrenten suchten sich Blätter wie *Daheim* (1864–1944), *Über Land und Meer* (1859–1923) oder *Westermanns Monatshefte* (1856–1986) mit unterschiedlichen Akzentsetzungen zu behaupten. Daneben profitierten humoristische und satirische Zeitschriften wie die *Fliegenden Blätter* (1844–1944), an der u.a. Wilhelm Busch, Moritz von Schwind und Carl Spitzweg mitarbeiteten, oder *Kladderadatsch* (1848–1944), das »Organ für und von Bummler«, von den verbesserten Möglichkeiten der Bildwiedergabe.

FAMILIENBLATT UND LITERATUR. Bedeutenden Anteil am Erfolg der Zeitschriften hatten die literarischen Beiträge, die wiederum wesentlich zur Existenzsicherung der Schriftsteller beitrugen. Dabei nutzten die Familienblätter die Erfahrungen, die die Zeitungen seit den vierziger Jahren mit Fortsetzungsromanen in ihren Feuilletons gemacht hatten, zuerst mit einem Abdruck der Übersetzung von Eugène Sues *Ewigem Juden* (*Le juif errant*) in Cottas *Allgemeiner Zeitung* (1844–45), dann seit 1847/48 auch mit Romanen deutscher Autoren in verschiedenen anderen Blättern (z. B. *Neue Rheinische Zeitung*, *Kölnische Zeitung*), bis der Fortsetzungsroman eine feste, noch heute bestehende Rubrik der Zeitungen wurde. In der *Gartenlaube* hatte Eugenie Marlitt mit ihrer Erzählung *Goldelse* (1866)

LITERATUR UND KOMMERZ

Stoßseufzer: »Ich weiß noch nicht, wie ich's anfangen soll, all die Journale zu füttern, die mit offnen Mäulern um mich herumstehen und Nahrung begehren, das ist das Morgenblatt, Frauenzeitung, Musterzeitung von Engelhorn, Feuilleton der Kreuzzeitung, das barmherzige Album aus Sachsen, ein unbarmherziges Album aus Preußen, Jugendblätter in München, Jugendalbum, Familienstube, Kindergarten, die wollen alle Beiträge aus meiner geschätzten Feder, wo soll's denn meine geschätzte Feder noch auftreiben und hernehmen?« (Ottilie von Wildermuth 1857 in einem Brief an Justinus Kerner)

Werbewert: »Früher schrieb er [Theodor Storm] jedes Jahr eine Novelle und die war vortrefflich. Seitdem er damit spekuliert, schwanken die Arbeiten sehr im Werte. Trotzdem ist er als Gegenstand der Reklame von der größten Wichtigkeit und schließlich gibt es ja auch genug Verehrer, welche alle von ihm unübertrefflich finden.« (Der *Westermann*-Redakteur Adolf Glaser 1888)

Szenenfoto aus einer ZDF-Verfilmung des Romans *Die Frau mit den Karfunkelsteinen* von Eugenie Marlitt, 1985.

ihren ersten großen Erfolg, und in der Folgezeit erschienen ihre populären Trivialromane zuerst in Fortsetzungen in dieser Zeitschrift. Das schlug sich durchaus auch in der Auflagenhöhe positiv nieder, die von über 100 000 um 1860 bis zu 382 000 im besten Jahr 1875 anstieg. Zahlreiche namhafte Autoren wie Gottfried Keller, Theodor Fontane, Friedrich Spielhagen, Paul Heyse, Marie von Ebner-Eschenbach, Wilhelm Raabe, Ludwig Anzengruber und Ludwig Ganghofer nutzten die Publikations- und Verdienstmöglichkeiten, und die Zeitschriften ihrerseits warben mit den Vorabdrucken ihrer Romane und Novellen um Abonnenten. Und dass die Novelle eine derartige Erfolgsgattung im 19. Jahrhundert (und damit im Schulunterricht des 20.) werden konnte, verdankt sich nicht zuletzt diesen Marktmechanismen, die von den Schriftstellern ausdrücklich begrüßt wurden (Fontane: »Gott sei Dank, daß ich diesen Wandel der Zeiten noch erlebt habe«). Neben den Familienblättern konkurrierten Zeitschriften wie die *Novellen-Zeitung* (1844–1873), die *Deutsche Roman-Zeitung* (1864–1944) oder die *Deutsche Rundschau* (1874–1914) um Vorabdrucke von Romanen und Novellen aller bedeutender Autoren des Realismus.

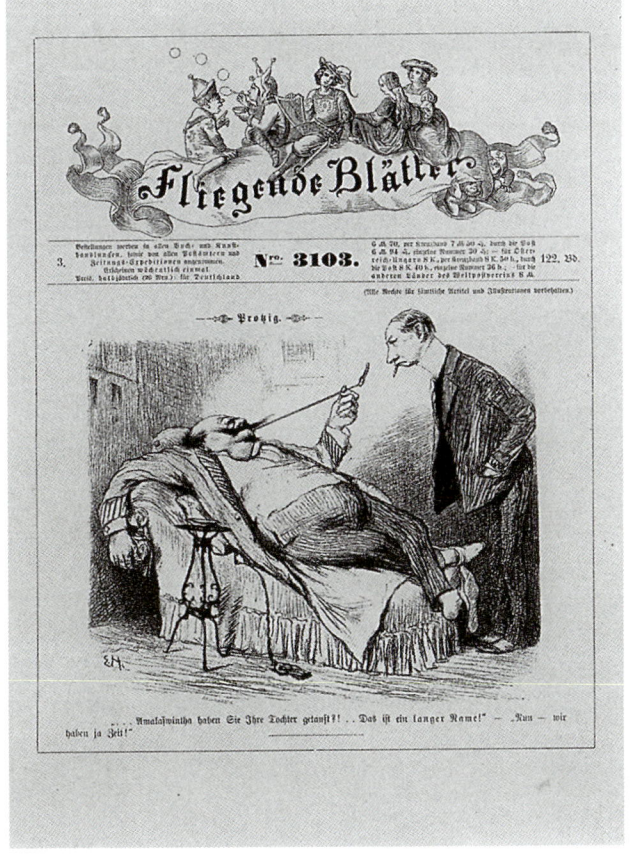

Rechte Seite: **Theodor Storm** vor einer angedeuteten Küstenlandschaft, 1977 entstandene Radierung von Horst Janssen nach einer zeitgenössischen Fotografie (um 1865). Auf der linken Seite Zitate aus Briefen an Eduard Mörike und Paul Heyse, in denen es um die Familiengruft geht …

Szenenfoto aus der Verfilmung von Storms Novelle *Der Schimmelreiter* von 1934 mit Matthias Wiemann als Deichgraf Hauke Haien auf seinem Schimmel. Regie Curt Oertel und Hans Deppe (der nach zahlreichen Filmen unter dem Nazi-Regime in den fünfziger Jahren auch noch Heimatfilme wie z. B. *Grün ist die Heide* drehte).

GATTUNG

NOVELLE

ANNÄHERUNG. Die Novelle lässt sich als eine Erzählung mittleren Umfangs charakterisieren, die sich durch eine straffe Handlungsführung, formale Geschlossenheit und thematische Konzentration auszeichnet. Gegenstand des Erzählens ist nach der Definition Goethes »eine sich ereignete unerhörte Begebenheit«, eine Begebenheit also, die einen gewissen Anspruch auf Wahrheit erhebt und von etwas Neuem oder Außergewöhnlichem erzählt. In dieser Bestimmung schlägt sich noch die ursprüngliche Wortbedeutung nieder: Novelle, abgeleitet von lat. *novus*, meint zunächst ›Neuigkeit‹. Im Verlauf des 19. Jahrhunderts verliert sich einerseits der Bezug zur Wortbedeutung – Novelle kann als Bezeichnung für jede Art von kürzerer oder längerer Erzählung, im Extremfall auch für Romane, verwendet werden –, andererseits gibt es Versuche, die Form der Novelle präziser zu fassen. Dazu gehören etwa Hinweise auf die Zuspitzung des Erzählens auf einen »Wendepunkt« (Ludwig Tieck, 1829) und damit auf einen dem Drama verwandten Aufbau hin oder auf die Strukturierung durch ein sprachliches Leitmotiv bzw. ein Dingsymbol. In diesen Zusammenhang gehört Paul Heyses einflussreiche ›Falkentheorie‹ im Vorwort zu seiner zusammen mit Hermann Kurz herausgegebenen Sammlung *Deutscher Novellenschatz* (24 Bde., 1871–76). Sie basiert auf einer Novelle (5. Tag, 9. Geschichte) aus Giovanni Boccaccios *Decamerone* (um

1350) und definiert sehr eng (und an der vielfältigen Überlieferung vorübergehend), dass eine jede Novelle eine »starke Silhouette« aufweisen müsse, d.h. eine prägnante Handlung, die in wenigen Sätzen wiederzugeben sei und eine die Beziehung der Menschen zueinander entscheidend verändernde Wendung besitze (»äußere Zufallswendung«). Obwohl sich eine »so einfache Form [...] nicht für jedes Thema unseres vielbrüchigen modernen Kulturlebens finden lassen« werde, sollte sich der Autor zuerst fragen, »wo der ›Falke‹ sei, das Spezifische, das diese Geschichte von tausend anderen unterscheidet«.

NOVELLENZYKLUS UND RAHMENERZÄHLUNG. Die Gattungsgeschichte der europäischen Novelle geht von Boccaccios *Decamerone* aus, einer durch eine Rahmenhandlung verknüpfte Sammlung von 100 Erzählungen. Die Konzeption des *Decamerone* wurde für Jahrhunderte Vorbild der europäischen Novellendichtung. Dabei ist in der Vielfalt erzählerischer Kurzformen bei Boccaccio bereits die Mehrdeutigkeit des Novellenbegriffs angelegt (»Geschichten, Fabeln, Parabeln oder wirkliche Begebenheiten, wie wir sie nennen wollen«). Die Geschichte der deutschen Novelle beginnt mit Goethes *Unterhaltungen deutscher Ausgewanderten* (1795), nach dem Beispiel Boccaccios als Zyklus mit Rahmenhandlung angelegt. Zahlreiche weitere Novellenzyklen entstehen bis hin zu Gottfried Kellers *Sinngedicht* (1881). Doch tritt seit der Romantik und den Novellen Heinrich von Kleists die Einzelnovelle immer stärker in den Vordergrund. Auch Goethes *Novelle* (1828) bestätigt diese Tendenz. Im weiteren Verlauf des 19. Jahrhunderts entwickelt sich die gerahmte Einzelerzählung zu einer der bevorzugten Formen der Novelle: Beispiele dafür sind u.a. *Die schwarze Spinne* (1842) Jeremias Gotthelfs, *Der arme Spielmann* (1847) Franz Grillparzers oder – die Technik durch einen mehrfachen Rahmen gleichsam potenzierend – Theodor Storms *Schimmelreiter* (1888). Als einer der Meister dieses Novellentyps gilt Conrad Ferdinand Meyer, der den Rahmen als Mittel der Distanzierung und Objektivierung in seinen historischen Novellen nutzt (u.a. *Der Heilige*, 1879; *Plautus im Nonnenkloster*, 1881; *Die Hochzeit des Mönchs*, 1883–84).

> »Boccaz, Cervantes und Göthe sind die Muster in dieser Gattung geblieben, und wir sollten billig nach den Vorbildern, die in dieser Art für vollendet gelten können, das Wort Novelle nicht mit Begebenheit, Geschichte, Erzählung, Vorfall, oder gar Anekdote als gleichbedeutend brauchen. [...] Eine Begebenheit sollte anders vorgetragen werden, als eine Erzählung, diese sich von Geschichte unterscheiden, und die Novelle nach jenen Mustern sich dadurch aus allen andern Aufgaben hervorheben, daß sie einen großen oder kleinern Vorfall in's leicht er sich ereignen kann, doch wunderbar, vielleicht einzig ist. Diese Wendung der Geschichte, dieser Punkt, von welchem aus sie sich unerwartet völlig umkehrt, und doch natürlich, dem Charakter und den Umständen angemessen, die Folge entwickelt, wird sich der Phantasie des Lesers um so fester einprägen, als die Sache, selbst im Wunderbaren, unter andern Umständen wieder alltäglich sein könnte. [...] Bizarr, eigensinnig, phantastisch, leicht witzig, geschwätzig und sich ganz in Darstellung auch von Nebensachen verlierend, tragisch wie komisch, tiefsinnig und neckisch, alle diese Farben und Charaktere läßt die ächte Novelle zu, nur wird sie immer jenen sonderbaren auffallenden Wendepunkt haben, der sie von allen andern Gattungen der Erzählung unterscheidet.« (Ludwig Tieck, »Vorbericht«, *Schriften*, Bd. 11, 1829)

AUTOR

GOTTFRIED KELLER

Ausschnitt aus Kellers Schreibunterlage aus den Berliner Jahren (1850–55). Die vielfach verewigte »Betty« ist Elisabeth Tendering, eine der unglücklichen Liebschaften Kellers.

BIOGRAFIE

1819 19. Juli: Gottfried Keller in Zürich geboren
1834 Keller muss wegen eines Schülerstreichs die kantonale Industrieschule verlassen; Lehrling bei einem Vedutenmaler, Zeichenunterricht
1840–42 Kellers Mutter, seit 1834 geschieden, ermöglicht ihm das Studium an der Münchener Kunstakademie, das jedoch nicht zum Erfolg führt
1842 Rückkehr nach Zürich; hier findet er Anschluss an die liberalen deutschen Emigranten
1846 *Gedichte*; eine weitere Gedichtsammlung – *Neuere Gedichte* – folgt 1851
1848–55 Stipendien der Züricher Kantonalregierung und die Unterstützung der Mutter erlauben Keller Studien in Heidelberg, wo Ludwig Feuerbach und seine materialistische Philosophie großen Eindruck auf ihn machen, und einen längeren Aufenthalt in Berlin (1850–55). Die erste Fassung des Romans *Der grüne Heinrich* erscheint 1854–55. In der zweiten Fassung 1879–80 nimmt Keller strukturelle Änderungen vor – aus einer Mischung von Er- und Ich-Erzählung wird ein konsequenter Ich-Roman – und gibt dem Roman eine versöhnlichere Schlussperspektive

PROBLEMATISCHE BILDUNGSGESCHICHTE. Keller hatte als Lyriker begonnen, inspiriert von der politischen Lyrik des Vormärz. Die Enttäuschung nach der gescheiterten Revolution von 1848 führte nicht nur in der Lyrik zur Abkehr von Politik und öffentlichen Belangen, auch die Hinwendung zur Tradition des Bildungsromans und damit zur individuellen Entwicklungsgeschichte in seinem ersten großen epischen Werk, dem autobiografisch geprägten *Grünen Heinrich*, lässt sich als Rückzug ins Private verstehen. Es handelt sich allerdings um eine höchst problematische Bildungsgeschichte, eher eine Folge von Desillusionierungen, von Hoffnungen und Enttäuschungen ohne aufsteigende Tendenz. Sie beginnt mit der gebrochenen Kindheits- und Familiengeschichte, geprägt durch den Verlust des in der Erinnerung idealisierten Vaters, und findet ihren zweiten schweren Rückschlag im Schulverweis des Fünfzehnjährigen. Die Flucht aus der bedrückenden, freudlosen Wirklichkeit in die Welt der Phantasie erhält strukturierende Bedeutung für Heinrich Lees Kindheits- und Jugendgeschichte, und das problematische Verhältnis zur Realität bestimmt auch seinen weiteren Weg. Die Ausbildung zum Maler durch Privatlehrer und dann an der Münchener Kunstakademie führt nicht zum Ziel, und in

Landschaft mit Gewitterstimmung, ein um 1842 in München entstandenes Aquarell Kellers.

der Liebe bleibt ihm, der sich nicht entscheiden kann, die Erfüllung versagt. Während es seinem Vater als städtischem Baumeister gelang, das »Schöne mit dem Nützlichen zu verbinden«, d.h. seine handwerklich-künstlerischen Fähigkeiten, wirtschaftlichen Erfolg und politischen Gemeinsinn in Einklang zu bringen, verfehlt Heinrich die Synthese. Und so verweigert der Roman – in der ersten Fassung – den Kompromiss zwischen gesellschaftlichen Forderungen und individueller Selbstverwirklichung in der Art von Goethes *Wilhelm Meister*.

SELDWYLA. Der Zyklus von zunächst fünf, dann zehn Novellen, *Die Leute von Seldwyla*, gehört zu den bedeutendsten deutschsprachigen Erzählwerken der zweiten Hälfte des 19. Jahrhunderts. Schauplatz der Geschichten ist der fiktive Schweizer Ort Seldwyla und seine Umgebung. Die Bewohner bilden eine Art Narrengemeinschaft, charakterisiert durch Nichtstun, unvernünftiges Wirtschaften, Spekulationsgeist und politisches Querulantentum. Das ist der satirisch (nicht nur) auf das Schweizer Bürgertum bezogene Hintergrund, aus dem die handelnden Charaktere der einzelnen Geschichten heraustreten – entweder als Repräsentanten der Seldwyler Geistigkeit bzw. Ungeistigkeit oder als entschiedene Gegenbilder. Die Spannweite der Erzählungen reicht von einer exemplarischen Erziehungsnovelle (*Frau Regel Amrain und ihr Jüngster*) über Geschichten schwieriger, aber erfolgreicher Eingliederung in die bürgerliche Gesellschaft aus Positionen der Weltfremdheit oder romantischer Weltverfehlung (*Pankraz der Schmoller*, *Kleider machen Leute*) zu einem extremen Fall wahnhafter Verkehrung und Entfremdung ins Marionettenhafte (*Die drei gerechten Kammacher*). Höhepunkt ist die Liebesgeschichte *Romeo und Julia auf dem Dorfe*, die die Shakespearesche Fabel ins ländliche Milieu transponiert und den Familienzwist mit der Geschichte eines ökonomischen Abstiegs verbindet. Im Konflikt zwischen unbedingter Liebe und den tief verwurzelten sittlichen Anschauungen der jungen Liebenden bleibt als Ausweg nur der gemeinsame Tod. Ihre subjektive Einheit gewinnt die in den verschiedenen Erzählungen geschilderte Welt durch den »Keller-Ton« (Theodor Fontane) mit seiner Ironie und seinem Humor, mit seiner vom Gegenständlichen ausgehenden Ausdrucksvielfalt, seinen unmerklichen Übergängen von phantasievoller, arabeskenreicher Verspieltheit und Verklärung zu hintergründiger oder aggressiver Satire.

Gottfried Keller. Radierung von Karl Stauffer-Bern, 1887.

1855–61 Rückkehr nach Zürich; Keller lebt ohne Einkommen bei seiner Mutter und seiner Schwester Regula. – *Die Leute von Seldwyla* (1856, 2., vermehrte Auflage 1874)
1861 Wahl zum Ersten Stadtschreiber des Kantons Zürich
1872 *Sieben Legenden*
1876 Keller legt das Amt nieder, um sich allein dem Schreiben zu widmen. In den folgenden Jahren erscheinen neben der zweiten Fassung des *Grünen Heinrich* (1879–80) die *Züricher Novellen* (1878), der Novellenzyklus *Das Sinngedicht* (1881), *Gesammelte Gedichte* (1883) und der Roman *Martin Salander* (1886)
1890 15. Juli: Gottfried Keller stirbt in Zürich

WILHELM RAABE

1831 8. September: Wilhelm Raabe in Eschershausen bei Holzminden geboren
1854–56 Nach Schulabbruch und Buchhändlerlehre Gasthörer an der Universität in Berlin. – *Die Chronik der Sperlingsgasse* (1856, datiert auf 1857)
1856–62 Raabe lebt als freier Schriftsteller in Wolfenbüttel
1862–70 Nach der Heirat mit der Wolfenbütteler Honoratiorentochter Bertha Leiste 1862 Umzug nach Stuttgart. – *Der Hungerpastor* (1864), *Abu Telfan* (1868), *Der Schüdderump* (1869–70)
1870 Raabe siedelt nach Braunschweig über. – *Horacker* (1876), *Wunnigel* (1879), *Alte Nester* (1880), *Pfisters Mühle* (1884), *Unruhige Gäste* (1886), *Das Odfeld* (1889), *Stopfkuchen* (1891), *Die Akten des Vogelsangs* (1896), *Hastenbeck* (1899)
1910 15. November: Wilhelm Raabe stirbt in Braunschweig

STOFFE/THEMEN

DAS NEUE REICH

AFFIRMATION. Die Reichsgründung von 1871 nach dem Sieg über Frankreich veränderte die kulturellen Bedingungen grundlegend. Das Erreichen des lang angestrebten Ziels der deutschen Einheit, wenn auch nur in ›kleindeutscher‹ Ausgabe und unter Aufgabe der alten liberalen Positionen, führte zu einer nationalen Emphase, die – unterstützt von der Geschichtswissenschaft – eine breite Resonanz in Kunst und Literatur fand. Dabei verband sich die Feier des Siegs über Frankreich und der stark personalisiert gesehenen Bismarckschen Reichsgründung mit Versuchen der historischen Legitimation des neuen Reiches als Ziel der deutschen Geschichte. In der Literatur kam es im Gefolge des Historismus zu einer entschiedenen Zuwendung zu historischen Stoffen. Lyrik, Versepos, Geschichtsdrama und historischer Roman leisteten ihren nationalen Beitrag durch die Überhöhung der Vergangenheit und die Produktion einheitsstiftender historischer Mythen. Zu diesen Werken zählen etwa Gustav Freytags Romanzyklus *Die Ahnen* (1872–80), Felix Dahns *Ein Kampf um Rom* (1876) und das Stabreimepos *Nibelunge* (1868–74) von Wilhelm Jordan mit seiner Hohenzollernapotheose.

KRISEN UND KRITIK. Die Gründerzeit war, ungeachtet der nationalen Begeisterung, eine Zeit der Krisen. Der überhitzte wirtschaftliche Aufschwung endete bereits 1873

in einer großen Wirtschaftskrise, die den ›Gründerschwindel‹ offenbar machte; innenpolitisch vergiftete der Kampf gegen den Sozialismus (Sozialistengesetz) und die ›undeutsche‹ katholische Kirche (Kulturkampf) das Klima. Die gesellschaftlichen Veränderungen und die sich verschärfenden wirtschaftlichen Konflikte ließen die Brüchigkeit der Einheits- und Reichsideologie erkennen, die im öffentlichen Leben durch Feiern, repräsentative historisierende Architektur und Kunst inszeniert wurde. Hinter die Fassade blickten Autoren wie Gottfried Keller, Wilhelm Raabe, Theodor Fontane oder Max Kretzer (*Meister Timpe*, 1888). So nutzte Keller seinen letzten Roman, *Martin Salander* (1886), zu einer Abrechnung mit dem gründerzeitlichen Kapitalismus und dem Schwindelgeist einer hohlen Fortschrittsideologie, die die alten demokratischen Ideale von 1848 aufgegeben hatte und jeder moralischen Grundlage und historischen Legitimation entbehrte.

WILHELM RAABE. Eine radikale Auseinandersetzung mit seiner Zeit führte Wilhelm Raabe in seinem Spätwerk, wobei es um eine Abrechnung mit der »Geldsackmentalität« ebenso wie um die Entlarvung des vorherrschenden bösartigen Spießertums geht. Nach dem Bildungsroman *Der Hungerpastor*, der ein stilles Glück im Winkel verhieß, wuchs mit *Abu Telfan* und *Schüdderump* das kritische Potenzial seiner Bücher, die sich nun den Problemen stellten, die die Industrialisierung und die Gründerjahre nach sich zogen. Dabei macht das lineare biografische Erzählen einem anderen, komplexen Erzählmuster Platz: Einer eher konventionellen bürgerlichen Erzählergestalt stehen gesellschaftliche Außenseiter und Sonderlinge gegenüber, die die wahren humanen Werte verkörpern und in ihrer Unangepasstheit das Philistertum bloßstellen (*Stopfkuchen*, *Die Akten des Vogelsangs*). Auch Raabes historische Erzählungen verweigern sich der heroisierenden Geschichtsauffassung der Gründerzeit. Statt geschichtlicher Rekonstruktion und Affirmation bieten Werke wie *Das Odfeld* eine subjektiv gebrochene, kritische Darstellung. Dabei kommt es zu einer kunstvollen Vermischung der zeitlichen Ebenen, die den historischen Ablauf als bloßen »Unterschied in der Zeitenfolge und im Kostüm« erscheinen lässt, dem sich das Individuum in seiner Hilflosigkeit und Verlorenheit ausgesetzt sieht oder sich auch – wieder in Gestalt eines Sonderlings – in seiner exemplarischen Menschlichkeit bewährt.

Einladungsbrief Wilhelm Raabes an den Dichterfreund Albert Dulk zum Kaffee mit Freunden in seiner Wohnung in der Stuttgarter Hermannstraße: »Lieber Freund! Morgen versammelt sich das Kränzchen bei mir, also –«. Dulk war ein erfolgreicher Dramatiker; unter dem Arm trägt er sein Stück *Orla*, die Aufschrift auf dem linken Bein bezieht sich auf das Lustspiel *Mädchenkleeblatt*, die auf dem rechten auf Gedichte (*Liebeskampf*), der Hinweis auf dem Kopf zielt auf das Drama *Jesus, der Christ*, auf dem Hinterteil steht der Titel einer politischen Schrift *Der Tod des Bewußtseyns und die Unsterblichkeit*. Die Bombe mit der brennenden Lunte verweist auf ein Stück über Kaiser Konrad II., an dem Dulk gerade arbeitete. Die Gänse, die aus dem brennenden Stall fliehen, stehen für die durch Dulks politische Komödie *Die Wände* (1848) aufgescheuchten Stuttgarter Spießer.

Linke Seite: **Anton Alexander von Werner**, *Im Etappenquartier vor Paris 1871*, 1894.

GATTUNG

BILDERGESCHICHTE

Ankündigung einer weiteren Comic-Folge um »Adolf, die Nazi-Sau« von Walter Moers (*Adolf. Teil 2*, 1999) mit einem dem Western-Genre entlehnten Titel und Gestus; der durch die Zeit reisende Adolf begegnet Sartre übrigens nicht zum ersten Mal.

WILHELM BUSCH

1832 15. April: Wilhelm Busch in Wiedensahl bei Hannover geboren
1851 Beginn des Kunststudiums an der Kunstakademie Düsseldorf, das er 1852–53 in Antwerpen und 1854 in München fortsetzt
1865 *Max und Moritz*; es folgen u. a. die Bildergeschichten *Schnurrdiburr oder die Bienen* (1869), *Der heilige Antonius von Padua* (1870), *Die Fromme Helene* (1872), *Abenteuer eines Junggesellen* (1875), *Herr und Frau Knopp* (1876), *Julchen* (1877), *Fipps der Affe* (1879), *Plisch und Plum* (1882), *Balduin Bählamm* (1883) und *Maler Klecksel* (1884) sowie die Gedichtbände *Kritik des Herzens* (1874) und *Zu guter Letzt* (1904)
1908 9. Januar: Busch stirbt in Mechtshausen bei Seesen

BILD UND TEXT. Darstellungen einer Handlung in einer Folge von Bildern gibt es seit der Antike. Doch erst in Verbindung mit den neueren Druckmedien erhielt die Bildergeschichte eine größere Verbreitung. Karikaturisten des 18. und 19. Jahrhunderts stellten einzelne Blätter zu Zyklen zusammen, und der Genfer Rodolphe Töpffer schuf den Typus des humoristischen Bilderromans (Drucke seit 1833). Bilderbogen und humoristisch-satirische Zeitschriften wurden dann zum bevorzugten Medium für kleine Bildererzählungen. Hier, in den *Fliegenden Blättern* und den *Münchener Bilderbogen*, entwickelte seit 1859 auch Wilhelm Busch sein karikaturistisches und zeichnerisches Talent.

WILHELM BUSCH. Mit *Max und Moritz* (1865) beginnt die Reihe der großen Bildergeschichten Buschs. Sie nehmen Elemente der französischen Karikaturistik (Gustave Doré) auf, finden jedoch ihren eigenen Stil durch die Verbindung mit der Tradition der komischen Verserzählung und eine ironisch-lakonische Verssprache, die mit ihren saloppen Reimen und komischen Pointen als Parodie der zeitgenössischen Literatursprache erscheint. Dieser humoristische Ton überdeckt Buschs pessimistische Grundtendenz, seine Provokation durch das Grausame und Groteske. Das gilt nicht zuletzt für das Schicksal von Max und Moritz, deren »Übeltäterei« bekanntlich ein durch »ein freudiges Gebrumm« beifällig aufgenommenes schlimmes Ende findet. Aber wenn auch im Namen der Vernunft und der gesellschaftlichen Harmonie der Bosheit der Garaus gemacht werden muss, das eklatante Missverhältnis zwischen den Bubenstreichen und der Reaktion der Erwachsenen macht die Bildergeschichte auch zu einer Satire auf die beschränkte deutsche Kleinbürgerwelt, die Ruhe und Ordnung um jeden Preis zu bewahren sucht. Dieser indirekten satirischen Kritik des Bürgertums der Gründerjahre folgt in späteren Geschichten, etwa dem dreiteiligen Bil-

derroman *Tobias Knopp* (1875–77), die direkte Darstellung des ›bürgerlichen Heldenlebens‹.

e. o. plauen, *Warnendes Beispiel.* Parodie auf das Laokoon-Thema (s. S. 218).

VON DER BILDERGESCHICHTE ZU DEN COMICS. Comics sind eine Form der Bildergeschichte. Sie bestehen aus einer Folge von Bildkästchen (*panels*), in die Texte als Sprechblasen (*balloons*) oder in Blockkommentaren integriert sind. Kurz vor der Wende zum 20. Jahrhundert erschienen in amerikanischen Zeitungen immer häufiger Fortsetzungsgeschichten in Bildern. Die erste Erfolgsserie, *The Katzenjammer Kids* (1897 ff.) von Rudolph Dirks, war eine Nachahmung von Buschs *Max und Moritz*; sie arbeitete bereits mit Sprechblasen. In der Folgezeit entwickelte sich eine ausgesprochene Comic-Industrie. Auch das Themenspektrum vergrößerte sich; zu den Lausbubengeschichten traten Geschichten von komischen Außenseitern, Familienserien, anthropomorphisierte Tiergeschichten (*Mickey Mouse*, 1930 ff.; *Donald Duck*, 1938 ff.), Abenteuer- und Detektivgeschichten (*Tarzan*, 1929 ff.; *Dick Tracy*, 1931 ff.; *Flash Gordon*, 1934 ff.; *Superman*, 1938 ff.). Trotz einzelner Vorläufer – etwa *Vater und Sohn* (1934–37) von e. o. plauen (d. i. Erich Ohser) – etablierten sich die Comics in Deutschland erst nach 1945 als Literatur für Kinder und Jugendliche – und stießen auf erbitterten Widerstand. Gegen die amerikanische Vorherrschaft setzten sich in Belgien, Frankreich und Italien eigene Comic-Schulen durch. In Deutschland kam es erst spät, u. a. unter dem Einfluss der amerikanischen Underground-Comics von Robert Crumb und französischer erotischer Comics wie *Barbarella* (1964), zu einer Befreiung von der traditionellen Festlegung der Comics als Kinderlektüre.

Wilhelm Buschs *Fromme Helene*, 1872.

Gerhard Seyfried, *Freakadellen und Bulletten*, 1982.

BIOGRAFIE

1819 30. Dezember: Henri Théodore Fontane in Neuruppin (Brandenburg) geboren
1836 Fontane beginnt eine Apothekerlehre in Berlin (bis 1840) und wird Apotheker
1844 Mitglied im literarischen Verein »Tunnel über der Spree« unter dem Namen »Lafontaine«
1849 Fontane gibt den Apothekerberuf auf
1850 Heirat mit Emilie Rouanet-Kummer; Anstellung im Presseapparat der preußischen Regierung
1851 *Gedichte* (erweiterte Auflagen 1875, 1889, 1892, 1898)
1855–59 England-Aufenthalt im preußischen Pressedienst
1860 Fontane lebt von nun an in Berlin. Redakteur bei der *Neuen Preußischen Zeitung*, der so genannten *Kreuz-Zeitung*. Es erscheinen die England-Reisebücher *Aus England* und *Jenseit des Tweed*
1862 *Wanderungen durch die Mark Brandenburg* (4 Bände bis 1882)
1866–76 Fontanes Kriegsberichte erscheinen
1870 Theaterkritiker der *Vossischen Zeitung* (bis 1889), wo-

Adolph Menzel, *Berliner Hinterhäuser im Schnee*, 1847/48.

AUTOR

THEODOR FONTANE

DER LANGE WEG ZUM ROMAN. Mit Fontanes Romanen erreichte der deutsche Gesellschaftsroman europäisches Niveau, durchaus verspätet im Vergleich zur französischen, englischen oder russischen Literatur. Spät auch im Leben Fontanes: Er war beinahe 60 Jahre alt, als sein Romanschaffen mit dem historischen Roman *Vor dem Sturm* 1878 einsetzte. Der Weg dorthin war lang und führte vom erlernten und ausgeübten Apothekerberuf über journalistische Tätigkeiten als Redakteur, Kriegsberichterstatter und Reiseschriftsteller schließlich zu den großen realistischen Zeit- und Gesellschaftsromanen. Als Dichter von Balladen allerdings hatte Fontane mit seinen Lesungen in der gesellig-literarischen Vereinigung »Tunnel über der Spree« in Berlin bereits in den vierziger und fünfziger Jahren literarisches Ansehen gewonnen. In die Zukunft weisen jedoch vor allem die Reisefeuilletons der *Wanderungen durch die Mark Brandenburg*. Mit ihnen erarbeitete sich Fontane nicht nur ein Repertoire preußischer Geschichte und Geschichten, an Sagen, Landschaften und Personen, sondern er fand hier auch – mancher Faktenhäufungen ungeachtet – zu einem lebendigen Plauder- und Erzählton, der die *Wanderungen* als wichtige Vorstufe und stilistische Vorbereitung zum Romanwerk erscheinen lässt.

GESCHICHTE UND GEGENWART. Fontanes »Roman aus dem Winter 1812 auf 13« *Vor dem Sturm* steht in der Nachfolge Walter Scotts und zielt, im Unterschied zum Gründerzeitkult der großen Persönlichkeit und heroischer Taten, auf ein differenziertes Bild des Zustands und der Gesinnung der märkischen Gesellschaft in dieser Zeit des Umbruchs. Bezüge zur Gegenwart bestehen durchaus, bleiben aber eher allgemein und indirekt. Den Übergang vom

historischen Roman zum Zeit- und Gesellschaftsroman markiert dann die »Erzählung aus der Zeit des Regiments Gensdarmes« *Schach von Wuthenow* (1883). Sie spielt zwar noch früher als *Vor dem Sturm*, nämlich vor der Schlacht bei Jena (1806), die den Zusammenbruch Preußens zur Folge hatte, aber in ihrer novellistischen Handlung und den Salongesprächen werden zentrale Themen der späteren Romane vorweggenommen. Offiziere des Regiments Gensdarmes treffen sich im Salon der Frau von Carayon und beim Prinzen Louis Ferdinand. In politischen Diskussionen hat der Verfechter hergebrachten Preußentums Schach von Wuthenow den Argumenten seines Kontrahenten von Bülow mit seiner Kritik an Hof und Militär, an der Allianz von Preußen- und Luthertum und einem hohlen Ehrbegriff wenig entgegenzusetzen. In diesem Rahmen vollzieht sich das Schicksal Schachs, das wiederum symptomatisch für Preußen ist. Er nähert sich der geistvollen, seit ihrer Jugend von Pockennarben entstellten Victoire von Carayon und verführt sie. Die Ehe zögert er jedoch hinaus. Victoire entspricht nicht seinem aufs Äußerliche gerichteten Schönheitsbegriff. Er ist vom Urteil der Gesellschaft abhängig und fürchtet sich lächerlich zu machen. Frau von Carayon interveniert beim König, und Schach wird zur Ehe gezwungen. Er erschießt sich nach der Eheschließung in seinem Wagen, unfähig, sich von den sinnentleerten gesellschaftlichen Normen und Vorurteilen zu befreien.

Theodor Fontane. Gemälde von Hanns Fechner, 1894.

bei er für Ibsen und die deutschen Naturalisten eintritt
1878–98 Fontanes Roman- und Erzählwerk erscheint: *Vor dem Sturm* (1878), *Grete Minde* (1880), *Ellernklipp* (1881), *L'Adultera* (1882), *Schach von Wuthenow* (1883), *Graf Petöfy* (1884), *Unterm Birnbaum* (1885), *Cécile* (1887), *Irrungen, Wirrungen* (1888), *Stine* (1890), *Quitt* (1891), *Unwiederbringlich* (1892), *Frau Jenny Treibel* (1892), *Effi Briest* (1895), *Die Poggenpuhls* (1896), *Der Stechlin* (1898, vordatiert auf 1899). Aus dem Nachlass folgt 1914 noch *Mathilde Möhring*
1894 Dr. h. c. der Philosophischen Fakultät der Universität Berlin
1898 20. September: Theodor Fontane stirbt in Berlin

Adolph Menzel, *Gastwirtschaft Moritzhof bei Berlin*, 1864.

»DER STECHLIN«

Fontane schrieb über die Handlung seines letzten Romans: »Zum Schluss stirbt ein Alter, und zwei Junge heiraten sich; – das ist so ziemlich alles, was auf 500 Seiten geschieht.« Zugleich weist er auf die entscheidenden Momente seiner Erzählweise im *Stechlin* hin: »Alles Plauderei, Dialog, in dem sich die Charaktere geben, und mit ihnen die Geschichte. Natürlich halte ich dies nicht nur für die richtige, sondern sogar für die gebotene Art, einen Zeitroman zu schreiben.« Der Roman beginnt mit einer Beschreibung des Stechlin-Sees in der Grafschaft Ruppin. Das Besondere an diesem See ist seine geheimnisvolle Verbindung mit vulkanischen Vorgängen »weit draußen in der Welt«: Wenn es dort zu grollen beginnt, »regt sich's auch *hier*, und ein Wasserstrahl springt auf und sinkt wieder in die Tiefe«. Gesellschaften auf Schloss Stechlin und in Berlin im Haus des weltoffenen Grafen Barby bieten den Rahmen für Gespräche über »Gott und die Welt« (Fontane). Eindeutige Wahrheiten sind nicht vorgesehen: »Wenn ich das Gegenteil gesagt hätte, wäre es ebenso richtig«, sagt Dubslav von Stechlin an einer Stelle. Fontane nennt den *Stechlin* in einem Brief einen »politischen Roman«. Und die in den Konversationen angeschnittenen Gegenstände – u. a. Revolution, Sozialdemokratie, vierter Stand, Adel – zeigen den Vorrang des Sozialen und Politischen unter der übergreifenden Thematik des Alten und Neuen. Gräfin Melusine bringt es auf den Punkt: »Alles Alte, soweit es Anspruch darauf hat, sollen wir lieben, aber für das Neue sollen wir recht eigentlich leben. Und vor allem sollen wir, wie der Stechlin uns lehrt, den großen Zusammenhang der Dinge nie vergessen. Sich abschließen, heißt sich einmauern, und sich einmauern ist Tod.«

Adolph Menzel, *Das Ball-Souper*, 1878.

GATTUNG

GESELLSCHAFTSROMAN

DER KONTEXT. Fontane beschäftigte sich ausgiebig mit der Literatur des europäischen Realismus und Naturalismus. Er las Iwan Turgenjew, Gustave Flaubert, Émile Zola und vor allem die englischen Romanciers Charles Dickens und William Makepeace Thackeray. Diese Tradition ist der Bezugspunkt seines gesellschaftskritischen Romanschaffens. In ihrem Geist entwirft er ein kritisches – und immer kritischer werdendes – Bild seiner Zeit und der preußischen Gesellschaft, ihrer Brüchigkeit und Phrasenhaftigkeit, eingefangen nicht zuletzt mit Hilfe einer durch Ironie, Skepsis und Humor charakterisierten nuancen- und anspielungsreichen Dialog- und Sprachkunst.

GESELLSCHAFTSLÜGEN. Vordergründig sind zahlreiche Romane Fontanes Geschichten verhinderter oder gescheiterter Liebes- und Ehebeziehungen. Sie weisen jedoch über das scheinbar private Geschehen hinaus und schärfen den Blick auf eine Gesellschaft, deren starre Wertvorstellungen, Konventionen und Lebenslügen sich gegenüber dem Individuum und seinem Verlangen nach Glück und Liebe durchsetzen. Das Ende ist Resignation, wenn nicht gesellschaftliche Ächtung und psychische und körperliche Ver-

nichtung. In der »Berliner Alltagsgeschichte« *Irrungen, Wirrungen* führt die Liebesgeschichte zwischen dem jungen, schwachen Baron Botho von Rienäcker und Lene, der Pflegetochter einer alten Waschfrau, zum ersten Mal bei Fontane in das Milieu der Berliner Unterschicht. Geht es hier um das alte Standesdenken und seine Verlogenheit, so gilt Fontanes Interesse in *Frau Jenny Treibel* den Veränderungen im Bürgertum. In dieser satirischen Milieustudie um die neureiche Kommerzienrätin Jenny Treibel geb. Bürstenbinder, ihren Jugendfreund Professor Wilibald Schmidt und die von der Kommerzienrätin aus finanziellen Gründen verhinderte Liebesbeziehung zwischen ihren Kindern Leopold und Corinna geschieht nicht viel. Aber was sich zeigt, ist die neue Spannung zwischen Besitz und Bildung. Bildung ist nicht mehr wie im Bildungsroman das, was man erstrebt, sondern sie ist zu dem geworden, was man besitzt. Für den Fabrikanten Treibel ist Bildung Dekor, Mittel zur Repräsentation, für die Kommerzienrätin, die mit ihrem sozialen Aufstieg ihre Bildung gewissermaßen schon hinter sich hat, ist sie Phrase und sentimentale Erinnerung.

»EFFI BRIEST«. Die Handlung von Fontanes berühmtestem Roman beruht auf einer Ehebruchsgeschichte der achtziger Jahre. Die betroffene Frau starb, beinahe hundertjährig, 1952. Die siebzehnjährige Effi Briest wird Frau des 21 Jahre älteren Barons von Innstetten, der als »ein Mann von Grundsätzen« gilt. Er ist Landrat in Hinterpommern, sie langweilt sich, fühlt sich bedrückt, verängstigt. Auch die Geburt einer Tochter ändert nichts. Als mit Major von Crampas, dem neuen Ortskommandanten, ein erfahrener »Damenmann« in den Ort kommt, entwickelt sich – im Text nur angedeutet – eine Liebesbeziehung. Sie findet zu Effis Erleichterung mit Innstettens Versetzung nach Berlin ein Ende. Nach etwa sechseinhalb Jahren findet er zufällig alte Briefe von Crampas an Effi. Innstetten lässt sich wider besseres Wissen von den sinnentleerten gesellschaftlichen Konventionen und Moralvorstellungen leiten, fordert den Major zum Duell und tötet ihn. Und während Effi nach der Scheidung, auch von ihren Eltern zunächst verstoßen, dahinsiecht und stirbt, lebt Innstetten freudlos dahin und denkt über sein verpfuschtes Leben nach. Es ist eine einfache, im Unterschied zu Leo Tolstojs *Anna Karenina* (1878) durchaus leidenschaftslose Ehebruchsgeschichte, allerdings mit höchster Kunst durch ein Gewebe von Leitmotiven, Symbolen, Anspielungen und Andeutungen strukturiert.

Szenenfoto aus dem Film *Fontane – Effi Briest* von Rainer Werner Fassbinder, 1974. In der Rolle der Effi Hanna Schygulla.

Fontane in einem Brief an den Geschichtsprofessor Colmar Grünhagen, 10. Oktober 1895:

»Der natürliche Mensch will leben, will weder fromm noch keusch noch sittlich sein, lauter Kunstprodukte von einem gewissen, aber immer zweifelhaft bleibenden Wert, weil es an Echtheit und Natürlichkeit fehlt. Dies Natürliche hat es mir seit lange angetan, ich lege nur darauf Gewicht, fühle mich nur *dadurch* angezogen, und dies ist wohl der Grund, warum meine Frauengestalten alle einen Knacks weghaben. Gerade dadurch sind sie mir lieb, ich verliebe mich in sie, nicht um ihrer Tugenden, sondern um ihrer Menschlichkeiten, d. h. um ihrer Schwächen und Sünden willen. Sehr viel gilt mir auch die Ehrlichkeit, der man bei den Magdalenen mehr begegnet als bei den Genoveven. Dies alles, um Cécile und Effi ein wenig zu erklären.«

EPOCHE/STRÖMUNG

NATURALISMUS

AUSGANGSPUNKT. Der Naturalismus als literaturgeschichtliche Epoche ging von Frankreich aus (Émile Zola, Edmond und Jules Goncourt) und erfasste u. a. die Literaturen Russlands (Leo Tolstoj), Skandinaviens (Henrik Ibsen, August Strindberg) und Deutschlands. Hier prägte er das Jahrzehnt von 1885 bis 1895, wenn auch keineswegs ausschließlich. Der Naturalismus suchte die Folgen der industriellen Revolution zu beschreiben und darüber hinaus für den angestrebten engen Wirklichkeitsbezug die Erkenntnisfortschritte der Naturwissenschaften fruchtbar zu machen. Zola spricht vom Dichter als »Arzt-Experimentator«, »der die experimentelle Methode auf das Studium des Menschen in natürlicher und sozialer Hinsicht anwendet«, der »die menschliche Maschine« Stück für Stück auseinander nimmt und wieder zusammensetzt, »um sie unter dem Einfluss des Milieus funktionieren zu lassen«.

AUFRUF. Der deutsche Naturalismus begann als Protestbewegung gegen die flache Epigonen- und Unterhaltungs-

Paul Cézanne, *La Lecture de Paul Alexis chez Zola* (*Paul Alexis liest Zola vor*), 1869/70. Zola mit der roten Jacke wendet dem Betrachter den Rücken zu. Paul Alexis, Schriftsteller und Journalist, kam 1869 aus Aix-en-Provence nach Paris und schloss sich dem von ihm bewunderten und mit Cézanne befreundeten Émile Zola an. Dieser hatte gerade die Arbeit an dem großen Romanzyklus *Les Rougon-Maquart* begonnen, Alexis arbeitete für ihn als Sekretär. 1882 veröffentlichte er eine Zola-Biographie (*Émile Zola, notes d'un ami*).

literatur der Gründerzeit. Seine Anhänger sammelten sich im Kampf um eine neue ›Wahrheit‹ der Literatur in München um die Zeitschrift *Die Gesellschaft* (1885–1902) und ihren Herausgeber Michael Georg Conrad, in Berlin gingen die Impulse von den *Kritischen Waffengängen* (1882–84) der Brüder Heinrich und Julius Hart und dem 1886 gegründeten literarischen Verein »Durch« aus. Kämpferisch heißt es im ersten Heft der *Gesellschaft*: »Wir brauchen ein Organ des ganzen, freien, humanen Gedankens, des unbeirrten Wahrheitssinnes, der resolut realistischen Weltauffassung! Was für herzbrechend zahmes und lahmes Zeug läßt sich heute die Nation der Denker und Dichter als idealistische Weisheitsblüte auf den Familientisch legen! Was für breite Bettelsuppen läßt sie sich von den vielgepriesenen Familienblätter-Köchen anrichten! [...] Unsere *Gesellschaft* wird keine Anstrengung scheuen, der herrschenden jammervollen Verflachung und Verwässerung des literarischen, künstlerischen und sozialen Geistes starke, mannhafte Leistungen entgegenzusetzen, um die entsittlichende Verlogenheit, die romantische Flunkerei und entnervende Phantasterei durch das positive Gegenteil wirksam zu bekämpfen. Wir künden Fehde dem Verlegenheits-Idealismus des Philistertums, der Moralitäts-Notlüge der alten Parteien- und Cliquenwirtschaft auf allen Gebieten des modernen Lebens.«

ANFÄNGE. Zuerst äußerten sich naturalistische Tendenzen in der Lyrik. »Wir werfen die abgenutzten Schablonen von uns«, heißt es in der von Wilhelm Arent herausgegebenen Anthologie *Moderne Dichter-Charaktere* (1885). Wenn dann auch entgegen der Ankündigung konventionelle Formen und Themen überwiegen, so gibt es doch auch Zukunftsweisendes. Das gilt vor allem für die sozialen Gedichte der »Jüngstdeutschen« mit ihrer Hinwendung zu den Lebens- und Arbeitsbedingungen des vierten Standes und der Erschließung des Phänomens Großstadt. In der naturalistischen Darstellung der Großstadt und ihres Milieus, ihrer sozialen Probleme und Kontraste liegt auch die wesentliche Leistung der Gedichte von Arno Holz, des bedeutendsten Lyrikers des Naturalismus (*Buch der Zeit*, 1886). Rückblickend kritisierte Holz allerdings die damalige Vorstellung als naiv, man habe die Lyrik »revolutioniert«. Eine wirkliche »Revolution der Lyrik« setze die Revolutionierung der Kunstmittel voraus, d. h. den Verzicht auf die äußerlichen Vorgaben wie Strophenformen, Metrum oder Reim. Ziel müsse eine Lyrik sein, die »lediglich durch einen Rhythmus getragen wird«.

ARNO HOLZ, »PHANTASUS«

Das *Buch der Zeit* (1886), die erste bedeutende Gedichtsammlung von Arno Holz, enthält auch den 13 Gedichte umfassenden Zyklus *Phantasus*, der das Schicksal eines hungernden, zu träumerischen Höhenflügen sich aufschwingenden Poeten in der Dachstube einer Berliner Mietskaserne schildert. Das ist die Keimzelle für Holz' späteres lyrisches Lebenswerk, die mehrfach erweiterte *Phantasus*-Dichtung (1898–99 u. ö.). Ausgangspunkt ist wieder der Dichter, der in seiner Phantasie die Welt verwandelt (aber dieses Mal nicht verhungert). Das Werk ist im Anschluss an die Philosophie Ernst Haeckels als »Weltgedicht« des »naturwissenschaftlichen Zeitalters« angelegt und sucht zugleich das Konzept einer allein vom Rhythmus getragenen Lyrik zu verwirklichen. Dabei bildet die Zeile die letzte Einheit, wobei die unregelmäßig langen Zeilen um eine imaginäre Mittelachse angeordnet werden.

Arno Holz. Lithographie von Lovis Corinth, 1922.

POETIK

KUNST = NATUR – X

»SEKUNDENSTIL«. Die ersten Versuche eines »konsequenten Naturalismus« sind Gemeinschaftswerke von Arno Holz und Johannes Schlaf: die Prosaskizze *Papa Hamlet* (1889) und das Drama *Die Familie Selicke* (1890). In diesen Werken erproben die Autoren Techniken einer exakten Wirklichkeitswiedergabe, die über traditionelle realistische Verfahren hinausgehen. Ziel der Erzählung *Papa Hamlet* ist es, ein möglichst objektives, unmittelbares Bild der dargestellten Welt zu zeichnen, einer Szene des Elends im Rahmen eines Bohemelebens in einer kalten Dachstube um den arbeitslosen, heruntergekommenen Schauspieler Niels Thienwiebel und seine Familie. Dabei gibt es keinen ordnenden und lenkenden Erzähler, keine subjektive Perspektivierung, keine Exposition, keine Erklärung zur Situation. Der Dialog dominiert; das Geschehen wird häufig nur in der Ankündigung oder der Reaktion auf ein Ereignis deutlich. Dafür zeichnen Holz und Schlaf die Reden der einzelnen Personen mit allen Geräuschen, Belanglosigkeiten, Wortfetzen, Interjektionen so getreu wie möglich nach. Alle Details sind gleich wichtig und werden von Augenblick zu Augenblick in ihrem zeitlichen Fluss ohne Raffung oder Dehnung ›Sekunde für Sekunde‹ registriert: Holz spricht daher von »Sekundenstil«. In der *Familie Selicke* übertragen die Autoren ihr Kunstprinzip auf das Drama, das vor allem mit Hilfe der Sprache – der »Sprache des Lebens. Nur des Lebens!« – darauf ziele, das wirkliche Leben auf die Bühne zu bringen, so dass der Zuschauer »in ein Stück Leben wie durch ein Fenster« sehe.

LITERATUR UND WISSENSCHAFT. Die Naturalisten strebten eine Literatur an, die den Stand der modernen Wissenschaft reflektierte. Wichtigster Beitrag zu diesem Thema war Émile Zolas Schrift *Le roman expérimental* (1880). Auch deutsche Autoren beteiligten sich an Überlegungen zu den Grundlagen einer neuen Literatur. Sie orientierten sich dabei an dem wissenschaftlichen Positivismus und Empirismus und einem naturwissenschaftlich ge-

ARNO HOLZ UND JOHANNES SCHLAF

Arno Holz, am 26. April 1863 in Rastenburg (Ostpreußen) geboren, kam mit seiner Familie 1875 nach Berlin und etablierte sich hier in den achtziger Jahren als freier Schriftsteller. Von 1887 bis 1892 kam es unter dem gemeinsamen Pseudonym Bjarne P. Holmsen zur fruchtbaren Zusammenarbeit mit dem am 21. Juni 1862 in Querfurt (Sachsen) geborenen Johannes Schlaf. Streitigkeiten, die nicht zuletzt aus der dominierenden Persönlichkeit und den Ansprüchen von Holz erwuchsen, führten 1898 zum Bruch, dem jahrelange Auseinandersetzungen um den jeweiligen Anteil an ihren Gemeinschaftsarbeiten folgten. Beide lösten sich in der Folgezeit vom Naturalismus. Schlafs weiteres Schaffen führte, ohne je die Bedeutung seiner naturalisti-

prägten Weltbild und operierten mit Begriffen wie Gesetz, Kausalität, Objektivität oder Determinismus. Beispiele sind Karl Bleibtreus *Revolution der Literatur* (1886) und Wilhelm Bölsches Schrift *Die naturwissenschaftlichen Grundlagen der Poesie* (1887). Bölsche vertrat wie Zola die Auffassung, dass sich die Dichtung dem Erkenntnissystem der Wissenschaft anzupassen habe, dass für die Darstellung der Natur die moderne Naturwissenschaft, für die Darstellung des Menschen die moderne wissenschaftliche Psychologie verbindlich seien: »Eine Anpassung an die neuen Resultate der Forschung ist durchweg das Einfachste, was man verlangen kann. Der gesunde Realismus ermöglicht diese Anpassung. Indem er einerseits die hohen Güter der Poesie wahrt, ersetzt er andererseits die veralteten Grundanschauungen in geschicktem Umtausch durch neue, der exakten Wissenschaft entsprechende.«

Ganz in diesem wissenschaftlichen Geist verfasste Arno Holz seine zweibändige Schrift *Die Kunst. Ihr Wesen und ihre Gesetze* (1891–92). Hier heißt es: »Die Kunst hat die Tendenz, wieder die Natur zu sein. Sie wird sie nach Maßgabe ihrer jeweiligen Reproduktionsbedingungen und deren Handhabung.« Diese ›Gesetzmäßigkeit‹ fasst er in die mathematische Formel »Kunst = Natur – x«, wobei der Faktor x – nämlich die durch die menschliche Unvollkommenheit und Beschaffenheit der Kunstmittel bedingten Beschränkungen – niemals 0 werden kann. Aber es gilt, ihn möglichst klein zu halten, etwa durch die Verwendung der gesprochenen Alltagssprache in Drama und Roman, durch eine Abkehr von ›äußerlichen‹ Kunstmitteln wie Strophenformen, Metrum und Reim in der Lyrik.

schen Arbeiten zu erreichen, über den Impressionismus zu einer an die Heimatkunst erinnernde Naturverbundenheit und schließlich zu pseudowissenschaftlich begründeten mystischen Anschauungen auf der Basis eines geozentrischen Weltbildes. Er starb am 2. Februar 1941 in Querfurt. Holz setzte seine literaturtheoretischen Überlegungen parallel zur Veröffentlichung des *Phantasus* (1898–99) fort (*Revolution der Lyrik*, 1899), schrieb eine Reihe von Dramen und mit *Dafnis. Lyrisches Portrait aus dem 17. Jahrhundert* (1904) eine phantasievolle parodistische Barockimitation, die sein erfolgreichstes Werk werden sollte. Er starb am 26. Oktober 1929 in Berlin.

Fritz von Uhde, *Das Tischgebet,* 1885. Die bildlich-direkte Umsetzung des Untertitels (»Komm, Herr Jesu, sei unser Gast«) im ärmlichen, nicht bildwürdigen Milieu stieß auf Kritik im konservativen Bürgertum und war auch als soziale Anklage gegen die damalige kirchliche Praxis gerichtet.

BIOGRAFIE

1862 15. November: Gerhart Hauptmann wird in Ober-Salzbrunn (Schlesien) geboren
1882–84 Studium der Bildhauerei in Dresden
1885 Übersiedlung nach Erkner bei Berlin
1888 *Bahnwärter Thiel*
1889 *Vor Sonnenaufgang*
1892 *Die Weber* bzw. *De Waber* (Dialektfassung) erscheinen; die Uraufführung findet 1893 statt
1893 *Der Biberpelz. Eine Diebskomödie*. Eine Art Fortsetzung, *Der rote Hahn*, folgt 1901. Beginn der neuromantischen Phase mit *Hanneles Himmelfahrt* (UA 1893, Druck 1894), *Die versunkene Glocke* (UA 1896, Druck 1897), *Der arme Heinrich* (1902), *Und Pippa tanzt!* (1906)

Carl Wilhelm Hübner, *Die schlesischen Weber*, 1844. Das Gemälde zeigt die Weber bei der Ablieferung ihrer Arbeit, eine Szene, die auch den Ausgangspunkt von Gerhart Hauptmanns Drama bildet.

AUTOR

GERHART HAUPTMANN

HAUPTMANN UND DER NATURALISMUS. Hauptmanns Anfänge als Schriftsteller sind eng mit dem Naturalismus verbunden. Mit *Bahnwärter Thiel*, einer »novellistischen Studie« in der Nachfolge Émile Zolas, gelang ihm 1888 das erste bedeutende Prosawerk des deutschen Naturalismus, und die einen Skandal provozierende Uraufführung des Dramas *Vor Sonnenaufgang* (1889) bedeutete den Durchbruch des Naturalismus auf der Bühne. In weiteren Familiendramen und Milieustudien zeichnete er in den nächsten Jahren Bilder des Verfalls, die ganz im Sinn der Theorien des Naturalismus die Determiniertheit des Menschen durch Milieu und Vererbung demonstrieren sollten. Seine Versuche einer naturalistischen Komödie gipfelten in der »Diebskomödie« *Der Biberpelz*.

Doch Hauptmanns Umgang mit den Vorgaben des Naturalismus war undogmatisch, wie die Einbeziehung symbolischer und mythisierender Elemente bereits in seinen frühen Werken bezeugt. Überdies folgte den ersten naturalistischen Dramen eine ausgesprochen antinaturalistische, neuromantische Phase mit märchen- und legendenhaften Werken wie *Hanneles Himmelfahrt*, *Die versunkene Glocke*, *Der arme Heinrich* und *Und Pippa tanzt!* Gleichzeitig weisen jedoch Stücke wie *Fuhrmann Henschel* und *Rose Bernd* in Milieu, Thematik und Sprache wieder entschieden naturalistische Züge auf, verbunden nun mit der Unausweichlichkeit antiker Schicksalstragödien. Die »Berliner Tragi-

komödie« *Die Ratten* nutzt dann naturalistische und symbolische Mittel, um die innere Brüchigkeit der wilhelminischen Gesellschaft bloßzustellen.

»DIE WEBER«. Mit dem 1893 uraufgeführten Stück über den schlesischen Weberaufstand von 1844 erreichte Hauptmanns naturalistische Dramatik ihren Höhepunkt. Das Stück zeigt in einer aufsteigenden Handlung in den ersten vier Akten den Weg zum offenen Aufruhr: Demonstration der brutalen Ausbeutung der Weber bei der Ablieferung ihrer Arbeit in der Massenszene des Anfangs, Elend einer Familie und Auslösen des revolutionären Impulses durch einen heimgekehrten jungen Soldaten und ein agitatorisches Lied, Hineintragen der Bewegung in die Öffentlichkeit in einer Wirtshausszene, offener Aufruhr und Sturm auf das Haus des Fabrikanten Dreißiger. Im fünften Akt folgt der »Absturz« (Hauptmann), der den Umstand reflektiert, dass das Scheitern des planlosen Aufstands angesichts fehlender Organisation und konkreter politischer Zielsetzungen vorprogrammiert war. Dazu tritt mit dem alten Hilse eine Person auf, die die revolutionäre Aktion in frommem Vertrauen auf ein jenseitiges Glück grundsätzlich ablehnt. Der Dramenschluss bleibt ambivalent. Während Schwiegertochter und Sohn sich den gegen das Militär kämpfenden Webern anschließen, wird der alte Hilse, am Fenster stehend, zufällig von einer Kugel getroffen und getötet. Ist es so, wie Theodor Fontane argumentierte, dass sich hier das »Drama der Volksauflehnung« zuletzt »gegen die Auflehnung auflehnt«? Oder demonstriert das Drama, dass sich ein Einzelner dem gesellschaftlichen Kampf nicht entziehen kann? Von den Zeitgenossen wurden die *Weber* als revolutionäres Stück verstanden – und nicht als eine Art Dichtung des sozialen Mitleids – und in diesem Sinn entweder begeistert aufgenommen oder heftig abgelehnt. Als das Preußische Oberverwaltungsgericht die *Weber* freigab (Hauptmann: »Die Weber sind frei! Die Weber sind frei!«), kündigte Kaiser Wilhelm II. nach der ersten öffentlichen Aufführung 1894 im Deutschen Theater seine Loge. An dem Welterfolg des Stückes änderte das kaiserliche Kunstverständnis nichts.

Max Liebermann, *Gerhart Hauptmann*, 1892.

1896 *Florian Geyer. Die Tragödie des Bauernkriegs*
1898 Uraufführung von *Fuhrmann Henschel* (Druck 1899)
1901 Hauptmann lässt sich in Agnetendorf (Schlesien) nieder
1903 *Rose Bernd*
1910 *Der Narr in Christo Emanuel Quint* (Roman)
1911 *Die Ratten*
1912 Nobelpreis für Literatur
1918 *Der Ketzer von Soana* (Erzählung)
1933 Hauptmann, »König der Republik« (Thomas Mann), arrangiert sich mit dem Nationalsozialismus
1941–48 *Die Atridentetralogie* mit den Teilen *Iphigenie in Delphi* (1941), *Iphigenie in Aulis* (1944), *Agamemnons Tod* (1948) und *Elektra* (1948) erscheint sukzessive (erste Gesamtausgabe 1949)
1946 6. Juni: Gerhart Hauptmann stirbt in Agnetendorf

HEINRICH MANN, »RACHE!«

»Die meisten waren aufgesprungen, völlig überwältigt von der Apotheose des Proletariats, die das Stück beschloß. Am düsteren Schneehimmel flammte ein bengalisches Rot auf, der Widerschein von Feuersbrünsten, die die Stätten bourgeoiser Gewaltherrschaft zerstörten. Hinter sich das Werk seiner Rache, den zerbrochenen Bahnzug und die verstümmelten Leichen seiner Feinde, zog das Volk in verschlungenen Paaren, die Arme selig ausgebreitet, dem Morgenrot der Menschengüte und Brüderlichkeit entgegen. Liebende Paare fanden einander in Freiheit und Natürlichkeit. Das Mädchen und der Bursche, die geretteten Opfer der niederträchtigen Fabrikdirektorsgattin, sanken einander in die Arme und versprachen sich die Ehe. Denn im Grunde genommen war das Volk moralisch. [...] Als die Darsteller, durch alle überstandenen Strapazen erheblich geschwächt, elfmal vor der Rampe erschienen waren und das Haus sich leerte, begannen die Herrn im Parterre, deren weiße Handschuhe in Fetzen hingen, leidenschaftlich die Arbeitermarseillaise zu verlangen. Die noch anwesenden Orchestermitglieder mußten endlich dem Wunsch genügen, und das Publikum stimmte voller Hingebung ein.« (H. M., *Im Schlaraffenland*, 1900)

LITERATURBETRIEB

THEATERKONZEPTE

IMPULSE AUS DER PROVINZ. Seit dem Herrschaftsantritt Herzog Georgs II. von Sachsen-Meiningen 1866 entwickelte sich das dortige Hoftheater zu einer ernst zu nehmenden Konkurrenz des Wiener Burgtheaters, der (noch) führenden deutschsprachigen Bühne der zweiten Jahrhunderthälfte. Unter der Leitung des Herzogs, der mit einer ehemaligen Schauspielerin verheiratet war, erarbeiteten die Meininger einen Inszenierungsstil, der die weitere Entwicklung des Theaters in Europa stark beeinflußte. Von 1874 bis 1890 trug das Ensemble auf zahlreichen Gastspielreisen ihr historisches Konzept in alle europäischen Großstädte von Berlin bis Odessa (insgesamt 2591 Aufführungen). Die historische Genauigkeit betraf entgegen der zeitgenössischen Bearbeitungspraxis auch die Texte selbst, dann die gesamte Ausstattung bis ins kleinste Detail, zu deren Rekonstruktion Gelehrte herangezogen wurden. Dazu kam, dass sich die Schauspieler der Dichtung unter- und in ein homogenes Ensemble einzuordnen hatten und der Herzog großen Wert auf sorgfältig choreographierte Massenszenen legte. Führende Regisseure und Theaterleiter der nächsten Generation wie Otto Brahm, André Antoine und Konstantin Stanislawskij hatten an den Diskussionen über den Meininger Theaterstil teilgenommen und ließen sich von ihm anregen. Sie wandten das Konzept der historischen Genauigkeit auf die Inszenierungen moderner Dramatik an, bezogen aber – anders als die Meininger – gemäß den naturalistischen Vorgaben auch den Schauspielstil ein.

»FREIE BÜHNE«. Das Repertoire der Meininger war konservativ und auf die Klassiker – vor allem Schiller und Shakespeare – ausgerichtet. Auch bei anderen Theatern war angesichts einer kleinlichen und spitzfindigen Zensur

Esther-Saal, 1877, Beispiel für den historischen Ausstattungsstil des Meininger Hoftheaters.

THEATERKONZEPTE **379**

Szenenbild aus der ersten öffentlichen Aufführung von Gerhart Hauptmanns *Webern* 1894 (Berlin, Deutsches Theater).

die Situation für die seriöse zeitgenössische Dramatik schwierig. Als Ausweg organisierten Verfechter der Moderne ›private‹ Theatervereine, die frei »von den Rücksichten auf Theaterzensur und Gelderwerb« – so das erste Rundschreiben der 1889 gegründeten Berliner »Freien Bühne« – in geschlossenen Veranstaltungen in gemieteten Theatern auch kontroverse Stücke aufführen konnten. Die »Freie Bühne« berief sich auf Antoines »Théâtre libre« (1887) in Paris, das einen naturalistischen Theaterstil entwickelte und die großen europäischen Dramatiker des Naturalismus spielte. Zu den Gründungsmitgliedern der »Freien Bühne« gehörten u. a. die Kritiker und Schriftsteller Maximilian Harden, Heinrich und Julius Hart, Paul Schlenther sowie der Verleger Samuel Fischer; Vorsitzender (mit weitgehenden Vollmachten) wurde der Theaterkritiker Otto Brahm: »Die neue Literatur ist revolutionär, das Theater ist konservativ«, mit diesem Satz rechtfertigte Brahm 1891 nachträglich das erfolgreiche Unternehmen. Und: »Das moderne Theater wird naturalistisch sein – oder es wird gar nicht sein.« Er eröffnete die erste Spielzeit im September 1889 mit Henrik Ibsens *Gespenstern*; einen Monat später folgte die Uraufführung von Gerhart Hauptmanns *Vor Sonnenaufgang*, die wesentlich zur Durchsetzung des naturalistischen Dramas beitrug. Es schlossen sich u. a. Aufführungen von Ludwig Anzengrubers *Das vierte Gebot* (1890), der *Familie Selicke* (1890) von Arno Holz und Johannes Schlaf sowie der *Weber* (1893) von Hauptmann an. Mit ihren Erfolgen und der daraus resultierenden allmählichen Öffnung der bestehenden Theater für das moderne Drama machten sich die »Freie Bühne« und ähnliche Unternehmungen mit der Zeit selbst überflüssig. Otto Brahm übernahm 1893 die Leitung des Deutschen Theaters in Berlin und inszenierte auch hier 1894 die *Weber*.

EINE SATIRISCHE SCHILDERUNG einer Aufführung des fiktiven naturalistischen Dramas *Rache!* findet sich in Heinrich Manns Roman *Im Schlaraffenland* (1900, siehe Zitat linke Seite). Dabei geht es weniger um das Drama selbst, das stofflich eher an Émile Zolas *Germinal* als an Hauptmanns *Weber* erinnert, als um das Mitgehen des bürgerlichen Publikums, das sich von der Illusion »hinreißender Echtheit« betäuben bzw. begeistern lässt. Hier fließen Erinnerungen Heinrich Manns an die *Weber*-Aufführung vom 25. September 1894 ein, die er gesehen hatte. Das Verhalten der Zuschauer war von der konservativen Presse als besinnungslose Ausschweifung angeprangert worden.

Otto Brahm und Gerhart Hauptmann, Fotografie 1906.

BIOGRAFIE

1844 15. Oktober: Friedrich Nietzsche in Röcken bei Lützen (Sachsen) geboren.
1864 Abitur im Internat Schulpforta bei Naumburg; danach Studium der evangelischen Theologie und klassischen Philologie in Bonn (1864–65) und Leipzig (1865–69). In Leipzig lernt er 1868 Richard Wagner kennen
1869 Professor für Altphilologie in Basel
1872 Die Schrift *Die Geburt der Tragödie aus dem Geist der Musik* erscheint; sie ist Richard Wagner gewidmet, von dem er sich im Zusammenhang mit dessen christlichem *Parsifal* (Text 1877) wieder abwendet
1873–76 *Unzeitgemäße Betrachtungen*
1878–80 *Menschliches, Allzumenschliches* (Aphorismen)
1879 Frühzeitige Pensionierung aus Gesundheitsgründen. Nietzsche lebt nun als freier Schriftsteller an verschiedenen Orten der Schweiz und Italiens,

Nietzsches Schreibmaschine, von ihm 1882 bedichtet: »Schreibkugel ist ein Ding gleich mir von Eisen | […]. | Geduld und Takt muss reichlich man besitzen | Und feine Fingerchen, uns zu benützen.«

WIRKUNGSGESCHICHTE

FRIEDRICH NIETZSCHE

DICHTER UND PHILOSOPH. Nietzsche gehört zu den einflussreichsten Autoren des ausgehenden 19. Jahrhunderts. Das gilt für die Geschichte der Philosophie ebenso wie für die der Literatur. Nietzsches eigenes Philosophieren ist unsystematisch und besitzt literarische Züge durch die ästhetische Qualität seiner Sprache, durch seine Vorliebe für das Aphoristische, durch sein Denken in Bildern und die Hinwendung zur Welt des Sinnlichen. Neben seinen literarisch-ästhetischen Schriften im engeren Sinn – etwa der Abhandlung *Die Geburt der Tragödie aus dem Geist der Musik* – stehen poetische Versuche wie eine Reihe von Dithyramben und andere lyrische Texte, vielfach in philosophische oder kritische Schriften integriert. So gehören die *Dionysos-Dithyramben* in den Umkreis von *Also sprach Zarathustra*, während sich sein berühmtes impressionistisches Venedig-Gedicht – »An der Brücke stand | jüngst ich in brauner Nacht« – in der extremen Selbstdarstellung des *Ecce homo* findet.

THEMEN. Obwohl gerade die Dithyramben mit ihrer suggestiven Musikalität und expressiven Sprachkraft die Entwicklung der deutschen Lyrik bis hin zum Expressionismus stark beeinflussten, beruht die breite Wirkung Nietzsches vor allem auf anderen Aspekten seines Werks: »Eigentlich hat alles, was meine Generation diskutierte, innerlich sich auseinanderdachte, man kann sagen: erlitt, man kann auch sagen: breittrat – alles das hatte sich bereits bei Nietzsche ausgesprochen und erschöpft, definitive Formulierung gefunden, alles weitere war Exegese« (Gottfried Benn, 1950). Nicht nur Exegese, auch Interpretation, Übersteigerung, Verfälschung. Stichworte sind: Kritik der »Bildungsphilister« und ihres epigonalen Idealismus, Sprachkritik und Sprachskepsis, Umwertung aller Werte, Nihilismus, Immoralismus, Vitalismus, Künstlertum, Aufwertung des Dionysischen und Rauschhaften als Quelle des Lebens und der Kunst, die Rede vom »Übermenschen«, von der »ewigen Wiederkunft des Gleichen«, vom »Willen zur Macht«.

WIRKUNGEN. Bei der Generation der Expressionisten mit ihrem Leiden an der erstarrten bürgerlichen Welt der Väter fiel Nietzsches Zeitkritik auf fruchtbaren Boden; zugleich weisen ihr Vitalismus und ihre emphatische Verkündigung des ›neuen Menschen‹ ebenso auf

unstet und unter schweren Krankheitsanfällen leidend
1882 *Die fröhliche Wissenschaft*
1883–85 *Also sprach Zarathustra*
1886 *Jenseits von Gut und Böse*
1887 *Zur Genealogie der Moral*
1888 *Der Fall Wagner*
1889 *Götzendämmerung oder Wie man mit dem Hammer philosophirt.* – Zusammenbruch in Turin, Unterbringung in einer Irrenanstalt zuerst in Basel, dann in Jena (Diagnose: progressive Paralyse)
1890 Nietzsche lebt von nun an im Haus seiner Mutter in Naumburg, dann nach ihrem Tod 1897 bei seiner Schwester Elisabeth Förster-Nietzsche in Weimar
1900 25. August: Nietzsche stirbt in Weimar. Postum erscheinen, von seiner Schwester skrupellos verfälscht, Aufzeichnungen aus dem Nachlass unter dem Titel *Der Wille zur Macht* (1901) und die 1888 verfasste Selbstdarstellung *Ecce homo* (1908)

Edvard Munch, *Porträt Friedrich Nietzsche*, 1905.

Nietzsche zurück wie Züge ihres pathetischen Stils. Daneben konnten sich zahlreiche weitere Autoren der Moderne – etwa Stefan George, die Brüder Mann, Hugo von Hofmannsthal, Arthur Schnitzler, Rainer Maria Rilke – seinem Einfluss nicht entziehen. Zu ihnen gehörte auch Robert Musil, dessen Roman *Der Mann ohne Eigenschaften* (1930–32) sich u. a. kritisch mit Nietzsche (und seinen Epigonen), seinem Nihilismus und Immoralismus, seinem Konzept der Umwertung aller Werte auseinandersetzt. Differenziert ist die Haltung Thomas Manns. Sein Werk enthält von Anfang an zahlreiche Bezüge zu Nietzsches Person und Werk, nicht immer so deutlich freilich wie in der Künstlerbiografie des *Doktor Faustus* (1947), die viele Fakten aus Nietzsches Leben auf den Romanhelden transponiert. Sosehr aber Thomas Mann die Person Nietzsches faszinierte, seine Bewunderung galt vor allem dem Stilisten. Daneben schätzte er Nietzsches Kunstauffassung, seine psychologische »Hellsichtigkeit« und seinen kulturkritischen Blick, während er für den »Übermenschenkult« – nicht erst seit den Erfahrungen des Nationalsozialismus – wenig übrig hatte.

> **FRIEDRICH NIETZSCHE**
>
> An der Brücke stand
>   jüngst ich in brauner Nacht.
> Fernher kam Gesang;
> goldener Tropfen quoll's
>   über die zitternde Fläche
>   weg.
> Gondeln, Lichter, Musik –
>   trunken schwamm's in die
>   Dämmerung hinaus …
>
> Meine Seele, ein
>   Saitenspiel,
> sang sich, unsichtbar
>   berührt,
> heimlich ein Gondellied
>   dazu,
> zitternd vor bunter
>   Seligkeit.
> – Hörte jemand ihr zu?

ZEITRAUM

20. JAHRHUNDERT

BRÜCHE, VERWERFUNGEN, KONTINUITÄTEN. Das 20. Jahrhundert bildet, weniger noch als andere Jahrhunderte, keine einheitliche literarische Epoche. Die historische Entwicklung mit ihren tiefgreifenden Brüchen und Katastrophen, den rapiden wissenschaftlichen und gesellschaftlichen Veränderungen und den ideologischen Konfrontationen findet ihre Entsprechung in der Literaturgeschichte. Nicht Kontinuität und Linearität charakterisieren ihren Verlauf, sondern abrupte Brüche und Neuanfänge, Ungleichzeitigkeiten, ein Neben- und Gegeneinander verschiedener Strömungen, ja verschiedener Literaturen, wenn man an die Exilliteratur als humanistischen Gegenpol zur NS-Literatur oder an die Literaturen in den beiden deutschen Staaten nach dem Zweiten Weltkrieg, aber auch in Österreich und der Schweiz denkt. Dazu kommt die sich ständig beschleunigende Entwicklung anderer Medien von Film, Rundfunk und Fernsehen bis hin zu den modernen elektronischen Medien, die der Literatur nicht nur neue Bereiche und Wirkungsmöglichkeiten eröffnen, sondern auch starken Einfluss auf literarische Seh- und Schreibweisen ausüben.

DIE LITERARISCHE MODERNE. Die Protest- und Oppositionsbewegung des Naturalismus markiert den Beginn der literarischen Moderne, die sich dann seit den neunziger Jahren in verschiedene gegen den Naturalismus opponierende Strömungen und Stilrichtungen des Fin de siècle bzw. der Jahrhundertwende ausdifferenzierte. Einen neuen Innovationsschub brachten seit etwa 1910 die Avantgarde-Bewegungen des Futurismus, Expressionismus, Dadaismus und Surrealismus. Nicht zuletzt als Reaktion auf das Pathos und den Utopismus des Expressionismus und die Innerlichkeitstendenzen der Neuromantik und verwandter Strömungen setzte sich in der Weimarer Republik mit der Neuen Sachlichkeit eine auf die vielfältigen und neuartigen Phänomene der alltäglichen Wirklichkeit bezogene Literatur durch. Mit der nationalsozialistischen Machtübernahme und dem Exodus von mehr als 2000 Schriftstellern vollzog sich ein radikaler Bruch in der Literaturentwicklung. Die von Staat und Partei betriebene rassistische und antimoderne Literaturpolitik bedeutete die Isolierung Deutschlands von allen modernen Literaturtendenzen, während die Exilautoren das Exil auch als politisch-literarischen Auftrag verstanden und in ihren literarischen und publizistischen Arbeiten ein anderes Deutschland vertraten. Nach dem Sieg über den Nationalsozialismus gelang erst allmählich im Rückgriff auf die Literatur der Weimarer Republik und des Auslands wieder der Anschluss an die literarische Moderne. Allerdings nur im Westen, denn in der DDR bedeutete die von der Politik verordnete Orientierung am so genannten sozialistischen Realismus eine Absage an moderne Schreibweisen.

FACETTEN DES EPOCHENBEGRIFFS MODERNE

Der Epochenbegriff der Moderne hat verschiedene Facetten und wird in der geschichtlichen, philosophischen und ästhetischen Diskussion mit unterschiedlichen Akzentsetzungen und Datierungen gebraucht. Im Gegensatz zu den geschichtlichen und philosophisch-wissenschaftlichen Konzepten, die in der Moderne eine fortschreitende Bewegung auf der Basis neuzeitlichen rationalistischen Denkens sehen, steht im Konzept der ästhetischen Moderne der Bruch mit der Tradition im Vordergrund. Dabei ergeben sich unterschiedliche Vorstellungen über Begriff und Datierung der Moderne. In der deutschen Literaturgeschichtsschreibung dominiert die Vorstellung, dass der Umbruch zur Moderne in der Zeit zwischen etwa 1890 und 1914 stattfindet, eine Auffassung, die das Selbstverständnis der Autoren jener Zeit aufnimmt. Andere Denkmodelle zur Datierung des Beginns der Moderne verweisen auf das 19. Jahrhundert mit seiner neuen technischen Zivilisation und den aus den Erfahrungen der Großstadt resultierenden neuen Wahrnehmungsformen etwa bei Charles Baudelaire oder auf die Frühromantik mit ihrer Radikalisierung der ästhetischen Theorie im Hinblick auf die Autonomie des Künstlers und der Kunst.

Ludwig Meidner, *Apokalyptische Landschaft*, 1912.

POSTMODERNE. Für die Vielfalt der Stile der letzten Jahrzehnte hat sich der Begriff der Postmoderne eingebürgert. Er kommt aus der amerikanischen Architekturtheorie der siebziger Jahre, die damit ihre Opposition gegen den Funktionalismus deutlich machte, der seit den zwanziger Jahren als Stil der Moderne dominiert hatte. Gegen den funktionalen Purismus setzte die architektonische Postmoderne auf einen spielerisch-parodistischen Historismus und eine stilpluralistische »Mehrfachkodierung«, die es ermöglichen sollte, Eliten und Massen anzusprechen. Mehrfachkodierung und Pluralismus sind dann auch die Kennzeichen einer literarischen Postmoderne, die sich in einem intertextuellen Verwirrspiel aus der Tradition bedient. Als »pla(y)giarism« bezeichnete der amerikanische Romancier Donald Barthelme dieses Verfahren, für das auch Umberto Eco angeführt werden kann. Damit wurden die rigorosen Restriktions- und Dogmatisierungstendenzen der modernen Ästhetik – Verbot der Gegenständlichkeit in der Malerei, der Tonalität in der Musik, des leichten Erzählens in der Literatur – aufgebrochen und die Pluralität wiederhergestellt, die die Moderne einst charakterisierte.

EPOCHE/STRÖMUNG

JAHRHUNDERTWENDE / FIN DE SIÈCLE

Buchschmuck von Hans Christiansen aus der Zeitschrift *Deutsche Kunst und Dekoration*.

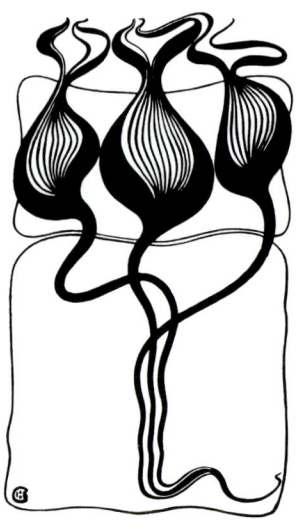

JUGENDSTIL

Jugendstil ist ein aus der bildenden Kunst übernommener Begriff für eine Stilrichtung der Zeit um 1900. Die Bedeutung des Jugendstils als gesamtkulturellen Phänomens besteht in seinem Konzept, die Welt des alltäglichen Lebens – vom Besteck bis zum Werbeplakat, vom Buch bis zum Hauptbahnhof – ästhetisch durchzuformen und alles einem einheitsstiftenden, ornamentalen Dekor zu unterwerfen, das die prosaische Wirklichkeit zum ›schönen Leben‹ verklärt. Dabei geht es um eine rhythmische Linearität, die mit Wellenlinien aller Art, die das ›All-Leben‹ symbolisieren, mit geschwungenen Pflanzenmustern, biegsamen Körpern von Menschen und Tieren (Pfauen, Schwänen, Flamingos), wallendem Frauenhaar, bewegten Schleiern und fließenden Gewändern usw. erzeugt wird. Literarische Entsprechungen finden sich u.a. bei Richard Dehmel (*Zwei Menschen*, 1903), in frühen Gedichten Rainer Maria Rilkes und Stefan Georges *Algabal* (1892) oder Erzählungen Richard Beer-Hofmanns (*Der Tod Georgs*, 1900) oder Thomas Manns.

GEGEN DEN NATURALISMUS.

Noch während die naturalistische Dramatik ihre Erfolge feierte, bildeten sich verschiedene gegen den Naturalismus gerichtete Strömungen und Stiltendenzen heraus. Sie werden u.a. mit Begriffen wie Ästhetizismus, Décadence, Impressionismus, Symbolismus, Neuromantik und Jugendstil umschrieben und in der Regel – angesichts einer inneren Zusammengehörigkeit – unter die Oberbegriffe Jahrhundertwende oder Fin de siècle gestellt. Wie schon beim Naturalismus spielten bei diesem Erneuerungsprozess ausländische, vor allem französischsprachige und skandinavische Vorbilder eine wichtige Rolle (Charles Baudelaire, Paul Verlaine, Stéphane Mallarmé, Maurice Maeterlinck, Jens Peter Jacobsen, Herman Bang u.a.). Zwar trafen sich diese Oppositionsbewegungen mit dem Naturalismus in der Ablehnung der epigonalen oder konventionellen Gründerzeitliteratur, wie sie etwa Emanuel Geibel oder Paul Heyse repräsentierten. Aber für die naturalistische Programmatik einer exakten Wiedergabe der äußeren Realität und für den Vorrang politischer oder sozialkritischer Themen war in ihrer Kunst- und Lebensauffassung kein Platz. Diese steht zum einen im Zeichen einer ästhetizistischen Autonomie der

Umschlag zu Hugo von Hofmannsthals lyrischem Drama *Der Kaiser und die Hexe* von Heinrich Vogeler, 1900.

Kunst (»l'art pour l'art«), programmatisch vertreten durch Stefan Georges *Blätter für die Kunst* (seit 1892) und sein frühes lyrisches Werk, zum anderen im Kontext einer Wendung »nach innen«, einer neuen »Nervenkunst«, einer »Mystik der Nerven«, wie sie der Kritiker Hermann Bahr forderte (*Die Überwindung des Naturalismus*, 1891).

FIN DE SIÈCLE UND AUFBRUCH. Die Bezeichnung Fin de siècle enthält Vorstellungen einer Endzeit, die durchaus dem Lebensgefühl der um 1870–75 geborenen Dichtergeneration entsprechen. Es ist geprägt von einer melancholischen Rückwärtsgewandtheit und Lebensferne, einer mit äußerster Sensibilität und Neigung zur Selbstanalyse verbundenen Stimmung der Dekadenz, die der achtzehnjährige Hugo von Hofmannsthal in seinen Begleitversen zu Arthur Schnitzlers *Anatol* (1892) zum Ausdruck bringt: »Also spielen wir Theater, | Spielen unsre eignen Stücke, | Frühgereift und zart und traurig, | Die Komödie unsrer Seele, | Unsres Fühlen Heut und Gestern, | Böser Dinge hübsche Formel, | Glatte Worte, bunte Bilder, | Halbes, heimliches Empfinden, | Agonien, Episoden …«. Gegen diese Tendenzen einer »bürgerlichen Enttüchtigung« (Thomas Mann), durchaus ein Gegenprogramm zum Wissenschafts- und Fortschrittsglauben und der protzigen Machtentfaltung des Kaiserreichs, macht sich aber gleichzeitig eine Sehnsucht nach Vitalität, nach einem gesteigerten Leben bemerkbar. In der Literatur äußert sich das in einem rauschhaften, ins Religiöse überhöhten Ästhetizismus. Beispiel etwa ist Heinrich Manns Roman *Die Göttinnen oder Die drei Romane der Herzogin von Assy* (1902): »Im ersten Teile glüht sie vor Freiheitssehnen, im zweiten vor Kunstempfinden, im dritten vor Brunst.« Dazu kommen Darstellungen einer bis zum Orgiastischen erhitzten Erotik und Sexualität und schließlich ein ausgesprochener Exotismus als Folie einer Feier von Schönheit, Liebe und Macht. Der zeitgenössische Renaissancekult in Literatur und bildender Kunst, der den kraftvollen, amoralischen ›Renaissancemenschen‹ propagierte, die vitalistischen Aspekte der Philosophie Friedrich Nietzsches und der Ästhetizismus Gabriele d'Annunzios stehen im Hintergrund. Neue Akzente setzt um die Jahrhundertwende der Jugendstil, der über diese elitären Äußerungen eines übersteigerten Lebensgefühls hinaus auch die Welt des alltäglichen Lebens ästhetisch zu überformen sucht.

Reinhold Lepsius, *Bildnis Georges*, um 1900. Dem Holzschnitt liegt eine Federzeichnung zugrunde.

ÄSTHETIZISMUS

Der Ästhetizismus ist eine europäische Bewegung zwischen der französischen Julirevolution 1830 und der Jahrhundertwende, die Schönheit und Kunst zum höchsten Wert erklärte und das Prinzip der Autonomie der Kunst (»l'art pour l'art«) einer utilitaristischen Kunstauffassung entgegensetzte: »Es gibt nichts wahrhaft Schönes außer dem Zweckfreien; alles Nützliche ist häßlich« (Théophile Gautier, 1835). In der deutschen Literatur fungierte vor allem Stefan George als Vermittler ästhetizistischer Anschauungen, die er im Umgang mit Stéphane Mallarmé und den französischen Symbolisten in Paris kennen gelernt hatte.

LITERATURBETRIEB

WIEN

Der Essay *Die demolirte Litteratur*, die Abrechnung von Karl Kraus mit der Wiener Moderne, also den Besuchern des nun demolierten Cafés Griensteidl, erschien zuerst 1897. Als Organ für seine satirisch-polemische Kultur- und Sprachkritik gründete Kraus 1899 die Zeitschrift *Die Fackel*, die bis 1936 bestand. Zunächst kamen hier noch andere Autoren zu Wort, seit 1912 bestritt er sie alleine. In der *Fackel* erschien auch sein einem »Marstheater« zugedachtes dramatisches Hauptwerk, die mehr als 700 Seiten und 220 Szenen umfassende Tragödie *Die letzten Tage der Menschheit* (1918–19), ein umfassendes Weltkriegspanorama, das durch sprachkritische Zitatmontage die Akteure einer Zeit satirisch entlarvt, »da Operettenfiguren die Tragödie der Menschheit spielten«.

Das Aquarell von Reinhold Völkel zeigt das Café Griensteidl, einen der Treffpunkte der Wiener Autoren, um 1896.

SALON UND KAFFEEHAUS. Zu den wichtigsten literarischen Zentren im deutschsprachigen Raum um die Jahrhundertwende gehörten Berlin, München, Wien und Zürich. Während sich in Berlin der Naturalismus durchsetzte, entstand mit der sich 1890 formierenden Wiener Moderne bereits eine einflussreiche Gegenbewegung, die einen wesentlichen, eigenständigen Beitrag zur Literatur- und Kulturentwicklung leistete. Die Gruppenbildung geschah höchst informell; die Autoren sammelten sich nicht um bestimmte Verlage oder Zeitschriften – da es hier keine von überregionaler Bedeutung gab, gingen die maßgeblichen Autoren der Wiener Moderne zu S. Fischer nach Berlin –, sondern sie trafen sich in Kaffeehäusern oder aristokratischen Salons. Die wichtigste Stätte der literarischen Kommunikation war das Kaffeehaus, das nicht nur als Diskussionsforum diente, sondern auch als Ort der literarischen Produktion nicht zuletzt von journalistischen und feuilletonistischen Kleinformen. Die bekanntesten Cafés waren das 1897 abgerissene Café Griensteidl und das Café Central. Hier trafen sich u. a. Peter Altenberg, Leopold von Andrian, Richard Beer-Hofmann, Hugo

von Hofmannsthal, Karl Kraus, Felix Salten, Arthur Schnitzler und Hermann Bahr, der die Wiener Moderne gleichsam publizistisch vertrat. Dass die Nähe, der fast tägliche Umgang dieser literarischen Kaffeehausgesellschaft nicht nur zu Freundschaften führen, sondern auch in persönliche Feindschaft umschlagen konnte, zeigt das Beispiel von Karl Kraus und Hermann Bahr. Als sich dieser von seinen naturalistischen Anfängen distanzierte und für die neue impressionistische »Nervenkunst« eintrat, Kraus dagegen weiterhin für den Naturalismus plädierte, wurde aus der sachlichen Differenz gehässige Gegnerschaft. Die Folge waren heftige Attacken von Kraus, die sich freilich nicht auf Bahr beschränkten: Kraus nahm den Abriss des Cafés Griensteidl zum Anlass für eine Polemik gegen die ganze Wiener Moderne (*Die demolirte Litteratur*, 1897), deren großer »Exodus« aus dem demolierten Café für ihr Ende steht. Die Kaffeehausliteraten müssen sich nun im wirklichen Leben zurechtfinden …

FEUILLETON. Peter Altenberg, Sohn eines Großkaufmanns, studierte ohne Erfolg einige Semester Jura und Medizin. Er fand nicht in das bürgerliche Erwerbsleben, trennte sich von der Familie und führte seit 1890 das Leben eines Bohemiens in Wiener Kaffeehäusern. Hier schrieb er seine impressionistischen Prosaskizzen – die erste Sammlung erschien 1896 unter dem Titel *Wie ich es sehe* –, die er »Extracte des Lebens« nannte: »Das Leben der Seele und des zufälligen Tages, in 2–3 Seiten eingedampft, vom Überflüssigen befreit wie das Rind im Liebig-Tiegel! Dem Leser bleibt es überlassen, diese Extracte aus eigenen Kräften wieder aufzulösen […].« Altenbergs Texte im »Telegrammstil der Seele« bieten, sensibel auf die Umwelt reagierend und auch vom scheinbar Kleinsten inspiriert, Momentaufnahmen der aristokratischen und bürgerlichen Gesellschaft Wiens, Szenen aus dem Proletariat, Psychogramme des modernen Menschen. Dialogisches herrscht vor; Andeuten, Verhüllen, Weglassen sind die künstlerischen Prinzipien einer virtuosen Prosa, die Altenberg als konsequenten deutschsprachigen Vertreter des französischen »poème en prose« in der Nachfolge von Charles Baudelaire, Stéphane Mallarmé und Maurice Maeterlinck ausweisen. Mit seinen Texten, in weiteren Bänden wie *Was der Tag mir zuträgt* (1901), *Prodromos* (1906) oder *Bilderbögen des kleinen Lebens* (1909) gesammelt, wirkte Altenberg u. a. auf die Feuilletonisten Alfred Polgar und Kurt Tucholsky und die moderne Kurzprosa.

Karl Kraus. Fotografie, 1917.

IMPRESSIONISMUS

Impressionismus ist eine aus der Malerei übernommene Bezeichnung für stilistische Tendenzen der Literatur der Jahrhundertwende. Dem Impressionismus liegt ein spezifischer Realitätsbegriff zugrunde. Die Beschränkung auf die ›Impression‹ des Augenblicks verweist auf die Vorstellung einer fluktuierenden Außenwelt, einer Realität, die nur als Folge flüchtiger, rasch wechselnder Momente wahrgenommen wird. Die konsequente Hinwendung zur Erfahrungswirklichkeit führt so zu ihrer subjektivistischen Auflösung. Das entspricht der These von Hermann Bahr, dass der Impressionismus Ausdruck eines erkenntnistheoretischen Relativismus sei, eine These, die sich auf Ernst Machs *Beiträge zur Analyse der Empfindungen* (1886) stützt. Diese »Philosophie des Impressionismus« (Bahr) geht davon aus, dass die komplexen Wechselbeziehungen von flüchtigen, veränderlichen sinnlichen Außenreizen und entsprechend wechselnden Sinnesempfindungen keine klaren Abgrenzungen von Ich und Welt, Subjekt und Objekt – und damit auch kein stabiles Ich – zuließen (»Das Ich ist unrettbar«). Dichterischen Ausdruck finden diese Vorstellungen, die auf die differenzierte Darstellung flüchtiger Begebenheiten und Momente, auf eine genaue, sinnliche Wiedergabe der Oberfläche zielen, am ehesten in lyrischen und dramatischen Kleinformen (Hugo von Hofmannsthal, Arthur Schnitzler, Detlev von Liliencron) sowie in der skizzenhaften Kurzprosa Peter Altenbergs.

ARTHUR SCHNITZLER

1862 15. Mai: Arthur Schnitzler als Sohn eines angesehenen Mediziners jüdischer Herkunft in Wien geboren
1879–85 Medizinstudium in Wien; danach Arzt an Wiener Krankenhäusern
1892 Mit *Anatol*, einer Reihe von kurzen Akten oder Szenen, beginnt Schnitzlers dramatisches Schaffen. Es folgen in den nächsten Jahren u. a. *Liebelei* (Uraufführung 1895 im Burgtheater), die Revolutionsgroteske *Der grüne Kakadu* (1899), *Der Reigen* (1900) und *Der einsame Weg* (1904)
1893 Eröffnung einer eigenen Praxis, die er mit zunehmender literarischer Betätigung einschränkt, aber nicht aufgibt
1900 In der Erzählung *Lieutenant Gustl*, im Weihnachtssupplement der Wiener *Neuen Freien Presse* erschienen, verwendet Schnitzler als erster deutschsprachiger Autor konsequent den inneren Monolog als erzählerisches Mittel. Die halbbewusste Selbstentlarvung

Arthur Schnitzler. Fotografie, 1915.

STOFFE/THEMEN

FRAUENBILDER

›FEMME FATALE‹ UND ›FEMME FRAGILE‹. Vor dem Hintergrund der Frauenbewegung hatte bereits im Naturalismus das Thema der Geschlechterrollen neue Aktualität gewonnen. Dabei wurden einerseits die überlieferten Rollenbilder in Frage gestellt (Henrik Ibsen, *Nora*, 1879), andererseits verfestigten sich gerade angesichts der Emanzipationsbestrebungen um die Jahrhundertwende bestimmte Stereotypen des Weiblichen, die sich – Projektionen männlicher Verunsicherung – zwischen Dämonisierung des Weiblichen und Frauenhass bewegen. Um die Jahrhundertwende prägen vor allem die komplementären Vorstellungen von der Frau als faszinierender, erotisch attraktiver, übermächtiger und gefährlicher Gestalt auf der einen und ätherischem, blassem, zerbrechlichem, von physischer Sexualität freiem Wesen auf der anderen Seite das Bild von Weiblichkeit. Die historischen oder mythischen Vorbilder der verführerischen, männerzerstörenden Variante sind Eva, Medea, Judith oder Salome. In der deutschen Literatur verkörpert Frank Wedekinds Lulu diesen Typus am eindringlichsten, im Prolog des ersten Teils der *Lulu*-»Monstretragödie« (*Erdgeist*, 1895) von einem Tierbändiger angekündigt als das »wahre Tier, das wilde, schöne Tier«, als »Urgestalt des Weibes«. Dass sie die Quelle allen Unheils auf der Welt ist, macht der mythologisierende Titel des zweiten Teils *Die Büchse der Pandora* (1902) deutlich. Aber das Drama zeigt auch, dass in diesen Männerphantasien nicht die Frau das letzte Wort hat und die realen Herrschaftsverhältnisse allenfalls vorübergehend aufgehoben sind: So wie Jack the Ripper Lulu am Ende auf höchst blutige Weise umbringt, so verfügt Herodes am Ende von Oscar Wildes *Salome* (1893, Opernfassung von Richard Strauss 1905): »Man töte dieses Weib!« Dagegen erscheint die ›Femme fragile‹, Gegenbild dieser animalischen Triebwesen, in ihrer seelischen Verfeinerung und todgeweihter, madonnenhafter Schönheit vielfach als ideale Ergänzung ästhetizistischer, sensibler und lebensferner Künstler- und Dichternaturen. Ein bereits ironisch getöntes Beispiel dieser Konstellation bietet Thomas Manns Novelle *Tristan* (1903).

DOPPELMORAL. Die breite öffentliche Beschäftigung mit dem Thema der Sexualität änderte allerdings nichts an den rigiden gesellschaftlichen Vorstellungen

Elisabeth Bergner als Fräulein Else in der Verfilmung von Schnitzlers gleichnamiger Novelle, 1929.

von Anstand und Moral. Dass die gängige Praxis hinter der Fassade der Prüderie anders aussah, war zwar kein Geheimnis, durfte aber nicht ausgesprochen werden. Die Entlarvung dieser sexuellen Doppelmoral (wie der Lebenslügen der k.u.k. Monarchie überhaupt) gehört zu den zentralen Themen Arthur Schnitzlers, der auch mit dem Typus des ›süßen Mädels‹ eine weitere Facette des Frauenbildes um 1900 popularisierte. So zeigt er im Schauspiel *Liebelei* die Affären junger Herrn aus besserem Hause mit Vorstadtmädchen, wobei tief verwurzelte bürgerliche Wertvorstellungen (in einem der ›süßen Mädels‹) mit der ästhetisierenden Unverbindlichkeit und Hohlheit der sie umgebenden Gesellschaft auf unheilvolle Weise kollidieren. Der kritische Blick auf bürgerliche Moralkonventionen fand im (von Skandalen und Prozessen begleiteten) *Reigen* eine konsequente szenische Lösung, in einer Folge von zehn Szenen, die in zehnfacher Abwandlung das Ritual um den Sexualakt vorführen: Die Verknüpfung der Szenen geschieht auf die Art, dass jeweils nur ein Partner ausgetauscht wird (a + b, b + c, c + d usw.) und sich in der letzten Szene der Reigen schließt (k + a). Dass sich auf diese Weise bei aller kunstvollen Differenzierung eine gewisse Monotonie einstellt, demonstriert nur die Trostlosigkeit und grausame Komik bloßer Sexualität, deren Reigen zugleich ein umfassendes (und gleichmacherisches) Bild der Gesellschaft liefert.

des in seiner ›Ehre‹ verletzten Leutnants fügt sich zu einem für den militärischen Ungeist und die Perversion des Ehrbegriffs symptomatischen Psychogramm (was zur Aberkennung des Reserveoffiziersrangs führte)
1908 *Der Weg ins Freie* (Roman)
1912 Die »Komödie« *Professor Bernhardi*, die den Antisemitismus in der österreichischen Gesellschaft und den Opportunismus der Politiker thematisiert, wird in Österreich »wegen der zu wahrenden öffentlichen Interessen« verboten
1918 *Casanovas Heimfahrt* (Novelle)
1924 Mit *Fräulein Else* beginnt Schnitzlers erzählerisches Spätwerk; es folgen mit den für sein Schaffen charakteristischen Motiven und Themen (Ambivalenz des Lebens, Schein und Wirklichkeit, Zufall und Notwendigkeit, Determination, Unterdrückung der weiblichen Sexualität, Liebe, Tod, Trieb u.a.) *Traumnovelle* (1926), *Spiel im Morgengrauen* (1927), *Therese. Chronik eines Frauenlebens* (1928) und *Flucht in die Finsternis* (1931)
1931 21. Oktober: Arthur Schnitzler stirbt in Wien

AUTOREN

HEINRICH UND THOMAS MANN

Heinrich Mann (stehend) und sein Bruder Thomas, Fotografie, um 1900.

KUNST, LEBEN UND ZEITKRITIK. Der Ausgangspunkt war gleich: Die Liquidation der väterlichen Firma in Lübeck machte die Brüder frei für die von ihnen früh gesuchte Schriftstellerlaufbahn, abgesichert durch eine kleine Rente. Reisen nach Frankreich und Italien Heinrich Manns, ein längerer gemeinsamer Aufenthalt der Brüder in Italien 1896–1898 (Rom und Palestrina) förderten ihre literarischen Pläne. Hier konzipierte Thomas die *Buddenbrooks* und Heinrich den Gesellschaftsroman *Im Schlaraffenland*, Beginn seiner Auseinandersetzung mit dem wilhelminischen Deutschland. Damit werden auch die unterschiedlichen Haltungen deutlich, mit denen die Brüder ihre Distanz zur Gesellschaft literarisch fruchtbar machen: Heinrich vor allem als Satiriker mit glänzenden Analysen deutschen Kleinbürger- und Untertanengeistes in Romanen wie *Professor Unrat* und *Der Untertan*, Thomas als Chronist des »Verfalls« und sensibler Darsteller der Widersprüche zwischen Kunst und Leben, Bürgerlichkeit und Künstlertum.

DER ›UNPOLITISCHE‹ UND DER ›ZIVILISATIONSLITERAT‹. Heinrich sang in dem Roman *Die kleine Stadt* (1909) – Vorbild ist Palestrina – »ein hohes Lied der Demokratie« und entwickelte sich in den Jahren vor dem Ersten Weltkrieg zu einem politisch verantwortlichen Schriftsteller, der sich an den Werten der Französischen Revolution orientierte und in einem Essay Émile Zola als Vorbild eines die Prinzipien der Moral verteidigenden Intellektuellen herausstellte. Während sich Heinrich folgerichtig gegen den Krieg wandte, teilte Thomas die Kriegsbegeisterung des deutschen Bürgertums. Er empfand den Zola-Essay als persönlichen Angriff und wehrte sich auf seine Weise gegen den »Zivilisationsliteraten« und seine ›westlichen‹

Anschauungen in den *Betrachtungen eines Unpolitischen* (1918): »Der Unterschied von Geist und Politik enthält den von Kultur und Zivilisation, von Seele und Gesellschaft, von Freiheit und Stimmrecht, von Kunst und Literatur; und Deutschtum, das ist Kultur, Seele, Freiheit, Kunst und *nicht* Zivilisation, Gesellschaft, Stimmrecht, Literatur.«

DEMOKRATIE UND ANTIFASCHISMUS. 1922 kam es zur Aussöhnung zwischen den Brüdern und danach zu einer Annäherung der politischen Standpunkte im Geist der Weimarer Republik, die sie in verschiedenen kulturpolitischen Funktionen vertraten. Das politische Engagement von Thomas wuchs mit der zunehmenden Bedrohung von rechts. Im Exil beteiligte er sich, nach anfänglichem Zögern, wie sein Bruder am publizistischen Kampf gegen den Faschismus. Und beide setzten in ihrem Romanschaffen die Auseinandersetzung mit dem Faschismus fort. Heinrich stellte in dem zweiteiligen historischen Roman über den französischen König Heinrich IV. dessen Toleranz, Menschlichkeit und politische Visionen als Gegenbild zur faschistischen Bedrohung in der Gegenwart dar, und Thomas unternahm es in seinem Josephsroman, den Mythos der herrschenden Barbarei streitig zu machen, ihn mit der Vernunft zu vermählen und zu demonstrieren, dass auch der Geist eine mythische Tradition hat. Zur Generalabrechnung mit Deutschland und seinen fatalen irrationalen Traditionen kam es dann 1947 im *Doktor Faustus*.

Skizze Heinrich Manns zu seinem Roman *Die kleine Stadt* (1909). Dargestellt ist der Marktplatz von Palestrina.

HEINRICH MANN

1871 27. März: Heinrich Mann in Lübeck geboren
1893 Übersiedlung der Familie nach München; in den folgenden Jahren häufige Italienaufenthalte
1899–1914 Ohne festen Wohnsitz; Aufenthalte in Berlin, München, Italien, Frankreich. Es erscheinen u. a. die Romane *Im Schlaraffenland* (1900), *Die Göttinnen oder Die drei Romane der Herzogin von Assy* (1903), *Professor Unrat oder Das Ende eines Tyrannen* (1905), *Die kleine Stadt* (1909); 1910–13 schreibt er Schauspiele, u. a. *Madame Legros* (1913)
1914 Mann zieht nach München. Der Vorabdruck des Romans *Der Untertan* in einer Zeitschrift wird bei Kriegsbeginn abgebrochen. Er erscheint 1918 und wird 1931 mit den Romanen *Die Armen* (1917) und *Der Kopf* (1925) zur Trilogie *Das Kaiserreich* zusammengefasst
1928 Übersiedlung nach Berlin. – *Eugénie oder Die Bürgerzeit* (Roman)
1931 Präsident der Sektion Dichtkunst bei der Preußischen Akademie der Künste
1932 *Ein ernstes Leben* (Roman)
1933 Emigration nach Frankreich (Côte d'Azur)
1935 *Die Jugend des Königs Henri Quatre*; der zweite Teil des historischen Romans, *Die Vollendung des Königs Henri Quatre*, folgt 1938
1940 Emigration in die USA, wo er sich im Großraum Los Angeles niederlässt (letzter Wohnsitz Santa Monica)
1945 *Ein Zeitalter wird besichtigt* (Memoiren)
1949 Berufung zum Präsidenten der neu gegründeten Deutschen Akademie der Künste in Ostberlin. – *Der Atem* (Roman)
1950 12. März: Heinrich Mann stirbt in Santa Monica

Rechte Seite: Selbstporträt Thomas Manns in einem seinem Bruder Heinrich Weihnachten 1896 gewidmeten Exemplar der Erzählsammlung *Der kleine Herr Friedemann* (1897).

Umschlagzeichnung von Wilhelm Schulz für die einbändige Ausgabe der *Buddenbrooks* von 1903.

STOFFE/THEMEN

DÉCADENCE

WERTUNGEN. Der Begriff der Décadence ist französischen Ursprungs; mit ihm wollten akademische Kritiker in Anspielung auf die römische Spätzeit angeblich verwandte gesellschaftliche und kulturelle Verfallserscheinungen der Gegenwart treffen. Auf diese Angriffe antwortete Charles Baudelaire mit einer entschiedenen Umwertung. An Baudelaire schlossen sich u.a. Théophile Gautier, Friedrich Nietzsche und Paul Bourget mit seiner *Théorie de la décadence* (1881) an: Als Theorie der Moderne steht Décadence für ein Konzept, das sich gegen das von ökonomischen Zwängen, von Nützlichkeitsdenken und Fortschrittswahn gekennzeichnete moderne Leben und die vorherrschende klassizistische Kunstauffassung wendet und stattdessen auf die Dialektik von biologischer Schwächung bis zur Sympathie mit dem Tod und psychischer und ästhetischer Verfeinerung und Sublimierung setzt. 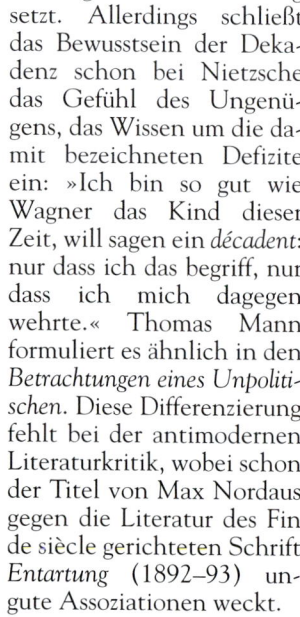 Allerdings schließt das Bewusstsein der Dekadenz schon bei Nietzsche das Gefühl des Ungenügens, das Wissen um die damit bezeichneten Defizite ein: »Ich bin so gut wie Wagner das Kind dieser Zeit, will sagen ein *décadent*: nur dass ich das begriff, nur dass ich mich dagegen wehrte.« Thomas Mann formuliert es ähnlich in den *Betrachtungen eines Unpolitischen*. Diese Differenzierung fehlt bei der antimodernen Literaturkritik, wobei schon der Titel von Max Nordaus gegen die Literatur des Fin de siècle gerichteten Schrift *Entartung* (1892–93) ungute Assoziationen weckt.

»VERFALL EINER FAMILIE«. Das Lebensgefühl der Décadence schlägt sich in der Literatur der Jahrhundertwende in der Konstruktion vielfältiger antibürgerlicher Gegenwelten nieder, in der Faszination durch Verfall, Krankheit und Tod, in der Darstellung erotischer Tabus wie Inzest oder Homoerotik, in großen epischen Entwürfen, die vom

Nieder- und Untergang von Geschlechtern und Familien handeln. Das bedeutendste deutsche Beispiel für eine derartige Familiensaga ist Thomas Manns Roman *Buddenbrooks. Verfall einer Familie*, der ihm in Lübeck zwar keine Freunde machte, aber 1929 den Literaturnobelpreis einbrachte. Es ist eine über vier Generationen sich hinziehende, von Schopenhauerschem Pessimismus zeugende Verfallsgeschichte einer patrizischen Lübecker Kaufmannsfamilie, mit großer Ironie erzählt und mit Hilfe einer Art Leitmotivtechnik gleichsam musikalisch strukturiert. Während der Vertreter der ältesten Generation Johann Buddenbrook senior durch sein ungebrochenes, unreflektiertes bürgerliches Leistungsethos die Firma auf die Höhe bringt, gerät sein Sohn Johann junior (Jean) mit seiner sentimentalen Religiosität immer wieder in Widerspruch zu den Forderungen des Geschäftslebens. Das Problem wird offenkundig in der dritten Generation, insbesondere bei den Brüdern Christian und Thomas. Während Christian seine exzentrische, neurotische Natur zum Schrecken der Familie auslebt und Leistung verweigert, übernimmt Thomas, zunächst sehr erfolgreich, die Leitung des Handelshauses und steigt zum Senator auf. Aber es gelingt ihm nur mit äußerster Willenskraft, die bürgerliche Fassade aufrechtzuerhalten, so dass er in Wirklichkeit das Leben eines Schauspielers führt. Der frühe Tod – der Ästhet stirbt auf höchst hässliche Weise – ist Resultat der ständigen Überforderung, seines gewaltsamen Lebens gegen die eigene Natur. Sein Sohn Hanno – mit der exotisch-schönen und musikalischen Mutter kommt ein zusätzlicher unbürgerlicher Zug in die Familie – repräsentiert die letzte Stufe des Verfallsprozesses; er ist sensibel, kränklich, unpraktisch, lebensuntüchtig. Musik (vor allem die für Rausch und Untergangslust stehende Richard Wagners), Leiden und Tod sind die ihm gemäßen Bereiche, während er das bürgerliche Leben und nicht zuletzt die Schule erleidet und in all ihrer Niedrigkeit durchschaut.

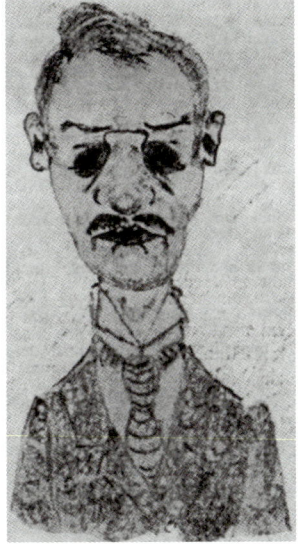

THOMAS MANN

1875 6. Juni: Thomas Mann in Lübeck geboren
1893 Umzug der Familie nach München
1896–98 Italienaufenthalt mit Heinrich Mann; danach lebt er bis zur Emigration in München
1897 *Der kleine Herr Friedemann*
1901 *Buddenbrooks*
1903 *Tristan*; eines der sechs Stücke dieses Bandes ist die Künstlernovelle *Tonio Kröger*
1905 Heirat mit Katia Pringsheim
1909 *Königliche Hoheit*
1912 *Der Tod in Venedig*
1918 *Betrachtungen eines Unpolitischen*
1922 Mit der Rede *Von deutscher Republik* erklärt sich Mann für die Demokratie
1924 *Der Zauberberg*
1929 Nobelpreis für Literatur
1933 Mann kehrt nach der Machtübernahme der Nationalsozialisten von einer Vortragsreise nicht mehr nach Deutschland zurück und lebt zunächst in Küsnacht (Schweiz). – *Die Geschichten Jaakobs*, der erste Band der Tetralogie *Joseph und seine Brüder*, erscheinen; es folgen *Der junge Joseph* (1934), *Joseph in Ägypten* (1936) und *Joseph, der Ernährer* (1943)
1938 Emigration in die USA. Wohnsitz ist zunächst Princeton, dann seit 1941 Pacific Palisades bei Los Angeles
1939 *Lotte in Weimar*
1940–45 Monatliche Radiosendungen (*Deutsche Hörer!*) über die BBC nach Deutschland; 1944 wird Mann US-Staatsbürger
1947 *Doktor Faustus*
1951 *Der Erwählte*
1952 Die Familie Mann lässt sich in der Schweiz nieder, zunächst in Erlenbach, dann 1954 in Kilchberg bei Zürich
1954 *Bekenntnisse des Hochstaplers Felix Krull*
1955 12. August: Thomas Mann stirbt in Zürich

Buchumschlag von Alfred Kubin, 1903.

POETIK
SPRACHKRISE

Rilke und Auguste Rodin vor dem Ateliergebäude in Meudon. Fotografie, um 1905/06.

Rechte Seite: **Paris 1906**, Les Rues Étienne Marcel et de Turbigo, Ansicht aus der Zeit, als Rilke an seinem Roman *Die Aufzeichnungen des Malte Laurids Brigge* (1910) arbeitete, in dem er sich mit dem Thema der großen Stadt auseinandersetzt.

SPRACHE UND WIRKLICHKEIT. Der Ästhetizismus des Fin de siècle mit seiner Morbidität, seiner extremen Künstlichkeit und seiner Lebens- und Gesellschaftsferne löste wachsendes Unbehagen auch bei seinen Protagonisten aus. Bei Hugo von Hofmannsthal führte die Selbstkritik, die Kritik an der das Leben verfehlenden ästhetischen Existenz zu dem berühmten ›Chandos-Brief‹ von 1902 (eigentlicher Titel: *Ein Brief*). In diesem auf 1603 datierten Brief eines fiktiven Lord Chandos an seinen älteren Freund Francis Bacon beschreibt der Lord nach einem Rückblick auf die Zeit ungebrochener Produktivität, in der ihm »in einer Art von andauernder Trunkenheit das ganze Dasein als eine große Einheit« erschienen sei, seine Schaffenskrise als Sprachkrise, als Unvermögen, die Wirklichkeit mit sprachlichen Zeichen zu erfassen. Das sei zuerst bei allgemeinen oder abstrakten Gegenständen sichtbar geworden (»die abstrakten Worte […] zerfielen mir im Munde wie modrige Pilze«) und habe sich »wie ein um sich fressender Rost« ausgebreitet: »Es zerfiel mir alles in Teile, die Teile wieder in Teile, und nichts mehr ließ sich mit einem Begriff umspannen.« Die Kritik gilt nicht nur den Konventionen der Sprache, sondern sie reflektiert auch eine um die Jahrhundertwende verbreitete Skepsis am Vermögen der Sprache überhaupt, für die etwa Fritz Mauthners sprachphilosophischen *Beiträge zu einer Kritik der Sprache* (1901–02) stehen. Hofmannsthals Konsequenz aus dieser ästhetizistischen Weltverfehlung war sein ›Weg zum Sozialen‹, der sich künstlerisch nicht zuletzt in seiner Hinwendung zu Drama und Oper äußerte.

DAS BEISPIEL RILKES. Bei Rainer Maria Rilke vollzog sich die Ablösung von der impressionistischen Klang- und Bildersprache und der jugendstilhaften Ornamentik und Preziosität unter dem Eindruck der Kunst und Arbeitsweise des Bildhauers Auguste Rodin und des Malers Paul Cézanne. Charakteristisch für die neue Haltung ist die Betonung der »Arbeit« und des Handwerklichen sowie ein ausgeprägter Formwille und eine entschiedene »Sachlichkeit«, die auf der genauen Beobachtung des einzelnen Gegenstands – Dinge, Lebewesen, Geschehnisse – beruhen. Es geht darum, diesen Gegenstand in einer abstrahierenden Zusammenfassung auf sein Wesen, auf die ihm innewohnende Gesetzmäßigkeit zu reduzieren, ihn jenseits der dichterischen Subjektivität zum Sprechen zu bringen: Das »Kunst-Ding« muss, so Rilke, »von allem Zufall fortgenommen, jeder Unklarheit entrückt« sein. Die Ergebnisse dieser ›sachlichen‹ Ästhetik legte Rilke in den beiden Bänden der *Neuen Gedichte* vor, die seit 1903 entstanden waren. Gegenstand dieser ›Dinggedichte‹ sind Dinge im üblichen Wortsinn (*Römische Fontäne*, *Das Karussell*), Orte und Landschaften (*Spätherbst in Venedig*), Tiere (*Der Panther*, *Die Flamingos*), Pflanzen (*Blaue Hortensie*) oder Menschen, wobei hier – wie bei anderen Vorwürfen – oft bereits durch die Kunst Vorgeformtes behandelt wird (*Jugend-Bildnis meines Vaters*, *Selbstbildnis aus dem Jahre 1906*). Eine Reihe von Texten wendet sich Gegenständen vergangener Zeiten zu, aus der antiken Mythologie und Kunst (*Leda*, *Früher Apollo*, *Archaïscher Torso Apollos*), aus dem Mittelalter (*L'Ange du Meridien*, *Die Kathedrale*, *Gott im Mittelalter*). Auch der 1904 begonnene tagebuchartige Roman *Die Aufzeichnungen des Malte Laurids Brigge* dokumentiert Rilkes neuen Ansatz, der sich an die bei Cézanne erkannte »Sachlichkeit des Sagens« hält und wie Charles Baudelaire auch das Schreckliche und Hässliche als Seiendes sieht, »das, mit allem anderen Seienden, *gilt*«.

Paula Modersohn-Becker, *Bildnis Rainer Maria Rilke*, um 1906.

RAINER MARIA RILKE

1875 4. Dezember: Rainer Maria Rilke in Prag geboren
1894 Rilkes erste Gedichtsammlung *Leben und Lieder* erscheint
1895 Nach dem Abitur Studium der Kunst- und Literaturgeschichte zunächst in Prag, seit 1897 in München
1899, 1900 Russlandreisen mit Lou Andreas-Salomé
1902 Aufenthalt in Paris (bis 1903), wo er Auguste Rodin kennen lernt; bei einem zweiten Paris-Aufenthalt ist er für kurze Zeit Privatsekretär Rodins
1905 *Das Stunden-Buch*
1906 *Die Weise von Liebe und Tod des Cornets Christoph Rilke*
1907–08 *Neue Gedichte*
1910 *Die Aufzeichnungen des Malte Laurids Brigge*
1913 *Das Marien-Leben*
1916 Kriegsdienst im Wiener Kriegsarchiv
1921 Schloss Muzot im Wallis wird Rilkes ständiger Wohnsitz
1923 *Die Sonette an Orpheus*; *Duineser Elegien*
1926 29. Dezember: Rilke stirbt in Val-Mont bei Montreux

LITERATURBETRIEB

S. FISCHER VERLAG

Max Liebermann, *Samuel Fischer*, 1916.

CHRONIK

1859 24. Dezember: Samuel Fischer als Sohn einer jüdischen Kaufmannsfamilie in Liptó Szent Miklós (Ungarn) geboren
um 1880 Fischer kommt über Wien, wo er als Buchhandelslehrling arbeitet, nach Berlin
1886 1. September: Gründung des S. Fischer Verlags
1896 Moritz Heimann übernimmt das Lektorat (bis 1925)
1917 Oskar Loerke wird, zunächst neben Heimann, Lektor (bis 1941)
1925 Der Arzt Gottfried Bermann, künftiger Schwiegersohn Hedwig und Samuel Fischers, tritt in den Verlag ein; 1928 übernimmt er die Geschäftsführung
1934 15. Oktober: Samuel Fischer stirbt in Berlin
1936 Peter Suhrkamp führt die Geschäfte in Deutschland, während Gottfried Bermann Fischer die Wiener Niederlassung bzw. den Stockholmer Emigrantenverlag leitet
1944 Nach Suhrkamps Verhaftung wird Hermann Kasack, Lektor seit 1941, Verlagsleiter
1945 Peter Suhrkamp erhält in der britischen Zone die Lizenz für einen belletristischen Verlag (Suhrkamp Verlag vorm. S. Fischer)
1950 Trennung der Verlage. Aus dem handschriftlichen Entwurf des Vertrags: »Es ist nunmehr der Wille der beiden Parteien, den S. Fischer Verlag in seiner ursprünglichen Form wiederherzustellen und die Möglichkeit zu eröffnen, daß der mittlerweile entstandene Verlagsname P. S. in einem eigenen Verlag zur Geltung kommt.«
1963 Die Familie Bermann Fischer zieht sich aus dem Verlagsgeschäft zurück; der Verlag wird schließlich schrittweise an den Stuttgarter Holtzbrinck-Konzern verkauft

DER »COTTA DES NATURALISMUS«. So nannte Thomas Mann Samuel Fischer in seinem Nachruf in den *Basler Nachrichten* vom 28. Oktober 1934. Und machte zugleich deutlich, daß der große Verleger mehr war: »Gewiß ist, daß S. Fischer für die deutsche literarische Bewegung von 1890 ebenso repräsentativ war, wie Cotta für die Klassik, und der Vergleich liegt desto näher, als der Sinn fürs Klassische oder fürs Klassisch werden, das Revolutionäre ins Klassische zu münden lassen, sehr ausgesprochen bei ihm war.« Die Anfänge des Verlags waren in der Tat sehr eng mit dem Naturalismus verbunden. In den ersten Jahren nach seiner Gründung 1886 dominierten im Verlagsprogramm neben einer Reihe von Fachpublikationen Werke der zeitgenössischen ausländischen Literatur: Leo Tolstoj, Fjodor Dostojewski, Émile Zola und Henrik Ibsen. In den neunziger Jahren kamen deutsche Autoren hinzu, so 1892 Gerhart Hauptmann.

VERLEGER DER KLASSISCHEN MODERNE. Fischer blieb nicht beim Naturalismus stehen: »Der Verleger […] will Entdecker sein«, schrieb er 1911. Seit den späten neunziger Jahren konnte er zahlreiche junge Schriftsteller

Katia Mann, Thomas Mann und Gottfried Bermann Fischer. Küsnacht, Juni 1935.

an den Verlag binden – Jakob Wassermann, Thomas Mann, Hugo von Hofmannsthal, Hermann Hesse u.a. –, mit denen S. Fischer schließlich zum führenden Verleger der klassischen Moderne aufstieg. Eine wesentliche Rolle spielte dabei die 1890 gegründete Zeitschrift *Freie Bühne für modernes Leben* – später umbenannt in *Neue Deutsche Rundschau* (1894) bzw. *Die neue Rundschau* (1904) –, die Autoren (und Leser) an den Verlag heranführte und bis ins Dritte Reich hinein die bedeutendste deutschsprachige Literaturzeitschrift blieb. Außerdem hatte Fischer Lektoren, Moritz Heimann und Oskar Loerke, die – selber Schriftsteller – wesentlich zum Verlagsprofil beitrugen.

DAS ›DRITTE REICH‹ UND DIE FOLGEN. Nach der ›Machtergreifung‹ betrieben die Nationalsozialisten auch die »Arisierung« des Verlagswesens. S. Fischer, der wichtigste Verlag für zeitgenössische deutsche Literatur, blieb jedoch weiter bestehen. Nach dem Tod Samuel Fischers 1934 übernahm sein Schwiegersohn Gottfried Bermann Fischer die Verlagsleitung. Er gründete 1936 eine Niederlassung in Wien, dann 1938 den Bermann-Fischer Verlag in Stockholm, bei dem die Werke der emigrierten Autoren des S. Fischer Verlages erschienen. In Deutschland bestand der Verlag unter seinem alten Namen weiter, argwöhnisch beobachtet und bespitzelt. Verlagsleiter war seit 1936 Peter Suhrkamp, bis er am 13. April 1944 wegen Hoch- und Landesverrats angeklagt und – trotz der Einstellung des Verfahrens – zehn Monate in Gefängnissen und im Konzentrationslager festgehalten wurde. Nach dem Krieg arbeiteten die getrennten Verlage – Bermann-Fischer und der neu lizenzierte Suhrkamp Verlag vorm. S. Fischer – zunächst wieder zusammen, bis es 1950 zur Trennung kam. Die Autoren konnten sich entscheiden, welchem Verlag sie künftig angehören wollten. Für Suhrkamp optierten u.a. Bertolt Brecht und Hermann Hesse, Autoren, deren erfolgreiche Werke – neben Schweizer Kapitalgebern – wesentlich zur Konsolidierung des neuen Verlags beitrugen.

In seinem ersten Brief nach dem Krieg an Gottfried und Brigitte Bermann Fischer (3. August 1945) schreibt Peter Suhrkamp nach persönlichen Mitteilungen:

»Im übrigen warte ich täglich auf Sie, um wieder in Ihre Hände geben zu können, was wir von Herrn Fischer übernahmen, und was ich nun neun Jahre hindurch allein verwaltet und mit meiner Person gedeckt habe. Äußerlich sind nur Trümmer übrig, aber der Ruf ist rein und blank geblieben, und Sie könnten, ohne Scham, vielleicht ohne aufzugeben, was Sie inzwischen in Stockholm und dort [New York] aufbauten, hier auch auf einem guten Boden wieder anfangen.«

AUTOR

HUGO VON HOFMANNSTHAL

Hugo von Hofmannsthal. Lithographie von Karl Bauer, 1900.

TRADITION UND GEGENWART. Hofmannsthals Frühwerk kreist, ganz im Geist des Wiener Fin de siècle, um die Problematik der ästhetischen Existenz. Dafür stehen die frühen Gedichte (*Ballade des äußeren Lebens*, *Manche freilich …*, *Lebenslied*) und lyrische Dramen wie *Der Tod des Tizian* oder *Der Thor und der Tod*. Der Ausbruch aus diesem selbstbezogenen, die Wirklichkeit verfehlenden impressionistischen Ästhetentum, theoretisch reflektiert in dem Chandos-Brief, führt in der literarischen Praxis über die Aneignung der kulturellen Tradition. Diese für die Gegenwart fruchtbar zu machen und so durch eine Synthese von Vergangenheit und Gegenwart den krisenhaften kulturellen Auflösungserscheinungen zu begegnen, wird zu einem charakteristischen Element im Schaffen Hofmannsthals. Das zeigt sich u.a. in der Verwendung von Elementen der Commedia dell'arte und archetypischer Figuren wie der des Abenteurers in den Komödien, in der Erneuerung der österreichisch-habsburgischen Barocktradition und in der Beschäftigung mit dem Werk Calderóns. Von diesem übernimmt er nicht nur die Vorstellung vom Welttheater, sondern nutzt dessen Schauspiel *Das Leben ein Traum* in seinem späten Drama *Der Turm* überdies als Grundlage für eine Auseinandersetzung mit den Krisenerscheinungen der Gegenwart nach dem Zusammenbruch der alten Ordnungen.

KOMÖDIE. In Hofmannsthals vielseitigem Theaterschaffen kommt der Zusammenarbeit mit dem Komponisten Richard Strauss besondere Bedeutung zu. Hofmannsthal betrachtete seine Opernlibretti nicht als Nebenwerke. Zwar nahm er die Sprache zurück, um Freiräume für die Musik zu schaffen, doch sind Texte wie die »Komödie für Musik« *Der Rosenkavalier* (1911) oder die »Lyrische Komödie« *Arabella* (1933) auch für sich Gesellschaftskomödien mit subtiler sprachlicher Differenzierung der Personen in einem komplexen sozialen Gefüge. Ziel des *Rosenkavalier*

BIOGRAFIE

1874 1. Februar: Hugo von Hofmannsthal in Wien geboren
1891 *Gestern. Dramatische Studie in einem Akt in Versen*
1892–94 Jurastudium an der Universität Wien, dann Wechsel zur Romanistik (Dr. phil. 1898)
1892 *Der Tod des Tizian*; weitere lyrische Dramen – *Der Thor und der Tod* (1893), *Der Kaiser und die Hexe* (1900) – folgen
1901 Heirat und Umzug nach Rodaun bei Wien
1902 *Ein Brief* (»Chandos-Brief«)
1904 *Elektra*; Opernfassung für Richard Strauss 1908 (Uraufführung 1909)
1905 *Das Märchen der 672. Nacht und andere Erzählungen*
1910 *Cristinas Heimreise*
1911 *Der Rosenkavalier. Komödie für Musik*, *Jedermann*

sei es gewesen, schreibt Hofmannsthal, »ein halb imaginäres, halb reales Ganzes entstehen zu lassen, dies Wien von 1740, eine ganze Stadt mit ihren Ständen, die sich gegeneinander abheben und miteinander mischen, mit ihrem Zeremoniell, ihrer sozialen Stufung, ihrer Sprechweise oder vielmehr ihren nach den Ständen verschiedenen Sprechweisen, mit der geahnten Nähe des großen Hofes über dem allen, mit der immer gefühlten Nähe des Volkselementes«.

Den Höhepunkt von Hofmannsthals Komödienschaffen bildet das Lustspiel *Der Schwierige*, Charakterkomödie, ironisches Gesellschaftslustspiel und Konversationsstück in einem. Der schwierige Held bzw. Anti-Held ist Graf Hans Karl Bühl, ein Mann der »Diskretion«, dem Gesellschaften »ein Graus« sind, für den das Reden »auf einer indezenten Selbstüberschätzung« beruht und dem die Welt wie die eigene Existenz fragwürdig geworden sind. Tritt er allerdings handelnd auf – und er wird dazu gedrängt –, misslingt ihm alles, geht es ihm wie dem Clown Furlani, »der alle begreifen, der allen helfen möchte und dabei alles in die größte Konfusion bringt«. Während sich bei diesen Vermittlungs- und Hilfsaktionen die Hohlheit einer vor dem Ende stehenden Adelsgesellschaft nicht zuletzt durch die Sprache offenbart, findet Hans Karl im Scheitern seiner »Mission« sein eigenes Glück jenseits dieser gesellschaftlichen Scheinwelt. Dank weiblicher Überlegenheit wird aus einer mystischen Verbundenheit eine wirkliche Verlobung, gelangt der Held, in Hofmannsthals Entwicklungskategorien gefasst, vom Zustand der »Präexistenz« in den der »Existenz«. »Das erreichte Soziale: die Komödien«, so charakterisierte der Dichter den Stellenwert seines Lustspielschaffens im Rahmen seines Werkes.

1912 *Ariadne auf Naxos*. Neufassung 1916. Weitere Opernlibretti für Strauss: *Die Frau ohne Schatten* (1919), *Die ägyptische Helena* (1928) und *Arabella* (postum 1933)
1921 *Der Schwierige*; danach folgen u. a. die Calderón-Bearbeitung *Das Salzburger Große Welttheater* (1922) und die Konversationskomödie *Der Unbestechliche* (Uraufführung 1923, Druck 1956)
1925 *Der Turm. Trauerspiel in fünf Aufzügen*; zweite Fassung 1927
1927 *Das Schrifttum als geistiger Raum der Nation*
1929 15. Juli: Hofmannsthal stirbt nach einem Schlaganfall. Postum erscheint 1930 das Fragment eines österreichischen Bildungsromans *Andreas oder Die Vereinigten*

Szenenbild mit Karl Hans Bühl, dem ›Schwierigen‹ (Karlheinz Hackl), und Helene Altenwyl (Julia Stemberger) aus dem *Schwierigen* in der Inszenierung von Jürgen Flimm (Bühnenbild Erich Wonder, Kostüme Karl Lagerfeld) bei den Salzburger Festspielen 1991.

HERMANN HESSE

1877 2. Juli: Hermann Hesse in Calw (Württemberg) geboren
1892 Hesse flieht aus dem Seminar Maulbronn; Mechanikerlehre in Calw (1894–95), Buchhändlerlehre in Tübingen (1895–99)
1899–1903 Buchhandelsgehilfe in Basel. Vorabdruck des *Peter Camenzind* 1903 in der *Neuen Rundschau*. Der Erfolg des Romans (Buchausgabe 1904) macht ihn finanziell unabhängig
1904 Hesse lebt als freier Schriftsteller zunächst in Gaienhofen am Bodensee, dann – nach einer Indienreise 1911 – seit 1912 in Bern
1905 *Unterm Rad*; es folgen u. a. die Romane und Erzählungen *Gertrud* (1910), *Roßhalde* (1914) und *Knulp* (1915)
1919 Hesse lebt von nun an in Montagnola im Tessin, seit

Professor Raat (Emil Jannings) und die »Künstlerin« Rosa Fröhlich (Marlene Dietrich – im Film heißt sie Lola) in der Spelunke »Zum blauen Engel«, Szene aus der gleichnamigen, den Roman verharmlosenden Verfilmung von Heinrich Manns Roman *Professor Unrat oder Das Ende eines Tyrannen* von 1930. Regie führte Josef von Sternberg, Carl Zuckmayer arbeitete am Drehbuch mit.

STOFFE/THEMEN

SCHULE

SPEKTRUM. Um die Jahrhundertwende haben Schulgeschichten Konjunktur. Ihre Spannweite ist groß. Sie reicht von humoristischen Angriffen auf die ganze spießige Umwelt (Ludwig Thoma, *Lausbubengeschichten*, 1905) über Leidensgeschichten sensibler Jugendlicher, die an den Eltern, der Schule, der Gesellschaft zerbrechen (Emil Strauß, *Freund Hein*, 1902; Hermann Hesse, *Unterm Rad*, 1905) bis hin zur Thematisierung der politischen und gesellschaftlichen Voraussetzungen autoritärer Strukturen bei Thomas und Heinrich Mann (*Buddenbrooks*, 1901, bzw. *Professor Unrat*, 1905). Vorausgegangen war Frank Wedekind mit seiner »Kindertragödie« *Frühlings Erwachen* (1891), die sich am Beispiel der Pubertätsnöte junger Leute inmitten einer verständnislosen Umwelt – Elternhaus, Schule, Kirche – gegen bürgerliche Triebunterdrückung und Scheinmoral wendet. Eine Sonderstellung nimmt Robert Musils Internatsroman *Die Verwirrungen des Zöglings Törleß* (1906) ein: Hier dienen die Schilderungen pubertärer Verwirrungen weniger der Darstellung einer Leidensgeschichte oder der Kritik an den Erziehungsinstitutionen als vielmehr der Erkenntnis der eigenen, radikalen Subjektivität und dem Versuch, Einsichten in verborgene seelische Vorgänge zu gewinnen und einer anderen Wirklichkeit auf die Spur zu kommen.

»UNTERM RAD«. »Die Seelenmorde in der Schule« lautet eine Überschrift in Ellen Keys Buch *Das Jahrhundert des Kindes* (1902). Das ist auch das Thema von Strauß und Hesse, erweitert freilich um weitere schädliche Einflüsse (Familie, Gesellschaft). In seinem ersten erfolgreichen Werk, dem der Bildungsromantradition verpflichteten *Peter Camenzind*, hatte Hermann Hesse eher pauschal »die

ganze schäbige Lächerlichkeit der modernen Kultur« kritisiert. In der Erzählung *Unterm Rad* konkretisiert er die Kritik am Beispiel des Erziehungssystems, nicht zuletzt gespeist von eigenen Erfahrungen. Er erzählt die Geschichte Hans Giebenraths, die Geschichte eines begabten, sensiblen Kindes aus einem »Schwarzwaldnest«, das sich widerstandslos dem Druck seines Vaters und der durchaus wohlwollenden Lehrer ergibt, um das württembergische »Landexamen« zu bestehen, Voraussetzung für eine kostenlose Ausbildung zum Lehrer oder Theologen. Das gelingt, und auf dem Seminar in Maulbronn schließt er Freundschaft mit einem phantasiebegabten Jungen, der – anders als er – sich nicht anpasst und sich die Individualität nicht austreiben lässt. Doch als die Lehrer eingreifen und die Freunde trennen wollen, weil Hans auf andere Gedanken kommt und in der Schule zu versagen beginnt, flieht er aus dem Internat. Seelisch und gesundheitlich beschädigt, hält es Hans auch zu Hause in einer gefühllosen, rohen Umwelt nicht mehr aus und nimmt sich das Leben. So geht es auch Heinrich Lindner im Roman *Freund Hein* von Strauß, der das Thema des Vater-Sohn-Konflikts (»Der muß mir Staatsanwalt werden«) mit dem Leiden an der Schule verknüpft.

SYSTEMKRITIK. Die Schule der Jahrhundertwende erscheint als eine nach obrigkeitlichen Prinzipien organisierte, ja militarisierte Institution, darauf ausgerichtet, die Entfaltung der individuellen Fähigkeiten der Menschen zu verhindern. Einer vom Geist des Fin de siècle berührten Generation konnte eine derartig rigide Veranstaltung nur zuwider sein. Der Schultag Hanno Buddenbrooks, wie ihn Thomas Mann beschreibt, zeigt nicht nur das Leiden und die völlige Fremdheit des zarten, kränklichen, dafür künstlerisch begabten letzten Sprosses einer dem Untergang geweihten Familie in der Institution Schule, sondern Mann benennt auch den Grund für den hier seit 1871 herrschenden Geist preußischer »Dienststrammheit«: »Die Schule war ein Staat im Staate geworden.«

Hermann Hesse. Fotografie, um 1902.

1923 als Schweizer Staatsbürger. – Der Roman *Demian* erscheint unter dem Pseudonym Emil Sinclair. Er beschreibt die »Geschichte einer Jugend« als Prozess der Selbstfindung. *Siddhartha* (1922) nimmt das Thema in fernöstlichem Gewand auf
1927 *Der Steppenwolf.* Der Roman, der später zum Kultbuch der amerikanischen Alternativ- und Drogenkultur wurde, verbindet vehemente Zivilisationskritik mit der Darstellung einer tiefgreifenden Lebens- und Künstlerkrise
1930 *Narziß und Goldmund*
1943 *Das Glasperlenspiel*, Entwurf einer dem Geist gewidmeten pädagogischen Provinz als Gegenbild zur herrschenden Barbarei
1946 Nobelpreis für Literatur
1962 9. August: Hermann Hesse stirbt in Montagnola

Von Franz von Stuck entworfener Umschlag für das zuerst 1891 erschienene Stück Wedekinds.

GRUPPIERUNGEN, LITERARISCHE KOMMUNIKATION

Die ersten expressionistischen Zirkel wie der 1909 gegründete Berliner »Neue Club« entstanden im Boheme- und Studentenmilieu. Sie griffen die Tradition des literarischen Kabaretts auf und suchten mit Dichterlesungen – etwa in dem Berliner »Neopathetischen Cabaret« (seit 1910) oder seiner Abspaltung, dem »Literarischen Cabaret Gnu« – die Öffentlichkeit. Als wichtige Kommunikationsforen fungierten auch Verlage wie der Kurt Wolff Verlag (gegründet 1913) und vor allem die zahlreichen expressionistischen Zeitschriften. Besonders einflussreich waren *Der Sturm* (1910–32), herausgegeben von Herwarth Walden, und Franz Pfemferts *Aktion* (1911–32), wobei die erste für eine neue Ästhetik, eine radikale »Wortkunst« steht, und die zweite für die politisch engagierte, ›linke‹ Richtung des Expressionismus. Dazu kamen andere wichtige Organe wie *Der Brenner* (1910–54), dessen Herausgeber Ludwig von Ficker Georg Trakl förderte, und *Die Weißen Blätter* (1913–21) René Schickeles.

WORTKUNST

Der Wortkunst-Theorie, wie sie die Zeitschrift *Der Sturm* vertrat, ging es um das »Unmittelbare« hinter den Konventionen der Sprache, das man im einzelnen Wort zu finden glaubte. Verbunden mit einer »Hinneigung zum Futurismus« äußern sich diese Vorstellungen bei August Stramm im Zerbrechen syntaktischer und hierarchischer Strukturen, in häufigen Ein-Wort-Zeilen, in Neologismen, Wortverkürzungen und äußerster Konzentration und Reduktion: eine konstruktive Ausdruckskunst, die – so Stramm – »gegen gemachte Ordnung« revoltierte.

EPOCHE/STRÖMUNG

EXPRESSIONISMUS

DAS EXPRESSIONISTISCHE JAHRZEHNT. Der literarische Expressionismus, eine weitgehend von akademisch gebildeten Bürgersöhnen (seltener Bürgertöchtern) getragene Oppositionsbewegung gegen die Gesellschaft des Wilhelminismus, entfaltet sich in den Jahren zwischen 1910 und 1920. Innerhalb dieses Zeitraums stellt der Kriegsbeginn 1914 eine wesentliche Zäsur dar, die nicht nur die Biografie der expressionistischen Dichter betrifft, sondern auch die Thematik ihrer Werke. Kurt Hiller übernahm 1911 den Begriff Expressionismus aus der modernen bildenden Kunst: »Wir sind Expressionisten. Es kommt uns wieder auf den Gehalt, das Wollen, das Ethos an.« Es fehlt in den folgenden Jahren nicht an expressionistischen Programmen und Manifesten, deren Gemeinsamkeit vor allem in der Distanzierung von den verschiedenen literarischen Strömungen der Jahrhundertwende liegt. Zu einer einheitlichen Definition führen sie nicht. Expressionismus ist vielmehr eine Art Sammelbegriff für eine breite Strömung, in der sich höchst unterschiedliche, z. T. einander widersprechende Tendenzen verbinden. Dazu gehören u. a. futuristische Begeisterung für den technischen

Ernst Ludwig Kirchner, *Rheinbrücke*, 1914.

Fortschritt und Zivilisationskritik, vitalistische Gewaltverherrlichung und Pazifismus, hymnisches Verkündigungspathos und reduktionistische Wortkunst, utopischer Messianismus und die Thematisierung der Angst- und Entfremdungserscheinungen der Moderne. Der Anspruch einer allgemeinen Erneuerung gipfelt in der Forderung der Ablösung des ›alten‹ durch den ›neuen Menschen‹.

SÖHNE UND VÄTER. »Ich wäre einer der größten Dichter geworden, wenn ich nicht einen solchen schweinernen Vater gehabt hätte«, schreibt Georg Heym 1911. Diese Äußerung bezeichnet über den persönlichen Hintergrund hinaus die Haltung der jungen expressionistischen Generation gegenüber ihren Vätern. Für die Söhne verkörpern sie die repressive, erstarrte und sozial verkrustete Welt des Kaiserreichs, eine bis in Schule und Elternhaus militarisierte Gesellschaft. Das Unbehagen äußert sich vielfach in einer wenig konkreten Opposition und einem Gefühl der Stagnation und Langeweile, das wiederum radikale Ausbruchsphantasien evoziert: »Warum ermordet man nicht den Kaiser oder den Zaren? [...] Warum macht man keine Revolution? [...] Oder sei es auch nur, daß man einen Krieg begänne«, fragt Heym angesichts der »ganzen Ereignislosigkeit des Lebens«. Diese Bewusstseinslage erklärt auch die Begeisterung, mit der zahlreiche Künstler und Schriftsteller der expressionistischen Generation den Krieg begrüßten, bis sie die blutigen Erfahrungen eines Besseren belehrten. Zu den wichtigsten literarischen Gestaltungen des Generationenkonflikts und des Aufstands gegen die Väter gehören die Dramen von Walter Hasenclever (*Der Sohn*, 1914) und Arnolt Bronnen (*Vatermord*, 1920) sowie Franz Werfels Erzählung *Nicht der Mörder, der Ermordete ist schuldig* (1920). Die symbolische Bedeutung der Vaterfigur steht außer Frage. Von Gott und König bis zum Offizier oder Unternehmer: »Alle diese Väter sind«, wie es bei Werfel heißt, »vergiftete Ausgeburten der Autorität.« Die politische Radikalisierung einer Reihe von expressionistischen Autoren nach den Erfahrungen von Krieg und Revolution ist eine Antwort auf diese Einsicht.

Titelblatt des Septemberheftes 1912 der expressionistischen Zeitschrift *Der Sturm* mit einem Holzschnitt Franz Marcs zu dem Gedicht *Versöhnung* von Else Lasker-Schüler mit den Eingangszeilen »Es wird ein großer Stern in meinen Schoß fallen ... Wir wollen wachen die Nacht [...].«

AUGUST STRAMM

Patrouille

Die Steine feinden
Fenster grinst Verrat
Äste würgen
Berge Sträucher blättern
raschlig
Gellen
Tod.

JAKOB VAN HODDIS

Weltende

Dem Bürger fliegt vom
   spitzen Kopf der Hut,
In allen Lüften hallt es wie
   Geschrei,
Dachdecker stürzen ab und
   gehn entzwei,
Und an den Küsten – liest
   man – steigt die Flut.

Der Sturm ist da, die wilden
   Meere hupfen
An Land, um dicke Dämme
   zu zerdrücken.
Die meisten Menschen
   haben einen Schnupfen.
Die Eisenbahnen fallen von
   den Brücken.

Georg Heyms *Umbra vitae* (1912). Seite aus einer von Ernst Ludwig Kirchner 1924 mit Holzschnitten illustrierten Ausgabe.

GATTUNG

EXPRESSIONISTISCHE LYRIK

»MENSCHHEITSDÄMMERUNG«. Die von Kurt Pinthus 1919 herausgegebene (und auf 1920 vordatierte) Anthologie *Menschheitsdämmerung. Symphonie jüngster Dichtung* dokumentiert das Selbstverständnis der expressionistischen Generation und zieht zugleich ein Resümee am Ende der Bewegung. In vier »Sätzen« verbinden sich apokalyptische Untergangsvisionen, Manifestationen deformierter Menschlichkeit, utopische Visionen einer neuen Welt und eines neuen Menschen und Aufrufe zu universaler Menschenliebe zu einem eindrucksvollen Panorama der Lyrik des expressionistischen Jahrzehnts. Neben Else Lasker-Schüler als einziger Dichterin sind 22 weitere Autoren von Gottfried Benn und Johannes R. Becher über Georg Heym, Georg Trakl und Ernst Stadler bis zu August Stramm und Franz Werfel vertreten.

DESTRUKTION. In der *Menschheitsdämmerung* liegt der Akzent auf der messianischen Strömung des Expressionismus. Es fehlt aber auch nicht, allerdings unterrepräsentiert, die andere Seite, die provozierende Verletzung bürgerlicher Vorstellungen von Dichtung und von Anstand und Moral durch die Einbeziehung des Hässlichen, von Verfall, Verwesung und Tod. Georg Heym, Georg Trakl und Gottfried Benn stehen für diese Richtung. Benns Gedichtsammlung *Morgue und andere Gedichte* (1912) zeichnet – vom Berufsalltag des Arztes ausgehend – in Gedichten wie *Schöne Jugend* (eine Ophelia-Variation), *Kleine Aster*, *Kreislauf* oder *Mann und Frau gehen durch die Krebsbaracke* krasse Szenen des körperlichen Verfalls, der erbärmlichen Kreatürlichkeit des Menschen und der Hoffnungslosigkeit seiner Existenz. »Die Krone der Schöpfung, das Schwein, der Mensch«, heißt es in dem späteren Gedicht *Der Arzt*. Die Destruktion der bürgerlichen Scheinwirklichkeit wird zum poetischen Programm.

DÄMONISIERUNG. Georg Heyms einziger zu Lebzeiten erschienener Gedichtband *Der ewige Tag* (1911) gehört zu den ersten bedeutenden Zeugnissen des literarischen Expressionismus. Bilder der großen Stadt und einer dämonisierten, feindlichen Wirklichkeit, Untergangs- und Endzeitvisionen charakterisieren diese Dichtung der Angst und

Georg Trakl, *Selbstporträt*, 1913. Das Bild wurde später teilweise übermalt und beschnitten.

des Unheimlichen, die sich zugleich betont objektiv gibt. Das lyrische Ich tritt fast völlig zurück, die Form mit fast immer gleichem Vers- und Strophenschema hat etwas Blockhaft-Monotones. Die Ordnung des Nebeneinanders, die Parataxe, bestimmt die poetische Technik. Dabei geht die formale Bändigung Hand in Hand mit einer auch im wörtlichen Sinn farbigen Bildlichkeit, die sich zu suggestiven Visionen verdichtet und den Texten große Kraft, Dynamik und Vitalität verleiht (*Der Krieg, Der Gott der Stadt, Die Dämonen der Städte, Schwarze Visionen* u. a.).

VERFALL. Bei Trakl verbinden sich Gedanken und Bilder von Verfall und Tod mit melancholischer Schönheit und musikalischem Wohlklang. Das charakteristische formale Verfahren ist die Reihung von Bildern: »Wie schön sich Bild an Bildchen reiht«, heißt es im Gedicht *Verklärter Herbst*, das diesen Gedichttyp mit seiner musikalisch strukturierten Variation von Motiven, Klängen, Farben und Bildern repräsentiert. In späteren Gedichten (*Sebastian im Traum*, 1915) verdichtet sich die Motiv- und Bildsprache und kontrastiert antik-arkadische oder christlich geprägte Paradies- und Erlösungsvorstellungen mit dunklen Bildern des Verfalls und der Fäulnis, der Angst und des Verderbens. Dabei zeigen sich (diskontinuierliche) Bewegungen von paradiesischer Vorzeit zu Erlösung und Apokalypse, hat der Verlauf der Tages- und Jahreszeiten ein Ziel: Herbst, Abend, Nacht – Absterben, Untergang, Tod.

GEORG TRAKL

1887 3. Februar: Georg Trakl in Salzburg geboren
1905–08 Praktikum in der Salzburger Apotheke »Zum weißen Engel«
1908–10 Pharmaziestudium in Wien
1910–12 Nach dem Magisterexamen Militärjahr in Wien; danach arbeitet er wieder in der Salzburger Apotheke »Zum weißen Engel«, anschließend in der Apotheke des Garnisonskrankenhauses in Innsbruck
1913–14 Gibt Stellen in Wien sofort nach Antritt wieder auf und lebt meist in Innsbruck, unterstützt von Ludwig von Ficker und anderen. – *Gedichte* (1913)
1914 Trakl wird eingezogen und in Galizien stationiert. Nach seinem ersten Einsatz in der Schlacht von Gródek (8.–11. September 1914) unternimmt er einen Suizidversuch
1914 3. November: Georg Trakl stirbt in Krakau an einer Überdosis Kokain. Postum erscheint der Gedichtband *Sebastian im Traum* (1915)

GEORG KAISER

1878 25. November: Georg Kaiser in Magdeburg geboren
1898–1901 Nach dem Abbruch einer kaufmännischen Lehre arbeitet Kaiser im Büro der AEG in Argentinien. Danach lebt er als freier Schriftsteller an verschiedenen Orten in Deutschland
1908 Kaiser wohnt bis 1918 abwechselnd in Seeheim an der Bergstraße und Weimar
1914 *Die Bürger von Calais*; die Uraufführung 1917 bedeutet Kaisers literarischen Durchbruch
1916 *Von morgens bis mitternachts*
1917 *Die Koralle*
1918 *Gas*, 1920 folgt *Gas. Zweiter Teil*. – Finanzielle Schwierigkeiten; Umzug nach München
1921 Kaiser wird wegen Unterschlagung und Betrug zu einem Jahr Gefängnis verurteilt, aber bereits nach zwei Monaten entlassen, da der Gustav Kiepenheuer Verlag die Bürgschaft für alle Schulden übernimmt. Neuer Wohnsitz Grünheide bei Berlin
1922 *Kanzlist Krehler*. Danach folgen die Stücke *Nebeneinander* (1923), *Kolportage* (1924) und *Die Lederköpfe* (1928). Kaiser gehört jetzt zu den meistgespielten Dramatikern der Weimarer Republik
1933 *Der Silbersee* (Musik von Kurt Weill)
1938 Kaiser emigriert über die Niederlande in die Schweiz
1940 *Der Soldat Tanaka*
1948 *Griechische Dramen*: *Pygmalion, Zweimal* Amphitryon, *Bellerophon*
1945 4. Juni: Georg Kaiser stirbt in Ascona (Schweiz)

POETIK

DRAMA UND FILM

›WANDLUNG‹. Das expressionistische Drama erreichte seinen Höhepunkt in den Jahren nach 1915; auch die früher entstandenen Stücke wurden erst seit 1916 aufgeführt. Dabei konkurrieren verschiedene Dramentypen, die jedoch bis auf wenige Ausnahmen mit den klassizistischen Formvorstellungen brechen. Das dominierende Strukturmodell im Expressionismus ist das Stationendrama nach dem Vorbild August Strindbergs. An die Stelle der geschlossenen Form des klassizistischen Dramas und eines kausal-psychologischen Handlungsablaufs tritt die lockere Reihung von Einzelszenen, von ›Stationen‹, die das jeweils erreichte Stadium der seelischen Entwicklung der häufig als Typen bzw. Archetypen gezeichneten Protagonisten vorführen. Gegenstand ist der Wandlungs- und Läuterungsprozess eines Protagonisten, der zu einem neuen Leben, einem ›neuen Menschen‹ führt (Wandlungsdrama). Frühestes Beispiel ist Reinhard Johannes Sorges »dramatische Sendung« *Der Bettler* (1912). Den Anspruch auf Erneuerung, Erlösung und Weltveränderung, den viele expressionistische Dramen artikulieren, zeigt sich beispielhaft in Ernst Tollers Stück *Die Wandlung* (1919), das den Weg eines Kriegsfreiwilligen zum pazifistischen Revolutionär beschreibt. Einen Höhepunkt dieser Aufrufe zur Geburt eines neuen Menschen stellt Georg Kaisers Opferdrama *Die Bürger von Calais* (1914) dar.

GESELLSCHAFTSKRITIK. Die messianisch-utopische Rhetorik hat ihr kritisches Gegenstück bei Carl Sternheim und Georg Kaiser. Sternheim demaskiert mit seinem Komödienzyklus »Aus dem bürgerlichen Heldenleben« die verlogene bürgerliche Moral der Wilhelminischen Ära. Das geschieht nicht zuletzt durch das komödiantische Spiel mit der Sprache, verbunden mit einer Tendenz zur sprachlichen Verknappung und Reduktion, die den Blick auf den sich selbst entlarvenden bürgerlichen Phrasen-

Szene aus dem Film *Das Cabinet des Dr. Caligari* (1920) mit Werner Krauß und Conrad Veidt. Der Film gilt nicht nur als ein Musterbeispiel des expressionistischen Stils, sondern auch als einer der ältesten Klassiker des Horrorfilms.

Szenenbild der Uraufführung von Franz Werfels Schauspiel *Spiegelmensch* 1921 im Alten Theater Leipzig. Thema des Stückes ist das Doppelgesicht des menschlichen Ich – Sein-Ich und Schein-Ich –, und so wird die Hauptgestalt Thamal stets von einem Spiegelbild begleitet. Der Tod des Spiegelmenschen, des Spiegel-Ich, bringt die Befreiung von den Scheinwerten Macht und Ruhm und die Erlösung zu einer rein geistigen Existenz.

schatz öffnet. Dagegen setzt sich Kaiser in seinem zweiteiligen Drama *Gas* (1918, 1920), entstanden unter dem unmittelbaren Eindruck des Krieges, mit der Problematik der industriellen und technischen Entwicklung auseinander. Er konstatiert den Umschlag einer verabsolutierten Sachlogik ins Irrationale und statt einer Erneuerung des Menschen seine Dehumanisierung. Bereits zuvor hatte er in dem Stationendrama *Von morgens bis mitternachts* (1916) in einer rastlosen, dynamischen Bilderfolge den gescheiterten Ausbruchsversuch eines namenlosen Kassierers aus der Enge seines Daseins dargestellt.

THEATER UND FILM. Die spezifischen Tendenzen der expressionistischen Dramatik – Neigung zum Parabolischen, Verzicht auf psychologisch motivierte Charakterdarstellung, Entindividualisierung und Typisierung, Verwendung allegorischer Mittel, Auflösung von Ort, Zeit und Raum – haben Folgen für die Theaterpraxis, für Inszenierung, Bühnenbild und Schauspielstil. Statt der herkömmlichen, illusionistisch gemalten Bildbühne erscheint die expressionistische Raumbühne als Abbild der inneren Welt der Protagonisten, wobei abstrakte geometrische Formen und konstruktivistische Bühnenbauten eine wesentliche Rolle spielen. Dazu kommt eine expressive Licht- und Farbenregie und eine neue Gebärdensprache – des einzelnen Schauspielers wie einer Gruppe oder choreografisch bewegten Masse – nach dem Vorbild des Tanzes. Der Film ließ sich von Bühne und Schauspielstil des expressionistischen Theaters inspirieren, von seiner extremen Stilisierung, die gleichermaßen Szenenbild, Ausstattung, Gestik und Mimik betraf. Die große Zeit des expressionistischen Stummfilms begann mit dem *Cabinet des Dr. Caligari* (1920) in der Regie von Robert Wiene. Auch hier reflektiert die Szenerie mit ihren schrägen Linien und ihrer kubistisch verzerrten Perspektive die Innenwelt des geistesgestörten Protagonisten.

CARL STERNHEIM

1878 1. April: Carl Sternheim in Leipzig geboren
1897 Nach dem Abitur Studium der Philosophie und der Literatur- und Kunstgeschichte an verschiedenen Universitäten ohne Abschluss
1900 Sternheim lebt als freier Schriftsteller in Weimar, dann in München, seit 1912 meist in Brüssel
1907 Seine (zweite) Ehe mit der vermögenden Thea Löwenstein ermöglicht ihm ein großbürgerliches Leben und den Aufbau einer Kunstsammlung
1911 *Die Hose. Ein bürgerliches Lustspiel*. Das Stück steht am Anfang des sechsteiligen Komödienzyklus »Aus dem bürgerlichen Heldenleben«: *Die Kassette* (1912), *Bürger Schippel* (1913), *Der Snob* (1914), *1913* (1915), *Das Fossil* (1925)
1916 *Tabula rasa*
1918 *Chronik von des zwanzigsten Jahrhunderts Beginn* (Erzählungen)
1919–30 *Europa* (Roman)
1920 *Berlin oder Juste milieu*
1922 *Der Nebbich*
1925 *Das Fossil*
1933 Verbot seiner Stücke durch die Nationalsozialisten
1936 *Vorkriegseuropa im Gleichnis meines Lebens*
1942 3. November: Carl Sternheim stirbt in Brüssel

FUTURISMUS

Der Futurismus ist eine von Italien ausgehende literarische Bewegung der Moderne. Sie wurde von Filippo Tommaso Marinetti begründet. Das Gründungsmanifest erschien 1909 in Paris; weitere Manifeste folgten, darunter 1912 das *Manifesto tecnico della letteratura futurista*. Der Futurismus verstand sich als umfassende, auf eine radikale Veränderung aller Bereiche der Künste und der Gesellschaft zielende Bewegung. Sie richtete sich gegen die überkommenen Institutionen ebenso wie gegen die durch Konventionen verfestigten sprachlichen Formen. Das Energiepotenzial für den neuen (männlichen) Dynamismus sahen die Futuristen in der modernen Welt der Technik und der Maschinen und der damit

Gottfried Benn als Oberarzt beim Militärgouvernement in Brüssel. Fotografie, 1916.

GATTUNG

PROSAEXPERIMENTE

AUFLÖSUNG TRADITIONELLER FORMEN. Carl Einsteins kleiner (Anti-)Roman *Bebuquin oder die Dilettanten des Wunders* (1912) gilt als einer der Schlüsseltexte der modernen Ästhetik. Der Text bricht radikal mit den erzählerischen Konventionen, verabschiedet sich von Psychologie, Kausalität und dem mimetischen Charakter von Kunst überhaupt und versteht sich zugleich als Ort philosophischer und ästhetischer Diskussion. Die Gestalten leiden unter dem Zwiespalt von Ich und Welt. Die Welt erweist sich als Chaos, das Denken des Subjekts endet, da es keine Ordnung mehr gibt, im Wahnsinn. Allein durch ein »Wunder«, einen schöpferischen Akt, könnte die Harmonie von Ich und Welt hergestellt werden. Doch die »Dilettanten des Wunders« scheitern. Angesichts einer Welt ohne Ordnung kann es auch im Text keine Handlung im herkömmlichen Sinn, keine kausalen Verknüpfungen und Beziehungen geben. Der Leser begegnet vielmehr einer autonomen Kunstwelt, einer willkürlichen, absurden, surrealen, grotesken Gegenwelt, in der Logik und Vernunft außer Kraft gesetzt sind. Der Roman beginnt so: »Die Scherben eines gläsernen, gelben Lampions klirrten auf die Stimme eines Frauenzimmers: ›Wollen Sie den Geist Ihrer Mutter sehen?‹ Das haltlose Licht tropfte auf die zartmarkierte Glatze eines jungen Mannes, der ängstlich abbog, um allen Überlegungen über die Zusammensetzung seiner Person vorzubeugen.«

ICH-AUFLÖSUNG. Gottfried Benn schließt mit seinen Prosastücken *Gehirne* (1916) an Einsteins Vorstellungen einer autonomen, absoluten Prosa an. Im Mittelpunkt der Texte steht der junge Arzt Dr. Werf Rönne, der in eine tiefe, sein Verhältnis zur Wirklichkeit radikal in Frage stellende Krise geraten ist. Ich und Welt, Sprache und Wirklichkeit fallen auseinander, die Wirklichkeit tritt dem sich auflösenden Ich als chaotische Ansammlung von Einzelheiten gegenüber, Handeln erscheint ohne Zusammenhang, alles Alltäglich-Selbstverständliche wird fragwürdig, Kontakt ist kaum noch möglich: »Es schwächt mich etwas von oben. Ich habe keinen Halt mehr hinter den Au-

Luigi Russolos futuristisches Bild *Dinamismo di un'automobile* (1912–13).

gen. Der Raum wogt so endlos; einst floß er doch auf eine Stelle. Zerfallen ist die Rinde, die mich trug.« Einen Ausweg scheint es zu geben, um dem Ich Stabilität zu verleihen: Es ist die Kunst mit ihrer Fähigkeit, auf dem Weg der Assoziation, der Phantasie und des Spiels, durch das Eintauchen in die Schicht archaischer, rauschhaft-dionysischer Bilder, Visionen und Träume eine eigene, neue Welt zu schaffen: »Zerstäubungen der Stirne – Entschweifungen der Schläfe«.

FUTURISTISCHE PROSA. Als die erste Ausstellung futuristischer Malerei 1912 auch in Berlin gezeigt wurde, schrieb Alfred Döblin: »Wenn wir in der Literatur auch so etwas hätten!« In den folgenden Jahren tat er das seine, diesen Wunsch Wirklichkeit werden zu lassen: Sein erzählerisches Werk ist wie das kaum eines anderen deutschen Dichters von der Auseinandersetzung mit dem Futurismus geprägt, wenn er auch früh polemische Abgrenzungsversuche unternahm (»Döblinismus« statt Futurismus) und sich von einzelnen Momenten der futuristischen Theorie wie der Verherrlichung von Krieg und Kampf distanzierte. Aber von seinem ersten großen Roman *Die drei Sprünge des Wang-lun* (1916) über *Wallenstein* (1920) bis hin zu *Berlin Alexanderplatz* (1929) spielen futuristische Vorstellungen – Dynamik, Tempo, Unmittelbarkeit, Verzicht auf einfühlende Psychologie, Ausschalten der Erzählerinstanz, das Zerbrechen konventioneller Ordnungsmuster einschließlich der Syntax, eine durch Parataxe bestimmte Erzählweise – eine wichtige Rolle.

verbundenen Schnelligkeit. Diese Tendenzen, verbunden mit einem irrationalen Vitalismus, kulminierten in der Verherrlichung des Krieges. In den zwanziger Jahren näherte sich der Futurismus dem Faschismus.
Die sprachlich-literarischen Überlegungen betreffen u. a. die Zerstörung der herkömmlichen Syntax und anderer sprachlicher Konventionen (»parole in libertà«), die Unterdrückung des Ich-Ausdrucks und aller Sprechweisen der Innerlichkeit, Formen einer expressiven Orthographie und Typographie (bis hin zum Extrem der »tavole parolibere«, d. h. visuellen, expressiven Konfigurationen).

EPOCHE/STRÖMUNG

DADA

DAS WORT DADA

Die Bezeichnung Dada taucht im April 1916 zum ersten Mal in Hugo Balls Tagebuch auf (*Die Flucht aus der Zeit*, 1927). Auch Tristan Tzara und Richard Huelsenbeck erhoben Anspruch auf die Wortfindung. Sie ist wohl das Ergebnis vom Blättern in Wörterbüchern. Hugo Ball: »Dada heißt im Rumänischen Ja, Ja, im Französischen Hott- oder Steckenpferd. Für Deutsche ist es ein Signum alberner Naivität und zeugungsfroher Verbundenheit mit dem Kinderwagen.«

Das *Merzbild 21b* (»Haar-Nabelbild«) von Kurt Schwitters, eine Komposition aus Pappe, Papier, Haaren, Knöpfen und anderen Materialien.

WAS IST DADA? »Dada bedeutet nichts«, schrieb Tristan Tzara, einer der Mitbegründer der avantgardistischen Kunstbewegung. Hugo Ball notierte 1916 in seinem Tagebuch: »Was wir Dada nennen, ist ein Narrenspiel aus dem Nichts, in das alle höheren Fragen verwickelt sind […]. Der Dadaist kämpft gegen die Agonie und den Todestaumel der Zeit. […] Er weiß, daß die Welt der Systeme in Trümmer ging, und daß die auf Barzahlung drängende Zeit einen Ramschausverkauf der entgötterten Philosophien eröffnet hat. Wo für den Budenbesitzer der Schreck und das schlechte Gewissen beginnt, da beginnt für den Dadaisten ein helles Gelächter und eine milde Begütigung.«

Der Dadaismus reagiert auf den Zusammenbruch der bürgerlichen Moral- und Wertvorstellungen im Ersten Weltkrieg. Die radikale Absage an eine rationalistische Weltsicht und das Fortschrittsdenken der Zeit betrifft auch Kunst und Literatur, setzt die geltenden ästhetischen Maßstäbe, die Konzeption eines geschlossenen Werkes und seiner Sinnhaftigkeit außer Kraft. Daraus resultiert eine Erweiterung des Kunstbegriffs, eine absolute Freiheit der künstlerischen Produktion, die sich u. a. in künstlerischen und literarischen Verfahrensweisen wie Montage und Collage und der Behandlung der Sprache als Material manifestiert.

ZÜRICH, BERLIN UND ANDERSWO. Ausgangspunkt der Dada-Bewegung war die Gründung des zunächst eher konventionellen »Cabarets Voltaire« durch die Weltkriegsemigranten Hugo Ball, Tristan Tzara, Richard Huelsenbeck und Hans Arp am 5. Februar 1916 in Zürich. Bald jedoch begannen die künstlerischen Experimente mit Lautgedichten, Simultangedichten oder den durch den Zufall generierten *Arpaden* Arps (Auswahl von Wörtern und Sätzen aus Tageszeitungen und ihren Inseraten bei geschlossenen Augen). Von Zürich trug Huelsenbeck den Dadaismus nach Berlin (»Club Dada«; *Dadaistisches Manifest*, 1918), wo die Bewegung unter dem Eindruck von Revo-

Dada-Messe, Berlin 1920. An der Decke die Plastik »Preußischer Erzengel« (Schweinekopf aus Papiermaché, Offiziersuniform) von Rudolf Schlichter und John Heartfield. Die Personen von links nach rechts: Raoul Hausmann, Hannah Höch, Dr. Otto Burchard, Johannes Baader, Wieland Herzfelde, Frau Herzfelde, Dr. Oz (d. i. Otto Schmalhausen), George Grosz und John Heartfield.

lution und Kriegsende stärkere politische Akzente setzte und mit Vortragsabenden und Zeitschriften (bis zum jeweils schnellen Verbot) an die Öffentlichkeit trat. Mitglieder des lose organisierten Clubs waren Raoul Hausmann (»Dadasoph«), John Heartfield (»Monteurdada«), George Grosz (»Dadamarschall«) und Johannes Baader (»Oberdada«). Weitere Zentren entstanden in Köln (1919/20: Max Ernst, Johannes Baargeld, Hans Arp) und seit 1920 in Paris (Tzara, Arp und die späteren französischen Surrealisten). Vom Pariser Dadaismus führt eine direkte Linie zum Surrealismus. Nach dem Zweiten Weltkrieg wirkte der Dadaismus weiter in den Arbeiten der Wiener Gruppe und in der Konkreten Poesie.

MERZ. Eine eigene Variante des Dadaismus schuf Kurt Schwitters mit seiner MERZ-Kunst (die Bezeichnung nimmt die zweite Silbe des Wortes Kommerz auf); den Berliner Dadaisten war sie zu unpolitisch. Zunächst orientierte sich Schwitters am Expressionismus, vor allem der ›Wortkunst‹ August Stramms, erschloss sich aber dann experimentelle Formen: Textmontagen und -collagen nach immer neuen Organisationsprinzipien aus vorgefundenen, disparaten Materialien, visuelle Texte und auf Rezitationsabenden virtuos vorgetragene Lautgedichte wie die *Ursonate.* Sein neben der *Ursonate* bekanntestes literarisches Werk ist das Gedicht *An Anna Blume,* dessen fiktive Adressatin mehreren Gedicht- bzw. Textsammlungen den Namen gab: »Oh Du, Geliebte meiner 27 Sinne, ich liebe Dir! | Du, Deiner, Dich Dir, ich Dir, Du mir, – – – wir?«

Beginn von Kurt Schwitters' Gedicht *An Anna Blume* (1919) in einer späteren Reinschrift des Autors.

LITERATURBETRIEB

PRAG

DIE STADT. »Prag läßt mich nicht los. Dieses Mütterchen hat Krallen«, schrieb der junge Franz Kafka 1902, ein Jahr nach dem Abitur. Und später hatten seine unbestimmten Berufswünsche vor allem das Ziel, einen möglichst großen geographischen Abstand von Prag zu gewinnen. Das gelang bekanntlich nicht; bis auf Reisen und Ferienaufenthalte spielte sich Kafkas Leben im engen Bezirk der Prager Altstadt ab. Prag war die drittgrößte Stadt der Donaumonarchie und hatte um 1900, bezieht man die Vorstädte ein, mehr als 400 000 Einwohner. Über 90 % waren tschechischer Nationalität; die deutschsprachigen Bewohner – etwa 34 000, davon die Hälfte Juden – hatten aber immer noch die politischen und wirtschaftlichen Führungspositionen inne und zeigten durch deutsche Schulen, Universität, Technische Hochschule, Theater und Zeitungen eine starke kulturelle Präsenz.

ISOLATION. Die deutschsprachigen Prager Autoren stellten eine isolierte kleine Minderheit dar, die ihre aktuelle Umwelt kaum zur Kenntnis nahm und in ihren Kaffeehauszirkeln nur selten mit tschechischen Autoren zu tun hatte. Allerdings blieb auch, da die meisten Schriftsteller jüdischer Herkunft waren, trotz der weitgehenden Assimilation ihre Stellung im Rahmen der deutschsprachigen Eli-

MAX BROD

Kafka lernte Max Brod 1902 während seiner Studentenzeit kennen. Er wurde sein enger Freund und Vertrauter. Brod förderte und beriet ihn zeit seines Lebens, rettete und verwaltete seinen Nachlass (den er entgegen Kafkas Verfügung nicht vernichtete) und prägte lange das Kafka-Bild der Nachwelt durch seine Biografie (1937), durch seine Interpretationen und durch seine Ausgaben postumer Texte (seit 1925) und die 1935 begonnene Gesamtausgabe.

Brod war selbst ein ungemein fruchtbarer und vielseitiger Schriftsteller. Am 27. Mai 1884 in Prag als Sohn eines höheren Bankangestellten geboren, studierte er nach dem Abitur an der Deutschen Universität in Prag (Dr. jur. 1907), arbeitete anschließend von 1907 bis 1924 in der Prager Postdirektion, dann als Kulturreferent des Ministerratspräsidiums und schließlich als Theater- und Musikkritiker beim *Prager Tagblatt*. 1939 emigrierte der aktive Zionist nach Israel und lebte als Dramaturg und Kritiker in Tel Aviv. Hier starb er am 20. Dezember 1968. Sein Werk umfasst neben Übersetzungen (z.B. von tschechischen Opernlibretti) Gedichte, Dramen, Romane, Erzählungen, Essays, Biografien und religionsgeschichtliche, literaturhistorische, kulturgeschichtliche und autobiografische Schriften. Bedeutend ist v.a. der Zyklus von sechs historischen Romanen, der mit *Tycho Brahes Weg zu Gott* (1915) beginnt und mit einem Werk über den Humanisten Johannes Reuchlin und seinen Kampf für die Erhaltung hebräischer Texte endet (*Johannes Reuchlin und sein Kampf*, 1966).

Prag. Undatierte Fotografie von Josef Sudek.

te prekär und forderte Identitätskrisen geradezu heraus. Während das deutsche kulturelle Leben in Prag gegen Ende des 19. Jahrhunderts eher provinziell war, kam es um 1910 zu intensiven Erneuerungsbestrebungen, an denen u. a. Max Brod, Egon Erwin Kisch, Franz Werfel und Willy Haas teilhatten. Als Franz Werfel 1911 sein hymnisch-expressionistisches Gedicht *Der Weltfreund* im Café Arco vorlas, wurde der Treffpunkt im ganzen deutschsprachigen Raum bekannt. Aber das war kein dauerhafter Ausbruch aus der Isolation; Werfel selbst verließ 1912 Prag. Andere Autoren folgten in den nächsten Jahren.

MYTHISIERUNG. Man sieht es als Folge der Isolierung der Prager Autoren an, dass sie sich – statt sich auf die sie umgebende Realität einzulassen – eine wortreich beschworene exotische und groteske Kunstwelt schufen, dass sie an einem mythisch-phantastischen Bild Prags und seiner Geschichte arbeiteten. Dabei kehrten bestimmte Themen und Motive wie der Libussa-Gründungsmythos, das Prag Kaiser Rudolfs II. oder die Beschwörung der Welt der Zauberer, Alchimisten und Golems immer wieder. Auch die Schriftsteller, die Prag verlassen hatten, hielten an dieser Sicht der Vergangenheit fest. Das gilt beispielsweise auch für Leo Perutz und seinen erst nach dem Zweiten Weltkrieg vollendeten (allerdings bereits in den zwanziger Jahren begonnenen) »Roman aus dem alten Prag« *Nachts unter der steinernen Brücke* (1953), einem vielstimmigen, phantastischen und realistischen Zeitbild der Jahrzehnte vor und nach der Wende vom 16. zum 17. Jahrhundert.

KAFKA. Obwohl Kafka an der Kaffeehausgeselligkeit teilnahm und mit Max Brod befreundet war, bilden seine Texte einen entschiedenen Kontrast zu den Werken der anderen Prager Literaten. Das gilt für die Thematik, noch mehr aber für Sprache und Stil seiner distanzierten, nüchternen Prosa. Seine Muster waren nicht die rhetorische Redundanz der Prager Literaten oder die Ekstasen des Expressionismus, sondern die Sprache Goethes, die präzise Prosa des 19. Jahrhunderts (Heinrich von Kleist, Johann Peter Hebel, Adalbert Stifter u. a.) und seiner Zeitgenossen Hugo von Hofmannsthal, Thomas Mann und Robert Walser. Die Literatur bot, was das Leben versagte: »Ich habe niemals unter deutschem Volk gelebt«, schrieb Kafka 1920 an Milena Jesenská.

Max Brod in einer Karikatur von Adolf Hoffmeister.

Gustav Meyrinks Roman *Der Golem* (1915) führt – in der Traumwelt des Erzählers – in die dunklen Bezirke des Prager Judenviertels und der Seele, wobei sich Phantastisches und Realistisches vermischen. Die Lithographie von Hugo Steiner-Prag ist Teil eines 1916 zuerst erschienenen *Golem*-Zyklus.

BIOGRAFIE

1883 3. Juli: Franz Kafka als Sohn einer jüdischen Kaufmannsfamilie in Prag geboren
1901 Beginn des Jurastudiums an der Deutschen Universität Prag (1903 Staatsprüfung, 1906 Promotion)
1908 Nach dem vorgeschriebenen Gerichtspraktikum und einer kurzen Tätigkeit für die Assicurazioni Generali in Prag arbeitet Kafka als Versicherungsjurist bei der Prager Arbeiter-Unfall-Versicherungs-Anstalt
1913 Nach einer ersten Veröffentlichung in der Zeitschrift *Hyperion* (1908) erscheinen die Erzählungen bzw. Fragmente *Betrachtung*, *Das Urteil* und *Der Heizer*
1914 Verlobung mit Felice Bauer, dann Entlobung (gleicher Vorgang 1917), Beginn von Kafkas komplizierten Frauenbeziehungen (Julie Wohryzek, Milena Jesenská, Dora Diamant)
1916 *Die Verwandlung*
1919 *In der Strafkolonie*, *Ein Landarzt. Kleine Erzählungen*
1922 Pensionierung wegen einer fortschreitenden, 1917 zuerst offen ausgebrochenen Tuberkulose
1923 Kafka lebt bis März 1924 bei Dora Diamant in Berlin
1924 3. Juni: Kafka stirbt in Kierling bei Klosterneuburg während eines Sanatoriumsaufenthalts. – *Ein Hungerkünstler. Vier Geschichten*
1925 Max Brod beginnt mit der postumen Veröffentlichung von Texten aus dem Nachlass. Darunter sind auch die drei unvollendeten Romane, die Kafka in seinem hohen Kunstanspruch für missglückt hielt: *Der Proceß* (1925), *Das Schloß* (1926), *Amerika* bzw. *Der Verschollene* (1927). Zuletzt erscheint der Band *Beim Bau der chinesischen Mauer. Ungedruckte Erzählungen und Prosa aus dem Nachlaß* (1931)

AUTOR

FRANZ KAFKA

»SÖHNE«. *Söhne* empfahl Kafka seinem Verleger Kurt Wolff als Titel für eine Sammelpublikation seiner frühen Erzählungen. Die Texte erschienen dann jedoch einzeln: *Das Urteil*, *Die Verwandlung* und das Fragment aus dem unvollendeten Amerika-Roman *Der Heizer*. *Das Urteil*, in der Nacht vom 22. zum 23. September 1912 »von zehn Uhr abends bis sechs Uhr früh in einem Zug geschrieben«, bedeutet den Durchbruch Kafkas zu einem eigenen Erzählstil, für den sprachliche Präzision und realistische Detailgenauigkeit ebenso charakteristisch sind wie das Ineinanderfließen von Traum und Wirklichkeit, die unmerkliche Verschiebung vom Realen ins Phantastische (und Groteske). Hinter der Oberfläche liegt eine andere, vielfältigen Deutungen unterworfene Realität.

Das Phantastische, der Angsttraum kommt mit nüchternen Worten, wird selbstverständliche Realität: »Als Gregor Samsa eines Morgens aus unruhigen Träumen erwachte, fand er sich in seinem Bett zu einem ungeheuren Ungeziefer verwandelt«, lautet der berühmte erste Satz der

Kafka vor dem Wohnhaus der Familie am Altstädter Ring, um 1922.

Verwandlung, Beginn einer Geschichte der Auflehnung gegen Familie und Beruf und zugleich der Entlarvung der Unmenschlichkeit, die sich hinter der kleinbürgerlichen Fassade versteckt. Neurotische ›Familiengeschichten‹, die die bürgerliche Familie mit ihren Widersprüchen und Zwängen in verschiedenen Variationen vorführen und zugleich von bewussten und unbewussten Schuldgefühlen der Protagonisten durchdrungen sind, durchziehen sein Werk von den Anfängen über den (nicht abgeschickten) autobiografischen *Brief an den Vater* (1919) bis hin zu dem späten Roman *Das Schloß*.

ENTFREMDUNG. Ein zentrales Thema Kafkas ist die Grunderfahrung der Fremdheit in einer als labyrinthisch verstandenen Welt; das Wort ›kafkaesk‹, inzwischen in die Wörterbücher eingegangen, bezeichnet diese alptraumhafte Erfahrung der Undurchschaubarkeit, des Ausgeliefertseins an unbekannte Mächte. Kafka findet dafür immer neue Bilder, nicht zuletzt aus dem Bereich gesellschaftlicher Institutionen wie Justiz und Bürokratie (*Der Proceß*, *Das Schloß*) und der modernen Technik (*In der Strafkolonie*). *Der Proceß*, 1914 begonnen und Anfang 1915 abgebrochen, erzählt aus der Perspektive des Helden Josef K. von einem rätselhaften Geschehen, das mit seiner Verhaftung an seinem 30. Geburtstag beginnt und am Vorabend seines 31. Geburtstags mit seiner Hinrichtung mit einem Fleischermesser endet. Weder über K.s Vergehen oder seine Schuld noch über die urteilende Instanz gibt es verbindliche Aussagen, alle Aufklärungsversuche erweisen sich als vergeblich, alle Angaben als unsicher, als hypothetisch: paradigmatischer Ausdruck der Entfremdung des Menschen in der modernen Welt. Ein ähnlich strukturiertes, nämlich undurchschaubares Bild der Welt bietet der Roman *Das Schloß*. Er beginnt mit der Ankunft des Helden K. in einem tief verschneiten Dorf, das zu einem Schloss gehört. Er ist, so behauptet er, zum Landvermesser bestellt, und versucht nun vergeblich, durch eine ungreifbare, undurchdringliche Bürokratie zum Schloss vorzudringen. Eine kritische Distanz, die dem scheiternden Romanhelden fehlt, wird dem Leser durch Kafkas Technik grotesker und komischer Verfremdung ermöglicht.

Seite aus Kafkas Manuskript seines Romans *Der Proceß*, um 1914–15. Es handelt sich um einen Ausschnitt aus der Türhüter-Legende im Kapitel »Im Dom«, die 1915 unter dem Titel *Vor dem Gesetz* separat erschien, während der fragmentarische Roman selbst erst postum gedruckt wurde.

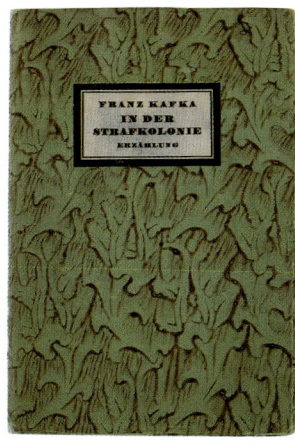

EPOCHE/STRÖMUNG

NEUE SACHLICHKEIT

Karl Hubbuch, *Die Schwimmerin von Köln*, 1923.

IRMGARD KEUN

1905 6. Februar: Irmgard Keun in Berlin geboren
1931 Von Alfred Döblin zum Schreiben ermuntert, veröffentlicht Keun, die vorher als Stenotypistin und Schauspielerin gearbeitet hatte, ihren ersten Roman *Gilgi – eine von uns*; es folgen *Das kunstseidene Mädchen* (1932) und *Das Mädchen, mit dem die Kinder nicht verkehren durften* (1936)
1936 Emigration; mit Joseph Roth reist sie bis 1938 durch verschiedene europäische Länder
1937 *Nach Mitternacht*, der erste der Exilromane, die die ›Alltagsrealität‹ des Dritten Reiches und Emigrationsschicksale darstellen, erscheint. Es schließen sich an *D-Zug dritter Klasse* (1938) und *Kind aller Länder* (1938)
1938 Keun besucht die USA, kehrt aber 1940 mit gefälschten Papieren über die Niederlande nach Deutschland zurück und lebt hier unentdeckt bis Kriegsende, begünstigt durch Pressemeldungen über ihren Selbstmord
1950 Ihr einziger Nachkriegsroman *Ferdinand, der Mann mit dem freundlichen Herzen* nimmt wie ihre Satiren *Wenn wir alle gut wären* (1954) die neue deutsche Spießermentalität aufs Korn. Ihr Werk wird erst in den siebziger Jahren wiederentdeckt
1982 5. Mai: Irmgard Keun stirbt in Köln

NEUE SACHLICHKEIT UND LITERATUR. 1923 prägte der Kunsthistoriker Gustav Friedrich Hartlaub den Begriff Neue Sachlichkeit. Auf die Literatur übertragen, steht er für die an den vielfältigen und neuartigen Phänomenen der alltäglichen Wirklichkeit orientierte literarische Praxis in der Weimarer Republik. Sie richtet sich an ein neues, größeres Publikum jenseits der Bildungsbürgerschicht. Dieses Bestreben, möglichst breite Schichten an der Kultur teilnehmen zu lassen, führte zu entsprechenden theoretischen Forderungen: »Es wird bald die Zeit kommen, wo wir einfach werden müssen, viel einfacher, verständlicher und darum lebensvoller als wir jetzt sind«, heißt es in Alfred Döblins Aufsatz *Der Schriftsteller und der Staat* von 1922. Das bezog sich auch auf die neuen Medien, deren Einsatz neben Döblin auch Bertolt Brecht, Lion Feuchtwanger und andere propagierten. So trug der Rundfunk seit 1924 mit Hörspielen wesentlich dazu bei, kulturelle Leistungen einem größeren Publikum nahe zu bringen. Die entscheidende Breitenwirkung ging freilich von der amerikanischen Populärkultur aus – vom Jazz über die nach Ber-

lin exportierten New Yorker Revuen bis hin zum Film.
Literarisch schlagen sich die Forderungen nach einer ›Demokratisierung‹ der Kultur in einer Aufhebung der strengen Trennungslinien zwischen Fiktion und Sachbuch (etwa im historischen Roman), einer wachsenden Bedeutung publizistischer Formen und der Verwendung dokumentarischer Techniken in Roman und Drama (und der zeitgenössischen Inszenierungspraxis) nieder. Der Neuen Sachlichkeit verpflichtet sind u. a. die Zeitromane Irmgard Keuns, Hans Falladas sozialkritische Romane (*Bauern, Bonzen und Bomben*, 1931; *Kleiner Mann – was nun?*, 1932; *Wer einmal aus dem Blechnapf frißt*, 1934) und Erich Kästners »Geschichte eines Moralisten« *Fabian* (1931). Selbst die Lyrik – wie die Kabarett- und Zeitungslyrik Kurt Tucholskys, Erich Kästners und Mascha Kalékos oder Bertolt Brechts *Hauspostille* (1927) – erhält ausdrücklich einen ›Gebrauchswert‹.

Rudolf Schlichter, *Egon Erwin Kisch*, um 1928.

»DER RASENDE REPORTER«. Besondere Aufmerksamkeit fanden die auf Aktualität und die Verwendung dokumentarischen Materials ausgerichteten Formen der Fotodokumentation bzw. Fotomontage und der Reportage. Beispiel für die Fotomontage ist das von Kurt Tucholsky und John Heartfield zusammengestellte aggressive »Bilderbuch« *Deutschland, Deutschland über alles* (1929). Größere Wirkung ging von der Reportage aus, die sich nicht zuletzt durch das Beispiel Egon Erwin Kischs zu einem wichtigen Medium der Welterfahrung entwickelte. Sein Reportagenband mit dem reißerischen Titel *Der rasende Reporter* machte Furore. Allerdings war Kisch gerade kein rasender Reporter, sondern »ein gewissenhafter und gründlicher Berichterstatter« (Joseph Roth). Mit seiner Auffassung »Milieustudie ist Reportage« und seiner Einschätzung Émile Zolas als dem größten Reporter aller Zeiten stellte er literarische Ansprüche. Dabei forderte er vom Reporter Unbefangenheit, Erlebnisfähigkeit und eine der Wahrheit dienende »Hingabe an sein Objekt« in einer Welt, »die von der Lüge unermeßlich überschwemmt ist«: »Nichts ist verblüffender als die einfache Wahrheit, nichts ist exotischer als unsere Umwelt, nichts ist phantasievoller als die Sachlichkeit.« Kischs realistisch-kritische und zugleich phantasievolle »Zeitaufnahmen« haben die Reportage als literarische Form wesentlich beeinflusst.

EGON ERWIN KISCH

1885 29. April: Egon Erwin Kisch in Prag geboren
1912 Kischs erster Reportagenband *Aus Prager Gassen und Nächten* erscheint
1924 *Der rasende Reporter*; zwei ähnliche Reportagensammlungen folgen: *Hetzjagd durch die Zeit* (1926) und *Wagnisse in aller Welt* (1927)
1927 Mit *Zaren, Popen, Bolschewiken* beginnt eine Reihe von Reisereportagen
1937–38 Teilnahme am Spanischen Bürgerkrieg
1939 Emigration nach Mexiko
1937 *Marktplatz der Sensationen*
1945 *Entdeckungen in Mexiko*
1946 Rückkehr nach Prag
1948 31. März: Egon Erwin Kisch stirbt in Prag

LEITMOTIVTECHNIK

In einer Vorlesung vor amerikanischen Studenten stellte Thomas Mann die »sehr arrogante Forderung«, den *Zauberberg* zweimal zu lesen – wenn man sich beim ersten Mal nicht gelangweilt habe. Er rechne sich zu den Musikern unter den Dichtern, und der Roman sei ihm immer »eine Symphonie, ein Werk der Kontrapunktik, ein Themengewebe« gewesen, »worin die Ideen die Rolle musikalischer Motive spielen«. Dabei sei er Richard Wagner in der Verwendung der Leitmotivtechnik gefolgt, die er in den *Buddenbrooks* noch eher mechanisch, nun aber »in der symbolischen Art der Musik« angewandt habe. Daher die Forderung einer zweiten Lektüre, die es erst ermögliche, den »musikalisch-ideellen Beziehungs-Komplex« richtig, in seinen Bezügen nach vorne und hinten, zu durchschauen. Der Roman erhält so über die vordergründige Handlung hinaus eine zweite Bedeutungsebene. Hans Castorp fährt eben nicht einfach in ein – exakt beschriebenes – Sanatorium in Davos, sondern – Metaphern, Vergleiche, Anspielungen machen es deutlich – das Sanatorium ist zugleich der Venusberg der Tannhäusersage, der Hades mit den Höllenrichtern Minos und Rhadamanth und der zaubertolle Berg der Walpurgisnacht mit entsprechenden *Faust*-Anspielungen: also eine den bürgerlichen Begriffen und Werten entgegengesetzte Welt der Zeitlosigkeit, Triebhaftigkeit, Formauflösung und Pflichtvergessenheit. Diese und andere Vorstellungen bilden in Leitmotivketten eine Art allegorisierendes Bezugssystem, das dem Roman unterliegt und in dessen Rahmen sich die Lebenslinie des Helden abzeichnet. Es ist, fasst der Erzähler am Schluss zusammen, »eine hermetische Geschichte«, die über ihren Helden hinausweist: »Wir haben sie erzählt um ihretwillen, nicht deinethalben, denn du warst simpel.«

GATTUNG

ZEITROMAN

DIAGNOSEN. Die Frage nach den politischen, gesellschaftlichen und geistigen Ursachen des Zusammenbruchs der alten europäischen Ordnung gehört zu den zentralen Themen der kulturpolitischen Diskussion in der krisenhaften Gegenwart der Weimarer Republik und der zusammengeschrumpften Donaumonarchie. Neben zahlreichen essayistischen Zeitdiagnosen oder großen und großräumigen kulturkritischen Entwürfen wie Oswald Spenglers *Untergang des Abendlandes* (1918–22) entsteht auch eine Reihe von Zeitromanen, die die Gegenwart vor dem Hintergrund der Vergangenheit, aber auch im Hinblick auf die Zukunft reflektieren. Im Rahmen eines großen theoretischen Konzepts ist dies in Hermann Brochs *Schlafwandler*-Trilogie (1931–32) der Fall, die die geschichtliche und kulturelle Entwicklung als Prozess eines »Zerfalls der Werte«

beschreibt, während andere Autoren mit kritischen und satirischen Schilderungen die Verfalls- und Auflösungserscheinungen der Vorkriegsgesellschaft und ihre widerstreitenden Ideologien sichtbar machen. Das geschieht etwa in Teilen von Robert Musils *Mann ohne Eigenschaften* (1930–1932) oder – allerdings mit metaphysischem Hintersinn – in Thomas Manns *Zauberberg* (1924).

»DER ZAUBERBERG«. Thomas Mann konzipierte den *Zauberberg* »als ein humoristisches Gegenstück« zum *Tod in Venedig* (1912), der auf den Gegensatz des Apollinischen und Dionysischen bezogenen tragischen Künstlernovelle. Als er die 1913 begonnene Arbeit am *Zauberberg* nach einer langen Unterbrechung 1919 wieder aufnahm, wurde aus der geplanten komischen Verfallsgeschichte ein großer Zeitroman, der die Jahre vor dem Ersten Weltkrieg darstellt und ein Abbild der Seelenlage der dekadenten europäischen Gesellschaft bietet, zugleich aber auch die geschichtlichen Erfahrungen der langen Entstehungszeit und

Manns politischen Lernprozess von den national-konservativen *Betrachtungen eines Unpolitischen* (1918) bis zum Bekenntnis zur Weimarer Republik reflektiert. Der Roman erzählt die Geschichte des Hamburger Patriziersohns Hans Castorp, der vor Beginn seiner Ingenieurausbildung seinen lungenkranken Vetter in einem Davoser Sanatorium besucht. Statt drei Wochen bleibt er märchenhafte sieben Jahre auf dem ›Zauberberg‹, angezogen von einer die bürgerliche Ordnung und Arbeits- und Pflichtmoral auflösenden Welt der Liebe und des Todes. Zugleich ist er hier Adressat widerstreitender Ideologien und Lebenskonzepte, deren Vertreter um ihn werben: der aufgeklärte Humanist, Demokrat und Zivilisationsliterat Settembrini auf der einen, der kommunistische Jesuit Naphta mit einer totalitären Konzeption von Gottesstaat, Terror und Krankheits- und Todesverehrung auf der anderen Seite. Als dritter tritt dann noch Mynheer Peeperkorn auf, die Verkörperung des Irrationalen und Antiintellektuellen, eine »Persönlichkeit«, die nicht wie Naphta und Settembrini durch die Rede wirkt, sondern durch Vitalität, durch elementaren, dionysischen Lebensgenuss. Trotz struktureller Elemente aus der Tradition des Bildungsromans handelt es sich beim *Zauberberg* um eine – allerdings mit Positionen humanistischer Lebensbejahung kontrapunktierte – Verfallsgeschichte, bezogen sowohl auf die Gesellschaft als auch auf den vielfachen Bildungseinflüssen ausgesetzten Helden. Der Roman endet mit dem Beginn des Krieges, der das Schicksal der alten europäischen Gesellschaft besiegelt und für Hans Castorp nicht die Verwirklichung, sondern die Aufhebung seiner Persönlichkeit bedeutet.

Linke Seite: **Speisesaal-Szene** aus der Verfilmung von Thomas Manns *Zauberberg* von Hans W. Geißendörfer (1981). Mit Christoph Eichhorn als Hans Castorp und Irm Hermann als Fräulein Engelhart.

Die Höhenklinik Valbella in Davos in den dreißiger Jahren, Vorbild des Internationalen Sanatoriums »Berghof« im *Zauberberg*: »auf niedrig vorspringendem Wiesenplateau, die Front südwestlich gewandt, ein langgestrecktes Gebäude mit Kuppelturm, das vor lauter Balkonlogen von weitem löcherig und porös wirkte wie ein Schwamm«.

ALFRED DÖBLIN

1878 10. August: Alfred Döblin in Stettin geboren
1900–05 Studium der Medizin zunächst in Berlin, dann in Freiburg (Dr. med. 1905); Döblin spezialisiert sich auf Neurologie und Psychiatrie
1911 Kassenarztpraxis in Berlin
1913 *Die Ermordung einer Butterblume und andere Erzählungen*
1915–18 Militärarzt. – *Die drei Sprünge des Wang-lun* (1915)
1920 *Wallenstein*
1924 *Berge Meere und Giganten*
1929 *Berlin Alexanderplatz*
1933 Emigration über die Schweiz nach Paris; 1936 französische Staatsbürgerschaft, 1939–40 Arbeit für das französische Informationsministerium unter Jean Giraudoux
1934 *Babylonische Wandrung*
1935 *Pardon wird nicht gegeben*
1937 *Das Land ohne Tod* (Bd. 1), Bd. 2 1938, Bd. 3 1948

Heinrich George in der Verfilmung von *Berlin Alexanderplatz*, 1931. Regie: Phil Jutzi.

WIRKUNGSGESCHICHTE

ALFRED DÖBLINS »BERLIN ALEXANDERPLATZ«

GROSSSTADTROMAN. Döblins bedeutendster und erfolgreichster Roman erzählt, wie der Untertitel lautet, die »Geschichte vom Franz Biberkopf«. Dabei ist die äußere und innere Geschichte seines Helden nicht zu trennen von der Darstellung der großen Stadt Berlin, einem zugleich realen und mythischen Moloch, einem apokalyptischen Pandämonium, dessen Erscheinungen in eindrucksvollen erzählerischen Sequenzen und Zitatmontagen in ihrer verwirrenden Vielfalt und ihrem Tempo sichtbar gemacht werden. In dieser Welt scheitert der frühere Asbest- und Transportarbeiter, als er nach vier Jahren Gefängnis wieder Fuß zu fassen sucht und trotz bester Vorsätze in zwielichtige Gesellschaft gerät. Indem er sich auf den skrupellosen Kriminellen Reinhold stützt und ihm verfällt, ist er schon verloren. Als er wegen des Mordes an seiner Geliebten Mieze verhaftet wird – der wirkliche Täter ist sein ›Freund‹ Reinhold –, bricht er zusammen und kommt ins Irrenhaus. Das ist die Wende in seinem Leben; im Durchgang durch Schuld und Buße, Wahnsinn und Tod wandelt er sich, auch vom Gericht freigesprochen, zu einem neuen Menschen, erhält eine Stelle als Hilfsportier und will sich nun nicht mehr verführen lassen, auch nicht durch Parolen und marschierende Massen: »Dem Mensch ist gegeben die Vernunft, die Ochsen bilden statt dessen eine Zunft.«

FILME 1931 UND 1980. Döblins Roman ist ein frühes Beispiel der Mehrfachverwertung eines Textes, sieht man von der üblichen Praxis des Vorabdrucks in Zeitschriften oder Zeitungen ab. Zunächst arbeitete Döblin zusammen mit dem Hörspielregisseur Max Bing an einer Fassung seines Romans für den Rundfunk, die im September 1930 mit Heinrich George in der Hauptrolle gesendet wurde. Ein Jahr später folgte – wieder mit George – der Film unter der Regie von Phil Jutzi, für den Hans Wilhelm und Döblin das Drehbuch schrieben. Der Film vereinfacht notwendig Döblins komplexes Erzählwerk und arbeitet mit dem Gegensatz von eher traditionellen Milieuszenen und Bildern der Großstadt, ihrer Dynamik, ihres Verkehrs, ihres Tempos, besonders eindrücklich in der Sequenz, die Biberkopfs Trambahnfahrt in die Stadt und seine Überwältigung durch die neuen Eindrücke schildert: »Ich find' mir nicht mehr zurechte.« Rainer Werner Fassbinders 14-stündige Fernsehproduktion von 1980 geht in ihrer stilisierten und zugleich emotional und sexuell aufgeladenen Bildsprache einen anderen Weg, um den von ihm behaupteten psychoanalytischen Qualitäten von Döblins Romankunst gerecht zu werden. Dabei gilt sein Hauptinteresse der Beziehung zwischen Biberkopf (Günter Lamprecht) und Reinhold (Gottfried John), um die Döblin nur herumrede, die Geschichte von zwei Männern, »deren bißchen Leben auf dieser Erde daran kaputt geht, daß sie nicht die Möglichkeit haben, den Mut aufzubringen, auch nur zu erkennen, geschweige denn sich zugeben zu können, daß sie sich auf eine sonderliche Weise mögen, lieben irgendwie, daß etwas Geheimnisvolles sie mehr verbindet, als das unter Männern gemeinhin als statthaft gilt«.

Alfred Döblin in New York, 1939. Fotografie von Eric Schaal.

1939 *November 1918. Eine deutsche Revolution* (Bd. 1), Bd. 2 1948–49, Bd. 3 1950
1940 Flucht über Spanien und Portugal in die USA (Hollywood)
1945 Rückkehr nach Deutschland; bis 1948 im Dienst der französischen Militärverwaltung in Baden-Baden
1953 Übersiedlung nach Paris, enttäuscht und verbittert über die deutsche Nachkriegsentwicklung und mangelnde Anerkennung
1956 *Hamlet oder Die lange Nacht nimmt ein Ende*
1957 26. Juni: Döblin stirbt in Emmendingen bei Freiburg i. Br.

Schutzumschlag *Berlin Alexanderplatz*, entworfen von Georg Salter, 1929.

Rechte Seite: **Hermann Broch in München**, 1935. Fotografie von Daniel Brody.

Das Palais Kinsky an der Wiener Freyung um 1900, Vorbild für das Palais Leinsdorf in Musils Roman *Der Mann ohne Eigenschaften*.

POETIK

ROMANPOETIK

POSITIONEN. Die Krise des Romans bzw. die Rede von seiner Krise begleitet die Geschichte der Gattung. Im Expressionismus gerät die Romantradition des 19. Jahrhunderts mit ihrer Verbindung von Realismus und Psychologie, wie sie noch Thomas Manns frühes Werk verkörpert, in den Verdacht des Unzeitgemäßen. Carl Einstein hält den Begriff Roman für diskreditiert und plädiert stattdessen für eine absolute Prosa. Auch Alfred Döblin verwirft in seinen frühen programmatischen Äußerungen jeglichen Psychologismus und hält die »mit der zunehmenden, raffiniert gezüchteten Leseunfähigkeit des Publikums« zusammenhängende Vereinfachung des Romans auf eine Handlung hin für ein »Debakel«. Er fordert dagegen die »Wiedergeburt« des Romans »als Kunstwerk und modernes Epos«, das durch eine spezifische neue Erzählweise – sachlicher, neutral beobachtender »Kinostil«, Tempo, Verzicht auf Psychologie, Erzählerkommentare und kausale Erklärungen – eine Darstellung der modernen Großstadtwelt und komplexer historischer Prozesse und Massenbewegungen ermögliche. In *Berlin Alexanderplatz* lässt Döblin zwar wieder einen moralisierenden, kommentierenden und ironisierenden Erzähler sowie einen Helden zu, eingefügt allerdings in eine komplexe Konstruktion, die moderne poetische Verfahrensweisen gerade auch der avancierten europäischen und amerikanischen Erzählkunst (James Joyce, John Dos Passos) verwendet: Montage und Collage –

mit entsprechenden Klebearbeiten im Manuskript –, innerer Monolog, erlebte Rede, Filmschnitt-Technik, leitmotivische Verwendung von Liedern bzw. mythischen und biblischen Anspielungen usw.

ROMAN, ESSAY, WISSENSCHAFT. Robert Musil und Hermann Broch teilen die Ablehnung der psychologisierenden Romantradition und ihrer Erzählkonventionen: Musil bezeichnete seinen unvollendeten Roman *Der Mann ohne Eigenschaften* als einen »Essay von ungeheuren Dimensionen«. An anderer Stelle steht der Satz: »Die Geschichte dieses Romans kommt darauf hinaus, daß die Geschichte, die in ihm erzählt werden sollte, nicht erzählt wird.« Es ist die immer wieder zu Abschweifungen und Reflexionen neigende Geschichte Ulrichs, des ›Mannes ohne Eigenschaften‹, die 1913–14 in Wien spielt und die Darstellung der Identitätskrise des Helden mit einer satirischen Schilderung der orientierungslosen, hohlen Vorkriegsgesellschaft »Kakaniens« verbindet.

Broch plädiert für den »polyhistorischen Roman«, für eine Integration des Wissenschaftlichen in den Roman, nicht als Bildungsgespräch (»absolute Verkitschung«), sondern als immanenten Bestandteil der Handlung oder ohne Verbrämung »nackt und geradeaus«. Gegenstand seiner Romantrilogie *Die Schlafwandler* ist der von ihm diagnostizierte kulturelle Verfallsprozess der Neuzeit (»Zerfall der Werte«), der anhand von drei Querschnitten – *1888. Pasenow oder die Romantik*, *1903. Esch oder die Anarchie*, *1918. Huguenau oder die Sachlichkeit* – dargestellt wird und im Untergang der alten Welt kulminiert. Dabei bricht Broch, dem Beispiel von Döblin, Dos Passos und Joyce verpflichtet, die traditionellen realistischen Erzähltechniken auf, fügt segmentartig Parallelgeschichten sowie kulturphilosophische und erkenntniskritische Reflexionen ein (Broch: »untereinander teppichartig verwoben«), wobei er einen Verlauf vom völlig Irrationalen bis »zur vollständigen Rationalität des Theoretischen« sieht und am Schluss die Hoffnung auf ein aus dem »Pathos des absoluten Nullpunktes« entstehendes neues Wertesystem, auf eine neue Totalität formuliert.

HERMANN BROCH

1886 1. November: Hermann Broch in Wien geboren
1907 Nach Abschluss des Ingenieurstudiums Vizedirektor in einer Spinnfabrik, die sein Vater für die Söhne gekauft hatte; seit 1915 Leiter der Fabrik als Verwaltungsrat
1925 Broch studiert Philosophie und Mathematik in Wien, wendet sich aber, enttäuscht vom Wiener Neopositivismus, 1928 der Literatur zu
1927 Verkauf der Fabrik
1931–32 *Die Schlafwandler*
1938 Emigration über Großbritannien in die USA (New York, 1943 Princeton, seit 1949 in New Haven als unbezahlter Lektor an der Yale University)
1945 *Der Tod des Vergil*
1950 *Die Schuldlosen. Roman in elf Erzählungen*
1953 *Der Versucher*
1951 30. Mai: Hermann Broch stirbt in New Haven

ERICH MARIA REMARQUE

1898 22. Juni: Erich Maria Remarque, eigentlich Erich Paul Remark, in Osnabrück geboren
1916 Remarque besucht das katholische Lehrerseminar in Osnabrück, bis er einberufen und nach kurzem Fronteinsatz verwundet wird
1919 Nach dem Krieg arbeitet Remarque als Lehrer, Grabsteinverkäufer, Werbetexter und Redakteur einer Berliner Sportzeitung; sein erster Roman *Die Traumbude* erscheint 1920
1929 Der große Erfolg des Romans *Im Westen nichts Neues* ermöglicht ihm ein Leben als freier Schriftsteller in Porto Ronco bei Ascona und in Paris
1931 *Der Weg zurück*
1937 *Three Comrades*; deutsche Fassung *Drei Kameraden* (1938)
1939 Emigration in die USA (New York), 1947 US-Staatsbürgerschaft. Nach seiner Rückkehr nach Europa lebt er wieder in Porto Ronco. – *Liebe Deinen Nächsten*
1945 *Arch of Triumph*; deutsche Fassung *Arc de Triomphe* (1946). Es folgen u. a. *Zeit zu leben und Zeit zu sterben* (1954), *Der schwarze Obelisk. Geschichte einer verspäteten Jugend* (1956), *Die Nacht von Lissabon* (1962) und *Schatten im Paradies* (1971)
1970 25. September: Erich Maria Remarque stirbt in Locarno

George Grosz, *Leichenbegängnis*, 1917–18. Er schreibt zu dem apokalyptischen Bild im Dezember 1917 in einem Brief: »Ich male zur Zeit an einem großen Höllenbild – Schnapsgasse grotesker Tode und Verrückter, da spielt sich viel ab – der Leibhaftige reitet auf einem queren Sarg nach links ab durchs Bild, rechts übergibt sich ein Jüngling, speit er all die schönen Jugendillusionen in die Leinwand [...]. Ein Gewimmel besessener Menschentiere – darin, daß diese Epoche destruktiv nach unten segelt, bin ich in der Anschauung unverrückbar – unser beschmiertes Paradies [...].«

GATTUNG

KRIEGSROMAN

THEMA KRIEG. Die erzählerische Auseinandersetzung mit dem Ersten Weltkrieg erreicht in den Jahren 1927–30 mit einer Reihe von Kriegs- bzw. Antikriegsromanen einen Höhepunkt. Es gibt allerdings durchaus Vorläufer, etwa Leonhard Franks pazifistisches »Manifest gegen den Kriegsgeist« *Der Mensch ist gut* (1917) oder – auf der anderen Seite – Ernst Jüngers distanzierte, scheinbar sachliche, in Wirklichkeit ästhetisierende Darstellung des Krieges in seinem auf Tagebuchaufzeichnungen beruhenden Buch *In Stahlgewittern* (1920). Im Übrigen war Krieg früh Thema der Lyrik der expressionistischen Generation, etwa bei Georg Trakl in seiner Evokation der Schlacht bei Gródek im September 1914 oder in August Stramms scharf konturierten Momentaufnahmen, postum erschienen in der Sammlung *Tropfblut* (1919). Auch das expressionistische Drama thematisiert die Schrecken des Krieges (Reinhard Goering, *Seeschlacht*, 1917) oder das Schicksal des Kriegsheimkehrers (Ernst Toller, *Der Deutsche Hinkemann*, 1923). Eine beispiellose, grimmig-satirische Auseinandersetzung mit dem Ersten Weltkrieg und seinen geistigen und materiellen Urhebern stellt das Drama von Karl Kraus *Die letzten Tage der Menschheit* (1918–19) dar, das vor allem mit den Mitteln der sprachkritischen Zitatmontage arbei-

tet: »Die unwahrscheinlichsten Gespräche, die hier geführt werden, sind wörtlich gesprochen worden; die grellsten Erfindungen sind Zitate.« (Kraus)

KRIEG UND VERANTWORTUNG. Die kritischen Kriegsromane der Weimarer Republik zeigen zwei einander ergänzende Tendenzen: Der unmittelbaren, abschreckenden Darstellung des Kriegsgeschehens, der Materialschlachten und des Massenmords folgt notwendig die Frage nach der gesellschaftlichen und moralischen Verantwortung. Ernst Glaeser stellt sie in seinem Roman *Jahrgang 1902* (1928) und macht die verlogene Generation der Väter (und Mütter) für die zum Krieg führenden Fehlentwicklungen verantwortlich. Politischer argumentiert Arnold Zweig in seinem Roman *Der Streit um den Sergeanten Grischa* (1927). In einem exemplarisch zugespitzten Konflikt zwischen Individuum und einer die rechtlichen und moralischen Grundlagen des Staates pervertierenden Militärmaschinerie setzen sich, gegen den Widerstand engagierter Intellektueller und altpreußische Tugenden verkörpernder Militärs, der Typ des technokratischen Militaristen und der imperialistische Machtwahn durch: »Der Staat schafft das Recht, der einzelne ist eine Laus.«

DIE VERLORENE GENERATION. Im Unterschied zu Zweig und Glaeser machen Erich Maria Remarque (*Im Westen nichts Neues*, 1928), Ludwig Renn (*Krieg*, 1928) und Edlef Köppen (*Heeresbericht*, 1930) das mörderische Frontgeschehen selbst zum Gegenstand ihrer Romane. Sie schreiben wie Glaeser die Geschichte einer verlorenen, um ihre Zukunft betrogenen Generation. Zeigt Remarque die fortschreitende Desillusionierung der an der Front zu »Menschentieren« reduzierten jungen Soldaten und konfrontiert sie mit der Verständnislosigkeit der älteren Generation in der Heimat, so schränkt Renn mit bewusster Kunstlosigkeit die Perspektive stark ein: Der begrenzte Erfahrungshorizont des einfachen Soldaten lässt keinen Blick auf die großen Zusammenhänge zu, sondern bietet in einem klaustrophobischen Bild des Krieges als monotoner sozialer Lebensform nur kleinste Ausschnitte ohne Informationen über Ursachen und Ziele des Geschehens. Der literarisch avancierteste Kriegsroman ist Köppens *Heeresbericht*, der die Kriegsbiografie seines Helden durch eine Fülle von echten und fiktiven Dokumenten unterschiedlichster Art – Kaiserworte, Erlasse, Heeresberichte, expressionistische Gedichte, Werbetexte, Speisekarten usw. – unterbricht und damit, ohne direkte Kommentare, die Manipulation des öffentlichen Bewusstseins durch planvolle Verfälschung der Wahrheit und ideologische Indoktrination und Propaganda sichtbar macht.

Remarques Roman wurde 1930 unter dem Titel *All Quiet on the Western Front* verfilmt. Regisseur war Lewis Milestone. Ihm gelang eine realistische Darstellung des Kriegsgeschehens von gleichsam dokumentarischer Qualität, die alle Schrecken der Vernichtungsmaschinerie und das Ausgeliefertsein des Einzelnen im Grabenkampf, bei Artillerieangriffen oder im rattenverseuchten Unterstand in beeindruckenden Sequenzen sichtbar macht. Der Film wurde 1930 mit zwei Oscars in den Kategorien bester Film und beste Regie ausgezeichnet. In Deutschland löste der Film durch die Nationalsozialisten geschürte Krawalle aus; ein Verbot folgte. Die Fotografie zeigt die Dreharbeiten, für die eigens ein Kran konstruiert wurde, der schnelle Kamerafahrten über das Gelände und damit eindringliche Bilder des chaotischen Kriegsgeschehens ermöglichte.

Fotomontage von John Heartfield, 1932.

STOFFE/THEMEN

NACH DEM ENDE DES ALTEN EUROPA

HABSBURG. Das Ende der Donaumonarchie, eine der einschneidendsten Folgen des Ersten Weltkriegs für die europäische Ordnung, führte nicht nur zu kritischen Rückblicken auf die Geschichte, sondern löste auch von Nostalgie geprägte Reaktionen aus. Habsburg erhält dabei mythische Züge. Personalisiert geschieht das etwa in Franz Werfels Roman *Barbara oder die Frömmigkeit* (1929) in der Gestalt der frommen und demütigen Magd Barbara, die die alten Werte vertritt und dem männlichen Helden in den Wirren der Kriegs- und Nachkriegszeit einen gewissen Halt gibt. Einen melancholischen Abgesang auf den Vielvölkerstaat stellen die Romane Joseph Roths *Radetzkymarsch* (1932) und *Die Kapuzinergruft* (1938) dar. Der erste Roman verfolgt die Geschichte der Familie (von) Trotta von der Schlacht bei Solferino (1859) bis zur Beisetzung Kaiser Franz Josephs I. (1916) und verknüpft ihr Schicksal mit dem der sich auflösenden Habsburger Monarchie, der zweite führt das Geschehen weiter bis zum »Anschluss« Österreichs 1938. Es ist bei aller ironischen Kritik eine von Sympathie getragene Beschwörung einer großen Vergangenheit – und zugleich Gegenbild zur bedrohlichen Wirklichkeit des Faschismus.

VORWEGNAHME. Auch Elias Canettis Roman *Die Blendung* (1935), zunächst Tragödie eines Privatgelehrten, hat symptomatische zeitgeschichtliche Bedeutung. Beobachtungen und Erfahrungen seiner Wiener Studienzeit in den zwanziger Jahren – die Phänomene der Großstadt und der ›Masse‹, die bürgerkriegsähnlichen Zustände, die im Brand des Justizpalastes 1927 gipfelten – schlagen sich hier wie in Canettis essayistischen Texten nieder. Der Roman erzählt vom grotesken Verteidigungskampf des größten Sinologen seiner Zeit Dr. Peter Kien gegen die hereinbrechende Wirklichkeit, gegen das Pandämonium der Großstadt und gegen die ›Masse‹, die in Gestalt der geldgierigen, dummdreisten Haushälterin Therese in das Haus des weltfernen Gelehrten eindringt. Der Kampf des durch seine »Blendung« nur zur verzerrten Wahrnehmung fähigen, sich im-

ELIAS CANETTI

1905 25. Juli: Elias Canetti in Rustschuk (Bulgarien) geboren
1924 Abitur in Frankfurt a. M. Danach studiert Canetti Chemie in Wien (Promotion 1929), besucht aber auch Vorlesungen von Karl Kraus
1935 *Die Blendung* (vordatiert auf 1936)
1938 Emigration über Paris nach London (1939)
1960 *Masse und Macht*
1977 *Die gerettete Zunge. Geschichte einer Jugend*, der erste Band der dreiteiligen Autobiografie, erscheint: es folgen *Die Fackel im Ohr* (1980) und *Das Augenspiel* (1985)
1981 Nobelpreis für Literatur
1994 14. August: Canetti stirbt in Zürich

mer stärker isolierenden, auf den Kopf reduzierten Wissenschaftlers endet in Wahnsinn und Selbstvernichtung: »Als ihn die Flammen endlich erreichen, lacht er so laut, wie er in seinem ganzen Leben nie gelacht hat.« Die von ihm inszenierte Verbrennung seiner Bibliothek, d. h. seiner Welt, und seiner eigenen Person angesichts der drohenden Masse ist eine Metapher. Sie steht für die Selbstzerstörung der Kultur überhaupt und lässt sich als Vorwegnahme der kommenden Ereignisse lesen.

ANALYSE. Unmittelbar vom Aufstieg des Nationalsozialismus handelt Lion Feuchtwangers Roman *Erfolg. Geschichte einer Provinz* (1930). Er entwirft mit modernen erzählerischen Mitteln – Perspektivenwechsel, Nebeneinander von Figurenperspektive und auktorialem Erzähler, Montagetechnik – ein breites Panorama der bayerischen Gesellschaft und Politik der Nachkriegszeit (1921–24), geprägt von klerikal-konservativem Filz, Klassenjustiz, Antisemitismus, Agitation gegen die Republik und wirtschaftlicher Not (Inflation). Eine zentrale Rolle spielen die Machenschaften der »Wahrhaft Deutschen« und ihres Führers Rupert Kutzner: eine hellsichtige Analyse der politischen, ökonomischen und sozialpsychologischen Voraussetzungen des Aufstiegs des Nationalsozialismus und der Mechanismen des Zusammenspiels von reaktionärer Politik und Justiz bzw. Großindustrie auf der einen und den kriminellen »Wahrhaft Deutschen« auf der anderen Seite. Der *Völkische Beobachter* sah es voraus: »Nach dieser Leistung bleibt dem Löb Feuchtwanger wohl nur noch zu bescheinigen, dass er sich einen zukünftigen Emigrantenpass reichlich verdient hat.«

Der Brand des Wiener Justizpalastes am 15. Juli 1927 war eine Folge von Massendemonstrationen und Straßenkämpfen nach dem Freispruch von rechtsradikalen Mördern. Sie forderten zahlreiche Tote und Verletzte. Diese Eindrücke schlugen sich nicht nur bei Canetti nieder; später richtete Heimito von Doderer seinen Roman *Die Dämonen* (1956), der ein umfassendes Panorama der Wiener Gesellschaft der Jahre 1926–27 entwirft, auf dieses Ereignis aus.

BIOGRAFIE

1898 10. Februar: Bertolt Brecht in Augsburg geboren
1917 Notabitur; Kriegsdiensthelfer. Nach dem Krieg besucht er das theaterwissenschaftliche Seminar in München und verkehrt u. a. mit Lion Feuchtwanger, dem Regisseur Erich Engel und dem Komiker Karl Valentin
1920 *Baal*; der Druck wird nicht ausgeliefert
1922 Uraufführung von *Trommeln in der Nacht*; Kleist-Preis
1923 Uraufführungen der Stücke *Baal* und *Im Dickicht der Städte*
1924 Übersiedlung nach Berlin
1926 *Mann ist Mann*
1927 *Hauspostille*
1928 *Dreigroschenoper* (Musik von Kurt Weill)
1929 Heirat mit Helene Weigel
1930 *Aufstieg und Fall der Stadt Mahagonny* (Musik von Kurt Weill); die ersten Hefte

Bertolt Brecht und Helene Weigel auf Lidingö, 1939.

AUTOR

BERTOLT BRECHT

VOM BÜRGERSCHRECK ZUM MARXISTEN. Am Anfang von Brechts Schaffen stehen antibürgerliche Provokationen. In seinem ersten großen Drama *Baal* stellt er einen grotesk hässlichen Bohemien, Vagabunden und Verbrecher auf die Bühne, der sich jeglicher Konvention verweigert und seine anarchische Individualität bis zur konsequenten Selbstzerstörung auslebt. Das folgende Kriegsheimkehrerstück *Trommeln in der Nacht* betreibt eine radikale, desillusionierende Demontage bürgerlicher Verhaltensmuster und Selbsttäuschungen und sucht darüber hinaus traditionelle Sehgewohnheiten aufzubrechen: »Glotzt nicht so romantisch!« Selbst die Revolution gilt Brecht als bürgerliche Romantik. Und seine vor allem von François Villon, Arthur Rimbaud und Rudyard Kipling inspirierte erste Lyriksammlung *Hauspostille* ist ein unchristliches Erbauungsbuch, in dem eine primär aufs Individuum bezogene Untergangsthematik und unwiderstehlicher Lebensdrang eine für den jungen Brecht bezeichnende Verbindung eingehen. Noch 1930 konnte Kurt Tucholsky keine politische Begründung für die heftigen Auseinandersetzungen um Brecht anlässlich der *Dreigroschenoper* erkennen: »Brecht plakatiert keine Überzeugung; es würde ihm wohl schwer fallen, denn die seine ist schwer zu eruieren.« Das sollte sich ändern; der provozierende antibürgerliche und antikapitalistische Affekt erhielt durch Marxismusstudien schließlich eine politisch-theoretische Fundierung. Die neu gewonnenen marxistischen Überzeugungen fanden ihren ersten konsequenten Ausdruck in der *Heiligen Johanna der Schlachthöfe*.

FASCHISMUS UND SOZIALISMUS. Brechts Dichtung blieb stets, direkt oder indirekt, gegenwartsbezogen. Auf den Nationalsozialismus reagierte er aus dem Exil mit einer Reihe von antifaschistischen Schauspielen, darunter die »montage von 27 szenen« *Furcht und Elend des Dritten Reiches*. Auch seine Lyrik stellt sich dieser Herausforderung. Aber wie Brecht in seinen großen Dramen zur grundsätzlichen Auseinandersetzung mit den politischen und gesellschaftlichen Fragen der Gegenwart gelangt, so enthalten die *Svendborger Gedichte* neben den kämpferischen Beiträgen gegen die Bedrohung des Faschismus auch die bedeutenden reflektierenden Gedichte, die zu seinen großen lyrischen Leistungen zählen. Dazu gehören Texte wie die *Fragen eines lesenden Arbeiters*, die die einseitige Perspektive der bürgerlichen Ge-

Rudolf Schlichter, *Porträt Bertolt Brecht*, 1926.

schichtsschreibung korrigieren, oder Gedichte über die Situation des Exils: »Wirklich, ich lebe in finsteren Zeiten!«, heißt es in dem Gedicht *An die Nachgeborenen*. Als sich Brecht nach seiner Rückkehr nach Europa für Ostberlin entschied, verlor er – trotz seiner grundsätzlichen Loyalität zum Sozialismus – den kritischen Blick nicht.

> Nach dem Volksaufstand vom 17. Juni 1953 entstand Brechts Gedicht *Die Lösung*:
>
> Nach dem Aufstand des 17. Juni
> Ließ der Sekretär des Schriftstellerverbandes
> In der Stalinallee Flugblätter verteilen
> Auf denen zu lesen war, daß das Volk
> Das Vertrauen der Regierung verscherzt habe
> Und es nur durch verdoppelte Arbeit
> Zurückerobern könne. Wäre es da
> Nicht einfacher, die Regierung
> Löste das Volk auf und
> Wählte ein anderes?

seiner Publikationsreihe *Versuche* erscheinen (Heft 1–15, 1930–56). Viele seiner Texte werden hier zum ersten Mal gedruckt
1932 *Die heilige Johanna der Schlachthöfe* erscheint in den *Versuchen*. Uraufführung des Stückes *Die Mutter* nach dem Roman Maxim Gorkis
1933 Emigration; Brecht lässt sich in Dänemark nieder (Skovbostrand bei Svendborg)
1938 Uraufführung von Szenen aus *Furcht und Elend des Dritten Reiches* in Paris
1939 *Svendborger Gedichte*. – Übersiedlung nach Schweden, dann 1940 nach Finnland und schließlich 1941 nach Santa Monica in Kalifornien
1941 Uraufführung von *Mutter Courage und ihre Kinder* in Zürich; hier werden 1943 auch *Der gute Mensch von Sezuan* und *Leben des Galilei* uraufgeführt
1947 Aufführung einer neuen Fassung von *Leben des Galilei* in Los Angeles mit Charles Laughton in der Hauptrolle. Nach seinem Auftritt vor dem »Ausschuss für unamerikanische Umtriebe« am 30. Oktober verlässt Brecht die USA
1948 Nach einem Aufenthalt in Zürich reist Brecht über Prag in den Ostsektor von Berlin. Uraufführung von *Der kaukasische Kreidekreis* in Northfield (Minnesota) und von *Herr Puntila und sein Knecht Matti* in Zürich
1949 Beginn seiner Theaterarbeit mit dem gemeinsam mit Helene Weigel gegründeten Berliner Ensemble
1950 Brecht wird österreichischer Staatsbürger
1954 Stalin-Friedenspreis
1956 14. August: Brecht stirbt in Ostberlin. Postum werden u. a. die Stücke *Schweyk im Zweiten Weltkrieg* (Warschau 1957), *Der aufhaltsame Aufstieg des Arturo Ui* (Stuttgart 1958) und *Die heilige Johanna der Schlachthöfe* (Hamburg 1959) uraufgeführt

BERLINER ENSEMBLE

Brecht hatte in der Zeit der Emigration kaum Gelegenheit, seine Vorstellungen vom epischen Theater in der Praxis durchzusetzen. Eine Ausnahme bildete die 1947 in Zusammenarbeit mit Charles Laughton in Los Angeles entstandene Modellaufführung des *Galilei*. In Ostberlin war die Musterinszenierung der *Courage* am 11. Januar 1949 am Deutschen Theater seine erste Theaterarbeit. Aus diesem Projekt ging das von Helene Weigel geleitete Berliner Ensemble hervor, das zunächst als Gast im Deutschen Theater spielte und 1954 mit dem Theater am Schiffbauerdamm ein eigenes Haus erhielt. Die von Brecht und seinen Mitarbeitern erarbeiteten Musteraufführungen wurden in Bildbänden dokumentiert. Nach dem Tod Helene Weigels 1971 leitete Ruth Berghaus das Ensemble, dann Manfred Wekwerth (1977–91), Heiner Müller (1992–95) und seit 2000 Claus Peymann.

POETIK

EPISCHES THEATER

»DAS MODERNE THEATER IST DAS EPISCHE THEATER«. Brechts große internationale Wirkung beruht vor allem auf seinem dramatischen Werk und seiner Theaterkonzeption. Er entwickelte sie seit der Mitte der zwanziger Jahre – 1926 fällt zum ersten Mal der Begriff episches Theater – als Reaktion auf das herkömmliche Illusionstheater mit seiner auf eine emotionale Wirkung zielenden Praxis. Gegen dieses ›aristotelische Theater‹ opponierte er schon früh mit verschiedenen Techniken der Desillusionierung, mit so genannten Verfremdungseffekten (›V-Effekte‹), die eine Identifikation mit dem auf der Bühne dargestellten Geschehen und den Akteuren verhindern sollten. Zu diesen Mitteln gehören u. a. der Einsatz eines erzählenden und kommentierenden Spielleiters, Szenenüberschriften, Prologe und Epiloge, Musik, Songs, Chöre, Lichteffekte und eine demonstrative, gestische Spielweise. Der Schauspieler muss Distanz zu seiner Rolle zeigen; das Geschehen auf der Bühne will als eine Art Versuchsanordnung verstanden werden, die zu Eingriffen herausfordert und so die kritische Urteilsbildung des Zuschauers anregt. Das Theater soll nicht suggestiv wirken, sondern der Erkenntnis dienen, das Bewusstsein des Zuschauers verändern. Dem entspricht die offene Form, die anti-aristotelische Reihung von Szenen ohne eigentlichen Anfang und Ende. Die erste grundsätzliche Formulierung seiner Theorie des epischen Theaters entstand als Reaktion auf die ›kulinarische‹ Rezeption der *Dreigroschenoper*, die nicht zu-

letzt der Musik Kurt Weills zu verdanken war. Sie findet sich in den *Anmerkungen zur Oper »Aufstieg und Fall der Stadt Mahagonny«* (1930) und zeigt in einem Schema »einige Gewichtsverschiebungen vom dramatischen zum epischen Theater«, Verschiebungen etwa von »handelnd« zu »erzählend«, von »Eine Szene für die andere« zu »Jede Szene für sich«, von »Gefühl« zu »Ratio«.

»MUTTER COURAGE UND IHRE KINDER«. Während Brecht im skandinavischen Exil seine kämpferischen antifaschistischen Stücke schrieb, entwickelte er seine Gedanken über das Theater weiter. Es entstand das epische Theater in seiner klassischen Form, ein realistisches Theater, das Lehrhaftes und Artistisches zu einer Einheit verschmolz: *Leben des Galilei, Mutter Courage, Der gute Mensch von Sezuan, Der kaukasische Kreidekreis, Herr Puntila und sein Knecht Matti* u. a. Als erstes dieser Stücke wurde die »Chronik aus dem Dreißigjährigen Krieg« *Mutter Courage und ihre Kinder* am 19. April 1941 am Schauspielhaus Zürich aufgeführt, der einzigen europäischen Bühne, die während des Krieges Brecht zeigte.

Die zwölf Szenen der *Mutter Courage* spielen im Zeitraum von Frühjahr 1624 bis Januar 1636. Helden sind nicht die Großen. Die Sicht von unten ist bestimmend; sie macht die herrschende Interpretation der Dinge – etwa des Krieges als Glaubenskrieg – als Lüge erkennbar. Anna Fierling, genannt Courage, ist Marketenderin, kleine Geschäftsfrau. Sie sieht den Krieg als Geschäft, und wie die Großen will sie – mal auf der kaiserlich-katholischen, mal auf der protestantisch-schwedischen Seite – am »Gewinn« teilhaben. Zugleich möchte sie sich jedoch aus dem Krieg heraushalten und sich und ihre Kinder vor seinen Folgen bewahren. Das kann nicht gelingen; sie verliert ihre Kinder eins nach dem anderen, bleibt aber unbelehrbar: »Ich muß wieder in Handel kommen.« Was sie nicht lernt – z. B. dass »die großen Geschäfte in den Kriegen nicht von den kleinen Leuten gemacht werden« –, soll der durch die Mittel des epischen Theaters zum kritischen Denken angeleitete Zuschauer lernen.

Szenenbild aus Brechts *Kaukasischem Kreidekreis* in der Inszenierung von Ruth Berghaus (Bühnenbild: Erich Wonder, Kostüme: Anna Eiermann) 1993 am Wiener Burgtheater.

Linke Seite: **Bühnenbildentwurf von Teo Otto** zu einer Szene von *Mutter Courage und ihre Kinder*. Gouache, 1949.

Heinz Rühmann in der Verfilmung von Carl Zuckmayers *Hauptmann von Köpenick* unter der Regie von Helmut Käutner, 1956.

GATTUNG

VOLKSSTÜCK

ÖDÖN VON HORVÁTH

1901 9. Dezember: Ödön von Horváth als Sohn eines ungarischen Diplomaten in Fiume (Rijeka) geboren
1919 Nach zahlreichen Wohnsitzwechseln der Familie Abitur in Wien
1924 Horváth lebt bis 1933 in Berlin
1930 *Der ewige Spießer* (Roman)
1931 Uraufführung (und Druck) der Stücke *Italienische Nacht* und *Geschichten aus dem Wiener Wald*; Kleist-Preis
1932 Uraufführung von *Kasimir und Karoline*
1933 Die für Januar vorgesehene Uraufführung des Volksstücks *Glaube Liebe Hoffnung* kann nicht mehr stattfinden. Horváth geht nach Österreich (Salzburg, Wien)
1934 Horváth tritt dem Reichsverband Deutscher Schriftsteller bei und ist damit Mitglied der Reichsschrifttumskammer; Ausschluss 1937. Viele seiner im Exil entstandenen Texte, darunter die Dramen *Figaro läßt sich scheiden* und *Don Juan kommt aus dem Krieg*, werden erst postum gedruckt
1938 Horváth verlässt Österreich; Reisen durch Europa. In Amsterdam erscheinen die Romane *Jugend ohne Gott* und *Ein Kind unserer Zeit*
1938 1. Juni: Horváth wird in Paris auf den Champs-Elysées von einem herabfallenden Ast erschlagen

Rechte Seite: **Szenenbild** aus Christoph Marthalers Inszenierung von Horváths *Kasimir und Karoline* am Schauspielhaus Zürich (1997) mit Josef Bierbichler und Bettina Engelhardt.

NEUE TENDENZEN. Die Gattungsbezeichnung Volksstück kommt aus der Wiener Tradition des Volkstheaters. Sie ist erstmals in der zweiten Hälfte des 18. Jahrhunderts belegt und setzt sich im 19. Jahrhundert durch. Zugleich beginnt ein Literarisierungsprozess, der im Werk Ferdinand Raimunds und Johann Nepomuk Nestroys gipfelt. War bis dahin das Volksstück ein Produkt des Volkstheaters der Vorstädte, so löste es sich mit den Dramen des Wieners Ludwig Anzengruber von der Institution Volkstheater und führte ein Eigenleben als literarische Gattung. Anzengruber bereicherte das Volksstück um eine volksaufklärerische sozialkritische (und antiklerikale) Dimension. Die erfolgreiche Aufführung seines Dramas *Das vierte Gebot* (1877) durch die »Freie Bühne« in Berlin (1890) unterstreicht die überregionale Bedeutung von Anzengrubers Dramatik und die Affinität seiner Milieuschilderungen zum Naturalismus. Einen neuen Höhepunkt erreichte das kritische Volksstück in der Weimarer Republik.

CARL ZUCKMAYER. Der Kritiker Alfred Kerr schrieb nach der Aufführung von Zuckmayers Lustspiel *Der fröhliche Weinberg* (1925): »sic transit gloria expressionissimi.«

Ihm galt das rheinhessische Volksstück mit seinen plastischen Charakteren und seiner (dick aufgetragenen) Feier vitaler Lebenskraft als dramatischer Neubeginn nach dem Expressionismus. Die Handlung, eine traditionelle schwankhafte Liebesintrige, bietet Gelegenheit für aktuelle satirische Seitenhiebe auf völkische Klischees, schwadronierende Verbindungsstudenten, versoffene Veteranen der Kolonialkriege, jüdische Weinhändler und bestechliche, reaktionäre Bürokraten. Zuckmayer setzte mit Werken wie *Schinderhannes* (1927), dem balladesken Drama vom edlen Räuber, und dem »Seiltänzerstück« *Katharina Knie* (1928) die Reihe seiner Volksstücke fort. Mit dem *Hauptmann von Köpenick* (1930) gelang ihm dann eine bruchlose Verbindung von Komödie und Zeitsatire auf wilhelminische Obrigkeitsgläubigkeit und preußischen Kadavergehorsam.

WIENER WALD UND OKTOBERFEST. Während bei Zuckmayer zunehmend sentimentale Züge und eine Neigung zu romantischen Klischees von Volkstümlichkeit erkennbar werden, geht Ödön von Horváth einen anderen Weg. Seine Stücke betreiben die »Demaskierung des Bewußtseins« von Kleinbürgern und Proletariern, die für ihn das Volk ausmachen. Bei diesem Prozess kommt der Sprache eine entscheidende Rolle zu. In ihr spielt sich das eigentliche Geschehen ab, in einem unechten, geliehenen Jargon, der den Dialekt ersetzt hat und in dessen Phrasen sich die Kleinbürgermentalität in ihrer Entfremdung und ihren Illusionen verrät. In seinem bekanntesten Stück, *Geschichten aus dem Wiener Wald* (1931) zeichnet Horváth eine tödliche Idylle um kleine Gewerbetreibende, aus der es kein Entkommen gibt: Hinter der verlogen-gemütlichen Fassade von Familie, Geschäft, Vergnügen (Heuriger, Ausflug in den Wiener Wald) und ständigen Walzerklängen stecken Egoismus, Unterdrückung (der Frauen), Sentimentalität, Brutalität, ganz zu schweigen von Rassismus und Faschismus. In den späteren Stücken verschärft sich die soziale Anklage, die über die Kritik an realen Verhältnissen hinaus vor allem auf die Deformierung des Menschen zielt. In *Kasimir und Karoline* (1932), der »Ballade« vom arbeitslosen Chauffeur und seiner Braut mit einer Ambition zum »Höheren«, ist das Münchener Oktoberfest zugleich Sinnbild der Welt und optische und akustische Kulisse eines tristen Dramas der Entfremdung.

Marieluise Fleißer. Fotografie von Erica Loos, 1974.

MARIELUISE FLEISSER UND DAS NEUE KRITISCHE VOLKSSTÜCK

In den sechziger Jahren erhielten die Volksstücke Marieluise Fleißers *Fegefeuer in Ingolstadt* (1926) und *Pioniere in Ingolstadt* (1929) neue Aktualität. Entstanden waren sie, wie sie selbst erinnerte, »aus dem Zusammenprall« ihrer katholischen Klostererziehung mit ihrer »Begegnung mit Feuchtwanger und den Werken Brechts«: »Das hat sich nämlich nicht miteinander vertragen.« Und sie zeigt in diesen Stücken wahrhaft erlittene katholisch-bigotte Provinz, einen Kleinstadtkosmos als Lebensform absoluter sozialer Kontrolle mit den daraus folgenden Deformationen, Abhängigkeiten und Konflikten. Hier – und bei Horváth und dem jungen Brecht – sahen Autoren wie Martin Sperr (*Jagdszenen aus Niederbayern*, 1966), Rainer Werner Fassbinder (*Katzelmacher*, 1968) und Franz Xaver Kroetz (*Stallerhof*, 1971) das Vorbild für ihre neuen kritischen Volksstücke, die die Mechanismen des ›gesunden Volksempfindens‹ und die Dumpfheit und Gewalt der (meist ländlichen) Umgebung sichtbar machen. »Alle meine Söhne« nannte die Autorin ihre jungen Nachfolger.

LITERATURBETRIEB

DRITTES REICH

»Dichterfahrt ins Kampfgebiet des Westens«. Fotografie, 1940. Unter den Teilnehmern waren u. a. Bruno Brehm, Erwin Guido Kolbenheyer, Hanns Johst und Hans Friedrich Blunck.

INNERE EMIGRATION

Die Prägung des Begriffs Innere Emigration wird in der Regel Frank Thieß zugeschrieben, der ihn 1933 zuerst gebraucht habe. Dafür gibt es allerdings nur sein eigenes, nachträgliches Zeugnis in einem »Die innere Emigration« überschriebenen Artikel in der *Münchner Zeitung* vom 18. August 1945. Im Gegensatz zur Exilliteratur, der Literatur der vertriebenen oder geflohenen Autoren, steht der Begriff Innere Emigration für die Haltung oder Situation von Personen (oder Personengruppen), die im Dritten Reich durch eine ›Emigration nach innen‹ dem umfassenden nationalsozialistischen Herrschaftsanspruch zu entgehen suchten. Die Spannweite reichte vom Rückzug in die Innerlichkeit bis zu – getarnter – Kritik. Dabei kam der Technik der historischen Camouflage und der Anspielung eine besondere Bedeutung zu, wie sie etwa eine Reihe von historischen Romanen und Erzählungen anwendet (u. a. Werner Bergengruen, *Der Großtyrann und das Gericht*, 1935; Reinhold Schneider, *Las Casas vor Karl V.*, 1938; Ernst Jünger, *Auf den Marmorklippen*, 1939). Ein anderer Rückzugsbereich stellte die Naturlyrik mit ihrer Besinnung auf das Überzeitliche dar (Oskar Loerke, Wilhelm Lehmann). Ähnlich verfuhr Ernst Wiechert in seinem Roman *Das einfache Leben* (1939). Vielfach bleibt die Zuordnung zur Inneren Emigration unsicher; zu den umstrittensten Gestalten in diesem Zusammenhang gehören Gottfried Benn und Ernst Jünger.

LITERATURPOLITIK. Die nationalsozialistische Kulturpolitik setzte unmittelbar nach der Machtübernahme deutlich sichtbare Zeichen, um den Bruch mit dem Weimarer ›System‹ und seinen literarischen Repräsentanten zu markieren. Es begann mit der Neuordnung der Abteilung Dichtung der Preußischen Akademie der Künste: Sie wurde, wie die Heilbronner *Neckarzeitung* am 10. Juni 1933 meldete, aus »dem betont außervölkischen Zustande ihrer früheren Zusammensetzung« – Heinrich und Thomas Mann, Alfred Döblin, Ricarda Huch, Franz Werfel, René Schickele usw. – durch Ausschlüsse und gezielte Neuaufnahmen »zu einem volksbewussten und artgerechten Lebenskörper umgebaut«. Was unliebsame Autoren zu erwarten hatten, machten die groß angelegten Verbrennungen »undeutschen« bzw. »zersetzenden« Schrifttums im Mai 1933 deutlich. Diese Maßnahmen waren Teil der so genannten Gleichschaltung. Dieser Begriff bedeutete neben der Zerschlagung der bestehenden politischen und kulturellen Institutionen und Strukturen, neben Berufsverboten und der Vertreibung und Verfolgung missliebiger Autoren die Einrichtung von eigenen, dem Staats- und Parteiapparat verantwortlichen NS-Zwangsorganisationen. Für die Literatur war das die Reichsschrifttumskammer, in der sämtliche Schriftsteller-, Buchhändler- und Bibliotheksorganisationen zusammengefasst wurden. Leiter der Reichsschrifttumskammer war seit 1935 Hanns Johst.

INHALTE UND TRADITIONEN. Zu den inhaltlichen und ästhetischen Vorgaben

der NS-Literatur gehörten zum einen das ideologische Programm des Nationalsozialismus (Rassenideologie, Antisemitismus, Zivilisationsfeindlichkeit, Blut-und-Boden-Kult), zum anderen spezifische Haltungen und Denkformen wie Kampf- und Opferbereitschaft, Heimatverklärung, Sakralität, Führer- und Todeskult, schematisches Freund-Feind-Denken, Pathos und Monumentalität. Vorläufer waren durchaus vorhanden und ließen sich für die eigenen Zwecke vereinnahmen. Ein breites Spektrum völkisch-nationaler Literatur, ausgezeichnet durch einen entschiedenen Antimodernismus, durch Demokratiefeindlichkeit und Antisemitismus, hatte sich bereits vor dem Ersten Weltkrieg auf der Basis eines mythischen Volksbegriffs etabliert und fand nach der Niederlage von 1918 Fortsetzung u. a. in den Werken von Erwin Guido Kolbenheyer, Hans Friedrich Blunck und Hans Grimm. Dieser lieferte mit seinem Romantitel *Volk ohne Raum* (1926) ein willkommenes Schlagwort.

GATTUNGEN. Wichtiger freilich für die intendierte Massenwirksamkeit als Romane wurden nationalsozialistische Agitationsgedichte und -lieder von Autoren wie Hans Baumann, Will Vesper oder Horst Wessel. Auf dem Gebiet des Dramas hatte Hanns Johst mit *Schlageter* (1933), der Stilisierung eines Freikorpsmanns zum Vorläufer und Märtyrer der nationalsozialistischen Bewegung, die Richtung vorgegeben. Mit seiner Forderung eines »heroisch-kultischen Theaters« wies er den Weg zum »Thingspiel«. Diese Spiele sollten auf eigens dafür gebauten Freilichttheatern (»Thingstätten«) durch die heroisierende Darstellung kultisch-mythischer Stoffe ein großes Publikum auf die NS-Gemeinschaftsideologie einstimmen. Allerdings scheiterten diese Bemühungen; sie wurden bereits 1937 eingestellt. Überhaupt kam der Literatur im Kontext der NS-Propaganda angesichts der wachsenden Bedeutung der modernen Massenmedien und der mit großem Aufwand inszenierten Massenveranstaltungen nur eine eher untergeordnete Rolle zu.

Die Propagandaaktionen der nationalsozialistischen Deutschen Studentenschaft »Wider den undeutschen Geist« im April und Mai 1933 gipfelten in öffentlichen Bücherverbrennungen in zahlreichen deutschen Städten. Über die Aktion in Berlin heißt es im *Neuköllner Tageblatt* vom 12. Mai 1933: »Während der Verbrennung der Bücher spielten SA- und SS-Kapellen vaterländische Weisen und Marschlieder, bis neun Vertreter der Studentenschaft, denen die Werke nach einzelnen Gebieten zugeteilt waren, mit markanten Worten die Bücher des undeutschen Geistes dem Feuer übergaben. *1. Rufer:* Gegen Klassenkampf und Materialismus, für Volksgemeinschaft und idealistische Lebenshaltung! Ich übergebe der Flamme die Schriften von Marx und Kautsky. *2. Rufer:* Gegen Dekadenz und moralischen Verfall! Für Zucht und Sitte in Familie und Staat! Ich übergebe der Flamme die Schriften von Heinrich Mann, Ernst Glaeser und Erich Kästner. [...] *4. Rufer:* Gegen seelenzerfasernde Überschätzung des Trieblebens, für den Adel der menschlichen Seele! Ich übergebe der Flamme die Schriften des Sigmund Freud. [...] *9. Rufer:* Gegen Frechheit und Anmaßung, für Achtung und Ehrfurcht vor dem unsterblichen deutschen Volksgeist! Verschlinge, Flamme, auch die Schriften der Tucholsky und Ossietzky!«

Linke Seite: **Hans Grimm** erzählt am Beispiel der Lebensgeschichte des Cornelius Friebott vom schlimmen Schicksal der Deutschen, denen der Raum genommen wurde für ihre (agrarisch gedachte) Entfaltung. Historische und geopolitische Exkurse, verbunden mit antienglischen Ressentiments und rassistischen Tönen, begründen den Anspruch auf ›Lebensraum‹, den der in Afrika gescheiterte Held am Ende als »Wanderredner« in Deutschland verkündet.

ANNA SEGHERS' »TRANSIT«

»Damals hatten alle nur einen einzigen Wunsch: abfahren. Alle hatten nur eine einzige Furcht: zurückbleiben. Fort, nur fort aus diesem zusammengebrochenen Land, fort aus diesem zusammengebrochenen Leben, fort von diesem Stern!«, heißt es in Anna Seghers' Roman *Transit*, der eigene Exilerfahrungen verarbeitet. Sie schrieb ihn 1937–40 in Marseille. Er erschien zuerst in spanischer und englischer Übersetzung (Mexiko bzw. Boston 1944); die deutsche Ausgabe folgte 1948.

Ein junger deutscher Arbeiter erzählt in einem Café am Hafen von Marseille einem fiktiven Gegenüber seine Geschichte, die Geschichte nämlich, warum er letztlich doch nicht die Gelegenheit ergriffen habe, aus dem von Hitlers Truppen bedrohten Kontinent zu fliehen. Dabei verbindet sich die Erzählung der verschiedenen menschlichen Schicksale mit einer eindrucksvollen Schilderung der Angstwelt des Exils, der Situation der Exilierten, die in Marseille zwischen Furcht und Hoffnung einen verzweifelten Kampf mit den absurden Vorschriften und Schikanen der französischen Behörden und ausländischen Konsulate führen, um sich die erforderlichen Papiere für Aufenthalt, Abreise, Transit und Einreise ins Zielland zu verschaffen. Der junge Arbeiter bleibt freiwillig zurück. Für ihn ist die Flucht beendet. Er will in Frankreich auf einer Obstfarm arbeiten und, »sobald es zum Widerstand kommt, mit Marcel eine Knarre nehmen«. So findet der namenlose Erzähler, der durch Konzentrationslager, Flucht und Krieg seine Identität verloren hat, mit dem Entschluss zu bleiben, schließlich zu sich selbst zurück und entzieht sich damit der Welt des ›Transit‹, die nicht nur die äußere Lage der Emigranten, sondern auch die innere krisenhafte Situation im Geflecht der persönlichen Beziehungen bezeichnet.

EPOCHE/STRÖMUNG

EXILLITERATUR

EXODUS. Mehr als 2000 Autoren verließen nach der Machtübernahme der Nationalsozialisten Deutschland. Es war nicht nur eine Frage der politischen Überzeugung, sondern es ging für die meisten um das blanke Überleben. Der Exodus vollzog sich in mehreren Wellen, markiert durch Ereignisse wie die Ernennung Hitlers zum Reichskanzler am 30. Januar 1933, den Reichstagsbrand (17. Februar 1933) und die damit begründete Aufhebung der durch die Weimarer Verfassung garantierten Grundrechte (18. Februar 1933), die Nürnberger Rassengesetze (15. September 1935) und das Pogrom vom 9. November 1938. Zu einer eigenen Fluchtbewegung österreichischer Autoren kam es nach dem »Anschluss« Österreichs am 13. März 1938. Zunächst waren europäische Länder das Ziel der Emigranten, doch mit der nationalsozialistischen Annexionspolitik und vollends mit Kriegsbeginn wurde Europa mit Ausnahme der Sowjetunion zu unsicher. Die Fluchtwege führten nun weiter, vor allem nach Nord- und Südamerika. In Kalifornien ließen sich u. a. Thomas und Heinrich Mann, Bertolt Brecht, Alfred Döblin und Lion Feuchtwanger nieder, in New York Oskar Maria Graf. Carl Zuckmayer pachtete eine Farm in Vermont, Hilde Domin überlebte den Krieg in der Dominikanischen Republik, Anna Seghers in Mexiko. Zu den prominentesten Exilanten in der Sowjetunion gehörte Johannes R. Becher, der spätere DDR-Kulturminister. Für andere, Walter Benjamin beispielsweise, endete die Flucht mit dem Tod.

AUFGABE. Das Exil bedeutete für die Betroffenen nicht nur den Verlust ihres Publikums und damit auch der materiellen Existenzgrundlage, sondern bedrohte auch, abgeschnitten von ihrer sprachlichen und kulturellen Lebenswelt, ihre Existenz als Künstler. Das war die eine Seite der Exilerfahrung; auf der anderen Seite verstanden die Auto-

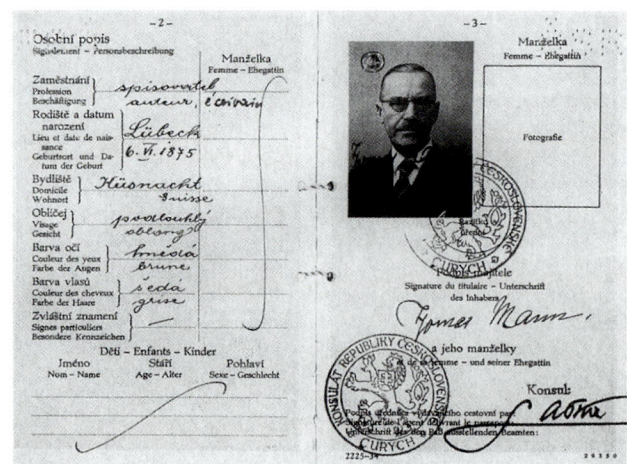

Anna Seghers' mexikanisches Reisealtärchen.

ren das Exil auch als Aufgabe, als politisch-literarischen Auftrag. Denn bei allen politischen Differenzen – das Spektrum reichte von den kommunistisch-antifaschistischen und linksliberalen Schriftstellern zu eher konservativ-bürgerlichen Autoren – einigte die Exilautoren das Bewusstsein, ein anderes, besseres Deutschland zu repräsentieren. Das schloss für sie die Verpflichtung ein, den Kampf gegen die NS-Herrschaft mit allen publizistischen und literarischen Mitteln zu unterstützen. Dabei sorgten Exilverlage, Exilzeitschriften und -zeitungen für Publikationsmöglichkeiten.

LITERATUR. Im Rahmen der vielfältigen Manifestationen antifaschistischer Literatur kam dem Roman eine besondere Bedeutung zu. Zeitromane befassten sich mit den historischen und ideologischen Voraussetzungen des Nationalsozialismus (Lion Feuchtwanger, *Die Geschwister Oppermann*, 1933; Anna Seghers, *Der Kopflohn*, 1933) oder schilderten Gesellschaft und Leben im Dritten Reich mit all den Opfern, Mitläufern, Opportunisten und Tätern (Klaus Mann, *Mephisto*, 1936; Irmgard Keun, *Nach Mitternacht*, 1937; Anna Seghers, *Das siebte Kreuz*, 1942; Arnold Zweig, *Das Beil von Wandsbeck*, 1943). Die Exilsituation selbst steht im Mittelpunkt von Romanen wie Klaus Manns *Der Vulkan* (1939), Feuchtwangers *Exil* (1940) und Seghers' *Transit* (1944). Zugleich entwickelte sich der historische Roman zu einem wichtigen Medium der Auseinandersetzung mit den Problemen der Gegenwart. Zu den großen humanistischen Gegenentwürfen dieser Jahre zählen Hermann Brochs *Der Tod des Vergil* (1945) mit seiner Thematisierung der Exilsituation und Heinrich Manns *Henri Quatre* (1935–38) mit seinem Bestehen auf der Utopie einer freien und gerechten Gesellschaft. Aber auch die Hinwendung zum Mythos in Thomas Manns *Joseph und seine Brüder* (1933–43) geschieht aus einer aufklärerischen, antifaschistischen Position heraus.

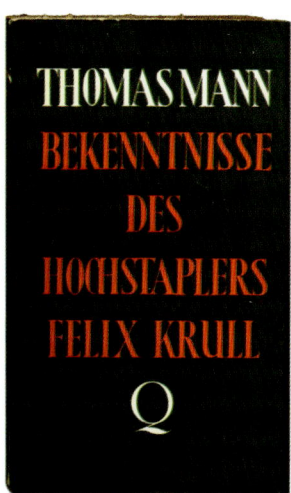

Bei dieser 1937 im Amsterdamer Querido Verlag, einem der bedeutendsten Exilverlage, erschienenen Ausgabe handelt es sich nach einer ersten Teilveröffentlichung des Romans im Jahr 1922 um eine erweiterte, aber immer noch nicht vollständige Fassung des Romans. Diese erschien erst 1954.

Linke Seite: **Thomas Manns tschechischer Pass**, 1936.

STOFFE/THEMEN

WIDERSTAND

ILLEGALITÄT. Auf dem Internationalen Schriftstellerkongress in Paris von 1935 trat ein maskierter Mann auf und machte die internationale Öffentlichkeit auf die Realität einer Untergrundliteratur im Dritten Reich aufmerksam: »Es gibt eine illegale Literatur in Deutschland. Denn diese Wochen, in denen der deutsche Faschismus die Kämpfer und Ankläger der Feder vernichtet zu haben glaubte, wurden die Geburtsstunde des unbekannten antifaschistischen Schriftstellers!« Eine wichtige Rolle spielte dabei der Bund proletarisch-revolutionärer Schriftsteller. Ziel war es, die Bevölkerung über die wahre Natur des Nationalsozialismus aufzuklären und zugleich das Ausland über Terror und Widerstand zu informieren. Während der Erfolg im Inland eher begrenzt war, konnte eine Reihe von Texten – Romane, Tagebücher, Tatsachenberichte – aus Deutschland herausgeschmuggelt und in Exilzeitschriften oder -verlagen veröffentlicht werden.

Die Untergrundarbeit im Dritten Reich ist das Thema des Theaterstücks *Die Illegalen* (1946) von Günther Weisenborn. Es zielt – im Gegensatz zu den heroisierenden und mythisierenden Tendenzen von Carl Zuckmayers gleichzeitigem Flieger- und Widerstandsdrama *Des Teufels General* (1946) – auf eine unspektakuläre Darstellung der Leistungen der deutschen Widerstandsbewegung, der Weisenborn bis zu seiner Verhaftung 1942 selbst angehörte. In 36 kurzen Szenen zeigt das Stück die illegale Arbeit einer kleinen Gruppe, die trotz Gefahr, Angst und des Gefühls der

Rechte Seite: **Das Gemälde *Deutschland 1944*** von Franz Radziwill ist im genannten Jahr entstanden, das seine Wende zur kritischen Betrachtung des Regimes einleitet. Es konfrontiert ›altdeutsches‹ Gut mit den Ruinenstädten der Gegenwart – symbolträchtig senkt sich die blaue Blume in der Hand der Einäugigen nach unten.

Das Szenenbild aus dem 1944 gedrehten Film *The Seventh Cross* (Regie Fred Zinnemann) nach dem Roman von Anna Seghers zeigt den zur Hinrichtung der Geflüchteten bestimmten »Tanzplatz« des Konzentrationslagers.

Vergeblichkeit ihre Flugblatt- und Plakataktionen durchführt, an ihrer Isolation leidet, sie aber wegen der Gefahr der Entdeckung und Denunziation nicht durchbrechen kann. Wenn sich einzelne Mitglieder selbst opfern, um die Existenz der Gruppe nicht aufs Spiel zu setzen, geschieht das durchaus ohne Illusionen, was die Nachwelt angeht: »Die Welt liebt Opfer, aber die Welt vergißt sie. Die Zukunft ist vergeßlich.«

SYMBOL DER HOFFNUNG. Zu den eindrucksvollsten Darstellungen des Lebens im Dritten Reich gehört Anna Seghers' Roman *Das siebte Kreuz* (1942). Der Roman schildert in einer filmischen Erzähltechnik, die das Geschehen in zahlreiche, parallel oder kontrapunktisch geführte Einzelsegmente auflöst, die Geschichte einer Flucht aus dem rheinhessischen Konzentrationslager Westhofen. Hier sind im Herbst 1937 sieben Häftlinge entflohen. Der KZ-Kommandant lässt sieben Platanen auf dem »Tanzplatz« des Lagers zu Kreuzen zurechtstutzen. Sie sind für die Geflüchteten bestimmt, die er innerhalb von sieben Tagen fassen und hier töten lassen will. Es gelingt der Gestapo in kurzer Zeit, sechs der Geflohenen zu ergreifen, doch das siebte Kreuz bleibt leer. Es war bestimmt für den Mechaniker Georg Heisler. Dessen Fluchtgeschichte steht im Mittelpunkt des Romans. Sie erhält jedoch durch die Begegnungen mit Verwandten, ehemaligen Freunden, politischen Kampfgefährten oder auch Unbekannten einen umfassenderen Charakter. Und wie sie auf der einen Seite den Blick auf das durch Angst und Denunziation vergiftete Leben im nationalsozialistischen Deutschland richtet, so zeigt sie auf der anderen, wie Humanität und gesellschaftliches Verantwortungsgefühl sich bewähren: Beispiele entschiedener Menschlichkeit, die wie das siebte Kreuz die Hoffnung aufrechterhalten.

ANNA SEGHERS

1900 19. November: Netty Reiling als Tochter eines jüdischen Antiquitätenhändlers in Mainz geboren; seit ihrer ersten literarischen Veröffentlichung 1927 in der *Frankfurter Zeitung* benutzt sie den Namen Anna Seghers
1924 Nach einem Studium der Kunstgeschichte, Geschichte und Sinologie in Köln und Heidelberg Promotion mit einer Arbeit über *Jude und Judentum im Werke Rembrandts*
1928 Für ihre erste Buchveröffentlichung *Aufstand der Fischer von St. Barbara* erhält sie den Kleist-Preis; Eintritt in die KPD und – ein Jahr später – in den Bund proletarisch-revolutionärer Schriftsteller
1933 Mit dem Roman *Kopflohn* setzt Seghers' antifaschistisches Erzählwerk ein. Verhaftung in Berlin; nach der Freilassung Emigration über die Schweiz nach Paris
1940 Flucht nach Marseille und von hier 1941 weiter nach Mexiko
1942 *Das siebte Kreuz* erscheint in einem mexikanischen Exilverlag und in einer englischen Übersetzung in Boston
1944 *Transit* (in spanischer und englischer Sprache); deutsche Ausgabe 1948
1947 Rückkehr nach Deutschland; sie lässt sich in Ostberlin nieder und nimmt in den folgenden Jahren eine herausragende Stellung im DDR-Kulturleben ein, wobei sie sich – zunehmend isoliert – bis zur Selbstverleugnung der Parteidisziplin unterwirft
1952–78 Vorsitzende des Schriftstellerverbandes der DDR. Zu ihrem späten Roman- und Erzählwerk zählen u. a. *Die Entscheidung* (1959), *Karibische Geschichten* (1962), *Die Kraft der Schwachen* (1965) und *Das Vertrauen* (1968)
1983 1. Juni: Anna Seghers stirbt in Berlin

POETIK

›KAHLSCHLAG‹

STUNDE NULL. Zu den Schlagworten, die die Situation der Literatur im befreiten, aber auch zerstörten Deutschland zu charakterisieren suchen, gehört das von der Stunde Null. Es steht für einen Neuanfang nach der Katastro-

Die zerstörte Hohenzollernbrücke in Köln von Osten. Fotografie von Karl Hugo Schmölz.

GÜNTER EICH

Inventur

Dies ist meine Mütze,
dies ist mein Mantel,
hier mein Rasierzeug
im Beutel aus Leinen.

Konservenbüchse:
Mein Teller, mein Becher,
ich hab in das Weißblech
den Namen geritzt.

Geritzt hier mit diesem
kostbaren Nagel,
den vor begehrlichen
Augen ich berge.

Im Brotbeutel sind
ein Paar wollene Socken
und einiges, was ich
Niemand verrate,

so dient es als Kissen
nachts meinem Kopf.
Die Pappe hier liegt
zwischen mir und der Erde.

Die Bleistiftmine
lieb ich am meisten:
Tags schreibt sie mir Verse,
die nachts ich erdacht.

Dies ist mein Notizbuch,
dies ist meine Zeltbahn,
dies ist mein Handtuch,
dies ist mein Zwirn.

---

phe des Nationalsozialismus. »Alle Ankunft gehört *uns*«, schrieb Wolfgang Borchert. Zur Erklärung fügte er hinzu: »Dieser Satz entstand aus einer inneren Opposition gegen die Generation unserer Väter, Studienräte, Pastoren und Professoren. Es soll heißen, sie haben uns zwar blind in den Krieg gehen lassen, aber nun wissen wir Sehend-gewordenen, daß nur noch eine Ankunft zu neuen Ufern uns retten kann, mutiger gesagt: Die Hoffnung gehört uns ganz allein!« Zu dieser jungen Generation, geprägt von den Erfahrungen des Krieges und westlichen Demokratievorstellungen, die sie in amerikanischen Kriegsgefangenenlagern kennen lernen konnten, gehörten auch Autoren wie Alfred Andersch und Hans Werner Richter, die im Namen einer neuen geistigen Freiheit und einer ebenfalls noch zu verwirklichenden sozialen Gerechtigkeit den völligen Bruch mit der Vergangenheit forderten.

ÄSTHETISCHE INNOVATION.

Zu den Forderungen eines umfassenden Neubeginns gehört auch das Programm einer neuen Ästhetik. Dafür stehen Schlagworte wie ›Trümmerliteratur‹ und ›Kahlschlag‹: Literatur, die die geistige und materielle Trümmerlandschaft nach dem Krieg thematisiert, Literatur, die in ihren sprachlichen und poetischen Mitteln »ganz von vorn« anfängt (Wolfgang Weyrauch) und aus Misstrauen gegenüber der durch die Nationalsozialisten korrumpierten Sprache auf eine Reduktion auf das Wesentliche, Elementare setzt. In der Lyrik stehen für diese Tendenzen die Kahlschlag-Gedichte Günter Eichs aus dem Jahr 1945 mit ihrer Beschränkung auf die Mitteilung von Gegenständlichem und auf die Bedingungen der eigenen Existenz, verbunden mit einer lakonischen Verknappung von Ausdrucksweise und Form. Beispiele sind Texte wie *Lazarett*, *Pfannkuchenrezept*, *Latrine* und *Inventur*. Auch in der Prosa geht es um »Einfachwerden« (Heinrich Böll): »Wir brauchen keine Dichter mit guter Grammatik. Zu guter Grammatik fehlt uns Geduld. Wir brauchen die mit dem heißen heiser geschluchzten Gefühl. Die zu Baum Baum und zu Weib Weib sagen und ja sagen und nein sagen: laut und deutlich und dreifach und ohne Konjunktiv«, heißt es bei Wolfgang Borchert.

Wolfgang Borcherts Stück *Draußen vor der Tür* (1947) war neben Carl Zuckmayers *Des Teufels General* (1946) das erfolgreichste Schauspiel der unmittelbaren Nachkriegszeit. *Draußen vor der Tür* ist ein Heimkehrerstück und handelt, so die Vorbemerkung, »von denen, die nach Hause kommen und die dann doch nicht nach Hause kommen, weil für sie kein Zuhause mehr da ist. Und ihr Zuhause ist dann draußen vor der Tür.«

ALTERNATIVEN.

Nicht sprachlicher ›Kahlschlag‹, sondern Rückzug auf die eigene Existenz ist die Konsequenz, die Hans Erich Nossack aus der geschichtlichen Katastrophe zieht, aber auch hier verbunden mit der Forderung eines Aufbruchs. Sein Prosatext *Nekyia. Bericht eines Überlebenden* (1947) schildert, ins Mythische und Archetypische zurückführend, den Gang des Überlebenden durch die zerstörte Stadt: Indem sich der Mensch in existenzialistischer Manier auf sich selbst besinnt, sich seiner Selbst vergewissert, setzt er Zeichen für einen neuen Aufbruch. Es bleibt allerdings festzuhalten, dass in der westdeutschen Literatur konservative ästhetische Traditionen nicht nur vielfach ungebrochen weiterlebten, sondern sogar eine eher dominierende Rolle im Literaturbetrieb der Nachkriegsjahre spielten. In diesem Kontext fanden auch die Erzähler, die wieder auf die progressiven Erzählweisen der zwanziger Jahre zurückgriffen, zunächst eher wenig Resonanz. Das gilt etwa für Alfred Döblin, aber auch für den großen Außenseiter Hans Henny Jahnn, der bereits 1929 mit *Perrudja* ein Beispiel modernen polyperspektivischen Erzählens vorgelegt hatte und nun in seinem unvollendeten »Romanungeheuer« *Fluß ohne Ufer* (1949–50) daran anschloss.

Holzschnitt von Karl Rössing zu Günter Eichs Gedichtband *Abgelegene Gehöfte* von 1948, der neben traditionellen Texten ›naturmagischer‹ Art auch die reduktionistischen ›Kahlschlag‹-Gedichte enthält.

GATTUNG
KURZGESCHICHTE

Wolfgang Borchert. Fotografie von Rosemarie Clausen.

Wolfdietrich Schnurre in dem Essay *Kritik und Waffe* über die Anziehungskraft der Kurzgeschichte auf die Nachkriegsautoren:

»[...] der eigentliche Grund, weshalb sie die Form der short story so blitzartig übernahmen und auch gleich mit einer beachtlichen Könnerschaft zu handhaben verstanden, [...] lag im Stofflichen: in der Überfülle an peinigenden Erlebnissen aus den Kriegsjahren. Schuld, Anklage, Verzweiflung – das drängte zur Aussage. Zu keiner ästhetisch verbrämten, auch zu keiner durchkomponierten oder gar episch gegliederten; nein: zu einer atemlos heruntergeschriebenen, keuchend kurzen, mißtrauisch kargen Mitteilungsform.« (*Deutsche Rundschau* 1961, H. 1)

VORBILDER. Kurzgeschichten nach amerikanischen Mustern gibt es in der deutschen Literatur seit dem Anfang des 20. Jahrhunderts. Sie waren vor allem für die Feuilletons der Zeitungen bestimmt und boten mit ihrer schablonenhaften Erzählweise und der geradlinigen Hinführung zum überraschenden Schlusseffekt leichte Unterhaltung. Einen Neuansatz, der die Kurzgeschichte als eigene, literarisch bedeutsame Gattung etablierte, brachte erst die Nachkriegszeit. Die deutsche Kurzgeschichte nach 1945 orientierte sich an aktuellen amerikanischen Vorbildern, denn in den USA hatte sich inzwischen die *short story* zu einer Form entwickelt, die stärker an der Darstellung innerer Vorgänge und der Einbeziehung sozialkritischer Aspekte interessiert war. Wichtig wurden insbesondere die Kurzgeschichten Ernest Hemingways, die mit ihrer Lakonie und ihrem Understatement stilistisch den Forderungen nach konsequenter Vereinfachung entsprachen, wie sie Heinrich Böll oder Wolfgang Borchert erhoben hatten.

»HERAUSGERISSENES LEBEN«. Wolfdietrich Schnurre charakterisiert die Kurzgeschichte als »ein Stück herausgerissenes Leben«. Es ist das Leben, das Borchert, Böll und Schnurre, um die stilbildend wirkenden Autoren der unmittelbaren Nachkriegszeit zu nennen, geprägt hat: die Erfahrungen des Nationalsozialismus, des Krieges und der Nachkriegszeit mit all ihren Konsequenzen für das ausgelieferte Individuum. Dabei bildet die Kurzgeschichte mit ihrem Ausschnittcharakter und Lakonismus gleichsam ein formales Gegenstück zur »Kurzatmigkeit der Epoche«, wie Böll das Fehlen übergreifender Erfahrungs- und Lebenszusammenhänge in seiner Generation bezeichnete, eine Form, die den Autoren wie keine andere geeignet schien, eine Welt zu erfassen, die in punktuelle Erfahrungen, Eindrücke, Erlebnisse, Stimmungen zerfallen war. Eine andere Konsequenz aus diesem problematischen Verhältnis zur Welt zog allerdings Ilse Aichinger, indem sie ihre Texte in z.T. absurden, irrealen oder traumartigen Szenen auf Situationen und Vorgänge existenzieller Art konzentrierte (z.B. *Der Gefesselte*, 1952; *Spiegelgeschichte*, 1954).

BORCHERT UND BÖLL.

Hatte Borchert in seinem Heimkehrerstück *Draußen vor der Tür* (1947) mit dem Pathos des Leidens und der Empörung im Namen einer betrogenen Generation zu einer allgemeinen Anklage ausgeholt und Traditionen und Autoritäten eine radikale Absage erteilt, so verdichten seine 1947 erschienenen Kurzgeschichten diese desillusionierenden Erfahrungen der Kriegs- und Nachkriegszeit in suggestiven Ausschnitten und Momentaufnahmen. Sie zeigen Außenseiter im Krieg und in der Trümmerlandschaft der Großstadt der Nachkriegszeit und arbeiten mit Kontrasten wie Krieg und Frieden, Freundschaft und Einsamkeit, Menschlichkeit und Überlebenswillen. Die Geschichten wirken, schrieb Carl Zuckmayer dem Autor, »nicht wie ›Gedrucktes‹, sie begegnen uns, wie uns die Gesichter der Leute oder ihre Schatten in den zerbombten Städten begegnen«.

Umschlag der 1949 erschienenen Kurzgeschichten-Anthologie *Tausend Gramm*, in der Wolfgang Weyrauch ganz im Sinn der ›Kahlschlag‹-These den radikalen literarischen Neuanfang forderte und mit Beispielen zu dokumentieren suchte.

> Aus Wolfgang Borcherts *Lesebuchgeschichten*:
>
> »Kegelbahn. Zwei Männer sprachen miteinander.
> Nanu, Studienrat, dunklen Anzug an. Trauerfall?
> Keineswegs, keineswegs. Feier gehabt. Jungens gehn an die Front. Kleine Rede gehalten. Sparta erinnert. Clausewitz zitiert. Paar Begriffe mitgegeben: Ehre Vaterland. Hölderlin lesen lassen. Langemarck gedacht. Ergreifende Feier. Ganz ergreifend. Jungens haben gesungen: Gott, der Eisen wachsen ließ. Augen leuchteten. Ergreifend. Ganz ergreifend.
> Mein Gott, Studienrat, hören Sie auf. Das ist ja gräßlich.
> Der Studienrat starrte die anderen entsetzt an. Er hatte beim Erzählen lauter kleine Kreuze auf das Papier gemacht. Lauter kleine Kreuze. Er stand auf und lachte. Nahm eine neue Kugel und ließ sie über die Bahn rollen. Es donnerte leise. Dann stürzten hinten die Kegel. Sie sahen aus wie kleine Männer.«
> (W. Borchert, *Das Gesamtwerk*, 1959)

Ebenfalls 1947 veröffentlichte Böll seine ersten Kurzgeschichten, die dann in dem Buch *Wanderer, kommst du nach Spa…* (1950) gesammelt erschienen. Es handelt sich wie bei den größeren Erzählungen aus dieser Zeit (*Der Zug war pünktlich*, 1949; *Wo warst du, Adam?*, 1951) nach Bölls eigenen Worten um »Kriegs-, Heimkehrer- und Trümmerliteratur«, um Texte, die die ganze Sinnlosigkeit des mörderischen Krieges darstellen und zugleich eine Atmosphäre der Trostlosigkeit, des Grauens, der Einsamkeit und Entfremdung evozieren, die an den Existenzialismus erinnert: Die Trümmerwelt, die die Heimkehrer vorfinden, findet ihre Entsprechung in der geistigen und seelischen Konstitution der Menschen.

WOLFGANG BORCHERT

1921 20. Mai: Wolfgang Borchert in Hamburg geboren
1938 Borchert verlässt die Oberrealschule; Buchhandelslehre, Schauspielerausbildung
1941 Nach Schauspielerprüfung und einem kurzen Engagement in Lüneburg wird Borchert zur Wehrmacht eingezogen (Ostfront). Er verbüßt 1942 und 1944 mehrmonatige Gefängnisstrafen wegen Selbstverstümmelung bzw. regimefeindlicher Äußerungen
1945 Gegen Kriegsende gerät Borchert in französische Gefangenschaft; er kann fliehen und gelangt im Mai 1945 wieder nach Hamburg. Hier tritt er zunächst in Kabaretts auf; eine schwere Leberkrankheit, die ihn seit Spätherbst 1945 ans Bett fesselt, macht weitere Pläne zunichte
1947 Erstsendung (NWDR) und Uraufführung (Hamburger Kammerspiele) seines Schau- bzw. Hörspiels *Draußen vor der Tür*. – *Die Hundeblume. Erzählungen aus unseren Tagen*, *An diesem Dienstag. Neunzehn Geschichten*
1947 20. November: Borchert stirbt in Hamburg

Eines der letzten, dafür durchaus medienwirksamen Treffen der Gruppe 47 in Princeton/USA.

LITERATURBETRIEB
GRUPPE 47

GRÜNDUNG. Die Gruppe 47 entwickelte sich zur einflussreichsten literarischen Gruppierung im westdeutschen Literaturbetrieb nach dem Zweiten Weltkrieg. Die Anfänge waren bescheiden: Mitarbeiter der von Alfred Andersch und Hans Werner Richter herausgegebenen und nach nur neun Monaten von der amerikanischen Militärregierung verbotenen Zeitschrift *Der Ruf* (1946–47) trafen sich auf Einladung Richters im September 1947 zu einem Treffen in Bannwaldsee bei Füssen, um Manuskripte vorzutragen und zu diskutieren; ein weiteres Treffen schloss sich im November an. Von da an folgten, immer auf der Basis persönlicher Einladungen Richters, regelmäßige Zusammenkünfte an wechselnden Orten, zunächst zweimal jährlich, dann jährlich. Es ging den Initiatoren darum, einen neuen Anfang zu setzen und für ein demokratisches Deutschland und eine gesellschaftlich verantwortliche neue Literatur zu wirken, eine Literatur, die sich im Einklang mit der These vom ›Nullpunkt‹ der traditionellen literarischen Formensprache verweigerte. Damit richteten sie sich gegen die Versuche, die Literatur der Inneren Emigration gleichsam fortzuschreiben, und gegen die immer offenkundiger werdende Restauration in der BRD. Gegen die weihevolle Beschwörung ewiger Werte in der Dichtung setzte die Gruppe 47 produktive kritische Unruhe.

ENTWICKLUNG UND RITUALE. Nach der ersten Phase wuchs das öffentliche Interesse seit den fünfziger Jahren stark an; die Gruppe 47 entwickelte sich als »Zentralcafé einer Literatur ohne Hauptstadt« (Hans Magnus Enzensberger) zu einem viel beachteten kritischen Begleiter der bundesrepublikanischen Restauration. Zum wachsenden Renommee der Gruppe trug der literarische Erfolg von Autoren wie Enzensberger, Ingeborg Bachmann, Heinrich Böll, Günter Grass, Uwe Johnson oder Martin Walser bei. Die Folge war eine gewisse Institutionalisierung und Kommerzialisierung; professionelle Kritiker und Verleger wurden einbezogen, Sponsoren ermöglichten Treffen im Aus-

NACHRUF

Günter Grass veröffentlichte 1979, Hans Werner Richter zum 70. Geburtstag gewidmet, die Erzählung *Das Treffen in Telgte*. Er schildert ein deutsches Dichtertreffen im Jahr 1647 in dem kleinen Ort zwischen Münster und Osnabrück, auf dem Lesungen stattfinden und die Rolle der Literatur am Ende des Dreißigjährigen Krieges diskutiert wird: Gemeint ist aber auch die Gruppe 47 und ihr Mentor.

Rechte Seite: **Hans Werner Richter, Walter Jens, Ilse Aichinger und Ernst Rowohlt** bestaunen ein Paket mit 150 Glühbirnen, die die Firma Osram für das Gruppentreffen 1952 gestiftet hatte.

land. Ungewolltes Resultat dieser Großveranstaltungen mit entsprechender Medienbeteiligung war, dass das kritische Ritual in Verruf kam, ein Verfahren, das die Autoren nach ihrer Lesung einer nicht immer fundierten Stegreifkritik aussetzte, ohne eine Möglichkeit der Gegenwehr zu bieten.

LITERARISCHE BEDEUTUNG. Die Gruppe 47 steht für den Neuanfang und die Neuorientierung der deutschen Literatur nach 1945. Und es waren Werke von Mitgliedern der Gruppe, die der deutschen Literatur wieder zu internationalem Ansehen verhalfen. Aber die Gruppe repräsentierte nicht die gesamte deutsche Literatur. Das war auch nie ihr Ziel, obschon ihr Kritiker »Meinungsterror« (Günter Blöcker) oder Schlimmeres vorwarfen; der geschäftsführende Vorsitzende der CDU Josef-Hermann Dufhues nannte sie eine »geheime Reichsschrifttumskammer«. Nicht eingeladen wurden z. B. konservative, konfessionell gebundene Autoren, durch ihre Vergangenheit kompromittierte Schriftsteller oder die Autoren der Inneren Emigration, also Gruppen, von denen man sich ja gerade absetzen wollte. Aber auch einige durchaus progressive Einzelgänger blieben der Gruppe fern (Hans Henny Jahnn, Wolfgang Koeppen, Hans Erich Nossack, Arno Schmidt). Gleichwohl hatten fast alle bedeutenden Autoren der BRD bei Gruppentreffen gelesen, als sie 1967, nach Jahren zunehmenden Bedeutungsverlusts, zu ihrem Ende kam. Einige Versuche des Neuanfangs (Tagungen 1972, 1977, 1990) blieben ohne größere Folgen.

»Die Gruppe 47 hat, das weiß ich nur allzu gut, keine Ansteckernadel. Sie hat, traurig genug, keinen Ehrenpräsidenten, keinen geschäftsführenden Vorsitzenden, keinen Schriftführer und keinen Kassenwart. Sie hat keine Mitglieder. Sie hat kein Postscheckkonto. Sie steht nicht im Vereinsregister. Sie hat keinen Sitz und keine Satzungen. Kein Ausländer kann ermessen, was das bedeutet in einem Land, wo noch der professionelle Massenmord ohne Aktennotizen nicht betrieben werden kann und wo sogar der Anarchismus seine Anhänger mit Hilfe einer sauber geführten Mitgliederkartei ›erfaßt‹. Es kann nur zweierlei bedeuten: die Gruppe 47 ist entweder eine Legende, oder – weit schlimmer! – sie ist eine Clique.« (Hans Magnus Enzensberger im *Almanach der Gruppe 47 1947–1962*, 1962)

GATTUNG

HÖRSPIEL

Das Bild zeigt Alfred Andersch 1950 als Rundfunkredakteur. Er arbeitete seit 1948 für Rundfunkanstalten, zunächst in Frankfurt a. M. (»Abendstudio«) und dann 1955–58 in Stuttgart (»Radio-Essay«), bis er als freier Schriftsteller seine eigene literarische Arbeit in den Vordergrund stellte. Zu seinen bekanntesten Werken zählen die Romane *Sansibar oder der letzte Grund* (1957), *Die Rote* (1960), *Efraim* (1967) und *Winterspelt* (1974).

ZUR GESCHICHTE. Die Geschichte des Hörspiels begann 1924. In diesem Jahr wurden in London Richard Hughes' *A Comedy of Danger* und in Frankfurt a. M. Hans Fleschs *Zauberei auf dem Sender* gesendet; etwa zeitgleich prägte Hans Siebert von Heister den Begriff Hörspiel für dieses Genre (das Wort selbst ist älter). Die Gattung entwickelte sich rasch; die Autoren – darunter namhafte Schriftsteller wie Bertolt Brecht, Walter Benjamin, Alfred Döblin, Hermann Kasack, Arno Schirokauer und Friedrich Wolf – experimentierten mit den Möglichkeiten des neuen Mediums: realistisches Hörspiel, Hörspiel als Medium der politischen Aufklärung der Massen, Stimmenhörspiel, monologisches Hörspiel, Adaptionen von Klassikern usw. Doch mit dem Nationalsozialismus wurde der Rundfunk – und mit ihm das Hörspiel – Medium völkischer Propaganda, das dem ›Gemeinschaftserlebnis‹ zu dienen hatte.

LITERARISCHES HÖRSPIEL. Die große Zeit des Hörspiels nach dem Krieg begann mit der Rundfunkfassung von Wolfgang Borcherts Drama *Draußen vor der Tür* (1947); das Stück selbst allerdings wirkte mit seinem expressionistischen Pathos nicht stilbildend. Gesendet wurde es vom Hamburger NWDR (Nordwestdeutscher Rundfunk), der unter der Leitung von Ernst Schnabel die damals produk-

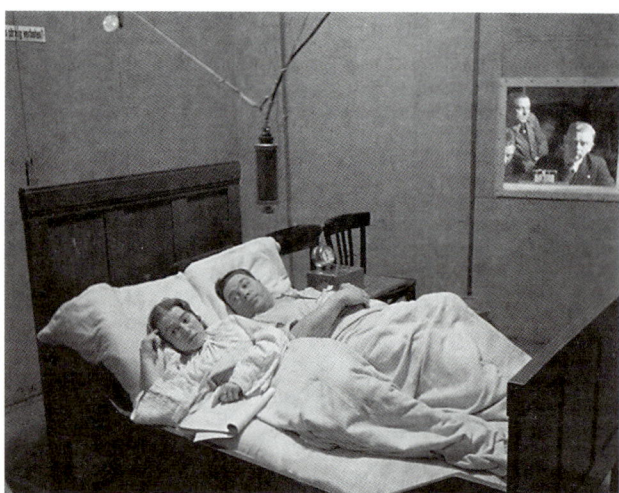

In der Anfangszeit wurden Hörspiele live gesendet. Um realistische Klangwirkungen und Handlungsgeräusche zu erzielen, baute man z. T. auch entsprechende Szenerien für die jeweilige Handlung, etwa eine Szene im Bett. Das Bild entstand um 1935.

Aufnahme des Hörspiels *Der Pelz meiner Tante Rachel* von Raymond Federman beim Bayerischen Rundfunk 1998 mit – von links – Rufus Beck, Ernst Jacobi und Wolfgang Renneisen. Regie führte Heinz von Cramer.

tivste »Gruppe Wort« in Deutschland besaß. Zunächst dominierte hier die reportagehafte Form des Features mit Inhalten aus Politik, Technik, Kultur und Wissenschaft, bis Anfang der fünfziger Jahre eine Entwicklung zum Wortkunstwerk hin einsetzte. Eine entscheidende Rolle, auch als Vorbild für andere Autoren, spielten dabei die Hörspiele Günter Eichs. Neben Eich gehörten Leopold Ahlsen, Ilse Aichinger, Ingeborg Bachmann, Heinrich Böll, Friedrich Dürrenmatt, Max Frisch, Wolfgang Hildesheimer, Walter Jens, Marie Luise Kaschnitz, Dieter Wellershoff und Wolfgang Weyrauch zu den maßgebenden Autoren des literarischen Hörspiels in der BRD.

»TRÄUME«. Programmatische Bedeutung erlangte Eichs Hörspiel *Träume* (1951). Es besteht aus fünf Traumszenen, die Bilder aus fünf Kontinenten evozieren und so universalen Anspruch erheben: Schreckbilder, Parabeln über den Zustand des Menschen und der Menschheit. Die erste Szene macht den Hörer zum Zeugen einer Reise in einem sich beschleunigenden Nachtzug, Bild für die im Zustand der Blindheit unternommene, im Tod endende Lebensreise; die weiteren ›Träume‹ handeln von der Bedrohung der Sicherheit durch einen »Feind«, von der Brutalität menschlicher Beziehungen (es geht um den Verkauf des eigenen Kindes an einen reichen Mann, der von Kinderblut lebt), vom Tod; der Schluss wendet die Bedrohung wieder ins Allgemeine und spricht, ausgedrückt im Bild der Termiten, vom Ausgehöhltwerden und vom Zerfall von Mensch und Welt im Verlauf der Zeit. Es sind poetische Texte, die verunsichern, die hinter der empirischen Realität eine neue, ungeahnte Wirklichkeit andeuten und den Zuhörer zur Wachsamkeit und zum Misstrauen gegen die scheinbare sichere Gegenwart der beginnenden »Wirtschaftswunder«-Jahre auffordern. Das Misstrauen bezieht sich recht konkret auch auf »die Ordner der Welt«; daher gilt, wie es in einem 1953 hinzugefügten Schlussgedicht heißt: »Seid unbequem, seid Sand, nicht Öl im Getriebe der Welt!« Damit bahnt sich bereits in Eichs Hörspielen die Position des grundsätzlichen »Nichtmehreinverstandenseins« an, die seine späteren Gedichte und die kleine Prosaform der »Maulwürfe« charakterisiert.

GÜNTER EICH

1907 1. Februar: Günter Eich in Lebus a. d. Oder geboren
1925 Abitur in Berlin; bis 1931 Studium der Sinologie in Berlin, Leipzig und Paris
1930 *Gedichte*; »verspäteter Expressionist und Naturlyriker« (Selbstcharakteristik)
1931 Nach Abbruch des Studiums arbeitet Eich als freier Schriftsteller und schreibt bis 1939 zahlreiche Hörspiele
1939 Kriegsdienst, zunächst in Berlin, seit 1944 an der Front. Eich gerät 1945 in amerikanische Kriegsgefangenschaft; nach der Entlassung lebt er in Geisenhausen bei Landshut
1947 Eich nimmt von Anfang an an den Treffen der Gruppe 47 teil
1948 Die erste Nachkriegsgedichtsammlung, *Abgelegene Gehöfte*, erscheint; weitere Gedichtbände: *Untergrundbahn* (1949), *Botschaften des Regens* (1955), *Zu den Akten* (1964), *Anlässe und Steingärten* (1966)
1950 Erster Hörspielerfolg mit *Geh nicht nach El Kuwehd!*; danach entstehen bis 1960 jährlich etwa drei Hörspiele, darunter *Träume* (1951), *Blick auf Venedig* (1952), *Die Mädchen von Viterbo* (1953), *Festianus, Märtyrer* (1958); später folgen noch u. a. *Man bittet zu läuten* (1964) und *Zeit und Kartoffeln* (1972)
1953 Heirat mit Ilse Aichinger; 1956 Umzug nach Lenggries (Oberbayern), 1963 nach Groß-Gmain bei Salzburg
1959 Georg-Büchner-Preis
1968 *Maulwürfe*; weitere Bände mit Kurzprosa schließen sich an: *Ein Tibeter in meinem Büro* (1970), *Gesammelte Maulwürfe* (1972)
1972 20. Dezember: Günter Eich stirbt in Salzburg

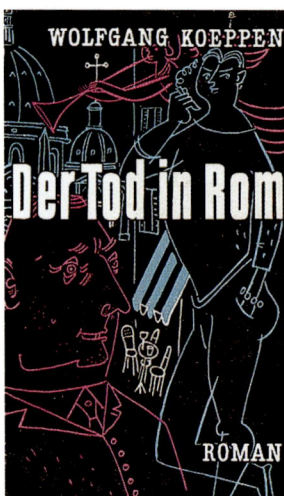

WOLFGANG KOEPPEN

1906 23. Juni: Wolfgang Koeppen in Greifswald geboren;
1908 Umzug mit der Mutter nach Thorn (Ostpreußen) und später Ortelsburg (Masuren)
1919 Mittelschule in Greifswald; Buchhändlerlehre, Mitarbeit an Zeitungen
1926–27 Dramaturg und Assistenzregisseur am Stadttheater Würzburg
1931–33 Feuilletonredakteur beim *Berliner Börsen-Courier*
1934 Koeppen geht ins Exil in die Niederlande (Scheveningen); sein erster Roman *Eine unglückliche Liebe* erscheint; **1935** folgt *Die Mauer schwankt*
1938 Nach seiner Rückkehr nach Deutschland lebt er zunächst in Berlin (und schreibt Filmdrehbücher), dann in München und am Starnberger See (versteckt, um der Einberufung zu entgehen). Nach dem Krieg lässt er sich in München nieder
1951 *Tauben im Gras*
1952 *Das Treibhaus*
1954 *Der Tod in Rom*. Koeppen verstummt als Romancier
1958 *Empfindsame Reisen. Nach Rußland und anderswohin*; weitere Reisebücher: *Amerikafahrt* (1959), *Reisen nach Frankreich* (1961)
1976 *Jugend*
1987 *Angst. Erzählende Prosa 1974–84*
1996 15. März: Wolfgang Koeppen stirbt in München

STOFFE/THEMEN

RESTAURATION

GEIST UND POLITIK. Die Hoffnung, dass sich mit der Befreiung vom Nationalsozialismus Geist und Politik wieder nahe kommen könnten, zerschlug sich in der Bundesrepublik im Klima des Kalten Krieges und des militanten Antikommunismus. Während sich die Mehrheit der Bürger eines zunehmenden Wohlstandes erfreuen konnte (»Wirtschaftswunder«), blieben die alten Strukturen und Besitzverhältnisse in Gesellschaft und Wirtschaft unangetastet; zahlreiche NSDAP-Mitglieder fanden wieder Stellungen im Staatsdienst, und der Aufbau einer neuen Armee wurde ehemaligen Offizieren der Hitler-Armee anvertraut. Die Kluft zwischen Literatur und Politik war groß wie selten: Wie linke Literaten, aber auch christliche Moralisten die gesellschaftliche und politische Entwicklung in der BRD kritisierten und sich an der breiten Protestbewegung gegen die Atomrüstung beteiligten, so wurden sie ihrerseits zum bevorzugten Angriffsziel der konservativen Politik und der mit ihnen sympathisierenden Medien. Es war leicht, in diesem Klima zum Kommunisten gestempelt zu werden. Das betraf auch Wolfgang Koeppen.

MODERNE SCHREIBWEISEN UND ZEITKRITIK. Anders als etwa Heinrich Böll oder Siegfried Lenz, die in ihren zeit- und sozialkritischen Romanen traditionellen realistischen Schreibweisen verpflichtet bleiben, realisiert Koeppen die aggressive Zeit- und Gesellschaftskritik seiner drei großen Nachkriegsromane *Tauben im Gras*, *Das Treibhaus* und *Der Tod in Rom* mit den erzählerischen Mitteln der Moderne. Vorbilder sind James Joyce, John Dos Passos und Alfred Döblin. Am Anfang steht die kaleidoskopartig aufgesplitterte Erzählung eines Tages Ende Februar 1951 im amerikanisch besetzten München (*Tauben im Gras*), gefolgt von dem »Roman eines Scheiterns« (Koeppen) im Bonner Treibhausklima der westdeutschen Restauration zur Zeit der Debatte über die Wiederaufrüstung (*Das Treibhaus*) und einer beklemmenden Schilderung von Begegnungen an zwei Tagen im Mai 1954 in Rom, die Täter und Opfer des Nationalsozialismus zusammenführt und wie die anderen Romane das Weiterleben der unheilvollen Vergangenheit thematisiert (*Der Tod in Rom*).

Wolfgang Koeppen. Fotografie von Isolde Ohlbaum, 1982.

NACHKRIEG UND KALTER KRIEG. »Flieger waren über der Stadt, unheilverkündende Vögel«, lautet der erste Satz von *Tauben im Gras*, des avantgardistischsten der drei Romane Koeppens. Das weltpolitische Katastrophenszenario ist der Hintergrund, vor dem Koeppen am Beispiel der Handlungen, Bewegungen und Gedanken von rund 30 Personen ein perspektivisch vielfach gebrochenes Bild der deutschen Nachkriegsgesellschaft zwischen Zerstörung und Wiederaufbau mit ihren Widersprüchen und ihrer ›unbewältigten‹ Vergangenheit zeichnet. Zahlreiche Zitatmontagen (Schlagzeilen, Songs, Reklametexte, Radiomeldungen, Literaturfetzen usw.) brechen die einzelnen Erzählsegmente und Gedankenfragmente auf. Sie summieren sich zu einer bitteren Abrechnung mit der vom Kalten Krieg geprägten Nachkriegszeit, mit ihrer Kulturideologie (der ›abendländische Geist‹), dem weiterlebenden Rassismus (nun gegenüber den schwarzen amerikanischen Soldaten) und dem alltäglichen kleinbürgerlichen Faschismus. Der Schluss kehrt folgerichtig wieder zum Anfang zurück: »Die Nachrichten wärmen nicht. *Spannung, Konflikt, Verschärfung, Bedrohung.* Am Himmel summen die Flieger. Noch schweigen die Sirenen. Noch rostet ihr Blechmund. Die Luftschutzbunker wurden gesprengt; die Luftschutzbunker werden wieder hergerichtet. [...] Atempause auf einem verdammten Schlachtfeld.«

Linke Seite: **Thomas Mann vor Goethes Gartenhaus in Weimar,** August 1949. Dass Mann seine Rede zu Goethes 200. Geburtstag nicht nur in Frankfurt a. M., sondern anschließend auch in Weimar hielt, stieß in Westdeutschland auf heftige Kritik.

Gottfried Benn. Fotografie, um 1954.

GOTTFRIED BENN

1886 2. Mai: Gottfried Benn in Mansfeld (Nordwestbrandenburg) geboren
1903 Nach dem Abitur in Frankfurt a. d. O. Studium der Theologie und Philosophie in Marburg und Berlin; 1905 Wechsel zur Medizin; 1911–12 Militärarzt
1912 Nach der Promotion zum Dr. med. Arzt in Berliner Krankenhäusern. – *Morgue und andere Gedichte*. Eine weitere Gedichtsammlung, *Söhne*, folgt 1913
1914–17 Militärarzt in Belgien. – *Gehirne. Novellen* (1916); *Fleisch. Gesammelte Lyrik* (1917)
1917 Niederlassung als Facharzt für Haut- und Geschlechtskrankheiten in Berlin
1920 *Das moderne Ich*; es folgen u. a. *Spaltung. Neue Gedichte* (1925), *Gesammelte Gedichte* (1927), *Gesammelte Prosa* (1928)
1933 Im Rundfunkvortrag *Der neue Staat und die Intellektuellen* tritt er für den Nationalsozialismus ein, zieht sich dann aber zurück und lässt sich 1935 als Militärarzt reaktivieren
1936 *Gedichte*
1938 Ausschluss aus der Reichsschrifttumskammer

GATTUNG

LYRIK DER NACHKRIEGSZEIT

TENDENZEN. Zwei gegensätzliche Tendenzen bestimmen die Lyrik der fünfziger Jahre. Auf der einen Seite kommt es, Traditionen der inneren Emigration fortsetzend, zum Rückzug in die Innerlichkeit oder zur Versenkung in die Natur, auf der anderen Seite stehen die Versuche, die Erschütterungen von Nationalsozialismus, Krieg und Auschwitz in Sprache zu fassen, aber auch die Herausforderungen der Gegenwart zu reflektieren. Dass in den Jahren der Restauration ›unpolitische‹ Vorstellungen von Lyrik dominierten, verwundert nicht; sie hatten allerdings mit Gottfried Benn einen Repräsentanten, dessen Modernität, ungemeine Sprachkunst und tiefe Asozialität gleichwohl einen kritischen Gegenpol zur bürgerlichen Wohlstandsideologie darstellte.

BENN. Mit der Veröffentlichung der *Statischen Gedichte* (1948) begann Benns außergewöhnliche Nachkriegswirkung. Seit 1936 hatte er nichts mehr publiziert; sein anfängliches Eintreten für den Nationalsozialismus war der Ernüchterung gewichen. Nach heftigen SS-Attacken – die SS-Wochenzeitung *Das schwarze Korps* konstatierte »widerliche Schweinerei« – zog er sich als Militärarzt auf sich selbst und die Kunst zurück. Den grundlegenden Dualismus von Kunst und Leben, den er empfand, formuliert das 1936 zuerst veröffentlichte Gedicht *Einsamer nie*, das mit den Zeilen endet: »Wo alles sich durch Glück beweist | und tauscht den Blick und tauscht die Ringe | im Weingeruch, im Rausch der Dinge – | dienst du dem Gegenglück, dem Geist.« Das Gedicht charakterisiert Benns »Doppelleben« im Dritten Reich. Kunstwerke haben eine Schutzfunktion gegen die Welt, sie sind statische Gebilde, widerstehen der Zeit und geschichtlichen Veränderungen. Dabei kommt im Bereich des »Geistes« der Form die ent-

scheidende Bedeutung zu: »Form ist der höchste Inhalt«.

LYRIK NACH AUSCHWITZ. Theodor W. Adornos Diktum von 1949, es sei »barbarisch«, »nach Auschwitz ein Gedicht zu schreiben«, trifft vor allem die Versuche, die schockierenden geschichtlichen Erfahrungen zu ignorieren und sich weiterhin in eine Welt der ewigen Werte und der Naturidylle zu flüchten. Dagegen steht das Wort von Marie Luise Kaschnitz, Verfasserin u. a. des berühmten Gedichts *Hiroshima*: »auch noch dem irrationalsten Gedicht muß man die historischen und soziologischen Erfahrungen abhören können, durch die sein Verfasser hindurchgegangen ist.« Das gilt für eine ganze Reihe von Lyrikern der Nachkriegszeit, für Günter Eich und seine ›Kahlschlag‹-Poesie und seine Verweigerungshaltung, für Ingeborg Bachmanns formschöne Gedichte der »Leiderfahrung« und nicht zuletzt für Nelly Sachs und Paul Celan, deren lyrisches Werk den entscheidenden Bezugspunkt in den nationalsozialistischen Vernichtungslagern hat. *Mohn und Gedächtnis* (1952), Celans erste autorisierte Gedichtsammlung, enthält seit 1945 entstandene Texte, die mit ihrer beschwörenden Kraft der Bilder und Klänge an die Traditionen des Symbolismus und Surrealismus anknüpfen, doch nicht um diese fortzusetzen, sondern um mit ihren dissonant organisierten Elementen die sehr konkreten Erfahrungen der Schrecken des Nationalsozialismus zu vergegenwärtigen. Zu diesen Texten gehört auch die 1945 entstandene *Todesfuge* mit ihren meist langzeiligen, daktylisch geprägten Versen von großer Suggestionskraft. Dieses Gedicht machte Celan mit einem Schlag berühmt; es wurde aber auch instrumentalisiert – etwa in der Diskussion um Adornos Diktum oder als Interpretationsobjekt im Deutschunterricht. Um sich dieser Art der Vereinnahmung zu entziehen, ging Celan später den Weg einer immer stärkeren Reduktion und Verschlüsselung des poetischen Ausdrucks (*Sprachgitter*, 1959; *Die Niemandsrose*, 1963; *Atemwende*, 1967; *Fadensonnen*, 1968; *Lichtzwang*, 1970 u. a.).

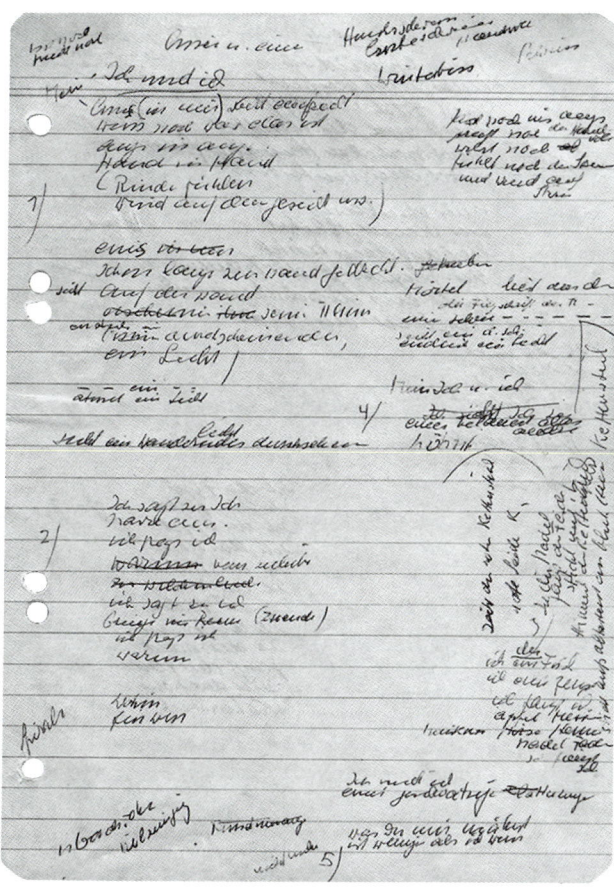

Marie Luise Kaschnitz, Entwurf für das Gedicht *Interview*, 1962.

1948 *Statische Gedichte*; weitere Gedichtsammlungen (*Fragmente*, 1951; *Destillationen*, 1953; *Aprèslude*, 1955), erzählende Prosa (*Der Ptolemäer*, 1949), Essays (*Ausdruckswelt*, 1949; *Probleme der Lyrik*, 1951) und der autobiografische Text *Doppelleben* (1950) folgen
1951 Georg-Büchner-Preis
1956 7. Juli: Gottfried Benn stirbt in Berlin

Linke Seite: **Paul Celan** erhält den Georg-Büchner-Preis 1960, überreicht von dem hessischen Kultusminister Ernst Schütte, im Hintergrund links der Lyriker Karl Krolow, rechts der Frankfurter Bibliotheksdirektor Hanns W. Eppelsheimer.

REINHARD DÖHL

POETIK

KONKRETE POESIE

THEORIE. Konkrete Poesie ist ein Begriff, der in Analogie zu vergleichbaren Tendenzen im Konstruktivismus der bildenden Kunst Mitte der fünfziger Jahre auf die Literatur übertragen wurde. Er bezeichnet eine Form der experimentellen Dichtung, die von den materiellen Eigenschaften der Sprache – Wörter, Silben, Buchstaben – ausgeht und mit oder ohne Beachtung syntaktischer oder semantischer Zusammenhänge die einzelnen Elemente zu eigenen Strukturen ordnet. Dabei entsteht »die zeichenanordnung [...] bei den meisten gebilden nach einem ihr innewohnenden baugesetz, wobei sich gewisse systeme herausbilden können. es handelt sich also um nackte sprachliche struktur, und wie in der architektur gilt für die sichtbare form der konkreten dichtung, daß sie gleich deren struktur ist«, heißt es bei Eugen Gomringer, einem der führenden Theoretiker und Praktiker der Konkreten Poesie (u. a. *konstellationen*, 1953). Das Gedicht werde »zum seh- und gebrauchsgegenstand: denkgegenstand – denkspiel«, das durch seinen »objektiven spielcharakter« dem Menschen nütze und der Dichtung wieder »eine organische funktion in der gesellschaft« gebe. Die Absage an traditionelle Auffassungen von Poesie (»ventil für allerlei gefühle und gedanken«), an ihre Inhalte, Formen und sprachlichen Konventionen ist konsequent: »ein inhalt ist deshalb nur dann interessant für den konkreten dichter, wenn sich seine geistige und materielle struktur als interessant erweist und sprachlich bearbeitet werden kann.« Ein Beispiel dafür, wie durch die Struktur ein ›Inhalt‹ konkret wird, stellt sein Text *schweigen* (1954) dar.

STUTTGARTER GRUPPE

Charakteristisch für die Geschichte der Konkreten Poesie ist die enge Verbindung von dichterischer Praxis und theoretischer Reflexion. Besonders ausgeprägt ist dies bei der »Stuttgarter Gruppe«, die sich in den 50er- und 60er-Jahren des 20. Jahrhunderts um Max Bense, Professor für Philosophie und Wissenschaftstheorie an der Technischen Hochschule/Universität Stuttgart, bildete. Bense postulierte einen auf das Material der Sprache bezogenen Textbegriff und suchte mit mathematischen, informationstheoretischen und naturwissenschaftlichen Kriterien eine ideologiefreie ›technologische‹ Ästhetik zu entwickeln. Mit seinen theoretischen Arbeiten und seinen poetischen Texten wirkte er u. a. auf Autoren wie Reinhard Döhl, Ludwig Harig und Helmut Heißenbüttel.

EUGEN GOMRINGER

schweigen schweigen schweigen
schweigen schweigen schweigen
schweigen   schweigen
schweigen schweigen schweigen
schweigen schweigen schweigen

KONKRETE POESIE

Links: **GERHARD RÜHM**, *zart/hart*.

zart zart zart zart zart zart zart zart zart zart zart zart zart zart zart zart zart zart zart zart zart zart zart zart zart zart zart zart zart zart zart zart zart zart zart zart zart zart zart zart zart zart zart zart zart zart zart zart zart zart zart zart zart zart zart zart zart zart zart hart zart

VORGESCHICHTE. Die Vorgeschichte der Konkreten Poesie reicht weit zurück. Zu ihr gehören die Figurengedichte der Antike, des Mittelalters, des Humanismus und des Barock, Gedichte also, die typographisch eine Figur abbilden. Dabei gibt es verschiedene Möglichkeiten, etwa die Nachzeichnung eines Umrisses durch die Komposition verschieden langer Zeilen (Umrissgedicht) oder durch die Heraushebung einer Figur aus einem quadratischen oder rechteckigen Basistext (Gittergedicht). Auch Arno Holz' *Phantasus* (1899) mit seinem Arrangement der Gedichtzeilen um eine gedachte Mittelachse gehört in diesen Zusammenhang, ebenso Tendenzen des Futurismus, des Expressionismus (»Wortkunst«) und des Dadaismus (Lautgedichte, das »i-Gedicht« von Kurt Schwitters) sowie Texte Stéphane Mallarmés, Guillaume Apollinaires, Gertrude Steins und Hans Arps.

FORMEN. Gomringer bezeichnet eine der Hauptformen der Konkreten Poesie als »konstellation«: »sie umfaßt eine gruppe von worten – wie sie eine gruppe von sternen umfaßt und zum sternbild wird.« Er nennt als weitere Formen Ideogramme, Dialektgedichte, Palindrome, Typogramme und Piktogramme, während Max Bense und Reinhard Döhl (»Stuttgarter Gruppe«) u. a. zwischen Buchstaben-Bildern, Schrift-Bildern und metrischer, akustischer und phonetischer Poesie unterscheiden. Jedenfalls entwickelten sich aus dem als »Akt der Befreiung« (Helmut Heißenbüttel) empfundenen Ansatz Gomringers vielfältige Richtungen der Konkreten Poesie. Anregungen nahm auch die sprachexperimentell arbeitende Wiener Gruppe auf (Friedrich Achleitner, H. C. Artmann, Konrad Bayer, Gerhard Rühm, Oswald Wiener). Aus der Verbindung von Momenten der Konkreten Poesie und der bildenden Kunst entstand die Visuelle Poesie. Hierbei handelt es sich um vielfältige ›Sehtexte‹ an der Grenze zwischen Text und Typografie, zwischen Wort und Bild, bereichert nun auch durch den Einfluss und die vielfältigen Möglichkeiten der elektronischen Medien.

Der Text von Franz Mon wurde 1970 als Einzelblatt in der Edition »Luchterhands Loseblatt Lyrik« veröffentlicht, in der von 1966 bis 1970 insgesamt 182 großformatige Lyrikblätter erschienen.

KONRAD BALDER SCHÄUFFELEN

umulmrum

nach	mencha	nei
nach	seflenga	naus
nach	schturgert	nontr
ens	allgai	nauf
		diller nauf
nach	neiulm	nom
ens	boirische	niber
nach	elchenga	na
		dona na

MAX FRISCH

1911 15. Mai: Max Frisch wird in Zürich geboren
1931–41 Frisch studiert in Zürich zunächst Germanistik, dann von 1936 bis 1941 Architektur. Sein erster Roman, *Jürg Reinhart*, erscheint 1934, 1940 sein Tagebuch *Blätter aus dem Brotsack*
1942 Frisch gewinnt den Wettbewerb für den Bau eines Freibads und eröffnet ein Architekturbüro, das bis 1955 besteht
1943 *J'adore ce qui me brûle oder Die Schwierigen* (Roman)
1945 Frisch tritt nun vor allem als Dramatiker an die Öffentlichkeit; dabei kommt der Begegnung mit Brecht in Zürich 1947/48 wesentliche Bedeutung zu: *Bin oder Die Reise nach Peking* (1945), *Nun singen sie wieder* (1946), *Die Chinesische Mauer* (1947), *Santa Cruz* (1947), *Als der Krieg zu Ende war* (1949), *Graf Öderland* (1951), *Don Juan oder Die Liebe zur Geometrie* (1953)
1950 *Tagebuch 1946–1949*
1954 *Stiller*
1955 Frisch lebt nun als freier Schriftsteller in Zürich
1957 *Homo faber*
1958 Georg-Büchner-Preis; Beziehung zu Ingeborg Bachmann (bis 1963). – *Biedermann und die Brandstifter*
1960–65 Frisch lebt in Rom, danach im Tessin. – *Andorra* (1961), *Mein Name sei Gantenbein* (1964)
1967 *Biografie. Ein Spiel*
1971 Aufenthalt in New York; danach wird wieder Zürich Wohnsitz. – *Wilhelm Tell für die Schule*
1972 *Tagebuch 1966–1971*
1975 Mit der autobiografischen Erzählung *Montauk* beginnt das Spätwerk: *Triptychon* (1978), *Der Mensch erscheint im Holozän* (1979), *Blaubart* (1982)
1991 4. April: Max Frisch stirbt in Zürich

STOFFE/THEMEN

IDENTITÄT

TAGEBUCH UND ROMAN. Auf die Frage, warum er eine Vorliebe für das Tagebuch habe, antwortete Max Frisch: »man kann wohl sagen, die Tagebuchform ist eigentümlich für den Verfasser meines Namens.« Das bezieht sich zum einen auf die ausdrücklich als Tagebuch bezeichneten Texte, die als künstlerische Gebilde konzipiert sind und Persönliches und Politisches, poetologische Reflexionen und fiktionale Texte enthalten. Das Tagebuch ist, so Frisch, »eine Form wie der Briefroman«. Zum anderen zeigen auch Frischs Romane von *Stiller* über *Homo faber* und *Mein Name sei Gantenbein* bis zu *Montauk* Affinitäten zu dieser Form, indem sie fiktive Tagebücher in die Erzählung integrieren oder autobiografische Schreibweisen und Strukturelemente des Tagebuchs aufnehmen.

IDENTITÄT UND IDENTITÄTSVERLUST. Frischs Roman *Stiller* beginnt mit dem berühmt gewordenen Satz: »Ich bin nicht Stiller!« Eine Person mit einem auf den Namen White lautenden amerikanischen Pass wird bei der Einreise in die Schweiz verhaftet, weil man in ihr den vor sechs Jahren verschwundenen Bildhauer Anatol Stiller zu erkennen glaubt, der in eine Agentenaffäre verwickelt gewesen sein soll. An diesem Punkt der Geschichte setzt der Roman ein. Da der Inhaftierte die Identität mit Stiller leugnet, bittet ihn sein Verteidiger, sein früheres Leben zu rekonstruieren. In diesen tagebuchartigen Aufzeichnungen überlagern sich Vergangenheit und Gegenwart, verbinden sich Reflexionen, Traumgeschichten, Beispielerzählungen, Lügengeschichten und Berichte anderer Beteiligter zu einem komplexen Gewebe, dessen Perspektivenvielfalt das zentrale Problem des Identitäts- und Realitätsverlusts des modernen Menschen und die Rollenhaftigkeit des Lebens überhaupt auch formal spiegelt. Stiller scheitert in seinem Versuch, von der Umwelt – d. h. vor allem von seiner Frau Julika – in seiner neuen Rolle, seinem Anderssein akzeptiert zu werden. Stillers Scheitern reflektiert auch die Problematik eines entfremdeten Lebens in »einem Zeitalter der Reproduktion«: »Meine Angst: die Wiederholung«, notiert er. Doch der Versuch, der Wiederholung durch Flucht vor dem schon Bekannten zu entgehen, muss misslingen; auch die erfundenen ›neuen‹ Geschichten sind austauschbar. Frisch in einem Interview 1962: »Jede Geschichte, die sich erzählen

läßt, ist eine Fiktion. Die Wahrheit ist keine Geschichte, sie ist da oder sie ist nicht da, die Wahrheit ist ein Riß durch den Wahn.« Umgekehrt ist die Konzeption des Romans *Mein Name sei Gantenbein* und des Schauspiels *Biografie*: Während Stiller auf der Suche nach seiner ›eigentlichen‹ Identität ist, geht es hier um Personen ohne eigene personale Identität, die sich mögliche Geschichten entwerfen: »Ich probiere Geschichten an wie Kleider!«

VERFEHLTE EXISTENZ. Ein Gegenbild zu *Stiller* entwickelt der »Bericht« *Homo faber*, der die Form des Tagebuchromans in noch komplexerer Weise weiterführt. Anders als Stiller, der unter dem Verlust seiner Identität leidet, fehlt Walter Faber bis zur Katastrophe jedes Problembewusstsein. Er ist sich seiner Selbst und der Berechenbarkeit der Welt und der Machbarkeit der Dinge in geradezu zwanghafter Weise sicher und verfehlt so in seiner Rolle des rationalen Technikers das Leben. Er ist, resümiert Frisch, »ein verhinderter Mensch, der sich von sich selbst ein Bildnis gemacht hat, der sich ein Bild hat machen lassen, das ihn verhindert, zu sich selber zu kommen«. »Technik (laut Hanna) als Kniff, die Welt so einzurichten, daß wir sie nicht erleben müssen«, notiert Faber. Und die Ereignisse des Romans, die ganzen unwahrscheinlichen Zufälle dienen dazu, die Fragwürdigkeit dieser Anschauung zu demonstrieren, um Fabers rein technisches, d.h. verantwortungsloses Denken und Handeln deutlich zu machen. In diesem Sinn, als Gegenbilder zur modernen Zweckrationalität, setzt Frisch auch die Hinweise auf antike Mythen ein (Ödipus, Demeter und Persephone, die Erinnyen). Am Ende erkennt er: »es stimmt nichts.«

Filmszene aus Volker Schlöndorffs Verfilmung (1990) von Max Frischs Roman *Homo faber*, die in der amerikanischen Originalfassung den Titel *The Voyager* trägt. Walter Faber (Sam Shepard) begleitet die Studentin Sabeth Piper (Julie Deply) von Paris aus auf ihrer Heimreise nach Athen. Sie sieht Hanna ähnlich, mit der er früher ein Verhältnis hatte; es ist ihre gemeinsame Tochter. In Avignon beginnt Fabers berechenbare Welt aus den Fugen zu gehen: »Ich redete von Tod und Leben, glaube ich, ganz allgemein, und wir waren beide aufgeregt, da wir noch nie eine dermaßen klare Mondfinsternis gesehen hatten, auch ich nicht, und zum ersten Mal hatte ich den verwirrenden Eindruck, daß das Mädchen, das ich bisher für ein Kind hielt, in mich verliebt war. Jedenfalls war es das Mädchen, das in jener Nacht, nachdem wir bis zum Schlottern draußen gestanden hatten, in mein Zimmer kam –«.

GATTUNG

THEATER DER FÜNFZIGER JAHRE

BRECHTFOLGEN. Das Klima der Restauration und die Wirtschaftswundermentalität in der BRD standen der Entwicklung einer kritischen Gegenwartsdramatik entgegen. Dass der einzige deutsche Dramatiker von Weltgeltung sich für die DDR entschieden hatte und dort seine Theatertheorien umsetzen konnte, half nicht. Im Gegenteil, es kam zu einer Art negativer Brecht-Rezeption in der BRD, zu anhaltenden Boykottversuchen und vom Freund-Feind-Denken des Kalten Krieges und der Gleichsetzung von Nationalsozialismus und Kommunismus inspirierten Diffamierungen. Auf den westdeutschen Bühnen dominierten Stücke ausländischer Theaterautoren metaphysisch-religiöser Ausrichtung und das französische existenzialistische und absurde Drama.

MAX FRISCH. Dass es in den fünfziger Jahren ein lebendiges deutschsprachiges Theater gab, ist den Schweizer Autoren Max Frisch und Friedrich Dürrenmatt zu verdanken. Frisch hatte seinen ersten großen Bühnenerfolg mit *Bieder-*

Rechte Seite: **Brecht lebte nach seiner Rückkehr** aus der amerikanischen Emigration von November 1947 bis Oktober 1948 in Zürich. Hier machte er die Bekanntschaft von Max Frisch, der in seinem *Tagebuch 1946–1949* (1950) von den Begegnungen berichtet.

FRIEDRICH DÜRRENMATT

1921 5. Januar: Friedrich Dürrenmatt in Konolfingen bei Bern als Sohn eines Pfarrers geboren
1941 Nach dem Abitur in Bern Studium der Philosophie, Literatur und Naturwissenschaften in Zürich und Bern ohne Abschluss
1949 *Romulus der Große* wird uraufgeführt (Druck 1956)
1950/51 *Der Richter und sein Henker*, der erste seiner Kriminalromane, erscheint in Fortsetzungen (Buchausgabe 1952); es folgen *Der Verdacht* (1951/52), *Das Versprechen. Requiem auf den Kriminalroman* (1958) und *Justiz* (1985)
1955 *Theaterprobleme*
1956 *Der Besuch der alten Dame*
1962 *Die Physiker*
1966 *Der Meteor*
1968–69 Dürrenmatt leitet zusammen mit Werner Düggelin das Basler Theater. – *König Johann. Nach Shakespeare* (1968), *Play Strindberg* (1969)
1976 *Der Mitmacher*
1983 *Achterloo*
1989 *Durcheinandertal*, Dürrenmatts letzter Roman, erscheint
1990 14. Dezember: Dürrenmatt stirbt in Neuchâtel, wo er 1952 ein Haus erworben hatte

Das Theater am Schiffbauerdamm, in dem das von Helene Weigel geleitete Berliner Ensemble seit 1954 spielte.

mann und die Brandstifter (1958), einem sich von der pädagogischen Intention des Brechtschen Theaters distanzierenden »Lehrstück ohne Lehre«. Es handelt, parodistisch kommentiert durch einen antikisierenden Chor, von der Blindheit und Unbelehrbarkeit des Bürgertums; als Parabel lässt es sich u. a. auf den Aufstieg des Nationalsozialismus beziehen. Ein formal dem epischen Theater Brechts verpflichtetes Parabelstück ist auch *Andorra* (1961), die Geschichte eines Jungen, der in einem fiktiven Kleinstaat mit dem Makel der Andersartigkeit aufwächst und schließlich die ihm aufgezwungene Rolle des Juden annimmt und getötet wird. Frisch geht es dabei um den Mechanismus des Vorurteils im Zusammenhang mit der für ihn zentralen Rollen- und Bildnisthematik, nicht um konkrete historische Analyse oder einen direkten Beitrag zur Vergangenheitsbewältigung.

FRIEDRICH DÜRRENMATT. »Uns kommt nur noch die Komödie bei«, resümierte Dürrenmatt in den *Theaterproblemen* mit Blick auf den labyrinthischen Weltzustand. Einzig die Komödie sei in der Lage, die notwendige Distanz zu vermitteln und mit den Mitteln der Groteske auf die groteske und absurde Welt zu antworten, allerdings ohne sie verändern zu können. Diese Sicht der Dinge bestimmt, mit zunehmend bitter werdendem Gelächter, Dürrenmatts Komödien von *Romulus* über den Welterfolg *Der Besuch der alten Dame* bis hin zur Darstellung der Weltgeschichte als Schlachthaus oder Irrenanstalt und der Macht als grundsätzlich krimineller Veranstaltung in den Stücken seit den *Physikern*. Eine Geschichte sei erst dann zu Ende gedacht, beschreibt Dürrenmatt in den »21 Punkten zu den *Physikern*« sein dramatisches Verfahren, »wenn sie ihre schlimmstmögliche Wendung genommen hat«. Und diese »Komödie«, die den Amoklauf der Weltgeschichte spiegelt, ist zugleich eine Antwort auf Brechts Stück *Leben des Galilei* (1943), das die individuelle Verantwortung des einzelnen Wissenschaftlers fordert und Emanzipation und Fortschritt noch für möglich hält. Allerdings spricht auch bei Dürrenmatt der Moralist, der durch seine dramatisch-spielerischen Gegenentwürfe zur Realität dazu beizutragen sucht, im Menschen das Bewusstsein seiner Freiheit zu wecken, selbst wenn sie sich nur im Scheitern verwirklichen lässt.

Die Milliardärin Claire Zachanassian (Ingrid Bergman), ehemals Klara Wäscher, kehrt nach 45 Jahren in ihren völlig heruntergekommenen Heimatort Güllen zurück, um sich für erlittenes Unrecht zu rächen: Sie verspricht den Güllenern eine Milliarde, wenn sie ihren ehemaligen Geliebten Alfred Ill (Anthony Quinn) umbringen. Bernhard Wicki führte Regie in dem Film *Der Besuch* (1964) nach Dürrenmatts Stück *Der Besuch der alten Dame*.

AUTOR

GÜNTER GRASS

DOPPELBEGABUNG. »Die Unbedenklichkeit des Neunzehnjährigen machte es mir im Winter 1946/47, diesem Winter ohnegleichen, in dem die Frierenden hungerten und die Hungernden im Bett froren, möglich, alles auf eine einzige Wunschkarte zu setzen: Bildhauer wollte ich werden; doch die Kunstakademie Düsseldorf hatte wegen Kohlenmangels geschlossen. Also ließ ich mich vorerst in zwei Grabsteinbetrieben als Steinmetz und Steinbildhauer ausbilden.« So beschreibt Grass den Beginn seiner künstlerischen Ausbildung, die ihn dann doch noch nach Düsseldorf und anschließend an die Hochschule der Künste in Berlin führte. Zunächst entstanden Gedichte nur nebenbei; dann vereinigte sein erstes Buch, *Die Vorzüge der Windhühner*, Gedichte, Prosa und Zeichnungen. Die Karriere als Schriftsteller begann, aber immer wieder unterbrochen von (oder verbunden mit) künstlerischen Arbeiten verschiedenster Art: Zeichnungen, Aquarelle, Radierungen, Lithographien, Skulpturen, Keramiken. Nach den großen Romanen folgten schließlich als Kontrapunkt

BIOGRAFIE

1927 16. Oktober: Günter Grass in Danzig geboren
1944–46 Der Gymnasiast wird zum Militär (Waffen-SS) einberufen und an der Ostfront verwundet; amerikanische Kriegsgefangenschaft
1947–56 Nach einer Steinmetzlehre vom Wintersemester 1948/49 an Studium an der Kunstakademie in Düsseldorf, dann 1953–56 an der Hochschule der Künste in Berlin; 1954 Heirat mit Anna Schwarz
1956 Übersiedlung nach Paris. – *Die Vorzüge der Windhühner*
1959 *Die Blechtrommel*
1960 Rückkehr nach Berlin. – *Gleisdreieck*
1961 *Katz und Maus*. – Beginn der politischen Arbeit für Willy Brandt und die SPD. In den folgenden Jahren erscheinen u. a. *Hundejahre* (1963), *Die Plebejer proben den Aufstand. Ein deutsches Trauerspiel* (1966), *örtlich betäubt* (1969)
1965 Georg-Büchner-Preis
1972 *Aus dem Tagebuch einer Schnecke*. – Umzug nach Wewelsfleth (Schleswig-Holstein); Grass schenkt das Haus 1985 dem Land Berlin. Er lebt weiterhin in Schleswig-Holstein, heute in der Nähe von Lübeck
1977 *Der Butt*

Die drei Nobelpreisträger für Literatur Czesław Miłosz (1980), Wisława Szymborska (1996) und Günter Grass (1999) 2000 in der litauischen Hauptstadt Vilnius (Wilna).

noch einmal großformatige Synthesen von Text und Bild: die spielerisch-leichten *Fundsachen für Nichtleser*, eine Verbindung von Aquarellen mit vielen alten, aber auch neuen Motiven und kurzen ›wortwörtlichen Einfällen‹ (»Aquadichte«), und die aus hundert Geschichten bestehende und mit ebenso vielen Aquarellen illustrierte Chronik *Mein Jahrhundert*.

DANZIG. Mit seinem ersten Roman, der *Blechtrommel*, gelang Grass ein bis heute andauernder Welterfolg; ihm schlossen sich die Novelle *Katz und Maus* und der Roman *Hundejahre* an. Grass fasste die drei Texte nachträglich zur *Danziger Trilogie* zusammen: Danzig als Mikrokosmos, weil »gerade sich in der Provinz all das spiegelt und bricht, was weltweit – mit den verschiedenen Einfärbungen natürlich – sich auch ereignen könnte oder ereignet hat« (Grass). Darüber hinaus teilen die Werke bei durchaus unterschiedlicher literarischer Konstruktion – fiktive Autobiografie, ein Ich-Erzähler erzählt die Geschichte eines ehemaligen Klassenkameraden, Arbeit mit drei verschiedenen Erzählerperspektiven – die Konzeption, Geschichte im Spiegel privater Lebensgeschichten anschaulich zu machen. Es entsteht so ein figurenreiches Panorama der Vorkriegsjahre im deutsch-polnischen Grenzgebiet und in Danzig, der Hitler- und Kriegszeit und der Nachkriegsperiode in der Bundesrepublik. Zur Rekonstruktion der Vergangenheit als privater und als allgemeiner Geschichte tritt – und das gilt insbesondere für den letzten Teil der *Hundejahre* – die Auseinandersetzung mit dem Fortleben der nationalsozialistischen Vergangenheit in der Gegenwart. Daneben fehlt es nicht an religiösen Bezügen, doch ohne den Gedanken der Erlösung. Hoffnung auf Besserung liegt allein in den Konsequenzen, so der Aufklärer Grass, die der Einzelne aus der Einsicht in die Schuld zieht.

Dass Oskar Matzerath, Erzähler und Held der *Blechtrommel*, und andere Gestalten aus der *Danziger Trilogie* in späteren Werken weiterleben – in der apokalyptischen Vision der *Rättin*, in der Untergangsgeschichte des Flüchtlingsschiffs »Wilhelm Gustloff« (*Im Krebsgang*) –, zeigt die Macht der Erinnerung und die weiterwirkende Kraft der einmal geschaffenen literarischen Figurenwelt.

Seite aus *Fundsachen für Nichtleser*, 1997.

1979 Scheidung; Heirat mit Ute Grunert. – *Das Treffen in Telgte*
1980 *Kopfgeburten oder Die Deutschen sterben aus*
1986 *Die Rättin*
1988 *Zunge zeigen. Ein Tagebuch in Zeichnungen, Prosa und einem Gedicht*; es folgen u. a.: *Deutscher Lastenausgleich. Wider das dumpfe Einheitsgebot* (1990), *Totes Holz. Ein Nachruf* (1990), *Unkenrufe* (1992), *Ein weites Feld* (1995)
1999 Nobelpreis für Literatur. – *Mein Jahrhundert*
2002 *Im Krebsgang*
2003 *Letzte Tänze. Gedichte und Bilder*
2006 *Beim Häuten der Zwiebel*
2008 *Die Box. Dunkelkammergeschichten*
2010 *Grimms Wörter. Eine Liebeserklärung*

MEDIEN
LITERATURVERFILMUNGEN

Oskar Matzerath hat sich Bebras Fronttheater angeschlossen. Zuletzt spielen sie – im Juni 1944 – in der Normandie. Das Bild aus Volker Schlöndorffs Film *Die Blechtrommel* (1979) zeigt Oskar (David Bennent) und die kleinwüchsige Roswitha Raguna (Mariella Oliveri) auf einem Bunker des Atlantikwalls (»Tafeln wir auf dem Beton. Da haben wir eine gute Grundlage!«).

EINIGE NEUERE VERFILMUNGEN DEUTSCHER LITERARISCHER TEXTE

1950 *Der Reigen* nach Arthur Schnitzler. Regie: Max Ophüls
1951 *Der Untertan* nach Heinrich Mann. Regie: Wolfgang Staudte
1954 *Des Teufels General* nach Carl Zuckmayer. Regie: Helmut Käutner
1964 *Der geteilte Himmel* nach Christa Wolf. Regie: Konrad Wolf

LITERATUR UND FILM. Während der Film immer schon auf literarische Stoffe zurückgriff und dabei auch erzählerische Verfahren der Literatur übernahm, wirkten seit dem Expressionismus auch filmische Techniken – Schnitt, Montage – auf die Literatur ein. Beispiel ist etwa die Darstellung des Großstadtlebens in Alfred Döblins Roman *Berlin Alexanderplatz* (1929). Zugleich entwickelte das Kino eigene Formen der Literatur wie das Drehbuch, und Romane nach Filmvorlagen kehrten das übliche Verhältnis von Literatur und Film um. Auf der anderen Seite suchten sich Filmleute – etwa in der französischen Nouvelle vague und dem Neuen deutschen Film – von der Dominanz des Literarischen zu befreien: Im Autorenfilm sollte der Regisseur möglichst auch für das Drehbuch verantwortlich zeichnen und so zum Autor werden. Das verhinderte aber keineswegs, dass seit den sechziger Jahren ein verstärktes Interesse an der Verfilmung anspruchsvoller literarischer Vorlagen einsetzte. Dieses Interesse galt nicht nur Werken der älteren Literatur, sondern zunehmend auch bedeutenden Texten der Gegenwartsliteratur von Günter Grass, Heinrich Böll und Max Frisch bis hin zu Uwe Johnson. Dabei spielte (und spielt) das Fernsehen als Auftraggeber oder Koproduzent eine wichtige Rolle.

»DIE BLECHTROMMEL«. Zu den erfolgreichsten deutschen Regisseuren von Filmen nach literarischen Vorlagen gehört Volker Schlöndorff, der mit seiner filmischen Interpretation von Robert Musils Roman *Die Verwirrungen des*

Zöglings Törleß 1966 debütierte. 1979 erhielt seine Verfilmung der *Blechtrommel* von Günter Grass die Goldene Palme auf dem Filmfestival von Cannes und ein Jahr später in Los Angeles den Oscar für den besten ausländischen Film. Grass hatte sich ein Mitspracherecht bei der Vergabe der Filmrechte gesichert – und zwanzig Jahre auf ein akzeptables Konzept gewartet: »Erst als ich merkte, daß der Schlöndorff in der Lage ist, die Syntax des Schriftstellers, den Periodenbau des Schriftstellers in die Optik der Kamera zu übersetzen, da war die Sache für mich geklärt.«

Das Drehbuch nahm entscheidende Strukturveränderungen gegenüber dem Roman vor. Der Roman ist in der Tradition des Pikaroromans eine fiktive Autobiografie, in der der Held und Ich-Erzähler Oskar Matzerath rückblickend – er ist »Insasse einer Heil- und Pflegeanstalt« – die Geschichte (und Vorgeschichte) seines Lebens von der Zeugung der Mutter unter den vier Röcken der kaschubischen Großmutter anno 1899 bis in die fünfziger Jahre aufschreibt. Der Film gibt diese Erzählposition auf (Grass: »Es hätte sonst eine ständige Rückblende gegeben, umständlich und dreimal um die Ecke«); er geht vielmehr chronologisch vor und rafft dabei das episodenreiche Geschehen zu einer gut proportionierten »Nummernrevue« (Schlöndorff) verfilmbarer Szenen. Anders als der Roman führt der Film nicht über das Ende des Zweiten Weltkriegs hinaus. Verlangsamt erzählte private oder intime Szenen wechseln mit der beschleunigten Darstellung öffentlicher Ereignisse wie dem Brand der Synagoge oder dem Sturm der Polnischen Post. Ein Beispiel für die effektvolle Kameraführung ist die Szene, in der Oskar auf einer Parteikundgebung durch die Kraft seines Trommelns Orchester und Parteigenossen aus dem Badenweiler Marsch in den Dreivierteltakt eines Johann-Strauß-Walzers hineinzwingt.

Mit David Bennent fand Schlöndorff einen überzeugenden Darsteller des kleinen Oskar, der aus Protest gegen die Erwachsenenwelt bewusst sein Wachstum einstellt, sich in die Kunst flüchtet und mit seiner Trommel und seiner Glas zerschneidenden Stimme das Geschehen aus der Perspektive des Kindes – »es ist eine geistige Perspektive, nicht eine optische« (Schlöndorff) – begleitet und schildert.

1966 *Der junge Törleß* nach Robert Musil. Regie: Volker Schlöndorff
1967 *Katz und Maus* nach Günter Grass. Regie: Hans-Jürgen Pohland
1968 *Das Schloß* nach Franz Kafka. Regie: Rudolf Noelte
1970 *Baal* nach Bertolt Brecht. Regie: V. Schlöndorff
1971 *Die Angst des Tormanns beim Elfmeter* nach Peter Handke. Regie: Wim Wenders
1971 *Die Zelle* nach Horst Bienek. Regie: Horst Bienek
1971 *Jakob von Gunten* nach Robert Walser. Regie: Peter Lilienthal
1974 *Fontane Effi Briest* nach Theodor Fontane. Regie: Rainer Werner Fassbinder
1975 *Die verlorene Ehre der Katharina Blum* nach Heinrich Böll. Regie: V. Schlöndorff, Margarethe von Trotta
1975 *Lotte in Weimar* nach Thomas Mann. Regie: Egon Günther
1977 *Bolwieser* nach Oskar Maria Graf. Regie: R. W. Fassbinder
1979 *Die Blechtrommel* nach Günter Grass. Regie: V. Schlöndorff
1979 *Die wunderbaren Jahre* nach Reiner Kunze. Regie: Reiner Kunze
1980 *Berlin Alexanderplatz* nach Alfred Döblin. Regie: R. W. Fassbinder
1981 *Der Zauberberg* nach Thomas Mann. Regie: Hans W. Geißendörfer
1981 *Die Fälschung* nach Nicolas Born. Regie: V. Schlöndorff
1982 *Die Wahlverwandtschaften* nach Johann Wolfgang Goethe. Regie: Claude Chabrol
1990 *Homo faber* nach Max Frisch. Regie: V. Schlöndorff
1990 *Der Tangospieler* nach Christoph Hein. Regie: Roland Gräf
1998 *Der Laden* nach Erwin Strittmatter. Regie: Jo Bauer
2000 *Jahrestage* nach Uwe Johnson. Regie: M. von Trotta

Szene aus der Verfilmung von Heinrich Manns Roman *Der Untertan* von 1951 (Regie Wolfgang Staudte) mit Werner Peters als Diederich Heßling.

LITERATURBETRIEB
WIEN – GRAZ

DIE WIENER GRUPPE. Die Wiener Gruppe mit den Autoren Friedrich Achleitner, H. C. Artmann, Konrad Bayer, Gerhard Rühm und Oswald Wiener fand sich Anfang der fünfziger Jahre zusammen und bildete mit ihren Texten, Aktionen und Kabaretts einen Gegenpol zum konservativen, z.T. durch die nationalsozialistische Vergangenheit kompromittierten österreichischen Literaturbetrieb der Nachkriegszeit. Es war eine vom Dadaismus und Surrealismus beeinflusste avantgardistische Bewegung, die bei ihren Veranstaltungen ihre Vorstellungen einer aktionistischen Anti-Kunst verwirklichte. Diesen Aktionen entspricht die experimentelle Poesie der Gruppe, die von der Materialität der Sprache ausgeht und dabei auch Anregungen der Konkreten Poesie aufnimmt. Bei Artmann kommt hinzu, dass er die für die Gruppe charakteristischen experimentellen Techniken auch auf seine mit Elementen des Surrealismus und der ›schwarzen Romantik‹ versetzten Dialektgedichte anwendet (*med ana schwoazzn dintn*, 1958). Mit dem Suizid Bayers 1964 war das Ende der Gruppe gekommen. Gerhard Rühm stellte drei Jahre später die Arbeiten der Gruppe in einem Sammelband zusammen (*Die Wiener Gruppe*, 1967).

FOLGEN. Eng verbunden mit der Wiener Gruppe ist das (frühe) Schaffen von Ernst Jandl und Friederike Mayröcker, die sich 1954 kennen lernten und gleichzeitig mit Artmann, Rühm und anderen Mitgliedern der Gruppe verkehrten. Jandl wie Mayröcker nahmen Anregungen von deren sprachexperimenteller Praxis auf und erprobten eine Vielzahl von Sprech- und Ausdrucksweisen. Lautgedichte, visuelle Texte, Prosastücke, Sprechgedichte gehören zu Jandls Repertoire, das sich durch Witz, eine Neigung zur

---

ERNST JANDL

lichtung

manche meinen
lechts und rinks
kann man nicht
velwechsern.
werch ein illtum!

(*Laut und Luise*, 1966)

Rechte Seite: **Autoren der Grazer Gruppe** in den frühen siebziger Jahren um das »Forum Stadtpark« (von links nach rechts): Michael Scharang, Wilhelm Hengstler, Helmut Eisendle, Klaus Hoffer, Alfred Kolleritsch, Gerhard Roth, Gert Jonke, Wolfgang Bauer, H.C. Artmann, Gerald Bisinger, Helmut Zenker und Harald Sommer.

Aktion beim »2. literarischen cabaret« der Wiener Gruppe am 15. April 1959: Klavierzertrümmerung.

Pointe und eine Lust am anarchischen Sprachspiel auszeichnet. Friederike Mayröcker führte die frühen Sprachexperimente weiter in Versuchen, eine »neue experimentelle Romanform« zu entwickeln (u. a. *Die Abschiede*, 1980; *Reise durch die Nacht*, 1984; *mein Herz mein Zimmer mein Name*, 1988, *Lection*, 1994): Texte ohne wirklichen Anfang und ohne wirkliches Ende (»Sprachliches perpetuum mobile, sage ich«), ohne zeitliche und räumliche Festlegungen, Texte, in denen es nicht um das Erzählen einer Geschichte geht, sondern um das Erschaffen eines gleichsam unendlichen inneren Kosmos.

GRAZER GRUPPE. Im November 1960 wurde das Grazer Kulturzentrum »Forum Stadtpark« eröffnet; im Zusammenhang damit erschien im selben Jahr das erste Heft der Zeitschrift *manuskripte*, die sich dann unter der Leitung von Alfred Kolleritsch zur führenden avantgardistischen Literaturzeitschrift Österreichs entwickelte. Um die beiden Institutionen sammelten sich in den sechziger und siebziger Jahren zahlreiche Autoren, die man als Grazer Gruppe bezeichnet und die die ›Provinz‹ zur »unheimlichen Literaturhauptstadt« Österreichs machten, wie es der steirische Schriftsteller Reinhard P. Gruber ausdrückte. Die wichtigsten Repräsentanten der modernen österreichischen Literatur fanden hier, zahlreiche Kontroversen auslösend, ihr Forum: die Autoren der Wiener Gruppe, Jandl, Mayröcker, Wolfgang Bauer, Helmut Eisendle, Barbara Frischmuth, Peter Handke, Klaus Hoffer, Elfriede Jelinek, Gert Jonke, Gerhard Roth, Werner Schwab und viele andere. Aus diesem Kreis ging auch die auf dem Avantgarde-Festival »steirischer herbst '72« vorbereitete und 1973 organisierte Gegengründung gegen den konservativen österreichischen PEN-Club, die »Grazer Autorenversammlung«, hervor. Sie vertritt bis heute maßgeblich die österreichische Gegenwartsliteratur.

ERNST JANDL

1925 1. August: Ernst Jandl in Wien geboren
1946 Nach amerikanischer Kriegsgefangenschaft Studium der Germanistik und Anglistik in Wien
1950 Nach Referendariat und der Promotion (über Arthur Schnitzlers Novellen) Lehrer an einem Wiener Gymnasium (mit Unterbrechungen bis 1979)
1954 Beginn der Freundschaft und Zusammenarbeit (Hörspiele) mit Friederike Mayröcker
1966 Die Gedichtsammlung *Laut und Luise* macht Jandl bekannt; es folgen u. a. *sprechblasen* (1968), *dingfest* (1973), *der gelbe hund* (1980)
1968 Hörspielpreis der Kriegsblinden für ihn und Mayröcker für das gemeinsam verfasste Hörspiel *Fünf Mann Menschen*
1979 Uraufführung der »Sprechoper« *Aus der Fremde* in Graz (Druck 1980)
1983 *selbstporträt des schachspielers als trinkende uhr*
1984 Großer Österreichischer Staatspreis für Literatur und Georg-Büchner-Preis
1985 *Das Öffnen und Schließen des Mundes. Frankfurter Poetik-Vorlesung*
1989 *idyllen*
1992 *stanzen*
2000 9. Juni: Ernst Jandl stirbt in Wien

Umschlag von Karl Staudinger zur Erstausgabe von Arno Schmidts *Leviathan* (1949).

ARNO SCHMIDT

1914 18. Januar: Arno Schmidt in Hamburg geboren
1933 Abitur in Görlitz; danach Höhere Handelsschule und
1934–37 Kaufmannslehre
1940–45 Kriegsdienst
1946–58 Nach dem Krieg arbeitet Schmidt, mehrfach den Wohnsitz wechselnd, zunächst als Dolmetscher, seit 1947 als freier Schriftsteller. Es erscheinen u. a. die Erzählbände *Leviathan* (1949), *Brand's Haide* (1951), *Die Umsiedler* (1953), *Seelandschaft mit Pocahontas* (1955) sowie die Romane *Das steinerne Herz* (1956) und *Die Gelehrtenrepublik* (1957)
1958 Umzug nach Bargfeld
1960 *KAFF auch Mare Crisium*
1963 *Nobodaddy's Kinder*, *Sitara und der Weg dorthin*
1964 *Kühe in Halbtrauer*
1970 *Zettels Traum*. – In ähnlicher, wenn auch vereinfachter Machart folgen als faksimilierte Typoskripte: *Die Schule der Atheisten* (1972), *Abend mit Goldrand* (1975), *Julia, oder die Gemälde* (postum 1983)
1979 3. Juni: Arno Schmidt stirbt in Celle

Rechte Seite unten: **Fotografie von Arno Schmidt:** das »Schauerfeld« bei Bargfeld.

POETIK

DISKONTINUITÄT

INNOVATION UND ENDZEITBEWUSSTSEIN. Arno Schmidt gehört mit seinem Lebenswerk wie mit seiner einsiedlerischen Lebensweise zu den großen Außenseitern der deutschen Nachkriegsliteratur. Auch er verweigert sich wie Wolfgang Koeppen der traditionellen realistischen Literaturkonzeption. In *Leviathan oder Die beste der Welten*, der Titelerzählung seines ersten Buches, gelingt es ihm, die schockartigen Erfahrungen des Krieges und seine Vorstellungen von einer negativen Theodizee (»Diese Welt ist etwas, das besser nicht wäre«) auf innovative Weise auch ästhetisch produktiv zu machen. Statt auf die realistisch-sozialkritischen Erzählmuster zurückzugreifen, radikalisiert er die Ich-Perspektive und sprengt das epische Kontinuum auf: durch Momentaufnahmen des äußeren und inneren Geschehens, Reflexionen, weltraumphysikalische Diskurse, Assoziationen und den Wechsel der Zeitebenen und Darstellungsarten. Schmidts späteres Werk baut auf diesen Verfahren auf und führt sie weiter. Thematisch bleibt zunächst die Perspektive des Einzelnen in einer vom Krieg geprägten (Endzeit-)Welt bestimmend.

DIE ERFAHRUNG DER DISKONTINUITÄT UND PROSA. Eine Begründung seiner epischen Technik, der Aufsplitterung der ›Geschichte‹ in vielfältige Erzähl- und Wirklichkeitsfragmente, gibt Schmidt in den *Berechnungen* genannten poetologischen Überlegungen. Darin geht er von einem Zusammenhang zwischen der Erfahrung der Diskontinuität des modernen Bewusstseins und der Form der Prosa aus. Die geläufige Metapher vom »epischen Fluß« treffe die Sache nicht: »Die Ereignisse unseres Lebens springen vielmehr. Auf dem Bindfaden der Bedeutungslosigkeit, der allgegenwärtigen langen Weile, ist die Perlenkette kleiner Erlebniseinheiten, innerer und äußerer, aufgereiht. Von Mitternacht zu Mitternacht ist gar nicht ›1 Tag‹, sondern ›1440 Minuten‹ (und von diesen wiederum sind höchstens 50 belangvoll!).« Schmidt setzte diese Gedanken, die Formproblemen einen Vorrang vor Fragen des ›feinsinnigen Inhalts‹ geben, immer konsequenter um und erreichte mit dem Roman *KAFF* den ersten Höhepunkt seiner formalen Meisterschaft: »Wer nach ›Handlung‹ und ›tieferem Sinn‹ schnüffeln, oder gar ein ›Kunstwerk‹ darin zu erblicken versuchen sollte, wird erschossen.«

»ZETTELS TRAUM«. Schmidt schrieb *Zettels Traum* zwischen 1963 und 1970; gedruckt wurde das Werk als faksimiliertes Typoskript von 1334 Seiten im Format DIN A3. Der doppeldeutige Titel verweist ironisch auf Schmidts Zettelkästen, vor allem aber auf den Traum des Webers Zettel in Shakespeares *Sommernachtstraum*. Von *Zettels Traum* her gesehen wirken die früheren Werke wie Vorarbeiten: die Poetik der *Berechnungen*, die Mehrstimmigkeit des Erzählens in *KAFF*, die Auseinandersetzung mit Sigmund Freud und James Joyce, wie sie z. B. in der Studie über Karl May (*Sitara oder der Weg dorthin*) und in der Wortbildungstechnik und ihrem Spiel mit Mehrfachbedeutungen (»Eh=poß«, »Roh=Mann=Tick«) sichtbar wird.

Die ›Handlung‹ ist eher einfach. An einem Sommertag des Jahres 1968 erhält der alternde Schriftsteller Pagenstecher Besuch von einem befreundeten Übersetzerehepaar und ihrer Tochter. Das ist der Rahmen für Gespräche über das Übersetzen, über Edgar Allan Poe und über die tiefere Bedeutungsschicht seiner Texte, die nicht ohne Ironie erschlossen wird. Unter der Oberfläche liege eine Schicht von eigentlich gemeinten sexuellen Vorstellungen, die sich dem psychoanalytisch geschulten Ohr in den durch Klangähnlichkeit erkennbaren »Etyms« offenbarten: ein »erleDichter Phall«.

Beginn von »zettel 1180« aus *Zettels Traum*. Der Text ist generell in drei Spalten gegliedert, die aber nicht immer realisiert werden bzw. unterschiedliche Textmengen aufweisen. Der Hauptstrang der Erzählung bildet die Mitte, links stehen Zitate aus dem jeweiligen Poe-Kontext der Diskussionen, rechts Assoziationen, Reflexionen, Einfälle des gastgebenden Schriftstellers Pagenstecher.

EPOCHE/STRÖMUNG

DDR-LITERATUR

ABGRENZUNGEN. DDR-Literatur meint zunächst die während des Bestehens der Deutschen Demokratischen Republik 1949–90 entstandene Literatur; in einem weiteren Sinn gehört auch die Nachkriegsliteratur in der Sowjetischen Besatzungszone (1945–1949) zumindest als Vorgeschichte dazu. Die Eingrenzung auf das Staatsgebiet der DDR wird allerdings problematisch, wenn man die zahlreichen Autoren berücksichtigt, die seit Ende der siebziger Jahre die DDR verließen bzw. verlassen mussten. Zunächst bestritten sowohl die konservative westdeutsche Literaturkritik als auch die offizielle DDR-Kulturpolitik die Existenz zweier unterschiedlicher deutscher Literaturen; beide Staaten behaupteten die Einheit der Nation und der Literatur. Seit dem Mauerbau 1961 jedoch wurde von Seiten der DDR die Schaffung einer eigenen sozialistischen Nationalliteratur propagiert; die westdeutsche Literaturwissenschaft nahm diese Entwicklung erst etwa seit 1970 ernsthaft zur Kenntnis.

LITERATURPOLITIK. Der eigene Charakter der DDR-Literatur beruht auf den politischen und kulturpolitischen Rahmenbedingungen, der lange vorherrschenden Orien-

SOZIALISTISCHER REALISMUS

Der sozialistische Realismus war seit 1934 verbindliche Literaturdoktrin in der UdSSR und nach dem Zweiten Weltkrieg auch in den Ländern des Ostblocks. »Der sozialistische Realismus«, so der Beschluss des sowjetischen Schriftstellerkongresses vom August 1934, »fordert vom Künstler wahrheitsgetreue, historisch konkrete Darstellung der Wirklichkeit in ihrer revolutionären Entwicklung. Wahrheitstreue und historische Konkretheit der künstlerischen Darstellung muss mit den Aufgaben der ideologischen Umgestaltung und Erziehung der Werktätigen im Geiste des Sozialismus verbunden werden.« Das Realismus-Gebot ist aus der materialistischen Widerspiegelungstheorie Lenins abgeleitet, der zufolge Kunst als Widerspiegelung der Wirklichkeit zu verstehen ist. Damit verbinden sich Forderungen nach ›Parteilichkeit‹, ›Tendenziosität‹, ›Volkstümlichkeit‹, ›Ideengehalt‹ und ›Massenverbundenheit‹. Bedeutender Einfluss ging von Maxim Gorki aus, der mit seinem Roman *Die Mutter* (1906) das klassische Werk des sozialistischen Realismus geschaffen hatte und auf dem Kongress die ›menschliche Arbeit‹ und den ›Erbauer des Sozialismus‹ als Haupthelden der sozialistischen Literatur herausstellte.

Willi Sitte, *Am Förderkorb*, 1980.

tierung an den Prinzipien des sozialistischen Realismus und dem antifaschistischen Selbstverständnis der meisten Autoren. Vor diesem Hintergrund entwarf Johannes R. Becher, der erste DDR-Kulturminister, das Konzept einer »Literaturgesellschaft«, die in ihrem idealistischen Ansatz auf eine Demokratisierung der Literatur auf allen Ebenen – von der Autorschaft bis zur Aufnahme der Literatur durch das Publikum – zielte. In der Praxis führte dieses Programm zu einer zunehmenden Lenkung aller Bereiche des literarischen Lebens bis hin zu einem verfassungswidrigen Zensursystem. Zugleich erfuhren die Autoren eine intensive Förderung und eine ausgesprochene Privilegierung, die aus ihrem sozialpädagogischen Auftrag als Volkserzieher resultierte.

Der antifaschistische Grundkonsens bestimmte lange die DDR-Literatur. Darin trafen sich die Autoren der älteren Exil-Generation wie Johannes R. Becher, Bertolt Brecht, Anna Seghers, Arnold Zweig und andere mit jüngeren Autoren, die den Nationalsozialismus als Anhänger oder Mitläufer erlebt hatten (Erwin Strittmatter, Franz Fühmann, Hermann Kant, Erich Loest, Christa Wolf, Heiner Müller u. a.). Aus dieser antifaschistischen Grundhaltung ergab sich eine offenbar nur schwer aufkündbare Loyalität gegenüber der DDR, die sich als Anwalt des Antifaschismus verstand.

KONFLIKTE. Probleme in der »Literaturgesellschaft« ergaben sich nicht zuletzt aus dem Widerstand der Autoren gegen die von oben verordneten engen ästhetischen Doktrinen, während gleichzeitig avantgardistische Schreibweisen als westlich-dekadent diffamiert und durch Zensurmaßnahmen unterdrückt wurden. So endete Uwe Johnsons DDR-Karriere, bevor sie beginnen konnte. Die Entscheidung des 11. Plenums des Zentralkomitees der SED im Dezember 1965 mit seiner Absage an alle neuen Tendenzen und der Verurteilung namhafter Autoren (Manfred Bieler, Wolf Biermann, Stefan Heym, Günter Kunert, Heiner Müller) führte zu einer zunehmenden Distanzierung der Autoren der mittleren und jüngeren Generation. Als es dann im Anschluss an die Ausbürgerung Biermanns 1976 zu einem Exodus von rund hundert Autoren kam, war an eine kontinuierliche Weiterentwicklung der DDR-Literatur nicht mehr zu denken.

Bertolt Brecht und Helene Weigel auf dem Wagen des Berliner Ensembles im Demonstrationszug am 1. Mai 1951.

BITTERFELDER WEG

Um die zunehmende Entfremdung zwischen Künstler und Gesellschaft zu überwinden, entwickelte 1959 eine Kulturkonferenz ein Programm, das nach dem Tagungsort, dem Chemiekombinat Bitterfeld, als Bitterfelder Weg in die Geschichte der DDR-Literaturpolitik einging. Ziel des Programms war, die Entfremdung von Künstler und Gesellschaft zu überwinden und Kunst und Leben dadurch zu versöhnen, dass die Schriftsteller in die Fabriken gehen und aus dem Leben der Brigaden berichten und die Arbeiter sich literarisch betätigen sollten (»Kumpel zur Feder«). Trotz einiger Erfolge (Erwin Strittmatter, Erik Neutsch) wurde das Projekt auf der zweiten Bitterfelder Konferenz 1964 aufgegeben.

HEINER MÜLLER

1929 9. Januar: Heiner Müller in Eppendorf bei Chemnitz geboren
1944–45 Reichsarbeitsdienst, Volkssturm
1948 Abitur in Frankenberg (Sachsen)
1951 Müllers Eltern gehen in den Westen, er zieht nach Ostberlin; seit 1950 journalistische Arbeiten
1958–59 Mitarbeiter beim Berliner Maxim Gorki Theater. – *Der Lohndrücker* (1958)
1959 Heinrich-Mann-Preis (zusammen mit seiner Frau Inge Müller); freier Schriftsteller
1961 Ausschluss aus dem Schriftstellerverband (Wiederaufnahme 1988)
1965 *Der Bau*, *Philoktet*
1966 Inge Müller, Lyrikerin und Mitarbeiterin an einer Reihe von Werken Müllers, nimmt sich das Leben. – *Herakles 5*
1968 Uraufführung des *Philoktet* im Residenztheater München
1970–76 Dramaturg am Berliner Ensemble, danach an der Volksbühne. – *Geschichten aus der Produktion* (1974), *Die Umsiedlerin oder Das Leben auf dem Lande* (1975)
1977 *Leben Gundlings Friedrich von Preußen Lessings Schlaf Traum Schrei*, *Germania Tod in Berlin*
1978 *Die Hamletmaschine*
1985 Georg-Büchner-Preis. – *Shakespeare Factory* (Bd. 2, 1989)
1988 Uraufführung des Stückes *Der Auftrag. Erinnerung an eine Revolution*
1990 (Letzter) Präsident der Akademie der Künste der DDR
1992 Die Autobiografie *Krieg ohne Schlacht. Leben in zwei Diktaturen* erscheint (erweiterte Ausgabe 1994)
1995 30. Dezember: Heiner Müller stirbt in Berlin

Erwin Strittmatter, Pferdemeister Franke und das Araberfohlen Reclam mit der Mutter Recha auf Strittmatters »Schulzenhof« in Dollgow (Mark Brandenburg), 1983.

STOFFE/THEMEN

WIDERSPRÜCHE IM SOZIALISMUS

AUFBAULITERATUR. Die DDR-Literaturpolitik forderte von den Schriftstellern Werke, die dem Aufbau des Sozialismus dienen konnten. Betriebsromane und Brigadestücke sollten zur Steigerung der sozialistischen Produktion anregen, Texte gegen Krieg und Faschismus und heroisierende Bücher über den antifaschistischen Widerstand zur Festigung der geistigen Grundlagen des neuen sozialistischen Staates beitragen. Erfolgreichstes Beispiel eines antifaschistischen Romans wurde *Nackt unter Wölfen* (1958) von Bruno Apitz, eine im Konzentrationslager Buchenwald spielende Geschichte des heldenhaften Widerstands und der Solidarität. Dem konkreten gesellschaftlichen und wirtschaftlichen Aufbau der DDR widmeten sich Reportagenbände oder eine ganze Serie von Aufbauromanen, in denen sozialistische Aktivisten oder die Partei selbst alle Widerstände überwinden und die Entwicklung der neuen Gesellschaft fördern (z. B. Eduard Claudius, *Menschen an unserer Seite*, 1951; Hans Marchwitza, *Roheisen*, 1955). Später lassen Autoren wie Karl-Heinz Jakobs (*Beschreibung*

eines Sommers, 1961) die Helden dieser sozialistischen Entwicklungsromane nach erfolgreichen Lernprozessen im Sozialismus ›ankommen‹ (›Ankunftsliteratur‹).

ENDE DER HARMONISIERUNG. Werden in der frühen Aufbauliteratur Widersprüche zwischen den individuellen und gesellschaftlichen Erwartungen stets harmonisierend zugunsten der Gesellschaft aufgelöst, so wächst in den sechziger Jahren das Problembewusstsein. Ein Roman wie Erwin Strittmatters *Ole Bienkopp* (1963), der die Umwälzungen der Produktionsverhältnisse auf dem Land behandelt, lässt auch ein Scheitern zu. Ebenso verweigert sich Heiner Müller in seinen Produktionsstücken *Der Lohndrücker* und *Der Bau* der Parteilinie und betont gerade die Widersprüche und die Fortdauer der Entfremdung in der im Aufbau begriffenen sozialistischen Gesellschaft. Da diese direkte Auseinandersetzung mit den Problemen der Gegenwart von Partei und Staat behindert, wenn nicht unterdrückt wurde, wandten sich Müller und andere Autoren antiken Stoffen zu, die verschlüsselte Stellungnahmen zu Problemen der Gegenwart ermöglichten. So demonstriert *Philoktet*, Müllers erster Bühnenerfolg in der BRD, die Unauflöslichkeit der Widersprüche von Mittel und Zweck, Moral und Macht.

DEUTSCHE GESCHICHTE UND ENDZEIT. Zentrales Thema der späteren Dramatik Müllers sind die Kontinuitäten und Brüche der deutschen Geschichte bis hin zur Gegenwart. *Germania Tod in Berlin* kontrastiert Momente der Geschichte von der Staatsgründung 1949 bis zu den Ereignissen des 17. Juni 1953 jeweils mit Szenen aus deutscher Mythologie und Geschichte (von den Nibelungen bis zu Hitler im Führerbunker). Dabei demonstriert Müller nicht nur das Weiterleben des Faschismus in der BRD, sondern am Beispiel des Aufstands vom 17. Juni auch die Spaltung der Arbeiterklasse und die tragischen, sich im Brudermord verdichtenden Antinomien eines deutschen Sozialismus. Müller setzte die Aufarbeitung preußisch-deutscher Kontinuitäten in weiteren, durchaus pessimistisch akzentuierten Stücken fort. Die *Hamletmaschine* schließlich, oft als ›Endspiel‹ bezeichnet, erweitert die Kritik an den spezifischen deutschen Gegebenheiten zu einer schwarzen Tragödie des modernen Intellektuellen und seines Versagens angesichts der mörderischen Geschichte überhaupt: »Ich war Hamlet. Ich stand an der Küste und redete mit der Brandung BLABLA, im Rücken die Ruinen von Europa.«

Ulrich Mühe in Heiner Müllers Inszenierung seiner *Hamletmaschine* 1992 am Deutschen Theater in Berlin.

Am 24. Mai 1973 niedergeschriebener Entwurf Sarah Kirschs eines *Im Malsaal* überschriebenen Gedichts, das in den Zyklus *Wiepersdorf* (1976) einging.

STOFFE/THEMEN

NATUR, GESCHICHTE UND GEGENWART

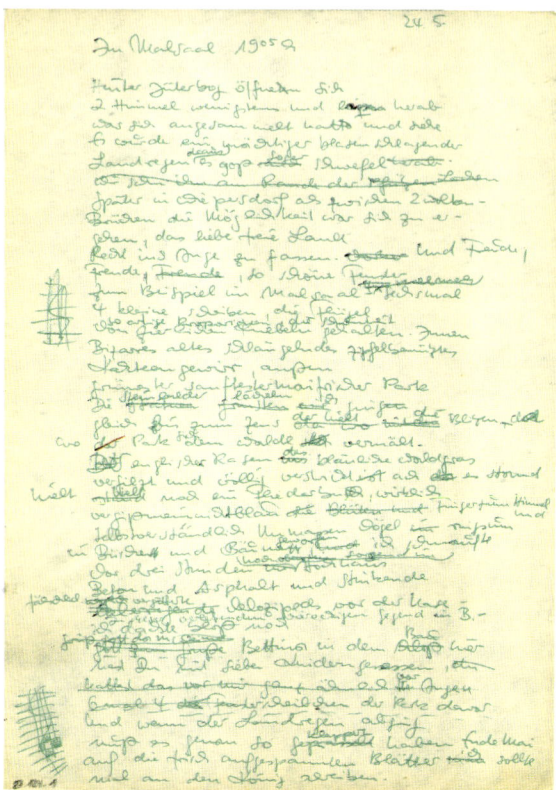

PETER HUCHEL

1903 3. April: Peter Huchel in Berlin-Lichterfelde geboren
1923–26 Studium der Philosophie und Literaturwissenschaft in Berlin, Freiburg i. Br. und Wien, ohne Abschluss
1930 Nach längeren Reisen lebt Huchel in Berlin und schreibt für die *Literarische Welt*, *Die Kolonne* und den Berliner Rundfunk (Hörspiele). Seinen ersten Gedichtband *Der Knabenteich* zieht er 1933 kurz vor der Drucklegung zurück
1940–45 Kriegsteilnahme
1945 Sowjetische Kriegsgefangenschaft; nach der Rückkehr Aufbau der Hörspielabteilung des Berliner Rundfunks (DDR)
1948 *Gedichte*
1949–62 Chefredakteur der Zeitschrift *Sinn und Form*

FREIRÄUME. Am ehesten konnte sich die Lyrik den Anforderungen und Zwängen der sozialistischen Literaturpolitik in der DDR entziehen. Anders als im Drama oder in der Prosa war ›Aufbau‹ kein zentrales Thema; allerdings florierte die Parteihymnik, an der sich selbst Brecht und Becher beteiligten. In der Naturlyrik wirkten zunächst ältere Traditionen weiter. So kam Peter Huchel – wie im Westen Günter Eich – aus dem Kreis um die Literaturzeitschrift *Die Kolonne* (1930–32), und Johannes Bobrowski wiederum fand unter dem Einfluss der freirhythmischen Odendichtung Klopstocks und dem Werk Huchels Anfang der fünfziger Jahre zu seinem eigenen Stil.

NATUR UND GESCHICHTE. Huchel und Bobrowski setzten in ihren Naturgedichten andere Akzente als Wilhelm Lehmann und verwandte Naturlyriker, die sich in Einzelphänomene versenkten und in der zeichenhaften, heilen Welt der Natur ein Gegenbild zum entfremdeten Dasein in der modernen Zivilisation beschworen. Für Huchel war die Natur schon immer »die vom Menschen veränderte Natur«, war Landschaft »auch ein sozialer Begriff«. Und Bobrowski ging in seinen Gedichten realistisch und zugleich visionär in den Landschaften seiner Kindheit der »Blutspur« der Geschichte von der Ausrottung der Pruzzen bis zu den Schrecken des letzten Krieges nach (*Sarmatische Zeit*, 1961; *Schattenland Ströme*, 1962). Dagegen fand Erich Arendt in einer elementaren Mittelmeerlandschaft und ihren Mythen eindrucksvolle Bilder für seine Sicht der Geschichte (*Flug-Oden*, 1959; *Ägäis*, 1967). Texte wie *Steine von Chios* mit ihrer Versteinerungsmetaphorik, ihrer Evokation der archaischen Mythen und der Untaten der Geschichte verweigern sich, skeptisch gegenüber der Kraft des Humanen in der Geschichte, jeglichem Fortschrittsoptimismus: »Blutwimper, schwarz: | das Jahrhundert.«

GEGENWART DDR. Die zunehmende Skepsis gegenüber der Entwicklung in der DDR zeigt sich auch in der nächsten Generation von DDR-Lyrikern (»Sächsische Dichterschule«). Unter dem Einfluss von Mentoren wie Stephan Hermlin und Erich Arendt schufen sie sich einen Freiraum für Experimente und machten die Spannung zwischen Individuum und Gesellschaft – und die wachsende Distanz zu den Verhältnissen in der DDR – zu einem ihrer zentralen Themen. So führte der Weg Volker Brauns als Lyriker von revolutionärem Optimismus zu offener Kritik an der sozialistischen Industriegesellschaft und ihren destruktiven Folgen für Mensch und Natur. Die Unterwerfung der Natur, das wird deutlich, resultiert in ihrer Zerstörung, ihrem Verschwinden: »Natürlich bleibt nichts. Nichts bleibt natürlich.« Die Folge der Enttäuschung ist vielfach ein verstärkter Rückzug auf subjektive, aber deswegen nicht notwendig unpolitische Positionen. Beispiele dafür sind u. a. das lyrische Werk Heinz Czechowskis (z. B. *Was mich betrifft*, 1980; *Ich und die Folgen*, 1987) und Sarah Kirschs, die mit dem privaten, subjektiven Charakter ihrer Natur- und Liebesgedichte von vornherein im Widerspruch zur offiziellen Literaturauffassung stand. Allerdings erweist sich auch hier die Idylle als eine scheinbare. Das Gedicht *Im Sommer* aus ihrem letzten in der DDR erschienenen Lyrikband *Rückenwind* enthält die Zeilen: »Wenn man hier keine Zeitung hält | Ist die Welt in Ordnung.«

VERGANGENHEIT RUMÄNIEN. Diktaturerfahrungen schlimmster Art brachten die rumäniendeutschen Schriftstellerinnen und Schriftsteller mit in die Bundesrepublik. Das Beispiel Herta Müllers zeigt, wie sie ihr Werk prägen. Ihre ersten Prosatexte (*Niederungen*) erzählen kunstvoll aus der Kinderperspektive vom Dorfleben im Banat und durchbrechen zugleich die Fassade der Schein-Idylle, lassen die Intoleranz und die Spuren der nationalsozialistischen Vergangenheit sichtbar werden. Auch in ihrem nächsten Buch gilt die Kritik nicht nur der korrupten rumänischen Politik, sondern ebenso der Überheblichkeit der Deutschstämmigen (*Der Mensch ist ein großer Fasan auf der Welt*). Nach der Ausreise machte Müller die Realität der rumänischen Diktatur offen zum Thema ihrer Romane (*Der Fuchs war damals schon der Jäger*, 1992; *Herztier*, 1994; *Heute wär ich mir lieber nicht begegnet*, 1997), schreibt aber ebenso über die Anpassungsschwierigkeiten der in den Westen Ausgereisten (*Reisende auf einem Bein*, 1989). Vor allem *Herztier* trägt autobiographische Züge, ein Roman, der in assoziativ miteinander verbundenen Fragmenten sprunghaft, bilderreich und poetisch von den bedrückenden Erlebnissen von vier Freunden in dem Land der Angst, aber auch vom Scheitern im Westen berichtet. Einen Höhepunkt ihres Schaffens stellt der Roman *Atemschaukel* dar, der als Gemeinschaftswerk mit dem 2006 verstorbenen Oskar Pastior geplant war: die Geschichte eines jungen Mannes, der mit anderen Rumäniendeutschen 1945 in ein sowjetisches Zwangsarbeitslager in der Ukraine gebracht wurde und nach fünf Jahren zurückkehrt, geprägt von den Erfahrungen für sein Leben. Pastior gehörte, wie Herta Müllers Mutter, zu den Deportierten.

1962 Schwierigkeiten mit Partei und Staat führen zum Rücktritt als Chefredakteur; Huchel lebt nun zunehmend isoliert in Wilhelmshorst bei Potsdam
1963 Der Gedichtband *Chausseen Chausseen* erscheint wie der folgende – *Die Sternenreuse* (1967) – nur in der BRD
1971 Huchel erhält die Erlaubnis zur Ausreise und lässt sich nach einem Rom-Aufenthalt in der Villa Massimo 1972 in Staufen bei Freiburg i. Br. nieder
1972 *Gezählte Tage*
1979 *Die neunte Stunde*
1981 30. April: Peter Huchel stirbt in Staufen

HERTA MÜLLER

1953 17. August: Herta Müller in Nitzkydorf (Rumänien) geboren
1973–76 Studium der Germanistik und der rumänischen Literatur in Temesvár; anschließend arbeitet sie als Übersetzerin und Deutschlehrerin
1982 In Bukarest erscheint ihr erstes Buch (*Niederungen*, erw. Neuausg. 2010)
1986 *Der Mensch ist ein großer Fasan auf der Welt*
1987 Ausreise in die Bundesrepublik; heute lebt Herta Müller in Berlin
1991 *Der Teufel sitzt im Spiegel. Wie Wahrnehmung sich erfindet*, Poetik-Vorlesungen
1993 *Der Wächter nimmt seinen Kamm*. Weitere Gedichtbände in Form von Text-Bild-Collagen folgen
1995 *Hunger und Seide*, Essays
2003 *Der König verneigt sich und tötet*, Essays mit Reflexionen über die Zusammenhänge von Leben in der Diktatur, Sprache und literarischem Werk
2004 Reise mit Oskar Pastior zu den Orten ehemaliger Zwangsarbeitslager in der Ukraine
2009 *Atemschaukel*; Nobelpreis für Literatur (für ihre poetisch-sachliche Zeichnung von »Landschaften der Heimatlosigkeit«)
2011 *Immer derselbe Schnee und immer derselbe Onkel*, Essays

AUTOR

UWE JOHNSON

Szene aus dem Film *Jahrestage* (2000) mit der Bankangestellten Gesine Cresspahl (Suzanne von Borsody) und dem sie umwerbenden Vizepräsidenten de Rosny (Hanns Zischler). Regie führte Margarethe von Trotta

BIOGRAFIE

1934 20. Juli: Uwe Johnson in Kammin (Pommern) geboren
1945 Nach Kriegsende zieht die Familie nach Mecklenburg; Oberschule in Güstrow (1949–52)
1952 Studium der Germanistik in Rostock und Leipzig; Diplomprüfung 1956. Er erhält keine Anstellung, da er 1954 aus der FDJ ausgetreten war, und arbeitet als Übersetzer
1959 Übersiedlung nach Westberlin. – *Mutmassungen über Jakob*
1961 *Das dritte Buch über Achim*
1965 *Zwei Ansichten*
1966–68 Schulbuchlektor in New York und Beginn der Arbeit an den *Jahrestagen*; Rückkehr nach Berlin
1970 Der erste Band des Romans *Jahrestage. Aus dem Leben der Gesine Cresspahl* erscheint; die weiteren Bände folgen 1971, 1973 und 1983
1971 Georg-Büchner-Preis
1974 Johnson zieht sich nach Sheerness auf der Themse-Insel Sheppey zurück
1980 *Begleitumstände. Frankfurter Vorlesungen*
1984 Johnson stirbt vermutlich in der Nacht vom 23. auf den 24. Februar in Sheerness-on-Sea an Herzversagen; er wird erst Wochen nach seinem Tod aufgefunden. Sein erster Roman *Ingrid Babendererde. Reifeprüfung 1953* erscheint postum 1985

Rechte Seite unten: **Die erste Taschenbuch-Ausgabe** der *Mutmassungen über Jakob*, 1974.

DIE DEUTSCHE TEILUNG. Johnsons frühe Romane stehen in engem Bezug zur politischen Entwicklung der Nachkriegszeit und ihren geschichtlichen Voraussetzungen. Für seinen ersten Roman *Ingrid Babendererde. Reifeprüfung 1953*, einer eindringlichen Schilderung der gesellschaftlichen Realität und der Bewusstseinslage der DDR in den fünfziger Jahren, fand Johnson allerdings keinen Verleger. Vier DDR-Verlage, aber auch der Suhrkamp Verlag lehnten das Buch ab. Sein zweiter Roman *Mutmassungen über Jakob* erschien dann im Jahr seiner Übersiedlung in den Westen bei Suhrkamp. Er macht in der Geschichte des Eisenbahners Jakob Abs, der »im Westen fremd und im Osten nicht mehr heimisch war«, die deutsche Teilung zum Thema. Dies geschieht in einer äußerst komplexen Form, einem In- und Gegeneinander von fragmentarischen Erzählsegmenten und Zeitebenen, deren Zusammenhänge sich erst allmählich – eine Art Denkspiel für den Leser – erschließen lassen, ohne dass es allerdings zu einer eindeutigen Lösung des ›Falles‹ kommt. Es bleibt bei Mutmaßungen über den Tod des 28-jährigen Reichsbahndispatchers Jakob Abs, der an einem nebligen Novembermorgen 1956 auf dem Gelände des Hauptbahnhofs einer Elbestadt beim Überqueren der Gleise den Tod findet (»Aber Jakob ist immer quer über die Gleise gegangen«), Mutmaßungen über einen Mann, der angesichts der Teilung des Landes – und der Familien – durch Forderungen der Staatsmacht in unlösbare Loyalitäts- und Identitätskonflikte gerät.

»JAHRESTAGE«. Eine Art Summe seines Gesamtwerks stellt der letzte und größte Roman Johnsons dar, in dem – dem Titel *Jahrestage* entsprechend – die einzelnen Tage eines Jahres (vom 20. bzw. 21. August 1967 bis zum 20. August 1968) – das erzählerische Gerüst bilden. Die *Jahresta-*

Uwe Johnson, 1983 in einer New Yorker U-Bahn-Station, schreibt Graffiti ab.

ge berichten aus »dem Leben der Gesine Cresspahl« – sie ist aus *Mutmassungen über Jakob* bekannt –, und das geschieht auf mehreren Ebenen: Schilderung des New Yorker Alltags der Bankangestellten Gesine Cresspahl, ihrer Tochter und ihrer Freunde und Bekannten, Chronik der internationalen, nationalen und städtischen Ereignisse aus der täglichen Lektüre der *New York Times*, z. T. wörtlich der Zeitung entnommen, und – parallel zur persönlichen und allgemeinen Gegenwartschronik – Vergegenwärtigung der Geschichte durch Erinnerung. Gesine erzählt ihrer Tochter Marie – Vater ist Jakob Abs – ihre Familien- und Lebensgeschichte seit etwa 1920, um die Tochter mit den Voraussetzungen ihres eigenen Lebens bekannt zu machen. Der Stil der *Jahrestage* zeichnet sich durch große Präzision und Detailgenauigkeit aus, sei es im Hinblick auf das reale New York oder auf das fiktive heimatliche Jerichow in Mecklenburg, doch nicht im Sinn der Abbildung der äußeren Realität, sondern als Entwurf einer ästhetisch eigenständigen, eigengesetzlichen Welt, eines literarischen Kosmos, der von der Spannung von Gegenwart und Vergangenheit, Provinz und Metropole lebt.

Als Johnson starb, arbeitete er an einem Erzählprojekt, das die Familien- und Geschichtschronik noch einmal aufnahm. Er ergänzte sie um die gesamte Vorgeschichte – von 1888, dem Dreikaiserjahr, an – und wollte sie bis zum Jahr 1978 weiterführen. Der unvollendete Text, 1996 veröffentlicht, bricht allerdings mit dem Jahr 1945 ab: *Heute Neunzig Jahr. Die Geschichte der Familie Cresspahl*.

»22. Dezember, 1967
Freitag

Was haben wir für eine Zeitung in dieser Stadt! Die New York Times meldet von den Astronomen, daß die Sonne heute in der nördlichen Atmosphäre die kürzeste Zeit über dem Horizont sein wird und der Winter 17 Minuten nach acht Uhr morgens begann. Und sie meldet, daß im August 1964 im Golf von Tonkin tatsächlich vier Mitglieder der Besatzung der Turner Joy 300 Fuß von Backbord die Spur eines Torpedos aus Nord-Viet Nam im Wasser sichteten; daß aber die Regierung den Entwurf zur vollen Kriegsermächtigung längst vor August 1964 fertig hatte. Und Marie sagte in etwas schnippischen, fliegenden Tönen: So kann ich nicht leben, wie du es von mir verlangst! Ich soll nicht lügen, weil du nicht lügen magst! Du wärst längst ohne Arbeit, und ich aus der Schule, wenn wir nicht lügen, wie drei amerikanische Präsidenten hintereinander! Du hast deinen Krieg nicht aufgehalten, nun soll ich es für dich tun! Als du ein Kind warst, rund um dich haben sie ihren Krieg hochgezogen, und du hast nichts gemerkt!
– Man hat mir nichts gesagt, Marie.
– Und doch war es zu sehen! [...]
Mein Krieg war gut versteckt. Sogar der Name der Stadt Jerichow war entlegen in Deutschland. Die Badegäste, die sie im Auto auf dem Weg zum Seebad Rande passierten, was sahen sie? Vierhundert Meter grober Pflastersteine, die die Wagen zu holprigen Knicksen brachten.«
(Aus: *Jahrestage 2*, 1971)

GATTUNG

POLITISCHES THEATER

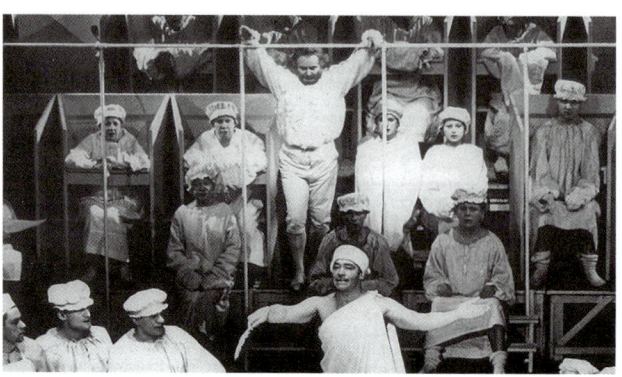

POLITISIERUNG DER LITERATUR. Die Politisierung der bundesrepublikanischen Literatur in den sechziger Jahren ist eine Reaktion auf innen- und außenpolitische Entwicklungen: Mauerbau, ökonomische Krise, ›Bildungskatastrophe‹, Studentenproteste, Notstandsgesetze, Außerparlamentarische Opposition (APO), Aufarbeitung der NS-Vergangenheit, Vietnamkrieg und andere Kolonial- und Befreiungskriege in der Dritten Welt. In diesem Kontext bleibt es nicht mehr beim Ausdruck eher allgemeinen Missbehagens und Widerstands (Günter Eich: »Seid unbequem, seid Sand, nicht Öl im Getriebe der Welt!«), sondern es geht um konkrete politische Analyse und Wirkung, um Aufklärung und Agitation. Die bevorzugten Gattungen für diese politisch funktionalisierte Literatur sind die politische Lyrik – Friedrich Christian Delius, Hans Magnus Enzensberger, Erich Fried, Yaak Karsunke und Peter Rühmkorf – und das mit dokumentarischen Mitteln arbeitende Drama.

Szenenfoto aus der Uraufführung von Peter Weiss' *Marat/Sade* am Berliner Schillertheater (29. April 1964) mit Ernst Schröder als Marquis de Sade (Hintergrund Mitte) und Peter Mosbacher als Jean Paul Marat (Vordergrund Mitte). Regie führte Konrad Swinarski.

ROLF HOCHHUTH

Rolf Hochhuth gehört zu den erfolgreichsten deutschen Dramatikern der sechziger und siebziger Jahre. Berühmt wurde er mit seinem ersten Schauspiel *Der Stellvertreter* (1963), das mit der These von der Mitschuld des ›Stellvertreters‹ Papst Pius XII. an der Judenvernichtung im Dritten Reich und der rigorosen Kritik an der Haltung der Kirche ein Tabu brach und heftige Kontroversen auslöste. Anders als im gleichzeitigen Dokumentartheater, mit dem Hochhuth die dokumentarische Grundlage teilt, steht hier in einer Art Wiederaufnahme der Schillerschen Vorstellung vom Theater als moralischer Anstalt die moralische Entscheidung des Einzelnen im Mittelpunkt. In die Schlagzeilen kam Hochhuth noch 2004 mit der Aufführung von *McKinsey kommt* (2003).

DOKUMENTARTHEATER. Ziel der dokumentarischen Literatur ist die quasi-authentische Darstellung politischer und sozialer Wirklichkeit. Dabei lebt Dokumentarliteratur mit dem Widerspruch zwischen Authentizitätsanspruch und Kunstcharakter der Texte: Sie ist das Produkt eines arrangierenden, montierenden, auswählenden Autors, und die Dokumente selbst sind Texte, nicht unmittelbare Wirklichkeit. Das Dokumentardrama arbeitet in der Regel – die Ausnahme bildet Rolf Hochhuths dramatisches Werk – mit den distanzierenden Mitteln des Brechtschen

Proteste gegen Rolf Hochhuths *Stellvertreter* 1963 in Basel.

epischen Theaters. Beliebt ist dabei die Prozessform, die es ermöglicht, heterogene Materialien wirkungsvoll zu organisieren. Heinar Kipphardt, einer der wichtigsten Vertreter des Genres, verwendet sie in seinem bekanntesten Stück *In der Sache J. Robert Oppenheimer* (1964), das auf der Basis von Vernehmungsprotokollen die Diskussion über die Verantwortung der Naturwissenschaften aufnimmt. Und Peter Weiss dokumentiert in seinem »Oratorium in elf Gesängen« *Die Ermittlung* (1965) einen realen Strafprozess, den Frankfurter Auschwitzprozess von 1963–1965, und verbindet dabei Vorgänge im Gerichtssaal mit der Präsentation historischer Zeugnisse.

PETER WEISS. Ausgehend von selbstreflexiver Prosa zeigt sich im Werk von Peter Weiss ein Prozess zunehmender Politisierung. Eine erste, noch ›ergebnisoffene‹ Stufe bedeutet dabei das Drama, das Weiss weltberühmt machte: *Die Verfolgung und Ermordung Jean Paul Marats dargestellt durch die Schauspielgruppe des Hospizes zu Charenton unter Anleitung des Herrn de Sade* (1964). Das Stück stellt in einem großen Spektakel – das Irrenhaus als Theater im Theater und Abbild der Welt – am Beispiel der Gestalten Marats und de Sades zwei konträre Positionen dar: Dem entschiedenen Verfechter der Revolution und Freund des Volkes steht ein radikaler Individualist und Skeptiker gegenüber, wobei der »Konflikt zwischen dem bis zum Äußersten geführten Individualismus und dem Gedanken an eine politische und soziale Umwälzung« (Weiss) nicht entschieden wird. Den unaufgehobenen Widerspruch im Stück löste Weiss für sich zugunsten einer revolutionären sozialistischen Position auf. In der Theaterpraxis schlug sich das in immer eindeutigeren politischen Stellungnahmen nieder: in Stücken über die portugiesische Kolonialpolitik, den Vietnamkrieg oder – auf einer anderen Ebene – in dramatischen Texten über Trotzkij und Hölderlin (der am Ende in seinem Tübinger Turmzimmer u. a. Besuch vom jungen Karl Marx erhält).

Peter Weiss, Selbstbildnis (1946). Bevor er sich der Literatur zuwandte, arbeitete Weiss, der in Prag an der Kunstakademie studiert hatte, als bildender Künstler.

Peter Weiss, seine Frau Gunilla Palmstierna-Weiss und Ingmar Bergman (links) 1966 bei den Proben für die Stockholmer Aufführung des »Oratoriums« *Die Ermittlung*.

Heinrich Böll bei der Abrüstungsdemonstration in Mutlangen am 1. September 1983; vorne rechts der ehemalige Bundeswehrgeneral Gerd Bastian und (halb verdeckt) Annemarie Böll. Die europäische Friedensbewegung hatte durch den NATO-Nachrüstungsbeschluss von 1979 neuen Auftrieb erhalten, der sich in den folgenden Jahren in großen Demonstrationen und Protestaktionen gegen die Stationierung von Massenvernichtungswaffen und Atomraketen in Deutschland äußerte. Ziel der Demonstrationen, Blockaden und »Friedenscamps« war mehrfach das amerikanische Militärdepot Mutlangen auf der Schwäbischen Alb.

BIOGRAFIE

1917 21. Dezember: Heinrich Böll in Köln geboren
1937 Abitur an einem humanistischen Gymnasium
1939 Im Sommer Beginn des Studiums der Germanistik und Klassischen Philologie in Köln. Im Herbst Einberufung zur Wehrmacht (Infanterie)
1945 Nach Kriegsgefangenschaft Rückkehr nach Köln; seine Frau, die Lehrerin Annemarie Böll, geb. Çech (Heirat 1942), ernährt die Familie, während er zum Schreiben findet (erste Veröffentlichung einer Kurzgeschichte 1947)
1949 *Der Zug war pünktlich*
1950 *Wanderer, kommst du nach Spa...*
1951 *Wo warst du, Adam?*
1953 *Und sagte kein einziges Wort*
1954 *Haus ohne Hüter*
1958 *Doktor Murkes gesammeltes Schweigen*
1959 *Billard um halb zehn*
1963 *Ansichten eines Clowns*
1966 *Frankfurter Vorlesungen*
1967 Georg-Büchner-Preis
1970–72 Präsident des deutschen PEN-Zentrums; die Wahl zum Präsidenten des Internationalen PEN (1971–74) bestätigt sein Ansehen, das er durch seine Bemühungen um eine Verständigung zwischen Deutschland und Osteuropa

AUTOR

HEINRICH BÖLL

EPOCHENROMAN. Das Jahr 1959 markiert mit den Romanen *Billard um halb zehn* von Heinrich Böll, der *Blechtrommel* von Günter Grass und den *Mutmassungen über Jakob* von Uwe Johnson, so argumentieren literarhistorische Darstellungen, das Ende der Nachkriegsliteratur: Die deutsche Literatur erreicht eine neue Qualität und – so Hans Magnus Enzensberger ironisch 1968 im *Kursbuch 15* im Rückblick – »das Klassenziel der Weltkultur«. Bölls *Billard um halb zehn* ist ein komplexer Generationenroman, der am Beispiel der Geschichte einer Architektenfamilie vom Kaiserreich bis in die fünfziger Jahre der BRD Vergangenheitsaufarbeitung und Kritik an der Gegenwart und ihren restaurativen Tendenzen verbindet. Die Gegenwartshandlung konzentriert sich auf einen Tag, den 6. September 1958, wird jedoch durch Erinnerungen und Rückblenden immer wieder durchbrochen, wobei die verschiedenen Handlungs- und Erinnerungsstränge sämtlich auf diesen Tag im September zulaufen. Darüber hinaus tragen symbolische Bezüge die epische Konstruktion: Das Gegensatzpaar »Sakrament des Büffels« und »Sakrament des Lammes« bezeichnet den Gegensatz von Verfolgern und Verfolgten, die Abtei Sankt Anton, deren Bau am Anfang des Aufstiegs der Familie steht, ist Symbol der Geschichte der Familie wie der Gesellschaft: »und nach fünfundvierzig Jahren der Aufbau nach den alten Plänen«.

DEUTSCHE ZUSTÄNDE. Die folgenden Romane und Erzählungen besitzen nicht mehr diese erzählerische Komplexität und Dichte. Das vergrößerte freilich nur die Wirkung der nun stärker der unmittelbaren Gegenwart zugewandten Texte, die die Verteidigung des persönlichen Freiraums und der menschlichen Würde angesichts der politischen und gesellschaftlichen Bevormundung im Sinn einer »Ästhetik des Humanen« in den Mittelpunkt stellen. Die verschärfte Gesellschaftskritik begann mit dem Roman *Ansichten eines Clowns*, einem aus Telefongesprächen und Erinnerungen komponierten Bewusstseinsmonolog, der mit seiner satirischen Attacke auf die katholische Kirche und den CDU-Staat eine ungeheure Erregung auslöste. Es folgten – nach *Gruppenbild mit Dame*, einem heiteren, die Utopie eines anderen Lebens aufrechterhaltenden Zwischenspiel – zunehmend düstere Bilder der deutschen Zustände in Texten wie *Die verlorene Ehre der Katharina Blum*, *Fürsorgliche Belagerung* und *Frauen vor Flußlandschaft*. Sie spiegeln die Erfahrungen in einem hysterischen innenpolitischen Klima, das vom RAF-Terrorismus, der ›Sympathisanten‹-Hetze der Springer-Presse und einer die staatsbürgerlichen Freiheiten beschneidenden Politik geprägt war. »Die Bölls sind gefährlicher als Baader-Meinhof«, schrieb die Illustrierte *Quick* 1972 im Jahr der Verleihung des Literaturnobelpreises an den Autor. Im Dezember 1974 bewies der Fraktionsvorsitzende der CDU/CSU (und spätere Bundespräsident) Karl Carstens in einer Rede seine literarische Kennerschaft: »Ich fordere die ganze Bevölkerung auf, sich von der Terrortätigkeit zu distanzieren, insbesondere auch den Dichter Heinrich Böll, der noch vor wenigen Monaten unter dem Pseudonym Katharina Blüm ein Buch geschrieben hat, das eine Rechtfertigung von Gewalt darstellt.«

Satirisches Plakat von Klaus Staeck, Karl Carstens' Äußerungen über Heinrich Böll kommentierend.

und sein Engagement für Minderheiten und verfolgte Schriftsteller gewonnen hatte
1971 *Gruppenbild mit Dame*
1972 Nobelpreis für Literatur
1974 *Die verlorene Ehre der Katharina Blum.* – In den folgenden Jahren erscheinen *Einmischung erwünscht. Schriften zur Zeit* (1977), *Fürsorgliche Belagerung* (1979) und der autobiografische Text *Was soll aus dem Jungen bloß werden?* (1981)
1985 16. Juli: Böll stirbt in Langenbroich (Eifel). – *Frauen vor Flußlandschaft*

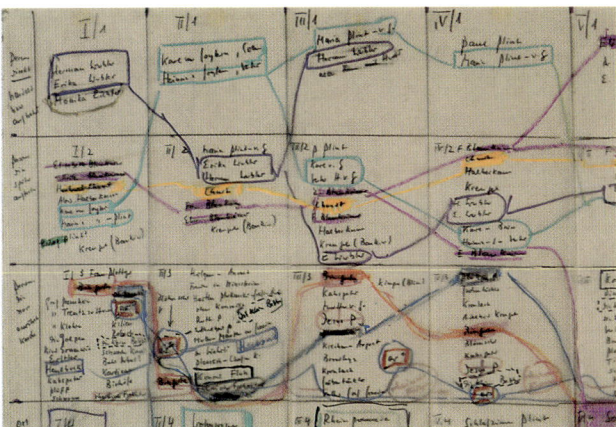

Schema Bölls zu seinem letzten Roman *Frauen vor Flußlandschaft* (1985), das durch farbige Verbindungslinien die Beziehungen zwischen den Personen und Handlungssträngen und ihr jeweiliges Auftreten in den verschiedenen Abschnitten andeutet.

MARTIN WALSER

1927 24. März: Martin Walser in Wasserburg geboren
1946 Abitur in Lindau nach einer Unterbrechung der Schulausbildung 1944–45 durch Arbeitsdienst, Militär und amerikanische Gefangenschaft
1951 Promotion zum Dr. phil. an der Universität Tübingen mit einer Arbeit über Franz Kafka
1955 *Ein Flugzeug über dem Haus und andere Geschichten*
1957 *Ehen in Philippsburg.* – Walser, bisher freier Mitarbeiter beim Südfunk Stuttgart, lebt nun als Schriftsteller am Bodensee (seit 1968 in Überlingen)
1960 *Halbzeit*; die weiteren Bände der *Kristlein-Trilogie* folgen 1966 (*Das Einhorn*) und 1973 (*Der Sturz*)
1962 *Eiche und Angora. Eine deutsche Chronik* (Drama)

Szenenfoto aus der Verfilmung von Martin Walsers *Ein fliehendes Pferd*, von Peter Beauvais 1984 für das ZDF gedreht. Marita Marschall, Dietmar Mues, Vadim Glowna und Rosel Zech (v. l. n. r.) als Ehepaare Buch und Halm.

STOFFE/THEMEN

BUNDESREPUBLIKANISCHE CHRONIK

INNERE GESCHICHTE. Eine literarische Annäherung eigener Art an die politische und gesellschaftliche Wirklichkeit der BRD stellt das erzählerische Werk Martin Walsers dar. Es bietet wie kein anderes eine Art Gesellschaftsgeschichte der Bundesrepublik, eine innere Geschichte, festgemacht am Seelenzustand seiner Protagonisten: Anti-Helden in jedem Fall und Mittelstandsfiguren meist, die an sich und der Welt, an privaten Beziehungen, gesellschaftlichen Zwängen und beruflichen Abhängigkeiten und Misserfolgen leiden und zur Bewältigung dieser Umstände mannigfache Verdrängungsmechanismen aktivieren.

»**HALBZEIT**«. *Halbzeit* ist nach *Ehen in Philippsburg*, einem satirischen Blick hinter die Kulissen einer süddeutschen Stadt, Walsers zweiter Roman: eine Beschreibung der Gesellschaft der Bundesrepublik, gesehen durch das Medium eines unaufhaltsam räsonierenden, alle Winkel seines Seelenlebens preisgebenden Ich-Erzählers, des Vertreters und Werbetexters Anselm Kristlein (35 Jahre, verheiratet, drei Kinder). Zwei weitere Romane – *Das Einhorn* und *Der Sturz* – verfolgen sein Schicksal weiter (*Kristlein-Trilogie*). Der Romantitel *Halbzeit* verweist einerseits auf die Jahrhundertmitte, andererseits spielt Walser auf seine Bedeutung im Sport an, denn – das wird im Roman vielfach

variiert – das Leben ist ein ständiger Kampf; die menschlichen Werte bleiben darin auf der Strecke. Walser erzählt die Geschichte eines an falschen Vorbildern und Ideologien ausgerichteten Opfers der Verhältnisse und seiner eigenen Persönlichkeit zwischen Anpassungswillen und kritischem Bewusstsein, eines Mannes, der zu spät erkennt, dass die Gesellschaft seine Versuche, sich selbst zu verwirklichen, konsequent durchkreuzt.

BESCHÄDIGTE HELDEN. Dem Scheitern Kristleins stellt Walser in *Die Gallistl'sche Krankheit* den Prozess einer (möglichen) Selbstheilung eines Melancholikers gegenüber, der den Weg in die Gesellschaft zurückfindet. Derartige Ausblicke versagen sich allerdings die späteren Romane, deren Helden immer hilfloser erscheinen. Diese Texte gruppieren sich mehrfach wie die *Kristlein-Trilogie* zu ›Serien‹ um jeweils denselben Helden, in deren Leben sich die Alltagsgeschichte der BRD der folgenden Jahrzehnte spiegelt. Dazu zählen der Angestellte Franz Horn, der im Geschäftsleben scheitert und sich, seine Deformationen aufschreibend, mit seinem Schicksal arrangiert (*Jenseits der Liebe*, *Brief an Lord Liszt*), oder der Studienrat Helmut Halm, der an seinen Minderwertigkeitsgefühlen, dem Älterwerden, seiner Schule und Deutschland überhaupt leidet und dessen Hoffnungen auf ein neues, freies Leben sich nicht erfüllen (*Ein fliehendes Pferd*, *Brandung*). Die Galerie der verletzlichen Helden reicht bis hin zu Alfred Dorn, der sich weigert, erwachsen zu werden: Die *Verteidigung der Kindheit* ist die Rekonstruktion der ›wahren‹ Geschichte eines aus Dresden stammenden Mannes, der 1953 in den Westen geht und bis zu seinem Tod 1987 in Wiesbaden einen aus Verlustängsten geborenen fanatischen Kampf um die Bewahrung der Vergangenheit führt: »Wenn man nach zweitausend Jahren den Pergamon-Altar wieder aufbauen konnte, kann man auch seine Kindheit wieder aufbauen!« Und indem Walser gegen das Vergessen anschreibt und seinem Helden auf der Spur bleibt, zeichnet er über dessen privates Schicksal hinaus ein faszinierendes Bild deutsch-deutscher Alltagsgeschichte und Alltagswirklichkeit.

Ingeborg Bachmann, Martin Walser und Heinrich Böll 1955 auf einem Empfang des Senders Freies Berlin anlässlich des Treffens der Gruppe 47.

1972 *Die Gallistl'sche Krankheit.* – In den nächsten Jahrzehnten folgen u. a. die Novelle *Ein fliehendes Pferd* (1978), die Romane *Seelenarbeit* (1979), *Das Schwanenhaus* (1980), *Brief an Lord Liszt* (1982), *Brandung* (1985), *Jagd* (1988), *Die Verteidigung der Kindheit* (1991), *Ohne einander* (1993) und *Finks Krieg* (1996)
1981 *Selbstbewußtsein und Ironie. Frankfurter Poetik-Vorlesungen*
1988 *Über Deutschland reden*
1998 *Ein springender Brunnen* (autobiografischer Roman)
2002 *Tod eines Kritikers*
2004 *Der Augenblick der Liebe*
2006 *Angstblüte*
2008 *Ein liebender Mann*
2010 *Mein Jenseits*
2011 *Muttersohn*

EIN GROSSKRITIKER DER VERGANGENHEIT

Vorbereitet durch die zunehmende Subjektivierung der Literaturkritik seit dem späten 19. Jahrhundert nahmen bei Alfred Kerr Selbstdarstellung und hohe Selbsteinschätzung extreme Formen an. Von Anfang des Jahrhunderts bis 1933 beherrschte er vor allem mit seinen Theaterkritiken die Berliner Szene. In der Nachfolge deutscher Romantiker wie Friedrich Schlegel und Novalis sowie Oscars Wildes sah er Kritik als eigene Kunstform.

> »Was Dichtung zu geben hat, gab meine Dichtung der kritischen Kunst. Fortan ist zu sagen: Dichtung zerfällt in Epik, Lyrik, Dramatik und Kritik.«
> »Der criticus tut sich nicht als Weltenrichter auf. Er haßt, was ihn wurmt. Er liebt, was ihn lockt. Und sagt es. (Er haßt, was ihn wurmt. Er liebt, was ihn lockt. Und sagt es.)«
> »Der wahre Kritiker wird auf einer Handvoll Seiten mehr über einen Kerl sagen, als ein Buch zu geben vermag. Wahre Kritik erstrebt nie Vollständigkeit; sondern Wesentlichkeit. Der Kritiker spricht von einem Stück ... und meint den ganzen Autor. Er spricht von einem Autor ... und meint sein halbes eignes Leben.
> Meine Kritik zeigt, wie man Dichter nimmt, sie wendet, in ihre letzten Fugen fliegt – kurz: wie man etwas, das jemand gebaut hat, von sich her abermals baut.«
> (Aus der Einleitung zu Kerrs *Gesammelten Schriften*, 1917)
>
> »Der Wegfall der Kritik wäre der Wegfall einer hohen Kunstgattung.«
> (Aus: Alfred Kerr, »Hat die Theaterkritik noch Sinn?«, in: *Mannheimer Tageblatt*, 10. September 1932)

LITERATURBETRIEB

AUTOR/AUTORIN UND ÖFFENTLICHKEIT

STATUS. Das im 18. Jahrhundert entwickelte Konzept des ›freien Schriftstellers‹, der sich allein seinem Werk und seiner gesellschaftlichen und literarischen Verantwortung widmet, hat mit der Realität wenig gemein. Nur wenige Autoren oder Autorinnen, ob sie Belletristik oder Sachbücher schreiben oder übersetzen, können vom Ertrag ihrer Arbeit leben; die meisten sind, wenn sie nicht ohnehin einen anderen Hauptberuf haben, auf zusätzliche Einkünfte angewiesen. Eine wichtige Rolle spielen dabei seit der Gründung der BRD die Rundfunkanstalten, die Autoren wie Arno Schmidt buchstäblich das Überleben sicherten. Die organisierte Gegenwehr gegen die »hinter einer rational getarnten Kalkulationsmystik« verschleierte »Ausbeutung« durch eine »Großindustrie« (Heinrich Böll) begann erst 1970 mit der Gründung des Verbands Deutscher Schriftsteller (VDS), der 1973 der IG Druck und Papier beitrat (1985: IG Medien – Druck und Papier, Kunst und Kultur, heute Sektion der Dienstleistungsgewerkschaft ver.di). Zu den Erfolgen der Verbandsarbeit zählen u.a. Veränderungen des Urheberrechts, Tantiemen für Buchentleihungen aus Bibliotheken und die Einrichtung einer Künstlersozialversicherung (1983). Martin Walser 1985 über den Zweck gewerkschaftlicher Organisation notorischer Einzelgänger angesichts der Machtkonzentration auf der anderen Seite: »Die meisten von uns wollen keine Macht, sie wollen sich nur schützen gegen die ökonomischen und damit vitalen Anmaßungen der Macht. Das ist unser Interesse.«

LITERATURKRITIK. Die Literaturkritik vermittelt zwischen Literatur und potenziellem Leser. Sie trägt zur Orientierung in einem angesichts einer jährlichen Produktion von annähernd 80 000 Titeln höchst unübersichtlichen Markt bei, trifft Vorentscheidungen und beeinflusst die Marktchancen eines Buches. Neben die urteilende und wertende Kritik in den Feuilletons großer Zeitungen oder in Literaturzeitschriften tritt immer stärker eine bloß anzeigende, wenn nicht ausgesprochen werbende Form der Literaturbesprechung in den Massenmedien. Dazu kommt eine Tendenz, Rezensionen durch bebilderte ›stories‹ über Autoren und Werke zu ersetzen, Trends zu kreieren oder Literaturkritik als Show zu betreiben und so in die Unter-

Literaturkritik? Spiegel-Titel vom 21. August 1995.

Linke Seite: **Alfred Kerr.** Undatierte Fotografie.

haltungsindustrie zu integrieren (*Das literarische Quartett*). Günter Grass beschreibt die Gefahr so: »Nicht das Buch ist das Ereignis, sondern die Reaktion der Medien darauf.« Literaturkritik hat Folgen für die Autoren, emotionale und ökonomische. Gerade im Fall des literaturkritisch eher fragwürdigen, aber von einem Massenpublikum gern gesehenen *Literarischen Quartetts* waren die positiven oder negativen ökonomischen Auswirkungen für Autoren und Verlage groß. Dass die Autoren dieser Macht der Kritik mit Misstrauen begegnen, kann nicht verwundern. Insbesondere die ›Großkritiker‹ wie Marcel Reich-Ranicki (»Literaturkritik ist immer Polemik«) geraten selbst in die Kritik, zumal wenn sie nicht bereit sind, ihre eigene Position im literarischen Prozess zu reflektieren. Martin Walser, selber häufig Opfer, schreibt über diesen Typus des ›bürgerlichen Kritikers‹: »Dieser Kritiker weiß genau, daß die Selbstherrlichkeit seiner Position in ihm Eitelkeit und Größenwahn produziert. Das bekennt er nur zu gern. Er hat in persönlicher Haltung und als Schreibender einen Stil entwickelt, der ihm ermöglicht, seine Eitelkeit und seinen Größenwahn selber zu genießen.« Diesem Komplex widmete Walser auch seinen satirischen Roman *Tod eines Kritikers* (2002). »Vergessen Sie Reich-Ranicki. Er kommt nicht vor«, heißt es in einer Rezension von Arno Widmann.

Kritik der Kritik: Walter Benjamin

»I. Der Kritiker ist Stratege im Literaturkampf.
II. Wer nicht Partei ergreifen kann, der hat zu schweigen. […]
VI. Kritik ist eine moralische Sache. Wenn Goethe Hölderlin und Kleist, Beethoven und Jean Paul verkannte, so trifft das nicht sein Kunstverständnis, sondern seine Moral.
VII. Für den Kritiker sind seine Kollegen die höhere Instanz. Nicht das Publikum. Erst recht nicht die Nachwelt. […]
IX. Polemik heißt, ein Buch in wenigen seiner Sätze vernichten. Je weniger man es studierte, desto besser. Nur wer vernichten kann, kann kritisieren. […]
XI. Kunstbegeisterung ist dem Kritiker fremd. Das Kunstwerk ist in seiner Hand die blanke Waffe in dem Kampfe der Geister.
XII. Die Kunst des Kritikers in nuce: Schlagworte prägen, ohne die Ideen zu verraten. […]
XIII. Das Publikum muß stets Unrecht erhalten und sich doch immer durch den Kritiker vertreten fühlen.«
(Aus: »Die Technik des Kritikers in dreizehn Thesen«, in: *Einbahnstraße*, 1928)

STOFFE/THEMEN

SCHWEIZ

Der Schweizer Schriftsteller **Robert Walser** wurde erst spät, d. h. seit den sechziger Jahren, wiederentdeckt, der vor dem Ersten Weltkrieg mit drei Romanen – *Geschwister Tanner* (1907), *Der Gehülfe* (1908) und *Jakob von Gunten* (1909) – hervorgetreten war. In ihrem Mittelpunkt stehen Helden, die – obwohl schwach und machtlos – sich der Anpassung an die Welt bürgerlicher Tüchtigkeit und deren Institutionen verweigern. Das geschieht in einer heiteren, das alltägliche Leben verklärenden Atmosphäre, die etwas Traum- und Märchenhaftes hat und durch die gleichwohl die gesellschaftliche Realität durchscheint. Von 1929 an lebte er in Heilanstalten. Seit 1936 besuchte ihn regelmäßig der Kritiker und Schriftsteller Carl Seelig (*Wanderungen mit Robert Walser*, 1957).

FREMD IN DER HEIMAT. Als der Züricher Germanistik-Professor Emil Staiger im Dezember 1966 in einer Rede über *Literatur und Öffentlichkeit* der modernen Literatur pauschal Nihilismus vorwarf und eine Legion von Dichtern am Werke sah, »deren Lebensberuf es ist, im Scheußlichen und Gemeinen zu wühlen«, löste er nicht nur den so genannten ›Zürcher Literaturstreit‹ aus, sondern machte für alle die Kluft sichtbar, die zwischen der wohlgeordneten Schweizer Bürgerlichkeit und ihrem Verständnis von »Sittlichkeit« und den kritischen Intellektuellen bestand. Staigers rhetorische Frage, in welchen Kreisen denn die Dichter verkehrten, die die Welt als Kloake und »Zuhälter, Dirnen und Säufer« als »Repräsentanten der wahren, ungeschminkten Menschheit« darstellten, ließ sich umkehren: Was war das für eine scheinheilige Gesellschaft, die es sich – »mit Vietnam und dem kalten Krieg und viel Geschäft mit dem Krieg und der edlen Fremdarbeitergesinnung und überhaupt viel Hochsinn und gesundem Volksempfinden« – durch ihren Repräsentanten Staiger herausnimmt, als Hüter der ewigen sittlichen Werte aufzutreten? Paul Nizon, von dem diese Entgegnung stammt, schrieb auch: »Zu den Grundbedingungen des Schweizer Künstlers gehört die Enge und was sie bewirkt: die Flucht« (*Diskurs in der Enge*, 1970). Und wenn Reto Hänny in seinem Bericht *Zürich, Anfang September* (1981) nach seiner Verhaftung bei einer Demonstration schreibt, dass er sich in Zürich »oft fremd und fern wie in Grönland« fühle, gibt er dem Gefühl der Fremdheit präzisen Ausdruck. Die Distanz zum eigenen Land ist aber keineswegs nur eine Angelegenheit der Jüngeren; Max Frisch, der übrigens als Erster Staiger widersprach, und Friedrich Dürrenmatt, die dominierenden Figuren der Schweizer Literatur in der zweiten Jahrhunderthälfte, hielten nie mit ihrer Kritik an der Schweiz – ihren Mythen, ihrem Moralverständnis, ihrem Verhältnis zum Dritten Reich – zurück. Noch 1990, kurz vor seinem Tod, nannte Dürrenmatt die Schweiz ein »Gefängnis, wohinein sich die Schweizer geflüchtet haben«, um sich sicher und daher frei zu fühlen.

Otto F. Walter. Undatierte Fotografie.

PETER BICHSEL

Des Schweizers Schweiz (1969, 1989) ist ein Prosaband Bichsels überschrieben. Im Vergleich zu den großen epischen Versuchen oder polemischen Attacken anderer Autoren wirkt Bichsels Verfahren der Gesellschaftskritik allerdings eher minimalistisch, subversiv. Er selbst bezeichnet sich als »Wenigschreiber«; jedenfalls ist seine Stärke die kleine Form: kurze Erzählungen, Zeitungskolumnen. Sein Programm fasste er in den Frankfurter Poetik-Vorlesungen von 1982 zusammen: »Die Geschichte von der Geschichte, die man nicht schreiben kann, ist die Geschichte vom Leben, das man nicht leben kann.« Berühmt wurde Bichsel mit dem kleinen Prosaband *Eigentlich möchte Frau Blum den Milchmann kennenlernen* (1964). Die Prosaminiaturen zeigen Bilder einer erstarrten kleinbürgerlichen Welt und erzählen davon, dass das, worum es geht, nicht stattfindet: Kommunikation, Liebe, Leben. Andere Prosabände wie *Der Busant* (1985) oder *Zur Stadt Paris* (1993) problematisieren das Erzählen selbst und handeln virtuos vom Scheitern des Versuchs, Realität darzustellen, bzw. gegen das scheinbar Unabänderliche zu rebellieren.

LITERATUR. Dieses prekäre Verhältnis zum eigenen Land drückt sich auf vielfältige Weise auch in der Dichtung aus. Das gilt für die politisch und gesellschaftlich engagierte Lyrik des Pfarrers Kurt Marti (u.a. *republikanische gedichte*, 1959), der die Techniken der Konkreten Poesie in den Dienst kritischer Aufklärung stellt, und es gilt für die knappe Prosa Peter Bichsels und vor allem für die breite Romanliteratur: Autoren wie Otto F. Walter, Urs Jaeggi, Adolf Muschg, Hermann Burger, Urs Widmer, Gerald Späth oder Silvio Blatter kommen in ihren Romanen und Erzählungen trotz unterschiedlicher Ausgangspunkte und künstlerischer Verfahrensweisen immer wieder auf das Thema Schweiz zurück. Das kann im Rahmen der psychologischen Aufarbeitung einer Leidensgeschichte geschehen, die über den privaten Fall hinaus Einblicke in die schweizerische Mentalität und Gesellschaft ermöglicht (Muschg, *Albissers Grund*, 1974; Fritz Zorn, *Mars*, 1977), als Auseinandersetzung mit der Studentenrevolte (Jaeggi, *Brandeis*, 1978), als Schreiben gegen Isolation und Tod (Burger, *Schilten*, 1976; *Die Künstliche Mutter*, 1982; *Brenner*, 1989), als kritische Schilderung der Alltags- und Arbeitswelt (Blatter, *Zunehmendes Heimweh*, 1976; *Kein schöner Land*, 1983; *Das sanfte Gesetz*, 1988), als erzählerische Querschnitte durch eine Stadt bzw. als Beschreibung der Ereignisse eines Tages in Einzelgeschichten (Späth, *Commedia*, 1980; *Barbarswila*, 1988) oder als umfassender Familien- und Zeitroman (Walter, *Zeit des Fasans*, 1988).

Reto Hännys Prosatext *Flug* erschien 1985, vier Jahre nach seinem Buch über die Züricher Unruhen im Herbst 1980 (*Zürich. Anfang September*). Anlass war der Kampf um ein autonomes Jugendzentrum: geführt wurde er mit der auf die Schweiz gemünzten Parole »Freiheit für Grönland, schmelzt das Packeis!« Die Perspektive von oben bestimmt dagegen *Flug*, ein Blick, der Vergangenheit und Gegenwart verbindet, »auf der Suche nach Ansätzen für das Hier und Jetzt, das, unwirklich und kalt, wie es sich zeigt und gibt, nur als unwirklich zurückgewiesen verdient«.

AUTOR
THOMAS BERNHARD

Thomas Bernhard im Salzburger Café »Bazar« (um 1963).

Szenenbild aus Bernhards *Heldenplatz* in der Inszenierung Claus Peymanns am Wiener Burgtheater 1988 mit Kirsten Dene (Anna), Wolfgang Gasser (Robert Schuster) und Elisabeth Rath (Olga). Peymann hatte Bernhard mit einem Stück zum 100-jährigen Jubiläum des (neuen) Burgtheaters beauftragt; zugleich erinnert *Heldenplatz* ausdrücklich an den »Anschluss« Österreichs vor 50 Jahren. Die Österreichkritik des Stückes einschließlich der Unterstellung Robert Schusters, dass die Österreicher immer noch Nationalsozialisten und Antisemiten seien, führte zu großer Medien- und Politikererregung.

ANTI-HEIMAT. Die Dominanz der restaurativen Tendenzen in der österreichischen Literatur und der unkritische Umgang mit der eigenen Vergangenheit wurden in den sechziger Jahren gebrochen. Der Tod Heimito von Doderers im Jahr 1966 markiert symbolisch die Zäsur. Seine groß angelegten erzählerischen Entwürfe der österreichischen bzw. Wiener Gesellschaft vor und nach dem Ersten Weltkrieg halten trotz ihrer komplexen Strukturen am Postulat der Erzählbarkeit der Welt fest und suchen die fundamentalen politischen Konflikte in der jüngeren österreichischen Geschichte harmonisierend aufzulösen (*Die Strudlhofstiege*, 1951; *Die Dämonen*, 1956).

Nun tritt neben die ästhetische Opposition – Stichworte »Wiener Gruppe«, »Grazer Gruppe« – auch die Kritik am Umgang mit der Vergangenheit und die Vorspiegelung einer heilen Österreich-Idylle. Es scheint nur konsequent, dass sich in diesem Kontext eine eigenständige Anti-Heimatliteratur herausbildete (Robert Menasse: »Österreich ist die Anti-Heimat par excellence«), die die Verdrängung und das Weiterleben des Nationalsozialismus und faschistischer Denkstrukturen thematisierte und mit den lieb gewordenen Klischees aufräumte. Diese Entwicklung begann mit den ›Anti-Heimatromanen‹ Hans Leberts (*Die Wolfshaut*, 1960) und Gerhard Fritschs (*Fasching*, 1967) und setzte sich u.a. in den Romanen Gert Jonkes (*Geometrischer Heimatroman*, 1969), Franz Innerhofers (*Schöne Tage*, 1974; *Schattenseite*, 1975; *Die großen Wörter*, 1977), Gernot Wolfgrubers (*Auf freiem Fuß*, 1975, *Herrenjahre*, 1976 u.a.) und Josef Winklers (*Das wilde Kärnten*, 1979–82), aber auch den Satiren Helmut Qualtingers fort. Dass das Thema auch heute noch aktuell ist, zeigen etwa die Arbeiten Peter Turrinis und Felix Mitterers für Bühne und Fernsehen. Am deutlichsten artikulierte sich die Österreich-Kritik bei Thomas Bernhard, der die Kontinuität eines nationalsozialistisch-katholischen Sumpfes behauptete.

AUSLÖSCHUNG. Die autobiografischen Hintergründe seiner polemischen, nicht zuletzt durch das Stilmittel der Übertreibung gekennzeichneten Auseinandersetzung mit seiner Umwelt und seiner lustvollen Demontage kultureller, gesellschaftlicher und politischer Lebenslügen macht Bernhards fünfbändige Leidensgeschichte seiner Kindheit und Jugend deutlich. Ihr zentrales Thema ist die Selbstfindung und Selbstbehauptung des Ich

Bernhards Roman *Holzfällen* (1984) löste einen Skandal aus. Der Komponist Gerhard Lampersberg, bei dem Bernhard zeitweise gewohnt hatte, fühlte sich in seiner Ehre beleidigt und klagte; die Polizei konfiszierte das Buch.

gegen eine Welt, deren Institutionen – Eltern, Internat, Kirche, Krankenhaus – allesamt darauf gerichtet sind, gerade diese Entwicklung zu verhindern: »Nur aus Liebe zu meinem Großvater habe ich mich nicht umgebracht.« Die Gestalt des Großvaters, des Schriftstellers Johannes Freumbichler, ist das Vorbild für eine Haltung geistiger Würde und Unabhängigkeit, die Bernhard in Österreich vermisst.

Seine erzählerischen Texte, von *Frost* bis zur Schlussabrechnung in seinem umfangreichsten Prosawerk *Auslöschung. Ein Zerfall*, sind monologische Auseinandersetzungen mit einer als chaotisch empfundenen Welt; Verbrechen, Krankheit, Verfall, Tod im Allgemeinen und die österreichischen Verhältnisse und die deutsch-österreichische Kulturtradition im Besonderen sind die zentralen Themen. Der Titel *Auslöschung* gibt das Stichwort für das Programm seines Protagonisten, des Schriftstellers Murau. Er will Wolfsegg, den ererbten Familienbesitz und als schwarzbraune Provinzhölle die Verkörperung alles Negativen in der österreichischen, ja mitteleuropäischen Geschichte, »auslöschen«, »das Alte auflösen, um es am Ende ganz und gar auslöschen zu können für das Neue«.

BIOGRAFIE

1931 9. Februar: Thomas Bernhard in Heerlen/Niederlande geboren
1943–47 Gymnasium in Salzburg als Internatsschüler, danach 1947 Lehrling in einem Lebensmittelgeschäft; lebensbedrohliche Lungenkrankheit
1952–57 Bernhard studiert am Salzburger Mozarteum Gesang, Regie und Schauspielkunst; gleichzeitig ist er Gerichtsreporter und Kritiker. Danach lebt er als freier Schriftsteller u.a. in Wien und seit 1965 auf einem Gutshof im oberösterreichischen Ohlsdorf
1963 Bernhards erster Roman *Frost* erscheint; es folgen u.a. die Prosatexte *Amras* (1964), *Verstörung* (1967), *Watten* (1969), *Das Kalkwerk* (1970)
1970 Mit *Ein Fest für Boris* beginnt Bernhards erfolgreiches dramatisches Werk: *Der Ignorant und der Wahnsinnige* (1972), *Die Jagdgesellschaft* (1974), *Die Macht der Gewohnheit* (1974), *Der Präsident* (1975), *Die Berühmten* (1976), *Minetti* (1977), *Der Weltverbesserer* (1979), *Vor dem Ruhestand* (1979), *Alte Meister* (1985), *Einfach kompliziert* (1986), *Heldenplatz* (1988) u.a.
1975 Der erste Band seiner Autobiografie erscheint: *Die Ursache*; es folgen *Der Keller* (1976), *Der Atem* (1978), *Die Kälte* (1981) und *Ein Kind* (1982)
1982 *Beton*
1983 *Der Untergeher*
1984 *Holzfällen. Eine Erregung*
1986 *Auslöschung. Ein Zerfall*
1989 12. Februar: Bernhard stirbt in Gmunden (Oberösterreich)

CHRISTA WOLF

1929 18. März: Christa Ihlenberg in Landsberg a. d. W. (heute Gorzów Wielkopolski, Polen) geboren
1945 Umsiedlung der Familie nach Mecklenburg
1949 Abitur in Bad Frankenhausen, nach Eintritt in die SED bis 1953 Studium der Germanistik in Jena und Leipzig
1951 Heirat mit dem Schriftsteller Gerhard Wolf
1953–62 Wissenschaftliche Mitarbeiterin beim Deutschen Schriftstellerverband und Lektorin, zuletzt beim Mitteldeutschen Verlag in Halle
1961 *Moskauer Novelle*, Wolfs erste Erzählung erscheint
1962 Wolf lebt als freie Schriftstellerin in Kleinmachnow bei Berlin, seit 1976 in Berlin
1963 *Der geteilte Himmel*. Der Roman wird 1964 verfilmt (Regie Konrad Wolf). Bis 1967 ist Wolf Kandidatin des Zentralkomitees der SED (Austritt aus der SED 1989)
1968 *Nachdenken über Christa T.*
1976 *Kindheitsmuster*
1979 *Kein Ort. Nirgends*
1980 Georg-Büchner-Preis
1983 *Kassandra. Erzählung, Voraussetzungen einer Erzählung: Kassandra. Frankfurter Poetik-Vorlesungen*
1987 *Störfall. Nachrichten eines Tages*
1989 Die Veröffentlichung ihrer autobiografischen Erzählungen *Sommerstück* und *Was bleibt* (1990) löst eine Diskussion über ihre Rolle in der DDR aus
1990 *Reden im Herbst*
1996 *Medea. Stimmen*
2002 *Leibhaftig*
2003 *Ein Tag im Jahr 1960–2000*

Bernward Vesper und Gudrun Ensslin in den sechziger Jahren auf den Ramblas von Barcelona. Vesper war Mitglied des Sozialistischen Deutschen Studentenbunds (SDS), Anhänger der Außerparlamentarischen Opposition (APO) und Freund Gudrun Ensslins, folgte jedoch nicht ihren Weg in den Untergrund, zur militanten »Rote-Armee-Fraktion« (RAF).

STOFFE/THEMEN

AUTOBIOGRAFISCHES ERZÄHLEN

NEUE SUBJEKTIVITÄT. Nach einer Periode der Politisierung der Literatur, die im Aufbruch von 1968 gipfelte, treten in der westdeutschen Literatur der siebziger Jahre neue Tendenzen in den Vordergrund. Wichtige Bezugspunkte der Literatur sind nun statt der Politik Alltags- und Selbsterfahrung, die eigene Geschichte, Selbstbestimmung. Die Hinwendung zur subjektiven Lebenswirklichkeit äußert sich nicht zuletzt in einer großen Anzahl autobiografischer Texte oder komplexer Verbindungen von Autobiografie und Roman, die vielfach Erfahrungen um 1968 thematisieren und zugleich individuelle Entwicklungen und Fehlentwicklungen nachzeichnen (Nicolas Born, Elisabeth Plessen, Peter Schneider, Bernward Vesper, Peter-Paul Zahl u. a.). Darüber hinaus machen zahlreiche weitere Autoren, darunter auch ältere, in diesen Jahren ihre Lebensgeschichte zum Gegenstand literarischer Reflexionen und Darstellungen (Max Frisch, Peter Härtling, Peter Handke, Ludwig Harig, Wolfgang Koeppen, Hermann Lenz, Peter Rühmkorf, Christa Wolf u. a.).

»ICH BIN EIN KAPUTTER TYP«. Das ist ein Satz Bernward Vespers, dessen 1977 postum erschienener »Romanessay« *Die Reise* Peter Weiss als späten intellektuellen »Höhepunkt des Jahres 68« bezeichnete. In den letzten beiden Jahren seines Lebens, dem er 1971 ein Ende setzte, unternahm der Sohn des NS-Dichters Will Vesper den Versuch, sich durch Schreiben zu befreien und »diese ganze Kloake von 31 Jahren« erinnernd aufzuarbeiten: »Interessant finde ich, was für ein kaputter Typ aus der sogenannten ›heilen‹ Welt meiner Jugend herausgekommen ist.« Die Bedeutung dieser Erinnerungen reicht als Abrechnung mit der bürgerlichen Gesellschaft, als Dokument einer durch autoritär-faschistoide Familienstrukturen, Na-

tionalsozialismus und Restauration geprägten Generation und ihres gescheiterten Befreiungsversuchs von 1968 weit über die private Dimension hinaus. Ursprünglich sollte das Buch *Haß* heißen; später entschied sich Vesper für *Die Reise*, ein Titel, der die drei ineinander montierten Ebenen des Textes bezeichnet: Bericht einer realen Reise von Tübingen nach Dubrovnik, also durch die als faschistisch betrachtete Gegenwart, eine Reise der Erinnerung in die »Kindheitshölle« und Jugendzeit und schließlich Reise als psychodelischer »TRIP«. Drogen erscheinen als Mittel der Befreiung: »Rauschgift. Allein schon diese Bezeichnung, alles verbindet sich damit: Bewußtlosigkeit, Betäubung, Abtöten der Wirklichkeit. Dabei sind wir seit unserer Kindheit betäubt gewesen. Die Droge reißt den Schleier von der Wirklichkeit, weckt uns auf, macht uns lebendig, und macht uns zum ersten Mal unsere Lage bewußt.«

Christa Wolf. Foto von Roger Melis, 1968.

»KINDHEITSMUSTER«. Von ganz anderen Voraussetzungen geht Christa Wolfs Erinnerungsarbeit aus. Hatte sie in ihren ersten Erzähltexten *Der geteilte Himmel* (1963) und *Nachdenken über Christa T.* (1968) das Leben in der DDR und die Suche nach Selbstverwirklichung in der Gesellschaft thematisiert, so wandte sie sich in *Kindheitsmuster* der Vergangenheit zu. Gegenstand der die eigene Identität erforschenden Rückschau ist jetzt die Zeit des Nationalsozialismus, die Kindheit und Jugend der Generation Wolfs entscheidend formte. »Für diejenigen, die in der Zeit des Faschismus aufwuchsen, kann es kein Datum geben, von dem ab sie ihn als ›bewältigt‹ erklären können«, schrieb sie 1974. Diese Annäherung an die Vergangenheit geschieht im Wechselspiel erzählerischer und essayistischer Partien auf drei Ebenen. Dabei bildet eine Reise in die Stadt ihrer Kindheit und Jugend den Rahmen für eine Beschreibung der durch Familie, Schule und BDM geprägten Verhaltensmuster, während die Gegenwart durch die familiären und politischen Begleitumstände während des Schreibprozesses in den Blick gerät: Anlass wiederum zu Reflexionen über eine Kontinuität von Verhaltensweisen aus der Zeit des Faschismus und über den Schreibvorgang selbst, über die Schwierigkeiten, der Tendenz zum Vergessen und Verdrängen entgegenzuarbeiten und die Barrieren der unbewussten Selbstzensur zu durchdringen.

2005 *Mit anderem Blick*. Erzählungen
2006 *Der Worte Adernetz*. Essays und Reden
2010 *Stadt der Engel oder The Overcoat of Dr. Freud*
2011 1. Dezember: Christa Wolf stirbt in Berlin

Aias zerrt Kassandra vom Altar der Athene. Wasserkrug, um 450 v. Chr.

STOFFE/THEMEN

GEGENGESCHICHTEN

GEGEN DEN STRICH. Auf der Berliner Museumsinsel treffen sich am 22. September 1937 vor dem Pergamon-Altar drei sozialistische bzw. kommunistische Gegner des Nationalsozialismus. Sie diskutieren über ihre Pläne – Teilnahme am spanischen Bürgerkrieg, Untergrundarbeit in Deutschland –, aber auch über den Fries am Pergamon-Altar mit seiner Darstellung des Kampfes zwischen Göttern und Giganten. So beginnt Peter Weiss' episches Hauptwerk, der dreibändige Roman *Ästhetik des Widerstands* (1975–81), und es schlägt mit diesem Anfang seine beiden Hauptthemen an: Politik (der Linken) und Kunst. Weiss beschreibt am Handlungsfaden der Entwicklungsgeschichte eines Ich-Erzählers und seiner Suche nach einer politischen und künstlerischen Identität ausführlich und differenziert die widerspruchsvolle Geschichte der Linken sowie die Debatten um eine marxistische Ästhetik seit dem Ende des Ersten Weltkriegs und geht zugleich der politischen Wirkungsmöglichkeit von Kunst nach: »Ästhetik des Widerstands«. Die Diskussion über den Fries des Pergamon-Altars deutet an, was damit gemeint ist. Der hier dargestellte Kampf lässt sich lesen als Bild historischer Raubkriege, aber auch auf die modernen Kriege und Klassenkämpfe beziehen: Kunst repräsentiert zwar die Geschichte der Sieger, hält aber auch – im Sinn der politischen Emanzipation gegen den Strich ausgelegt – die Hoff-

Rechte Seite: **Tuschzeichnung von Günter Grass,** datiert auf den 24. Dezember 1977: »Als ich mit Ute unsern Pisspott kaufte«. Ein anderer Butt ziert den Schutzumschlag des 1977 erschienenen Romans *Der Butt*; auch sonst scheint Grass dem Plattfisch zeichnerisch zugetan.

Segment des Zeus-Altars von Pergamon (180–160 v. Chr.) im Pergamonmuseum auf der Berliner Museumsinsel, auf den sich Peter Weiss in der *Ästhetik des Widerstands* bezieht.

nung auf Befreiung aufrecht. »Die Hoffnungen würden bleiben. Die Utopie würde notwendig sein«, heißt es: Was für die politische Geschichte angesichts schwerer Rückschläge für die Linke gilt, bestätigt sich in der Kunst.

MÄNNERGESCHICHTE – FRAUENGESCHICHTE.

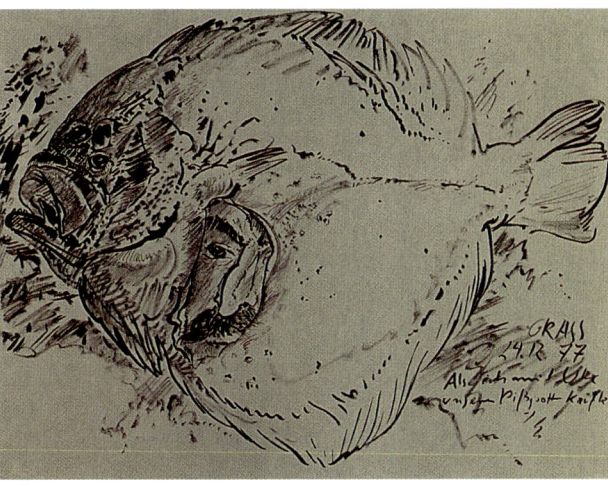

Dass die bisherige Geschichte auch in anderer Weise eine Fehlentwicklung darstellt, machen Werke deutlich, die wie der Roman *Der Butt* (1972) von Günter Grass in Auseinandersetzung mit dem Feminismus entstanden sind bzw. wie Christa Wolfs Erzählung *Kassandra* (1983) aus feministischer Perspektive erzählen. So entwirft Grass im *Butt* gegen die traditionellen Geschlechterrollen eine Art Gegengeschichte seit der Steinzeit, die hervorhebt, was die offizielle Geschichtsschreibung ausspart. Sie macht einerseits der in Selbstzerstörung endenden Männerherrschaft den Prozess, andererseits zeigt sie am Beispiel der fiktiven Biografien von neun Köchinnen und ihrer Beziehungen zu ›bedeutenden‹ Männern wie Martin Opitz oder August Bebel die versäumten Möglichkeiten einer menschlicheren Entwicklung auf. Wie die Geschichte weitergeht, bleibt offen. Neben der Möglichkeit, dass sich die Fehlentwicklung der männlichen Geschichte unter weiblichem Vorzeichen wiederholt, deutet sich die Hoffnung auf ein Drittes an: nicht Rollentausch, sondern Emanzipation beider Geschlechter von ihren Rollen.

Auch Christa Wolf erzählt von der Katastrophe einer von Männern, von männlicher ›Rationalität‹ beherrschten Welt, die notwendig eine Welt der Gewalt, der Unterdrückung und des Krieges ist. Nicht von einem mythischen Krieg ist die Rede, sondern davon, wie durch Lüge, Blindheit, Herrschaftsgläubigkeit und die Pervertierung rationalen und instrumentellen Denkens ein unaufhaltsamer Prozess der Militarisierung einer friedlichen Gesellschaft in Gang gesetzt wird, der schließlich – gegenwartsbezogen – in globaler Zerstörung endet. Sich dieser Fremdbestimmung zu entziehen, ihr »im Ringen um Autonomie« Widerstand zu leisten, erkennt Kassandra im Lauf der Erzählung als ihre Aufgabe, gestärkt auch durch den allmählich gewonnenen Zugang zur verschütteten matriarchalischen Vergangenheit Trojas. Es gilt, wie es Wolf ausdrückt, die bisher unterdrückte weibliche »Kehrseite« der Geschichte zum Vorschein zu bringen und eine neue Ästhetik »weiblichen Schreibens« zu entwickeln, die reflektiert, dass »Frauen aus historischen und biologischen Gründen eine andere Wirklichkeit erleben als Männer«, dass sie, »schreibend und lebend, auf Autonomie aus sind«.

PETER WEISS

1916 8. November: Peter Weiss in Nowawes bei Berlin als Sohn einer jüdischen Familie geboren
1918–34 Weiss wächst in Bremen und Berlin auf
1934 Emigration der Familie nach England, 1936 nach Warnsdorf in Böhmen
1936–38 Besuch der Prager Kunstakademie
1939–59 Weiss folgt seinen Eltern nach Schweden und lebt seit 1940 als Maler in Stockholm. 1947 erscheinen in schwedischer Sprache seine ersten literarischen Texte, daneben entstehen Collagen und Filme
1960 Mit dem »Mikro-Roman« *Der Schatten des Körpers des Kutschers* erscheint sein erstes deutschsprachiges Erzählwerk, gefolgt von den autobiografischen Erzähltexten *Abschied von den Eltern* (1961) und *Fluchtpunkt* (1962)
1964 Durchbruch als Dramatiker mit *Marat/Sade* (*Die Verfolgung und Ermordung Jean Paul Marats dargestellt …*). Weitere Bühnenwerke schließen sich an: *Die Ermittlung* (1965), *Viet Nam Diskurs* (1968), *Gesang vom Lusitanischen Popanz* (1968), *Trotzki im Exil* (1970), *Hölderlin* (1971)
1975–81 *Die Ästhetik des Widerstands*
1982 10. Mai: Weiss stirbt in Stockholm

GATTUNG

FRAUENLITERATUR – LITERATUR VON FRAUEN

Irmtraud Morgner. Fotografie von Roger Melis, 1982.

INGEBORG BACHMANN

1926 25. Juni: Ingeborg Bachmann in Klagenfurt geboren
1950 Promotion über Martin Heidegger. Danach arbeitet sie zunächst für die amerikanische Besatzungsbehörde und den Rundfunk
1953 *Die gestundete Zeit*
1955 Erstsendung des Hörspiels *Die Zikaden* mit der Musik von Hans Werner Henze, für den sie später Opernlibretti schreibt
1956 *Anrufung des großen Bären* (Gedichte)
1958 *Der gute Gott von Manhattan* (Hörspiel)
1958–63 Bachmann lebt, abwechselnd in Zürich und Rom, in einer schwierigen Beziehung mit Max Frisch
1964 Georg-Büchner-Preis
1971 *Malina*
1972 *Simultan*
1973 17. Oktober: Bachmann stirbt bei einem Brand in ihrer Wohnung in Rom

FRAUENBEWEGUNG. In der studentischen Linken, die die 68er-Revolte prägte, war die Emanzipation der Frau kein Thema; man hielt sich ohnehin für »antiautoritär«. Als Reaktion auf diese Haltung entstand in den siebziger Jahren, angeregt durch den Feminismus in den USA und in Frankreich, eine neue Frauenbewegung, die nicht nur die Befreiung der Frau von politischer oder ökonomischer Unterdrückung forderte, sondern sich konsequent von der Welt der Männer abzusetzen und eine spezifisch weibliche Identität zu entwickeln suchte. Ihren literarischen Niederschlag fanden diese Bestrebungen im Zusammenhang mit der ›Neuen Subjektivität‹ nicht zuletzt in stark autobiografisch getönten Werken. In ihnen ging es darum, bisher unterschlagene Lebens- und Gefühlsbereiche sichtbar zu machen und ein eigenes Selbstbewusstsein zu formulieren. Zu den programmatischen Texten dieser Jahre gehören Karin Strucks *Klassenliebe* (1973), Verena Stefans *Häutungen* (1975) oder Elisabeth Plessens *Mitteilung an den Adel* (1976). Auch in der DDR nahmen Autorinnen wie Maxie Wander, Brigitte Reimann und Irmtraud Morgner in den siebziger Jahren Gedanken der Frauenbewegung auf. Phantasievoller Ausdruck einer weiblichen Gegenkultur, einer Utopie weiblicher Selbstverwirklichung im Sozialismus, sind Morgners Romane *Leben und Abenteuer der Trobadora Beatriz* (1974) und *Amanda* (1983).

»TODESARTEN«. Erneute Aufmerksamkeit fand nun auch das erzählerische Werk Ingeborg Bachmanns, obwohl bei ihr von Frauenliteratur im Sinn mancher unvermittelt autobiografischer Texte keine Rede sein kann. Aber diese feministisch aktualisierte Rezeption war insofern naheliegend, als Texte wie die Erzählung *Undine geht* aus dem Band *Das dreißigste Jahr* (1961) und der Roman *Malina* (1971), Teil eines unvollendeten Zyklus mit dem sprechenden Titel *Todesarten*, das Thema der Zerstörung der Frau in einer destruktiven männlichen Welt in den Mittelpunkt stellen. Selbst Literatur ist Teil des patriarchalischen ›Mordsystems‹, das die weibliche Produktivität unterdrückt und es unmöglich macht, durch Schreiben die von einer männlichen Gesellschaft geschlagenen Wunden zu heilen. Bachmann nannte *Malina* eine »geistige Autobiographie«.

MACHTKÄMPFE. Entschieden provozierender ist die Abrechnung mit der Gesellschaft bei Elfriede Jelinek und Marlene Streeruwitz. Jelinek begann in den 1960er Jahren mit experimentellen Texten, formal der »Wiener Gruppe« verpflichtet. Doch mit zunehmend gesellschaftsbezogenen Romanen, Hörspielen und Theaterstücken artikulierten sich die emanzipatorischen Tendenzen ihres Schreibens immer stärker. Zentrale Themen sind zunächst immer wieder die Situation der Frau als Objekt in der von den Männern dominierten Klassengesellschaft. Beispiele sind u. a. die Romane *Die Liebhaberinnen* (1975), *Die Klavierspielerin*, *Lust* und *Gier* oder die Stücke *Was geschah, nachdem Nora ihren Mann verlassen hatte* (1977) und *Krankheit oder Moderne Frauen* (1987). Wie die deformierenden ›privaten‹ Unterdrückungsverhältnisse ihre Entsprechungen in der Gesellschaft finden, wird in den späteren Stücken immer deutlicher. Dabei gilt ihre Kritik, vehement und zugleich mit den Mitteln der Satire, Parodie und Collage »seziererisch distanziert« (Jelinek), ihrer Heimat Österreich, einem Land der Lebenslügen und der Toten.

Mit den Bühnentexten seit *Wolken. Heim* (1988) verlässt Jelinek zunehmend die herkömmliche Dramaturgie. Sie schreibt großflächige Texte, oft monologische Wortkompositionen von großer Musikalität ohne spezifische Handlung. Dabei evozieren Stücke wie *In den Alpen* und *Das Werk* (2002) eine unrettbare Welt, »gebaut auf Größenwahn, Ehrgeiz und Ausschluß von solchen, die ›nicht dazugehören‹« (Jelinek). Die Wut auf die von den Menschen selbst geschaffenen Verhältnisse und verursachten Katastrophen steht als treibende Kraft auch hinter ihren weiteren Bühnentexte bis hin zu *Kein Licht* (2011).

Marlene Streeruwitz verfolgt in ihren Stücken eine Strategie der konsequenten Desillusionierung. Das Streben nach Macht und Geld zerbricht die Illusionen von Liebe, Gemeinsamkeit, Kommunikation, Solidarität, Glück – und zeigt eine Gesellschaft, in der unabhängig auch vom Geschlecht jeder Opfer und Täter sein kann bzw. ist (z. B. *Waikiki-Beach*, 1992; *New York. New York*, 1993). Zunehmend tritt jedoch das Romanschaffen in den Vordergrund, zunächst mit spezifisch ›weiblichen‹ Themen, desillusionierend oder auch als Prozess der Selbstfindung und Selbsterkenntnis (*Lisa's Liebe*, 1997; *Verführungen*, 1996; *Nachwelt*, 1999; *Jessica, 30*, 2004). Danach dienen aktuelle Themen wie Terrorismus, Bankenkrise und Security-Industrie als Ausgangspunkt scharfsichtiger Analysen gesellschaftlicher und privater Verhältnisse (*Entfernung*, 2006; *Kreuzungen*, 2008; *Die Schmerzmacherin* 2011).

ELFRIEDE JELINEK

1946 8. März Elfriede Jelinek in Mürzzuschlag (Steiermark) geboren
1964 Studium der Theaterwissenschaft und Kunstgeschichte an der Wiener Universität und Orgel und Musik am Konservatorium (1971 Orgelprüfung)
1970 *wir sind lockvögel baby!*, ›Poproman‹
1983 *Die Klavierspielerin*
1989 *Lust*; mit *Gier* (2000) und *Neid* (2007–08 als Online-Text) folgen weitere ›Todsünden‹-Romane
1995 *Die Kinder der Toten*, Roman
1998 *Ein Sportstück*
2004 Nobelpreis für Literatur (»für den musikalischen Fluss von Stimmen und Gegenstimmen …«)
2005 *Babel*
2011 *Winterreise*, *Kein Licht*

Szene aus dem Film *Die Klavierspielerin* (2001; Regie Michael Haneke) nach dem gleichnamigen Roman von Elfriede Jelinek mit Isabelle Huppert als Erika Kohut, Klavierlehrerin am Konservatorium. Ihr Vater ist im Irrenhaus verstorben. Sie lebt zusammen mit ihrer Mutter (»Inquisitor und Erschießungskommando in einer Person«) und ist unfähig, ihre Identität als Frau zu finden. Ihre Zwiespältigkeit zeigt sich auch in ihrer Beziehung zu dem Klavierschüler Klemmer (Bild).

PETER HANDKE

1942 6. Dezember: Peter Handke in Griffen (Kärnten) geboren
1961 Nach dem Abitur Jurastudium in Graz; Beziehungen zur »Grazer Gruppe« um das Forum Stadtpark
1965 Abbruch des Studiums; seitdem lebt Handke als freier Schriftsteller, seit 1991 in Chaville bei Paris
1966 *Publikumsbeschimpfung*
1968 *Kaspar*. – Nach diesem Drama steht die Prosa im Mittelpunkt seines Schaffens: *Die Angst des Tormanns beim Elfmeter* (1970), *Der kurze Brief zum langen Abschied* (1972), *Wunschloses Unglück* (1972), *Die Stunde der wahren Empfindung* (1975), *Die linkshändige Frau* (1976)
1973 Georg-Büchner-Preis
1979–81 Die Tetralogie *Langsame Heimkehr* mit den Teilen *Langsame Heimkehr* (1979), *Die Lehre der Sainte-Victoire* (1980), *Kindergeschichte* (1981) und dem »dramatischen Gedicht« *Über die Dörfer* (1981) erscheint
1983 *Der Chinese des Schmerzes*; es folgen u. a. *Die Wiederholung* (1986), *Versuch über die Müdigkeit* (1989), *Versuch über die Jukebox* (1990), *Versuch über den geglückten Tag* (1991)
1994 *Mein Jahr in der Niemandsbucht*
1997 *In einer dunklen Nacht ging ich aus meinem stillen Haus*
2002 *Der Bildverlust oder Durch die Sierra de Gredos*
2003 *Untertagblues. Ein Stationendrama*
2004 *Don Juan (erzählt von ihm selbst)*
2008 *Die morawische Nacht*
2010 *Immer noch Sturm*
2011 *Der Große Fall*

Szenenbild aus *Ithaka. Schauspiel nach den Heimkehr-Gesängen der Odyssee* von Botho Strauß mit Bruno Ganz (Odysseus) und Gisela Stein (Penelope) 1996 an den Kammerspielen München (Inszenierung Dieter Dorn, Bühnenbild und Kostüme Jürgen Rose).

STOFFE/THEMEN

WIEDERGEWINNUNG DES VERLORENEN

GEGENENTWÜRFE. Seit den achtziger Jahren beschäftigt sich die Kritik äußerst kontrovers mit den Texten von zwei Autoren, die einer durch Entfremdung gekennzeichneten Gegenwart nicht die Hoffnung einer Veränderung der Wirklichkeit, sondern die Forderung einer neuen Dichtung entgegenstellen: Peter Handke und Botho Strauß. Bei aller Verschiedenheit im Einzelnen wird dabei ein Programm sichtbar, das zum Bruch mit der heillosen Gegenwart auffordert und ihr eine emphatische Dichtung der »Schönheit« und heilen Lebensverhältnisse entgegenstellt.

RÜCKKEHR ZUM MYTHOS. Botho Strauß gelingen in Stücken wie *Die Hypochonder* (UA 1972), *Trilogie des Wiedersehens* (1976) oder *Groß und klein* (1978) eindrucksvolle Darstellungen der Entfremdung, der (durchaus auch wortreichen) Beziehungslosigkeit, der Kommunikationsunfähigkeit in der bürgerlichen Gesellschaft. Dabei bezieht er seine Diagnosen häufig auf literarisch-mythologische Grundmuster, um den Verlust bzw. das Verlorene zu akzentuieren oder ins Bewusstsein zu heben. So werden im 1984

uraufgeführten Schauspiel *Der Park* die Shakespeareschen *Sommernachtstraum*-Geister in die schnöde Gegenwart versetzt, um der mythen- und geschichtslosen modernen Welt die Ahnung einer neuen Transzendenz zu vermitteln und die Möglichkeit der Wiedergewinnung des Mythos anzudeuten. In diesem Sinn beschwören auch seine erzählenden und essayistischen Prosatexte die Kraft elementarer Erfahrungen wie Eros und Tod gegenüber der Oberflächlichkeit der westlichen »Fick- und Ex-Gesellschaft« und rufen nach einem Dichter mit der »Begabung, mit *seiner* Zeit zu brechen« (*Paare, Passanten*, 1981).

REINES SEIN. Peter Handke löste sich mit der Erzählung *Der kurze Brief zum langen Abschied* von der sprachkritischen Thematik seiner frühen Stücke und Prosa und leitete eine Wende zu einem Erzählen ein, das das Verhältnis von Ich und Welt und den Entwicklungs- und Selbstfindungsprozess des Individuums thematisiert. Mit der Tetralogie *Lange Heimkehr*, *Die Lehre der Sainte-Victoire*, *Kindergeschichte* und *Über die Dörfer* erhalten diese Selbstfindungsgeschichten eine neue Qualität, die vor allem durch den betont hohen Stil und die Tendenz zu mythisierender Darstellung bestimmt wird. Geht es in den anderen Teilen der Tetralogie um das »Bedürfnis nach Heil«, so verbindet *Die Lehre der Sainte-Victoire* Reiseerzählung und eine von Paul Cézanne und seiner »réalisation« inspirierte Poetik. Sie kreist um die Entwicklung einer neuen Wahrnehmung, um die Verwirklichung »des reinen, schuldlosen Irdischen: des Apfels, des Felsens, eines menschlichen Gesichts«. Handke sieht Cézannes »Verwirklichungen« als »Verwandlung und Bergung der Dinge in Gefahr«; ihnen gilt es in der Dichtung in einer »entstofflichten und doch materiellen Sprache« zu entsprechen. »Ich bin«, so formuliert er es 1979, »mich bemühend um die Formen für meine Wahrheit, auf Schönheit aus, auf Erschütterung durch Schönheit; ja, auf Klassisches, Universales, das, nach der Praxis-Lehre der großen Maler, erst in der steten Natur-Betrachtung und -Versenkung Form gewinnt«.

Peter Handke 1999 in Serbien. Handkes (proserbische) Stellungnahmen zum Zerfall Jugoslawiens und zum Kosovo-Krieg lösten heftige Kontroversen aus. In Buchform erschienen *Eine winterliche Reise zu den Flüssen Donau, Save, Morawa und Drina oder Gerechtigkeit für Serbien* (1996), *Sommerlicher Nachtrag zu einer winterlichen Reise* (1996), *Unter Tränen fragend. Nachträgliche Aufzeichnungen von zwei Jugoslawien-Durchquerungen im Krieg, März und April 1999* (2000), *Rund um das Große Tribunal* (2003) und *Die Tablas von Daimiel. Ein Umwegzeugenbericht zum Prozeß gegen Slobodan Milošević* (2006).

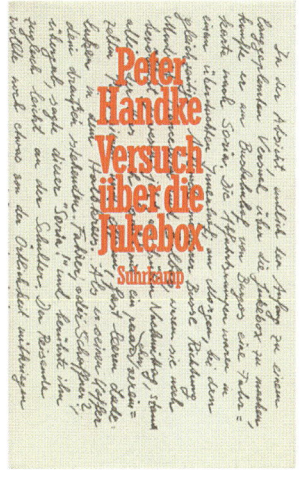

VOLKER BRAUN

Das Eigentum

Da bin ich noch: mein Land
    geht in den Westen.
KRIEG DEN HÜTTEN FRIEDE
    DEN PALÄSTEN.
Ich selber habe ihm den
    Tritt versetzt.
Es wirft sich weg und seine
    magre Zierde.
Dem Winter folgt der
    Sommer der Begierde.
Und ich kann *bleiben wo
    der Pfeffer wächst.*
Und unverständlich wird
    mein ganzer Text
Was ich niemals besaß wird
    mir entrissen.
Was ich nicht lebte, werd
    ich ewig missen.
Die Hoffnung lag im Weg
    wie eine Falle.
Mein Eigentum, jetzt habt
    ihrs auf der Kralle.
Wann sag ich wieder *mein*
    und meine alle.

(*Lustgarten Preußen*, 1996)

Das Gedicht Volker Brauns, ohne Titel zuerst im August 1990 im *Neuen Deutschland* erschienen, reflektiert das Ende der DDR, exemplifiziert am Volkseigentum, das nie Eigentum des Volkes war. Ein Verlust ist zu beklagen, aber das »Ich« war selbst am Zusammenbruch beteiligt.

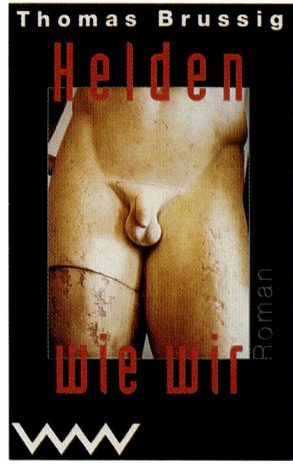

STOFFE/THEMEN

DIE WENDE

MAUERFALL. »Komm zu dir Gedicht, Berlins Mauer ist offen jetzt«, kommentierte der aus Dresden stammende Lyriker Durs Grünbein die überraschenden Ereignisse in dem Gedicht *12/11/89* in dem Band *Schädelbasislektion* (1991). War Wiedervereinigung zuvor kein aktuelles Thema gewesen, so stellte sich nun auch den Schriftstellern im Osten wie im Westen die Frage, wie es weitergehen sollte. Gegen einen »Ausverkauf unserer materiellen und moralischen Werte« wandten sich die durchaus regimekritischen DDR-Schriftsteller Volker Braun, Stefan Heym und Christa Wolf in einem in der FAZ vom 30. November 1989 veröffentlichten Aufruf, der sich aber angesichts der fortdauernden massenhaften Absetzbewegung in den Westen und des desolaten Zustands der DDR als illusionär erwies. Dass dann in den westdeutschen Feuilletons in grober Weise abgerechnet wurde – mit Christa Wolf, mit echten und vermeintlichen Stasispitzeln, mit der gesamten ›linken‹ westdeutschen Nachkriegsliteratur –, gehört zu den wenig erfreulichen Folgeerscheinungen der Wende.

LITERATUR. Schon bevor die DDR endgültig von der ›Geschichte bestraft‹ wurde, hatten die dort verbliebenen Autoren die sich verschärfenden Widersprüche in der sozialistischen Gesellschaft thematisiert (Volker Braun, Heiner Müller u.a.) oder im Spiegel des Mythos ihr Zerbrechen diagnostiziert (Christoph Hein, *Die Ritter der Tafelrunde*, 1989). Während die Kritik immer wieder den großen ›Wenderoman‹ anmahnte, setzten sich Autoren der ehemaligen DDR mit ihrer Vergangenheit und diesem Staat auseinander. Beispiele sind Monika Maron (*Stille Zeile sechs*, 1991) oder Wolfgang Hilbig (*»Ich«*, 1993). Hilbig war es auch, der in dem Roman *Das Provisorium* (2000) die Geschichte einer schwierigen Übersiedlung eines DDR-Bürgers in die BRD im Jahr 1985 erzählte und damit gleichsam die Probleme der Wiedervereinigung vorwegnahm. Auf der anderen Seite beschrieb Ingo Schulze in den gar nicht simplen *Simple storys* (1998), einem »Roman aus der ostdeutschen Provinz«, die Desorientierung der Menschen nach der Wende.

›WENDEROMANE‹. Und an ›Wenderomanen‹ sollte es dann doch nicht fehlen. 1995 erschienen zwei höchst gegensätzliche Romane zu diesem Thema, aus dem ehemaligen Osten Thomas Brussigs *Helden wie wir*, aus dem Westen *Ein weites Feld* von Günter Grass. Unterlief Brussig die feierliche Einheitsrhetorik durch seine satirische und grotesk-komische Geschichtsversion – die Mauer fällt durch den Phallus seines sexuell eher perversen Romanhelden Klaus Uhltzscht –, so sorgte Grass für Diskussionsstoff durch seine vehemente Kritik an der Art der Wiedervereinigung. Das geschieht im Rahmen eines Romans, der die deutsche Geschichte im 19. und 20. Jahrhundert umfasst,

wobei sich Vergangenheit und Gegenwart in den Erinnerungen und Unterhaltungen der beiden Protagonisten Theo Wuttke, genannt Fonty, und Hoftaller, einem Geheimdienstmann, wechselseitig spiegeln. Die historische Dimension ergibt sich dadurch, dass die beiden Figuren zwei Vorgängern nachleben: Fontane und dem seit Metternich jedem Regime dienenden Agenten Tallhover, eine Erfindung des Romanciers Hans Joachim Schädlich (*Tallhover*, 1986). So ist das Buch zugleich ein Fontane-Roman und Musterbeispiel manieristischer Intertextualität, wobei Fontanes Leben und Werk als Folie dient, vor der sich die neue und ebenso falsche Gründerzeit abhebt.

Die Veränderungen in der Sowjetunion und im gesamten Ostblock führten im Sommer und Herbst 1989 zu immer größeren Demonstrationen gegen die Verhältnisse in der DDR. Die regelmäßigen Leipziger Montagsdemonstrationen wuchsen kontinuierlich an und griffen auf andere Städte über. Hier ein Bild einer Leipziger Montagsdemonstration im Oktober 1989. Ausgangspunkt dieser Demonstrationen war die Nikolaikirche. *Nikolaikirche* ist auch der Titel eines 1995 erschienenen Romans von Erich Loest, der in einer Verbindung von politischer und privater Geschichte auf diesen Wendepunkt der deutschen Geschichte im Oktober 1989 hinführt.

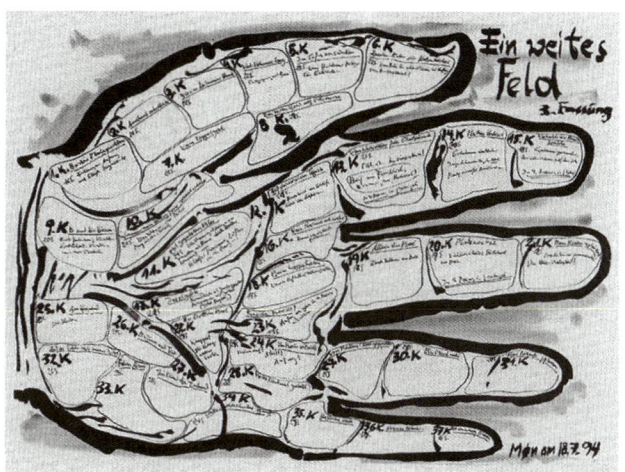

Werkplan von 1994 für den Roman *Ein weites Feld* von Günter Grass, der nach seinem Erscheinen 1995 eine maßlose, vielfach politisch motivierte Polemik auslöste.

GEGENBUCHMESSE

Im Zusammenhang mit den Krisenerscheinungen in der BRD – Besuch des Schahs von Persien in Berlin und Tötung des Studenten Benno Ohnesorg durch einen Polizisten im Juni 1967, Attentat auf den Studentenführer Rudi Dutschke (Ostern 1968), Demonstrationen gegen den Springer-Konzern u. a. – kam es auf den Buchmessen 1967 und 1968 zu Protestaktionen auch auf der Buchmesse, Polizeieinsätze inklusive (»Polizeimesse«). Kritische linke Öffentlichkeit und kapitalistische Interessen kollidierten. 1968 organisierten SDS und APO eine spontane Gegenbuchmesse im Frankfurter Studentenhaus; an dem Boykott der »bürgerlichen Geschäftemacher« nahmen rund 70 Kleinverlage teil. Dabei blieb es zunächst, bis 1977–84 die »Arbeitsgemeinschaft alternativer Verlage und Autoren« eine (auch billigere) Alternative zur offiziellen Buchmesse anbot: »Wir wollen aufmerksam machen auf die literarische Produktion, die sich außerhalb des kommerziellen Verlagswesens abspielt und die sich noch verlegerische Experimente leistet.« Die Veranstaltungen fanden an wechselnden Standorten in Frankfurt a. M. oder Umgebung statt. Eine Reihe von Verlagen war auf beiden Messen vertreten. 1979 schrieb der Kritiker Fritz J. Raddatz in der ZEIT: »Das ist schon eine sympathische Alternative – nix Aktenkoffer, nix Mercedes, nix Rudi Carrell. Dafür ein Hauch Literatur.«

LITERATURBETRIEB

VERLAGSWESEN

BUCHMARKT. Das Medium Buch muss sich heute in einem vielfältiger gewordenen Medienmarkt behaupten. Untersuchungen zeigen, dass sich trotz stetiger Steigerung der Buchproduktion die Zeit, die zum Lesen aufgewendet wird, zugunsten der audiovisuellen Medien stark verringert hat. Wie überall in der Wirtschaft nimmt auch im Verlagswesen die Konzentration zu; 1998 produzierten 17 von insgesamt mehr als 3500 Verlagen rund 80 % der Titel. Gleichwohl herrscht eine auffallende Vielfalt: Das Spektrum reicht vom Ein- oder Zwei-Personen-Verlag über ›mittelständische‹ Unternehmen wie Suhrkamp, C. H. Beck oder Reclam bis zu den großen Konzernen (Bertelsmann, Holtzbrinck), die unter ihrem Dach viele der ehemals selbständigen bedeutenden deutschen Verlage versammeln (Rowohlt, S. Fischer u. a.). Die wachsende Konzentration, der damit einhergehende größere Kapitaleinsatz und die Renditeerwartungen der Kapitalgeber steigern den Druck, Bestseller zu produzieren und mit allen

Stillleben für den Bibliophilen. Farbradierung von Friedrich Meckseper, 1977.

Mitteln auf dem Markt durchzusetzen. Aber wenn auch Literaturverlage wie S. Fischer, Rowohlt, Suhrkamp oder Hanser im Mittelpunkt des öffentlichen Interesses stehen: Die Belletristik macht kaum 15 % der Buchproduktion aus, während Sach-, Fach- und Schulbücher für die größten Umsätze sorgen.

TASCHENBUCH. Die wichtigste Neuerung auf dem deutschen Buchmarkt nach dem Zweiten Weltkrieg war die Einführung des Taschenbuchs nach amerikanischem Vorbild, wenn es auch in Deutschland – etwa mit Reclams Universal-Bibliothek – durchaus Vorläufer gab. Als Ernst Rowohlt 1950 die Taschenbuchreihe *rowohlts rotations romane* gründete, stieß er zunächst auf die Opposition bildungsbürgerlicher Kritiker und Buchhändler, die einen Kulturverfall fürchteten. Der Erfolg gab jedoch Rowohlt Recht; der Demokratisierung des Buchmarkts schlossen sich andere Verlage an. 1952 erschienen die ersten Bände der *Fischer Bücherei*; es folgten u. a. Ullstein, Herder, Goldmann und 1961 der Deutsche Taschenbuch Verlag. Nur Peter Suhrkamp konnte sich nicht mit der Idee des Taschenbuchs befreunden; dafür gelang seinem Nachfolger Siegfried Unseld mit der *edition suhrkamp* (1963) ein spektakulärer Einstieg. Später ließ er die Reihen *suhrkamp taschenbuch* und *suhrkamp taschenbuch wissenschaft* folgen. Diese der modernen Literatur und neuen theoretischen Ansätzen gewidmeten Reihen hatten maßgeblichen Einfluss auf das intellektuelle Klima der BRD.

BUCHMESSE. Seit der Mitte des 18. Jahrhunderts war Leipzig die Buchmetropole Deutschlands. Nach dem Zweiten Weltkrieg und der Teilung des Landes kam es zu einer Neugründung der Frankfurter Buchmesse. Zur ersten Buchmesse 1949 kamen 205 deutsche Verlage; inzwischen ist die Veranstaltung ins Gigantische angewachsen und schließt seit 1993 auch die neuen elektronischen Medien ein. In den neunziger Jahren wurden Rekordzahlen gemeldet (z. B. 1994: 8628 Aussteller, über 320 000 Titel, 300 000 Besucher). Themen- und Länderschwerpunkte (z. B. 1995 Österreich, 1998 Schweiz, 2003 Russland, 2004 Gastregion Arabische Liga) sorgen neben der alljährlichen Verleihung des Friedenspreises des Deutschen Buchhandels (2004 an Péter Esterházy) für zusätzliche Anziehungskraft. Hatte die Messe ursprünglich die Funktion einer Verkaufsmesse, so dient sie heute vor allem der Kommunikation zwischen den am Buchhandel beteiligten Gruppen und immer mehr auch bloßer Werbung oder der Vermarktung von Produkten so genannter Prominenter.

Siegfried Unseld. Leiter des Suhrkamp Verlags, auf der Frankfurter Buchmesse 1968 (»Polizeimesse«).

ZAHLEN ZUR BUCH-PRODUKTION 2010

Gesamtzahl der Verlage, die im Börsenverein organisiert sind: 1836

Buchproduktion: 95 838 Titel, davon 84 351 Erstauflagen, 11 487 Neuauflagen

Anteil der Belletristik: 17,2 %

Taschenbuch-Erstauflagen: 9427, also 11,2 % der Gesamttitelzahl; Anteil der Belletristik bei den Taschenbuch-Erstauflagen: 47,4 %.

Farblithographie, um 1900.

LITERATURHINWEISE

Handbücher zur Literatur und zu verwandten Bereichen

Allgemeines

Deutsche Dichter. Leben und Werk deutschsprachiger Autoren. Hrsg. von Gunter E. Grimm und Frank Rainer Max. 8 Bde. Stuttgart 1988–90.
Fischer Lexikon Literatur. Hrsg. von Ulfert Ricklefs. 3 Bde. Frankfurt a. M. 1996.
Handbuch Literaturwissenschaft. Gegenstände – Konzepte – Institutionen. Hrsg. von Thomas Anz. 3 Bde. Stuttgart/Weimar 2007.
Historisches Wörterbuch der Rhetorik. Hrsg. von Gert Ueding. 9 Bde. Tübingen 1992–2009.
Kindlers Neues Literaturlexikon. Hrsg. von Walter Jens. 20 Bde. und 2 Supp.-Bde. München 1988–92; 3., völlig neubearb. Aufl., hrsg. von Heinz Ludwig Arnold, 18 Bde., Registerbd. Stuttgart/Weimar 2009.
Kosch, Wilhelm: Deutsches Literatur-Lexikon. Biographisch-bibliographisches Handbuch. Dritte, völlig neu bearb. Aufl. hrsg. von Bruno Berger und Heinz Rupp [u. a.]. Bern/München 1968 ff.
Lexikon Literaturwissenschaft. Hundert Grundbegriffe. Hrsg. von Gerhard Lauer und Christine Ruhrberg. Stuttgart 2011.
Literaturlexikon. Autoren und Werke deutscher Sprache. Hrsg. von Walther Killy. 15 Bde. Gütersloh/München 1988–93. Neubearb. u. d. T.: Killy Literaturlexikon. Autoren und Werke des deutschsprachigen Kulturraumes. Hrsg. von Wilhelm Kühlmann [u. a.]. 12 Bde. Berlin / New York 2008–11.
Literaturwissenschaftliches Lexikon. Grundbegriffe der Germanistik. Hrsg. von Horst Brunner und Rainer Moritz. Berlin ²2007.
Meid, Volker: Sachwörterbuch zur deutschen Literatur. Durchges. und verb. Ausg. Stuttgart 2001.
– Reclams Lexikon der deutschsprachigen Autoren. Stuttgart ²2006.
Metzler Autoren Lexikon. Deutschsprachige Dichter und Schriftsteller vom Mittelalter bis zur Gegenwart. Hrsg. von Bernd Lutz und Benedikt Jeßing. Stuttgart/Weimar ⁴2010.
Metzler Autorinnen Lexikon. Hrsg. von Ute Hechtfischer [u. a.]. Stuttgart/Weimar 1998.
Metzler Lexikon Literatur- und Kulturtheorie. Hrsg. von Ansgar Nünning. 4. aktual. und erw. Aufl. Stuttgart/Weimar 2008.
Metzler Literaturlexikon. Begriffe und Definitionen. Begr. von Günther und Irmgard Schweikle. 3., völlig neu bearb. Aufl. hrsg. von Dieter Burdorf [u. a.]. Stuttgart/Weimar 2007.
Neues Handbuch der Literaturwissenschaft. Hrsg. von Klaus v. See. 25 Bde. Wiesbaden 1972–90.
Reallexikon der deutschen Literaturwissenschaft. Neubearbeitung des Reallexikons der deutschen Literaturgeschichte. Hrsg. von Klaus Weimar [u. a.]. 3 Bde. Berlin / New York 1997–2003.
Reclams Sachlexikon des Buches. Hrsg. von Ursula Rautenberg. Stuttgart 2003.
Sachlexikon Literatur. Hrsg. von Volker Meid. München 2000.
Wilpert, Gero von: Sachwörterbuch der Literatur. Stuttgart ⁸2001.

Zu einzelnen Zeiträumen

Das Mittelalter in Daten. Literatur, Kunst, Geschichte 750–1520. Hrsg. von Joachim Heinzle. Stuttgart 2002.
Die deutsche Literatur des Mittelalters. Verfasserlexikon. 2., völlig neu bearb. Aufl. hrsg. von Kurt Ruh [u. a.]. 14 Bde. Berlin / New York 1978–2008.

Lexikon des Mittelalters. 10 Bde. München [Bd. 10: Stuttgart/Weimar] 1980–99.
Emblemata. Handbuch zur Sinnbildkunst des 16. und 17. Jahrhunderts. Hrsg. von Arthur Henkel und Albrecht Schöne. Erg. Neuausg. Stuttgart 1990.
Deutscher Humanismus 1480–1520. Verfasserlexikon. Hrsg. von Franz Josef Worstbrock. Berlin / New York 2005 ff.
Deutsche Dichter der frühen Neuzeit (1450–1600). Ihr Leben und Werk. Hrsg. von Stephan Füssel. Berlin 1993.
Deutsche Dichter des 17. Jahrhunderts. Ihr Leben und Werk. Hrsg. von Harald Steinhagen und Benno v. Wiese. Berlin 1984.
Handbuch österreichischer Autorinnen und Autoren jüdischer Herkunft 18. bis 20. Jahrhundert. Hrsg. von der Österreichischen Nationalbibliothek. Redaktion Susanne Blumesberger. 3 Bde., München 2002.
Metzler Lexikon der deutsch-jüdischen Literatur. Jüdische Autorinnen und Autoren deutscher Sprache von der Aufklärung bis zur Gegenwart. Hrsg. von Andreas B. Kilcher. Stuttgart/Weimar 2000.
Lexikon deutschsprachiger Schriftstellerinnen 1800–1945. Hrsg. von Gisela Brinker-Gabler [u. a.]. München 1986.
Friedrichs, Elisabeth: Die deutschsprachigen Schriftstellerinnen des 18. und 19. Jahrhunderts. Ein Lexikon. Stuttgart 1981.
Moderne Literatur in Grundbegriffen. Hrsg. von Dieter Borchmeyer und Viktor Žmegač. Tübingen ²1994.
Autorenlexikon deutschsprachiger Literatur des 20. Jahrhunderts. Hrsg. von Manfred Brauneck unter Mitarb. von Wolfgang Beck. Überarb. und erw. Neuausg. Reinbek 1995.
Deutsche Dichter des 20. Jahrhunderts. Hrsg. von Hartmut Steinecke. Berlin 1994.
Hillesheim, Jürgen / Michael, Elisabeth: Lexikon nationalsozialistischer Dichter. Biographien – Analysen – Bibliographien. Würzburg 1993.
Sarkowicz, Hans / Mentzer, Alf: Literatur in Nazi-Deutschland. Ein biografisches Lexikon. Erw. Neuausg. Hamburg/Wien 2002.
Wall, Renate: Lexikon deutschsprachiger Schriftstellerinnen im Exil 1933–1945. 2 Bde. Freiburg i. Br. 1995.
KLG. Kritisches Lexikon zur deutschsprachigen Gegenwartsliteratur. Hrsg. von Heinz Ludwig Arnold. München 1978 ff. [Loseblattsammlung.]
Lexikon der deutschsprachigen Gegenwartsliteratur seit 1945. Begr. von Hermann Kunisch, neu hrsg. von Thomas Kraft. München 2003.

Literaturgeschichte

Gesamtdarstellungen

Deutsche Literaturgeschichte. Von den Anfängen bis zur Gegenwart. Von Wolfgang Beutin [u. a.]. Stuttgart/Weimar ⁷2008.
Deutsche Literatur. Eine Sozialgeschichte. Hrsg. von Horst Albert Glaser. 10 Bde. Reinbek 1980–97.
Deutsche Literatur von Frauen. Hrsg. von Gisela Brinker-Gabler. 2 Bde. München 1988.
Frauen Literatur Geschichte. Schreibende Frauen vom Mittelalter bis zur Gegenwart. Hrsg. von Hiltrud Gnüg und Renate Möhrmann. Stuttgart ²1998.
Geschichte der deutschen Kinder- und Jugendliteratur. Hrsg. von Rainer Wild. Stuttgart/Weimar ³2008.
Geschichte der deutschen Literatur von den Anfängen bis zur Gegenwart. Begründet von Helmut de Boor und Richard Newald. 12 Bde. München 1949 ff. [Neubearbeitungen]
Geschichte der Literatur in Österreich. Von den Anfängen bis zur Gegenwart. Hrsg. von Herbert Zeman. 7 Bde. Graz 1994 ff.
Jochum, Uwe: Kleine Bibliotheksgeschichte. Stuttgart ²1999.
Meid, Volker: Metzler Literatur Chronik. Werke deutschsprachiger Autoren. Stuttgart/Weimar ³2006.

Rothmann, Kurt: Kleine Geschichte der deutschen Literatur. 19., erw. Aufl. Stuttgart 2009.
Schweizer Literaturgeschichte. Hrsg. von Peter Rusterholz und Andreas Solbach. Stuttgart/Weimar 2007.
Wittmann, Reinhard: Geschichte des deutschen Buchhandels. München 1995.

Mittelalter

Brunner, Horst: Geschichte der deutschen Literatur des Mittelalters und der Frühen Neuzeit im Überblick. Erw. und bibliogr. erg. Ausg. Stuttgart 2010.
Bumke, Joachim: Geschichte der deutschen Literatur im Hochmittelalter. 5., überarb. und aktual. Aufl. München 2004.
– Höfische Kultur. Literatur und Gesellschaft im hohen Mittelalter. München 1986 [u. ö.].
Cramer, Thomas: Geschichte der deutschen Literatur im Spätmittelalter. München 1990.
Geschichte der deutschen Literatur von den Anfängen bis zum Beginn der Neuzeit. Hrsg von Joachim Heinzle. 3 Bde. (in 6 Teilbdn.). Tübingen ²1994 ff.
Haug, Walter: Literaturtheorie im deutschen Mittelalter. Von den Anfängen bis zum Ende des 13. Jahrhunderts. Darmstadt ²1992.
Kartschoke, Dieter: Geschichte der deutschen Literatur im frühen Mittelalter. München ³2000.
Klein, Dorothea: Mittelalter. Lehrbuch Germanistik. Stuttgart/Weimar 2006.
Wehrli, Max: Geschichte der deutschen Literatur im Mittelalter. Von den Anfängen bis zum Ende des 16. Jahrhunderts. Stuttgart ³1997.
– Literatur im Mittelalter. Eine poetologische Einführung. Stuttgart 1984 [u. ö.].

Neuzeit

Hanser Sozialgeschichte der deutschen Literatur vom 16. Jahrhundert bis zur Gegenwart. Hrsg. von Rolf Grimminger. 12 Bde. München 1980 ff.
Schnell, Ralf: Deutsche Literatur von der Reformation bis zur Gegenwart. Reinbek 2011.

Könneker, Barbara: Die deutsche Literatur der Reformationszeit. Kommentar zu einer Epoche. München 1975.
Niefanger, Dirk: Barock. Lehrbuch Germanistik. Stuttgart/Weimar ²2006.
Szyrocki, Marian: Die deutsche Literatur des Barock. Eine Einführung. Bibl. ern. Ausg. Stuttgart 1997.
Trunz, Erich: Weltbild und Dichtung im deutschen Barock. Sechs Studien. München 1992.
Kiesel, Helmuth / Münch, Paul: Gesellschaft und Literatur im 18. Jahrhundert. Voraussetzungen und Entstehung des literarischen Markts in Deutschland. München 1977.
Seibert, Peter: Der literarische Salon. Literatur und Geselligkeit zwischen Aufklärung und Vormärz. Stuttgart/Weimar 1993.
Alt, Peter-André: Aufklärung. Lehrbuch Germanistik. Stuttgart/Weimar ³2007.
Kaiser, Gerhard: Aufklärung, Empfindsamkeit, Sturm und Drang. Tübingen ⁶2007.
Karthaus, Ulrich: Sturm und Drang. Epoche – Werk – Wirkung. München ²2007.
Pikulik, Lothar: Frühromantik. Epoche – Werk – Wirkung. München ²2000.
Becker-Cantarino, Barbara: Schriftstellerinnen der Romantik. Epoche – Werk – Wirkung. München 2000.
Kremer, Detlef: Romantik. Lehrbuch Germanistik. Stuttgart/Weimar ³2007.
Romantik-Handbuch. Hrsg. von Helmut Schanze. Stuttgart ²2003.
Borchmeyer, Dieter: Weimarer Klassik. Porträt einer Epoche. Neuausg. Weinheim 1994.
Meier, Albert: Klassik – Romantik. Stuttgart 2008.
Sengle, Friedrich: Biedermeierzeit. Deutsche Literatur im Spannungsfeld zwischen Restauration und Revolution 1815–1848. 3 Bde. Stuttgart 1971–80. Sonderausg. 1999.
Koopmann, Helmut: Das junge Deutschland. Eine Einführung. Darmstadt 1993.
Ziegler, Edda: Literarische Zensur im Vormärz. München ²2006.
Aust, Hugo: Realismus. Lehrbuch Germanistik. Stuttgart/Weimar 2006.
Martini, Fritz: Deutsche Literatur im bürgerlichen Realismus 1848–1898. Stuttgart ⁴1981.

Stöckmann, Ingo: Naturalismus. Lehrbuch Germanistik. Stuttgart/Weimar 2011.
Fischer, Jens Malte: Fin de siècle. Kommentar zu einer Epoche. München 1978.
Fähnders, Walter: Avantgarde und Moderne 1890–1933. Lehrbuch Germanistik. Stuttgart/Weimar ²2010.
Kiesel, Helmut: Geschichte der literarischen Moderne: Sprache, Ästhetik, Dichtung im 20. Jahrhundert. München 2004.
Anz, Thomas: Literatur des Expressionismus. Stuttgart/Weimar ²2010.
Vietta, Silvio / Kemper, Hans-Georg: Expressionismus. München ⁵1994.
Die deutsche Literatur in der Weimarer Republik. Hrsg. von Wolfgang Rothe. Stuttgart 1974.
Ketelsen, Uwe-K.: Völkisch-nationale und nationalsozialistische Literatur in Deutschland 1890–1945. Stuttgart 1976.
Die deutsche Literatur im Dritten Reich. Themen – Traditionen – Wirkungen. Hrsg. von Horst Denkler und Karl Prümm. Stuttgart 1976.
Schnell, Ralf. Dichtung in finsteren Zeiten. Deutsche Literatur und Faschismus. Reinbek 1998.
Die deutsche Exilliteratur 1933 bis 1945. Hrsg. von Martin Durzak. Stuttgart 1973.
Walter, Hans Albert: Deutsche Exilliteratur 1933–1950. 7 Bde. Stuttgart 1978 ff.
Emmerich, Wolfgang: Kleine Literaturgeschichte der DDR Erw. Neuausg. Berlin ²2005.
Schnell, Ralf: Geschichte der deutschsprachigen Literatur seit 1945. Stuttgart/Weimar ²2003.
Die österreichische Literatur seit 1945. Eine Annäherung in Bildern. Hrsg. von Volker Kaukoreit und Kristina Pfoser. Stuttgart 2000.
Mentalitätswandel in der deutschen Literatur zur Einheit (1990–2000). Hrsg. von Volker Wehdeking. Berlin 2000.

Zu einzelnen Gattungen

Lyrik

Geschichte der deutschen Lyrik. Von Franz-Josef Holznagel [u. a.]. Stuttgart 2004.
Geschichte der deutschen Lyrik vom Mittelalter bis zur Gegenwart. Hrsg. von Walter Hinderer. Würzburg ²2001.
Geschichte der politischen Lyrik in Deutschland. Hrsg. von Walter Hinderer. [2., erw. und aktual. Aufl.] Würzburg 2007.

Schweikle, Günther: Minnesang. Stuttgart/Weimar ²1995.
Kemper, Hans-Georg: Deutsche Lyrik der frühen Neuzeit. 6 Bde. Tübingen 1987–2006.
Meid, Volker: Barocklyrik. Stuttgart/Weimar ²2008.
Korte: Deutschsprachige Lyrik seit 1945. Stuttgart/Weimar ²2004.

Drama

Brauneck, Manfred: Die Welt als Bühne. Geschichte des europäischen Theaters. 5 Bde. Stuttgart/Weimar 1993–2004.
Fischer-Lichte, Erika: Kurze Geschichte des deutschen Theaters. Tübingen ²1999.
Die deutsche Komödie. Vom Mittelalter bis zur Gegenwart. Hrsg. von Walter Hinck. Düsseldorf 1977.

Mehnert, Henning: Commedia dell'arte. Struktur – Geschichte – Rezeption. Stuttgart 2003 [u. ö.].
Schöne, Albrecht: Emblematik und Drama im Zeitalter des Barock. München ³1993.
Aust, Hugo / Haida, Peter / Hein, Jürgen: Volksstück. Vom Hanswurstspiel zum sozialen Drama der Gegenwart. München 1989.
Rochow, Christian Erich: Das bürgerliche Trauerspiel. Stuttgart 1999.
Elm, Theo: Das soziale Drama. Von Lenz bis Kroetz. Stuttgart 2004.

Deutsche Dramatiker des 20. Jahrhunderts. Hrsg. von Alo Allkemper und Norbert Otto Eke. Berlin 2002.
Buddecke, Wolfram / Fuhrmann, Helmut: Das deutschsprachige Drama seit 1945. Kommentar zu einer Epoche. München 1981.
Schalk, Axel: Das moderne Drama. Stuttgart 2004.

Epik

Handbuch der deutschen Erzählung. Hrsg. von Karl Konrad Polheim. Düsseldorf 1981.
Handbuch des deutschen Romans. Hrsg. von Helmut Koopmann. Düsseldorf 1983.
Reclams Romanlexikon. Hrsg. von Frank Rainer Max und Christine Ruhrberg. 5 Bde. Stuttgart 1998–2000. Erw. Ausg. in einem Band. Stuttgart 2000.
Deutsche Romantheorien. Hrsg. von Reinhold Grimm. Frankfurt a. M. 1974.

Freund, Winfried: Novelle. Stuttgart 1998 [u. ö.].
Holdenried, Michaela: Autobiographie. Stuttgart 2000.
Kleine literarische Formen in Einzeldarstellungen. Stuttgart 2002.
Marx, Leonie: Die deutsche Kurzgeschichte. Stuttgart/Weimar ³2005.

Mertens, Volker: Der deutsche Artusroman. Stuttgart 1998.
Rötzer, Hans Gerd: Der Roman des Barock 1600–1700. Kommentar zu einer Epoche. München 1972.
– Der europäische Schelmenroman. Stuttgart 2009.
Bauer, Matthias: Der Schelmenroman. Stuttgart/Weimar 1994.
Jacobs, Jürgen: Prosa der Aufklärung. Kommentar zu einer Epoche. München 1976.
Mahoney, Dennis F.: Der Roman der Goethezeit (1774–1829). Stuttgart 1988.
Jacobs, Jürgen / Krause, Martin: Der deutsche Bildungsroman. Gattungsgeschichte vom 18. bis zum 20. Jahrhundert. München 1989.
Steinecke, Hartmut: Romanpoetik von Goethe bis Thomas Mann. Entwicklungen und Probleme der ›demokratischen Kunstform‹ in Deutschland. München 1987.
Wehdeking, Volker / Blamberger, Günter: Erzählliteratur der frühen Nachkriegszeit (1945–1952). München 1990.

ABBILDUNGS- UND TEXTNACHWEIS

Die Rechtschreibung der Textzitate folgt der der benutzten Ausgaben (kritische Editionen, wissenschaftlich fundierte Leseausgaben und Anthologien, Originaldrucke, fotomechanische Nachdrucke usw.). Sie stimmt nicht mit den Regeln der so genannten neuen Rechtschreibung überein, denen der übrige Text – mit einigen Freiheiten – verpflichtet ist.
Abkürzungen: o. = oben; u. = unten; l. = links; r. = rechts

Alfred Kröner Verlag, Stuttgart: 38 l. (aus: Johan Huizinga, *Herbst des Mittelalters,* Stuttgart 2006 – © 2006 Alfred Kröner Verlag, Stuttgart) – **Archiv für Kunst und Geschichte,** Berlin: 10, 195 o., 349 – **Anabas-Verlag,** Frankfurt a.M.: 153 u. (aus: Karl Riha, *Was ist heute mit mir los?,* Gießen 1994 – © 1994 Anabas-Verlag Günter Kämpf GmbH & Co. KG, Frankfurt am Main) – **Arno Schmidt Stiftung,** Bargfeld: 465 u. – **Toma Babovic,** Bremen: Umschlag vorn, linke Bildspalte, 260 – **J. P. Bachem Verlag GmbH,** Köln: 440 r. (Foto: Karl Hugo Schmölz) – **David Baltzer** / Zenit, Berlin: 469 u. – **Günter Baumann,** Gerlingen: 192 – **Bayerische Staatsbibliothek,** München: 78 – **Bayerischer Rundfunk** / Hörspiel und Medienkunst, München: 447 (Foto: Sessner, München) – **Bayreuther Festspiele,** Bayreuth / Pressebüro, Bildarchiv: 68 (Foto: Lauterwasser) – **Mathias Bertram,** Berlin: 487 o., 490 – **Biblioteka Gdanska Polskiej Akademii Nauk,** Danzig: 142 – **Bildagentur Schapowalow GmbH & Cie. KG,** Hamburg: 450 o. (Foto: Susanna Schapowalow) – **Bildarchiv Preußischer Kulturbesitz,** Berlin: 255 u. (Foto: Abisag Tüllmann), 124 – **Eva Bosshard,** Küsnacht (Schweiz): 430 – **Buchverlag Neue Zürcher Zeitung,** Zürich: 33 – **Buchverlage Langen Müller Herbig,** München: 413 u. (© 1972 by Langen Müller in der F.A. Herbig Verlagsbuchhandlung GmbH, München) – **Büro für Burgenforschung Dr. Joachim Zeune,** Eisenberg/Zell: 77 o. – **Bulls Pressedienst GmbH,** Frankfurt a.M.: 59 o. – **Burgtheater,** Wien / Gebäudeverwaltung: 350 – **Carl-Seelig-Stiftung,** Kaltenbach (Schweiz): 482 – **Centrum Prasowe Polskiej,** Warschau: 458 u. – **Bettina Clausen,** Hamburg: 442 o. (Foto: Rosemarie Clausen) – **Thomas Dashuber,** München: 249 – **Thomas Deichmann,** Frankfurt a.M.: 493 o. – **Deutscher Taschenbuch Verlag,** München: 46 (aus: Joachim Bumke, *Höfische Kultur. Literatur und Gesellschaft im hohen Mittelalter* – © 1986, 1999 Deutscher Taschenbuch Verlag GmbH & Co. KG, München) – **Deutscher Verlag für Kunstwissenschaft,** Berlin: 173 (Foto: Carsten Seltrecht) – **Barbara Döhl,** Stuttgart: 452 (aus: *konkrete poesie,* hrsg. von Eugen Gomringer, Stuttgart ²2001) – © **Domkapitel Aachen:** 11 (Foto: Ann Münchow) – **Joseph Dreissinger,** Wien: 484 o. (Foto: Johann Barth, Salzburg), 485 – **Fritz Dressler,** Worpswede: 81 – **Mara Eggert,** Frankfurt a.M.: 126 – **Erbengemeinschaft Jakob van Hoddis,** Hamburg: 404 o. (aus: Jakob van Hoddis, *Dichtungen und Briefe,* Göttingen 2007 – Mit Genehmigung der Erbengemeinschaft Jakob van Hoddis) – **Feuilletondienst im Rowohlt Verlag,** Reinbek: 253 (aus: Rolf Dieter Brinkmann, *Rom, Blicke,* Reinbek 1979 – Copyright © 1979 by Rowohlt Taschenbuch Verlag GmbH, Reinbek bei Hamburg), 443 (Cover von Wolfgang Weyrauch, *Tausend Gramm,* Hamburg 1949), 464 (Cover von Arno Schmidt, *Leviathan* [Illustration: Karl Staudinger], Hamburg 1949) – **Filmdokumentationszentrum,** Wien: 359 o., 478 – **Filmmuseum Berlin** / Stiftung Deutsche Kinemathek: 309 o., 309 u., 310, 339 u., 346, 360, 371, 418, 438, 455, 457 u., 460, 491 – **Freies Deutsches Hochstift** / Frankfurter Goethe-Museum, Frankfurt a.M.: 325 o. – **Ralf Freyer,** Freiburg: 176 – **Robert Giersch,** Offenhausen: 99 u. – **Das Gleimhaus,** Halberstadt: 241 – **Goethe-Museum Düsseldorf** / Anton-und-Katharina-Kippenberg-Stiftung: 244 o. – **Roman von Goetz,** Regensburg: 29 – **Eugen Gomringer,** Rehau: 452 u. (aus: eugen gomringer, *33 konstellationen,* St. Gallen 1960) – **Hans Werner Richter-Stiftung,** Remagen: 444 (Foto: Toni Richter) – **Oliver Herrmann:** 484 u. – **Hessischer Rundfunk,** Frankfurt a.M.: 446 o. (Foto: Kurt Bethke) – **Rolf Hochhuth,** Basel: 124 l. (aus: Michel de Montaigne, *Tagebuch einer Reise durch Italien, die Schweiz und Deutschland in den Jahren 1580 und 1581,* übers. von Otto Flake, Frankfurt a.M. 1988) – **Hilda Hoffmann,** Berlin: 457 o. (Copy by R. Berlau / Hoffmann) – **Matthias Horn,** Berlin: 433 u. – **Myriam Hubbuch,** Freiburg: 416 – **Franz Hubmann,** Wien:

462 u. – **Jüdisches Museum,** Frankfurt a. M.: 383 (© Ludwig Meidner-Archiv, Jüdisches Museum der Stadt Frankfurt am Main) – **Karl Robert Langewiesche Nachfolger Hans Köster Verlagsbuchhandlung KG,** Königstein im Taunus: 93 (Foto: Erich Müller-Cassel) – **Keystone AG,** Zürich: 393 o., 436 – **Sarah Kirsch,** Thielenhemme: Umschlag vorn, rechte Bildspalte, 470 – **Ulrich Kneise,** Eisenach: 116 u. – **Lessing-Akademie,** Wolfenbüttel: 209 – **D. Ludwig,** Darmstadt: 450 u. – **Klaus Manzek,** Schlemmin: 468 – **Max Frisch-Archiv,** Zürich: 457 o. (Foto: Ruth Berlau) – **Hans Mayer-Pfund:** 445 – **Friedrich Meckseper,** Berlin: 496 – **Franz Mon,** Frankfurt a. M.: 453 r. – **Museum für Kunst und Gewerbe,** Hamburg / Fotodokumentation: 59 u. – **Oertel + Spörer Verlags-GmbH,** Reutlingen: 347 – **Stefan Odry,** Celle: 340 – **Isolde Ohlbaum,** München: 449 – **Klaus Podak:** 473 o. – **Pressefoto + Bildarchiv Siegfried Pater,** Bonn: 477 u. – **Winfried E. Rabanus,** München: 399, 492 – **Ruth Radvanyi,** Berlin: 437 o. (Foto: Mathias Michaelis, Marbach a. N.) – **Random House GmbH,** München: 462 l. (aus: ernst jandl, *poetische werke*, hrsg. von Klaus Siblewski – © 1997 by Luchterhand Literaturverlag, München, in der Verlagsgruppe Random House GmbH) – **Jens Rheinländer,** Hamburg: 155 – **Viola Roehr - von Alvensleben,** München: 417, 429 – **Klaus Rossa,** Berlin: 48 – **Rowohlt Verlag,** Reinbek: 9 (aus: Jean-Paul Sartre, *Die Wörter*, Reinbek bei Hamburg ⁹1975 – © 1965 by Rowohlt Verlag GmbH, Reinbek bei Hamburg), 443 u. (aus: Wolfgang Borchert, *Das Gesamtwerk*, hrsg. von Michael Töteberg unter Mitarb. von Irmgard Schindler, Reinbek 2007 – © 2007 by Rowohlt Verlag GmbH, Reinbek bei Hamburg) – **Gerhard Rühm,** Köln: 453 l. (aus: *konkrete poesie*, hrsg. von Eugen Gomringer, Stuttgart ²2001 – Mit Genehmigung von Gerhard Rühm, Köln) – **Rupertinum / Museum der Moderne,** Salzburg: 441 u. – **S. Fischer Verlag,** Frankfurt a. M.: 99 u. (aus: Dieter Kühn, *Ich Wolkenstein*, Frankfurt a. M. 1980 – Alle Rechte vorbehalten S. Fischer Verlag GmbH, Frankfurt am Main), 331 o. (aus: Rose Ausländer, *Gesammelte Werke in 8 Bänden*, Bd. 6: *Wieder ein Tag aus Glut und Wind. Gedichte 1980–1982*, Frankfurt a. M. – © 1986 S. Fischer Verlag GmbH, Frankfurt am Main), 378 l. (aus: Heinrich Mann, *Im Schlaraffenland*, Berlin/Weimar ⁴1991 – Alle Rechte vorbehalten S. Fischer Verlag GmbH, Frankfurt am Main), 465 o. (Zettel 1180 aus: Arno Schmidt, Zettels Traum, Frankfurt a. M. 1970 – © 1970 Goverts Krüger Stahlberg Verlag GmbH, Frankfurt am Main. Alle Rechte vorbehalten S. Fischer Verlag GmbH, Frankfurt am Main), – 480 l. (aus: Alfred Kerr, *Werke in Einzelbänden*, Bd. 3: *Essays, Theater, Film*, Berlin 1991 – Alle Rechte vorbehalten S. Fischer Verlag GmbH, Frankfurt am Main) – **Sächsische Landesbibliothek / Staats- und Universitätsbibliothek Dresden,** Abt. Deutsche Fotothek: 162 – **Albert T. Schaefer,** Stuttgart: 75 o. – **Schiller-Nationalmuseum / Deutsches Literaturarchiv,** Marbach a. N.: 153 o., 239 o., 244 u., 245 u., 246, 272, 279 u., 282, 344, 386 o., 408, 415 o., 415 u., 422 o., 423, 433 (Foto: Erica Loos), 434 u., 441 o., 443 o., 448 o., 451 (Mit Genehmigung von Iris Schnebel, Berlin), 454, 462 o., 469 o., 480 o., 483 o., 483 ., 486, 487 u., 494 u. – **Katrin Schilling,** Frankfurt a. M.: 239 u. – **Marina Schnurre,** Berlin: 442 u. (aus: Deutsche Rundschau 1, 1961) – **Gerhard Seyfried,** Solothurn (Schweiz): 367 u. – **Spiegel-Verlag,** Hamburg: 481 o. – **Staatliches Hochbauamt Kempten:** 169 – **Stadtbibliothek Nürnberg:** 66 u. (Amb. 317.2°, f. 59r; Wundarzt Jörg Werrer, Hausbuch der Mendelschen Zwölfbrüderstiftung) – **Klaus Staeck,** Heidelberg: 477 o. – **Steidl Verlag,** Göttingen: 151 u. (aus: Günter Grass, *Treffen in Telgte*, hrsg. von Claudia Mayer-Iswandy – © 1993, 1997 Steidl Verlag, Göttingen, [Werkausgabe Bd. 9]. Erstausgabe 1979), 458 o., 459, 489, 495 u. – **Stiftung Archiv der Akademie der Künste,** Berlin: 391 (Heinrich-Mann-Archiv), 428 (Brecht-Weigel-Gedenkstätte), 467 (Bertolt-Brecht-Archiv; Foto: Horst Sturm), 475 o. (Peter-Weiss-Archiv, Nr. 5229; mit Genehmigung von Prof. Jürgen Schutte, Berlin), 475 u. (Peter-Weiss-Archiv, Nr. 5056; mit Genehmigung von Prof. Jürgen Schutte, Berlin) – **Stiftung Weimarer Klassik und Kunstsammlungen,** Weimar: 448 – **Suhrkamp Verlag,** Frankfurt a. M.: 254 l. (aus: Theodor W. Adorno, *Gesammelte Schriften*, Bd. 11: *Noten zur Literatur*, Frankfurt a. M. 1974 – © 1974 Suhrkamp Verlag, Frankfurt am Main), 397 r. (aus: *S. Fischer Verlag. Von der Gründung bis zur Rückkehr aus dem Exil*, hrsg. von Friedrich Pfäfflin [u. a.], Marbach a. N. 1985 – © 1985 Suhrkamp Verlag, Frankfurt am Main), 401 o., 429 u. (aus: Bertolt Brecht, *Werke*, Bd. 12: *Gedichte 2. Sammlungen 1938–1956*, Frankfurt a. M. 1993 – © 1993 Suhrkamp Verlag, Frankfurt am Main), 440 l. (aus: Günter Eich, *Gesammelte Werke*, Bd. 1: *Die Gedichte*, Frankfurt a. M. 1991 – © 1991 Suhrkamp Verlag, Frankfurt am Main), 445 o. (aus: Hans Magnus Enzensberger, *Einzelheiten*, Frankfurt a. M. 1962 – © 1962 Suhrkamp Verlag, Frankfurt am Main), 453 u. (aus: Konrad Balder Schäuffelen, *raus mit der sprache*,

Frankfurt a. M. 1969 – © 1969 Suhrkamp Verlag, Frankfurt am Main), 473 r. (aus: Uwe Johnson, *Jahrestage 2*, Frankfurt a. M. 1971 – © 1971 Suhrkamp Verlag, Frankfurt am Main), 481 r. (aus: Walter Benjamin, *Einbahnstraße*, Frankfurt a. M. ¹¹1991 – © 1991 Suhrkamp Verlag, Frankfurt am Main), 494 o. (aus: Volker Braun, *Lustgarten Preußen*, Frankfurt a. M. 1996 – © 1996 Suhrkamp Verlag, Frankfurt am Main) – **Bernd Uhlig,** Berlin: 211 u. – **ullstein bild,** Berlin: 456, 479 – **Ullstein Buchverlage GmbH,** Berlin: 173 r. (aus: Giacomo Casanova, *Geschichte meines Lebens*, übers. von Heinz von Sauter, Berlin 1985 – © für die Übersetzung 1985 Ullstein Buchverlage, Berlin), – **Universitätsbibliothek Mannheim:** 191 – **UVK Verlagsgesellschaft,** Konstanz: 367 o. (e. o. plauen, *Warnendes Beispiel*, aus: e. o. plauen »Vater und Sohn« in Gesamtausgabe Erich Ohser – © 2000 Südverlag GmbH, Konstanz) – © **VG Bild-Kunst,** Bonn 2012: 129, 262, 284, 301 u., 361, 377, 381 (© The Munch Museum / The Munch Ellingsen Group), 384 u. (© Eberhard Spangenberg), 393 u., 396, 410, 411 u., 424, 426 (© The Heartfield Community of Heirs), 439, 466 – **Klaus Wagenbach,** Berlin: 413 o., 414 – **Ruth Walz,** Berlin: 307 u., 431 – **Weidle Verlag,** Bonn: 421

Der Verlag Philipp Reclam jun. dankt den Rechteinhabern für die Reproduktions- und Abdruckgenehmigung. Nicht nachgewiesene Abbildungen entstammen den Archiven des Verlags und des Autors. In einigen Fällen konnten die Rechteinhaber nicht ermittelt werden. Hier ist der Verlag bereit, nach Anforderung rechtmäßige Ansprüche abzugelten.

SYSTEMATISCHES VERZEICHNIS DES INHALTS

ZEITRAUM

Frühes Mittelalter   10
Hochmittelalter   40
Spätmittelalter   80
16. Jahrhundert   108
17. Jahrhundert   140
18. Jahrhundert   192
Revolution und Restauration 1789–1832   256
19. Jahrhundert   322
20. Jahrhundert   382

EPOCHE/STRÖMUNG

Althochdeutsche Literatur   12
Frühmittelhochdeutsche Literatur   28
Mystische Frömmigkeit und Literatur   90
Prager ›Vorhumanismus‹   104
Humanismus   110
Mystik   180
Aufklärung   194
Rokoko   216
Sturm und Drang   230
Empfindsamkeit   240
Weimarer Klassik   260
Romantik   288
Biedermeier und Vormärz   324
Junges Deutschland   336
Realismus   356
Naturalismus   372
Jahrhundertwende / Fin de siècle   384
Expressionismus   402
Dada   410
Neue Sachlichkeit   416
Exilliteratur   436
DDR-Literatur   466

AUTOR/AUTORIN

Hrotsvit von Gandersheim   24
Hildegard von Bingen   34
Hartmann von Aue   56
Walther von der Vogelweide   62
Gottfried von Straßburg   68
Wolfram von Eschenbach   76
Meister Eckhart   88
Oswald von Wolkenstein   98
Martin Luther   114
Hans Sachs   128
Johann Fischart   138
Andreas Gryphius   150
Hans Jacob Christoph von Grimmelshausen   166
Abraham a Sancta Clara   184
Johann Christian Günther   190
Gotthold Ephraim Lessing   208
Christoph Martin Wieland   220
Johann Wolfgang Goethe   264
Jean Paul   268
Friedrich Schiller   272
Friedrich Hölderlin   278
Heinrich von Kleist   306
E. T. A. Hoffmann   318
Franz Grillparzer   326
Heinrich Heine   332
Gottfried Keller   362
Theodor Fontane   368
Gerhart Hauptmann   376
Heinrich und Thomas Mann   390
Hugo von Hofmannsthal   398
Franz Kafka   414
Bertolt Brecht   428
Günter Grass   458
Uwe Johnson   472
Heinrich Böll   476
Thomas Bernhard   484

POETIK

Allegorese und Typologie   36
Autor   44
Beschreibungskunst   48
Dichtung und Rhetorik   144
Emblem   154
Petrarkismus   160
Manierismus   186
Leipzig und Zürich   200
Heilige Poesie   204
Trivialroman   250
Humoristisches Erzählen   270
Antikisierende Formen   280
Kunstfrömmigkeit   290
Roman der Romantik   296
Neue Erzähl- und Romanformen   352
Kunst = Natur – x   374
Sprachkrise   394
Drama und Film   406
Romanpoetik   422
Episches Theater   430
›Kahlschlag‹   440
Konkrete Poesie   452
Diskontinuität   464

GATTUNG

Heldendichtung   20
Bibelepik   22
Artusroman   54
Minnesang   58
Geistliches Spiel   66
Heldenepik   72
Vers- und Prosaroman   82
Predigt   86
Märe   94
Schuldrama   130
Schwankliteratur   134
Der bürgerliche Roman   136
Kirchenlied   162
Barockroman   164
Robinsonade   196
Lehrhafte Dichtung   206
Neue dramatische Formen   210
Der ›neue‹ Roman   222
Autobiografie   228
Briefroman   242
Drama, klassischer Form sich nähernd   254
Bildungsroman   266
Geschichtsdrama   276
Antikisierende Formen   280
Fragment   294
Märchen   300
Lied   314
Politische Lyrik   342
Historischer Roman   346
Novelle   360
Bildergeschichte   366
Gesellschaftsroman   370
Expressionistische Lyrik   404
Prosaexperimente   408
Zeitroman   418
Kriegsroman   424
Volksstück   432
Kurzgeschichte   442
Hörspiel   446
Lyrik der Nachkriegszeit   450
Theater der fünfziger Jahre   456
Politisches Theater   474
Frauenliteratur – Literatur von Frauen   490

STOFFE/THEMEN

Hoheslied   30
Heilsgeschichte und Weltgeschichte   32
Memento mori   38
Ritter und Dame   46
Höfische Liebe   50
Kreuzzüge   60

Politik, Propaganda und Polemik 64
Der Gral 78
Zeitkritik und Morallehre 84
Heilige 92
Verkehrte Welt 100
Bauernkrieg 120
Narrheit 122
Krieg 156
Märtyrer und Tyrann 170
Vanitas und Carpe diem 174
Geschichte 178
Ferne Welten 182
Griechenland 218
Erziehung 224
Natur 232
Die Kindsmörderin 236
Freiheit 246
Religion, Aufklärung und Toleranz 248
Italien 252
Die Französische Revolution 258
Faust 282
Nationalbewusstsein und Freiheitskriege 304
Recht und Staat 308
Alte und neue Zeit 310
›Schwarze Romantik‹ 316
Orient und Okzident 320
Der Rhein 330
Deutschland, gesehen aus der Emigration 334
Geschichte und Drama 338
Natur und Landschaft 344
Amerika 348
Gegen den Zeitgeist 354
Das neue Reich 364
Frauenbilder 388
Décadence 392
Schule 400
Nach dem Ende des alten Europa 426
Widerstand 438
Restauration 448
Identität 454

Widersprüche im Sozialismus 468
Natur, Geschichte und Gegenwart 470
Bundesrepublikanische Chronik 478
Schweiz 482
Autobiografisches Erzählen 486
Gegengeschichten 488
Wiedergewinnung des Verlorenen 492
Die Wende 494

WIRKUNGSGESCHICHTE

Nibelungenlied 74
Die deutsche Bibel 116
Sonett 152
Jakob Michael Reinhold Lenz 238
Werther 244
Goethes *Faust* 284
Georg Büchner 340
Friedrich Nietzsche 380
Alfred Döblins *Berlin Alexanderplatz* 420

LITERATURBETRIEB

Kloster 14
Die Sieben freien Künste 26
Mäzenatentum 42
Antikerezeption 52
Hören, Sehen, Lesen 70
Wissenschaft 102
Universitäten 112
Stadt 124
Meistergesang 126
Neulateinische Literatur 132
Die Literaturreform 142
Buchmarkt 146
Nürnberg 158
Barocktheater 168

Bibliothek 172
Breslau 176
Bürgerliche und höfische Kultur 188
Theaterreform 202
Literaturkritik 212
Nationaltheater 214
Die Leser und das Lesen 226
Shakespeare 234
Trivialroman 250
Weimar 262
Theaterrepertoire 274
Johann Friedrich Cotta 286
Salon 292
Frauen 298
Weltliteratur 302
Wiener Volkstheater 328
Burgtheater 350
Theaterkonzepte 378
Wien 386
S. Fischer Verlag 396
Prag 412
Drittes Reich 434
Gruppe 47 444
Wien – Graz 462
Autor/Autorin und Öffentlichkeit 480
Verlagswesen 496

MEDIEN

Buch und Handschrift 16
Mündlichkeit und Schriftlichkeit 18
Liederhandschriften 96
Buchdruck 106
Flugschrift 118
Flugblatt und Zeitung 148
Moralische Wochenschriften 198
Kalender und Almanach 312
Zeitschriften 358
Literaturverfilmungen 460

PERSONENREGISTER

Verzeichnet sind historische Personen, anonyme Werke sowie – in Auswahl – biblische, mythologische und literarische Namen. Bei einigen Autoren mit großer bzw. im Buch weit gestreuter Produktion gibt es zusätzliche Werkeinträge. Bei den Schriftstellern, Künstlern, Philosophen und Herrschern wurden die Lebens- bzw. Regierungsdaten aufgenommen; Fotografen, Regisseure, Sänger und Schauspieler, Übersetzer und Wissenschaftler sowie Namen von Lebensgefährtinnen stehen in der Regel ohne Lebensdaten.
Halbfette Ziffern markieren Haupteinträge oder verweisen auf ausführlichere biografische Angaben, kursive Seitenzahlen beziehen sich auf Bildlegenden.

Abraham a Sancta Clara (d. i. Johann Ulrich Megerle, 1644–1709)   122, 175, **184 f.**, *184*
Abrogans   12
Achleitner, Friedrich (geb. 1930)   453, 462
Ackermann, Konrad (1712–1771)   215
Acxtelmeier, Stanislaus Reinhard (um 1700)   154
Addison, Joseph (1672–1719)   198
Adorno, Theodor W. (1903–1969)   254, 451
Ahlsen, Leopold (geb. 1927)   447
Aichinger, Ilse (geb. 1921)   442, *444*, 447
Alanus von Lille (um 1120 – 1202/03)   36
Albani, Alessandro   219
Albert der Große (um 1200 – 1280)   *102*
Albert von Aachen (12. Jh.)   60
Albertinus, Aegidius (1560–1620)   164
Albrecht (Dichter des *Jüngeren Titurel*; 2. Hälfte 13. Jh.)   78, 82, 337
Albrecht von Halberstadt (um 1200)   43, 136
Albrecht von Johansdorf (geb. um 1165)   61
Alciato, Andrea (1492–1550)   154, *154*
Alemán, Mateo (1547 – nach 1614)   164
Alexanderlied s. Lamprecht, Pfaffe
Alexis, Paul (1847–1901)   372
Alexis, Willibald (d. i. Georg Wilhelm Heinrich Häring, 1798–1871)   347
Alkuin (um 735 – 804)   15
Alt, Franz (1821–1914)   351
Altdeutsche (Wiener) Genesis   22

Altenberg, Peter (d. i. Richard Engländer, 1859–1919)   386 f.
Althochdeutscher Isidor   13
Althochdeutscher Tatian s. Tatian
Altsächsische Genesis   13, 22
Amadís   136, 138, 165
Amberg, Wilhelm (1822–1899)   *240*
Ambrosius (339–397)   17
Americanische Freybeuter, Der   197
Ammann, Jost (1539–1591)   *107*, *146*
Anakreon (Mitte 6. Jh. v. Chr.)   216 f., 218
Andersch, Alfred (1914–1980)   440, 444, *446*
Andreas Capellanus (um 1200)   51
Andreas-Salomé, Lou (1861–1937)   395
Andrian-Werburg, Leopold v. (1875–1951)   386
Angelus Silesius (d. i. Johannes Scheffler, 1624–1677)   161, 176 f., 181
Aniello, Tommaso *s.* Masaniello
Anna Amalia, Herzogin von Sachsen-Weimar (1739–1807)   214, 262, *263*
Anno von Köln   29
Annolied   29
Annunzio, Gabriele d' (1863–1938)   385
Antoine, André (1858–1943)   379
Anton Ulrich, Herzog zu Braunschweig-Lüneburg (1633–1714)   159, 164, 178 f.
Anzengruber, Ludwig (1839–1889)   313, 351, 357, 379, 432
Apitz, Bruno (1900–1979)   468
Apollinaire, Guillaume (1880–1918)   453
Archimedes (um 287 – 212 v. Chr.)   26

Archinto, Alberigo   219
Arendt, Erich (1903–1984)   470 f.
Arent, Wilhelm (geb. 1864; Todesdatum nicht zu ermitteln)   373
Ariosto, Ludovico (1474–1533)   303
Aristoteles (384–322 v. Chr.)   26, *27*, 102, *103*, 134, 171, 209, 215
Arndt, Ernst Moritz (1769–1860)   256, 304, 305, 330 f.
Arndt, Johann (1555–1621)   180
Arnim, Ludwig Achim v. (1781–1831)   74, 153, 288, 317
  Des Knaben Wunderhorn 314 f.
  Gräfin Dolores 310 f.
Arnim, Bettine v. (1785–1859)   242, 298 f.
Arp, Hans (1886–1966)   410 f., 453
Artmann, H(ans) C(arl) (1921–2000)   341, 453, 462, *462*
Artus   54, *54*, 55, 56 f., 59, 74, 77, 78 f., 82, 85, 494
Aschmann, Johann Jakob (1747–1809)   *201*
Ast, Friedrich (1778–1841)   296
Attila (reg. 434–453)   20, 72 f.
Audran, Claude II. (1639–1684)   *145*
Auerbach, Berthold (1812–1882)   313, 322, 357
August d. J., Herzog zu Braunschweig-Lüneburg (1579–1666)   172, *173*
August der Starke, Kurfürst von Sachsen, König von Polen (1670–1733)   190
Augustinus (354–430)   16, 32, 86, 91, 178
Ausländer, Rose (1901–1988)   331
Ava, Frau (gest. 1127)   22

Avancini, Nicolaus v. (1611–1686) 168

Baader, Johannes (1875–1955) 411, *411*
Baargeld, Johannes (1892–1927) 411
Babst, Valentin *115*
Bachmann, Ingeborg (1926–1973) 340, 445, 447, 451, 454, 479, **491**
  Malina 490 f.
Bachstrom, Johann Friedrich (1686–1742) 197
Bacon, Francis (1561–1626) 394
Bahr, Hermann (1863–1934) 385, 387
Balde, Jacob (1604–1668) 132, 175
Ball, Hugo (1886–1927) 410
Bang, Herman (1857–1912) 384
Barclay, John (1582–1621) 164
Bardua, Caroline (1781–1864) 263
Barth, Wilhelm (1779–1852) 295
Barthelme, Donald (1931–1989) 383
Basile, Giambattista (1575–1632) 300
Bastian, Gerd 476
Bataille de Aliscans, La 60
Baudelaire, Charles (1821–1867) 382, 384, 387, 392, 395
Baudissin, Wolf Heinrich Graf (1789–1878) 303
Bauer, Felice 414
Bauer, Jo 461
Bauer, Karl (1868–1942) 398
Bauer, Wolfgang (1941–2005) 462, 463
Baumann, Hans (1914–1988) 435
Baumgarten, Alexander Gottlieb (1714–1762) 213
Bayer, Konrad (1932–1964) 453, 462
Beardsley, Aubrey (1872–1898) 54, 69
Beatus Rhenanus (1485–1547) *112*
Beauvais, Peter 478
Bebel, August (1840–1913) 489
Bebel, Heinrich (um 1472 – 1518) 134
Becher, Johannes R. (1891–1958) 404, 436, 467, 470
Bechstein, Ludwig (1801–1860) 58, 301
Beck, Heinrich 240
Beck, Rufus 447

Becker, Nikolaus (1809–1845) 331
Becker, Rudolph Zacharias (1752–1822) 224
Beckmann, Max (1884–1950) 284
Beer, Johann (1655–1700) 164, 167
Beer-Hofmann, Richard (1866–1945) 384, 386
Beethoven, Ludwig van (1770–1827) 264, 282, 481
Bekkh, Johann Joseph (1635 – nach 1691) 164
Bembo, Pietro (1470–1547) 160
Bender, Ferdinand *350*
Benedikt von Nursia (um 480 – um 550) 14
Benediktbeurer Passionsspiel 66 f.
Benediktinerregel 12 f., *12*
Benjamin, Walter (1892–1940) 310, 436, 446, 481
Benn, Gottfried (1886–1956) 340, 380, 404, 408, 434, **450 f.**, *450*
  Gehirne 408
  Morgue 404
  Statische Gedichte 450 f.
Bennent, Anne 307
Bennent, David 460, 461
Bense, Max (1910–1990) 452 f.
Berg, Alban (1885–1935) 341
Bergengruen, Werner (1892–1964) 434
Berghaus, Ruth 307, 430, *431*
Bergman, Ingmar (1918–2007) 475
Bergman, Ingrid 457
Bergner, Elisabeth 389
Berlichingen, Götz (Gottfried) v. (1480–1562) 120 f.
Berlioz, Hector (1803–1869) 284
Bermann Fischer, Gottfried (1897–1995) 396 f., *397*
Bermann Fischer, Brigitte 397
Bernhard von Clairvaux (1091–1153) 15, 31, 61, 88
Bernhard, Thomas (1931–1989) 340, **484 f.**, *484*, *485*
Berthold von Regensburg (um 1210 – 1272) 87
Bibel 22 f., 32 f., 34, 36 f., 38, 66 f., 107, 111, 116 f., 131, 178, 204 f.
  Buch Daniel 32, 178
  Hoheslied 29, 30 f., 69, 90
Bichsel, Peter (geb. 1935) 483
Bieler, Manfred (1934–2002) 467
Bienek, Horst (1930–1990) 461
Bierbichler, Josef *432*

Biermann, Karl Eduard (1803–1892) *353*
Biermann, Wolf (geb. 1936) 335, 341, 467
Bing, Max 421
Biow, Hermann (1810–1850) *301*
Birck, Sixt (1501–1554) 131
Birken, Sigmund v. (1626–1681) 159, 168
Bisinger, Gerald (1936–1999) 462
Bismarck, Otto v. (1815–1898) 323, 364
Blanchard, Jean-Pierre (1753–1809) 268
Blanckenburg, Friedrich v. (1744–1796) 223, 282 f.
Blatter, Silvio (geb. 1946) 483
Blechen, Carl (1798–1840) *317*
Bleibtreu, Karl (1859–1928) 375
Blöcker, Günter 445
Blunck, Hans Friedrich (1888–1961) *434*, 435
Bobrowski, Johannes (1917–1965) 470
Boccaccio, Giovanni (1313–1375) 94, 129, 248, 360, 361
Bode, Johann Joachim Christoph (1730–1793) 240
Bodin, Jean (1529/30–1597) 138 f.
Bodmer, Johann Jakob (1698–1783) 36, 74, 96 f., 198 f., *198*, 201, *201*, 204, 205, 213, 220
Böhme, Jacob (1575–1624) 176, **180 f.**, *180*, *181*
Böll geb. Çech, Annemarie 476
Böll, Heinrich (1917–1985) 340, 442 f., 445, 447, 449, 460, **476 f.**, *476*, 477, 479
  Ansichten eines Clowns 477
  Billard um halb zehn 476
  Frauen vor Flußlandschaft 477
  Die verlorene Ehre der Katharina Blum 461, 477
Bölsche, Wilhelm (1861–1939) 375
Börne, Ludwig (1786–1837) 287, 332, 334, 335, 336, 349
Boëthius (470–524) 26 f., *27*
Boileau-Despréaux, Nicolas (1636–1711) 190, 204
Boisserée, Melchior (1786–1851) und Sulpiz (1783–1854) 330
Boito, Arrigo (1842–1918) 284
Boner, Ulrich (14. Jh.) 85, 107
Bonifaz VIII., Papst (reg. 1294–1303) 81

Bonnard, Robert (1652–1729) 89
Bora, Katharina v. 114
Borchardt, Rudolf (1877–1945) 153
Borchert, Wolfgang (1921–1947) 440 f., *441*, **442 f.**, *442*
  Draußen vor der Tür 441 f., 446
Borcke, Caspar Wilhelm v. (1704–1747) 234
Born, Nicolas (1937–1979) 461, 486
Borsody, Suzanne v. 472
Bosch, Hieronymus (um 1450 – 1516) *123*
Bote, Hermann (vor 1467 – um 1520) *134*, 135, 136
Bourget, Paul (1852–1935) 392
Brahe, Tycho (1546–1601) 412
Brahm, Otto (1856–1912) 379, *379*
Brandt, Susanna Margaretha (um 1748 – 1772) 236
Brandt, Willy (1913–1992) 458
Brant, Sebastian (1457–1521) 25, 85, **122**, *122*, 138, 172
Braun, Volker (geb. 1939) 341, 471, 494, *494*
Brecht, Bertolt (1898–1956) 117, 239, 313, 397, 416 f., **428 f.**, *428*, 429, 430 f., 433, 436, 446, 454, 456 f., *456*, 467, *467*, 470, 474 f.
  Baal 428
  Dreigroschenoper 428, 430
  Furcht und Elend des Dritten Reiches 428
  Der kaukasische Kreidekreis 431, *431*
  Leben des Galilei 457
  Mahagonny 431
  Mutter Courage 431, *431*
  Svendborger Gedichte 428 f.
Brehm, Bruno (1892–1974) *434*
Breitinger, Johann Jakob (1701–1776) 74, 96, 198, *198*, 199, 201, 204
Brentano, Bettine s. Arnim, Bettine v.
Brentano, Clemens (1778–1842) 137, 288, 293, 298, 330
  Godwi 296 f., 297
  Des Knaben Wunderhorn 301, 314 f.
  Märchen 300, *300*
Brentano, Sophie s. Mereau, Sophie
Breth, Andrea *211*
Breughel d. Ä., Pieter (um 1525/30 – 1569) *139*
Brinkmann, Rolf Dieter (1940–1975) 253

Brion, Friederike (1752–1813) 238, 264
Broch, Hermann (1886–1951) *422*, **423**
  Die Schlafwandler 418, 423
  Der Tod des Vergil 437
Brockes, Barthold Heinrich (1680–1747) 232
Brod, Max (1884–1968) **412 f.**, *413*, 414
Brody, Daniel *422*
Bronnen, Arnolt (1895–1959) 403
Browne, Robert 169
Brülow, Caspar (1585–1627) 131
Bruno von Hornberg (2. Hälfte 13. Jh. / Anfang 14. Jh.) 50
Brussig, Thomas (geb. 1965) 494
Buch der Märtyrer 92
Buchner, Augustus (1591–1661) 145, 186
Bucholtz, Andreas Heinrich (1607–1671) 164, *165*
Büchner, Georg (1813–1837) 238 f., 324, **338**, 388, **340 f.**, 341
  Dantons Tod 338 f.
  Lenz 239
  Woyzeck 340 f., *341*
Bünau, Heinrich v. 219
Bürger, Gottfried August (1747– 1794) 237, 241, 246
Buff, Charlotte (1753–1828) 244, 264
Bumke, Joachim 46 f.
Burchard, Otto *411*
Burckhardt, Jacob (1818–1897) 109
Burger, Hermann (1942–1989) 483
Busch, Wilhelm (1832–1908) 358, **366 f.**, 367
Busche, Hermann von dem (um 1468 – 1534) 111
Busoni, Ferrucio (1866–1924) 284
Buti, Lodovico (um 1560 – nach 1603) *109*
Buttmann, Erhardt (gest. 1559) *106*

Cagnacci, Guido (um 1601/06 – 1681) *178*
Calcidius (Chalkidios, 4./5. Jh.) 103
Calderón de la Barca, Pedro (1600–1681) 168, 288, 303, 398 f.
Callot, Jacques (1592/93–1635) *318*
Camerarius d.J., Joachim (1534–1598) 154

Camões, Luís Vaz de (um 1524 – 1580) 152, 303
Campe, Joachim Heinrich (1746–1818) 196, 224 f., 225, 241, 258 f.
Canetti, Elias (1905–1994) 340, **426 f.**
Canitz, Friedrich Rudolph Ludwig v. (1654–1699) 190
Carl August, Herzog von Sachsen-Weimar (1757–1828) 262, 264, 272
Carl Eugen, Herzog von Württemberg (1728–1793) *193*, 247, 262, 264, 272 f.
Carrell, Rudi (geb. 1934) 496
Carstens, Karl (1914–1992) 477, *477*
Carus, Carl Gustav (1789–1869) *261*, *262*, *325*
Casanova, Giacomo (1725–1798) 173
Casper v. Lohenstein, Daniel s. Lohenstein, Daniel Casper v.
Castiglione, Baldassare (1478–1529) 292
Catlin, George (1796–1872) *349*
Caxton, William (um 1422 – 1491) 107
Celan, Paul (1920–1970) 340, 451, *451*
Cellarius, Christoph (1638–1707) 108 f.
Celtis, Conrad (1459–1508) 24 f., *25*, 110 f., 112, 125, 132 f., *133*
Cervantes Saavedra, Miguel de (1547–1616) 221 f., 296, 288, 303, 361
Cézanne, Paul (1839–1906) *372*, *395*, *493*
Chabrol, Claude (1930–2010) 310, 461
Chamfort, Nicolas (1741–1794) 294
Chanson de Roland 55, 60
Chéreau, Patrice (geb. 1944) *339*
Chierico, Antonio del (tätig um 1500) *161*
Chodowiecki, Daniel (1726–1801) 206, *237*, *241*, *244*, *259*
Choiseul-Gouffier, Marie-Gabriel-Florent-Auguste Comte de (1752–1817) 278
Chrétien de Troyes (um 1135 – 1190) 49, 54 f., 56, 76 f., 78 f.
Christiansen, Hans (1866–1945) *384*
Christus und die minnende Seele 31
Cicero (106–43 v. Chr.) 26, 27, 221, 303

Cid, Der 303
Circe *341*
Clarorum virorum epistolae 111
Clasen, Lorenz (1812–1899) 330
Claudius, Eduard (1911–1976) 468
Claudius, Matthias (1740–1815) 241
Clauren, H. (d.i. Carl Heun, 1771–1854) 251, *251*
Clausen, Rosemarie (1907–1990) *442*
Clausewitz, Carl v. (1780–1831) 443
Closener, Fritsche (2. Hälfte 14. Jh.) 32
Cola di Rienzo (Rienzi, 1313–1354) 104
Conrad, Michael Georg (1846–1927) 373
Constantin Africanus 103
Constitutio Criminalis Carolina 236
Cook, James (1728–1779) 192
Cooper, James Fenimore (1789–1851) 348
Corinth, Lovis (1858–1925) *374*
Corneille, Pierre (1606–1684) 145, 234
Cotta, Carl v. 286
Cotta, Georg v. 286 f.
Cotta, Johann Friedrich (1764–1832) **286 f.**, 286, 313, *313*, 396
Cramer, Heinz v. (geb. 1924) *447*
Cranach d. Ä., Lucas (1472–1553) 115
Credo 13
Creuzer, Friedrich (1771–1858) 288, 298
Crotus Rubeanus (um 1480 – um 1545) 113
Crüger, Johann (1598–1663) 162
Crumb, Robert (geb. 1943) 367
Czechowski, Heinz (geb. 1935) 471
Czeschka, Carl Otto (1878–1960) 73
Czepko von Reigersfeld, Daniel (1605–1660) 181

Daffinger, Moritz Michael (1790–1849) *326*
Dahn, Felix (1834–1912) 347, 364
Dall'Occa, Antonio 319
Dannecker, Johann Heinrich v. (1758–1841) *273*
Dante Alighieri (1265–1321) 288, 303

Danton, Georges Jacques (1759–1794) 339
Daumier, Honoré (1808–1879) *303*
Defoe, Daniel (um 1660 – 1731) 196 f., 225
Dehmel, Richard (1863–1920) 384
Delacroix, Eugène (1798–1863) 285, *337*, *343*
Delaroche, Paul (1797–1856) *305*
Delius, Friedrich Christian (geb. 1943) 341, 474
Dene, Kirsten 255, *484*
Denis, Michael (1729–1800) 163
Depardieu, Gérard 339
Deply, Julie *455*
Deppe, Hans 360
Descartes, René (1596–1650) 195, 228
Destouches, Philippe Néricault (1680–1754) 203
Devrient, Ludwig (1784–1832) *319*
Diamant, Dora 414
Dickens, Charles (1812–1870) 348, 370
Diderot, Denis (1713–1784) 217
Dietrich von Apolda (um 1220/30–1302/03) 93
Dietrich von Bern 20 f., 72
Dietrich, Marlene 400
Dilherr, Johann Michael (1604–1669) 154
Dilthey, Wilhelm (1833–1911) 266
Dingelstedt, Franz (1814–1881) 215, 343, 351
Dirks, Rudolph 367
Disticha Catonis 26
Doderer, Heimito v. (1896–1966) 427, *484*
Döblin, Alfred (1878–1957) 409, 416 f., **420 f.**, *421*, 422, 434, 436, 441, 446, 449
Berlin Alexanderplatz 420 f., *420*, *421*, 422 f., 460, 461
Döhl, Reinhard (1934–2004) 452 f.
Dohna, Karl Hannibal v. 142
Domin, Hilde (1909–2006) 436
Donatus, Aelius (4. Jh.) 26, 106
Donaueschinger Passionsspiel 66
Doré, Gustave (1833–1883) *366*
Dorn, Dieter 492
Dorst, Tankred (geb. 1925) 74, 341
Dos Passos, John (1896–1970) 422 f., 449

Dostojewski, Fjodor (1821–1881) 396
Drach, Albert (1902–1995) 341
Dronke, Ernst (1822–1891) 325, 352
Droste-Hülshoff, Annette v. (1797–1848) 287, 324, *344*, **345**, *345*
Du Bellay, Joachim (1522–1560) 152
Düggelin, Werner 456
Dürer, Albrecht (1471–1528) 25, 54, 122, 133, 158, 198, *290*, *291*
Dürer, Hieronymus (1641–1704) 164
Dürrenmatt, Friedrich (1921–1990) 341, 447, **456**, 457, 482
 Der Besuch der alten Dame 457, *457*
 Die Physiker 457
 Theaterprobleme 457
Dufhues, Josef-Hermann 445
Dughet, Gaspard 216
Dulk, Albert (1819–1884) 365
Dumas fils, Alexandre (1824–1895) 350
Dunker, Balthasar Anton (1746–1807) *201*
Dutschke, Rudi (1940–1979) 496
Duttenhofer, Luise (1776–1829) 269

Ebeling, Johann Georg (1637–1676) 162
Eberhard I., Herzog von Württemberg (1445–1496) 112
Eberlin von Günzburg, Johann (um 1470 – 1533) 119
Ebner-Eschenbach, Marie v. (1830–1916) 359
Eckermann, Johann Peter (1792–1854) 259, 273 f., 302
Eckhart, Meister (vor 1260 – 1327/28) 86, **88 f.**, 89, 91
Eco, Umberto (geb. 1932) 14, 383
Eich, Günter (1907–1972) 340 f., 441, **447**, 451, 470, 474
 Inventur 440
 Träume 447
Eichendorff, Joseph v. (1788–1857) 288, 305, 315
 Ahnung und Gegenwart 267, 310 f.
Eichhorn, Christoph *419*
Eichrodt, Ludwig (1827–1892) 324, *325*
Eiermann, Anna *431*
Eike von Repgow (1. Hälfte 13. Jh.) 17, 32

Eilhart von Oberg(e) (2. Hälfte 12. Jh.) 68
Einhard (um 770 – 840) 18, 32
Einstein, Carl (1885–1940) 408, 422
Eisendle, Helmut (1939–2003) 462, 463
Ekhof, Konrad (1720–1778) 214
Ekkehard I. von St. Gallen (um 910 – 973) 15
Ekkehard IV. von St. Gallen (vor 1000 – 1056) 14 f.
Ekman, Gösta 285
Eleonore von Aquitanien (um 1122 – 1204) 55
Elisabeth, hl. (Elisabeth von Thüringen, 1207–1231) 43, 92 f., *92*, *93*
Elisabeth Charlotte von Orléans (1652–1722) 242
Elisabeth von Nassau-Saarbrücken (um 1394 – 1456) 82 f., 83
Emser, Hieronymus (1478–1527) 117
Endter, Verlegerfamilie 159
Engel, Erich 428
Engelhardt, Bettina *432*
Engelische Comedien und Tragedien 234
Engels, Friedrich (1820–1895) 323
Engert, Erasmus (1796–1871) *324*
Enghaus-Hebbel, Christine 350, 351
Enikel, Jans (2. Hälfte 13. Jh.) 32
Ensslin, Gudrun (1940–1977) 486
Enzensberger, Hans Magnus (geb. 1929) 340, 444 f., 474, 476
Epistolae obscurorum virorum 112 f.
Eppelsheimer, Hanns W. *451*
Erasmus von Rotterdam (1466 oder 1469 – 1536) 110, *111*, 115
Ermer, C. (tätig um 1810–30) *321*
Ernst, Max (1891–1976) 411
Ernst August, König von Hannover (1771–1851) 322
Eschenburg, Johann Joachim (1743–1820) 206, 234
Esterházy, Péter (geb. 1950) 497
Eugen, Prinz von Savoyen (1663–1736) 190, 197
Euklid (4./3. Jh. v. Chr.) 26, *27*
Evangelisches Kirchengesangbuch 163
Ezzolied 29

Fallada, Hans (d. i. Rudolf Ditzen, 1893–1947) 417
Fassbinder, Rainer Werner (1945–1982) *371*, 421, 433, 461
Faust 136 f., 213, 236, 282 f., 284 f., *283*, *284*, 332
Fechner, Hanns (1860–1931) *369*
Federman, Raymond *447*
Fellgiebel, Esaias (1623–1692) *177*
Fer, Nicolas de (1646–1720) *193*
Ferdinand I., Kaiser (reg. 1556–1564) 108
Ferdinand II., Kaiser (reg. 1619–1637) 140
Feuchtwanger, Lion (1884–1958) 416, 427, 428, 433, 436, 437
Feuerbach, Anselm (1829–1880) *254*
Feuerbach, Ludwig (1804–1872) 362
Feyerabend, Franz (1755–1800) *207*
Fichte, Johann Gottlieb (1762–1814) 256, 263, 278, 288 f., 304, 316
Ficino, Marsilio (1433–1499) 111
Ficker, Ludwig v. (1880–1967) 402, 405
Fielding, Henry (1707–1754) 222 f., 270
Fischart, Johann (1546–1590/1591) 122, 125, *125*, **138 f.**, *138*
Fischer, Hedwig *396*
Fischer, Samuel (1859–1934) 379, 396 f., *396*
Flake, Otto (1880–1963) 124
Flasch, Kurt 103
Flaubert, Gustave (1821–1880) 370
Fleißer, Marieluise (1901–1974) 433, *433*
Fleming, Paul (1609–1640) 152, **160**, 161, 175, 182
Flesch, Hans (1896–1945) 446
Flimm, Jürgen 399
Förster-Nietzsche, Elisabeth (1846–1935) 381
Fohr, Carl Philipp (1795–1818) *230*, *289*
Folz, Hans (um 1435/40 – 1513) 95, 129
Fontane, Theodor (1819–1898) 347, 357, 359, 363, 365, **368 f.**, 369, 370 f., 377, 495
Effi Briest 371, *371*, 461
Frau Jenny Treibel 371
Irrungen, Wirrungen 371
Schach von Wuthenow 369

Der Stechlin 370
Vor dem Sturm 368
Wanderungen durch die Mark Brandenburg 368
Forster, Georg (1754–1794) 258 f.
Forte, Dieter (geb. 1935) 121
Fortunatus 83, 136
Fortuny y Madrazo, Mariano (1871–1949) *79*
Foster, Harold (1892–1981) *59*
Fragonard, Jean-Honoré (1732–1806) *227*
Francisci, Erasmus (1627–1694) *182*
Franck, Sebastian (um 1500 – 1543) 180
Francke, August Hermann (1663–1727) 228
Franckenberg, Abraham v. (1593–1652) *180*
Frank, Hans Ulrich (1603–1680) *157*
Frank, Leonhard (1882–1961) 424
Frankfurter Dirigierrolle 67
Franz Joseph I., Kaiser von Österreich (reg. 1848–1916) 323, 426
Franziskus von Assisi (1182–1226) 93
Franzos, Karl Emil (1848–1904) 340
Frauenlob (um 1250 – 1318) 64 f., 126
Freidank (1. Hälfte 13. Jh.) 61, 64, 84, 85, 122
Freiligrath, Ferdinand (1810–1876) **343**
Freud, Sigmund (1856–1939) 250, *435*, 465
Freumbichler, Johannes (1881–1949) 485
Frey, Jacob (um 1520 – um 1562) 135
Freytag, Gustav (1816–1895) 267, 347, 356 f., 364
Fried, Erich (1921–1988) 341, 474
Friedel, Peter (gest. vor 1814) *292*, *307*
Friedrich von Hausen (um 1150 – 1190) 59, 61
Friedrich I., Kaiser (reg. 1152–1190) 10 f., 40, *41*, 61
Friedrich I., Herzog von Österreich (reg. 1195-98) 63, 65
Friedrich II., Kaiser (reg. 1212–50) 27, 40, 43, 61, 63, 65, 71, 84 f., 93, 152
Friedrich II., König von Preußen (reg. 1740–86) 192, 240
Friedrich III., Kaiser (reg. 1440–1493) 81, *110*, 111
Friedrich III. (der Weise), Kur-

fürst von Sachsen (reg. 1486–1525) *116*
Friedrich IV., Herzog von Österreich (1406–1439) 98 f.
Friedrich V. von der Pfalz, Kurfürst (reg. 1610–23; König von Böhmen 1619/20) 149
Friedrich von Schwaben, dt. König (reg. 1198–1208) *41*
Friedrich Wilhelm I., König von Preußen (reg. 1713–40) 192, 202
Friedrich Wilhelm II., König von Preußen (reg. 1786–97) 295
Friedrich Wilhelm IV., König von Preußen (reg. 1840–61) 322, 325, 342
Friedrich, Caspar David (1774–1840) 261
Friesen, Karl 304
Frisch, Max (1911–1991) 340, 447, **454**, 456, *456*, 460, 482, 486, 491
  Andorra 457
  Biedermann und die Brandstifter 457
  Biografie 455
  Homo faber 455, *455*, 461
  Mein Name sei Gantenbein 455
  Stiller 454 f.
  Tagebuch 454, 455
Frischlin, Nicodemus (1547–1590) 131
Frischmuth, Barbara (geb. 1941) 463
Fritsch, Gerhard (1924–1969) 484
Fröhlich, Kathi 326
Fühmann, Franz (1922–1984) 467
Füssli, Johann Caspar (1706–1782) *201*, 205
Füssli, Johann Heinrich (1741–1825) 302
Fuetrer, Ulrich (gest. um 1496) 82
Fugger, Jakob (1459–1525) 125
Fugger (Familie) 124 f., 136
Fust, Johann 106

Gaismair, Michael (um 1490 – 1532) 120
Galen (129–199) 102
Galland, Jean-Antoine (1646–1725) 320
Ganghofer, Ludwig (1855–1920) 359
Ganz, Bruno 492
Gasser, Wolfgang 484
Gautier, Théophile (1811–1872) 385, 392
Gebeno von Eberbach 35
Geibel, Emanuel (1815–1884) 384

Geiler von Kaysersberg, Johannes (1445–1510) 86
Geißendörfer, Hans W. *419*, 461
Gellert, Christian Fürchtegott (1715–1769) 163, 203, 206, 210, *210*, 240, 242 f.
Genazino, Wilhelm (geb. 1943) 341
Geoffroi von Monmouth (um 1100 – 1154) 54
Georg II., Herzog von Sachsen-Meiningen (reg. 1866–1914) 378
Georg Wilhelm, Herzog von Liegnitz, Brieg und Wohlau (reg. 1672–75) 178
George, Heinrich (1893–1946) 420
George, Stefan (1868–1933) 153, 381, 384 f., *385*
Georgslied 19, 92
Gerberg II. von Gandersheim 24
Gerhardt, Paul (1607–1676) **162 f.**, *162*
Gerike, Otto (Lebensdaten nicht zu ermitteln) 219
Gerstäcker, Friedrich (1816–1872) 349
Gerstenberg, Heinrich Wilhelm v. (1737–1823) 223, 230
Gertrud von Helfta (die Große, 1256–1301/02) 90
Gessner, Salomon (1730–1788) *201*, 216 f., *217*, 218, 233
Geyer, Florian (um 1490 – 1525) 120 f.
Giotto (um 1267 – 1337) 109
Giarda, Christophoro (1594–1649) 144
Giorgione (um 1478 – 1510) *161*
Giraudoux, Jean (1882–1944) 420
Glaeser, Ernst (1902–1963) 425, *435*
Glaser, Adolf (1829–1916) 358
Gleim, Johann Wilhelm Ludwig (1719–1803) 216 f., 240, *241*
Glowna, Vadim 478
Gnaphaeus, Gulielmus (1492–1568) 131
Godefroy, Jean (1771–1839) 257
Goerden, Elmar 249
Göhrig, Heinz 75
Göring, Hermann (1893–1946) 75
Goering, Reinhard (1887–1936) 424
Görres, Joseph (1776–1848) 288 f., 330

Göschen, Georg Joachim (1752–1828) 286 f.
Goethe, August v. (1789–1830) 265
Goethe, Christiane, geb. Vulpius (1765–1816) 263, 264 f.
Goethe, Cornelia (1750–1777) 238
Goethe, Johann Wolfgang (1749–1832) 117, 129, 132, 152, 185, 190, 208 f., 215, 216, 229, 230, 233, 234 f., 235, 236, 238 f., 240, **244 f.**, 249, 256 f., 256, 259, 260 f., 260, 262 f., *262*, 263, **264 f.**, 268, 271, 272 f., 274 f., 278, 283, **284 f.**, 286 f., 288, 298 f., 301, 302 f., 306, 308, *310*, 313, *313*, 315, 319, *325*, 334 f., 348, 350, 360 f., 413, 449, 481
  Dichtung und Wahrheit 265
  Egmont 254 f., 276
  Faustdichtung 236, 275, 282 f., 284 f., 304, 320, 418
  Götz von Berlichingen 121, 230, 246, 251, 276
  Hermann und Dorothea 259
  Iphigenie auf Tauris 254, 255, 327
  Italienische Reise 252 f., 265
  Regeln für Schauspieler 274
  Torquato Tasso 254 f., 275
  Die Wahlverwandtschaften 310, 311, 461
  Werther 226 f., *240*, 241, 242 f., 244 f., 251, 337
  West-östlicher Divan 320 f., *321*
  Wilhelm Meisters Lehrjahre 266 f., 270, 295, 296 f., 311, 315, 362
  Wilhelm Meisters Wanderjahre 267, *267*, 310 f., 320, 348
Götz, Johann Nikolaus (1721–1781) 216
Goeze, Johann Melchior (1717–1786) 244, 248
Goldoni, Carlo (1707–1793) 328
Gomringer, Eugen (geb. 1925) 452 f.
Goncourt, Edmond (1822–1896) und Jules (1830–1870) de 372
Góngora, Luis de (1561–1627) 152
Gontard, Susette 278
Gorki, Maxim (1868–1936) 429, 466
Gosch, Jürgen *341*
Gotteslob 163
Gottfried von Bouillon (um 1060 – 1100) 61

Gottfried von Straßburg (um 1200)   48 f., 51, 52, 62, **68 f.**, 71, 76, 82
Gotthelf, Jeremias (1797–1854)   224, 313, 322, 354, 357, 361
Gottsched, Johann Christoph (1700–1766)   152, 190, 199, 200 f., 202 f., *203*, 204, 208 f., 212 f., 214, 218, 234
Gottsched, Luise, geb. Kulmus (1713–1762)   200, 202, *203*, 242
Gounod, Charles (1818–1893)   284
Grabbe, Christian Dietrich (1801–1836)   284, 338
Gracián, Baltasar (1601–1658)   187
Gräf, Roland   461
Graf, Oskar Maria (1894–1967)   313, 436
Graff, Anton (1736–1813)   *209*, *293*
Grass, Günter (geb. 1927)   151, 153, 175, 340, 445, **458 f.**, *458*, 460, 480 f., 494
  Die Blechtrommel   460 f., *460*, *476*
  Der Butt   488, 489
  Danziger Trilogie   459
  Katz und Maus   461
  Das Treffen in Telgte   444
  Ein weites Feld   494 f., *495*
Greflinger, Georg (um 1620 – 1677)   149
Gregor I., Papst (der Große, reg. 590–604)   18, *34*
Gregor IX., Papst (reg. 1227–41)   93
Gregor von Tours (um 538 – 594)   92
Greiffenberg, Catharina Regina v. (1633–1694)   152
Grieninger, Johannes   *134*
Grillparzer, Franz (1791–1872)   287, 324, **326 f.**, *326*, *327*, 350 f., 361
Grimm, Hans (1875–1959)   434 f., *435*
Grimm, Jacob (1785–1863)   300 f., *301*, 322
Grimm, Wilhelm (1786–1859)   300 f., *301*, 322, 344
Grimmelshausen, Catharina, geb. Henninger   166
Grimmelshausen, Hans Jacob Christoph v. (1621/22–1676)   122, 146 f., 149, 157, 164 f., **166 f.**, *166*, *167*, 183
Grosse, Siegfried   44
Grosz, George (1893–1959)   411, *411*, 424
Gruber, Reinhard P. (geb. 1947)   463
Grün, Anastasius (d. i. Anton Alexander Graf von Auersperg, 1808–1876)   342
Grünbein, Durs (geb. 1962)   341, 494
Grüner, Vincenz Raimund (1771–1832)   *327*
Grünhagen, Colmar   371
Grunert, Ute   458, 488
Gryphius, Andreas (1616–1664)   131, **150 f.**, *151*, 152, 157, 170 f., *171*, 175, 176 f., 179
Gryphius, Christian (1649–1706)   150
Günderrode, Karoline v. (1780–1806)   **298 f.**, *298*
Günther, Johann Christian (1695–1723)   **190 f.**, *190*, *191*
Guillaume d'Orange   20, 60
Gundahar   72
Gutenberg, Johannes (1394/1404–1468)   81, **106 f.**, 109
Gutzkow, Karl (1811–1878)   239, 336 f., **352 f.**, 358

Haas, Willy (1891–1973)   413
Hackert, Jacob Philipp (1737–1807)   *252*
Hackl, Karlheinz   *399*
Hadamar von Laber (um 1300 – nach 1354)   100
Hadlaub, Johannes (um 1300)   96 f., *97*
Haeckel, Ernst (1834–1919)   373
Hänny, Reto (geb. 1947)   482, *483*
Härtling, Peter (geb. 1933)   486
Hafis (1317/26–1389/90)   320 f., *320*
Hafner, Philipp (1735–1764)   *328*
Hagedorn, Friedrich v. (1708–1754)   216
Halem, Gerhard Anton v. (1752–1819)   *258*
Haller, Albrecht v. (1708–1777)   206, 232
Hallmann, Johann Christian (um 1640 – 1704 bzw. 1714/1716)   131, 177
Hammer-Purgstall, Joseph v. (1774–1856)   320 f.
Handke, Peter (geb. 1942)   340, 461, 463, 486, **492 f.**, *493*
Haneke, Michael   *491*
Happel, Eberhard Werner (1647–1690)   *182*
Harbou, Thea v. (1888–1954)   74
Harden, Maximilian (1861–1927)   379
Hardenberg, Friedrich v. s. Novalis

Hardenberg, Karl August v. (1750–1822)   257
Harig, Ludwig (geb. 1927)   486, 452
Harsdörffer, Georg Philipp (1607–1658)   142, 144 f., **158**, 159, 171
Hart, Heinrich (1855–1906) und Julius (1859–1930)   373, 379
Hartlaub, Gustav Friedrich   416
Hartlieb, Johannes (vor 1410 – 1468)   26
Hartmann von Aue (um 1165 – 1210)   44, 49, 55, **56 f.**, *56*, 61, 71, 76, 92
Hartmann, Armer (um 1150)   29
Hartmann, Heinrich   304
Hasenclever, Johann Peter (1810–1853)   *251*
Hasenclever, Walter (1890–1940)   403
Hauff, Wilhelm (1802–1827)   301, 320, 346 f., *346*, 491
Hauptmann, Gerhart (1862–1946)   121, 341, 374, **376 f.**, *377*, 379, *379*, 396
  Bahnwärter Thiel   376
  Vor Sonnenaufgang   376, 379
  Die Weber   376, 377, 379, *379*
Hausmann, Raoul (1886–1971)   411, *411*
Heartfield, John (1891–1968)   411, *411*, 417, 426
Hebbel, Friedrich (1813–1863)   74, 287, 328, 338 f., *350*, **351**
Hebel, Johann Peter (1760–1826)   312 f., *312*, 413
Heermann, Johannes (1585–1647)   163
Hegel, Georg Wilhelm Friedrich (1770–1831)   263, 278
Heidegger, Gotthard (1666–1711)   250
Heidegger, Martin (1889–1976)   491
Heideloff, Carl Alexander v.   *346*
Heideloff, Victor Wilhelm Peter (1757–1817)   *246*
Heiligen Leben, Der   92
Heimann, Moritz (1868–1925)   396 f.
Hein, Christoph (geb. 1944)   74, 461, 494
Heine, Heinrich (1797–1856)   161, 271, 284, 287, 324, **332 f.**, *333*, 334, 336, 342 f., *342*, 349
  Buch der Lieder   315, 330
  Deutschland. Ein Wintermärchen   334 f.
  Ludwig Börne   334
  Reisebilder   333

Die romantische Schule 271, 334 f.
Heine, Salomon (1767–1844) 332
Heinrich (von Melk?, 2. Hälfte 12. Jh.) 39
Heinrich der Stolze, Herzog von Bayern (reg. 1126–38) und Sachsen (reg. 1137–39) 11
Heinrich II., König von England (reg. 1154–89) 48, 55
Heinrich IV., Kaiser (reg. 1056–1106) 11
Heinrich VI., Kaiser (reg. 1190–97) 40, *41*, 45, 65, 97
Heinrich VII., dt. König (1308–1313) 40
Heinrich von dem Türlin (1. Hälfte 13. Jh.) 55
Heinrich von Freiberg (Ende 13. Jh.) 68, 82
Heinrich von Mügeln (2. Hälfte 14. Jh.) 65, 126
Heinrich von München (14. Jh.) 32
Heinrich von Nördlingen (1. Hälfte 14. Jh.) 90
Heinrich von Ofterdingen 62, 93
Heinrich von Rugge (2. Hälfte 12. Jh.) 61
Heinrich von Veldeke (2. Hälfte 12. Jh.) 40, 42 f., **52 f.**, *52*, 53, 76
Heinse, Wilhelm (1746–1803) 252
Heinsius, Daniel (1580–1655) 142
Heinzmann, Johann Georg (1757–1802) 251
Heißenbüttel, Helmut (1921–1996) 340, 452 f.
Heister, Hans Siebert v. 446
Heliand 10, 22, 23
Hemingway, Ernest (1899–1961) 442
Hengstler, Wilhelm (geb. 1944) 462
Henkel, Anna 341
Henkel, Arthur 254
Henriette Christiane Caroline von Hessen (1721–1774) 240
Henze, Hans Werner (geb. 1926) 491
Herbort von Fritzlar (um 1200) 43, 52
Herder, Caroline, geb. Flachsland (1750–1809) 240, 243
Herder, Johann Gottfried (1744–1803) 230 f., 233, 234, 240, 243, 246, 261, 262 f., *263*, 264, 287, 301, 303
Heribert von Salurn (1637–1700) 184

Hermann, Markgraf von Meißen (gest. 1038) 48
Hermann I., Landgraf von Thüringen (reg. 1190–1217) 42, 43, 53, 63, 65, 77, 93
Hermann, Irm 419
Hermlin, Stephan (1915–1997) 471
Herneisen, Andreas (1538–1610) 128
Herrand von Wildonie (um 1230 – 1278/82) 95
Herwegh, Georg (1817–1875) 325, **342**, 343
Herz, Henriette (1764–1847) 292, *293*
Herz, Markus (1747–1803) 292
Herzfelde, Wieland (1896–1988) 411
Herzog Ernst 28
Hesse, Andreas Peter (1728–1803) 240
Hesse, Hermann (1877–1962) 267, 299, 397, **400 f.**, *401*
Unterm Rad 400 f.
Hetzbolt von Weißensee, Heinrich (1. Hälfte 14. Jh.) 45
Heun, Carl *s.* Clauren, H.
Hexenhammer 138
Heym, Georg (1887–1912) 153, 403, 404 f., *404*
Heym, Stefan (geb. 1913) 467, 494
Heyse, Paul (1830–1914) 341, 359, 360 f., *360*, 384
Hiemer, Franz Karl (1768–1822) 279
Hieronymus (um 348 – 420) 19
Highmore, Joseph (1692–1780) 242
Hilbig, Wolfgang (1941–2007) 341, 494
Hildebert von Bermersheim 35
Hildebertus 16
Hildebrandslied 12 f., 19, 20 f.
Hildegard von Bingen (1098–1179) **34 f.**, *34*, 35
Hildesheimer, Wolfgang (1916–1991) 340, 447
Hillenbrand, Anna Dorothea v. 220
Hiller, Kurt (1885–1972) 402
Hippokrates (geb. 460 v. Chr.) 102
Hirzel, Hans Caspar 201
Historia von D. Johann Fausten 136 f., 282
Hitler, Adolf (1889–1945) 436, 469
Hochhuth, Rolf (geb. 1931) 474, *474*
Hocke, Johann Gottfried 227
Hoddis, Jakob van (1887–1942) 404

Höch, Hannah (1889–1979) 411
Hölderlin, Friedrich (1770–1843) 219, 259, 265, **278 f.**, *278*, *279*, 287, 330, 443, 475, 481, 489
Hyperion 278 f.
Lyrik 280 f., *280*, *281*
Hölty, Ludwig Heinrich Christoph (1748–1776) 241
Hoffer, Klaus (geb. 1942) *462*, 463
Hoffmann, Ernst Theodor Amadeus (1776–1822) 251, 267, *267*, 288 f., 291, *317*, **318 f.**, 319
Die Elixiere des Teufels 317, *317*
Kater Murr 266 f., 319
Die Serapions-Brüder 317
Hoffmann von Fallersleben, August Heinrich (1798–1874) 323, 343
Hoffmannswaldau, Christian Hoffmann v. (1616–1679) 175, 176 f., **186 f.**
Hoffmeister, Adolf (1902–1973) 413
Hofmann, Johann 159
Hofmannsthal, Hugo v. (1874–1929) 320, 326 f., 381, 384 f., *384*, 387, 397, **398 f.**, *398*, 413
Chandos-Brief 394, 398
Der Rosenkavalier 398 f.
Der Schwierige 399
Der Turm 398
Hogarth, William (1697–1764) 270
Holbein d. J., Hans (1497–1543) *111*, *198*
Holberg, Ludvig (1684–1754) 328
Holtzwart, Mathias (um 1540 – nach 1589) 154
Holz, Arno (1863–1929) 373, **374 f.**, *374*, 379, 453
Homer (8. Jh. v. Chr.?) 19, 36, 200, 205, *219*, 230, 244, 253, 302 f.
Horapollo 155
Horaz (65–8 v. Chr.) 206, 218, 221, 232, 252, 303
Horváth, Ödön v. (1901–1938) **432 f.**
Hosemann, Theodor (1807–1875) *317*
Hrabanus Maurus (um 780 – 856) 14 f., *14*, *15*, 23, 26
Hrotsvit von Gandersheim (um 935 – nach 973) **24 f.**, *25*, 110
Hubbuch, Karl (1891–1979) 416
Huch, Ricarda (1864–1947) 434

Huchel, Peter (1903–1981) 467, **470 f.**, *470*
Hübner, Carl Wilhelm (1814–1879) *376*
Huelsenbeck, Richard (1892–1974) 410
Hughes, Richard 446
Hugo, Victor (1802–1885) 331
Hugo von Montfort (1357–1423) 96
Hugo von Trimberg (nach 1230 – nach 1313) 84, 85, 100
Huizinga, Johan (1872–1945) 38
Humboldt, Alexander v. (1769–1859) 292
Humboldt, Wilhelm v. (1767–1835) 257, 258, 261, 293
Hundt, Friedrich 345
Hunold, Christian Friedrich (1681–1721) 243
Huppert, Isabelle *491*
Hus, Jan (um 1370 – 1415) 81
Hutten, Ulrich v. (1488–1523) 111, **113**, *113*, 118, *118*

Ibsen, Henrik (1828–1906) 351, 369, 372, 379, 396
Iffland, August Wilhelm (1759–1814) 274, *275*
Immermann, Karl (1796–1840) 322, 357
Innerhofer, Franz (1944–2002) 484
Innozenz IV., Papst (reg. 1243–1254) 40
Isabey, Jean-Baptiste (1767–1855) *257*
Isidor von Sevilla (570–636) 13, 26

Jacobi, Ernst *447*
Jacobsen, Jens Peter (1847–1885) 384
Jacobus a Voragine (1228/29–1298) 92, 93
Jaeggi, Urs (geb. 1931) 483
Jaeglé, Minna (1810–1880) 338
Jahn, Friedrich Ludwig (1778–1852) 256 f., 305
Jahnn, Hans Henny (1894–1969) 441, 445
Jakobs, Karl-Heinz (geb. 1929) 468 f.
Jandl, Ernst (1925–2000) 341, **462 f.**
Janitschek, Maria (1859–1927) 389
Jannings, Emil (1884–1950) 285, 309, 400
Janssen, Horst (1929–1995) 360
Jean Paul (d. i. Johann Paul Friedrich Richter, 1763–1825) 185, 222, 241, 251, 259, **268 f.**, 268, 269, 270 f., 278, 287, 293, 294, 708
Flegeljahre 269, 270
Leben des Quintus Fixlein 271
Leben des vergnügten Schulmeisterlein Maria Wutz 269
Des Luftschiffers Giannozzo Seebuch 269
Siebenkäs 269, 270, 316
Titan 267, *267*, 269, 270, 316
Vorschule der Ästhetik 270 f.
Jedermann 129, 131
Jelinek, Elfriede (geb. 1946) 341, 463, 491
Jens, Walter (geb. 1923) *444*, 447
Jesenská, Milena 413, 414
Jesuit auf dem Thron, Der 197
Jirgl, Reinhard (geb. 1953) 341
Johannes, Apostel 281
Johann von Neumarkt (um 1315/20 – 1380) 104
Johannes XXII., Papst (reg. 1316–34) 89
Johannes von Tepl (um 1350 – vor April 1415) **104 f.**, *104*, *105*, 107
John, Gottfried 421
Johnson, Uwe (1934–1984) 340, 445, 460, 467, **472 f.**, 473
Jahrestage 461, 472 f.
Mutmassungen über Jakob 472 f., *472*, 476
Johst, Hanns (1890–1978) 434, 435
Jonke, Gert (1946–2009) 462, 463, 484
Jordan, Wilhelm (1819–1904) 364
Joseph II., Kaiser (reg. 1765–90) 192, 208, 215, 264, 350
Joseph von Arimathia 79
Jost von Silenen (um 1435 – 1498) 39
Joyce, James (1882–1941) 422 f., 449, 465
Judith 131, 328, 339, 350 f., 388
Jünger, Ernst (1895–1998) 424, 435
Jüngerer Titurel s. Albrecht
Jüngeres Hildebrandslied 20
Jüngst-erbawete Schäfferey 164
Jung, Johann Heinrich genannt Stilling (1740–1817) 229
Jutta von Sponheim (gest. 1136) 34 f.
Jutzi, Phil 420

Kästner, Erich (1899–1974) 340, 417, *435*
Käutner, Helmut (1908–1980) *432*, 460
Kafka, Franz (1883–1924) 412 f., *413*, **414 f.**, *414*, *415*
Kaiser, Georg (1878–1945) **406 f.**
Kaiserchronik 29, 32 f., 85
Kaléko, Mascha (1907–1975) 417
Kant, Hermann (geb. 1926) 467
Kant, Immanuel (1724–1804) 194, 261, 263, 306
Kappacher, Walter (geb. 1938) 341
Karl der Große (reg. 768–814) 9, 10 f., *10*, *11*, 15, 18, 20, 22, 60, 86
Karl I., König von Großbritannien (reg. 1625–49) *170*, 171
Karl IV., Kaiser (reg. 1346–78) 10, 81, 104
Karl V., Kaiser (reg. 1519–56) 108, 114
Karl Martell (reg. 715–741) 60
Karsch, Anna Louisa (1722–1791) 242
Karsthans 118, *119*
Karsunke, Yaak (geb. 1934) 121, 474
Kasack, Hermann (1896–1966) 396, 446
Kaschnitz, Marie Luise (1901–1974) 340, 447, 451, *451*
Kassandra 486, 488 f.
Kaufmannn, Christoph (1753–1795) 231
Kaufringer, Heinrich (1. Hälfte 15. Jh.) 95
Kautsky, Karl (1854–1938) 435
Keim, Franz (1840–1918) 73
Keller, Gottfried (1819–1890) 96, 217, 341, 356, 359, 361, **362 f.**, *362*, 363
Der grüne Heinrich 267, 356, 362
Die Leute von Seldwyla 363
Martin Salander 365
Kerner, Justinus (1786–1862) 358
Kerr, Alfred (1867–1948) 432, 480, *481*
Kersting, Georg Friedrich (1785–1847) *304*
Kessel, Jan van (um 1641 – 1680) *183*
Kessel, Martin (1901–1990) 340
Kesten, Hermann (1900–1996) 340
Kestner, Charlotte s. Buff, Charlotte
Kestner, Johann Christian (1741–1800) 264

Keun, Irmgard (1905–1982) **416 f.**, 437
Key, Ellen (1849–1926) 400
Khnopff, Fernand (1858–1921) 297
Kiening, Christian 105
Kietz, Ernst Benedikt (1815–1892) 333
Kilian, Philipp (1628–1693) 151
Kipling, Rudyard (1865–1936) 428
Kipphardt, Heinar (1922–1982) 239, 475
Kirchhof, Hans Wilhelm (um 1525/28 – 1602) 135
Kirchner, Ernst Ludwig (1880–1938) 402, 404
Kirsch, Sarah (geb. 1935) 341, 471, *471*
Kisch, Egon Erwin (1885–1948) 413, **417**, *417*
Klaj, Johann (um 1616 – 1656) 142, 158 f.
Kleist, Ewald v. (1715–1759) 205, 232 f.
Kleist, Heinrich v. (1777–1811) 265, 278, 288 f., 299, **306 f.**, 306, 309, 361, 413, 481, 491
  Amphitryon 307
  Berliner Abendblätter 309
  Die Hermannsschlacht 305, 308
  Das Käthchen von Heilbronn 317
  Michael Kohlhaas 309
  Penthesilea 307, *307*
  Prinz Friedrich von Homburg 307, 317
  Robert Guiskard 308
  Der zerbrochne Krug 275, 308 f., *308*, 309
Kleist, Ulrike v. (1774–1849) 306 f.
Kleopatra 129, 178
Klingemann, Ernst August (1777–1831) 316
Klinger, Friedrich Maximilian (1752–1831) 231, 235, 284
Klopstock, Friedrich Gottlieb (1724–1803) 117, 163, 201, **204 f.**, 205, 208, 209, 218, 220 f., *221*, 230, 233, 240 f., 241, 259, 280, 470
Kluge, Alexander (geb. 1932) 341
Knigge, Adolph v. (1752–1796) 259
Koberger, Anton (gest. 1513) 107, *107*
Koch, Joseph Anton (1768–1839) 235
König Rother 28
König, Eva (1736–1778) 208, 242

König, Michael 211
Köppen, Edlef (1893–1939) 425
Koeppen, Wolfgang (1906–1996) 340, 445, **448 f.**, *449*, 464, 486
Körner, Christian Gottfried (1756–1832) 272
Körner, Theodor (1791–1813) 304, 305, *305*
Kolbenheyer, Erwin Guido (1878–1962) 434, 435
Kolleritsch, Alfred (geb. 1931) 462, 463
Kolumbus, Christoph (1451–1506) 91
Konrad II., Kaiser (reg. 1024–39) 11, 365
Konrad III., dt. König (reg. 1138–52) 11, 33, 40
Konrad IV., dt. König (reg. 1237/50–54) 40, 81
Konrad, Pfaffe (Mitte / 2. Hälfte 12. Jh.) 20, 29, 60
Konrad von Ammenhausen (um 1280/90 – Mitte 14. Jh.) 100
Konrad von Marburg (um 1180/1190 – 1233) 93
Konrad von Megenberg (um 1309 – 1374) *102*, 103
Konrad von Würzburg (um 1235 – 1287) 82, 94 f., 126
Konstanze von Sizilien (1154–1198) 40
Kotzebue, August v. (1761–1819) 257, 274, 275
Kraus, Georg Melchior (um 1733 – 1806) 220, 255, 263, 265, 267
Kraus, Karl (1874–1936) 386 f., *387*, 424 f.
Krauß, Werner (1884–1959) 406
Kretzer, Max (1854–1941) 365
Kreuder, Ernst (1903–1972) 340
Kröner, Adolf 286
Kroetz, Franz Xaver (geb. 1946) 433
Krohn, Rüdiger 49
Krolow, Karl (1915–1999) 340, 451
Kronauer, Brigitte (geb. 1940) 341
Krüger, Johann Christian (1723–1750) 203
Kubin, Alfred (1877–1959) 393
Kügelgen, Gerhard v. (1772–1820) 230
Kühn, Dieter (geb. 1935) 74, 99
Kühne, Ferdinand Gustav (1806–1888) 336

Kürenberg, Der von (Mitte / 2. Hälfte 12. Jh.) 73
Kürnberger, Ferdinand (1821–1879) 349
Kuhlmann, Quirinus (1651–1689) 152, 176, 180
Kunert, Günter (geb. 1929) 467
Kulmbach, Hans v. (um 1480 – 1522) *133*
Kunze, Reiner (geb. 1933) 340, 461
Kupfer, Harry 239
Kurz, Hermann (1813–1873) 347, 360
Kussmaul, Adolf (1822–1902) 324

La Roche, Sophie v. (1730–1807) 240, 243, *243*, 298
La Rochefoucauld (1613–1680) 294
Labiche, Eugène (1815–1888) 351
Lafontaine, August Heinrich Julius (1758–1831) 251
Lagerfeld, Karl 399
Lalebuch, Das 122, 135, 136
Lampersberg, Gerhard (1928–2002) 485
Lamprecht, Günter 421
Lamprecht, Pfaffe (12. Jh.) 29, 52
Lancelot en prose 55, 83
Lancelot-Graal-Roman 79
Lang, Fritz (1890–1976) 74
Laokoon 218, 233, 367
Lasker-Schüler, Else (1869–1945) 403, 404
Laube, Heinrich (1806–1884) 215, 327, 336, 350, 351
Lauber, Diebold (15. Jh.) 16
Laughton, Charles (1899–1962) 429, 430
Lavater, Johann Caspar (1741–1801) 212, 231
Lawrence, Thomas (1769–1830) *322*
Lazarillo de Tormes 164
Le Campion, J. A. (18. Jh.) 258
Le Motte, Jean-François (2. Hälfte 17. Jh.) *151*
Lebert, Hans (1919–1993) 484
Lehmann, Wilhelm (1882–1968) 434, 470
Lehne, Friedrich (1771–1836) 259
Leibniz, Gottfried Wilhelm (1646–1716) 173, 195, *195*, 201
Lenau, Nikolaus (1802–1850) 284, 287, 344, 349
Lengefeld, Charlotte v. (1766–1826) 272

Lenz, Hermann (1913–1998) 340, 486
Lenz, Jakob Michael Reinhold (1751–1792) 211, 234 f., 237, **238 f.**, *238*, *239*, 265
Lenz, Siegfried (geb. 1926) 449
Leonardo da Vinci (1452–1519) 109
Leopold I., Kaiser (reg. 1658–1705) 168, *184*
Lepsius, Reinhold (1857–1922) *385*
Lessing, Gotthold Ephraim (1729–1781) 173, 198, 203, 205, *207*, **208 f.**, *209*, 211, 212 f., 214, *214*, 216, 220, 222, 234, 248, *249*, 275
Emilia Galotti 211
Die Erziehung des Menschengeschlechts 248 f.
Fabeln 207
Faustfragment 213, 282 f.
Hamburgische Dramaturgie 171, 210, 214, 215
Laokoon 218, 233
Miß Sara Sampson 211, 240
Nathan der Weise 248 f., 249, 304
Lessing, Karl (1740–1812) 209, 248
Leuchsenring, Franz Michael (1746–1827) 240
Levetzow, Ulrike v. (1804–1899) 265
Levin, Rahel s. Varnhagen v. Ense, Rahel
Lewis, Matthew Gregory (1775–1818) 317
Leybold, Karl Jakob Theodor (1786–1844) 287
Leyden, Lukas van (um 1494–1533) 291
Lichtenberg, Georg Christoph (1742–1799) 207, 295
Liebermann, Max (1847–1935) 377, *396*
Liebig, Justus v. (1803–1873) 20
Liliencron, Detlev v. (1844–1909) 387
Lilienthal, Peter 461
Lindener, Michael (um 1520–1562) 135
Lipsius, Justus (1547–1606) 140, *141*
Liselotte von der Pfalz s. Elisabeth Charlotte von Orléans
Liszt, Franz (1811–1886) 43, 284
Locher, Jacob (1471–1528) 130, 132
Loerke, Oskar (1884–1941) 396 f., 434
Loest, Erich (geb. 1926) 467, 495

Löwenstein, Thea 407
Logau, Friedrich v. (1605–1655) 176, 188
Lohenstein, Daniel Casper v. (1635–1683) 131, 146, 155, 164, 176 f., 178 f., *178*, 183
Loos, Erica 433
Lorenzetti, Ambrogio (1290–1348) 157
Lorrain, Claude (d. i. Claude Gellée, gen. Le Lorrain; 1600–1682) 216
Loscher, Sebastian (gest. 1548) *125*
Lose, Johann Jacob de (um 1755–1813) *320*
Louis Ferdinand von Preußen (1772–1806) 293
Louis-Philippe, König von Frankreich (reg. 1830–48) 257
Luder, Peter (um 1415–1472) 111
Ludwig der Deutsche, dt. König (843–876) 11
Ludwig der Fromme, Kaiser (reg. 814–840) 11, 14
Ludwig, Fürst von Anhalt-Köthen (1579–1650) 142, *143*
Ludwig I., König von Bayern (reg. 1825–48) 75
Ludwig III., westfränkischer König (reg. 879–882) 23
Ludwig III., Landgraf von Thüringen (reg. 1172–1190) 42
Ludwig IV., Landgraf von Thüringen (reg. 1217–1227) 43, 93
Ludwig VII., König von Frankreich (reg. 1137–80) 61
Ludwig IX., König von Frankreich (reg. 1226–70) 61
Ludwig XVI., König von Frankreich (reg. 1774–92) *193*, 258
Ludwig, Otto (1813–1865) 356
Ludwigslied 23
Lützow, Ludwig Adolf Wilhelm v. (1782–1834) 305
Lukian (um 120–185) 113, 118, *144*, 221, 303
Luther, Martin (1483–1546) 108, 111, **114 f.**, *115*, 116 f., *116*, *117*, 118 f., *119*, 120 f., 122 f., 125, 130, 163
Luzerner Passionsspiel 67

Mach, Ernst (1838–1916) 387
Machiavelli, Niccolò (1469–1527) 109
Macropedius, Georg (1487–1558) 129
Märterbuch s. Buch der Märtyrer

Maeterlinck, Maurice (1862–1949) 384, 387
Magenau, Rudolf (1767–1846) 278
Mahler, Gustav (1860–1911) 315
Maier, Michael (1568–1622) 154
Mallarmé, Stéphane (1842–1898) 384, 385, 387, 453
Malory, Sir Thomas (um 1408–1471) 54, 69, 79
Manesse, Rüdiger (gest. 1304) und Johannes (gest. 1297) 96 f.
Mann, Golo (1909–1994) 340
Mann, Heinrich (1871–1950) 381, **390 f.**, *390*, *391*, 392 f., *392*, 434, *435*, 436
Die Göttinnen 385
Henri Quatre 391, 437
Im Schlaraffenland 378 f., 390
Die kleine Stadt 390, 391
Professor Unrat 390, 400, 400
Der Untertan 390, 460, *461*
Mann, Katia geb. Pringsheim (1883–1980) 393, 397, *397*
Mann, Klaus (1906–1949) 437
Mann, Thomas (1875–1955) 117, 267, 334, 377, 381, 384 f., **390 f.**, *390*, 392, 396 f., *397*, 413, 422, 434, 436, 437, 449, *449*
Betrachtungen eines Unpolitischen 391, 392, 419
Buddenbrooks 390, 392 f., 392, 400 f., 418
Doktor Faustus 282, 284, 381, 391
Der Erwählte 57, 156
Joseph und seine Brüder 391, 437
Lotte in Weimar 244
Der Tod in Venedig 418
Tristan 388, 393
Der Zauberberg 418, *419*, 461
Manutius, Aldus (1449–1515) 107
Marat, Jean-Paul (1743–1793) 474 f.
Marc, Franz (1880–1916) *403*
Marchwitza, Hans (1890–1965) 468
Maria Theresia, Kaiserin (reg. 1740–80) 192, 326, 328
Marie-Antoinette, Königin von Frankreich (reg. 1770–93) 193
Marie von Champagne 55
Marinetti, Filippo Tommaso (1878–1944) 408
Marlitt, Eugenie (d. i. Eugenie John, 1825–1887) 358 f., 359

Marlowe, Christopher (1564–1593) 282 f.
Marmontel, Jean-François (1723–1799) 210
Marner, Der (13. Jh.) 64
Maron, Anton v. (1733–1808) *219*
Maron, Monika (geb. 1941) 494
Marschall, Marita 478
Marthaler, Christoph 432
Marti, Kurt (geb. 1921) 483
Martianus Capella (4./5. Jh.) 26
Marx, Karl (1818–1883) 279, 323, *435*, 475
Masaniello (Tommaso Aniello, 1620–1647) 179
Masen, Jacob (1606–1681) 187
Maurer, Christoph (1558–1614) *138*
Mauthner, Fritz (1849–1923) 394
Maximilian I., Kaiser (reg. 1493–1519) 54, 81, 108, 110, 113, *133*
Maximilian II., Kaiser (reg. 1564–76) 108
May, Karl (1842–1912) 349, 465
Mayer, Hans (1907–2001) 9
Mayer, Karoline 268
Mayröcker, Friederike (geb. 1924) 341, 462 f.
McPherson, James (1736–1796) 231
Mechthild von Hackeborn (1241–1289) 90
Mechthild von Magdeburg (um 1207 – um 1282) 90
Meckseper, Friedrich (geb. 1936) 496
Medea 327, 388, 486
Meidner, Ludwig (1884–1966) 383
Meier, Georg Friedrich (1718–1777) 216
Meisner, Daniel (1585–1625) *177*
Meister, Ernst (1911–1979) 340
Melis, Roger (1940–2009) *470*, *487*, *491*
Memento mori 39
Memling, Hans (um 1435 – 1494) *281*
Menasse, Robert (geb. 1954) 484
Mendelssohn, Moses (1729–1786) 212, 213, 229, 292
Mentelin, Johann *112*, 116
Menzel, Adolph (1815–1905) 308, *357*, *368*, *369*, *370*
Menzel, Wolfgang (1798–1873) 336, 347

Merck, Johann Heinrich (1741–1791) 240
Mereau, Sophie (1770–1806) 243, 298, 299
Merseburger Zaubersprüche 13, 18 f.
Metternich, Clemens Lothar v. (1773–1859) 322, *322*, 329, *337*, 495
Metzger, Ambrosius (1573–1632) 127
Meyer, Conrad Ferdinand (1825–1898) 347, 356, 361
Meyrink, Gustav (1868–1932) *413*
Michelet, Jules (1798–1874) 109
Milestone, Lewis *425*
Miller, Johann Martin (1750–1814) 241, *241*, 251
Millstätter Genesis 22
Milosz, Czesław (1911–2004) 458
Milton, John (1608–1674) 204
Minneburg 100
Mirat, Mathilde 332 f.
Mitterer, Felix (geb. 1948) 484
Modersohn-Becker, Paula (1876–1907) 395
Mönch von Salzburg (2. Hälfte 14. Jh.) 98
Mörike, Eduard (1804–1875) *153*, 267, 287, 324, **344 f.**, *344*, 360
Mörike, Klara (1816–1903) 344
Mörike, Margarethe, geb. Speeth (1818–1903) 344
Moers, Walter (geb. 1957) 366
Möser, Justus (1720–1794) 246
Molière (1622–1673) 306 f., 328
Moller, Meta (1728–1758) 204, 242
Mon, Franz (geb. 1926) *453*
Montaigne, Michel de (1533–1592) 124
Montanus, Martin (nach 1530 – nach 1566) 135
Montemayor, Jorge de (1520/24–1561) 164
Morabito, Sergio 75
Morgenstern, Karl (1770–1852) 266
Morgner, Irmtraud (1933–1990) 490
Moritz, Karl Philipp (1756–1793) **228 f.**, 229, 252, 261
Morus, Thomas (1478–1535) 197
Mosbacher, Peter 474
Moscherosch, Johann Michael (1601–1669) 157
Mosebach, Martin (geb. 1951) 341

Mozart, Wolfgang Amadeus (1756–1791) 274, 328
Mühe, Ulrich 469
Müller, Adam (1779–1829) 289, 306
Müller, Friedrich, gen. Maler Müller (1749–1825) 232 f., 283, 284
Müller, Heiner (1929–1995) 341, 430, 467, **468 f.**, 469, 494
Müller, Herta (geb. 1953) 471
Müller, Inge (1925–1966) 468
Müller, Wilhelm (1794–1827) 315, 342
Müntzer, Thomas (um 1490 – 1525) *115*, 120 f.
Mues, Dietmar 478
Muller, Théodore (1819–1879) *238*
Munch, Edvard (1863–1944) *381*
Mundt, Theodor (1808–1861) 336
Murbacher Hymnen 12
Murnau, Friedrich Wilhelm (1888–1931) 284, *285*
Murner, Thomas (1475–1537) 118, *119*, **122 f.**, 138
Muschg, Adolf (geb. 1934) 74, 341, 483
Musil, Robert (1880–1942) 422
   Der Mann ohne Eigenschaften 381, 418, 422 f., *422*
   Die Verwirrungen des Zöglings Törleß 400, 460 f.
Muskatblut (1. Hälfte 15. Jh.) 65
Muspilli 13, 22
Musset, Alfred de (1810–1857) 331
Muston, Jean-Baptiste Alexis (1810–1888) 338

Nägele, Oliver 249
Naogeorg, Thomas (1508–1563) 131
Napoleon Bonaparte (1769–1821) 221, 245, 256 f., 258, *265*, *305*, 306, 308, 327, 330, 333
Neidhart (1. Hälfte 13. Jh.) 50, 58 f., 61, 63, 75, 98
Neroccio di Bartolomeo Landi (1447–1500) 86
Nestroy, Johann Nepomuk (1801–1862) 329, **460 f.**, 432
Neuber, Caroline (1697–1760) und Johann (1697–1759) 202 f.
Neuenfels, Hans 126
Neuffer, Christian Ludwig (1769–1839) 278

Neukirch, Benjamin (1665–1729) 186, 187
Neutsch, Erik (geb. 1931) 467
Neville, Henry (1620–1694) 149
Nibelungenlied 20, 72 f., *73*, 74 f., *74, 75*
Nicolai, Friedrich (1733–1811) 198, 212 f., 245, 288
Niehusen, Anna (geb. um 1620) 160
Nietzsche, Friedrich (1844–1900) 334, **380 f.**, *380*, *381*, 385, 392
Nikolaus von Jeroschin (1. Hälfte 14. Jh.) 32
Nikolaus von Kues (1401–1464) 115
Nizon, Paul (geb. 1929) 482
Nordau, Max (1849–1923) 392
Nossack, Hans Erich (1901–1977) 340 f., 445
Notker I. (N. Balbulus, N. der Stammler, um 840–912) 14 f.
Notker III. (N. der Deutsche, N. Teutonicus, um 950–1022) 15, 27, 28, *30*
Novalis (d.i. Friedrich v. Hardenberg, 1772–1801) 74, 288 f., 480
  Fragmente 294, 297
  Heinrich von Ofterdingen 267, 289, 297

Oberlin, Johann Friedrich (1740–1826) 238 f., *238*
Odo von Cluny 29
Odoaker (um 430–493) 21, 72
Oertel, Curt 360
Offenbach, Jacques (1819–1880) 319, *329*
Ohlbaum, Isolde *449*
Ohnesorg, Benno (1940–1967) 496
Olearius, Adam (1599–1671) 160, 182, 320
Oliveri, Mariella *460*
Ophüls, Max (1902–1957) *460*
Opitz, Martin (1597–1639) **142**, *143*, 144 f., 152, 157, 161, *161*, 164, 174 f., 176, 178, 186, 188, 489
Opiz, Georg Emanuel (1775–1841) *286*
Oppenheim, Moritz Daniel (1800–1882) 212, *335*
Orendel 28
Ossian 226, 231, 244
Ossietzky, Carl v. (1889–1938) *435*
Osterspiel von Muri 66
Osterwald, Georg (1803–1884) *335*

Oswald von Wolkenstein (um 1376/77–1445) 44, 75, 96, **98 f.**, *99*
Otfrid von Weißenburg (um 800–um 870) 10, 13, 22 f.
Otger von Mainz 15
Otto I., Kaiser (reg. 936–973) 11, 24, *25*
Otto IV., Kaiser (reg. 1198–1218) 40, 63, 65
Otto IV., Markgraf von Brandenburg (1238–1308) 46
Otto von Botenlauben (gest. um 1244/45) 58
Otto von Freising (um 1112–1158) 33
Otto, Teo (1904–1968) *431*
Ottokar von Steiermark (um 1260/65–1320) 32
Overbeck, Johann Friedrich (1789–1869) *291*
Ovid (43 v. Chr. – 18 n. Chr.) 43, 51, 53, 54, 136, 145, 191

Palmstierna-Weiss, Gunilla *475*
Paracelsus (d.i. Theophrastus Bombast von Hohenheim, 1493–1541) 180
Parmigianino (1503–1540) *187*
Parzival/Parsifal/Perceval 54 f., 74, 76 f., 78 f., 93, 166, 380
Passional 92
Pastior, Oskar (1927–2006) 341, 471
Pauli, Johannes (Mitte 15. Jh. – nach 1520) 135
Percy, Thomas (1729–1811) 231
Perutz, Leo (1882–1957) 413
Peters, Werner 461
Petrarca, Francesco (1304–1374) 104, 111, *120*, 142, 152, 160, *161*, 288, 303
Petrarca-Meister (1. Drittel 16. Jh.) *120*
Petrus von Blois 46
Petruslied 92
Peutinger, Konrad (1465–1547) 125
Peymann, Claus 255, 430, *484*
Pezzl, Johann (1756–1823) 192
Pfeffel, Gottlieb Konrad (1736–1809) 207
Pfeiffer, Ernst 354
Pfeil, Johann Gottlob Benjamin (1732–1800) 197
Pfemfert, Franz (1879–1954) 402
Pfenninger, Heinrich (1749–1815) *269*
Pfister, Albrecht (gest. um 1465) 85, *104*, 107
Pforr, Franz (1788–1812) *291*

Philipp IV., König von Frankreich (reg. 1285–1314) 81
Philipp von Flandern (1142–1191) 54
Philipp von Schwaben, König (reg. 1198–1208) 40, 63, 65
Physiologus 29, 37, 155
Piccolomini, Enea Silvio (1405–1464, Papst Pius II., reg. 1458–64) *110*, 111, 125
Piccolomini, Francesco Todeschini (Papst Pius III., reg. 1503) *110*
Pico della Mirandola, Giovanni (1463–1494) 111 f.
Piloty, Carl Theodor v. (1826–1886) *277*
Pindar (geb. 522/518 – nach 446 v. Chr.) 280 f.
Pinder, Wilhelm 40
Pinthus, Kurt (1886–1975) 404
Pinturicchio, Bernardino (um 1454–1513) *110*
Piontek, Heinz (1925–2003) 340
Pirckheimer, Willibald (1470–1530) 25
Pius II., Papst s. Piccolomini, Enea Silvio
Pius III., Papst s. Piccolomini, Francesco Todeschini
Pius XII., Papst (reg. 1939–58) 474
Platen, August v. (1796–1835) 153, 287, 321, 333
Plato von Tivoli 103
Platon (427–347 v. Chr.) 103, 223
plauen, e. o. (d.i. Erich Ohser, 1903–1944) 367, *367*
Plautus (um 250–184 v. Chr.) 130, 239
Plenzdorf, Ulrich (1934–2007) 245
Plessen, Elisabeth (geb. 1944) 486, 490
Pocahontas (um 1595–1617) 182
Poe, Edgar Allan (1809–1849) 465
Poggio Bracciolini, Gian Francesco (1380–1459) 134
Pohland, Hans-Jürgen 461
Polgar, Alfred (1873–1955) 387
Poliziano, Angelo (1454–1494) 111
Pope, Alexander (1688–1744) 208
Poussin, Nicolas (1594–1665) 216
Pozzi, Jacobo (1814–1897) *214*
Priscianus (5./6. Jh.) 27

Prokop von Templin (1608–1680)   184
Pseudo-Longinus   204
Ptolemaios (um 90 – um 168)   27, 103
Pufendorf, Samuel (1632–1694)   192
Pythagoras (um 570/560 – um 480 v. Chr.)   27

Qualtinger, Helmut (1928–1986)   484
Quinn, Anthony   457
Quistorp, Johann Theodor (1722–1776)   203

Raabe, Bertha geb. Leiste   364
Raabe, Wilhelm (1831–1910)   217, 347, 356 f., 359, **364 f.**, 365
Rabelais, François (1494–1553)   138 f.
Rabener, Gottlieb Wilhelm (1714–1771)   206
Racine, Jean (1639–1699)   234
Raddatz, Fritz J. (geb. 1931)   496
Radziwill, Franz (1895–1983)   438
Raffael (1483–1520)   291
Raimund, Ferdinand (1790–1836)   328, *328*, 432
Ramberg, Johann Heinrich (1763–1840)   297, 299
Rambouillet, Catherine de Vivonne, Marquise de (1588–1665)   292
Ramelli, Agostino (1531 – um 1608)   173
Ramler, Karl Wilhelm (1725–1798)   240
Rath, Elisabeth   484
Rauscher, Wolfgang (1641–1709)   184
Rebhun, Paul (um 1500 – 1546)   131, *131*
Rebmann, Andreas Georg Friedrich (1768–1824)   259
Reformation Kaiser Sigmunds   115
Reglindis, Markgräfin von Meißen   48, 49
Reichard, Heinrich August Ottokar (1751–1828)   278
Reich-Ranicki, Marcel (geb. 1920)   481
Reimann, Brigitte (1933–1973)   490
Reimarus, Hermann Samuel (1694–1768)   248, *249*
Reinhart Fuchs / Reineke der Fuchs   100, 200, 264
Reinmar (um 1200)   62 f., 65
Reinmar von Zweter (1. Hälfte 13. Jh.)   64, 84, 93, 126

Reitz, Johann Heinrich (1655–1720)   228, *228*
Remarque, Erich Maria (1898–1970)   **424 f.**, *425*
Rembrandt (1606–1669)   439
Renn, Ludwig (1889–1979)   425
Renneisen, Wolfgang   447
Reuchlin, Johannes (1455–1522)   **112 f.**, 130, 412
Reuter, Christian (1665 – nach 1712)   164
Richard Löwenherz, König von England (reg. 1189–99)   65
Richardson, Samuel (1689–1761)   222 f., 242 f., *242*, 298
Richter, Hans Werner (1908–1993)   440, *440*, 444 f., *444*
Richter, Johann Paul Friedrich *s.* Jean Paul
Riedel, Friedrich Just (1742–1785)   213
Riemer, Friedrich Wilhelm (1774–1845)   311
Riepenhausen, Ernst Ludwig (1765–1840)   295
Riha, Karl (geb. 1935)   153
Rilke, Rainer Maria (1875–1926)   153, 381, 384, 394 f., *394*, 395
Rimbaud, Arthur (1854–1891)   428
Rinke, Moritz (geb. 1967)   74
Rist, Johann (1607–1667)   142, 163
Ritter, Johann Wilhelm (1776–1810)   289
Robert de Boron (gest. um 1212)   79
Robert, Ludwig (1778–1832)   293
Robespierre, Maximilien de (1758–1794)   258, 339
Robinson   196 f., *197*, 225, *225*
Robinson, Der Americanische   196
Robinson, Der Sächsische   196
Robinson, Der Steyerische   196
Robinsone, Jungfer   196
Robinsonetta, Lebensbeschreibung der Europäischen   196
Robinsonin, Die Böhmische   196
Rodin, Auguste   394, 395
Rohlfs, Christian (1849–1938)   262
Roland   20, 29, 55, 60, 60
Rolandslied s. auch Konrad, Pfaffe
Rollenhagen, Gabriel (1583 – um 1619)   154
Roman d'Eeneas   53
Romanus, Karl Franz (1731–1787)   *214*
Rompler von Löwenhalt, Jesaias (1605 – um 1674)   142

Ronsard, Pierre de (1524–1585)   142, 152, 160
Rorbach, Jäklein (gest. 1525)   121
Rose, Jürgen   492
Rosenplüt, Hans (um 1400 – 1460)   129
Roth, Gerhard (geb. 1942)   462, 463
Roth, Joseph (1894–1939)   416 f., 426, *427*
Rothbart, Ferdinand (1823–1899)   *312*
Rouanet-Kummer, Emilie (1824–1902)   368
Rousseau, Jean-Jacques (1712–1778)   217, 224, 231, 243, 246, 268
Rowlandson, Thomas (1756–1827)   *245*
Rowohlt, Ernst (1887–1960)   444, 497
Rubens, Peter Paul (1577–1640)   *141*, 198
Rubens, Philipp (1574–1611)   *141*
Rudolf II., Kaiser (reg. 1576–1612)   108, 327, 413
Rudolf von Ems (13. Jh.)   16, 32, 44, 82, 92
Rudolf von Habsburg, dt. König (reg. 1273–91)   81
Rudolf August, Herzog zu Brauschweig-Wolfenbüttel (reg. 1666–1704)   165
Rückert, Friedrich (1788–1866)   287, 321
Rühm, Gerhard (geb. 1930)   153, 453, 462
Rühmann, Heinz (1902–1994)   *432*
Rühmkorf, Peter (1929–2008)   153, 341, 474, 486
Rumi, Dschelaleddin (1207–1273)   321
Runge, Philipp Otto (1777–1810)   288
Russolo, Luigi (1885–1947)   409

Saavedra Fajardo, Diego de (1584–1648)   154
Sachs, Hans (1494–1576)   68, 119, 122, 126 f., **128 f.**, *128*, 158
Sachs, Nelly (1891–1970)   451
Sade, Donatien-Alphonse-François de (1740–1814)   474 f.
Sächsische Weltchronik   32
Sängerkrieg auf der Wartburg, Der s. Wartburgkrieg
Saladin, Sultan (reg. 1175–93)   61, 65
Salman und Morolf   28

PERSONENREGISTER **523**

Salten, Felix (1869–1945) 387
Salter, Georg (1897–1967) *421*
Salzmann, Christian Gotthilf (1744–1811) 237
Samarovski, Branko 255
Sand, Karl Ludwig (1795–1820) 257
Sankt Oswald 28
Sarasin, Jacob (1742–1802) 207
Sartre, Jean-Paul (1905–1980) 9, 366
Sattler, Catharina 58
Sauter, Heinz v. 173
Savigny, Friedrich Carl v. (1779–1861) 298
Schaal, Eric (1905–1994) *421*
Schadow, Johann Gottfried (1764–1850) 273
Schädlich, Hans Joachim (geb. 1935) 495
Schäuffelen, Konrad Balder (geb. 1929) 453
Scharang, Michael (geb. 1941) 462
Scharnhorst, Gerhard v. (1755–1813) 257
Schedel, Hartmann (1440–1514) 33
Scheffel, Joseph Viktor v. (1826–1886) 15, *62*, 347
Scheffler, Johannes s. Angelus Silesius
Schelling, Friedrich Wilhelm Joseph (1775–1854) 263, 278, 288
Schickele, René (1883–1940) 402, 434
Schielen, Johann Georg (1633–1684) 167
Schiller, Friedrich (1759–1805) 185, *193*, 216, 235, 246, 249, 259, 260 f., 263, 264, 268, **272 f.**, 273, 275, 278, 280, 283, 287, 289, 298, 303, 313, *313*, 350, 379
  Die Braut von Messina 276
  Don Karlos 254, 275 f.
  Die Jungfrau von Orleans 260, 272, 277
  Kabale und Liebe 211, 247
  Maria Stuart 275
  Die Räuber 246, 247, 251, 275
  Die Schaubühne als moralische Anstalt betrachtet 274
  Über naive und sentimentalische Dichtung 272
  Wallenstein 275, 276 f.
  Wilhelm Tell 277
Schilling, Florentius (1602–1670) 184
Schiltbürger, Die 122, 135
Schirokauer, Arno (1899–1954) 446

Schlaf, Johannes (1862–1941) **374 f.**, 379
Schlegel, August Wilhelm (1767–1845) 234, 263, 288, 294 f., 303
Schlegel, Dorothea (1764–1839) 292 f.
Schlegel, Friedrich (1772–1829) 209, 267, 288 f., 292 f., 480
  Fragmente 294 f.
  Gespräch über die Poesie 295, 296 f.
  Lucinde 293, 297
Schlegel, Johann Elias (1719–1749) 203, 214
Schlegel-Schelling, Caroline (1763–1809) 242
Schleiermacher, Friedrich (1768–1834) 288 f., 292, 293
Schlenther, Paul (1854–1916) 379
Schlichter, Rudolf (1890–1955) 411, *417*, 429
Schlöndorff, Volker 309, 455, 460, 461
Schlosser, Cornelia s. Goethe, Cornelia
Schlosser, Johann Georg (1739–1799) 239
Schmeltzl, Wolfgang (nach 1500 – um 1561) 131
Schmidt, Arno (1914–1979) 445, **464 f.**, *464*, 465, 480
Schmidt, Julian (1818–1886) 356
Schmölz, Karl Hugo (1917–1986) *440*
Schnabel, Ernst (1913–1986) 446
Schnabel, Johann Gottfried (1692 – um 1751/60) 196, **197**
Schneckenburger, Max (1819–1849) 331
Schneider, Peter (geb. 1940) 239, 486
Schneider, Reinhold (1903–1958) 434
Schnitzler, Arthur (1862–1931) 381, 385, 387, **388 f.**, 388, 460
Schnorr von Carolsfeld, Julius (1794–1872) 75
Schnurre, Wolfdietrich (1920–1989) 341, 442
Schöffer, Peter 106
Schoeller, Christian (1782–1851) 199, *329*
Schönborn(er), Georg v. (1579–1637) 150
Schongauer, Martin (um 1450 – 1491) 70
Schopenhauer, Arthur (1788–1860) 283, 393

Schopenhauer, Johanna (1766–1838) 263, *263*
Schottelius, Justus Georg (1612–1676) 175
Schreyvogel, Joseph (1768–1832) 350
Schröder, Ernst *474*
Schröder, Rudolf Alexander (1878–1962) 153
Schröter, Corona (1751–1802) *255*
Schubart, Christian Friedrich Daniel (1739–1791) 241, 246 f.
Schubert, Franz (1797–1828) *315*, 332
Schubert, Gotthilf Heinrich (1780–1860) 288 f., 316, 317
Schütte, Ernst *451*
Schulz, Wilhelm (1865–1952) *392*
Schulze, Ingo (geb. 1962) 494
Schumann, Karl Franz Jacob Heinrich (1767–1827) 229
Schumann, Robert (1810–1856) 332
Schwab, Gustav (1792–1850) 279
Schwab, Werner (1958–1994) 463
Schwarz, Anna 458
Schweikle, Günther 43, 64
Schweissinger, Georg Karl (geb. 1822) *221*
Schwind, Moritz v. (1804–1871) *43*, *314*, *358*
Schwitters, Kurt (1887–1948) *410*, 411, *411*, 453
Schygulla, Hanna 371
Scott, Sir Walter (1771–1832) 319, 346 f., 348, 368
Scribe, Eugène (1791–1861) 350
Scudéry, Madeleine de (1607–1701) 292
Sealsfield, Charles (d. i. Carl Magnus Postl, 1793–1864) 348 f.
Sebron, Hippolyte (1801–1879) *349*
Secundus, Johannes (1511–1536) 132
Seelig, Carl (1894–1962) *482*
Seghers, Anna (d. i. Netty Reiling, 1900–1983) 436 f., 437, 438, **439**, 467
Seifried Helbling 84 f.
Seneca (4 v. Chr. – 65 n. Chr.) *141*, 218
Seume, Johann Gottfried (1763–1810) 253
Seuse, Heinrich (1295–1366) 90, 91

Seyfried, Gerhard (geb.1948) 367
Shakespeare, William (1564–1616) 152, 209, 213, 220 f., 230 f., 234 f., *235*, 239, 275, 302 f., *302*, 340, 350, 363, 379, 456, 465, 468, 493
Shepard, Sam *455*
Sickingen, Franz v. (1481–1523) 113
Sidney, Sir Philip (1554–1586) 164
Sig(is)mund, König (reg. 1410–1437) 98 f.
Silcher, Friedrich (1789–1860) 332
Silvestre d. J., Louis de (1675–1760) *190*
Simonides (um 500 v. Chr.) 232
Simrock, Karl (1802–1876) 65
Sinclair, Isaak v. (1775–1815) 278 f.
Sitte, Willi (geb. 1921) *466*
Smith, John (um 1579 – 1631) 182
Solothurner Legendar 92
Sommer, Harald (geb. 1935) *462*
Sophia von Wittelsbach 42
Sophokles (497/96–406 v. Chr.) 278 f., 308
Sorel, Charles (um 1602 – 1674) 164
Sorge, Reinhard Johannes (1892–1916) 406
Späth, Gerald (geb. 1939) *483*
Spee von Langenfeld, Friedrich (1591–1635) 161, **163**, *163*
Speer, Georg Daniel (1636–1707) 167, 183
Spengler, Oswald (1880–1936) 418
Sperber, Manès (1905–1984) 340
Sperr, Martin (1944–2002) *433*
Spiegler, Franz (1691–1757) *169*
Spielhagen, Friedrich (1829–1911) 357, 359
Spies, Johann 137
Spinoza, Baruch de (1632–1677) 195
Spitzweg, Carl (1808–1885) *358*
Spohr, Louis (1784–1859) 284
St. Trudperter Hoheslied 31
Stadler, Arnold (geb. 1954) *341*
Stadler, Ernst (1883–1914) 404
Staeck, Klaus (geb. 1938) *477*
Staël, Germaine de (1766–1817) 193, 335

Stagel, Elsbeth (um 1300 – 1360) 91
Staiger, Emil (1908–1987) *482*
Stanislawskij, Konstantin (1863–1938) 379
Staudinger, Karl *464*
Stauffer-Bern, Karl (1857–1891) *363*
Staudte, Wolfgang 460, *461*
Steele, Richard (1672–1729) 198
Stefan, Verena (geb. 1947) *490*
Steffens, Henrik (1773–1845) 289
Stein, Charlotte v. (1742–1827) 252
Stein, Gertrude (1874–1946) 453
Stein, Gisela *492*
Stein, Karl vom (1757–1831) 257
Steiner-Prag, Hugo (1880–1945) *413*
Steinhöwel, Heinrich (1412–1478) 85, *100*
Stemberger, Julia 399
Sternberg, Josef v. (1894–1969) 400
Sterne, Laurence (1713–1768) 240 f., 270, *270*
Sternheim, Carl (1878–1942) **406 f.**
Stieler, Kaspar (1632–1707) 148, 156, 194
Stifter, Adalbert (1805–1868) 233, 347, **354 f.**, *354*, 413
Bunte Steine 354 f.
Der Nachsommer 267, *354*, 355
Stifter, Amalie, geb. Mohaupt 355
Stockfleth, Heinrich Arnold (1643–1708) 164
Stockfleth, Maria Katharina (1634–1692) 164
Stolberg Stolberg, Christian Graf zu (1748–1821) 241
Stolberg Stolberg, Friedrich Leopold Graf zu (1750–1819) 241
Storm, Theodor (1817–1888) 356, 358, *360*, 361
Stramm, August (1874–1915) 402 f., 404, 424
Stranitzky, Joseph Anton (1676–1726) *202*, 328
Strauß, Botho (geb. 1944) *341*, 492 f., *492*
Strauß, Emil (1866–1960) 400 f.
Strauß, Johann (Sohn, 1825–1899) 461
Strauss, Richard (1864–1949) 388, 398 f.

Streeruwitz, Marlene (geb. 1950) *491*
Stricker, Der (1. Hälfte 13. Jh.) 47, 55, 60, 94, 135
Strindberg, August (1849–1912) 372, 406, 456
Strittmatter, Erwin (1912–1994) 461, 467, 468, 469
Strobel, Bartholomäus (1591 – nach 1648) *143*
Stromer, Ulman (1329–1407) 106
Struck, Karin (1947–2006) 490
Stuck, Franz v. (1863–1928) *401*
Suchensinn (2. Hälfte 14. Jh.) 65
Sudek, Josef (1896–1976) *412*
Sue, Eugène (1804–1857) 352, 358
Suhrkamp, Peter (1891–1959) 396 f., 497
Summa theologiae 29
Swinarski, Konrad *474*
Szymborska, Wisława (1923–2012) *458*

Tabori, George (1914–2007) *341*
Tacitus (um 55 – 125) 110 f.
Tannhäuser(sage) 93, 328, 418
Tatian 13, 22 f.
Tauler, Johannes (um 1300 – 1361) 86 f., *86*, 87
Tausendundeine Nacht 300, 320
Taylor, Elizabeth *346*
Taylor, Robert *346*
Tendering, Elisabeth *362*
Terenz (um 190 – 159 v. Chr.) 24 f., *24*, 26 f., *130*
Tesauro, Emanuele (1592–1675) 187
Teufels Netz, Des 101
Thackeray, William Makepeace (1811–1863) 370
Thannen, Reinhard von der *126*
Themann, Karl (Lebensdaten nicht zu ermitteln) *319*
Theoderich (reg. 473–526) 20, 72
Theokrit (um 310 – 250 v. Chr.) 218
Theophilus 24
Thiers, Louis-Adolphe (1797–1877) 330 f.
Thieß, Frank (1890–1977) *434*
Thoma, Ludwig (1867–1921) 400
Thomas d'Angleterre (2. Hälfte 12. Jh.) 68
Thomas von Cantimpré (1201–1272) 103

Thomas von Kempen (1379/80–1471) 91
Thomas, Johann (1624–1679) 164
Thomasin von Zerklaere (geb. um 1185) 17, 27, 40, 62
Thomasius, Christian (1655–1728) 189, 195, 198, 212
Thorpe, Richard 346
Thüring von Ringoltingen (um 1415 – 1483) 136 f.
Tieck, Dorothea (1799–1841) 303
Tieck, Ludwig (1773–1853) 74, 152, 234, 251, 288, **290**, 303, 317, 347, 360, 361
Der junge Tischlermeister 322
Franz Sternbalds Wanderungen 291
William Lovell 243, 316
Tilly, Johann Tserclaes v. (1559–1632) 149
Tischbein, Johann Heinrich Wilhelm (1751–1829) 264
Töpffer, Rodolphe (1799–1846) 366
Toller, Ernst (1893–1939) 406, 424
Tolstoj, Leo (1828–1910) 371, 372, 396
Tommaso da Modena (um 1325/1326 – 1379) 102
Trakl, Georg (1887–1914) 402, **404 f.**, *404*, 424
Treitschke, Heinrich v. (1834–1896) 332
Tristan 48 f., 51, 52, 62, 68 f., 82, 129, 388, 393
Trotta, Margarethe v. 461, *472*
Trotzkij, Leo (1879–1940) 475, 489
Tucholsky, Kurt (1890–1935) 332, 387, 417, 428, *435*
Turgenjev, Iwan (1818–1883) 370
Turner, William (1775–1851) *331*
Turrini, Peter (geb. 1944) 484
Tzara, Tristan (1896–1963) 410 f.

Ucicky, Gustav 309
Uhde, Fritz v. (1848–1911) *375*
Uhland, Ludwig (1787–1862) 279, 287, 315
Ulbricht, Walter (1893–1973) 285
Ulrich von Etzenbach (2. Hälfte 13. Jh.) 82
Ulrich von Lichtenstein (um 1200/10 – 1275) 51
Ulrich von Türheim (1. Hälfte 13. Jh.) 68, 82
Ulrich von Zazikhoven (um 1200) 55

Unseld, Siegfried (1924–2002) 497, *497*
Urban II., Papst (reg. 1088–99) 61
Urfé, Honoré d' (1567–1625) 164
Ursula, hl. 80
Using, Johann (vor 1635 – 1672) *171*
Uz, Johann Peter (1720–1796) 216

Valentin, Karl (1882–1948) 428
Varnhagen von Ense, Karl August (1785–1858) 292 f.
Varnhagen von Ense, Rahel (geb. Levin, 1771–1833) 242, 292 f., *292*, 319
Vasari, Giorgio (1511–1574) 109
Väterbuch 92
Veen, Otto (Otho) van (1556–1592) 154
Vega, Lope de (1562–1635) 152
Veidt, Conrad 406
Veit, Dorothea s. Schlegel, Dorothea
Velten, Johannes (1640–1692) 169
Vergil (70–19 v. Chr.) 26, 29, 53, 122 f., *145*, 205, 218, 423
Verlaine, Paul (1844–1896) 384
Vesper, Bernward (1938–1971) 486 f., *486*
Vesper, Will (1882–1962) 435, 486
Vespucci, Amerigo (1454–1512) 108
Viebrock, Anna (geb. 1951) *75*
Villon François (1431/32–1463) 428
Vinzenz von Beauvais (um 1190 – 1264) 26
Vischer, Friedrich Theodor (1807–1887) 284 f.
Vischer d. Ä., Peter (um 1460 – 1529) 54
Vitaspatrum 92
Völkel, Reinhold (geb. 1834; Todesdatum nicht ermittelt) 386
Vogel, Henriette (1777–1811) 306
Vogeler, Heinrich (1872–1942) 301, *384*
Volmar von Disibodenberg 34, 35
Voltaire (1694–1778) 195
Vorauer Bücher Mosis 22
Voß, Johann Heinrich (1751–1826) 152, 241, 246, 303, 320

Vulpius, Christian August (1762–1827) 250 f., *250*, 275
Vulpius, Christiane s. Goethe, Christiane

Wackenroder, Wilhelm Heinrich (1773–1798) 289, **290 f.**
Wagner, Heinrich Leopold (1747–1779) 211, 235, 237
Wagner, Richard (1813–1883) 68, 74 f., *75*, 78, 79, 93, *126*, 127, 128 f., 380 f., 392, 393, 418
Wagner, Wieland (1917–1966) 68
Wajda, Andrzej (geb. 1926) *339*
Walden, Herwarth (1878–1941) 402
Wallenstein, Albrecht v. (1583–1634) 276 f., *277*
Walpole, Horace (1717–1797) 317
Walser, Martin (geb. 1927) 121, 341, 445, **478 f.**, *478*, 479, 481
Walser, Robert (1878–1956) 413, 461, 482, *482*
Walter, Otto F. (1928–1994) 483, *483*
Waltharius 15
Walther von der Vogelweide (um 1170 – 1230) 27, 43, 50, 58, 61, **62 f.**, *62*, 63, 64 f., *64*, 71, 93, 126
Wander, Maxie (1933–1977) 490
Wartburgkrieg 93
Wassermann, Jakob (1873–1934) 397
Watteau, Antoine (1684–1721) *188*
Weber, A[ndreas]. Paul (1893–1980) *129*
Weckherlin, Georg Rodolf (1584–1653) 157, 161
Wedekind, Frank (1864–1918) 341, 388, *400*
Weerth, Georg (1822–1856) 325
Weidig, Friedrich Ludwig (1791–1837) 338
Weigel, Christoph (1654–1725) *147*
Weigel, Helene (1900–1971) 428, *428*, 430, 456, 467
Weigel, Valentin (1533–1588) 180
Weill, Kurt (1900–1950) 406, 428, 431
Weise, Christian (1642–1708) 131, 148, 179, 188 f.
Weisenborn, Günter (1902–1969) 438 f.

Weiss, Peter (1916–1982) 341, 474 f., *474*, *475*, 486, 488, **489**
  Ästhetik des Widerstands 488 f., 488
  Die Ermittlung 475
  Hölderlin 279
  Marat/Sade 474, 475, 489
Wekwerth, Manfred 430
Wellershoff, Dieter (geb. 1925) 447
Welser, Familie 125, 136
Wenders, Wim (geb. 1945) 461
Wenzel IV., König (reg. 1378–1400) 17
Werder, Diederich von dem (1584–1657) 152
Werfel, Franz (1890–1945) 403 f., *407*, 413, 426, 434
Werner, Anton Alexander v. (1843–1915) 62, *365*
Werner, Zacharias (1768–1823) 289
Wernher, Bruder (1. Hälfte 13. Jh.) 64, 84
Wernher der Gärtner (Gartenaere, 2. Hälfte 13. Jh.) 95
Wernsdorf, Gottlieb *162*
Wessel, Horst (1907–1930) 435
Wessely, Rudolf 249
West, Jon Fredric 75
Weyrauch, Wolfgang (1904–1980) 441, *443*, 447
Wezel, Johann Carl (1747–1819) 197
Wicki, Bernhard 457
Wickram, Jörg (um 1505 – 1555/60) 135, *135*, **136 f.**, *136*
Widmann, Arno 481
Widmer, Urs (geb. 1938) 483
Wiechert, Ernst (1887–1950) 434
Wieland, Christoph Martin (1733–1813) 208, 216 f., **220 f.**, 222, 234, 240 f., 243, 247, 262, 300, 303, 320
  Agathon 222 f., 266, 270
Wieler, Jossi 75
Wiemann, Matthias *360*
Wienbarg, Ludolf (1802–1872) 336
Wiene, Robert (1873–1938) 406 f.
Wiener, Oswald (geb. 1935) 453, 462
Wiesel, Pauline 293
Wilde, Oscar (1854–1900) 388, 480

Wildermuth, Ottilie v. (1817–1877) 358
Wilhelm, Herzog von Urach (1810–1869) 346
Wilhelm, König von Württemberg (1781–1864) 346
Wilhelm I., König von Preußen, dt. Kaiser (reg. 1861 bzw. 1871–88) 323
Wilhelm II., dt. Kaiser (reg. 1888–1918) 323, 377
Wilhelm, Hans 421
Willemer, Marianne v. (1874–1860) 265, *320*, 321
Willer, Georg (1514 – um 1592) 147
Williram von Ebersberg (um 1000/10 – 1085) 30 f., *30*
Willkomm, Ernst (1810–1886) 325, 336, 348 f., 352
Wilson, Robert (geb. 1941) 74
Wimpheling, Jakob (1450–1528) *112*
Winckelmann, Johann Joachim (1717–1768) **218 f.**, *219*, 252, 261
Winkler, Josef (geb. 1953) 341, 484
Wipf, Karl A. 19
Wirnt von Grafenberg (um 1200) 55, *55*, 94
Wittenwiler, Heinrich (um 1400) 47, *101*
Wittgenstein, Ludwig (1889–1951) 491
Wobeser, Wilhelmine Karoline v. (1769–1807) 298
Wölfflin, Heinrich (1864–1945) 140
Wokalek, Johanna *211*
Wohryzek, Julie 414
Wolf, Caspar (1735–1798) *233*, *306*
Wolf, Christa (1929–2011) 341, 467, **486**, 487, 494
  Der geteilte Himmel 460, 486 f.
  Kassandra 486, 489
  Kein Ort. Nirgends 299
  Kindheitsmuster 487
Wolf, Friedrich (1888–1953) 121, 446
Wolf, Gerhard (geb. 1928) 486
Wolf, Konrad (1925–1982) 460, 486
Wolff, Christian (1679–1754) *194*, 195, *195*, 200 f.
Wolff, Kurt (1887–1963) 414
Wolfger von Erla (um 1140 – 1218) 63

Wolfgruber, Gernot (geb. 1944) 484
Wolfram von Eschenbach (um 1200) 42 f., *43*, 44, 45, 53, 58, **76 f.**, 82, 93
  Parzival 55, *70*, 76 f., *77*, 79, 166
  Willehalm 17, 20, 27, 44, 45, 60 f.
Wolzogen, Caroline v. (1763–1847) 298
Wonder, Erich *307*, *399*, *431*
Wouverius, Johannes (1576–1635) *141*
Wyss, Johann David (1743–1818) 196

Xerxes, König von Persien (I., reg. 486–465 v. Chr.) 125

Young, Edward (1683–1765) 230

Zahl, Peter-Paul (1944–2011) 486
Zainer, Günter 116
Zech, Paul (1881–1946) 153
Zech, Rosel 478
Zellweger, Laurenz *201*
Zenge, Wilhelmine v. (1780–1852) 306, *307*
Zenker, Helmut (geb. 1949) 462
Zesen, Philipp v. (1619–1689) 142, 145, 149, 152, 164, *165*
Ziegler und Kliphausen, Heinrich Anselm v. (1663–1697) 164, 182
Zimmer, Ernst 279
Zimmermann, Bernd Alois (1918–1970) 239
Zincgref, Julius Wilhelm (1591–1635) 134, 154, *155*
Zinnemann, Fred (1907–1997) 438
Zischler, Hanns *472*
Zola, Émile (1840–1902) 341, 370, 372, *372*, 374 f., 376, 379, 390, 396, 417
Zorn, Fritz (1944–1976) 483
Zuckmayer, Carl (1896–1977) 400, 432 f., *432*, 436, 438, 441, *443*, 460
Zweig, Arnold (1887–1968) 425, 437, 467
Zwingli, Huldrych (1484–1531) 113
Zwölf Artikel der Bauernschaft, Die 120, *121*